Ökonometrie verstehen mit Gretl

Jürgen Malitte · Sven Schreiber

Ökonometrie verstehen mit Gretl

Eine Einführung mit Anwendungsbeispielen

 Springer Gabler

Jürgen Malitte
Solingen, Deutschland

Sven Schreiber
Berlin, Deutschland

ISBN 978-3-662-58274-9   ISBN 978-3-662-58275-6   (eBook)
https://doi.org/10.1007/978-3-662-58275-6

Die Deutsche Nationalbibliothek verzeichnet diese Publikation in der Deutschen Nationalbibliografie; detaillierte bibliografische Daten sind im Internet über http://dnb.d-nb.de abrufbar.

Springer Gabler

Springer Gabler ist ein Imprint der eingetragenen Gesellschaft Springer-Verlag GmbH, DE und ist ein Teil von Springer Nature
Die Anschrift der Gesellschaft ist: Heidelberger Platz 3, 14197 Berlin, Germany

Vorwort

Der Begriff „Ökonometrie" wurde von Ragnar Frisch und Joseph Schumpeter Ende der zwanziger Jahre entwickelt und führte zur Gründung der „Econometric Society" im Jahr 1930. Diese Gesellschaft gibt seit 1933 auch die Zeitschrift „Econometrica" heraus, in der wegweisende Arbeiten veröffentlicht wurden.

Ökonometrische Methoden (wozu vor allem die Regressionsanalyse zählt) werden u.a. in der Volks- und Betriebswirtschaftslehre verwendet. Die Verfügbarkeit umfangreicher Datenmengen aus dem wirtschafts- und gesellschaftswissenschaftlichen Bereich ermöglicht die empirische (datengestützte) Analyse von vermuteten Beziehungen zwischen Ursache und Wirkung, deren Plausibilität untersucht und mit Hilfe ökonometrischer Softwarepakete entweder validiert oder verworfen werden kann.

Die Auswahl an entsprechender Software ist groß. Die Autoren haben sich schließlich für die Software *Gretl* entschieden, die als *Open Source* frei im Internet verfügbar ist und sehr viele Schätz- und Testverfahren der Ökonometrie beeinhaltet. Aus dem Open Source-Konzept ergibt sich eine breite Unterstützung in der Weiterentwicklung und Verbesserung der Software.

Der Name *Gretl* ist ein Akronym für *Gnu Regression, Econometrics and Time-series Library*. Initiator und einer der hauptverantwortlichen Autoren von Gretl ist Allin Cottrell, Professor für Wirtschaftswissenschaft an der Wake Forest University, North Carolina (USA).

Diese Einführung in die Ökonometrie ist daher gleichzeitig eine Einführung in die Handhabung von Gretl, genauer: in die Handhabung der grafischen Benutzeroberfläche und in den Umgang mit einer mächtigen Skriptsprache namens *Hansl*, die alle wesentlichen Stilmittel einer herkömmlichen Programmiersprache beinhaltet, aber dennoch leicht zu erlernen ist. Die wesentlichen ökonometrischen Konzepte werden dabei direkt in Gretl umgesetzt und durch viele Beispiele erläutert.

Gretl besitzt eine sehr benutzerfreundliche grafische Oberfläche, die in verschiedenen Sprachen verfügbar ist. Zusätzlich steht eine Skriptsprache zur Verfügung, mit der der Benutzer sehr flexible Auswertungen des Datenbestands vornehmen kann.

Um den Leser/die Leserin hinsichtlich der Erwartungen an dieses Buch nicht zu enttäuschen, soll kurz dargestellt werden, was dieses Buch leistet bzw. was es nicht leisten kann. Zunächst darf keine ausführliche Beschreibung der gesamten angebotenen Funktionalität erwartet werden, die Gretl bietet. Dazu wird auf das Handbuch und die Befehls- bzw. Funktionsreferenz in englischer Sprache verwiesen. Das Buch soll den Leser/die Leserin aber in den Stand versetzen, die grundlegenden Konzepte der Ökonometrie zu verstehen und unter Heranziehung der von Gretl angebotenen Werkzeuge zu bearbeiten.

Das Buch richtet sich an diejenigen, die als Studenten/Studentinnen der wirtschaftswissenschaftlichen Fachrichtungen eine Vorlesung zur Ökonometrie besuchen oder bereits Kenntnisse über die Grundlagen der Ökonometrie besitzen und eine geeignete Software für regressionsanalytische Untersuchungen einsetzen wollen.

Das vorliegende Buch ist in zwei Teile aufgeteilt. Der erste Teil vermittelt die grundlegenden Basiskenntnisse im Umgang mit Gretl. Dazu gehört die Vorstellung der grafischen Benutzeroberfläche (GUI) und eine Einführung in die Skriptsprache mit ihren verschiedenen Datentypen und Kontrollstrukturen. Außerdem werden einige wichtige Aspekte im Hinblick auf die Bearbeitung von Datenbeständen thematisiert, wobei deren unterschiedliche Struktur berücksichtigt wird (Querschnittsdaten, Zeitreihen und Panels).

Der zweite Teil behandelt die klassischen Themengebiete der Ökonometrie, beginnend mit dem einfachen Regressionsmodell. Anschließend wird das multiple Regressionsmodell vorgestellt, wobei im Haupttext auf eine matrixbezogene Notation verzichtet wird. Der Behandlung von Matrizen im allgemeinen und innerhalb von Gretl ist im Anhang ein eigenes Kapitel gewidmet. Dies erscheint angebracht, weil Gretl viele Werkzeuge zur Verarbeitung von Matrizen anbietet. Ökonometrie ist nicht allein auf die Analyse von Querschnittsdaten beschränkt, sondern umfasst auch die Analyse von Zeitreihen und Paneldaten. Aus diesem Grund wurden zusätzliche Kapitel zu diesen Themenkreisen ins Buch aufgenommen.

An vielen Stellen werden Querverweise in der Form „☞ siehe Abschnitt <Abschnittsnummer>" aufgenommen. Sie verweisen den Leser/die Leserin auf andere Stellen im Buch, an denen ein bestimmter Gedankengang weitergeführt wird, weil er an der aktuellen Stelle nicht vertieft dargestellt werden kann.

Die Autoren hoffen, mit dieser Konzeption zu einer Integration von ökonometrischer Methodenausbildung und datenorientierter Umsetzung beizutragen und wünschen den Leserinnen und Lesern viel Spaß bei der Lektüre sowie Erfolg bei der Anwendung.

Solingen und Berlin, 2019

Inhaltsverzeichnis

Teil I.

Einführung in den Umgang mit Gretl

1. Erste Schritte – Datentypen – Kommandosprache

1.1. Die Installation

Eine Installation ist für die Betriebssysteme Linux, MS Windows und Mac OS X vorgesehen. Gretl kann von folgender Seite im Internet heruntergeladen werden:

http://gretl.sourceforge.net

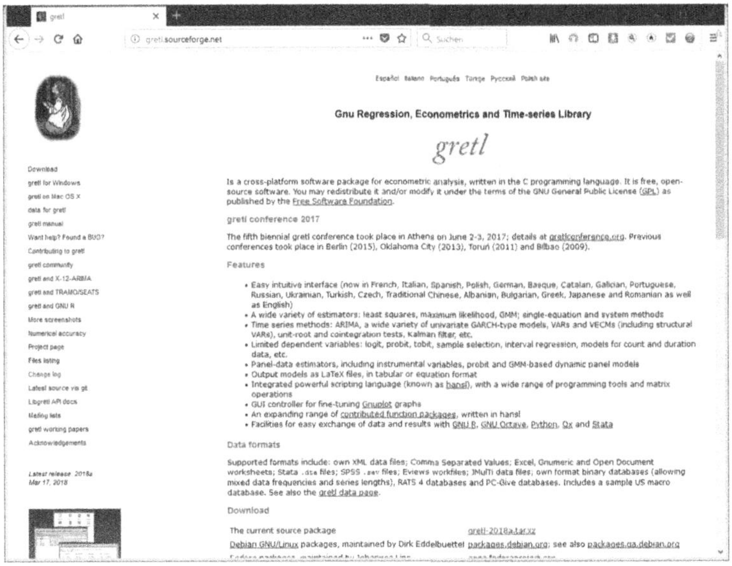

Abb. 1.1.: Gretl Homepage

Bei der Installation wird ein ausführliches Handbuch im PDF-Format und eine Befehlsreferenz mitgeliefert, die über das Hilfe-Menü aufrufbar sind. Gretl kann unter den Betriebssystemen LINUX, Windows und Mac OSX installiert werden.

© Springer-Verlag GmbH Deutschland, ein Teil von Springer Nature 2019
J. Malitte und S. Schreiber, *Ökonometrie verstehen mit Gretl*,
https://doi.org/10.1007/978-3-662-58275-6_1

Linux   Auf einer Linux Plattform hat man die Wahl, den Gretl-Quellcode zu kompilieren und sich über diverse Einstellungen ein lauffähiges System selbst zu erstellen. Im Gretl-Guide, der als PDF-Dokument auf der Homepage zur Verfügung steht, gibt es ein Kapitel, in dem die Kompilierung unter einem UNIX-System beschrieben wird (*Appendix C: Building gretl*)

Für die meisten Nutzer wird trotzdem eher die zweite Option infrage kommen, sich eine fertige vorkompilierte Version (pre-built package) zu installieren. Fast alle Linux-Distributionen bieten Gretl als Bestandteil ihres Standardangebots an. Dazu gehören Debian, Ubuntu und Fedora. In diesem Fall kann Gretl einfach durch einen Paketmanager installiert werden.

MS Windows   Um Gretl unter MS Windows zur Verfügung zu stellen, wird auf der oben angegebenen Homepage im Abschnitt „Download" der Verlinkung für MS Windows gefolgt. In dem neuen Fenster werden dann die Download-Links für ein 32bit-Windows, ein 64bit-Windows und ein ZIP-Archiv (ohne Admin-Rechte) angezeigt. Üblicherweise verwendet man die neuste veröffentlichte Version (*latest release*), es gibt aber auch die jeweils aktuelle Entwicklerversion als sogenannte *snapshots*.

Mac OS X   Die Mac Version von Gretl wird als gezipptes Disk-Image angeboten. Die Installation besteht im Herunterladen der Image-Datei. Nach dem Öffnen wird die Datei *Gretl.app* in den Anwendungsordner geschoben. Einzelheiten sind der Gretl-Website zu entnehmen.

Bei der Installation wird eine große Anzahl von Datenreihen aus den Lehrbüchern amerikanischer Autoren zur Verfügung gestellt, die aus statistischen Erhebungen in vielen Bereichen der amerikanischen Wirtschaft und Gesellschaft hervorgegangen sind. In diesem Buch wird auf einige dieser Datenbestände ausdrücklich Bezug genommen, sodass alle behandelten Beispiele leicht nachvollzogen werden können. Nach der Installation können diese Datenreihen noch durch weitere ergänzt werden, indem sie von der Gretl-Homepage heruntergeladen werden. Sie werden dann bei einem Windows-System zum Beispiel in ein Unterverzeichnis C:\Programme\gretl\data kopiert, wenn dieses als Standardverzeichnis bei der Gretl-Installation bestätigt wurde.

Ein sehr nützliches Manuskript, das die Grundkonzepte der Ökonometrie in Verbindung mit Gretl näher erläutert, stammt von Adkins (2014), Professor of Economics an der Oklahoma State University. Es trägt den Titel „Using gretl for Principles of Econometrics, 4th Edition" und kann von folgender Seite im Internet heruntergeladen werden:

http://www.learneconometrics.com/gretl/index.html

Da alle der von *Adkins* herangezogenen Datenreihen in Gretl verfügbar sind, können die dort behandelten Themen auch praktisch durchgeführt werden. Das Manuskript von Adkins bietet allerdings keine grundlegende Einführung in den Umgang mit Gretl. Im vorliegenden Buch wird versucht, diese Lücke zu schließen.

Gretl besitzt eine menüorientierte grafische Benutzeroberfläche (GUI), in die auch ein Skripteditor integriert ist. Für weniger interaktive Arbeit existiert desweiteren eine Variante mit der Bezeichnung *gretlcli*, die über die Kommandozeile (bzw. unter Windows *Eingabeauf-forderung*, früher *DOS-Fenster*) ausführbar ist. Gretl zeichnet sich durch folgende besondere Merkmale aus:

Benutzerfreundlichkeit Gretl bietet eine intuitiv zu bedienende Benutzeroberfläche an, die es ermöglicht, auf schnelle und einfache Art ökonometrische Analysen durchzuführen. Dazu werden aus einigen wichtigen Ökonometrie-Lehrbüchern die dort referenzierten Datenbestände als Dateien mitgeliefert. Damit können die in den Lehrbüchern behandelten Beispiele direkt nachvollzogen werden. Die ausführliche Befehlsreferenz und das Benutzerhandbuch bieten in diesem Zusammenhang eine wichtige Hilfestellung.

Flexibilität der Bearbeitung Für Neueinsteiger kann eine Aufgabenstellung interaktiv über das GUI bearbeitet werden. Nach einigen Erfahrungen im Umgang mit Gretl wird man die integrierte Kommandosprache *Hansl* nutzen, um mehrere komplexe Arbeitsschritte in einem Kommandoskript zusammenzufassen und in einem Batchlauf auszuführen.[1]

Es wird empfohlen, die Skripterstellung mit Hilfe des integrierten Editors innerhalb der grafischen Oberfläche von Gretl zu erledigen, wie es in diesem Buch auch durchgängig geschieht. An vielen Stellen wird auch aufgezeigt, wie eine bestimmte Problemstellung innerhalb der grafischen Oberfläche (GUI) **und** durch Verwendung bestimmter Kommandos im Editor gelöst werden kann.

Plattform-Unterstützung Wie viele Open-Source-Projekte wird Gretl auf der Linux-Plattform entwickelt, ist aber auch vollständig unter *MS Windows* und *Mac OS X* verfügbar.

Open Source Gretl ist frei verfügbar und der Quellcode steht allen Nutzern zur Verfügung, um ihn zu kritisieren oder zu verbessern. Die dafür vorgesehene Plattform ist die Gretl-User Mailing List, für die sich jeder anmelden kann. Die dort öffentlich vorgetragenen Fragen oder Verbesserungsvorschläge fließen in die Weiterentwicklung des Produkts ein. Außerdem gibt es web-basierte forumsartige Tracker, z.B. um gefundene Bugs zu melden (siehe https://sourceforge.net/p/gretl/bugs).

Numerische Genauigkeit Die Schnelligkeit und Genauigkeit der von Gretl durchgeführten statistischen Berechnungen wurden vom *NIST* (U.S. National Institute of Standards and Technology) getestet. Deren genauen Resultate können auf der Gretl-Homepage nachgelesen werden. In der installierten Version von Gretl steht ein Plugin zur Verfügung, das diese Testergebnisse ebenfalls wiedergibt. Es ist über den Menüpunkt *Werkzeuge/NIST Testsammlung* verfügbar.

Internetfähigkeit Gretl ermöglicht den online-Zugriff auf Datenbanken und auf diverse Datasets von Lehrbüchern zur Ökonometrie.

Internationalität Gretl „spricht" verschiedene Sprachen. Es liefert seinen Output in Englisch, Französisch, Italienisch, Spanisch, Polnisch, Portugisisch, Deutsch, Türkisch, Russisch oder Griechisch und ist damit international ausgerichtet.

---

1   Das Akronym Hansl steht für *handy scripting language*.

Im Folgenden bezieht sich die Darstellung auf eine Installation unter MS Windows, wie man vor allem an typischen Windows-Pfadangaben wie C:\Benutzer bemerken wird. In Unix-artigen Betriebssystemen enthalten die Pfadangaben wie im Internet einen / (Schrägstrich) statt eines \ (*backslash*, Rückwärtsschrägstrich), und es gibt keine Laufwerksangabe wie C:.

Nach der erfolgreichen Standardinstallation unter Windows erscheint auf dem Desktop ein Icon, das durch einen Doppelklick den Start von Gretl veranlasst.

1.2. Durchführung einer Gretl-Sitzung

Gretl bietet Anwendern einen großen Umfang an Bearbeitungsmöglichkeiten. Um den Einstieg zu erleichtern, soll zunächst folgendes Einstiegsszenario in einzelnen Schritten dargestellt werden: Es wird eine Datendatei im Fremdformat (Excel) eingelesen und mit diesem Vorgang eine sogenannte *Gretl-Sitzung* (engl. *session*) eröffnet. Anschließend wird ein Blick auf den internen Sitzungsspeicher geworfen, den Gretl innerhalb einer Sitzung verwaltet und in dem wichtige Statistiken der einzelnen Variablen abgelegt sind. Außerdem wird eine Grafik erstellt, die eine Visualisierung von Zusammenhängen der Beobachtungen erlaubt.

Nach dem Start von Gretl wird zunächst ein leeres Hauptfenster angeboten, siehe Abbildung 1.2. Es enthält im oberen Bereich die Hauptmenüleiste mit Menüeinträgen, von denen die meisten Einträge grau dargestellt sind, weil noch keine Datei geladen worden ist. In diesem Fall erscheint im Anzeigebereich nur eine Titelzeile mit den Überschriften *ID#*, *Variablenname* und *Beschreibung* und darüber der Hinweistext: *Keine Datendatei geladen*.

Eine Iconleiste im unteren Bereich ermöglicht den Schnellzugriff auf einige Gretl-Teile.

Abb. 1.2.: Das Hauptfenster von Gretl nach dem Start

Anwender können im nächsten Schritt eine externe Datendatei importieren oder die Werte manuell mit Hilfe der grafischen Benutzeroberfläche erfassen. Die zweite Möglichkeit bietet sich nur bei recht kleinen Datenmengen an.

Konfigurationsmöglichkeiten Über den Dialog *Einstellungen* können gewisse Standardvoreinstellungen gezielt geändert werden. wie zum Beispiel die Schriftart und die Skalierung von Menüüberschriften. Der Dialog lässt sich unter dem Hauptmenüpunkt *Werkzeuge* aufrufen und bietet vier verschiedene Unterpunkte an: Die Auswahl des ersten Unterpunktes *Haupt...* führt zu einem Fenster mit verschiedenen Reitern, von denen insbesondere die Reiter *Allgemein* und *Editor* für den Anwender von Interesse sein können. Dort kann zum Beispiel eingestellt werden, wie sich Gretl in bestimmten Situationen bei der Nutzung der grafischen Oberfläche verhalten soll. Es lässt sich auch einstellen, dass Gretl das Arbeitsverzeichnis, in dem sich Datendateien befinden können, im Hauptfenster anzeigt.

Über den Reiter *Editor* lässt sich das Verhalten des Editors konfigurieren. Er wird von erfahrenen Gretl-Anwendern herangezogen, wenn es darum geht, bei der Datenbearbeitung Kommandos und Funktionen zu benutzen. Weitere Unterpunkte beziehen sich auf die Änderung von Schrifteinstellungen.

Import einer Datei

Häufig liegen die Daten in einem Fremdformat vor. Um zu demonstrieren, wie Gretl mit fremden Formaten umgeht, wollen wir die Excel-Datei *Miethoehe.xlsx* in Gretl importieren. Sie enthält einige Datensätze mit Informationen über die Miethöhe, die Quadratmeterzahl, die Distanz zum Ortszentrum und den Wohnungstyp.

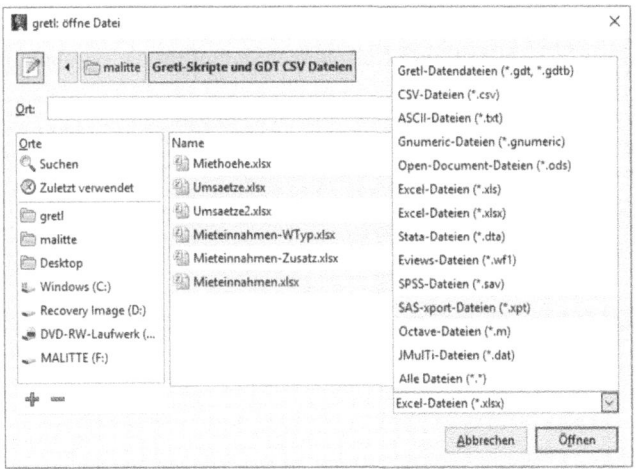

Abb. 1.3.: Auswahl des Dateiformats

Um die Datei zu laden, wird über den Menüpunkt *Datei/Öffne Daten/Benutzerdatei...* ein Dateidialogfenster geöffnet, in dem das gewünschte Verzeichnis ausgewählt werden kann. In einer Listbox werden zur Auswahl mehrere Dateiformate angeboten. Excel-Dateien besitzen die Dateiendungen „xls" oder „xlsx" (siehe Abbildung 1.3). Selektiert man den Eintrag *Excel-Dateien* (*.xlsx), dann zeigt Gretl alle Dateien mit der Endung *xlsx* an, unter anderem auch die Datei *Miethoehe.xlsx*. Nach der Selektion des Buttons *Öffnen* gibt Gretl das Fenster *Tabellenkalk.-Import* aus, in dem die Spalte und die Zeile vorgeschlagen werden, ab denen der Import gestartet wird (siehe Abbildung 1.4).

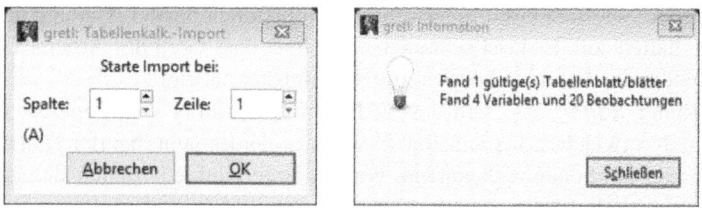

Abb. 1.4.: Information über den zu importierenden Bereich

Wird das Fenster mit *ok* quittiert, weist Gretl darauf hin, dass es ein gültiges Tabellenblatt mit vier Variablen und 20 Beobachtungen gefunden hat (siehe rechtes Fenster in Abbildung 1.4). Als Variablen wurden alle vier Spalten der Excel-Tabelle identifiziert.

Anschließend ist die Frage zu beantworten, ob es sich bei den zu importierenden Daten um eine Zeitreihe oder ein Panel handelt. Bei einer Zeitreihe muss noch die Zeitreihenfrequenz ausgewählt werden (Jährlich, Monatlich usw.). Da undatierte Daten vorliegen, quittieren wir die Frage mit „Nein". Im Hauptfenster erscheinen daraufhin die durchnummerierten Variablen, siehe Abbildung 1.5.

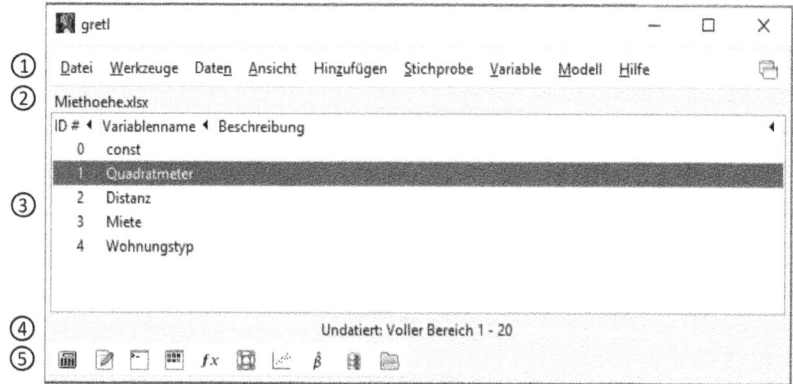

Abb. 1.5.: Importierte Datei Miethoehe.xlsx

Unter dem Menüpunkt *Daten/Zeige Werte* kann man sich davon überzeugen, dass die Datenwerte erfolgreich in Gretl importiert wurden. Die Gesamtheit aller importierten Variablen mit ihren Beobachtungswerten bezeichnen wir im Weiteren als *(internes) Dataset.*[2]

Das dargestellte Hauptfenster von Gretl lässt sich in folgende Abschnitte unterteilen:

(1) Hauptmenü Das Hauptmenü enthält alle Bearbeitungsfunktionen eines geöffneten Datasets, die Gretl über das grafische Interface unterstützt. Auf die einzelnen Einträge wird im jeweiligen Zusammenhang genauer eingegangen.

(2) Dateiname Unterhalb des Hauptmenüs wird der Name der eingelesenen Datei, aus dem die Variablen des Datasets bestehen, wiedergegeben. Dies kann der Name einer speziellen Gretl-Datei sein (gretl data file - Format *gdt*), oder der Name einer Datei in einem anderen Format .

(3) Anzeigebereich der Variablen Solange keine Datei eingelesen wurde, bleibt der Bereich leer. Wird eine Datei geöffnet, dann erhalten die Variablen gemäß ihrer Reihenfolge eine Identifikationsnummer (ID#), die in einer internen Variablen verwaltet wird. (Die Nummer 0 ist für den konstanten Term reserviert.) In der zweiten Spalte folgt der Variablenname, gefolgt von einer (optionalen) Beschreibung des Inhalts der Variablen.

(4) Informationen zur Struktur des Datasets Unterhalb der dargestellten Variablen des Datasets wird angegeben, um welchen Typ von Datenstruktur es sich bei der geladenen Gretl-Datei handelt. Im aktuellen Beispiel handelt es sich um undatierte Daten mit 20 Beobachtungen in jeder Variablen. Gretl kennt drei Strukturarten: (1) Undatierte Daten, das heißt sog. *Querschnittsdaten*, (2) *Zeitreihendaten* und (3) eine Kombination von (1) und (2), die als *Paneldaten* bezeichnet werden.

(5) Die Iconleiste Diese bietet schnelle Zugangsmöglichkeiten zu den am häufigsten genutzten Funktionalitäten von Gretl, siehe Abbildung 1.6.

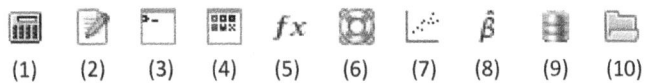

  (1)   (2)   (3)   (4)   (5)   (6)   (7)   (8)   (9)   (10)

Abb. 1.6.: Toolbar von Gretl

Ein Klick mit der linken Maustaste auf eines der angebotenen Icons aktiviert eine bestimmte Funktionalität, die Gretl dem Nutzer zur Verfügung stellt. Hinter den Icons verbergen sich im einzelnen folgende Funktionalitäten (von links nach rechts):

---

2   Damit grenzen wir den Begriff ab von dem (engeren) Begriff *Datensatz*, der sich auf die Beobachtungswerte einer Entität bezieht (und wie er in der Informatik benutzt wird). In diesem Sinne stellt das *Dataset* die Gesamtheit aller Datensätze dar, also die erhobenen Daten einer bestimmten Anzahl von Entitäten oder Beobachtungseinheiten. Wenn dennoch in den grafischen Oberfläche der Begriff *Datensatz* benutzt wird, ist i.d.R. das *Dataset* gemeint.

(1) Taschenrechner Gretl startet unter Windows das Standardprogramm *calc.exe*. Das Programm kann geändert werden, indem im Hauptfenster der Menüeintrag *Werkzeuge/Einstellungen/Haupt...* selektiert wird. In dem angezeigten Fenster *Optionen* kann das Programm geändert werden.

(2) Starten Gretl Skripteditor Es wird ein Editorfenster geöffnet, in dem eine Abfolge von Gretl-Kommandos erfasst und ausgeführt werden kann.

(3) Aufruf Gretl Konsole Über die Konsole können Kommandos eingegeben werden, die sofort ausgeführt werden. Hierauf wird nicht näher eingegangen.

(4) Öffnen des Sitzungsfensters Gretl öffnet das Sitzungsfenster *Symbolansicht*, in dem die Arbeitsergebnisse einer Gretl-Sitzung gespeichert werden können.

(5) Funktionspaket-Verwaltung Es wird ein Fenster geöffnet mit der Liste installierter Funktionspakete, die von anderen Nutzern entwickelt wurden. Weitere Funktionspakete können aus Gretl heraus vom Paketserver im Internet heruntergeladen werden.

(6) Befehlsdokumentation Die Gretl-Befehlsdokumentation wird in einem separaten Fenster geöffnet, sodass ein direkter Zugriff auf die Erläuterung der Befehle möglich ist.

(7) Erstellung eines X-Y Graphen Dieses Icon ermöglicht die schnelle Darstellung eines X-Y-Streudiagramms der geladenen Datendatei bzw. des Modells.

(8) Durchführung einer Regressionsschätzung Damit wird ein schneller Weg zur Durchführung einer Regressionsschätzung angeboten. Zunächst sind die abhängige und die unabhängigen Variablen festzulegen. Danach werden die Schätzergebnisse in einem sogenannten *Modellergebnisfenster* ausgegeben.

(9) Gretl Datenbank Das Icon ermöglicht den Zugriff auf viele Datenreihen, die im Gretl-Datenbankformat abgelegt sind. Im Unterschied zu den Dateien, die sich in einem lokalen Verzeichnis des Benutzers befinden, sind die Datenreihen der Gretl-Datenbank auf einem eigenen Server zentral gespeichert und für die Nutzer allgemein verfügbar.

(10) Öffne Datensatz Das Icon ermöglicht den Zugriff auf Datendateien, die aus verschiedenen ökonometrischen Standardlehrbüchern stammen und dort behandelt werden. Abbildung 1.7 zeigt, dass die Datendateien zu den Lehrbüchern in verschiedenen Reitern zusammengefasst sind. Ein Doppelklick auf eine bestimmte Zeile führt dazu, dass die entsprechende Datei in Gretl geladen wird. Auf viele der in diesem Buch verwendeten Datasets kann auf die hier beschriebene Weise zugegriffen werden.

Das Fenster zum Öffnen einer Datendatei kann auch über das Hauptmenü *Datei/Öffne Daten/Beispieldateien* aktiviert werden. Bei der Erstinstallation werden nur Dateien aus den Lehrbüchern von Greene (2008), Gujarati (2002a), Hill, Griffiths und Lim (2011), (*POE*) und Ramanathan (2002) sowie von Gretl zur Verfügung gestellt. Die meisten Dateien, die in diesem Buch Verwendung finden, stammen aus den Autorenverzeichnissen *POE 4th ed.* oder *Gretl*.

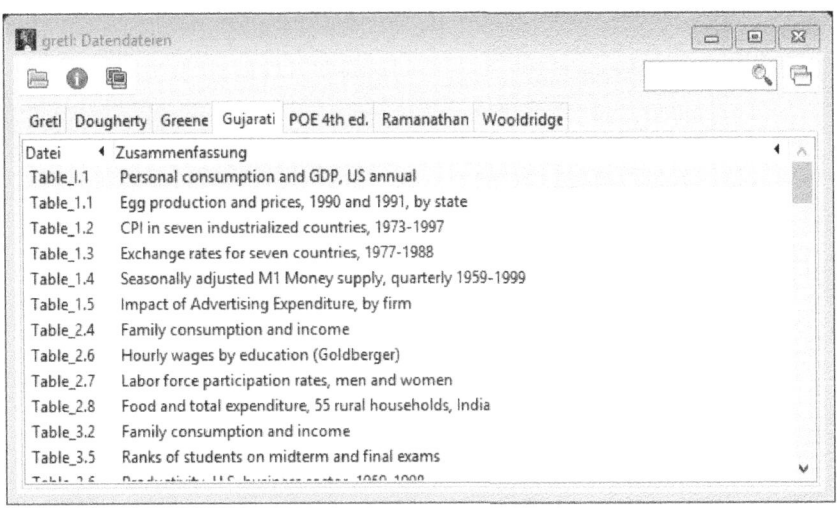

Abb. 1.7.: Dialog zum Öffnen von Datendateien verschiedener Lehrbücher

Auf der Homepage von Gretl gibt es einen Link (*data for gretl*) zu einer Folgeseite, die im Abschnitt *Textbook datasets* unter anderen die Datendateien folgender Lehrbücher bereithält: Wooldridge (2008), Stock und M. Watson (2010), Dougherty (2011), Verbeek (2004), Davidson und MacKinnon (2004). Für jedes Lehrbuch wird ein Installationsprogramm angeboten, das man von der Gretl-Homepage herunterladen und starten kann. Es sorgt dafür, dass die Datendateien in die vorhandene Gretl-Installation auf dem lokalen Rechner kopiert werden. Gretl legt in der Titelzeile zusätzlich einen entsprechenden Autorenreiter an, auf den, wie in der Abbildung 1.7 dargestellt, zugegriffen werden kann.

Beschreibungstexte für die Variablen erzeugen

Im nächsten Schritt sollen die Variablen des Hauptfensters aus Abbildung 1.5 mit beschreibenden Texten versehen werden.

Um für die Variable *Quadratmeter* eine Beschreibung zu erstellen, wird im Hauptmenü der Eintrag *Variable/Bearbeite Attribute* ausgewählt. Gretl öffnet das Fenster der Abbildung 1.8, in dem ein Beschreibungstext und ein (Kurz-) Name zur Verwendung in grafischen Darstellungen eingegeben werden kann. Nach der Bestätigung mit OK wird der Text direkt im Hauptfenster jeweils neben den Variablennamen in der Spalte „Beschreibung" angezeigt. Diese Vorgehensweise bietet sich für alle Variablen an, die noch keinen Beschreibungstext enthalten.

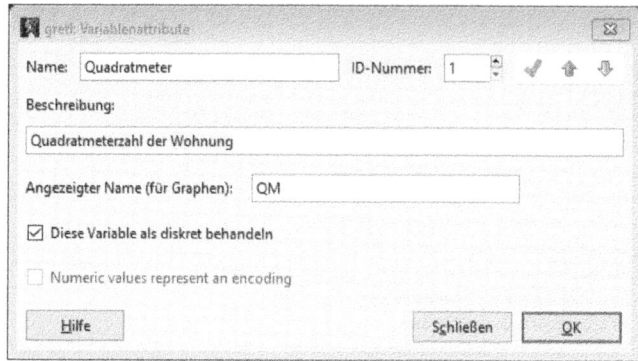

Abb. 1.8.: Variablenbeschreibung für die Variable *Quadratmeter*

Die Bearbeitung führt dazu, dass Gretl den Dateinamen mit einem Stern markiert. Wurden für alle Variablen die Beschreibungstexte vergeben, sollte die Datei als Gretl-Datei mit der Endung *gdt* gesichert werden. Dazu wird der Speicherungsdialog über den Menüeintrag *Datei/Daten speichern als...* aufgerufen. Die Sicherung im Gretl-eigenen Format hat den Vorteil, dass gleichzeitig Informationen zur Datensatzstruktur gespeichert werden. Wird die Datei in einer späteren Sitzung erneut geladen, stellt Gretl keine Zwischenfragen wie beim Import (siehe oben) und das Laden erfolgt sehr schnell. Um die Datei anderen Programmen in einem bestimmten Format zur Verfügung zu stellen, muss sie exportiert werden.

Kontextmenü zur Bearbeitung von Variablen des Datasets

Durch Selektion einer bestimmten Datasetvariablen und anschließender Betätigung der rechten Maustaste wird ein Kontextmenü aufgerufen, in dem verschiedene Bearbeitungsfunktionen angeboten werden (siehe Abbildung 1.9). Im einzelnen können Anwender die folgenden Operationen im Hinblick auf die selektierte Dataset-Variable durchführen:

Zeige Werte Die Selektion dieses Eintrags führt zur Anzeige aller Werte der Variablen.

Grundlegende Statistiken Es werden grundlegende Statistiken der Variablen in einem Fenster angezeigt, unter anderem: arithmetisches Mittel, Median, Minimum, Maximum, Standardabweichung, Schiefe.

Häufigkeitsverteilung Es wird eine Grafik mit der Häufigkeitsverteilung der Werte als *Histogramm* erzeugt. Optional können Anwender zuvor angeben, ob nur die Daten angezeigt werden oder zusätzlich noch ein Test durchgeführt werden soll. Gretl bietet zwei Tests an: Einen Test auf Normalverteilung sowie einen Test auf Gammaverteilung.

Boxplot Gretl erzeugt eine *Boxplot*-Grafik der Daten, mit der es möglich ist, einen Eindruck von der Verteilung der Daten über den gesamten Wertebereich zu erhalten.

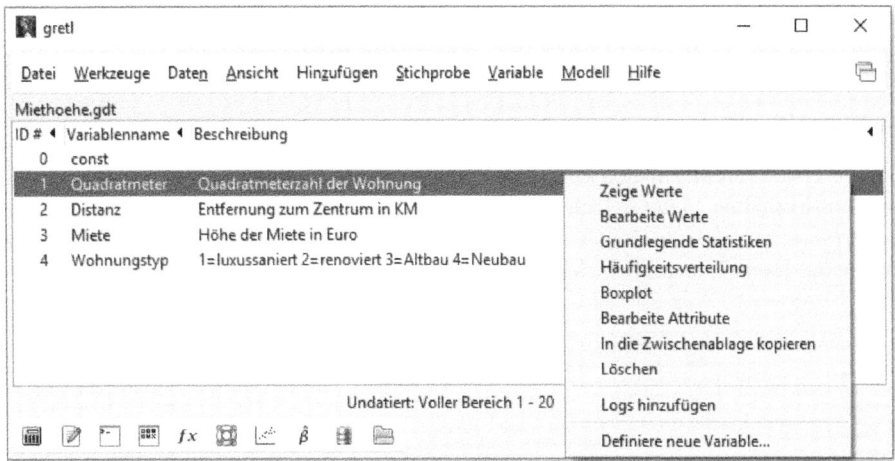

Abb. 1.9.: Hauptfenster mit Datasetvariablen und Kontextmenü

Bearbeite Attribute Es wird Anwendern die Möglichkeit geboten, den Namen der Variablen oder den zugehörenden beschreibenden Text, der hinter der Variablen im Hauptfenster angegeben wird, zu ändern.

Bearbeite Werte Gretl gibt ein Spreadsheet mit den Werten der Variablen aus. Diese können beliebig verändert werden.

In die Zwischenablage kopieren Die Werte der Variablen werden in die Zwischenablage kopiert. Vorher gibt Gretl ein Fenster aus, in dem die Datentrennzeichen spezifiziert werden können.

Löschen Mit diesem Menüeintrag wird die selektierte Variable mit allen Werten unwiderruflich gelöscht.

Logs hinzufügen Gretl berechnet aus den Werten der selektierten Variablen (hier *Miete*) die zugehörigen Logarithmen und speichert diese in der neuen Variablen *l_varname* ab, zum Beispiel *l_Quadratmeter*.

Definiere neue Variable... Es kann eine neue Datasetvariable angelegt werden. Gretl bietet daraufhin ein Fenster an, in dem eine Formel für die neue Variable oder ein Variablenname angegeben werden kann. Im ersten Fall wird ein neuer Variablenname, gefolgt von einem Gleichheitszeichen, und eine Formel eingegeben. Beispiel: *Miete_neu = Miete* * 1.4. Gretl berechnet daraufhin die Werte der neuen Variablen aus den Werten der Variablen *Miete*.
Wird nur ein neuer Variablenname ohne Formel eingegeben, geht Gretl allerdings da-

von aus, dass eine neue Datasetvariable anzulegen ist und bietet deshalb ein Spreadsheet an, um die Werte der neuen Variablen manuell erfassen zu können.

Erstellung eines Plots

Um einen ersten Einblick in den Zusammenhang unter den Beobachtungen der verschiedenen Variablen zu erhalten, bietet sich ein XY-Plot an. Dieser kann einerseits über den Menüeintrag *Ansicht/Plotte spezifizierte Variablen/X-Y-Streudiagramm...* angestoßen werden. Einfacher ist es, wenn das Icon (7) angeklickt wird (siehe Abbildung 1.6).

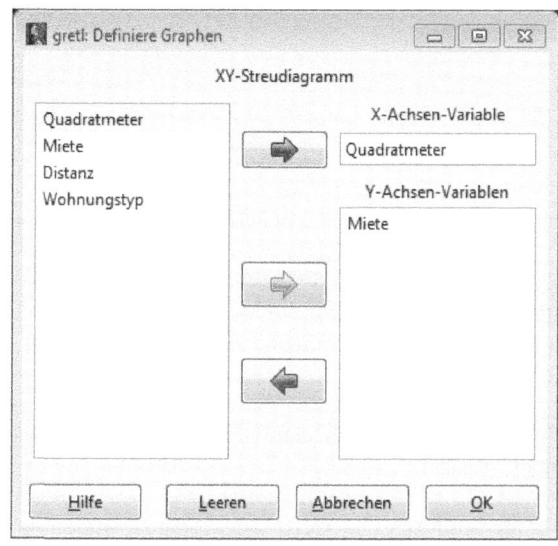

Abb. 1.10.: Festlegung der Variablen für x-Achse und y-Achse

In dem sich öffnenden Dialogfenster können eine Variable für die x-Achse und maximal zwei Variablen für die y-Achsen ausgewählt werden. In Abbildung 1.10 wird die Variable *Quadratmeter* der x-Achse und die Variable *Miete* der y-Achse zugeordnet, weil wir uns für die Abhängigkeit der Miethöhe von der Wohnfläche interessieren.

Soll die Abhängigkeit der Miethöhe von zwei anderen Variablen dargestellt werden, so müssen diese den y-Achsen zugewiesen werden. Aus Gründen der Übersichtlichkeit sollte aber die Darstellung der Abhängigkeit zweier Variablen bevorzugt werden. Sie vermeidet vor allem Irritationen bezüglich der Skalierung der y-Achsen. Abbildung 1.11 enthält das Streudiagramm für die Variablen *Miete* und *Quadratmeter*.

Aus der Grafik ergibt sich ein starker linearer Zusammenhang zwischen der Wohnfläche und der Miethöhe. Mit der Anhebung der Wohnfläche steigt auch die Höhe der Miete. Der Zusammenhang wird von Gretl durch die Gleichung einer Anpassungsgerade geschätzt, die in die Punktmenge gelegt wird. Diese sogenannte *Regressionsgerade* liefert die Information, dass die Erhöhung der Wohnfläche um einen Quadratmeter zu einer erwarteten(!) Erhöhung der Miete um 9,18 Euro führt. Der Wert kann aus der am oberen Rand angegebenen linearen Regressionsgleichung abgelesen werden.

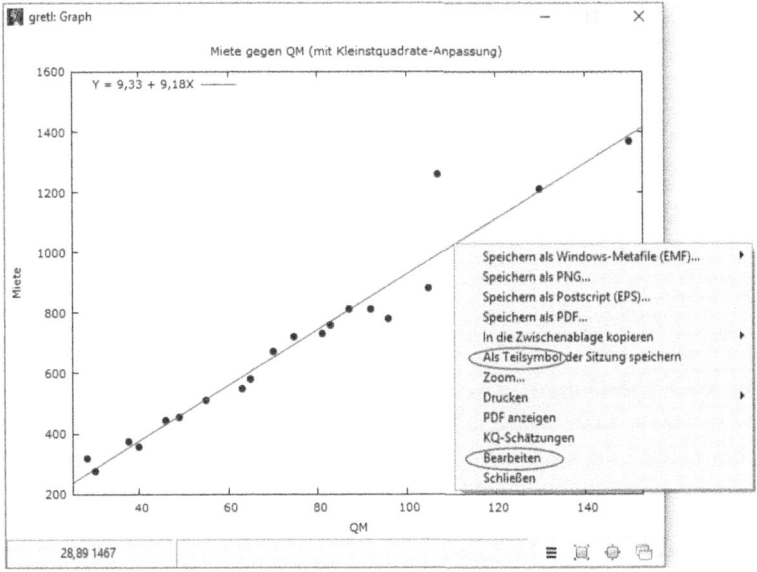

Abb. 1.11.: X-Y-Streudigramm für *Miete* und *QM*

Man beachte, dass die x-Achse mit *QM* beschriftet ist. Diese Bezeichnung wurde im Fenster der Variablenattribute vergeben (siehe Abbildung 1.8).

Mit der rechten Maustaste kann ein Kontextmenü aufgerufen werden, das eine Vielzahl von Bearbeitungsvarianten bietet. Die ersten vier Einträge verweisen auf die Möglichkeit, die Grafik in vier verschiedenen Formaten zu speichern (EMF, PNG, EPS, PDF). Der Menüeintrag *Bearbeiten* führt zu einem Dialogfenster, in dem Anwender die Grafik auf vielfältige Weise modifizieren und den eigenen Bedürfnissen anpassen können. An anderer Stelle wird genauer auf diese Möglichkeiten eingegangen (☞ siehe Kapitel 2.4). Außerdem bietet Gretl über den Menüpunkt *Werkzeuge/Gnuplot* eine eigene Oberfläche zu dem bekannten Grafik-programm *Gnuplot* an, die es ermöglicht, weitere Bearbeitungen an einer Grafik im Gnuplot-Format durchzuführen.

Die Grafik kann auch im Sitzungsspeicher der laufenden Sitzung abgespeichert werden. Dazu dient der Menüeintrag *Als Teilsymbol der Sitzung speichern*. Wurde die Grafik bereits einmal dort abgespeichert, wird dieser Befehl inaktiviert und steht nicht mehr zur Verfügung. Erst wenn die Grafik aus dem Sitzungsspeicher entfernt wurde, wird der Befehl wieder akti-viert und kann somit erneut ausgeführt werden.

Der Sitzungsspeicher

Den Sitzungsspeicher, in dem Gretl die Daten der Sitzung verwaltet, können wir schnell über das Icon (4) in der Iconleiste aufrufen („Sitzungs-Symbolansicht") (alternativ geschieht dies im Hauptmenü über den Eintrag *Ansicht/Symbolansicht*).

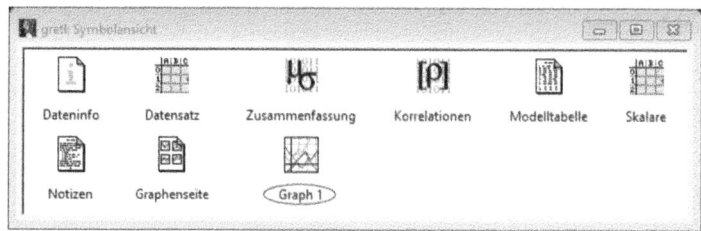

Abb. 1.12.: Das Fenster der Symbolansicht

In dem Fenster der Abbildung 1.12 werden Anwendern verschiedene Icons angeboten, hinter denen alle Ergebnisse zusammengefasst sind, die im Laufe der Bearbeitung eines Datasets anfallen. Dies können die Resultate von Berechnungen sein, Regressionsschätzungen oder die Ergebnisse von Testdurchführungen. Da sich die Ergebnisse aus allgemeiner Sicht verschiedenen Ergebnistypen zuordnen lassen, repräsentiert jedes Symbol bzw. Icon einen ganz speziellen Ergebnistyp.

Das X-Y-Streudiagramm, das wir oben im Sitzungsspeicher gesichert hatten, wurde als Icon unter der Bezeichnung *Graph 1* abgelegt. Durch einen Doppelklick kann die Grafik wieder angezeigt werden.

Die übrigen Sitzungssymbole werden von Gretl bei der Eröffnung einer Sitzung, das heißt beim Laden einer Datendatei neu angelegt. Hinter dem Icon *Dateninfo* verbirgt sich ein Editor, in dem die Information hinterlegt wurde, dass die Datei „Miethoehe.xlsx" importiert wurde, zusammen mit einem Datum. Der Anwender/die Anwenderin kann hier weitere Informationen hinterlegen.

Hinter dem Icon *Datensatz* verbergen sich die Werte aller Variablen des Datasets in Spaltenform, siehe Abbildung 1.13. Die horizontale Sicht auf die Daten ergibt eine Zusammenstellung der Attributwerte zu einer gegebenen Entität oder Beobachtungseinheit, hier eine bestimmte Wohnung. Die Beobachtungseinheit 3 besitzt also die Attributwerte (Quadratmeter: 28, Miete: 317, Distanz: 1,5, Wohnungstyp: 4).[3] In dem Fenster lassen sich wie in einem Spreadsheet die Werte ändern oder mit dem Zeichen „+" sogar neue Werte hinzufügen. In der Regel ist es sinnvoller, die Daten an der Quelle zusammenzustellen und dann in Gretl zu importieren. Dennoch stellt diese Möglichkeit einen besonderen Service dar, der es erlaubt, Daten in experimenteller Hinsicht zu ändern, um bestimmte Auswirkungen zu studieren.

---

3   Hier ist zu sehen, dass Gretl anders als rein englischsprachige Programme in der lokalen deutschen Einstellung standardmäßig das Komma als Dezimalseparator benutzt. Dies kann auf Wunsch in den Einstellungen geändert werden. In der eingebauten Skriptsprache *Hansl* muss allerdings in jedem Fall zwingend der Dezimalpunkt verwendet werden, da dort das Komma andere Aufgaben übernimmt.

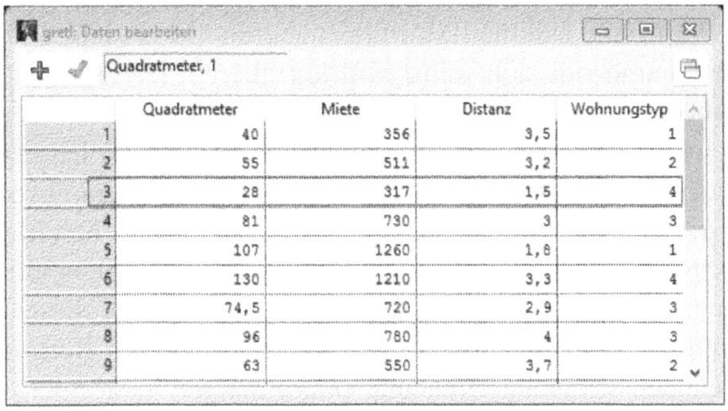

Quadratmeter, 1

	Quadratmeter	Miete	Distanz	Wohnungstyp
1	40	356	3,5	1
2	55	511	3,2	2
3	28	317	1,5	4
4	81	730	3	3
5	107	1260	1,8	1
6	130	1210	3,3	4
7	74,5	720	2,9	3
8	96	780	4	3
9	63	550	3,7	2

Abb. 1.13.: Anzeige der Variablen des Datasets

Ein Doppelklick auf das Icon *Zusammenfassungen* überlässt Anwendern die Auswahl, sich grundlegende oder komplette Statistiken anzeigen zu lassen. Die grundlegenden Statistiken liefern Kennzahlen wie zum Beispiel das arithmetische Mittel oder die Standardabweichung für jede einzelne Variable:

Grundlegende Statistiken, mit Beobachtungen 1–20

Variable	arith. Mittel	Median	St.Abw.	Min	Max
Quadratmeter	74,5	72,3	32,9	28,0	150,
Distanz	3,18	3,30	0,619	1,50	4,00
Miete	693,	695,	311,	275,	1,37e+003
Wohnungstyp	2,55	3,00	1,15	1,00	4,00

Tabelle 1.1.: Grundlegende Statistiken

Ein Doppelklick auf das Icon *Korrelationen* führt zur Ausgabe der Tabelle 1.2, in der die Korrelationskoeffizienten der paarweise zugeordneten Variablen eingetragen sind. Sie stellen Maßzahlen für den gegenseitigen Zusammenhang der Variablen dar.

Korrelationskoeffizienten beim Verwenden der Beobachtungen 1–20
5% kritischer Wert (zweiseitig) = 0,4438 für n = 20

Quadratmeter	Miete	Distanz	Wohnungstyp	
1,0000	0,9717	0,1843	0,0622	Quadratmeter
	1,0000	−0,0102	0,0020	Miete
		1,0000	−0,0174	Distanz
			1,0000	Wohnungstyp

Tabelle 1.2.: Korrelationen der Datasetvariablen untereinander

Die Korrelationswerte sind halbmatrixförmig angeordnet, wobei die Diagonale aus Einsen besteht (die Variablen sind mit sich selbst voll korreliert!). Die Korrelation zwischen den Variablen *Distanz* und *Quadratmeter* besitzt den Wert 0,1843.

Besonders hilfreich ist der von Gretl angegebene kritische Wert bei einem *Signifikanzniveau* von 5%. Das *Signifikanzniveau* (alternativ: *Irrtumswahrscheinlichkeit*) ist ein zentraler Begriff der Schätzstatistik und gibt an, welches Risiko der Tester bereit ist einzugehen, die Nullhypothese fälschlich abzulehnen. Der kritische Wert beträgt 0,4438 und bedeutet, dass bei dem angegebenen Niveau ein Korrelationskoeffizient, der über diesem Wert liegt, einen signifikanten Zusammenhang der Variablen anzeigt. Dies ist zum Beispiel der Fall bei der Korrelation zwischen den Variablen *Miete* und *Quadratmeter*.

Die in der Gretl-Sitzung erzeugten Skalare können über das Icon *Skalare* verwaltet werden.[4] Die *Modelltabelle* enthält die Ergebnisse von Regressionsschätzungen. Über das Icon *Notizen* wird ein Editor geöffnet, in dem Arbeitsergebnisse der aktuellen Sitzung dokumentiert werden können.

Die Gretl-Sitzung kann über den Menüeintrag *Datei/Schließe Datensatz* beendet werden. In diesem Fall wird der Inhalt des Sitzungsspeichers komplett gelöscht und Anwendern wird ein leeres Hauptfenster angeboten. Eine weitere Möglichkeit, die aktuelle Sitzung zu beenden, besteht darin, eine neue Datendatei zu öffnen. In diesem Fall gibt Gretl den Warnhinweis aus, dass das Öffnen einer neuen Datendatei alle Daten des internen Speichers löscht.

Soll auf die im internen Sitzungsspeicher abgelegten Daten in einer späteren Sitzung wieder zurückgegriffen werden, ist es notwendig, diese als externe Sitzungsdatei zu speichern. Dies geschieht durch den Menüeintrag *Datei/Sitzungsdateien/Sitzung speichern unter....* Zu einem späteren Zeitpunkt kann diese über den Menüeintrag *Datei/Sitzungsdateien/Öffne Sitzung...* wieder geladen werden.

1.3. Die Kommandosprache

Die grafische Benutzeroberfläche eignet sich gut, um viele Aufgaben in Gretl zu bewältigen. In vielen Fällen können Anwender aber durch die Nutzung der Kommandosprache *Hansl* Abläufe automatisieren, sodass man sich bei der Abarbeitung der einzelnen Schritte nicht durch die Menüstruktur bewegen muss.

Ein weiterer, entscheidender Vorteil gegenüber der grafischen Oberfläche besteht darin, dass die meisten Kommandos eine reichhaltige Auswahl von Optionen anbieten, die sie zu einem flexibleren Werkzeug machen. Die Kommandofolgen können in einem Editor erfasst, dann getestet und schließlich in einer Datei gespeichert werden. Damit sind sie jederzeit abrufbar. Erweiterungen, die sich aus geänderten Anforderungen ergeben, können im Kommandoskript leicht vorgenommen werden.

Die Kommandosprache von Gretl (im Weiteren auch Skriptsprache genannt) unterscheidet sich von herkömmlichen Programmiersprachen wie C oder Java in mehrfacher Hinsicht. Der wichtigste Unterschied bezieht sich auf die Art der Ausführung eines Gretl-Skripts im Vergleich zur Ausführung eines Java- oder C-Programms und begründet, dass wir bei einem

---

4   Darauf wird bei der Behandlung der Datentypen eingegangen (☞ Kapitel 1.4).

Gretl-Skript nicht von einem Programm sprechen wollen. Während ein in der Programmiersprache C geschriebenes Programm zuerst von einem Compiler in ein maschinenlesbares Programm konvertiert werden muss, werden Gretl-Skripte von einem sog. Interpreter ausgeführt (ähnlich wie bei Sprachen wie *R* oder *Python*). Dieser übersetzt die einzelnen Kommandos zur Laufzeit und führt sie direkt aus. So werden Syntaxfehler in einem Gretl-Skript direkt bei der Ausführung aufgedeckt.

Da die Anforderungen an eine Skriptsprache wie Gretl weitaus spezieller sind als an eine Programmiersprache, steht ein geringerer Umfang an verschiedenen Variablentypen zur Verfügung. Zum Beispiel bietet Gretl nur den numerischen Datentyp *scalar* an, während eine Programmiersprache wie C diesen Datentyp noch weiter ausdifferenziert, und zwar nach der Größe der zu speichernden Zahlenwerte (int, double). Auf der anderen Seite gibt es in Gretl mächtige Datentypen, die speziell für den Umgang mit Variablen vorgesehen sind, die mehrere Werte enthalten. Dazu zählen die Datentypen *series* und *matrix*.

Im Folgenden werden einige Datentypen sowie Kontrollstrukturen vorgestellt.

1.3.1. Der Gretl-Skripteditor

Für die Ausführung von Kommandos können zwei Wege beschritten werden: Die Gretl-Konsole für die Eingabe einzelner Kommandos oder der Skripteditor für die Verarbeitung mehrerer Kommandos.

Gretl-Konsole

Um einzelne Befehle einzugeben, kann die Gretl-Konsole aus der unteren Iconleiste gestartet werden. Die Konsole enthält in der ersten Zeile die Information, dass mit der Eingabe *help* eine Befehlsliste erstellt wird. In der Folgezeile wird ein Fragezeichen als *Prompt* ausgegeben, hinter dem ein Kommando erwartet wird. Das eingegebene Kommando wird mit der Taste *enter* abgeschlossen, worauf Gretl mit einer passenden Antwort reagiert. Abbildung 1.14 enthält einige Beispiele zu arithmetischen Berechnungen mit Skalarvariablen. Die Zuweisung eines Textes zu einer numerisch definierten Variablen wird zum Beispiel sofort mit einer entsprechenden Fehlermeldung quittiert. Erkennbar ist auch, dass Zahlen in der Konsole (wie auch im Skripteditor) aus Syntaxgründen immer mit einem Dezimalpunkt eingegeben werden (müssen). Bei lokaler deutscher Spracheinstellung erfolgt die Ausgabe der Ergebnisse dagegen mit einem Dezimalkomma.

Für einzelne Kommandos ist die Gretl-Konsole gut geeignet, da nach Eingabe der Return-Taste das Kommando sofort ausgeführt und das Ergebnis direkt in der Konsole angezeigt wird. Für komplexe Kommandofolgen eignet sie sich jedoch nicht.

Gretl-Skripteditor

Um den Skripteditor schnell zu starten, kann die untere Iconleiste des Hauptfensters verwendet werden. Dort gibt es ein Icon, das ein Blatt Papier mit einem Stift symbolisiert. Der Kontext des Icons lautet *Neues Skript*. Ein einfacher Klick mit der rechten Maustaste führt zur Ausgabe des leeren Skripteditors. Abbildung 1.15 zeigt den Editor mit einigen Kommandos.

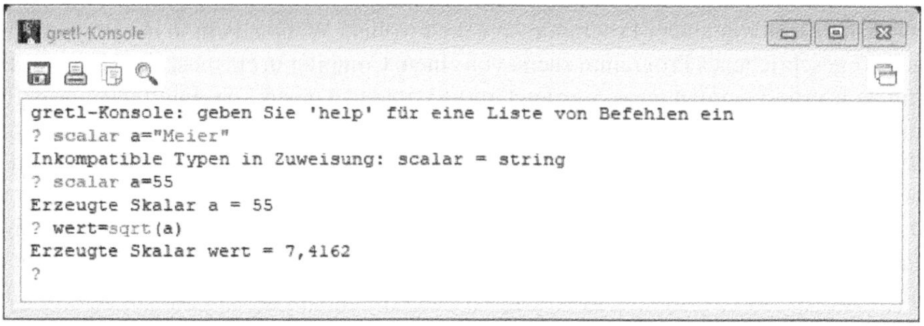

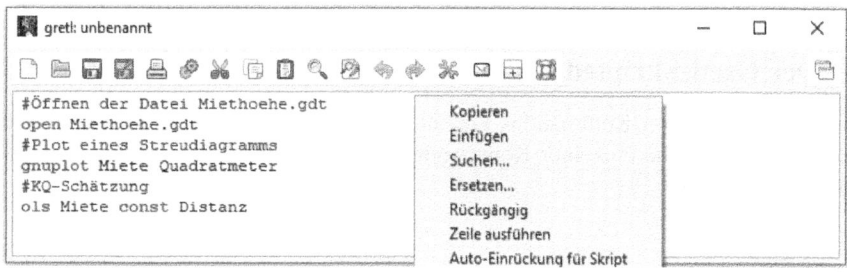

Abb. 1.14.: Die Eingabe von Kommandos in der Konsole

Abb. 1.15.: Der Skripteditor mit Kontextmenü

Da die eingegebenen Kommandos noch nicht gespeichert wurden, erscheint in der Kopfzeile der Text „gretl:unbenannt". Das dargestellte Kontextmenü kann durch einen Klick mit der rechten Maustaste auf den leeren Bereich des Editors aufgerufen werden.

Anwender werden unterstützt durch eine große Anzahl Icons:

Abb. 1.16.: Die Iconleiste des Skripteditors

Mit ihnen lassen sich folgende Aktionen durchführen:

(1) Neues Fenster Es wird eine neue Instanz des Editorfensters gestartet.

(2) Öffnen... Öffnen eines Skripts. Gretl bietet dafür ein Dateiauswahlfenster an.

(3) Speichern Der im Editor befindliche Text wird gespeichert.

(4) Speichern unter... Der im Editor befindliche Text wird gespeichert; im folgenden Dateiauswahlfenster kann das Verzeichnis und der Dateiname spezifiziert werden. Wird keine Endung angehängt, vergibt Gretl die Dateiendung *inp*.

(5) Drucken Es wird ein Druckerdialogfenster gestartet.

(6) Ausführen Die Kommandos werden ausgeführt. Tritt ein Fehler auf, gibt Gretl einen Hinweis aus, der die Lokalisierung ermöglicht.

(7/8/9) Ausschneiden/Kopieren/Einfügen Diese drei Icons liefern die übliche Funktionalität eines Editors: Text ausschneiden, Text kopieren und Text einfügen.

(10) Suchen... Es wird das Fenster *Suchen* angeboten, in dem ein Suchbegriff für die Textsuche eingegeben wird.

(11) Ersetzen... Es wird das Fenster *Ersetzen* angeboten, in dem der zu suchende Text sowie sein Textersatz eingegeben werden kann.

(12/13) Rückgängig/Nochmal Die folgenden beiden Icons, der Pfeil nach links und der Pfeil nach rechts, werden benutzt, wenn mehrere Eingaben rückgängig gemacht werden sollen (linker Pfeil) oder wenn die Löschung der letzten Eingaben wieder annuliert werden soll (rechter Pfeil). Mit diesen Icons kann also ein bereits erfolgter Bearbeitungsstand wiederhergestellt werden, da Gretl alle Eingaben protokolliert.

(14) Einstellungen Das Icon mit den über Kreuz dargestellten Werkzeugen dient dazu, den Einstellungsdialog zu öffnen. Es kann hier festgelegt werden, ob zum Beispiel Zeilennummern zu verwenden sind oder ein besonderer Hervorhebungsstil bevorzugt wird. Ein anderer Weg hierhin führt aus dem Hauptfenster von Gretl über das Menü *Werkzeuge/Einstellungen/Haupt...* und dem Reiter *Editor*.

(17) Hilfe zum Befehl Von den restlichen Icons soll nur das Icon mit dem Rettungsring hervorgehoben werden. Es bietet eine Hilfefunktion zu den eingegebenen Kommandos: Wird auf das Icon geklickt, so wird der Mauszeiger zusätzlich mit einem kleinen Fragezeichen versehen. Der Autor/die Autorin des Gretl-Skripts kann nun auf ein bestimmtes Kommando klicken, woraufhin sich die entsprechende Kommando- oder Funktionsdokumentation öffnet.

Einige der als Icons dargestellten Bearbeitungsmöglichkeiten können auch über das oben dargestellte Kontextmenü des Editors realisiert werden (siehe Abbildung 1.15).

Sehr interessant ist die Möglichkeit, statt des gesamten Skripts nur einzelne Zeilen ausführen zu können. Wird der Cursor zum Beispiel hinter das Kommando *gnuplot* gesetzt, so wird nur dieses Kommando ausgeführt, wenn im Kontextmenü der Eintrag *Zeile ausführen* selektiert wird. Werden mehrere Kommadozeilen durch Bereichsselektion hervorgehoben, dann werden die Einträge des Kontextmenüs wie folgt geändert: statt *Zeile ausführen* wird der Befehl *Region ausführen* angeboten, sodass nur die Kommandos des selektierten Bereichs ausgeführt werden. Außerdem lassen sich über das Kontextmenü Zeilen auskommentieren.

Speichern und Laden des Skripts   Um die im Editor erfassten Kommandos zu speichern, wird das Diskettensymbol in der Iconleiste angeklickt (*Speichern*). Gretl öffnet dann das Standard-Dateiauswahlfenster. Nach der Auswahl des Ordners wird der Name ohne Endung *inp* in das Textfeld eingegeben. Die Endung wird von Gretl automatisch vergeben.

Soll ein extern gespeichertes Kommandoskript geladen werden, dann wird das Icon mit dem geöffneten Ordnersymbol selektiert. Gretl öffnet das Dateiauswahlfenster und zeigt nur Dateien an, die dem Format eines Gretl-Kommandoskripts oder den Formaten der Kommandoskripts anderer Softwareprodukte entsprechen (zum Beispiel *Stata*, *R*, *Python* oder das Grafikprogramm *Gnuplot*).

Der Gretl-Skripteditor lässt sich auch auf eine andere Weise aufrufen. Im Hauptmenü wird der Menüeintrag *Datei/Skriptdateien* selektiert. Daraufhin hat man in einem weiteren Untermenü die Wahl, eine Benutzerdatei, eine Übungsdatei oder ein neues Skript zu öffnen. Wählt man den Eintrag *Benutzerdatei*, so hat der Benutzer Zugriff auf alle von ihm bereits gespeicherten Kommandoskripte und kann eines in den Editor laden. Der Eintrag *Übungsdatei...* verschafft den Zugang zu verschiedenen Skripten, die aus amerikanischen Ökonometrielehrbüchern von Greene (2008) und Ramanathan (2002) stammen. Um einen leeren Editor zu starten, wird der Eintrag *neues Skript* selektiert.

Das in den Editor geladene Skript wird durch das mit zwei grauen Zahnrädern gekennzeichnete Icon ausgeführt. Dabei dokumentiert Gretl die erfolgreiche Ausführung in einem separaten Fenster. Im Fehlerfall enthält es Hinweise auf mögliche Fehlerursachen.

1.3.2. Syntaxregeln der Kommandosprache

Die Erfassung eines Programms im Editor verlangt Kenntnisse über die Regeln, die Gretl bei der Interpretation der Eingaben anwendet. Insbesondere ist zu klären, wie Gretl erkennt, wann ein Kommando in der Folgezeile fortgesetzt wird, wie Kommentare zu behandeln sind und welche Regeln bei der Definition von Variablennamen zu beachten sind.

Diese Regeln sollen nicht abstrakt vorgestellt werden, sondern anhand eines kleinen Programmbeispiels, das bereits einige Eigenschaften der Kommandosprache offenbart.

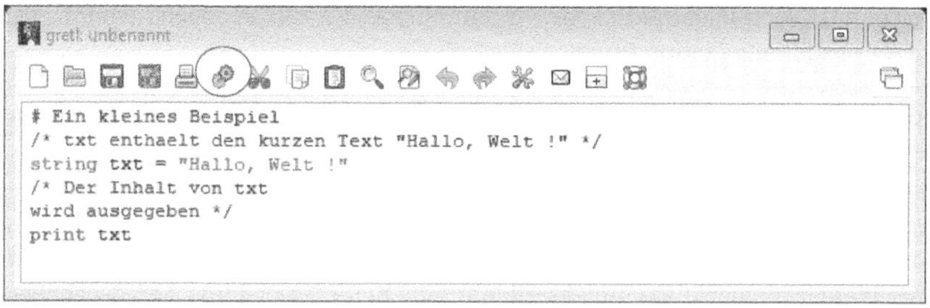

Abb. 1.17.: Ein Beispielskript

Um das kleine Beispielskript aus Abbildung 1.17 auszuführen, wird es im Gretl-Editor erfasst und anschließend das Icon *Ausführen* selektiert. Daraufhin erhält man das Ausgabefenster der Abbildung 1.18.

Nach der Ausgabe der Gretl-Version und dem aktuellen Sitzungsdatum wird jedes erfolgreich ausgeführte Kommando zunächst wiederholt (durch Voranstellung eines Fragezeichens). Die Ausführung der Zuweisungsoperation kommentiert Gretl, indem es auf die Erzeugung der Variablen *txt* hinweist. Das zweite Kommando *print* druckt den Inhalt der Variablen *txt* aus, und zwar den Text „Hallo, Welt !".

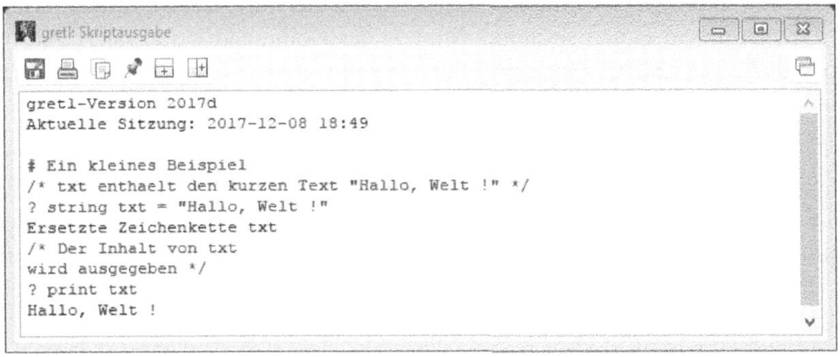

Abb. 1.18.: Die Ausgabe nach Ausführung des Skripts

Am obigen Beispiel sollen einige Besonderheiten der Gretl-Syntax behandelt werden.

1. Eine Zeile, die mit dem Hashzeichen # beginnt, wird als Kommentarzeile interpretiert und vom Interpreter ignoriert.

2. Um einen mehrzeiligen Kommentar einzufügen, werden die Zeichenkombinationen /* und */ benutzt. Der Interpreter ignoriert alles, was zwischen diesen beiden Zeichenkombinationen steht.

3. Bei der Vergabe eines Variablennamens müssen die folgenden Regeln beachtet werden: Sie haben eine Maximallänge von 31 Zeichen und dürfen nur aus Buchstaben, Ziffern und dem Zeichen _ (Underscore) bestehen. Außerdem dürfen sie nicht identisch sein mit den von Gretl reservierten Wörtern (z.B. Kommandos).

4. In einem Gretl-Skript werden Kommandos nicht explizit abgeschlossen, stattdessen wird das Zeilenende vom Interpreter als das Ende eines Kommandos angesehen. Falls ein Kommando sehr lang ist, kann das Zeichen \ (Backslash) dazu verwendet werden, das Kommando in der folgenden Zeile fortzusetzen. In diesem Fall wird das hinter \ stehende Zeilenendezeichen nicht als das Ende des Kommandos interpretiert.

Der Datentyp einer Variablen legt fest, welche Art von Daten gespeichert werden soll. Im vorliegenden Beispiel wird der Variablen vom Typ *string* eine Zeichenkette zugeordnet. Gretl kennt Datentypen wie *scalar*, *series*, *matrix*, *list*, *string* oder *bundle*, auf die später noch genauer eingegangen wird. Für die Definition einer Variablen sind folgende Varianten denkbar:

```
txt = "Hallo, Welt !"   # implizite Deklaration des Typs

string txt = "Hallo, Welt !"  # explizite Deklaration und Zuweisung

string txt              # explizite Deklaration
txt = "Hallo, Welt !"   # Zuweisung des Inhalts
```

Zwar ermittelt Gretl bei der impliziten Deklaration auf korrekte Weise den richtigen Variablentyp *string*, indem es den gesamten Kontext des Kommandos analysiert. Aus Gründen der Klarheit und eines sauberen Programmierstils sollte aber immer eine explizite Variablendeklaration erfolgen.

Das folgende Listing zeigt, wie man verhindern kann, dass Kommandos in der Ausgabe mitprotokolliert werden. Dazu bietet sich die Verwendung des Kommandos *set echo off* an. Zusätzlich können weitere Kommentare abgeschaltet werden, die Gretl ausgibt, um die Durchführung einer Aktion zu protokollieren (z.B. die Zuweisung eines Werts zu einer Variablen). Dazu verwendet man das Kommando *set messages off*. Die Wirkung beider Kommandos lässt sich kombinieren, indem man *set verbose off* verwendet.

```
/* Kommandoecho und Kommentare ausschalten */
set verbose off

/* der Variablen txt wird der Text "Hallo, Welt !" zugewiesen */
string txt = "Hallo, Welt !"

/* Der Inhalt von txt wird ausgegeben */
print txt
```

Durch die beiden set-Kommandos im oben angegebenen Skript wird die Ausgabe wesentlich übersichtlicher. Es wird jetzt nur noch das Argument der Funktion *print* ausgegeben, also der Text „Hallo, Welt !".

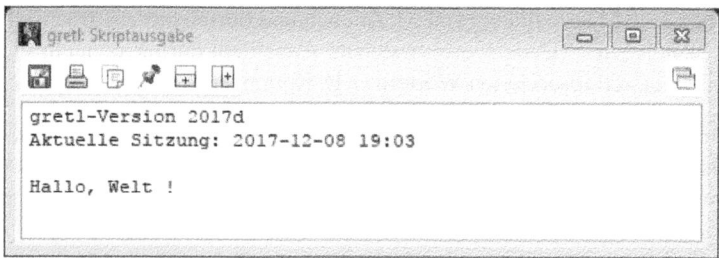

Abb. 1.19.: Die Ausgabe nach ausgeschaltetem Kommandoecho

1.4. Datentypen und Kontrollstrukturen

1.4.1. *scalar*

Variablen vom Datentyp *scalar* dienen dazu, Zahlenwerte zu speichern. In einer Programmiersprache wie C gibt es viele numerische Datentypen, für die Speicherung von ganzen Zahlen (*int*) sowie für die Speicherung von Zahlen mit einfacher Genauigkeit (*float*) und doppelter Genauigkeit (*double*).

Der Datentyp *scalar* stellt Zahlen als Fließkommazahlen mit doppelter Genauigkeit dar (engl. *double precision floating point numbers*). Dies bedeutet, dass die Zahl 21 die gleiche Darstellung besitzt wie 21.0 oder wie 2.10000E+01. Eine Differenzierung in unterschiedliche numerische Datentypen ist also in Gretl nicht möglich.

Im Gegensatz zu vielen anderen matrixorientierten Sprachen ist die Kommandosprache von Gretl streng *typorientiert*. Die Zuweisung eines numerischen Werts zu einer Variablen vom Typ *string* führt also zu einem Laufzeitfehler.

Häufig müssen in einem Programm numerische Variablen inkrementiert oder dekrementiert werden, meist in Einerschritten oder aber mit einem bestimmten Wert. Dazu können die sog. Inkrement-/Dekrementoperatoren ++ bzw. −− verwendet werden. Beide Operatoren werden direkt an die Variable angehängt, die inkrementiert/dekrementiert werden soll (Erster Operand). Soll der Variablenwert nicht in Einerschritten erhöht werden, wird der Operator + = verwendet, gefolgt von einem zweiten Operanden, der den Wert darstellt, um den der erste Operand erhöht wird. Dieser zweite Operand kann eine Konstante oder eine Skalarvariable mit definiertem Inhalt sein. Bei einer Verminderung steht der Operator − = zur Verfügung. Auf ähnliche Weise lässt sich auch ein Multiplikationsoperator * = (und ebenso / =) anwenden. Die Codierung $a* = 3$ bedeutet: Der Wert der Variablen a wird mit 3 multipliziert und das Ergebnis wieder in a gespeichert. Das folgende Beispiel verdeutlicht die Funktionsweise.

```
# inkrementieren und dekrementieren
scalar a = 5
scalar b = 6
# statt a = a − 1 bzw. b = b + 1 :
a--
b++
a += b        # identisch mit a = a + b
print a b
```

Zunächst wird der Wert von a um 1 vermindert und der Wert von b um 1 erhöht. Die vorletzte Anweisung erhöht den Wert von a um den Wert von b.

Das Kommando *print* erzeugt folgende Ausgabe:

```
gretl-Version 2018d
Aktuelle Sitzung: 2017-12-08 19:42
set echo off        /* Kommandoecho ausschalten */
a = 11,000000
b = 7,0000000
```

Die erzeugten Skalare werden direkt im Sitzungsspeicher abgelegt. Wird die Symbolansicht aufgerufen und das Icon Skalare angeklickt, erscheint die Auflistung der Variablen und ihrer Werte. Außer mit dem Kommando *delete* können die Variablen dort mit dem Löschsymbol wieder entfernt werden.

Gretl unterstützt nicht direkt einen Datentyp *boolean*, der dazu dient, einer Variablen die Werte *true* oder *false* zuzuweisen. Mit dem Datentyp *scalar* ist es aber dennoch möglich, logische Ausdrücke zu konstruieren, indem man die Werte 0 (für *false*) und 1 (für *true*) verwendet. Damit lassen sich Skalarvariable unter Verwendung der logischen Verknüpfungsoperatoren *and* (&&), *or* (||) und *not* (!) zu komplexeren logischen Aussageformen zusammensetzen, wie folgendes Beispiel zeigt (im Folgenden wird die Angabe der von Gretl erzeugten Kommentare nur in speziellen Fällen vorgenommen).

```
# Logische Operatoren und Verknuepfungen
scalar a = 1
scalar b = 0
scalar c = 0
scalar d = !(a && b) || c /* d ergibt den Wert 1 (=true) */
```

Die AND-Verknüpfung (a && b) ergibt den Wert 0 (=*false*), der Operator ! (=*not*) ändert den Wert auf 1 (=*true*). Dieser Wert wird durch die Verknüpfung || (=*or*) mit dem Wert 0 der Variablen c verbunden, sodass das Gesamtergebnis 1 der Variablen d zugewiesen wird.

Es kann die Situation auftreten, dass eine Variable vom Typ *scalar* keinen definierten Inhalt, sondern einen Fehlwert besitzt. Versucht man, die Quadratwurzel aus einer negativen Zahl zu ziehen, also eine Zuweisung der Form *x=sqrt(-4.5)* durchzuführen, so besitzt die Skalarvariable x einen Fehlwert, der mit dem Schlüsselwort NA gekennzeichnet ist. Intern ist dieser Fehlwert identisch mit dem größten Gleitkommawert (etwa 1.7E+308), der als Konstante die Bezeichnung DBL_MAX besitzt.

Ist man sich nicht sicher, ob eine Skalarvariable einen Fehlwert NA besitzt, so sollte vor einer weiteren Verarbeitung die folgende Abfrage durchgeführt werden: *if missing(x)*.

Einen Überblick über die Gretl-Funktionen zur Ausführung wichtiger arithmetischer Operationen enthält Tabelle 1.3 (☞ Anhang *Mathematische Funktionen*).

Funktion	Bedeutung
$sqrt(v)$	Quadratwurzel von v
$exp(v)$	Exponentialfunktion e^v
$ln(v)$	natürlicher Logarithmus $ln(v)$
$round(v)$	Rundung auf eine ganze Zahl
$abs(v)$	absoluter Wert von v

Tabelle 1.3.: arithmetische Funktionen

Das Argument v kann eine numerische Konstante, eine Variable oder ein numerischer Ausdruck sein, der einen Wert liefert. Die Variable kann vom Typ *scalar*, *series* oder *matrix* sein. Auf die beiden letztgenannten wird in den folgenden Abschnitten eingegangen.

1.4.2. Kontrollstruktur Verzweigung (*if*)

Die if-Anweisung in ihrer einfachsten Form wird durch das Kommandopaar *if..endif* angegeben. Die hinter *if* stehende *<condition>* stellt einen Bedingungsausdruck dar, der von Gretl ausgewertet und intern als Skalar dargestellt wird. Ergibt die Auswertung einen Wert ungleich Null, so wird die *<condition>* als *true* interpretiert und Gretl führt die zwischen *if* und *endif* stehenden Kommandos aus. Ergibt sie den Wert 0, so ist die Bedingung nicht erfüllt (*false*) und die zwischen *if* und *endif* stehenden Kommandos werden nicht ausgeführt. Gretl fährt mit der Ausführung der Kommandos fort, die hinter *endif* stehen.

```
if <condition>
    ...              /* Ja-Zweig */
endif
```

Sollen zusätzlich Kommandos ausgeführt werden, wenn die Auswertung von *<condition>* den Wert *false* ergibt, so ist innerhalb des Blocks *if-endif* die Anweisung *else* zu codieren. Ihr folgen dann die in diesem Fall auszuführenden Kommandos.

```
if <condition>
    /* Anweisungen Ja-Zweig */
else
    /* Anweisungen Nein-Zweig */
endif
```

Müssen mehrere Bedingungen formuliert werden, sodass bei der Erfüllung der jeweiligen Bedingung spezielle Aktionen auszuführen sind, dann kann für diese Struktur der Befehl *elif* verwendet werden. Er besteht aus der Kombination der Befehle *else* und *if*. Ist keine der Bedingungen erfüllt, dann wird der else-Zweig durchlaufen. Diese auch als *case-Struktur* bezeichnete Logik illustriert folgendes Beispiel.

Eine Skalarvariable x soll auf folgende Eigenschaften untersucht und für jede Eigenschaft eine besondere Meldung ausgegeben werden:

```
if missing(x)
    printf " \%g ist nicht definiert ! ", x
elif x < 0
    printf " \%g ist negativ !", x
elif floor(x) == x
    printf " \%g ist eine natuerliche Zahl ! ", x
else
    printf " \%g ist positiv mit gebrochenem Anteil ! ", x
endif
```

Die Funktion *missing* untersucht, ob der im Argument angegebene Skalar x einen Fehlwert (NA) besitzt. Ist dies der Fall, liefert die Funktion den Wert 1 (=true) zurück. Die Funktion *floor* liefert die größte ganze Zahl, die kleiner oder gleich x ist. Da negative Zahlen nach Prüfung der zweiten Bedingung zu einer entsprechenden Meldung führen, wird in der dritten Bedingung durch die Funktion *floor* eine natürliche Zahl geliefert, die mit dem Wert der Variablen x verglichen wird. Es ist zu beachten, dass in der Bedingung der Vergleichsoperator „==" verwendet wird, der nicht mit dem Zuweisungsoperator „=" verwechselt werden darf. Weitere Vergleichsoperatoren sind: „<" (kleiner), „>" (größer), „<=" (kleiner oder gleich), „>=" (größer oder gleich) sowie „!=" (ungleich).

Es gibt einen Spezialfall der Verzweigung, in dem einer Variablen aufgrund einer vorgegebenen Bedingung ein bestimmter Wert zugewiesen werden soll. In statistischer Hinsicht handelt
es sich um Anwendungsfälle, in denen ein bestehender Wert umcodiert werden soll oder die
Werte eines Zahlenbereichs in mehrere Klassen einzugruppieren sind. In diesen Fällen bietet
sich ein sogenannter ternärer Verzweigungsoperator an (engl. ternary query operator). Die
genannten beiden Fälle sollen an Beispielen verdeutlicht werden.

Im ersten Beispiel soll die Skalarvariable *ge* den Wert 0 speichern, falls die Stringvariable
String s den Text „maennlich" enthält, ansonsten wird der Wert 1 gespeichert. Die klassische
Lösung führt zu der Codierung:

```
if (s == "maennlich")
   scalar ge = 0
else
   scalar ge = 1
endif
```

Diese Abfrage kann unter Verwendung des ternären Verzweigungsoperators auch sehr viel
kürzer formuliert werden. Der Vorteil liegt dabei nicht allein in der verkürzten Schreibweise,
sondern auch darin, dass diese Anweisung viel schneller ausgeführt wird.

```
scalar ge = (s == "maennlich") ? 0 : 1
```

Zu Beginn der Anweisung wird die Variable *ge*, der ein bestimmter Wert zugewiesen werden soll, zusammen mit dem Zuweisungsoperator „=" angegeben. Die anschließende Bedingung legt fest, welcher der beiden Werte nach dem Fragezeichen (?) der Variablen *ge*
zugewiesen werden soll. Ergibt die Auswertung der Bedingung den Wert *true*, dann wird der
Wert 0 zugewiesen. Ergibt die Auswertung den Wert *false*, dann wird der Wert 1 zugewiesen.
Damit ergibt sich die allgemeine Form eines ternären Verzweigungsoperators:

```
<varname> = <condition> ? <true-value> : <false-value>
```

Die Angaben <true-value> und <false-value> können Konstanten, numerische Ausdrücke
oder Variablen sein. Sie werden durch einen Doppelpunkt (:) voneinander getrennt.

Das zweite Beispiel, das die Verwendung des ternären Verzweigungsoperators nahelegt,
bezieht sich auf die Durchführung einer Klassifizierung für den gesamten Wertebereich einer Variablen. Angenommen, es sollen die Immobilien einer Stadt in kleine, mittlere und
große Immobilien eingeteilt werden. Als Klassifikationskriterium dient die Wohnfläche in
Quadratmetern. Bei Wohnflächen zwischen 0 und 40 Quadratmetern wird der Wert 0 codiert,
zwischen 41 und 80 Quadratmetern der Wert 1 und bei Flächen über 80 Quadratmetern der
Wert 2.

Natürlich kann diese Aufgabenstellung in eine case-Struktur überführt werden. Die elegantere Lösung besteht aber in der folgenden Codierung:

```
scalar immoclass = (qm <= 40) ? 0 : (qm > 40 && qm <= 80) ? 1 : 2
```

Im Vergleich zum ersten Beispiel wird hinter dem ersten Doppelpunkt ein weiterer Bedingungsausdruck formuliert, dem dann die Angaben <true-value> und <false-value> folgen.
Falls eine Einteilung in vier Klassen erfolgen soll, kann hinter dem zweiten Doppelpunkt

wieder ein Bedingungsausdruck angegeben werden usw. Die Formulierung der gesamten Ver-
zweigungsstruktur entspricht also genau derjenigen einer case-Struktur.

Die allgemeine Form lässt sich folgendermaßen darstellen:

```
<varname> = <cond-1> ? <true-value> : \
            <cond-2> ? <true-value> : <false-value>
```

Diese Struktur lässt sich iterativ fortsetzen, wenn man <false-value> durch <cond-i> mit
i=3 ersetzt. Im allgemeinen Fall gibt i-1 dann die Anzahl der bereits gesetzten Doppelpunkte
an.

1.4.3. *series*

Die Beobachtungswerte eines bestimmten Attributs (zum Beispiel die Körpergröße oder das
Geschlecht von Personen einer Stichprobe) werden in einer Variablen gespeichert, die die
Eigenschaft eines Vektors besitzt. In Gretl besitzt eines solche Variable den Datentyp *series*.[5]
Alle series-Variablen werden im Hauptfenster von Gretl dargestellt. Das Dataset *Miethoe-
he.gdt* des Eingangsbeispiels besitzt die Variablen *Miete, Quadratmeter, Distanz* vom Typ
series. In einem geladenen Dataset besitzt jede series-Variable die gleiche Anzahl von Wer-
ten, im genannten Beispiel sind es 20. Versuchen wir, mit der folgenden Anweisung die neue
Variable *MietNK* dem Dataset *Miethoehe.gdt* hinzuzufügen:

```
series MietNK = {180, 175, 172, 170, 195, 177, 199, 201, 209, 155}
```

Führen wir diese eine Anweisung im Skript aus, dann wird folgende Fehlermeldung erzeugt: *Datentypen nicht passend bei Operation*. Es wurden nur 10 Beobachtungen zugewiesen, obwohl die Variablen des Datasets 20 Beobachtungen enthalten. Wenn die restlichen 10
Werte nicht bekannt sind, können wir entweder vorher die Teilstichprobe anpassen oder den
Fehlwert *NA* (= not available) vergeben:

```
series MietNK = {180, 175, 172, 170, 195, 177, 199, 201, 209, 155, \
       NA, NA, NA, NA, NA, NA, NA, NA, NA, NA}
```

Danach wurde die neue Variable *MietNK* dem Dataset mit der neuen höchsten ID-Nummer
5 hinzugefügt. Gretl gibt im Fenster der Skriptausgabe aufgrund der NA-Werte folgenden
Warnhinweis aus: *Warnung: erzeugte nichtendliche Werte*. dIn der Spalte „Beschreibung"
trägt Gretl die zugewiesenen Werte ein.

Durch einen Klick mit der rechten Maustaste kann nach vorheriger Selektion das Kontextmenü der Variablen *MietNK* geöffnet werden. Mit dem Menüeintrag „Bearbeite Attribute"
lässt sich der von Gretl erzeugte Text mit den zugewiesenen Werten in der Spalte „Beschreibung" gezielt ändern. Der Eintrag *Definiere neue Variable* öffnet das Dialogfenster „Var hinzufügen", in dem der Name einer weiteren Variablen eingetragen werden kann oder eine
Formel, aus der die Werte für eine neue Variable berechnet werden. Wird in das Textfeld nur
der Name einer neuen Variablen eingetragen, dann bietet Gretl einen Editor an, in dem die
Werte manuell erfasst werden können.

---

5   Dieser Datentyp leitet sich aus dem Begriff für eine Zeitreihe (=*time series*) ab, ist aber nicht auf diese beschränkt,
    sondern kann auch eine Querschnittsvariable enthalten. Er wird z.B. auch im kommerziellen Programm *Eviews*
    verwendet.

Beispiel Möchte man zum Beispiel eine Variable definieren, die die Werte der Variablen *Quadratmeter* in „squarefeet" enthält, bietet es sich an, eine neue Variable, zum Beispiel *sq_feet*, zu definieren und ihre Werte von Gretl berechnen zu lassen.[6]

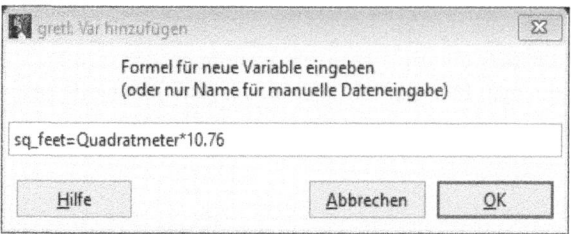

Abb. 1.20.: Hinzufügen einer Variablen

Die hier vorgestellten Methoden sind aber in den meisten Fällen kaum praktikabel, wenn es sich um mehrere hundert Beobachtungen handelt. Als Ausnahme ist der Fall anzusehen, wenn die Werte der neuen Variablen mit einer Formel abgeleitet werden können (siehe oben). In Gretl ist es aber sehr einfach möglich, in ein geladenes Dataset zusätzliche Variablen von außen nachzuladen (☞ Kapitel 2.2).

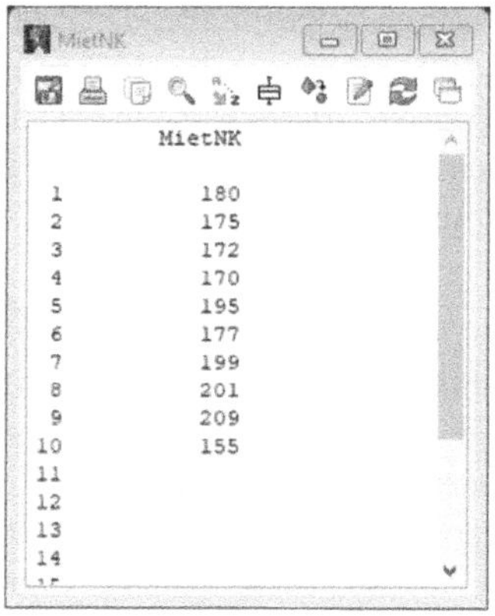

Abb. 1.21.: Die Werte der neuen Variablen MietNK

Es ist wichtig, den Wert NA nicht mit dem Wert 0 zu verwechseln. Ein Doppelklick auf die Variable *MietNK* im Hauptfenster oder die Selektion des Menüeintrags *Zeige Werte* im Kontextmenü der Variablen *MietNK* offenbart, dass die Werte ab Beobachtung 10 nicht existieren (siehe Abbildung 1.21)

---

6 Auch über das Hauptmenü können neue Variablen dem Dataset hinzugefügt werden. Dazu wird der Eintrag *Hinzufügen/Definiere neue Variable...* selektiert.

Die neu angelegte Variable *MietNK* enthält als Beschreibung die Auflistung aller zugewiesenen Werte. Mit dem Kommando *setinfo* kann aus einem Skript heraus der Beschreibungstext geändert werden:

```
setinfo MietNK --description="Hoehe der Mietnebenkosten Euro"
```

Der Text wird hinter der Option *--description* angegeben. Er wird nach Ausführung des Kommandos sofort im Anzeigebereich eingesetzt.

Anwender können Variablen vom Typ *series* in einer beliebigen gewünschten Größe definieren. Dafür steht das Kommando *nulldata* zur Verfügung. Es bewirkt, dass ein leeres Dataset definiert wird, in dem Gretl eine Variable mit der Bezeichnung *const* sowie eine Indexvariable *index* einträgt, deren Werte von 1 bis zur spezifizierten Beobachtungsanzahl durchnummeriert sind. Alle Elemente der series-Variablen *const* werden von Gretl mit der Konstanten 1 initialisiert. Bei einem geladenen Dataset führt die Ausführung des Kommandos dazu, dass (ohne Vorwarnung) alle Daten des Sitzungsspeichers gelöscht werden (Skalare, Grafiken, Regressionsschätzungen usw.).

Die folgenden Kommandos sorgen dafür, dass ein neues Dataset mit den Variablen *gro* und *gew* mit jeweils sechs Werten angelegt wird.

```
nulldata 6
series gro = {180, 175, 172, 170, 195, 177}
series gew = {81, 75, 55, 67, 97, 73}
```

Der Versuch, eine weitere series-Variable mit weniger oder mehr als sechs Einträgen zu definieren, führt wiederum zu der Fehlermeldung *Datentypen nicht passend bei Operation*.

Das Kommando *dataset*

Mit dem Kommando *dataset* lassen sich Operationen durchführen, die sich auf alle Variablen des Typs *series* beziehen. Dem Kommando wird ein Parameter mitgegeben, durch den eine ganz bestimmte Operation ausgewählt wird. Mit dem Parameter *addobs n* lassen sich n weitere Beobachtungswerte an das Ende des Datasets anfügen, die mit dem Wert NA initialisiert werden. Der Parameter *insobs n* kann verwendet werden, wenn an Position n eine Beobachtung eingefügt werden soll. Der Parameter *clear* löscht alle series-Variablen und stellt ein leeres Dataset zur Verfügung. Die folgenden Beispiele illustrieren das Vorgehen:

```
nulldata 6
series gro = {180, 175, 172, 170, 195, 177}
series gew = {81, 75, 55, 67, 97, 73}
dataset insobs 4
dataset addobs 2
```

Nach der Definition der Variablen *gro* und *gew* wird an Position 4 eine mit NA initialisierte Beobachtung eingefügt. Die letzte Anweisung fügt noch zwei weitere leere Beobachtungen an das Dataset an, sodass wir z. B. für die Variable *gro* erhalten: gro=180, 175, 172, 170, NA, 195, 177, NA, NA. Gretl ändert den Text der Statuszeile um in *Undatiert:Voller Bereich 1-9*.

Das Kommando *dataset* kann auch verwendet werden, um die Werte aller Variablen vom Typ *series* nach der Sortierreihenfolge einer ausgewählten Variablen auszurichten. So sorgt das Kommando

```
dataset sortby gew
```

dafür, dass die Werte **aller** Variablen des Datesets gemäß der Sortierreihenfolge der Variablen *gew* angeordnet werden (im obigen Beispiel nur die Variable *gro*). Die Werte von *gew* werden natürlich auch sortiert.

Initialisierung von series-Variablen

Die folgenden Beispiele zeigen weitere Initialisierungsmöglichkeiten.

```
# Zuweisung zu series-Variablen
series b[3] = 18
series x = normal(0,1)
series y = 5
series z = log(y)
```

Das erste Beispiel zeigt, wie der Wert an der dritten Position der Variablen *b* geändert werden kann. Die Position wird durch einen ganzzahligen Index innerhalb eckiger Klammern hinter dem Variablennamen angegeben. Dieser darf nicht größer als die im Kommando *nulldata* definierte Größe des Datesets sein. Ohne Angabe eines Index werden alle(!) Werte der Variablen auf den Wert 18 gesetzt. Im zweiten Beispiel erzeugt die Funktion *normal* Zufallswerte, die einer Normalverteilung mit dem Mittelwert 0 und der Standardabweichung 1 entsprechen. Diese werden den einzelnen Elementen der Variablen zugewiesen. In der dritten Zuweisung werden alle Werte der Variablen y mit dem Wert 5 initialisiert. Das letzte Beispiel zeigt die Verwendung der Funktion *log*, die *alle Werte* von y logarithmiert.

Variablen können einfach mit dem Kommando *delete* gelöscht werden. Es bezieht sich auf fast alle Datentypen. Hinter dem Kommando kann eine einzelne Variable oder eine Liste von Variablen angegeben werden. Beispielsweise löscht das folgende Kommando die Variablen *Distanz* und *MietNK* aus dem Dataset.

```
delete Distanz MietNK
```

Operationen mit series-Variablen

Viele Operationen lassen sich sowohl mit Skalaren als auch mit Variablen vom Typ *series* durchführen, insbesondere die klassischen Operationen wie Addition, Subtraktion usw. Bei der Verwendung von Funktionen und Kommandos ist aber darauf zu achten, welche Argumente zulässig sind. So gibt es Funktionen/Kommandos, die nur im Zusammenhang mit Variablen vom Typ *series* zu verwenden sind. In der Funktions- und Kommandoübersicht am Ende des Buches wird jeweils konkret auf den zu verwendenden Argument-Typ oder auf den Typ des Funktionsergebnisses hingewiesen.

Bei Operationen wie Addition, Subtraktion, Multiplikation und Division muss man sich klarmachen, dass diese elementweise mit den Werten an der jeweils gleichen Position der beteiligten Variablen durchgeführt werden, wie das folgende Beispiel illustriert:

```
nulldata 4
series a = {1, 2, 3, 4}
series b = {5, 6, 7, 8}
```

```
series c = a + b
series d = a*b
series e = a/b
series f = b^2
```

Klickt man auf das Icon *Datensatz* der Symbolansicht, werden folgende Werte angezeigt:

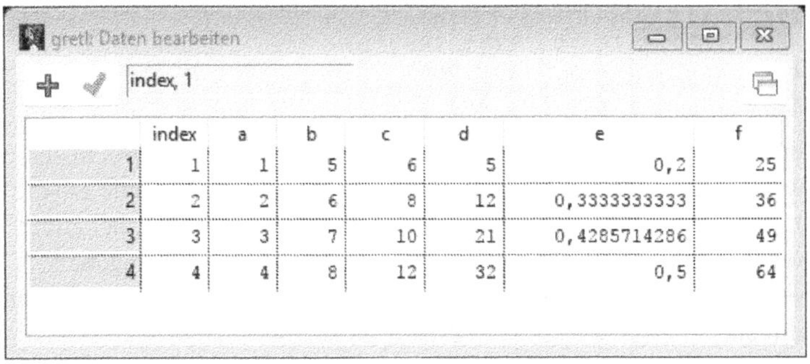

	index	a	b	c	d	e	f
1	1	1	5	6	5	0,2	25
2	2	2	6	8	12	0,3333333333	36
3	3	3	7	10	21	0,4285714286	49
4	4	4	8	12	32	0,5	64

Abb. 1.22.: Ergebnisse der Operationen mit series-Variablen

Die Tabelle 1.4 zeigt einige Funktionen, die in ihrer Verwendung speziell auf Datasetvariablen zugeschnitten sind (hier mit *v* bezeichnet):

Funktion/Kommando	Rückgabetyp	Bedeutung
max(*v*)	scalar	liefert Maximum der Variablen *v*
min(*v*)	scalar	liefert Minimum der Variablen *v*
sort(*v*)	series	sortiert v in aufsteigender Folge
sum(*v*)	scalar	Aufsummierung der Werte von *v*
log(*v*)	scalar/series	liefert den/die logarithmierten Wert(e) von *v*
square *v*	series	liefert den/die quadrierten Wert(e) von *v*
mean(*v*)	scalar	Erzeugt den Mittelwert von *v*
var(*v*)	scalar	Erzeugt die Varianz von *v*
sd(*v*)	scalar	Erzeugt die Standardabweichung von *v*

Tabelle 1.4.: Funktionen für Datasetvariablen

Das Ergebnis der Funktionsausführung kann einer Variablen vom angegebenen Rückgabetyp zugeordnet werden. Das Kommando *square v* wird nicht in einer Zuweisungsoperation verwendet. Es erzeugt vielmehr eine Variable *sq_v*, die die quadrierten Werte von *v* enthält. Die Funktion *log* ist auch auf Variablen vom Typ *scalar* anwendbar. Wird die Funktion *log* nicht in einer Zuweisungsoperation verwendet, dann erzeugt Gretl eine Variable *l_v*, die die Logarithmen von v enthält.

Auf weitere Besonderheiten bei Datasetvariablen wird später eingegangen (☞ Kapitel 2).

Modifikation von Datasetvariablen

Manchmal ist es wünschenswert, bestimmte Werte innerhalb einer series-Variablen gezielt umzucodieren. Dafür stellt Gretl die Funktion *replace* bereit. Ihre Verwendung erspart die aufwändige Ermittlung der Positionen, an denen die Werte stehen. Die folgenden Beispiele verdeutlichen ihre Verwendung.

```
# Ersetzung von Beobachtungswerten
series gro = {180, 175, 0, 170, 195, 0}
series gro = replace(gro, 180, 200)
series gro = replace(gro, 0, NA)
```

Die erste replace-Anweisung ersetzt den Wert 180 durch den Wert 200, in der zweiten wird der Wert 0 jeweils durch den Wert NA ersetzt. Danach enthält die Variable *gro* die Werte: 200, 175, NA, 170, 195, NA. Soll das Ergebnis des Ersetzungsvorgangs in einer anderen Variablen gespeichert werden, so ist diese vor dem Zuweisungsoperator „=" anzugeben.

Die zwei replace-Anweisungen können auch durch eine einzige ersetzt werden. In diesem Fall ist zu codieren:

```
# Ersetzung von Beobachtungswerten
series gro = {180, 175, 0, 170, 195, 0}
series gro = replace(gro, {180, 0}, {200, NA})
```

Oder etwas ausführlicher:

```
# Ersetzung von Beobachtungswerten
series gro = {180, 175, NA, 170, 195, NA}
matrix ersatz_1 = {180, 0}
matrix ersatz_2 = {200, NA}
series gro = replace(gro, ersatz_1, ersatz_2)
```

Die auszutauschenden Werte werden in geschweifte Klammern gesetzt, die korrespondierenden neuen Werte ebenso. Die ausführlichere Variante benutzt den Datentyp *matrix*, um die beiden Wertepaare in entsprechenden Variablen dieses Typs zwischenzuspeichern. Diese werden dann innerhalb der Funktion *replace* verwendet.

1.4.4. Kontrollstruktur Wiederholung (*loop*)

Um zum Beispiel die einzelnen Werte einer Variablen vom Typ *series* in einem Skript gezielt verarbeiten zu können, wird eine Kontrollstuktur benötigt, die es erlaubt, bestimmte Kommandos wiederholt auszuführen. Eine solche Wiederholungsstruktur wird in Gretl mit dem Befehl *loop* realisiert. Konkret lassen sich damit mehrere Kommandos solange wiederholt ausführen, bis eine bestimmte Bedingung den Wert *false* annimmt.

Durch die unterschiedliche Formulierung des *loop*-Befehls lassen sich folgende Wiederholungsstrukturen realisieren:

- Zählschleife

- While-Schleife

- Indexschleife

- foreach Schleife

- for Schleife

Auf die verschiedenen Varianten soll im Folgenden kurz eingegangen werden.

Zählschleife   Die Zählschleife stellt die einfachste Schleifenvariante dar. Statt des Bedingungausdrucks wird eine vorher festgelegte Anzahl von Wiederholungen angegeben. Dies kann in Form einer ganzzahligen Konstanten oder einer Variablen vom Typ Skalar geschehen. Das folgende Beispiel summiert die Zahlen von 1 bis 10 auf, sodass die Schleife genau 10 mal durchlaufen wird. Danach wird die Summe ausgegeben.

```
scalar x = 1
scalar su = 0
scalar n = 10
loop n
   su += x
   x++
endloop
printf "Summe von 1 bis 10 : %g ", su
```

While-Schleife   Dieser Schleifentyp erfordert hinter dem Kommando *loop* das Schlüsselwort *while*, dem ein Bedingungsausdruck folgt. Die Schleifendurchläufe werden gestoppt, wenn die Bedingung den Wert *false* (0) liefert. Die Zahl der Durchläufe steht vorher nicht fest, denn der Wert des Bedingungsausdrucks ergibt sich aus der Verarbeitung innerhalb des Schleifenrumpfs.
Das allgemeine Format lautet:

```
loop while <Bedingungsausdruck>
   <Schleifenrumpf>
endloop
```

Die Kommandos, die den Schleifenrumpf bilden, werden solange ausgeführt, bis der Bedingungsausdruck den Wert *false* ergibt. Es ist zu betonen, dass die Bedingung vor Ausführung des Schleifenrumpfs geprüft wird. Daher kann es sein, dass dieser gar nicht ausgeführt wird. Andererseits muss gewährleistet sein, dass die Wiederholungsanweisung auch verlassen werden kann. Also muss der Bedingungsaudruck während der Ausführung des Schleifenrumpfs irgendwann den Wert *false* erhalten, damit es nicht zu einer Endlosschleife kommt. Glücklicherweise gibt es einen Mechanismus, um genau diese Situation zu verhindern. Gretl stoppt nämlich die Ausführung des Schleifenrumpfs automatisch, falls die Zahl der Iterationen den Wert 100000 übersteigt. Dies ist eine Sicherungsmaßnahme, um potentiell unendliche Schleifendurchläufe zu verhindern. Dieser Wert kann überschrieben werden, indem die Statusvariable *loop_maxiter* mit dem *set*-Befehl auf einen gewünschten Wert gesetzt wird, z.B. *set loop_maxiter* = 200000.

Das genannte Beispiel der Zählschleife kann folgendermaßen als while-Schleife formuliert werden.

```
scalar x = 1
scalar su = 0
loop while x <= 10
   su += x
   x++
endloop
printf "Summe von 1 bis 10 : %g ", su
```

Die Ausführung des Schleifenrumpfs wird gestoppt, wenn die Variable x den Wert 11 besitzt. Dem Kommando *printf* folgt ein sogenannter *Formatstring*, mit dem die Form der Ausgabe spezifiziert wird (☞ siehe auch Abschnitt 1.4.7).

Indexschleife   Während die Zählschleife sehr selten benutzt wird, ist es oft nützlich, innerhalb des Bedingungsausdrucks eine Index- bzw. Zählvariable aufzunehmen. Die Zählvariable kann eine zuvor definierte Skalarvariable sein. Ist dies nicht der Fall, wird sie vor der ersten Ausführung des Schleifenrumpfs automatisch angelegt und mit einem Anfangswert initialisiert. Dieser Anfangswert wird zusammen mit einem Endwert im Bedingungsausdruck angegeben und mit zwei Punkten verbunden. Nach jedem Durchlauf wird ihr Wert automatisch um 1 erhöht. Damit erhält sie die Form

```
loop <indexvar> = <min>..<max>
   <Schleifenrumpf>
endloop
```

Die Indexvariable darf innerhalb der Schleife nicht verändert werden, sie kann aber referenziert werden. Die Start- und Endwerte können Konstante, definierte Skalarvariablen oder Ausdrücke sein, die im Ergebnis einen Skalar liefern. Insbesondere bei der Verarbeitung von Variablen des Typs *series* und *matrix* wird dieser Schleifentyp häufig angewendet.

Das folgende Beispiel bezieht sich auf die Verarbeitung der einzelnen Werte einer series-Variablen. Bezogen auf das Dataset *Miethoehe.gdt* wollen wir eine Clusterbildung der Miethöhen durchführen, indem wir drei Variablen erzeugen, die die einzelnen Cluster repräsentieren. Das erste Cluster kennzeichnet diejenigen Datensätze, bei denen die Miethöhe unter 400 Euro liegt. Das zweite Cluster Miethöhen, die zwischen 400 und 800 Euro liegen und das dritte Cluster bezieht sich auf Wohnungen, bei denen die Miete über 800 Euro liegt. Die erzeugten Variablen werden auch als *Indikatorvariablen* bezeichnet. Sie besitzen an den Positionen, die der jeweiligen Bedingung genügt, eine 1, sonst lauter Nullen. Das folgende Listing zeigt, wie diese Anforderung umgesetzt werden kann.

```
series cluster_1 = 0
series cluster_2 = 0
series cluster_3 = 0
loop i=1..$nobs
   if Miete[i] <= 400
      cluster_1[i] = 1
   elif Miete[i] <= 800
      cluster_2[i] = 1
   else
      cluster_3[i] = 1
   endif
```

```
endloop
```

Man beachte, dass die Anzahl der Schleifendurchläufe der Anzahl von Beobachtungen entspricht. Gretl speichert die Anzahl der Beobachtungen und damit die Größe des Datasets in einer speziellen Gretl-Variablen mit der Bezeichnung *$nobs*. Gretl besitzt mehrere solcher auch als *accessors* bezeichnete Variablen, in denen der Zustand der Sitzung festgehalten wird. Sie unterscheiden sich von benutzerdefinierten Variablen durch das vorangestellte $-Zeichen. Zu Beginn werden im Skript alle Clustervariablen mit 0 initialisiert. Die einzelnen Beobachtungen der Variablen *Miete* werden durch einen Index angesprochen, der in eckigen Klammern hinter den Variablennamen gesetzt wird. So bezeichnet Miete[1] den ersten, Miete[2] den zweiten Beobachtungswert usw.

Eine besonders elegante (und kurze) Variante ergibt sich, wenn man die Tatsache ausnutzt, dass Gretl bei Operationen mit series-Variablen diese mit allen Werten durchführt. Somit können die obigen Zeilen durch drei Anweisungen ersetzt werden (die Auswertung des Klammerausdrucks ergibt für jede Beobachtung den Wert 0 oder 1).

```
series cluster_1 = (Miete <= 400)
series cluster_2 = (Miete > 400 && Miete <= 800)
series cluster_3 = (Miete > 800)
```

Es ist also möglich, alle Elemente einer series-Variablen in einer Anweisung zu bearbeiten. Intern arbeitet Gretl die Elemente dann einzeln ab.

Ein weiteres Beispiel illustriert die gleichartige Verarbeitung mehrerer Teilmengen des Datasets *Miethoehe.gdt*. Die Variable *Wohnungstyp* enthält die Information, um welch einen Typ von Immobilie es sich handelt. Sie enthält die Werte 1 (=luxussaniert), 2 (=renoviert), 3 (=Altbau) und 4 (=Neubau). Damit ist die Gesamtheit der Daten in vier Untergruppen unterteilt. Für jede Untergruppe soll eine Basisstatistik der Miethöhe erstellt werden.

```
loop i = 1..4
  smpl Wohnungstyp == i    --restrict
  summary Miete --simple
  smpl full
endloop
```

Das erste Kommando *smpl* mit der Option *--restrict* sorgt dafür, dass bei jedem Durchlauf ein Subsample der Daten erzeugt wird. Die Bedingung, nach der die Daten des Subsamples zusammengestellt werden, beruht auf den vier verschiedenen Ausprägungen aller Werte der Variablen *Wohnungstyp*. Beim ersten Durchlauf werden durch das anschließende Kommando *summary* grundlegende Statistiken nur derjenigen Daten erstellt, bei denen die Variable *Wohnungstyp* den Wert 1 annimmt. Beim zweiten Durchlauf werden nur die Daten des Wohnungstyps 2 berücksichtigt usw. Vor Beendigung der Schleife wird mit dem Kommando *smpl full* das gesamte Dataset wiederhergestellt, damit im nächsten Durchlauf alle Daten für eine erneute Teilmengenbildung zur Verfügung stehen.

foreach Schleife Die foreach Schleife wird häufig benutzt, um für verschiedene Variablen eines Datasets eine bestimmte Verarbeitung durchzuführen. Innerhalb der Bedingung wird eine Indexvariable verwendet, die nacheinander auf die angegebenen Variablen verweist.

Beispielsweise soll für jede Variable des Datasets *Miethoehe.gdt* der Mittelwert sowie die Standardabweichung ermittelt werden.

```
set echo off
loop foreach i Quadratmeter..Distanz
  scalar mw = mean($i)
  scalar stabw = sd($i)
  printf "%s : mittelw = %.2f , stdabw = %.2f \n", \
                   varname(i), mw, stabw
endloop
```

Im Schleifenkopf wird hinter der Indexvariablen *i* der zu verarbeitende Variablenbereich angegeben. Dabei ist der erste und der letzte Variablenname des definierten Bereichs anzugeben. Beide werden durch zwei Punkte getrennt. Sind nur wenige Variable zu verarbeiten, so kann auch eine Aufzählung der Variablennamen vorgenommen werden.

Um auf die Werte der einzelnen Datasetvariablen zugreifen zu können, wird der Indexvariablen das Zeichen $ vorangestellt. Innerhalb des Schleifenrumpfs werden für jede Variable Mittelwert und Standardabweichung mit Hilfe der Funktionen *mean* und *sd* berechnet und anschließend mit der Anweisung *printf* ausgegeben. Die Variablennamen können durch die Funktion *varname* ermittelt werden.

Die Ausführung des Skripts liefert folgende Ausgabe:

> Quadratmeter : mittelw = 74,45 , stdabw = 32,92
>
> Miete : mittelw = 693,15 , stdabw = 311,20
>
> Distanz : mittelw = 3,19 , stdabw = 0,62

Die *foreach*-Schleife kann auch benutzt werden, um Datasetvariablen, die in einer Liste zusammengefasst werden, gemeinsam zu verarbeiten. Der entsprechende Datentyp *list* wird im nächsten Abschnitt behandelt.

for Schleife   Die *for*-Schleife entspricht weitgehend dem entsprechenden Konstrukt in der Programmiersprache C. Der Schleifenkopf bildet einen Ausdruck, der aus drei Komponenten besteht. Die Komponenten werden durch ein Semikolon getrennt und in runden Klammern eingeschlossen. Beispiel:

```
loop for (r=0.01; r<.991; r+=.01)
  <Schleifenrumpf>
endloop
```

Die drei Komponenten lassen sich wie folgt unterscheiden.

Erste Komponente: Vor Eintritt in die Schleife wird ein Startwert für eine Variable angegeben (Initialisierung).

Zweite Komponente: Es wird eine Abbruchbedingung formuliert, die beim Eintritt in die Schleife überprüft wird. Liefert sie den Wert *true*, dann wird der Schleifenrumpf ausgeführt, bei *false* wird er verlassen.

Dritte Komponente: Die Variable wird um einen bestimmten Wert verändert (in der Regel inkrementiert oder dekrementiert). Diese Komponente sorgt dafür, dass die Abbruchbedingung nach einer bestimmten Anzahl von Durchläufen den Wert *false* erhält.

Der Modus *progressive*   Die Option --*progressive* wurde geschaffen, um bei der Durchführung von Monte-Carlo Simulationen die Ausgaben von einfachen Schätzfunktionen wie
ols oder *tsls* innerhalb des Schleifenrumpfs zu unterdrücken. Da Simulationen in der Regel
eine sehr hohe Anzahl von Ausführungen einer Schätzfunktion erfordern, interessiert man
sich nicht für den bei jedem Durchlauf erzeugten Einzel-Output dieser Funktionen, sondern
für den Mittelwert und der Standardabweichung aller Einzelschätzungen. Diese werden dann
nach Verlassen des Schleifenrumpfs ausgegeben.

Für Skalarvariablen besitzt die Option --*progressive* im Zusammenhang mit der Anweisung *print* folgende Auswirkung: Die Ausgabe innerhalb der Schleife wird unterdrückt und
nach Beendigung wird der Mittelwert und die Standardabweichung aller Werte, die die Skalarvariable innerhalb der Schleifendurchläufe annimmt, ausgedruckt. Das folgende Skript demonstriert diese Funktionsweise: Innerhalb des Schleifenrumpfes nimmt die Skalarvariable
sc1 nacheinander die Werte 1, 2, 3, 4, 5 an, sodass sich ein Mittelwert von 3,0 ergibt. Die
Variable *sc2* nimmt fünf Mal den Wert 6 an.

```
scalar sc1 = 0
loop 5      --progressive
  sc1 += 1
  print sc1
  sc2 = 6
  print sc2
endloop
```

Die Ausführung des Skripts führt zu folgender Ausgabe:

Statistiken fuer 5 Wiederholungen

	Mittel	Stdabw
sc1	3,00000	1,41421

Statistiken fuer 5 Wiederholungen

	Mittel	Stdabw
sc2	6,00000	0,000000

Das beschriebene Verhalten gilt nur für Variablen vom Typ *scalar*.

1.4.5. *list*

Variablen vom Typ *list* werden verwendet, um Gretl-Skripte lesbarer und änderungsfreund-
licher zu gestalten. Eine solche Variable stellt nichts weiter als eine Zusammenstellung von
Integervariablen dar, die die ID-Nummern von Variablen des Typs *series* enthalten. Das entscheidende Motiv für die Verwendung von Listen ist es, ein oder mehrere sachlogisch zusammenhängende Variablen vom Typ *series* zu einem Namen zusammenfassen und damit
gemeinsam verarbeiten zu können.

Definition einer Liste über das GUI

Gretl bietet die Möglichkeit, über die grafische Benutzeroberfläche eine Liste zu definieren.
Selektiert man den Menüeintrag *Daten/Definiere oder bearbeite Liste...*, dann wird folgendes Fenster angeboten:

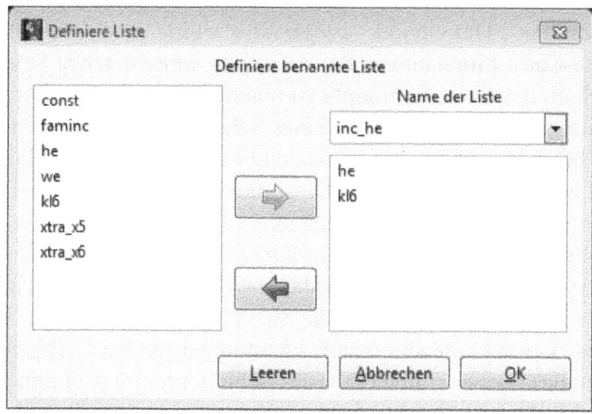

Abb. 1.23.: Dialog zur Definition einer Liste

Auf der linken Seite werden alle Variablen vom Typ *series*, die in der aktuellen Sitzung vorhanden sind, aufgelistet. Im Auswahlfeld „Name der Liste" kann ein neuer Listenname vergeben oder ein bereits vorhandener ausgewählt werden. Mit dem oberen Pfeil wird die Liste erweitert und mit dem unteren Pfeil werden Listenelemente entfernt.

Sollen die in einer Listvariablen zusammengefassten Variablen des Typs *series* zwecks weiterer Untersuchungen selektiert bzw. hervorgehoben werden, so ist dies mit dem Menübefehl *Daten/Setze Auswahl durch Liste...* möglich.

Einfacher ist es, eine Liste mit Hilfe der Kommandosprache zu definieren. Dazu wird nach dem Schlüsselwort *list* der Name oder Bezeichner der Liste angegeben, gefolgt von einem Gleichheitszeichen und einer durch Leerzeichen getrennten Auflistung von Variablen des Typs *series* oder einer Auflistung von ID-Nummern. Beispiele:

```
# Zuweisung zu list-Variablen
list   xListe = 1 2 3
list   MListe = Quadratmeter Distanz
```

Die Definition einer Variablen vom Typ *list* besitzt ihre Gültigkeit für die Dauer einer Sitzung und kann im Kontext jedes Gretl-Kommandos verwendet werden, in dem als Argument eine Liste von Variablen des Typs *series* erwartet wird. Möchte man z.B. für die Variablen von *MListe* Statistiken erstellen, so kann das Kommando

```
summary MListe    --simple
```

verwendet werden. Es gibt weitere Möglichkeiten, um in einem Gretl-Skript einer Variablen vom Typ *list* Werte zuzuweisen.

- Benutzung des Wildcard-Zeichens „∗". Statt der List-Variablen *xlist* die Variablen *x1*, *x2*, *x3* und *x4* in einem Ausdruck durch Leerzeichen getrennt zuzuweisen, kann kürzer geschrieben werden:
  list xlist = x∗

- Angabe eines Bereichs von series-Variablen durch Benutzung zweier Punkte "..". Gibt es in einer Gretl-Sitzung viele Variablen vom Typ *series* und sollen unterschiedliche Kombinationen verarbeitet werden, so kann mit der Angabe von Bereichen gearbeitet werden. Mit dem Kommando
  list liste_eink = Einkommen..Preis
  werden alle Variablen vom Typ *series* der Listvariablen *liste_eink* zugewiesen, deren ID-Nummern größer oder gleich der ID-Nummer von *Einkommen* und kleiner oder gleich der ID-Nummer von *Preis* sind.

- Mit der Angabe des Schlüsselwortes *dataset* werden alle in der aktuellen Sitzung verwendeten Variablen vom Typ *series* der Listvariablen zugewiesen. Beispiel:
  list xListe = dataset

- Mit der Angabe des Schlüsselworts *null* hinter dem Gleichheitszeichen erhält man eine leere Liste.

Operationen mit Listen

Um eine Listvariable zu entfernen, wird das folgende Kommando benutzt:

```
# Entfernen einer Listvariablen
list xlist delete
```

Dabei ist darauf zu achten, dass die Angabe *delete* nach dem Namen der Liste erfolgt. Ein Kommando der Form *delete xlist* bewirkt, dass alle Datasetvariablen, die in der Liste *xlist* enthalten sind, zusammen mit ihren Werten gelöscht werden. Soll aber nur der Listenbezeichner *xlist* gelöscht werden, dann ist die oben angegebene Form zu wählen.

Eine vorhandene Liste kann ohne weiteres durch andere Variablen des Datasets erweitert oder auch wieder verkürzt werden. Dabei können die Variablen an den Anfang oder an das Ende der Liste eingefügt werden. Beispiel:

```
# Erweiterung einer list-Variablen
list xListe = x2 x3
xListe = x1 xListe x4 x5
xListe += x6
xListe -= x2
```

In der zweiten Kommandozeile wird die Liste *xListe* durch die Variablen x1,x4 und x5 erweitert, wobei die Variable x1 an den Anfang der Liste gestellt wird. Eine weitere Möglichkeit, eine Variable ans Ende der Liste anzufügen, bietet der Operator +=. Soll die Variable x2 wieder aus der Liste entfernt werden, bietet sich die Verwendung des Operators -= an.

In der Regel müssen Anwender sicherstellen, dass es kein doppeltes Vorkommen einer Variablen in der Liste gibt, weil seine Verwendung im Kontext eines Kommandos in der Regel sonst zu Ergebnisduplikaten führt. Eine Konkatenierung zweier Listen sollte daher besser unter Verwendung des (exklusiven) ODER-Operators || durchgeführt werden. Er sorgt dafür, dass Variablen, die in beiden Listen vorhanden sind, nicht doppelt in der Ergebnisliste vorkommen. So sorgt das folgende Kommando

```
list GesListe = xListe1 || xListe2
```

dafür, dass die Liste *GesListe* nur die Variablen aus *xListe1* und die Variablen aus *xListe2*, die nicht in *xListe1* enthalten sind, enthält. In gleicher Weise lassen sich unter Verwendung der UND-Operatoren && der Durchschnitt zweier Listen erzeugen.

```
# Durchschnittsbildung (Schnittmenge)
list ErgListe = xListe1 && xListe2
```

Die Liste *ErgListe* enthält nach Ausführung der Operation nur die Elemente, die in beiden Listen *xListe1* und *xListe2* enthalten sind.

Mit der Funktion *nelem()* kann ermittelt werden, wieviele Elemente eine Liste enthält. Als Argument wird der Funktion der Name der Liste mitgegeben. Die Funktion kann auch auf Variablen des Typs *matrix* oder *bundle* angewendet werden.

```
list  MListe = Quadratmeter Distanz
scalar AnzEl = nelem(MListe)
```

Der Variablen *AnzEl* wird der Wert 2 zugewiesen, weil die Liste zwei Elemente besitzt.

Variablentransformationen in Listen

Variablen eines Datasets, die einer Listvariablen zugewiesen wurden, können unter Anwendung der bereits erwähnten Funktionen *log*, *lags*, *diff*, *ldiff* oder *dummify* verschiedenen Transformationen unterzogen werden. Beispiel:

```
list xListe = Einkommen Konsumausg
list logxListe = log(xListe)
list diffxListe = diff(xListe)
```

Die Variablen *l_Einkommen*, *l_Konsumausg*, *d_Einkommen* und *d_Konsumausg* werden nach Ausführung des Skripts im Hauptfenster angezeigt.

Die Funktion *diff* wird vor allem bei Zeitreihen angewendet und führt eine Differenzbildung benachbarter Werte innerhalb der Variablen durch.

Verarbeitung von Elementen einer Liste

Soll jedes Element einer Liste der gleichen Verarbeitung unterworfen werden, dann bietet sich die Verwendung einer loop-Schleife an. Beispiel:

```
list Wohndaten = Miete Quadratmeter Distanz
loop foreach i Wohndaten
  freq $i   --show-plot
endloop
```

Das reservierte Wort *foreach* ist speziell für die Verarbeitung aller Variablen einer Liste zu verwenden. In dem speziellen Beispiel werden die Häufigkeitsverteilungen aller Variablen der Liste ermittelt. Die Option *–show-plot* sorgt dafür, dass für jede Variable außerdem ein Häufigkeitsdiagramm erstellt wird.

Listvariablen als Argumente von Funktionen

Gretl stellt Funktionen zur Verfügung, die als Argument eine Variable vom Typ *list* enthalten und eine Variable vom Typ *series* zurückliefern. Diese Funktionen arbeiten in der Regel so, dass die an gleicher Position stehenden Werte der zur Liste zusammengefassten Variablen gemeinsam verarbeitet werden. Es erfolgt also eine horizontale Abarbeitung der Werte, wobei das resultierende Ergebnis an der entsprechenden Position der zurückgelieferten Variablen gespeichert wird. Schauen wir uns dazu einige Beispiele an.

Im ersten Beispiel wird untersucht, ob die Variablen *Einkommen* und *Konsumausg* an bestimmten Stellen fehlende Werte enthalten. Dazu wird eine Listvariable *xListe* definiert, der beide Variablen zugewiesen werden. *xListe* kann nun als Argument der Funktion *missing* übergeben werden. Die Funktion *missing(xListe)* liefert Werte zurück, die an denjenigen Stellen, an denen mindestens(!) eine der in der Liste *xListe* enthaltenen Variablen ein Fehlwert vorliegt, den Wert 1 besitzt, ansonsten 0. Diese Rückgabewerte werden einer Variablen vom Typ *series* zugewiesen.

```
list xListe = Einkommen Konsumausg
series missing_Werte = missing(xListe)
```

Sollen alle Variablen des Datasets auf Fehlwerte untersucht werden, kann als Argument auch die Gretl-spezifische Variable *dataset* eingesetzt werden.

Die Funktionen *max*, *min*, *mean*, *sd* und *var* ermitteln statistische Kennzahlen wie Maximum, Minimum, Mittelwert, Standardabweichung und Varianz von Beobachtungswerten. Sie sind auf Variablen vom Typ *series* und *list* anwendbar. Bei einer series-Variablen werden alle Beobachtungswerte der Variablen in die Berechnung einbezogen und die jeweilige Funktion liefert eine Konstante zurück. Fehlwerte werden bei der Berechnung nicht berücksichtigt.

```
list xlist = x1 x2 x3 x4
series meanvar = mean(xlist)
```

Im obigen Beispiel ermittelt die Funktion *mean* die Mittelwerte der einzelnen Beobachtungen der Variablen x_1, x_2, x_3 und x_4. Die Berechnung erfolgt nach der Formel $(x_{1i} + x_{2i} + x_{3i} + x_{4i})/4$ für jede Beobachtung i. Enthält einer der Summanden einen Fehlwert, wird die Berechnung abgebrochen und ein Fehlwert in die Ergebnisvariable eingetragen. Die Berechnung eines Mittelwertes macht natürlich nur Sinn, wenn die Datasetvariablen inhaltlich vergleichbare Daten enthalten, zum Beispiel die Bruttosozialprodukte verschiedener europäischer Länder über den gleichen Zeitraum.

Gretl ist auch in der Lage, gewichtete Kennzahlen zu ermitteln. Dazu stehen die Funktionen *wmean*, *wsd* und *wvar* zur Verfügung. Sie berechnen den gewichteten Mittelwert, die gewichtete Standardabweichung und die gewichtete Varianz.

Betrachten wir ein anschauliches Beispiel: es soll die Entwicklung des durchschnittlichen (gewichteten) Pro-Kopf-Umsatzes von Mitarbeitern verschiedener Unternehmen berechnet werden. Dazu liegen die Daten der Tabelle 1.5 vor. Das Dataset besteht aus sechs Zeitreihenvariablen: sie enthalten die Umsatz- und Mitarbeiterentwicklung des ersten Quartals 2014 bis zum zweiten Quartal 2015 für drei Unternehmen.

obs	UmsU1	UmsU2	UmsU3	MitarbU1	MitarbU2	MitarbU3
2014:01	2120	2700	1600	86	110	67
2014:02	2200	2600	1612	88	115	70
2014:03	2460	2740	1717	83	103	69
2014:04	2450	2713	1690	79	107	69
2015:01	2700	2723	1644	81	105	74
2015:02	2680	2755	1688	81	98	76

Tabelle 1.5.: Umsätze und Mitarbeiterzahlen von drei Discountern

Wie können wir auf einfache Art die Entwicklung des durchschnittlichen Pro-Kopf-Umsatzes über alle Unternehmen berechnen?

Mathematisch muss ein gewichteter Durchschnitt berechnet werden, wobei folgende Formel zugrunde gelegt wird. Für jede Zeitperiode t wird der Umsatz eines Unternehmens mit der Zahl seiner Mitarbeiter multipliziert und die derart gebildeten Produkte aufsummiert. Das Ergebnis wird durch die Zahl aller Mitarbeiter in der jeweiligen Zeitperiode dividiert.

$$GewD_t = \frac{UmsU1_t * MitarbU1_t + UmsU2_t * MitarbU2_t + UmsU3_t * MitarbU3_t}{MitarbU1_t + MitarbU2_t + MitarbU3_t} \qquad (1.1)$$

Für die Beobachtungen des ersten Quartals 2014 ergibt sich damit der folgende gewichtete Durchschnittsumsatz eines Mitarbeiters: $GewD_1 = 586520/263 = 2230{,}11$.

Die Berechnung des gewichteten Mittelwerts kann mit Hilfe der Funktion *wmean* erfolgen, wie im folgenden Skript angegeben:

```
list UmsListe = UmsU1 UmsU2 UmsU3
list MitarbListe = MitarbU1 MitarbU2 MitarbU3
series GewMittel = wmean(UmsListe, MitarbListe)
series GewVarianz = wvar(UmsListe, MitarbListe)
```

Die Variablen, die die Umsätze der drei Unternehmen enthalten, werden der Liste *UmsListe* und die Variablen mit den Mitarbeiterzahlen der Liste *MitarbListe* zugewiesen. Die Funktion *wmean* erhält beide Listen als Argument, wobei darauf zu achten ist, dass diejenige Liste als zweites Argument angegeben wird, deren zugehörige Werte als Summe im Nenner angegeben ist. In der vierten Zeile wird noch die gewichtete Varianz berechnet. Die Variablen *GewMittel* und *GewVarianz* enthalten also für alle Quartale die gewichteten Pro-Kopf-Umsätze und Pro-Kopf-Varianzen.

1.4.6. *matrix*

Allgemein kann eine Matrix als zweidimensionales Tabellenschema interpretiert werden, wobei jedes Element über eine Zeilen- und Spaltennummer ansprechbar ist. Die Namen von Variablen des Typs *matrix* müssen den bekannten Regeln entsprechen: sie dürfen nicht länger als 31 Zeichen sein und beginnen mit einem Buchstaben. In den Beispielen des folgenden Abschnitts verwenden wir gemäß unserer Konvention Großbuchstaben zur Kennzeichnung von Matrizen.

Die Definition einer Matrix im GUI bietet sich nur in den Fällen an, in denen keine Einbettung in einem Gretl-Skript erfolgt. In der Regel ist die Verwendung entsprechender Kommandos (unter Verwendung der Konsole oder des Gretl-Editors) die elegantere Methode. Zunächst werden kurz die Möglichkeiten erwähnt, die Gretl innerhalb der grafischen Benutzeroberfläche hinsichtlich der Bearbeitung einer Matrix anbietet.[7]

Matrixbehandlung im GUI

Wählt man (innerhalb eines neu angelegten oder geladenen Datasets) den Menüeintrag *Hinzufügen/Definiere Matrix...* aus, dann wird folgendes Fenster angeboten:

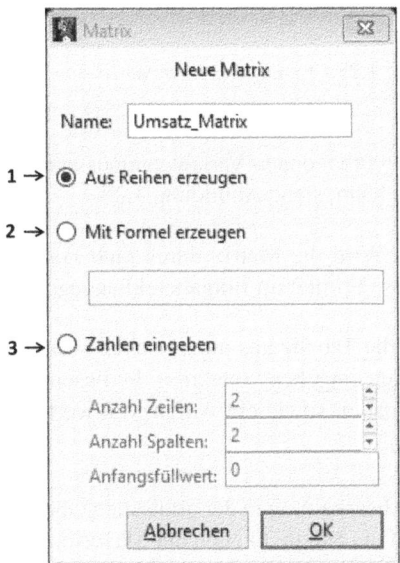

Abb. 1.24.: Dialog zur Definition einer Matrix

In diesem Dialogfenster wird der Name der zu definierenden Matrix angegeben sowie eine Information darüber, ob diese (1) aus bestehenden Reihen (d.h. Variablen vom Typ *series*), (2) einer Formel oder (3) konkreten Zahlenwerten erzeugt werden soll. Alle drei Möglichkeiten werden näher beleuchtet.

1 – Erzeugung aus Reihen Wird die Matrix aus Reihen erzeugt, dann wird im Folgedialog das Auswahlfenster „Definiere Matrix" angezeigt (analog zum Fenster *Definiere*

---

7 Da die Skriptsprache von Gretl sehr viele Kommandos und Funktionen bereithält, um Matrizen zu definieren und zu verarbeiten, wird im Verlauf des Buches noch stärker darauf eingegangen. Die Behandlung der Ökonometrie mit Hilfe der Matrizendarstellung steht nicht allzu sehr im Vordergrund, der Leser/die Leserin soll aber dennoch in die Lage versetzt werden, die grundlegenden Konzepte zu verstehen. Dazu dienen vor allem die Abschnitte A.1, A.2 und A.3 im Anhang des Buches.

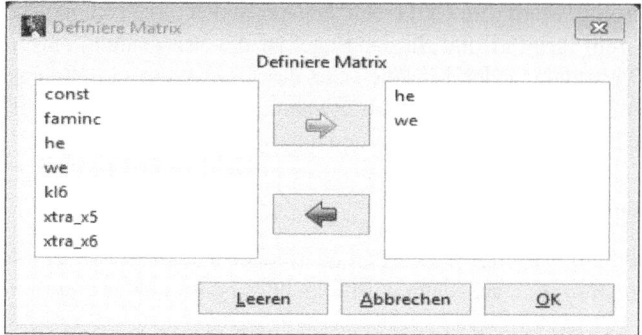

Abb. 1.25.: Erzeugung einer Matrix aus Reihen

Liste), in dem aus den vorhandenen Variablen eines geladenen Datasets eine Auswahl vorgenommen werden kann, siehe Abbildung 1.25.

2 – Mit Formel erzeugen Wird die Matrix durch eine Formel aus einer anderen Matrix abgeleitet, so kann diese Formel im Eingabefeld angegeben werden.

3 – Zahlen eingeben Soll die Tabelle aus numerischen Werten aufgebaut werden, so wird der Radiobutton „Zahlen eingeben" selektiert. In diesem Fall kann die Anzahl der Zeilen, die Anzahl der Spalten sowie ein Anfangsfüllwert spezifiziert werden (z.B. 0, 1 oder der Fehlwert NA).

Wie erwähnt stellt die Matrixbearbeitung in der grafischen Oberfläche keine optimale Lösung dar, sodass im Folgenden auf die Möglichkeiten der Skriptsprache eingegangen wird.

Matrixbehandlung im Skript

Für die Erzeugung einer Matrix im Gretl-Skript bieten sich mehrere Möglichkeiten an:

- durch eine spezielle Funktion oder eine Formel, die aus bereits existierenden Matrizen und Skalaren eine neue Matrix erzeugt

- durch direkte Angabe von Skalaren, die den Elementen der Matrix zugeordnet werden – die Skalare können feste numerische Konstanten sein oder bereits definierte Variablen

- durch Angabe von Variablen des Typs *series*, deren Werte in eine einspaltige Matrix (Spaltenvektor) geschrieben werden

- durch Angabe einer *named list* von N Variablen des Typs *series*, deren Werte in eine Matrix mit N Spalten geschrieben werden

Um eine Matrix ausführlich mit einzelnen Elementen zu definieren, werden diese in geschweiften Klammern eingeschlossen. Die Werte einer jeden Zeile werden durch Kommata getrennt und die einzelnen Zeilen durch ein Semikolon. Statt numerischer Konstanten können auch Variablen vom Typ *scalar* angegeben werden. Das folgende Beispiel erzeugt eine mit Nullen gefüllte (2×3)-Matrix **A**. Die Matrix **B** entsteht anschließend durch Addition des Werts 6 zu jedem Element von **A**. Danach wird eine (2×3)-Matrix **C** erzeugt und die Elemente mit den in geschweiften Klammern angegebenen Werten initialisiert. Die Multiplikation mit der Konstanten 2 ergibt Matrix D.

```
matrix A = zeros(2,3)
matrix B = 6 + A
print B
matrix C = {5,7,8;4,3,5}
print C
matrix D = C'      # alternativ: matrix D = transp(C)
print D
```

Während die Funktion *zeros* eine mit Nullen initialisierte Matrix **A** mit zwei Zeilen und drei Spalten erzeugt, wird die Matrix **C** hingegen direkt mit Werten bestückt, wobei die durch Kommata getrennten Werte in einer Zeile angeordnet werden. Soll die transponierte Matrix von C erzeugt werden, so kann dies durch Anfügen eines Hochkommas (') geschehen. Das gleiche Ergebnis lässt sich erzielen, wenn hinter der schließenden Klammer das Hochzeichen angefügt wird: So ergibt die Anweisung *matrix C = {5,7,8;4,3,5}'* eine (3×2)-Matrix, die identisch mit Matrix **D** ist.

Die drei *print*-Anweisungen führen zur Ausgabe:

B (2 x 3)

6 6 6

6 6 6

C (2 x 3)

5 7 8

4 3 5

D (2 x 3)

5 4

7 3

8 5

Einzelne Elemente der Matrix können mit Hilfe der Notation $[r,c]$ gezielt angesprochen werden. Soll das Element in der zweiten Zeile und ersten Spalte der Matrix **C** auf den Wert 12 gesetzt werden, so geschieht dies mit folgender Anweisung:

```
C[2,1] = 12
```

Zur Definition einer Matrix können auch Variablen vom Typ *series* herangezogen werden, wobei diese durch Kommata getrennt werden. Zum Beispiel erzeugt folgende Anweisung eine dreispaltige Matrix **A**, wobei x1, x2, x3 Variablen vom Typ *series* sind.

```
matrix A = {x1, x2, x3}
```

Ein Semikolon darf als Zeilentrenner nicht verwendet werden. Möchte man die Werte der series-Variablen in Zeilenform anordnen, dann wird das Hochzeichen (') angehängt, um die Transponierte zu erhalten.

Sollen alle Datasetvariablen der laufenden Gretl-Sitzung einer Matrixvariablen zugewiesen werden, so kann dies unter Verwendung des Schlüsselworts *dataset* geschehen. Das bereits vorgestellte Gretl-Datei *Miethoehe.gdt* enthält die Variablen *Quadratmeter, Miete, Distanz* und *Wohnungstyp*. Um die Werte aller vier Variablen den Elementen einer Matrix zuzuweisen, kann das Kommando *matrix A = {dataset}* verwendet werden.

Einige der Variablen vom Typ *series* können in einer *list*-Variablen zusammengefasst sein. Dann kann diese Liste auch zur Erzeugung einer Matrix herangezogen werden. Beispiel:

```
list xListe = x1 x2
matrix A = {xListe}
```

Im Anhang wird ausführlicher beschrieben, welche Kommandos Gretl für die Matrixbearbeitung zur Verfügung stellt und wie der Zugriff auf ihre Elemente erfolgt (☞ Anhang A.2).

1.4.7. *string*

Gretl offeriert ein breites Spektrum von Operatoren und Funktionen, um Zeichenketten zu verarbeiten. Nach der expliziten Deklaration des Typs *string* folgt der Variablenname, dem direkt eine Zeichenkette zugewiesen werden kann. Bei der Zuweisung sind verschiedene Varianten möglich.

- Es wird eine in doppelten Anführungszeichen gesetzte Zeichenkette zugewiesen.

- Es wird der Inhalt einer anderen Stringvariablen zugewiesen.

- Rechts vom Gleichheitszeichen steht eine Funktion mit String als Rückgabewert.

Das Zusammenfügen mehrerer Strings lässt sich mit dem Operator ~ durchführen.

```
# Konkatenierung von Strings
string s1 = "und"
string s2 = "Dies ist Text1" ~ s1 ~ "dies Text2"
```

Die Variable s2 enthält nach Ausführung der beiden Anweisungen den Inhalt: „Dies ist Text1 und dies Text2". Soll eine bestehende Zeichenkette einfach nur erweitert werden, dann kann der Operator ~= verwendet werden.

```
# Bestehenden String verlaengern
string s1 = "Dies ist ein Text"
string s1 ~= "und hier die Erweiterung"
```

Die Variable s1 enthält nach Ausführung der beiden Anweisungen den Inhalt: „Dies ist ein Text und hier die Erweiterung".

Wenn eine Funktion einen String liefert, dann kann sie in einer Zuweisung verwendet werden. Zum Beispiel liefert die Funktion *tolower* einen Text zurück, in dem alle vorkommenden Großbuchstaben durch Kleinbuchstaben ersetzt sind.

```
# Funktion tolower
string s1 = "BUCHSTABEN"
string s2 = tolower(s1)
```

Nach Ausführung des zweiten Kommandos enthält die Variable s2 den Text „buchstaben".

Außer den Strings, die der Benutzer definieren kann, gibt es einige Strings, die von Gretl definiert und festgelegt sind. Sie werden als *built-in strings* bezeichnet. Dazu gehören z.B.

gretldir : Das Gretl Installationsverzeichnis
workdir : Das Gretl Arbeitsverzeichnis *(kann jederzeit vom Nutzer geändert werden)*
dotdir : Das Gretl Verzeichnis für temporäre Dateien
gnuplot : Der Pfad, in dem das ausführbare Programm *gnuplot* steht

In der Regel ist es wünschenswert, die Ausgabe numerischer Werte mit einem sprechenden Text zu versehen. Dafür können der Befehl *printf* und die Funktion *sprintf* benutzt werden. Mit ihnen ist es möglich, unter Angabe eines Formatstrings Zeichenketten und numerische Werte flexibel miteinander zu kombinieren. Das Kommando *printf* druckt das Resultat aus, während die Funktion *sprintf* es in einer anzugebenden Stringvariablen speichert. Die *printf*-Syntax lautet wie folgt. (Für die *sprintf*-Funktion ☞ Anhang B.)

```
printf <Formatstring>, arg1, arg2, arg3,...
```

Der Formatstring wird benutzt, um festzulegen, in welcher Form die angegebenen Argumente *arg1*, *arg2*, *arg3* usw. auszugeben sind. Das folgende Skript berechnet die Summe zweier Zahlen und gibt die Summe unter Verwendung eines Formatstrings aus.

```
# numerisches Beispiel
set verbose off          /* Kommentare und Kommandoecho ausschalten */
scalar a = 5
scalar b = 7.93
scalar su = a + b
printf "Die Summe von %d und %g ist: %g", a,b,su
```

Die hinter dem Befehl *printf* angegebene Zeichenkette enthält drei besondere Zeichensequenzen, die jeweils mit dem Prozentzeichen (%) beginnen. Diese Zeichensequenzen sind Platzhalter für die drei hinter dem Formatstring angegebenen Argumente *a,b* und *su*. Außerdem definieren sie die Formate, mit denen die Inhalte der drei Skalarvariablen ausgegeben werden sollen. Der erste Platzhalter %d zeigt an, dass eine ganze Zahl an diese Stelle gesetzt werden soll. Also wird der Inhalt des ersten Arguments, der Variablen *a*, dort eingesetzt. Der zweite Platzhalter %g steht für eine Fließkommazahl und bezieht sich auf das zweite Argument in der Argumentliste. An der Stelle des dritten Platzhalters wird schließlich die Summe, ebenfalls eine Fließkommazahl, ausgegeben. Weitere Möglichkeiten der Ausgestaltung eines Formatstrings können dem Gretl-Benutzerhandbuch entnommen werden. Die Ausgabe des Skripts ergibt:

> gretl-Version 2018d
> Aktuelle Sitzung 2018-12-09 12:12
> Die Summe von 5 und 7,93 ist: 12,93

1.4.8. *bundle*

Der von Gretl angebotene Datentyp *bundle* kann bei der Verwendung größerer Funktionspakete wertvolle Dienste leisten. Informationen, die aus unterschiedlichen Datentypen bestehen, können in einem Bündel bzw. *bundle* zusammengefasst werden, was im Vergleich zu Parameterlisten mit vielen Variablen eine echte Erleichterung darstellt.

Eine Variable vom Typ *bundle* kann man sich als eine Art Container oder Regal vorstellen, in dem verschiedene Arten von Variablen abgelegt werden können – Skalare, Zeichenketten, Matrizen oder Listen. Jede Variable, die im Bundle abgelegt wird, erhält zur Identifizierung ein Etikett. Anhand des folgenden Listings wird deutlich, wie ein Bundle definiert und mit Inhalt gefüllt wird.

```
matrix A = {1,2;6,7}
scalar a = 7
string text1 = "Ein Text"
bundle b1 = null
b1["Lab_matr_A"] = A
b1["Lab_scal_a"] = a
b1["Lab_text1"] = text1
```

Zunächst werden drei Variablen mit unterschiedlichen Datentypen definiert, eine Matrixvariable *A*, eine Skalarvariable *a* sowie eine Stringvariable *text1*. Anschließend erfolgt die Deklaration des Bundles *b1* und eine Initialisierung mit dem Schlüsselwort *null*, um sicherzustellen, dass ein leeres Bundle erzeugt wird. Die folgenden Anweisungen sorgen dafür, dass die drei zuvor definierten Variablen in das Bundle eingestellt werden. Die Etiketten, die es später ermöglichen, auf die im Bundle organisierten Variablen zuzugreifen, werden als Stringliterale in eckigen Klammern nach dem Namen des Bundles angegeben. Eine alternative Formulierung der Etikettierung besteht darin, die Label durch einen Punkt vom Bundlenamen zu trennen:

```
b1.Lab_matr_A = A
b1.Lab_scal_a = a
b1.Lab_text1 = text1
```

Sobald das Bundle mit Variablen gefüllt wird, legt Gretl in der Symbolansicht ein spezielles Icon mit der im Skript angegebenen Bezeichnung an, hier *b1*. Ein Doppelklick führt zu einem Ausgabefenster, in dem die bisher gebündelten Variablen unter Angabe der Etiketten wiedergegeben werden, siehe Abbildung 1.26. Die gleiche Ausgabe kann auch durch das Kommando *print b1* im Skript erzielt werden.

Der Namensraum der Variablen innerhalb eines Bundle ist strikt vom Namensraum für allgemeine Variablen getrennt. Um einen Eintrag aus dem Bundle *b1* auszulesen, werden Zuweisungen der folgenden Form ausgeführt:

```
matrix M1 = b1["Lab_matr_A"]     # alternativ: matrix M1 = b1.Lab_matr_A
scalar sc1 = b1["Lab_scal_a"]
string txt1 = b1["Lab_text1"]
```

Die Variablendeklarationen auf der linken Seite des Zuweisungsoperators müssen den Datentypen entsprechen, die unter dem angegebenen Label im Bundle enthalten sind. Um einzelne Einträge aus einem Bundle zu entfernen, steht die Anweisung *delete* zur Verfügung.

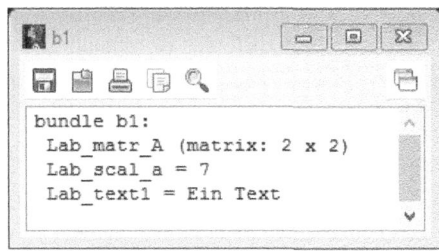

Abb. 1.26.: Der Inhalt des Bundles *b1*

```
delete b1["Lab_matr_A"]    # alternativ:   delete b1.Lab_matr_A
```

Die obige Anweisung entfernt die Matrix mit dem Label *Lab_matr_A* aus dem Bundle. Die Definition der Matrixvariablen A bzw. M1 bleibt davon natürlich unberührt.

1.4.9. Arbeiten mit Arrays

Für die Datentypen *string*, *matrix* und *bundle* können mehrere Informationsobjekte in einem Array gespeichert werden.[8] Arrays werden deklariert, indem einfach die Pluralform verwendet wird.

```
strings S = null    /* Leerer Array aus Strings mit Initialis. */
matrices M = null   /* Leerer Array aus Matrizen mit Initialis. */
lists L = array(6)  /* Array aus Listen mit max. 6 Elementen */
bundles B = array(4) /* Array aus Bundles mit max. 4 Elementen */
```

Die ersten zwei Beispiele zeigen die Deklaration eines Arrays und ihre Initialisierung mit dem Wert *null*. Später können beliebig viele Arrayelemente dynamisch angefügt werden. In den Beispielen drei und vier wird bei der Deklaration festgelegt, dass das Array bis auf weiteres aus 6 bzw. 4 Elementen bestehen soll.

Die Verwendung eines Arrays führt zu einer kompakten und übersichtlichen Programmierung. Schauen wir uns dazu die folgende Problemstellung an. Aus einer externen Datei wird ein Dataset mit mehreren Variablen eingelesen, deren Attribute allerdings noch keine Beschreibungstexte enthalten. Diese sollen nachträglich hinzugefügt werden.

Das folgende Skript erledigt diese Standardaufgabe, wobei hier lediglich von vier Variablen ausgegangen wird. Zunächst wird ein Array S von Strings mit genau vier Elementen deklariert. Die einzelnen Elemente sind über einen Index ansprechbar, der in eckigen Klammern hinter dem Arraynamen angegeben wird. Der erste Index besitzt den Wert 1. Den Arrayelementen S[1] bis S[4] werden also die einzelnen Textbeschreibungen der Variablen zugeordnet. In der anschließenden Schleife wird der Index i von 1 beginnend bis zur Anzahl

---

8 Für Sammlungen von Skalaren steht bereits der umfassendere Datentyp *matrix* zur Verfügung, sodass es unnötig ist, noch einen gesonderten Array-Typ dafür einzuführen. Für die Zusammenfassung mehrerer Datasetvariablen (Typ *series*) dient bereits der bekannte Typ *list*. Es existieren seit neuerem in Gretl auch Arrays von *list*-Variablen, die aber einige Besonderheiten aufweisen und auf die wir hier nicht näher eingehen.

der Elemente des Arrays S hochgezählt. Innerhalb der Schleife werden die Zuordnungen der Beschreibungstexte zu den Variablen mit Hilfe des Kommandos *setinfo* vorgenommen.

```
strings S = array(4)    /* Array aus Strings mit 4 Elementen  */
# Zuweisung der Beschreibungstexte
S[1] = "neuer Beschreibungstext zu Variable 1"
S[2] = "neuer Beschreibungstext zu Variable 2"
S[3] = "neuer Beschreibungstext zu Variable 3"
S[4] = "neuer Beschreibungstext zu Variable 4"
loop i=1..4    -q   /* Zuordnung der Texte zu den Variablen  */
    string txt = S[i]
    setinfo $i    --description="@txt"
endloop
```

Als Argument wird zur leichteren Indexierung die ID-Nummer der Datasetvariablen angegeben, wobei die Schleifenvariable *i* hier mit einem vorangestellten $ zu versehen ist. Die Option *--description* enthält eine in Anführungszeichen gesetzte Variable vom Typ *string*, die den zur jeweiligen ID-Nummer der Variablen passenden Beschreibungstext enthält. Dieser wird vorher aus dem zugehörigen Arrayelement extrahiert.

Die Option *-q* als Kurzform von *--quiet* sorgt dafür, dass Gretl im Fenster der Skriptausgabe keine ausführlichen Kommentare hinzufügt. Nach Ausführung des Skripts werden die neuen Beschreibungstexte hinter den Variablen im Hauptfenster angezeigt.

Das zweite Beispiel demonstriert den Umgang mit einem Array von drei Matrizen. Innerhalb der Schleife werden durch den Aufruf der Funktion *mnormal* bei jedem Durchlauf 2x2 Matrizen erzeugt, deren Elemente mit standardnormalverteilten Zufallswerten bestückt werden. Der Rückgabewert der Funktion ist eine Matrix, die beim ersten Durchlauf dem Arrayelement M[1] zugewiesen wird. Beim zweiten Durchlauf werden neue Zufallswerte erzeugt, die der Matrix M[2] zugewiesen werden, usw.

```
matrices M = array(3)     /* Array aus Matrizen */
row = 2
col = 2
loop i=1..3    -q          /* Befuellung der Matrizen */
    M[i] = mnormal(row,col)
endloop
loop i=1..3    -q          /* Ausgabe der Matrizen */
    eval M[i]
endloop
```

Mit dem Kommando *eval* werden die einzelnen Elemente des Arrays ausgegeben, also alle drei 2x2-Matrizen. Das Kommando *print* würde hier nicht funktionieren, da es nur auf einfache nicht-verschachtelte Objekte anwendbar ist.

Gegebene Arrays (gleichen Typs) können auch zu größeren Arrays verbunden werden:

```
# S1 und S2 sind Arrays vom Typ string
strings S3 = S1 + S2
strings S1 += S2
```

In beiden Fällen ist das Ergebnis ein Array, dessen Länge sich aus der Summe der Längen von S1 und S2 ergibt. Im ersten Fall wird das Ergebnis im Array S3 gespeichert, während im zweiten Fall Array S1 um Array S2 erweitert wird.

2. Vom Umgang mit Datasets

In diesem Kapitel wird beschrieben, welche Möglichkeiten der Bearbeitung von Datasets von Gretl angeboten werden. Dazu gehört zum Beispiel die Bildung von Subsamples - also die Einschränkung auf eine bestimmte Teilmenge von Beobachtungen. Mit dem Konzept der Dummy- und Indikatorvariablen können insbesondere Strukturbrüche in der Modellbildung analysiert werden. Auf dieses Thema wird noch näher eingegangen (☞ Abschnitt 5.1.4.2).

Das folgende Kapitel 2.1 behandelt zunächst die verschiedenen Strukturarten von Datasets – Querschnitte, Zeitreihen und Panels – und den Umgang mit ihnen in Gretl. Außerdem wird erläutert, wie ein Dataset durch manuelle Erfassung über ein vorgegebenes Spreadsheet aufgebaut werden kann, wobei die Unterschiede der Datenstrukturen berücksichtigt werden. Diese Vorgehensweise eignet sich nur für kleinere Datenmengen.

Im zweiten Kapitel 2.2 wird der Datenimport behandelt, wobei Gretl das Einlesen von Daten in den verschiedensten Formaten erlaubt. Damit ist Gretl sehr flexibel beim Austausch von Daten zwischen unterschiedlichen Systemen. Möchten Anwender ein geladenes Dataset durch weitere externe Daten ergänzen, die der Struktur der internen Daten entsprechen, so kann der Befehl *join* oder dessen einfache Variante *append* verwendet werden.

Im dritten Kapitel 2.3 werden folgende Aspekte behandelt: Die Behandlung von fehlenden Werten, die Bildung von Teilmengen innerhalb des Datasets und der Umgang mit diskreten Variablen. Insbesondere bei statistischen Auswertungen und Regressions-Schätzungen ist dem Umstand Rechnung zu tragen, dass in den einzelnen Variablen des Datasets fehlende Beobachtungen vorliegen können.

Das vierte Kapitel 2.4 schließlich behandelt die Erstellung von Grafiken.

2.1. Die Struktur von Datasets – Querschnitte, Zeitreihen, Panels

In den folgenden Kapiteln werden die verschiedenen Strukturen von Datasets und deren Besonderheiten behandelt und an konkreten Beispielen erläutert. Es lassen sich unterscheiden:

- Querschnittsdaten (engl. „cross section data"): Es handelt sich um Daten, die von verschiedenen Personen/Objekten zu einem *bestimmten Zeitpunkt* erhoben wurden.

- Zeitreihendaten (engl. „time series data"): Es handelt sich um Daten, die von einer Person/einem Objekt zu *verschiedenen Zeitpunkten*, aber periodisch, erhoben wurden.

- Paneldaten (engl. „panel data"): Es handelt sich um Daten, die von von verschiedenen Personen/Objekten zu *verschiedenen Zeitpunkten*, aber periodisch, erhoben wurden.

© Springer-Verlag GmbH Deutschland, ein Teil von Springer Nature 2019
J. Malitte und S. Schreiber, *Ökonometrie verstehen mit Gretl*,
https://doi.org/10.1007/978-3-662-58275-6_2

2.1.1. Querschnittsdaten

Querschnittsdaten ergeben sich aus der Beobachtung mehrerer Entitäten oder Wirtschaftssubjekte (z.B. Personen, Personengruppen, Haushalte, Unternehmungen) zu einem bestimmten Zeitpunkt. Jede einzelne Entität lässt sich durch bestimmte Eigenschaften bzw. Attribute charakterisieren, die bei einer Untersuchung besonders von Interesse sind. Zum Beispiel können bei einem Unternehmen die Attribute *Mitarbeiterzahl, monatlicher Umsatz* oder der *Jahresüberschuss* wichtige Kenngrößen für eine Beurteilung im Marktgeschehen sein.

Die Werte der einzelnen Attribute der ausgewählten Entitäten sind wie in einer Tabelle spaltenförmig angeordnet und Gretl speichert die Werte eines Attributs (einer Spalte) in einer Datasetvariablen, deren Größe durch die Anzahl von Beobachtungen festgelegt ist. Daher wird einer solchen Datasetvariablen der Datentyp *series* zugeschrieben. Die Anzahl der Attribute bestimmt damit die Anzahl der Variablen des Datasets.

Beobachtung	Quadratmeter	Distanz	Miete
1	40	3.5	356
2	55	3.2	511
3	28	1.5	317
4	81	3.0	730
5	107	1.8	1260
6	130	3.3	1210

Tabelle 2.1.: Einige Attribute aus dem Dataset *Miethoehe.gdt*

Im Beispiel der Tabelle 2.1 stellen die Werte einer bestimmten Zeile die Attributwerte einer Entität dar. Bei Querschnittsdaten ist die Reihenfolge der Entitäten nicht entscheidend.

2.1.2. Zeitreihendaten

Zeitreihendaten resultieren aus der Beobachtung bestimmter Attributwerte von Wirtschaftssubjekten (z.B. die Umsatzentwicklung in einem Unternehmen) oder makroökonomischer Größen (z.B. die Entwicklung des Bruttosozialprodukts oder der Arbeitslosenstatistik) über mehrere aufeinander folgende Zeitpunkte. Der zeitliche Abstand der Beobachtungen kann sich auf Wochen, Monate oder Jahre beziehen.

Zeitpunkt	Umsatz	Mitarbeiter	Werbeetat
2014:01	2120	330	3.2
2014:02	2200	341	4.2
2014:03	2460	345	3.8
2014:04	2450	350	3.3
2015:01	2700	354	3.9
2015:02	2680	346	3.4

Tabelle 2.2.: Entwicklung von Kennzahlen eines Unternehmens

Gretl identifiziert die einzelnen Beobachtungen einer Zeitreihe durch einen Zeitstempel. Dadurch wird die Periodizität der Daten, also ihre Beobachtungsfrequenz, festgelegt. Die Tabelle 2.2 enthält eine Zeitreihe, die die Umsatzentwicklung sowie die Entwicklung der Mitarbeiterzahl und des Werbeetats vom 1.Quartal 2014 bis zum 2.Quartal 2015 wiedergibt. Im Gegensatz zu Querschnittsdaten ist bei einer Zeitreihe die chronologische Anordnung der Beobachtungen entscheidend. In der folgenden Tabelle sind einige Periodizitäten mit den zugehörigen Zeitstempelformaten wiedergegeben, die von Gretl unterstützt werden.

Periodizität	Zeitstempel (Format)	Beispiel
jährlich	JJJJ	1978
vierteljährlich	JJJJ:Q	1978:03
monatlich	JJJJ:MM	1978:12
wöchentlich	JJJJ-MM-TT	2013-01-31

Tabelle 2.3.: Periodizitäten einer Zeitreihe

Wird zum Beispiel bei einer Zeitreihe mit 12 Werten die Zeitfrequenz „vierteljährlich" und der Startwert „2013:01" vergeben, so werden die Werte nacheinander mit den Zeitstempeln „2013:01", „2013:02",...,,2015:04" versehen.

Wie im Fall von Querschnittsdaten stellen die einzelnen Werte $x_1, x_2, ..., x_T$ einer Zeitreihe die Ausprägungen von T Zufallsvariablen dar. Deshalb sprechen Statistiker auch von einem stochastischen Prozess.

Stochastische Prozesse lassen sich durch Eigenschaften wie Erwartungswert, Varianz und Kovarianz ihrer Zufallsvariablen näher charakterisieren. Dabei ergeben sich in der grafischen Darstellung typische Erscheinungsmuster, die in den folgenden Abbildungen dargestellt sind.

Die Werte der Zeitreihe in der linken Grafik der Abbildung 2.1 schwanken um einen konstanten Mittelwert, der als horizontale gestrichelte Linie eingezeichnet ist. Allerdings nimmt die Varianz der Werte, also die Schwankungsbreite um den Mittelwert herum, von einer Periode zur nächsten deutlich zu.

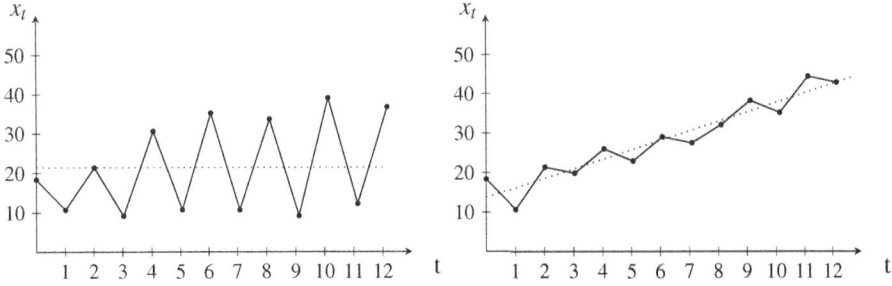

Abb. 2.1.: mittelwertstationärer Prozess mit steigender Varianz und nicht-stationärer Prozess

Die rechte Grafik zeigt eine Zeitreihe mit Werten, die von einer Periode zur nächsten kontinuierlich anwachsen, sodass die den Werten zugrunde liegenden Zufallsvariablen steigende Erwartungswerte $E(x_t)$ besitzen. Die Schwankungsbreite der Werte ist im Vergleich zur linken Grafik aber relativ konstant. Der Anstieg der Erwartungswerte ist relativ konstant, sodass der stochastische Prozess einem linearen Trend zu folgen scheint, der durch die gepunktete Linie repräsentiert wird.

Änderung der Datenstruktur

Gretl bietet das wichtige Kommando *setobs* an, mit dem eine gegebene Datasetstruktur leicht umdefiniert werden kann. Liegen die Daten in undatierter Form vor, können sie dadurch leicht als Zeitreihe oder als Panel definiert werden. Soll eine Zeitreihe erzeugt werden, dann werden die Werte der Variablen als Ausprägungen einer Einheit zu bestimmten aufeinanderfolgenden Zeitpunkten interpretiert. Die Zeitpunkte können sich auf Tage, Wochen, Monate, Quartale oder Jahre beziehen.

Soll zum Beispiel ein undatiertes Dataset, dessen Variablen sieben Beobachtungen enthalten, als Zeitreihe von sieben verschiedenen Quartalen, beginnend ab 1.Quartal 1999 interpretiert werden, so ist folgendes Kommando auszuführen:

```
#  Datenstruktur  als  Zeitreihe  definieren
setobs 4 1999:1  --time-series
```

Gretl gibt daraufhin die Meldung aus: „Voller Datenbereich: 1999:1 - 2000:3 (n = 7)". Das Kommando *setobs* benötigt die Angabe der Datenfrequenz (4 Quartale), des ersten Quartals (1999:1), und die Option, dass eine Zeitreihe zu erstellen ist (time-series). In der Statuszeile wird gleichzeitig der Text „Quartalsweise: Voller Bereich 1999:1 - 2000:3" angegeben.

Das beschriebene Vorgehen kann gewählt werden, wenn der externe Datenbestand keine Information über die Datenstruktur enthält. Die Daten werden in diesem Fall erst nach dem Import mit dem Kommando *setobs* weiter strukturiert.

Soll die Zeitreihe wieder auf Querschnitte umgestellt werden, so ist zu codieren:

```
#  Datenstruktur  als  Querschnitt  definieren
setobs 1 1  --cross-section
```

Das Kommando *setobs* besitzt viele verschiedene Optionen, besonders im Umgang mit Paneldaten. In Abschnitt 2.2.2 wird das Kommando eingehender behandelt. Außerdem ist eine Umstellung der Datensatzstruktur auch über die grafische Benutzeroberfläche möglich, wie im Abschnitt 2.2.1 erklärt wird.

2.1.3. Paneldaten

Paneldaten umfassen zeitlich aufeinander folgende Beobachtungen mehrerer Beobachtungseinheiten und besitzen damit einen Querschnitts- und einen Längsschnittscharakter. Die Analysemethoden für solche Paneldaten sind stets erweitert und verfeinert worden, so dass diese mittlerweile zum Standard-Repertoire der empirischen Forschung zählen. Während vor nicht langer Zeit Paneldatensätze vor allem volkswirtschaftliche Kenndaten mehrerer Länder über mehrere Zeiträume miteinander verbanden, werden Datensätze mit Panelcharakter inzwischen auch regelmäßig zur Untersuchung betriebswirtschaftlicher Zusammenhänge oder im medizinischen Forschungssektor herangezogen.

Aus diesem Grund soll auch in diesem Buch dargestellt werden, wie Gretl den Benutzer beim Umgang mit Paneldaten unterstützt. Die ökonometrischen Konzepte bei der Modellierung von Paneldaten können in einem Einführungsbuch allerdings nur oberflächlich behandelt werden (☞ siehe Kapitel 7).

Wie erwähnt stellen Paneldaten eine Kombination von Querschnittsdaten und Zeitreihendaten dar. Interpretiert man die Werte von Querschnittsdaten als Ausprägungen eines Samples, das zu einem bestimmten Zeitpunkt aus einer Grundgesamtheit von ökonomischen Einheiten gezogen wird, dann erhält man Paneldaten, wenn dieser Vorgang über mehrere Perioden wiederholt wird. Indem Querschnittsdaten über mehrere Zeitperioden zusammengetragen werden, kann insbesondere ihre Entwicklungsdynamik untersucht werden.

Eine Trennung der Zeitreihendimension von der Querschnittsdimension lässt sich auf zwei Arten bewerkstelligen, indem man die Daten folgendermaßen anordnet:

- als *gestapelte Querschnittsdaten* (engl. *stacked cross-sectional data*)

- als *gestapelte Zeitreihendaten* (engl. *stacked time-series data*)

Zur Illustration wird ein konkretes Zahlenbeispiel herangezogen. In verschiedenen Unternehmen vergleichbarer Größe soll die Abhängigkeit des Umsatzes von der Mitarbeiterzahl und dem Werbeetat über mehrere Zeitperioden untersucht werden. Dabei ist es natürlich sehr wichtig, in welcher Form die Daten anzuordnen sind.

Werden die Pooldaten so angeordnet, dass ein Stapel die Zeitreihendaten eines Unternehmens über mehrere Perioden enthält, dann erhält man die Anordnung der *gestapelten Zeitreihen* (engl. „stacked time series data"), wie in der linken Tabelle der Tabelle 2.4 dargestellt wird. Die Identifier sind in der Form i:t angeordnet, sodass zunächst die Sortierung nach ökonomischen Einheiten (i) im Vordergrund steht. Innerhalb einer Einheit erfolgt eine Sortierung nach Perioden (t). Im vorliegenden Beispiel ergeben sich also die folgenden Identifier: 1:1, 1:2, 1:3, 1:4 für die Beobachtungen des ersten Unternehmens, 2:1, 2:2, 2:3 und 2:4 für die Beobachtungen des zweiten Unternehmens.

Werden die Pooldaten hingegen vorrangig nach den Perioden t=1, t=2 usw. angeordnet, dann erhält man die Darstellung der gestapelten Querschnittsdaten, die in der rechten Tabelle von 2.4 wiedergegeben ist. Die Identifier besitzen die Form t:i. Die Beobachtungen der ersten Periode werden durch die Identifier 1:1, 1:2 und die Beobachtungen der zweiten Periode durch die Identifier 2:1, 2:2 bestimmt usw. Diese Reihenfolge drückt aus, dass die Werte zunächst nach der Zeitperiode und innerhalb einer Zeitperiode nach den ökonomischen Einheiten sortiert sind. Diese Organisationsform wird im Englischen mit dem Begriff „stacked cross sectional data" sehr anschaulich beschrieben, da die ganze Tabelle aus gestapelten Querschnittsdaten besteht, wobei jeder Stapel die Querschnittsdaten mehrerer Entitäten zu einem bestimmten Zeitpunkt enthält.

i : t	Umsatz	Mitarbeiter	Werbeetat	t : i	Umsatz	Mitarbeiter	Werbeetat
1:1	1980	330	3.2	1:1	1980	330	3.2
1:2	2110	341	4.2	1:2	4155	430	3.7
1:3	2200	345	3.8	2:1	2110	341	4.2
1:4	2312	350	3.0	2:2	4280	470	4.1
2:1	4155	430	3.7	3:1	2200	345	3.8
2:2	4280	470	4.1	3:2	4200	479	3.2
2:3	4200	479	3.2	4:1	2312	350	3.0
2:4	4560	485	4.2	4:2	4560	485	4.2

Tabelle 2.4.: Gestapelte Zeitreihen (links) und gestapelte Querschnittsdaten (rechts) von zwei Unternehmen über vier Perioden

Gretl ist es gleichgültig, ob externe Paneldaten als gestapelte Querschnittsdaten oder gestapelte Zeitreihendaten vorliegen. Es liegt aber in der Verantwortung der Anwender, festzulegen, in welcher der beiden beschriebenen Stapelformen die Beobachtungen in der externen Datei vorliegen. Beim Importieren der Daten gibt Gretl ein Dialogfenster aus, in dem der Anwender spezifizieren muss, in welcher Stapelform die zu importierenden Daten organisiert sind. Wird hier eine falsche Angabe gemacht, so sind alle statistischen Auswertungen sinnlos, weil die Beobachtungswerte nicht korrekt strukturiert sind.

Intern behandelt Gretl die Beobachtungen in einem Paneldataset immer als gestapelte Zeitreihendaten. Wird also eine Datei importiert, deren Daten als gestapelte Querschnitte vorliegen, dann nimmt Gretl automatisch eine Umsortierung der Daten vor und präsentiert Anwendern eine gestapelte Zeitreihe (Identifier im Format i:t).

2.1.4. Dateneingabe über das Gretl-Spreadsheet

In Gretl ist es möglich, über ein eigenes Spreadsheet Daten zu erfassen. Die Nutzung dieser Option sollte einen Ausnahmefall darstellen und ist bei großen Datenmengen nicht praktikabel. Dennoch soll kurz darauf eingegangen werden, weil es komfortabel ist, sich auf diese Weise zu Testzwecken ein kleines Dataset zusammenzustellen. Der Import extern gespeicherter Datenbestände ist Gegenstand des Kapitels 2.2.

Erfassung von Querschnittsdaten

Über den Menüpunkt *Datei/Neuer Datensatz* wird zunächst ein Fenster angeboten, in dem die Anzahl der Beobachtungen zum Dataset zu spezifizieren ist. Der nächste Schritt besteht darin, die Struktur des Datasets festzulegen. Gretl bietet die drei Optionen an: Querschnittsdaten, Zeitreihe oder Panel (siehe Abbildung 2.2).

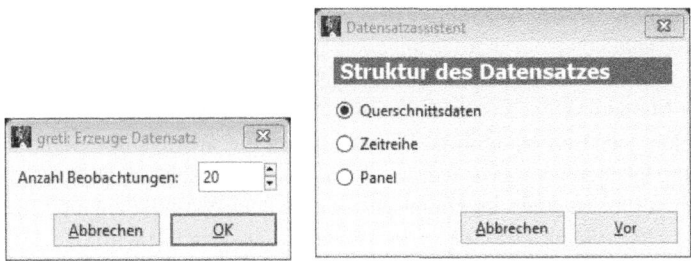

Abb. 2.2.: Festlegung der Beobachtungszahl und Spezifikation der Struktur

Hat man sich für Querschnittsdaten entschieden, gibt der Datensatzassistent ein Informationsfenster aus, in dem die ausgewählte Struktur nochmals von Gretl bestätigt wird. Setzt man ein Häkchen in die angebotene Checkbox mit dem Text *Mit Dateneingabe beginnen*, kann der Name für die erste Variable eingegeben werden, siehe Abbildung 2.3.

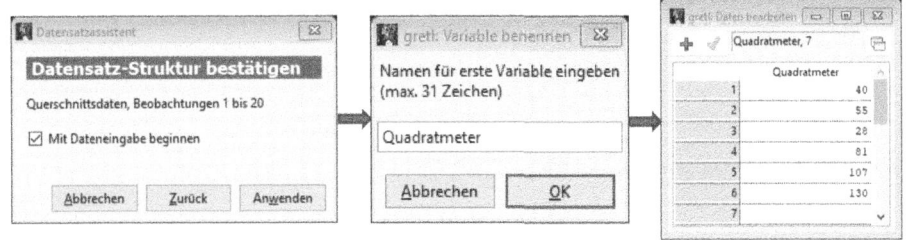

Abb. 2.3.: Erfassung von Querschnittsdaten

Gretl bietet daraufhin ein Spreadsheet an, in dem die Werte eingegeben werden können. Es werden soviele Zeilen angeboten wie Beobachtungen zuvor spezifiziert wurden. Die einzelnen Zeilen sind durch ganzzahlige Identifier gekennzeichnet.

Mit dem Häkchen neben dem Pluszeichen können die Werte in die vorher definierte Variable (*Quadratmeter*) übernommen werden. Die Variable wird dann direkt im Hauptfenster angezeigt. Die Selektion des Pluszeichens öffnet ein kleines Kontextmenü, in dem unter den folgenden drei Aktionen ausgewählt werden kann:

1. Füge Variable hinzu

2. Füge Beobachtung hinzu

3. Füge Beobachtung ein

Die Auswahl des ersten Menüpunktes führt den Benutzer zum Dialog zur Definition einer neuen Variablen. Der zweite Menüpunkt wird selektiert, wenn im gerade bearbeiteten

Spreadsheet nachträglich die Anzahl der Beobachtungen erhöht werden soll. Dem Benutzer wird ein Dialog angeboten, in dem er angeben kann, wieviele Beobachtungen hinzugefügt werden sollen. Sie werden dann an das Ende angehängt und können mit Inhalten gefüllt werden. Der dritte Menüpunkt ist auszuwählen, wenn eine Beobachtung vor der aktuellen Zeile eingefügt werden soll. Eine endgültige Übernahme in die anfangs definierte Variable muss wieder mit dem Häkchen veranlasst werden. Wird das Spreadsheet nach Erfassung der Werte einer Variablen verlassen, kann im Hauptfenster eine neue Variable angelegt werden, indem der Menüpunkt *Hinzufügen/ Definiere neue Variable...* ausgewählt wird.

Wurden alle Variablen mit ihren Werten auf diese Weise erfasst, werden im Hauptfenster die Variablen mit ihren ID-Nummern angezeigt und unterhalb des Anzeigebereichs die Meldung *Undatiert:Voller Bereich 1-20* ausgegeben. Über den Menüeintrag *Daten/Datensatzstruktur...* kann man die Struktur des Datasets ändern.

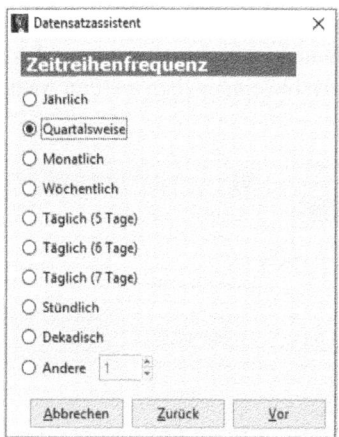

Abb. 2.4.: Festlegung der Zeitreihenfrequenz

Erfassung von Zeitreihendaten

Sollen Zeitreihendaten erfasst werden, dann wird im Fenster „Struktur des Datensatzes" die Auswahl „Zeitreihe" getroffen. Daraufhin erscheint das Fenster der Abbildung 2.4, in dem die Zeitperiode ausgewählt wird (hier quartalsweise).

Die Abbildung 2.5 gibt die Sequenz der Bearbeitungsschritte wieder: Zunächst wird das Datum der Startbeobachtung festgelegt. Da die Zeitreihenfrequenz bereits im vorangegangenen Schritt spezifiziert wurde, gibt Gretl das dazu passende Format vor, das lediglich anzupassen ist. Nach Selektion des Buttons *Vor* wird die Datensatzstruktur bestätigt. In diesem Fenster kann noch einmal überprüft werden, ob das Beginn- und Endedatum korrekt gesetzt sind. Falls dies nicht der Fall ist, kann mit dem Button *Zurück* der Dialog zurückverfolgt werden. Ansonsten wird ein Häkchen gesetzt, um mit der Dateneingabe zu beginnen. Nach Eingabe des Variablennamens „Umsatz" erscheint das Spreadsheet-Fenster, das im linken

schreibgeschützten Bereich, dunkelgrau hervorgehoben, die Datumsangaben für die Einga-
befelder enthält.

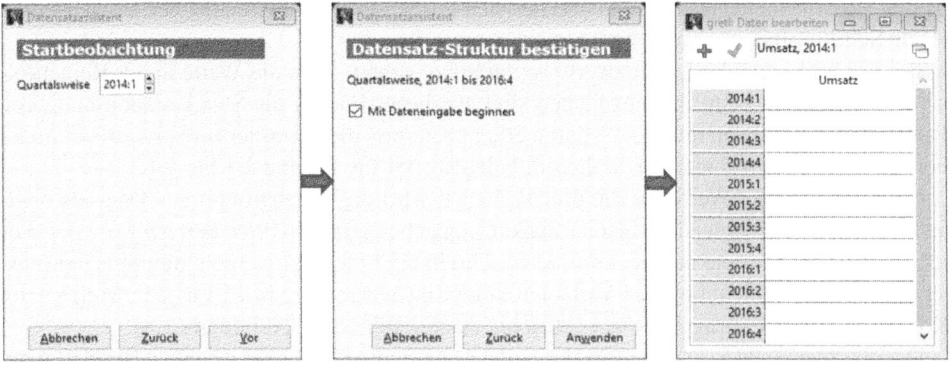

Abb. 2.5.: Abfolge der Erfassung von Zeitreihendaten

Erfassung von Paneldaten

Bei den folgenden Erläuterungen wird davon ausgegangen, dass die Struktur und der Inhalt
der Tabelle 2.4, also die Paneldaten des Umsatzes, der Mitarbeiterzahl und des Werbeetats
von zwei Unternehmen über vier Perioden zu erfassen sind. Nach der Angabe der Beobachtungszahl (2 Einheiten x 4 Perioden=8) wird bei der Festlegung der Struktur des Datensatzes
die Auswahl *Panel* getroffen. Der Datensatzassistent benötigt daraufhin die Anzahl der Querschnittseinheiten und der Zeitperioden.

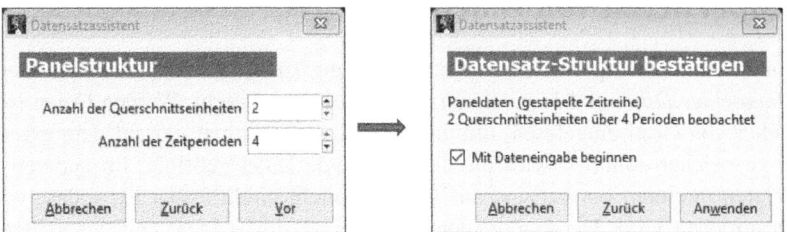

Abb. 2.6.: Abfolge der Erfassung von Paneldaten

In Abbildung 2.6 ist dies der erste Schritt innerhalb der Dialogabfolge. Aus der Angabe
der Zahl von Beobachtungen leitet Gretl einen Vorschlag für die Zahl der Einheiten ab (hier
2). Die Zahl der Einheiten kann an dieser Stelle auch geändert werden, das Produkt der beiden Anzahlen muss aber acht betragen. Die Selektion des Buttons *Vor* führt zur Bestätigung

der Datensatzstruktur. Gretl weist darauf hin, dass die Panelstruktur als gestapelte Zeitreihe betrachtet wird. Falls sofort mit der Dateneingabe begonnen wird, muss ein Häkchen gesetzt werden. Die Selektion des Buttons *Anwenden* führt dann zunächst zum Dialog der Eingabe des Variablennamens (*Umsatz*) und der sich anschließenden Erfassung der Umsatzwerte. Beide Schritte sind in Abbildung 2.6 nicht dargestellt.

Bei der Erfassung der Umsatzwerte ist darauf zu achten, dass die Werte in der Reihenfolge der gestapelten Zeitreihe einzugeben sind, da dieses Format die Standardanordnung von Paneldaten in Gretl darstellt. Es ist daran erkennbar, dass die Identifier im Spreadsheet in der Form „i:t" vorgegeben werden, in diesem Fall also: 1:1 bis 1:4 und 2:1 bis 2:4.

Nach Eingabe der Werte für die drei Variablen wird die Panelstruktur des Datasets oberhalb der Shortcut-Iconleiste folgendermaßen angegeben: *Panel: Voller Bereich 1:1 - 2:4*. Für jede Variable sollte eine aussagekräftige Beschreibung hinterlegt werden, die im Hauptfenster neben der Bezeichnung der Variablen angezeigt wird. Dazu wird für jede Variable im Kontextmenü der Eintrag *Bearbeite Attribute* ausgewählt (siehe Abbildung 1.8).

Der abschließende Schritt besteht darin, das Dataset unter einer sprechenden Bezeichnung, zum Beispiel *Umsatz_Panel.gdt*, zu speichern. Gretl weist mit dem Hinweis *Ungespeicherte Daten* darauf hin, dass die Daten noch nicht extern gesichert wurden. Über den Menüpunkt *Datei/Daten speichern als...* wird ein Dialogfenster geöffnet, in dem der Dateiname eingegeben werden kann. Als Dateierweiterung wird das Kürzel *gdt* eingegeben, damit Gretl nicht nur die Daten, sondern auch die Datensatzstruktur sichert. Nach der Speicherung wird der Dateiname unterhalb der Menüleiste im Hauptfenster wiedergegeben.

Sollen die Variablen des Datasets noch um einige zusätzliche Beobachtungswerte ergänzt werden, so ist dies problemlos möglich, indem nach vorheriger Markierung der betroffenen Variablen der Hauptmenüeintrag *Daten* angeklickt wird. Für die Bearbeitung wird dann der Untereintrag *Bearbeite Werte* ausgewählt. Einfacher ist allerdings der Weg über das Kontextmenü der Variablen.

2.2. Importieren von Daten

In diesem Zusammenhang ist eine kurze Bemerkung zu der unterschiedlichen Begriffsbildung *Öffnen einer Datei* und *Importieren einer Datei* angebracht. Werden Daten in den Arbeitsspeicher von Gretl eingelesen, die im Gretl-eigenen Format *gdt* auf dem externen Datenträger gespeichert sind, so wird die entsprechende Datei geöffnet. Im anderen Fall liegen die Daten in einem Format vor, das für Gretl nicht direkt lesbar ist, sodass von einem Import gesprochen wird. Der Import geht naturgemäß etwas langsamer vonstatten, da ein vorgeschalteter Parser zunächst die Korrektheit des Dateiformats überprüfen muss, was in der Praxis keine Rolle spielt und vom Benutzer nicht bemerkt wird. Wichtiger ist in diesem Zusammenhang, dass externe Formate bestimmten Anforderungen genügen müssen, damit Gretl den Import erfolgreich durchführen kann. Dies gilt zum Beispiel für die in einer normalen Textdatei gespeicherten Daten oder für solche, die in einem Excel-Format vorliegen. Bei einem fehlerhaften Import werden in einem Informationsfenster entsprechende Hinweise ausgegeben, die Rückschlüsse auf die Fehlerquelle enthalten. Konnten die Daten erfolgreich importiert werden, sollten sie sogleich als Datei im gdt-Format gespeichert werden. Dies hat den Vorteil, dass die Informationen über die Dataset-Struktur (Zeitreihe, Querschnittsdaten oder Panel) mit abgespeichert werden.

Dateien, die im Gretl-eigenen Format *gdt* vorliegen, können natürlich auch in ein fremdes Format exportiert werden. Diese Vorgehensweise ist notwendig, wenn die Daten in einem anderen Programm weiterverarbeitet werden sollen.

2.2.1. Datenimport über die grafische Oberfläche

In diesem Abschnitt wird beschrieben, wie eine im Fremdformat gespeicherte Datei mit Hilfe der grafischen Benutzeroberfläche in Gretl importiert werden kann.

Beim Öffnen einer Datei offeriert Gretl eine große Auswahl von Formaten. Gretl ist unter anderem in der Lage, Dateien der folgenden Formate zu importieren:

- *CSV-Text-Dateien:* Diese besitzen den Suffix .csv (engl. comma-separated). Gretl erwartet ein bestimmtes Format für solche Dateien, auf das noch eingegangen wird.

- *ASCII-Dateien:* Diese besitzen den Suffix .txt und besitzen das gleiche Format wie Volltext-Dateien.

- *Spreadsheets:* Dateien, die im Excel-Format gespeichert wurden (.xls und .xlsx) oder im Open Document Spreadsheet-Format (.ods).

- *SPSS-Dateien:* Dateien aus SPSS (.sav)

- *Stata-Dateien:* Dateien aus Stata (.dta)

- *Eviews- und Octave-Dateien:* Dateien aus Eviews (.wf1) und Octave (.m).

Das Dialogfenster zum Öffnen einer Datei wurde in Abbildung 1.3 angegeben. Die aufklappbare Liste bietet eine große Anzahl von Dateitypen an. Soll der Import einer ASCII-Datei durchgeführt werden, wird innerhalb der aufgeklappten Liste der Dateiformate der Eintrag *ASCII-Dateien (*.txt)* selektiert. Gretl zeigt im Anzeigebereich des Fensters dann nur Dateien dieses Typs an.

Um Dateien im Volltext-Format (.csv) oder im ASCII-Format (.txt) in Gretl zu importieren, sollten die Daten innerhalb der Datei in einer tabellarischen Form vorliegen, sodass die Werte einer Variablen in einer Spalte angeordnet sind. Als Spaltentrenner sollten Tabulatoren verwendet werden.

Import einer Zeitreihe

Wir halten uns wieder an das bereits eingeführte Beispiel aus Abschnitt 2.1.2 und importieren die Datei *Umsatz-Zeitr.txt*, die die Umsätze (in Mill. Euro), die Mitarbeiterzahl und den Werbeetat (in Mill. Euro) eines Unternehmens über den Zeitraum von sechs Quartalen enthält und deren Inhalt nochmals in Tabelle 2.5 wiedergegeben ist.

Mit dem Button *Öffnen* kann nun die selektierte Datei *Umsatz-Zeitr.txt* eingelesen werden.

date	Umsatz	Mitarbeiter	Werbeetat
2014:01	2120	330	3.2
2014:02	2200	341	4.2
2014:03	2460	345	3.8
2014:04	2450	350	3.3
2015:01	2700	354	3.9
2015:02	2680	346	3.4

Tabelle 2.5.: Inhalt der externen Datei *Umsatz-Zeitr.txt*

Beim Versuch, die Daten zu importieren, werden alle Leerzeilen oder Zeilen, die mit dem Kommentarzeichen # beginnen, überlesen. Trifft der Parser sodann auf eine Zeile, die die Bezeichnungen der einzelnen Datenspalten, so wie in Tabelle 2.5 angegeben, enthält, werden diese als Variablennamen des importierten Datasets behandelt und im Hauptfenster angezeigt. Diese können durch die Separatoren Komma, Leerzeichen oder Tab-Zeichen voneinander getrennt sein. Falls eine solche Zeile nicht existiert, vergibt Gretl automatisch die Variablennamen v1, v2, v3 usw.[1] In den Folgezeilen erwartet Gretl einen Block mit den Daten, die zwischen den Spalten die gleichen Separatoren wie in der Titelzeile enthalten müssen, damit die Datenwerte der Spalten den Variablen der Titelzeile zugeordnet werden können.

Falls es sich wie im obigen Beispiel um die Werte einer Zeitreihe handelt, kann die erste Spalte aus Werten bestehen, die nach den Regeln eines Zeitstempels aufgebaut sind. Da es sich bei der zu importierenden Datei um Quartalsdaten handelt, wird das Format JJJJ:QQ verwendet. Das jeweils anzugebende Format richtet sich nach der Art/Dauer der Zeitperiode (jährlich, monatlich, wöchentlich). Zum Beispiel wird bei monatlichen Daten das Format JJJJ:MM und bei jährlichen Daten das Format JJJJ verwendet. Die Spaltenüberschrift einer Datumsspalte sollte den Text *obs* oder *date* enthalten, weil sie den Parser veranlasst, aus dem angegebenen Format die Periodizität der Zeitreihe abzuleiten.

Während des Imports öffnet Gretl ein Informationsfenster, in dem der Fortschritt des Imports protokolliert wird. Während des Imports öffnet Gretl ein Informationsfenster, in dem der Fortschritt des Imports protokolliert wird. Die Angaben werden vom Parser zusammengestellt, der untersucht, ob die Daten in dem oben beschriebenen Format vorliegen. Läuft der Import auf einen Fehler, gibt Gretl in dem Protokoll entsprechende Hinweise aus.

Kann der Import erfolgreich ausgeführt werden, zeigt Gretl die Titelüberschriften der Datenspalten, also *Umsatz*, *Mitarbeiter* und *Werbeetat*, als Variablennamen im Hauptfenster an. Unterhalb der Menüzeile wird der Name der Datei eingetragen. Dass Gretl die Spalte mit den Zeitperioden richtig interpretiert hat, wird am unteren Rand des Hauptfensters sichtbar. Dort erscheint der Hinweis: *Quartalsweise Voller Bereich 2014:1 - 2015:2*.

Wenn eine Spaltenüberschrift in der externen Datei den Regeln eines Variablennamens (maximal 31 Zeichen, bestehend aus Buchstaben, Ziffern oder Unterstrichen) **nicht** gehorcht, dann führt der Parser immer eine Namenstransformation nach einem bestimmten Algorith-

---

1 Es wird aber ausdrücklich empfohlen, in den zu importierenden Dateien eine Titelzeile mit Spaltenüberschriften anzulegen, um es Gretl zu ermöglichen, die Anzahl der Spalten eindeutig zu bestimmen. Andernfalls kann es leicht zu Fehlersituationen kommen.

mus durch. Bei der Namenstransformation geht der Parser folgendermaßen vor:

1. Es werden, beginnend am Anfang der Spaltenüberschrift, zunächst alle Zeichen elimi-niert, die nicht einem Buchstaben entsprechen.

2. Die Zeichen hinter dem zuerst gefundenen Buchstaben werden wie folgt verarbeitet: Jedes Zeichen, das nicht zum erlaubten Vorrat gehört, wird eliminiert. Ein Blank wird durch ein Underscore ersetzt.

3. Die Verarbeitung wird nach 31 Zeichen gestoppt.

Es muss betont werden, dass eine Spalte mit Datumsangaben nicht unbedingt vorangestellt werden muss. Während Gretl die Daten sofort als eine Zeitreihe interpretiert, wenn die erste Spalte aus gültigen Datumsangaben besteht, stellt Gretl dem Benutzer die folgende Rückfra-ge, wenn es eine solche Spalte nicht vorfindet.

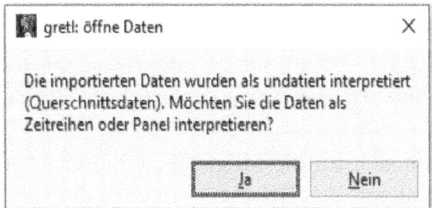

Abb. 2.7.: Strukturfestlegung beim Import einer undatierten Eingabedatei

Der Nutzer kann nun die Entscheidung treffen, die Daten als Querschnittsdaten (also un-datiert) zu importieren, indem er den Button *Nein* selektiert. Wird die Frage bejaht, so wird anschließend der Datensatzassistent gestartet. Gretl bietet dann den Dialog zur Festlegung der Datensatzstruktur an, wie schon in Abbildung 2.2 zu sehen war.

Wird der Radiobutton *Zeitreihe* selektiert, dann kann im nächsten Fenster die Zeitreihen-frequenz festgelegt werden, zum Beispiel *quartalsweise* (siehe dazu die Abbildung 2.4). An-schließend bietet Gretl einen Dialog an, in dem der Wert für die erste Beobachtung eingege-ben werden kann, zum Beispiel 2014:1. Nach dieser Festlegung gibt Gretl die Variablen im Hauptfenster aus und kennzeichnet sie als Zeitreihe.

Import eines Panels

Der Import von Paneldaten führt in der Regel dazu, dass Gretl die Organisation der Daten nicht erkennt und diese in der Regel als „undatiert" betrachtet. Gretl stellt daher die Rück-frage, ob es die Daten als Zeitreihe oder Panel interpretieren soll (siehe Abbildung 2.7). Im darauf folgenden Dialogschritt kann man das Panel auswählen. Gretl benötigt in diesem Fall die Information, in welcher Form die einzelnen Beobachtungen in der externen Datei an-geordnet sind. Wie Abbildung 2.8 zeigt, stehen Anwendern drei Optionen zur Verfügung:

Die Daten können als (1) *gestapelte Zeitreihe*, als (2) *gestapelte Querschnitte* oder über (3) *Indexvariablen* organisiert sein.

Sind die Daten in der externen Datei zunächst nach Einheiten und innerhalb der Einheiten nach Zeitperioden angeordnet (Indexformat i:t), dann ist der Eintrag *gestapelte Zeitreihe* zu wählen. Sind die Daten in der externen Datei vorrangig nach Zeitperioden sortiert, so ist *gestapelte Querschnitte* auszuwählen. Diese beiden Optionen stehen in den Fällen zur Verfügung, in denen es keine expliziten Identifikatoren der Einheiten und Perioden gibt.

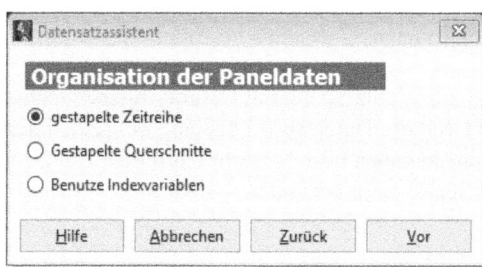

Abb. 2.8.: Festlegung der Stapelorganisation

Der dritte Eintrag bezieht sich auf die Möglichkeit, die Panelstruktur durch Verwendung von Indexvariablen zu definieren. Als Beispiel wird dazu die Tabelle 2.6 betrachtet, die die Entwicklung des Umsatzes, der Mitarbeiterzahl und des Werbeetats von drei Lebensmittelketten über den Zeitraum von drei Monaten wiedergibt. Die Daten der Tabelle sind in der Datei *Umsatz_Panel-i-t.txt* enthalten. Gretl überprüft beim Import einer Datei immer die Existenz von Spaltenüberschriften und übernimmt diese in der Regel als Datasetvariablen. Die ersten beiden Spalten mit den Überschriften *Unternehmen* und *Periode* sollen aber nicht als Datenvariablen interpretiert werden, da sie Informationen über die Panelstruktur liefern. Die Werte der ersten Spalte definieren die Objekte, in diesem Fall die Namen der Lebensmittelketten. Die Werte der zweiten Spalte geben die Zeitperioden an.

Unternehmen	Periode	Umsatz	Mitarbeiter	Werbeetat
Lidl	Jan-2014	4200	1200	0,32
Lidl	Feb-2014	4170	1240	0,36
Lidl	Mar-2014	4300	1210	0,40
Aldi	Jan-2014	3120	980	0,15
Aldi	Feb-2014	3250	1050	0,23
Aldi	Mar-2014	3080	1055	0,27
Edeka	Jan-2014	2312	780	0,53
Edeka	Feb-2014	2455	836	0,41
Edeka	Mar-2014	2380	917	0,47

Tabelle 2.6.: Umsatzdatei *Umsatz_Panel-i-t.txt* mit den Indexvariablen *Unternehmen* und *Periode*

Liegt eine Organisation der Daten vor, wie sie in Tabelle 2.6 angegeben ist, so kann der

Anwender die dritte Option *Benutze Indexvariablen* auswählen. Gretl gibt darauf das Fenster der Abbildung 2.9 aus, in dem die Indexvariablen zu spezifizieren sind.

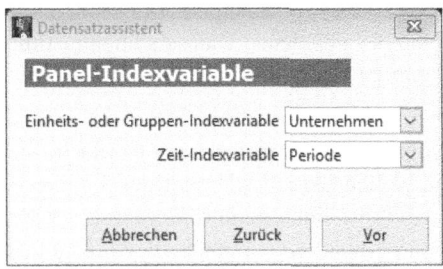

Abb. 2.9.: Festlegung der Indexvariablen für den Stapel

Gretl schlägt für die Einheits-Indexvariable *Unternehmen* und für die Zeit-Indexvariable *Periode* vor, sodass der Wertebereich von i wird aus den verschiedenen Namen in der Spalte *Unternehmen* und der Wertebereich von t aus den verschiedenen Datumsangaben in der Spalte *Periode* abgeleitet wird. Anwender können eine andere Auswahl aus einer Drop-Down Liste vornehmen, in der alle Spaltenüberschriften angeboten werden. Damit ist ein hohes Maß an Flexibilität hinsichtlich der Anordnung der Indexspalten gegeben. Dieser Fall kann besonders dann eintreten, wenn in der externen Datei eine andere Sortierung der Indexspalten *Unternehmen/Periode* vorliegt. Wenn Gretl als erste Spalte die Spalte *Periode* identifiziert, wird diese als Einheits- oder Gruppen-Indexvariable vorgeschlagen. Damit erfolgt innerhalb des Datasets eine andere, ungewünschte Sortierung der Daten. In diesem Fall sollte in der Drop-Down-Liste der Eintrag *Unternehmen* selektiert werden. Gretl trägt dann als Zeit-Indexvariable *Periode* ein.[2]

Nach Betätigung des Buttons *vor* gibt Gretl die Information aus, dass es drei Querschnittseinheiten über drei Perioden ermittelt hat. Nach Bestätigung durch den Button *Anwenden* werden die Variablen *Umsatz*, *Mitarbeiter* und *Werbeetat* im Hauptfenster angezeigt.

Daten anhängen

In bestimmten Fällen ist es wünschenswert, einem Dataset noch Daten hinzuzufügen, die aus einer anderen Datenquelle stammen. Dies ist ohne Weiteres mit dem Menübefehl *Datei/Daten anhängen...* möglich. Dabei sind zwei Spielarten des Anhängens zu unterscheiden.

Im ersten Fall werden die Werte neuer Variablen zum geladenen Dataset hinzugefügt. Es öffnet sich wieder das Dateiauswahlfenster, in dem die Datei mit den anzuhängenden Daten selektiert werden kann. Während des Importvorgangs überprüft Gretl die neuen Daten im Hinblick auf Kompatibilität mit dem geladenen Dataset. Stimmt die Anzahl der Werte jeder neuen Variablen mit derjenigen des geladenen Datasets überein, wird Gretl die neuen Variablen mit ihren Werten hinzufügen.

---

2   Zum Testen steht dafür die Datei *Umsatz_Panel-t-i.txt* zur Verfügung.

Das Anhängen neuer Daten kann auch bedeuten, dass nicht etwa die Anzahl der Variablen vergrößert wird, sondern die neuen Daten den Werten der bereits existierenden Variablen hinzugefügt werden, sodass sich die Zahl der Beobachtungen erhöht. In diesem Fall überprüft der Parser, ob die Anzahl der Spalten, in denen die hinzuzufügenden Daten angeordnet sind, mit der Anzahl der Variablen des geladenen Datasets übereinstimmt. Dieses Vorgehen wird immer notwendig sein, wenn zu einem bestimmten Zeitpunkt noch nicht über alle Daten verfügt werden kann.

Der Import von Dateien mit Hilfe der grafischen Oberfläche stellt eine schnelle und einfache Vorgehensweise dar. Sollen jedoch während des Ladevorgangs der externen Daten noch weitere Verarbeitungsschritte durchgeführt werden (zum Beispiel die Erstellung von Beschreibungstexten zu den Variablen), ist es sinnvoll, ein Kommandoskript zu erstellen.

2.2.2. Datenimport und Bearbeitung der Datenstruktur im Skript

In diesem Abschnitt werden zunächst die Kommandos zum Importieren eines externen Datenbestands vorgestellt. Skriptkommandos bieten flexiblere Möglichkeiten als der Import über die grafische Oberfläche. Für die weitere Bearbeitung bietet Gretl eine breite Palette von mächtigen Kommandos an, die sich auf das Dataset als Ganzes oder auf einzelne Variablen beziehen.

Einige Kommandos, die für die Bearbeitung des gesamten Datasets benutzt werden können, sind in der Tabelle 2.7 aufgelistet.

Kommando	*Bedeutung*
open	Zum Öffnen eines Datasets (Gretl-Datei) oder Import einer Datei im Fremdformat. Ein bereits geladenes Dataset wird ersetzt.
setobs	Definiert die Struktur des Datasets (Querschnitt / Zeitreihe / Panel).
append	Fügt dem Dataset Daten aus einer externen Datei hinzu.
join	Flexibler und mächtiger als *append*
store	Speichert das Dataset in einer externen Datei.
dataset	Sortiert, löscht Beobachtungen oder fügt welche hinzu.
smpl	Definiert eine Teilstichprobe des Datasets durch Angabe einer Restriktion.

Tabelle 2.7.: Auf Datasets bezogene Kommandos

Davon zu unterscheiden sind Kommandos, die für die Bearbeitung einzelner Variablen des Datasets geeignet sind. Eine Auswahl ist in Tabelle 2.8 angegeben. Eine genauere Darstellung der Syntax erfolgt in der Kommando- und Funktionsübersicht im Anhang B.

Kommando	Bedeutung
setinfo	Versieht eine Variable vom Typ *series* mit Attributen. Als Argument wird die Variable angegeben, gefolgt von einer Option.
setmiss	Definiert neuen Fehlwert-Code für importierte *series*-Variablen.
rename	Benennt eine Variable um (Typ *scalar, series,...*)
summary	Gibt Statistiken für eine Variable vom Typ *series* aus. Es können auch mehrere Variablen angegeben werden.

Tabelle 2.8.: Auf Variablen bezogene Kommandos

Für die weiteren Ausführungen wird ein Schema vorgestellt, das eine mögliche Vorgehensweise für den Import beschreibt:

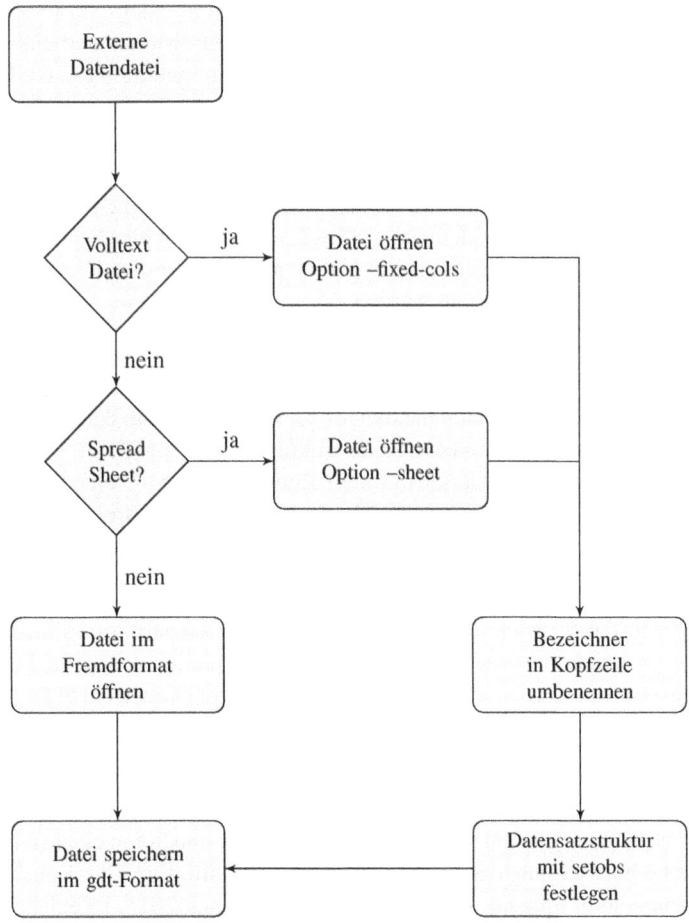

Abb. 2.10.: Schema für den Datenimport

Das Kommando *open* aus der Tabelle 2.7 wird benutzt, um externe Dateien für die Bearbeitung zu öffnen. Es besitzt eine Reihe von Optionen, um das Einlesen der Daten flexibel zu gestalten. Mit der Angabe *--cols* kann festgelegt werden, welche Datenspalten eingelesen werden sollen. Werden Daten aus einem Spreadsheet eingelesen, veranlasst die Option *--sheet* Gretl, die Daten auf dem angegebenen Kalkulationsblatt zu suchen.

Enthält die externe Datei keine besondere Spalte mit Formatangaben (z.B. Zeitstempel oder Panelformat), dann werden die Daten als Querschnittsdaten behandelt und können anschließend mit dem Kommando *setobs* als Zeitreihen- oder Paneldaten definiert werden. Die Festlegung als Paneldaten ergibt ohne Indexvariablen nur dann Sinn, wenn die Datei Daten in gestapelter Form enthält.

Das grafische Schema in Abbildung 2.10 geht davon aus, dass die zu importierenden Daten entweder als Volltextdatei, Spreadsheet oder in einem Fremdformat (z.B. SPSS, Stata) vorliegen. Insbesondere in den ersten beiden Fällen können in einem Skript noch besondere Maßnahmen ergriffen werden, die in der Summe ein standardisiertes und einheitliches Vorgehen ergeben und einige Vorteile gegenüber dem Vorgehen innerhalb des GUI bieten.

Das dargestellte Schema beinhaltet folgende Schritte:

- *Datenimport:* Liegt eine Volltextdatei oder ein Spreadsheet ohne Kopfzeilen vor, so legt Gretl in der Regel die Variablennamen v1, v2, usw. an. Um hier Fehler auszuschließen, sollte eine Kopfzeile mit Spaltenüberschriften angelegt werden. Diese können mit dem Kommando *rename* umbenannt werden.

- *Datensatzstruktur festlegen:* Gretl geht i.d.R. davon aus, dass es sich bei den eingelesenen Daten um undatierte Daten handelt, es sei denn, innerhalb der Datei ist eine Spalte mit gültigen Datumsangaben oder Panelstrukturangaben hinterlegt. Es ist daher immer sinnvoll, dem geladenen Dataset mit dem Kommando *setobs* eine Struktur zu geben. Mit diesem Kommando lassen sich viele Ausprägungen der drei Datenstrukturen festlegen.

- *Speichern als Gretl-Datei:* Nach Festlegung der Datensatzstruktur sollte das Dataset als gdt-Datei gespeichert werden, weil dadurch die Informationen über die Datensatzstruktur mitgespeichert werden. Für sehr große Datasets gibt es auch ein binäres Dateiformat gdtb, mit dem das Laden und Speichern beschleunigt werden kann.

Beispiel   Wir betrachten die Datei *Gmde_Statist.txt*. Sie beinhaltet in einer fiktiven Gemeinde die monatliche Entwicklung des Steueraufkommens in Mill. Euro, der Einwohnerzahl und der Arbeitslosenquote in Prozent, beginnend mit dem 1.Januar 2015. Es existiert keine Spalte mit Datumsangaben, sodass eine Festlegung der Struktur im Skript erfolgen muss. Einige Merkmalswerte sind in der Tabelle 2.9 wiedergegeben.

Sta	Einw	Arblq
5,32	56700	7,8
5,85	56720	6,3
6,07	56805	6,4
5,35	56730	6,9
5,22	56344	9,3

Tabelle 2.9.: Ausschnitt aus der Datei *Gmde_Statist.txt*

Die Tabelle besitzt keine Spalte mit Datumsangaben. Die Festlegung als Zeitreihe mit monatlichen Angaben erfolgt daher im Skript mit dem Kommando *setobs*.

```
open "Gmde_Statist.txt"
rename Sta Steueraufkommen
rename Einw Einwohner
rename Arblq Arbeitsl_quote
setobs 12 2015:01  --time-series
setinfo Steueraufkommen --description="Steueraufkommen in Mill Euro"
setinfo Einwohner       --description="Zahl der Einwohner"
setinfo Arbeitsl_quote  --description="Arbeitslosenquote in Prozent"
series Erwerbslose = Einwohner * Arbeitsl_quote / 100
setinfo Erwerbslose  --description="Zahl der Erwerbslosen"
store "C:\users\gdt_Dateien\Gmde_Statist.gdt"
```

Die in der Kopfzeile vergebenen Variablennamen *Sta*, *Einw* und *Arblq* werden zunächst umbenannt. Das Kommando *setobs* erzeugt aus den Daten eine Zeitreihe, in der die Beobachtungen durch einen Zeit-Index des Formats JJJJ:QQ identifiziert werden können. Die Festlegung als monatliche Daten resultiert aus der Angabe der Peridizität 12 im Zusammenhang mit der Angabe der Startbeobachtung 2015:01.

Mit dem Kommando *setinfo* werden die Beschreibungen der einzelnen Variablen festgelegt. Um die Zahl der Erwerbslosen zu ermitteln, wird eine entsprechende Berechnung durchgeführt und das Ergebnis der Variablen *Erwerbslose* zugewiesen. Dabei werden alle Werte der Variablen der gleichen Operation unterzogen und das Ergebnis ist wieder eine Variable vom Typ *series*. Entsprechend erhält sie eine eigene ID-Nr.

Mit dem Kommando *store* werden alle Variablen vom Typ *series* in einer externen Gretl-Datei mit der Endung *gdt* gespeichert. Wird dem Kommando als Argument eine Variablenliste hinzugefügt, werden nur die in der Liste angegebenen Variablen gespeichert.

Das Kommando *setobs* besitzt zwei Varianten. Die am häufigsten eingesetzte Variante besitzt das Format:

```
setobs <Periodizitaet> <Startbeobachtung> <Option>
```

Die Tabelle 2.10 gibt einige Ausprägungen für die drei angegebenen Argumente des Kommandos wieder, und zwar getrennt nach den drei möglichen Datensatzstrukturen.

Liegen Paneldaten vor, hängt die Angabe der Periodizität von der gewählten Option ab. Im Fall gestapelter Zeitreihendaten (Option *--stacked-time-series*) wird die Anzahl der Zeitperioden angegeben.

Bei Zeitreihen muss die Periodizität kompatibel mit der Angabe der Startbeobachtung sein. Für die Periodizitäten und deren Datumsformaten gilt: 1=jährlich (JJJJ); 4=Quartal

Argumente	Querschnittsdaten	Zeitreihendaten	Paneldaten
Periodizität	1	Anzahl der Perioden	Anzahl gestapelter Einheiten oder Anzahl gestapelter Perioden
Startbeobachtung	1	gültiges Datumsformat	1:1
Option	--cross-section	--time-series	--stacked-cross-section --stacked-time-series

Tabelle 2.10.: Argumente des Kommandos *setobs*

(JJJJ:QQ); 12=monatlich (JJJJ:MM) ; 5,6,7=täglich (JJJJ-MM-DD). Zu beachten ist, dass es zum Datumsformat JJJJ-MM-DD drei verschiedene Periodizitäten gibt: Entweder wird die Woche mit 5, 6 oder 7 Tagen gerechnet. Werden 5 Tage angegeben, entfallen die Datumsangaben zum Samstag und Sonntag.

setobs 12 2014:01 --time-series	setobs 1 1995 --time-series	setobs 5 2015-04-01 --time-series	setobs 4 1:1 --stacked-time-series	setobs 4 1:1 --stacked-cross-section
2014:01	1995	2015-04-01	1:1	1:1
2014:02	1996	2015-04-02	1:2	1:2
2014:03	1997	2015-04-03	1:3	2:1
2014:04	1998	2015-04-06	1:4	2:2
2014:05	1999	2015-04-07	2:1	3:1
2014:06	2000	2015-04-08	2:2	3:2
2014:07	2001	2015-04-09	2:3	4:1

Tabelle 2.11.: Auswirkungen des Kommandos setobs auf die Struktur des Datasets

Die Beispiele der Tabelle 2.11 illustrieren die Auswirkungen des Kommandos *setobs* mit seinen verschiedenen Varianten auf die Struktur des Indexes.

In der dritten Spalte fehlen die Datumsangaben 2015-04-04 und 2015-04-05, da die Periodizität auf einer 5-Tagewoche beruht. In der vierten Spalte wird das Indexpaar i:t gebildet, wobei die Periodenzahl t Werte zwischen 1 und 4 annimmt. Daraus ergeben sich für i die Werte 1 und 2. In der letzten Spalte werden 4 gestapelte Querschnittseinheiten definiert, sodass sich für i die Werte 1 bis 4 und für t die Werte 1 und 2 ergeben.

Ein zweites Format des Kommandos *setobs* ermöglicht es, Spaltenüberschriften in der externen Datei anzugeben, die die Struktur des Panels definieren. Wie bereits dargestellt, bietet die grafische Benutzeroberfläche eine Unterstützung dieses Konzepts an.

```
setobs <Titel der Einheit> <Titel der Zeit>  --panel-vars
```

Durch Angabe der Option *--panel-vars* erhält Gretl die Anweisung, die Spaltenüberschriften <Titel der Einheit> und <Titel der Zeit> für die Konstruktion des Indexpaars i:t heranzuziehen. Beide Bezeichner müssen als Spaltenüberschriften in der externen, zu importierenden Datei vorhanden sein und werden in dieser Form übernommen.

Ausgehend von der Datei *Umsatz_Panel-i-t.txt* (siehe Tabelle 2.6) werden die Spaltenüberschriften *Unternehmen* und *Periode* zur Festlegung der Panelstruktur genutzt:

```
open "Umsatz_Panel-i-t.txt"
setobs Unternehmen Periode  --panel-vars
```

Beispiel In den bisherigen Beispielen lagen die Paneldaten bereits in einer gestapelten Form vor. Recht häufig werden Daten in der externen Datei so angeordnet sein, wie in Tabelle 2.12 angegeben. Für jede Variable liegt eine rechteckige Anordnung vor: Die Werte einer Zeile stellen die Beobachtungswerte einer bestimmten Lebensmittelkette über verschiedene Perioden dar - bezogen auf ein bestimmtes Merkmal. Die Merkmalsblöcke sind durch drei Kästchen in verschiedenen Graustufen hervorgehoben:

Lidl	4200	4170	4300
Aldi	3120	3250	3080
Edeka	2312	2455	2380
Lidl	1200	1240	1210
Aldi	980	1050	1055
Edeka	780	836	917
Lidl	0.32	0.36	0.40
Aldi	0.15	0.23	0.27
Edeka	0.53	0.41	0.47

Tabelle 2.12.: Eingabedatei *Umsatz_Panel_Stck.txt* mit drei Merkmalsblöcken (oben Umsatz, mittig Mitarbeiter, unten Werbeetat) – gestapelt nach Einheiten

Im oberen Kasten beziehen sich die Werte auf das Merkmal *Umsatz*, im mittleren auf das Merkmal *Mitarbeiter* und im unteren auf das Merkmal *Werbeeat*. Werden die Beobachtungen der Tabelle 2.12 in dieser Form in Gretl importiert, müssen die Werte den entsprechenden Datasetvariablen korrekt zugeordnet werden. Dies übernimmt das folgende Skript:

```
open "Umsatz_Panel_Stck.txt"
series Umsatz = stack(v1..v3)  --length=3
series Mitarbeiter = stack(v1..v3)  --length=3  --offset=3
series Werbeetat = stack(v1..v3)  --length=3  --offset=6
setobs 3 1:1  --stacked-cross-section
delete v1 v2 v3
```

Die Funktion *stack(v1..v3)* sorgt dafür, dass für jeden der drei Merkmalsblöcke eine neue Variable geschaffen wird, in der die Werte des jeweiligen Blocks untereinander angeordnet werden. Jeder Datenblock enthält neun Ausprägungen eines Merkmals (drei Einheiten mit drei Zeitreihenwerten). Damit Gretl die Größe und den Beginn eines jeden Blocks ermitteln kann, muss die Funktion *stack* durch die Optionen - -*length* und --*offset* erweitert werden. Bis zu dieser Stelle besitzen die Daten noch keine Panelstruktur, sondern sind undatiert. Mit dem Kommando *setobs* wird die Panelstruktur eingerichtet. Nach Ausführung des Skripts ergibt sich das in Abbildung 2.11 dargestellte Hauptfenster.

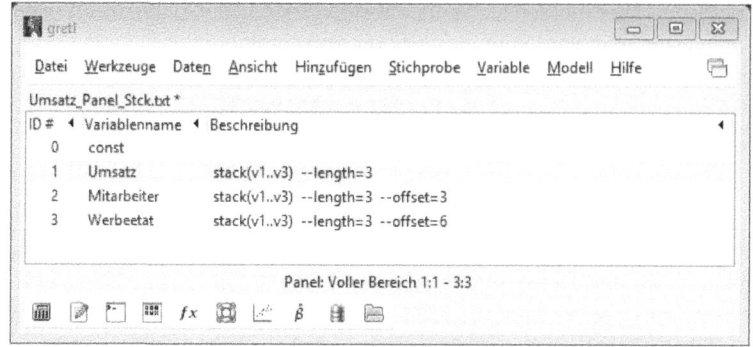

Abb. 2.11.: Importierte Datei mit Panel-Dataset

Im unteren Bereich des Hauptfensters wird die Struktur und die Größe des Datasets angegeben: *Panel:Voller Bereich 1:1 - 3:3*. Durch einen Doppelklick auf die Variable *Umsatz* im Hauptfenster können die Umsätze angezeigt werden, siehe Abbildung 2.12.

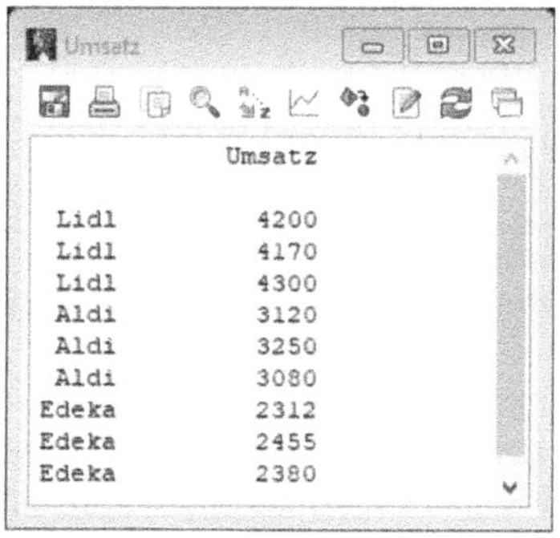

Abb. 2.12.: Werte der Variablen *Umsatz*

Gretl übernimmt aus der Datei die zu Beginn der Zeilen angegebenen Zeichenketten, also die Namen der Lebensmittelketten, und zeigt diese anstelle des sonst üblichen Doppelindexes i:t an. Der Zugriff auf die Werte erfolgt über den Doppelindex [i:t]. So bezeichnet *Umsatz[3:2]* den Umsatz der Lebensmittelkette „Aldi" in der zweiten Periode.

2.2.3. Erweitern und Zusammenführen von Datasets mit *join*

Gretl unterstützt mit zwei Kommandos die Möglichkeit, Daten aus externen Dateien dem Dataset hinzuzufügen. Das Kommando *append* dient dazu, die Anzahl der Sätze eines Datasets zu erweitern, indem diese aus einer externen Datei gelesen und an das Ende des Datasets angehängt werden. Dieses Kommando ist in der Kommandoübersicht ausführlich beschrieben.

Da es einfach zu handhaben ist, wird an dieser Stelle nicht näher darauf eingegangen. Das zweite Kommando *join* ist flexibler als *append* und bietet die Möglichkeit, ein Dataset durch eine Werteverknüpfung mit den Variablen externer Dateien zu erweitern. Die Funktionalität des Kommandos *join* ist angelehnt an die Verfahrensweise beim Verknüpfen von Tabellen eines relationalen Datenbanksystems durch den JOIN-Befehl.

Dieser Abschnitt gibt einen Überblick über die Einsatzmöglichkeiten des Kommandos mit einer Darstellung der Syntax und den wichtigsten Optionen. Einige Anmerkungen zur Terminologie: Das Gretl-Handbuch benutzt die Ausdrücke „left-hand" bzw. „inner", um das Dataset zu bezeichnen, das im Gretl-Arbeitsspeicher geladen ist, sowie die Ausdrücke „right-hand" bzw. „outer", um die Daten in der externen Datei zu bezeichnen, die dem Dataset hinzugefügt werden sollen. In den folgenden Ausführungen soll in Analogie dazu vom internen Dataset bzw. den internen Daten und von der externen Datei bzw. den externen Daten gesprochen werden.

Das Kommando *join* besitzt bezüglich seiner Funktionalität zwei besondere Haupteigenschaften:

1. Es können sog. *Schlüsselvariable* (engl. *key variables*) verwendet werden, um Beobachtungen zwischen dem internen Dataset und der externen Datei zu verbinden (sog. *key-matching*).

2. Gretl stellt einen Zeilenfilter zur Verfügung, der dazu verwendet werden kann, um unerwünschte Beobachtungen im externen Dataset auszublenden.

Damit werden von Gretl recht umfangreiche Möglichkeiten zur Konkatenation und Manipulation von Daten aus unterschiedlichen externen Quellen angeboten. Ein besonderer Aspekt soll noch hervorgehoben werden, der insbesondere bei sehr großen externen Dateien zum Tragen kommt. Im Gegensatz zu anderen Softwarepaketen wird nicht der gesamte Inhalt der externen Datei in den internen Speicher geladen, sondern nur die benötigten Spalten, die für die Ausführung eines join-Kommandos erforderlich sind. Dies beschleunigt die Durchführung der Operation und erfordert auch weniger RAM-Speicher.

Basissyntax

Die minimale Ausprägung des Kommandos *join* besitzt die Form

```
join <Dateiname> <Variablenname>
```

Dabei bezieht sich <Dateiname> auf eine Textdatei, deren Datenspalten durch Delimiter (dazu gehören: Tabulator, Blank, Komma oder Semikolon) voneinander getrennt sind. Der zweite Parameter <Variablenname> bewirkt, dass Gretl nach einer Variablen mit dem angegebenen Namen in der externen Datei Ausschau hält. Wird eine Spalte mit diesem Namen gefunden, werden ihre Werte eingelesen und dem internen Dataset wird diese Variable mit den eingelesenen Werten hinzugefügt. Dabei muss die Anzahl der eingelesenen Werte mit dem Wertebereich des internen Datasets übereinstimmen. Existiert die Variable bereits, so werden deren Werte mit den Werten aus der externen Datei überschrieben.

Soll die Spaltenüberschrift in der externen Datei nicht als Variablenname im Dataset übernommen werden, so bietet sich die Verwendung der Option *--data* an. Hinter dieser Option wird, getrennt durch ein Gleichheitszeichen, die Spaltenüberschrift in Anführungszeichen angegeben. Als Beispiel wird das Dataset mit den Variablen *Quadratmeter*, *Miete* und *Distanz* herangezogen. Es soll die Zimmerzahl der Wohnungen zu dem Dataset hinzugefügt werden. Diese befinden sich in der externen Datei *Miethoehe_Zusatz.txt* unter der Spaltenüberschrift *Zimmer*. Das folgende Kommando sorgt dafür, dass die Werte der externen Datei dem Dataset unter dem Variablennamen *Zimmerzahl* hinzugefügt werden.

```
join "Miethoehe_Zusatz.txt"  Zimmerzahl  --data="Zimmer"
```

Wenn die Spaltenüberschrift der Werte aus der externen Datei den Regeln der Bildung von Variablennamen nicht gehorcht, dann wandelt Gretl die Spaltenüberschrift nach einem bestimmten Algorithmus um, der bereits dargestellt wurde. Es ist wichtig zu wissen, wie diese Umwandlung vonstatten geht, denn die Option *--data* verlangt auf jeden Fall eine den Gretl-Regeln entsprechende Spaltenbezeichnung. Konkret führt der Parser zuerst die Namenstransformation der Spaltenüberschriften durch. Erst danach erfolgt ein Vergleich mit dem hinter der Option *--data* angegebenen String.

Es ist zwar nützlich, sich diese Arbeitsweise vor Augen zu halten, dennoch bietet Gretl eine Funktion an, die dafür benutzt werden kann, beliebige Spaltenüberschriften mit der von Gretl durchgeführten Namenstransformation zu vergleichen. Diese Funktion heißt *fixname*. Bezogen auf das obige Beispiel könnte die Spaltenüberschrift für die Zimmerzahl auch lauten: „Anzahl der Zimmer" oder „Wohnungen Zimmer-Zahl". Mit Hilfe der Funktion *fixname* kann ermittelt werden, wie Gretl diese Bezeichnungen transformiert. Das folgende Listing verdeutlicht die Verwendung der Funktion und die anschließende korrekte Verwendung der Option *--data*.

```
eval fixname("Anzahl der Zimmer")
Anzahl_der_Zimmer
join "Miethoehe_Zusatz.txt"  Zimmerzahl  --data="Anzahl_der_Zimmer"
eval fixname("Wohnungen Zimmer-Zahl")
Wohnungen_ZimmerZahl
join "Miethoehe_Zusatz.txt"  Zimmerzahl  --data="Wohnungen_ZimmerZahl"
```

Die Funktion *fixname* erhält als Argument die angegebene Überschrift als String und liefert den transformierten String wieder zurück, der hier mit *eval* ausgegeben wird. Wie erwartet werden im ersten Beispiel die Blanks durch Underscores ersetzt. Im zweiten Beispiel wird der ungültige Bindestrich einfach weggelassen. Im Kommando *join* sind die transformierten Strings zu verwenden.

Verknüpfungen von Daten

Eine sehr interessante Option des Kommandos *join* ist die Verknüpfung von Daten aus verschiedenen externen Dateien. Voraussetzung ist, dass es ein gemeinsames Attribut in den externen Dateien gibt, über das die Verknüpfung realisiert werden kann.

Beispiel Wir gehen von einer Datei *Abteilungen.txt* aus, die die Attribute *AbtNr*, *MitarbNr*, *AbtUmsatz* und *AbtEtat* enthält. Eine zweite Datei *Mitarbeiter.txt* enthält die Attribute *Mitarbeiter*, *MitarbName* und *MitarbAlter*. Die Nummern der Mitarbeiter sind also sowohl in der Datei *Abteilungen.txt* (unter dem Attributnamen *MitarbNr*) als auch in der Datei *Mitarbeiter.txt* (dort aber unter dem Attributnamen *Mitarbeiter*) gespeichert. Auch wenn die Attributnamen in beiden Dateien unterschiedlich sind, so beziehen sich deren Werte dennoch auf den gleichen Sachverhalt in dem Sinne, dass jeder Wert des Attributs *MitarbNr* in der Datei *Mitarbeiter.txt* als Wert des Attributs *Mitarbeiter* existieren muss. Diese Verbindung wird als das bereits erwähnte *key matching* bezeichnet. Die Tabelle 2.13 gibt die Inhalte beider Dateien wieder.

AbtNr	MitarbNr	AbtUmsatz	AbtEtat		Mitarbeiter	MitarbName	MitarbAlter
1	2	25000	20000		1	Weber	25
1	3	26500	25000		2	Meier	28
1	4	28900	27000		3	Schulz	36
1	5	30100	29000		4	Richter	50
2	1	23000	22000		5	Dreier	46
2	7	28000	27000		6	Mueller	37
2	8	13000	12000		7	Horst	31
2	6	14000	13000		8	Schmidt	22

Tabelle 2.13.: Internes Dataset (links) und externe Datei *Mitarbeiter.txt* (rechts)

Wenn ein *key matching* beider Dateien durchgeführt werden soll, muss eine der beiden Dateien in Gretl geöffnet werden. Gehen wir also davon aus, dass die Datei *Abteilungen.txt* im Mittelpunkt des Interesses steht und zusätzlich zu den dort vorhandenen Attributen aber noch das Alter der Mitarbeiter hinzugefügt werden soll.

Es wird also die Datei *Abteilungen.txt* in Gretl geladen und bildet das interne Dataset. Die Variable *MitarbNr* wird als *interner Schlüssel* (engl. *inner key*) behandelt, weil er Bestandteil des Datasets ist und eine Verbindung zum sogenannten *externen Schlüssel* (engl. *outer key*) besitzt, der Bestandteil der externen Datei *Mitarbeiter.txt* ist. Den externen Schlüssel bildet das Attribut *Mitarbeiter*. Gretl ist in der Lage, die korrekten Altersangaben aufgrund der Schlüsselübereinstimmungen im externen Dataset zu ermitteln und als Variable dem internen Dataset hinzuzufügen. Dies geschieht durch das folgende Skript:

```
open "Abteilungen.txt"
join "Mitarbeiter.txt" MitarbAlter   --ikey=MitarbNr \
                                     --okey=Mitarbeiter
```

Nach dem Matching besteht das Dataset aus folgenden Variablen:

AbtNr	MitarbNr	AbtUmsatz	AbtEtat	MitarbAlter
1	2	25000	20000	28
1	3	26500	25000	36
1	4	28900	27000	50
1	5	30100	29000	46
2	1	23000	22000	25
2	7	28000	27000	31
2	8	13000	12000	22
2	6	14000	13000	37

Tabelle 2.14.: Inhalt des internen Datasets nach dem Matching

Das Kommando *join* besitzt die Optionen *--ikey* und *--okey*. Mit ihrer Hilfe werden die Namen des internen und des externen Schlüssels bezeichnet. Der zweite Parameter ist identisch mit der Spaltenüberschrift in der externen Datei. Dabei ist zu berücksichtigen, dass Gretl den transformierten Namen erwartet, wenn die Spaltenüberschrift von den Gretl-Namenskonventionen für Variablen abweicht. Wenn der Name des externen Schlüssels, also die Spaltenüberschrift, mit dem Namen des internen Schlüssels, d.h. dem Variablennamen des geladenen Datasets, übereinstimmt, kann die Option *--okey* auch weggelassen werden.

Sollte ein einzelner Schlüssel nicht ausreichen, um ein Key Matching durchzuführen, kann auch ein doppelter Schlüssel benutzt werden. Die internen Schlüssel <ikey1> und <ikey2> werden, durch Kommata getrennt, der Option *--ikey* zugewiesen. Analog wird mit den externen Schlüsseln <okey1> und <okey2> verfahren.

```
join <Dateiname> x  --ikey=<ikey1>,<ikey2>  --okey=<okey1>,<okey2>
```

Sind die Namen von *<okey1>* und *<okey2>* identisch mit den Namen der internen Schlüssel, dann kann die Option *--okey* wieder entfallen. Stimmen aber nur die Namen von *<ikey1>* und *<okey1>* überein, muss der andere Teil deklariert werden: *--okey=,<okey2>*. Die Angabe des externen Schlüssels *<okey1>* entfällt dann einfach.

Im Zusammenhang mit dem ausgeführten Beispiel kann der Fall eintreten, dass ein Schlüsselwert des internen Datasets nicht im externen Schlüsselattribut vorkommt (Beispiel: ein Mitarbeiter ist ausgeschieden, die entsprechende Zeile wurde in der Datei *Mitarbeiter.txt* zwar gelöscht, ist aber im Dataset noch vorhanden). In diesem Fall wird zur entprechenden Beobachtung der Variablen *MitarbAlter* der Wert NA (*not available*) eingetragen.

Anschließend kann mit der Funktion *misszero()* dieser Wert in den Wert 0 umgesetzt werden, falls gewünscht.

Aggregation von Daten

Eine Variante des key matching liegt vor, wenn zu einem Wert des internen Schlüssels mehrere Werte des externen Schlüssels existieren können (in einem relationalen Datenbanksystem wird diese Konstellation als 1 zu n Beziehung bezeichnet). In diesem Fall muss eine Aggregationsmethode angewendet werden.

Beispiel Die Datei *Mitarbeiter.txt* liegt als geladenes Dataset vor. Eine externe Datei beinhaltet die Projekte, in denen die Mitarbeiter arbeiten (siehe Tabelle 2.15).

Mitarbeiter	MitarbName	MitarbAlter	ProjNr	MitarbNr	ProjBudget
1	Weber	25	1	2	2000
2	Meier	28	1	4	3500
3	Schulz	36	1	7	4000
4	Richter	50	2	4	9000
5	Dreier	46	2	8	7800
6	Mueller	37	2	2	8600
7	Horst	31	3	4	5600
8	Schmidt	22	3	7	8700

Tabelle 2.15.: Dataset *Mitarbeiter.txt* (links) und externe Datei *Projekte.txt* (rechts)

In der Tabelle 2.15 sind diejenigen Mitarbeiter, die in Projekten arbeiten, grau hervorgehoben. Ein bestimmter Mitarbeiter kann in verschiedenen Projekten arbeiten. Zum Beispiel arbeitet der Mitarbeiter 4 in den drei Projekten 1,2 und 3. Die Mitarbeiter 1,3,5 und 6 sind keinem Projekt zugeordnet. In der Datei *Projekte.txt* ist festgehalten, mit welchem Budget der Mitarbeiter im jeweiligen Projekt arbeitet. Zwischen den Mitarbeiternummern des Datasets und den Mitarbeiternummern der externen Datei gibt es also eine 1 zu n Beziehung. Diese Situation ist im Kommando *join* besonders zu berücksichtigen.

Es soll dem internen Dataset eine Variable hinzugefügt werden, die die Summe der Projektbudgets für die einzelnen Mitarbeiter beinhaltet: *SU_ProjBudget*. Im Skript können dafür die folgenden zwei Kommandos ausgeführt werden, wobei das Kommando *open* nur dafür sorgt, dass die Datei *Mitarbeiter.txt* geladen wird und damit als internes Dataset für das Kommando *join* zur Verfügung steht.

```
open "Mitarbeiter.txt"
join "Projekte.txt" SU_ProBudget  --ikey=Mitarbeiter  \
                                  --okey=MitarbNr     \
                                  --data=ProjBudget  --aggr=sum
```

Nach Ausführung des Skripts enthält das Dataset die weitere Variable *SU_ProjBudget*.

Mitarbeiter	MitarbName	MitarbAlter	SU_ProjBudget
1	Weber	25	
2	Meier	28	10600
3	Schulz	36	
4	Richter	50	18100
5	Dreier	46	
6	Mueller	37	
7	Horst	31	12700
8	Schmidt	22	7800

Tabelle 2.16.: Internes Dataset mit der aggregierten Variablen SU_ProjBudget

Für alle Zeilen in der externen Datei, die zu einem bestimmten Mitarbeiter gehören, werden die Werte in der Spalte *SU_ProjBudget* aufsummiert. Die Summe wird in der Variablen *SU_ProjBudget* in der Zeile abgespeichert, die einen Projektmitarbeiter beinhaltet. Das Kommando *join* enthält nach dem Dateinamen die neue Variable, in der die Summen gespeichert werden.

Die Option *--data* beinhaltet die Spaltenüberschrift in der externen Datei, deren Werte für jeden Mitarbeiter aufsummiert werden. Die Option *--aggr=sum* gibt an, dass die Aggregationsart „Summation" ausgeführt werden soll.

Mit der zusätzlichen Option *--filter* kann eine Teilmenge von Beobachtungen in der externen Datei definiert werden, die durch eine anzugebende Bedingung näher spezifiziert wird. Beispielsweise soll die Summenbildung der Projektetats der Mitarbeiter sich nur auf die Projektnummern 1 und 3 beziehen. Die Beobachtungen, die zur Projektnummer 2 gehören, sollen also ausgeblendet und nicht berücksichtigt werden. Dies wird erreicht, indem das oben angegebene join-Kommando durch die Angabe *--filter="ProjNr=1 || ProjNr=3"* erweitert wird.

```
open "Mitarbeiter.txt"
join "Projekte.txt" SU_ProBudget --ikey=Mitarbeiter  \
                        --okey=MitarbNr --data=ProjBudget \
                        --filter="ProjNr=1 || ProjNr=3" \
                        --aggr=sum
```

Die in der Filteroption angegebene Bedingung kann ein komplexer Ausdruck sein (z.B. eine ODER-Verknüpfung) und wird immer in Hochkommata angegeben. Die Ausführung des Kommandos führt dazu, dass nur noch die Budgetsummen der Mitarbeiter 2,4 und 7 in der Variablen *SU_ProjBudget* abgespeichert werden, weil nur diese Mitarbeiter in den Projekten 1 bzw. 3 arbeiten (siehe Tabelle 2.17).

Mitarbeiter	MitarbName	MitarbAlter	SU_ProjBudget
1	Weber	25	
2	Meier	28	2000
3	Schulz	36	
4	Richter	50	9100
5	Dreier	46	
6	Mueller	37	
7	Horst	31	12700
8	Schmidt	22	

Tabelle 2.17.: Internes Dataset und aggregierte Variable SU_ProjBudget – mit Filterung

Mit der Option *--aggr* lässt sich nicht nur eine Summenbildung wie im obigen Beispiel durchführen. Die allgemeine Form lautet: *--aggr=<Schlüsselwort>*, wobei die in der Tabelle 2.18 aufgeführten Schlüsselwörter verwendet werden können. Die dem Schlüsselwort entsprechende Aktion bezieht sich immer auf die Werte der in der Option *--data* angegebenen Spaltenüberschrift der externen Datei und nur für solche Werte, bei denen ein Key-Matching des internen und des korrespondierenden externen Schlüssels vorliegt (beide werden in den Optionen *--ikey* und *--okey* hinterlegt).

Schlüsselwort	Aktion des join bei der Aggregation
sum	Rückgabe der Summe der Werte
avg	Rückgabe des Durchschnitts der Werte
min	Rückgabe des Minumums der Werte
max	Rückgabe des Maximums der Werte
seq:i	Rückgabe des i-ten Werts
count	Rückgabe der Häufigkeit des Key-Matching
min(<Spaltenname>)	Rückgabe des Minimums der Spalte
max(<Spaltenname>)	Rückgabe des Maximums der Spalte

Tabelle 2.18.: Gültige Schlüsselwörter der Option --aggr

Das Schlüsselwort *seq:i* wird verwendet, wenn zu einem gegebenen Schlüsselwert des internen Datasets der zum i-ten korrespondierenden Schlüsselwert des externen Datasets gehörende Wert zu ermitteln ist. Ein Beispiel: Soll zur Mitarbeiternummer 4 der zu diesem Mitarbeiter gehörende zweite Wert des ProjektBudgets in der externen Datei *Projekte.txt* ermittelt werden (=9000), dann lautet die Option *--aggr=seq:2*.

JOIN von Zeitreihen

Besteht das interne und das externe Dataset aus Zeitreihen, dann erfolgt das von Gretl durchgeführte Key-Matching über den Zeitschlüssel bzw. Zeitstempel in beiden Datasets, sodass die Verwendung der Optionen *--ikey* und *--okey* entfällt.

Bei der Ausführung des join-Kommandos geht Gretl standardmäßig folgendermaßen vor: Gretl erwartet den Zeitschlüssel in der ersten Spalte der externen Datei. Die Spaltenüberschrift ist entweder nicht vorhanden oder besteht aus einem der folgenden reservierten Wörtern: *obs*, *date*, *year*, *period* oder *observation*. Das Zeitformat ist kompatibel zum Standard ISO 8601 (YYYY-MM-DD für das Format „täglich", YYYY-MM für das Format „monatlich" und YYYY für das Format „jährlich").

Wenn im externen Dataset das Datumsformat nicht dem Standard ISO 8601 und/oder die Datumsüberschrift nicht einem der genannten reservierten Bezeichnungen entspricht, dann kann dem Kommando *join* die Option *tkey* mitgegeben werden. Sie verhilft Gretl zu einem sehr flexiblen Umgang mit unterschiedlichen Datumsformaten im externen Dataset.

Die beiden Tabellen in Tabelle 2.19 repräsentieren zwei Versionen der Datei *Arblquote.txt*, die die Arbeitslosenquoten in Deutschland pro Quartal enthält. Während die linke Tabelle eine korrekte Datumsspalte im Sinne des ISO-Standards enthält, werden in der rechten Tabelle die Quartale durch einen Bindestrich von der Jahresangabe getrennt.

date	Arblquote_Ges		Quartal	Arblquote_Ges
2014-01-01	7.1		2014-1	7.1
2014-04-01	11.2		2014-2	11.2
2014-07-01	8.4		2014-3	8.4
2014-10-01	8.1		2014-4	8.1
2015-01-01	9.2		2015-1	9.2
2015-04-01	10.1		2015-2	10.1
2015-07-01	9.8		2015-3	9.8

Tabelle 2.19.: Datei *Arblquote.txt* mit ISO-Datumsformat (links) und freies Format (rechts)

Bei der Verwendung des täglichen ISO-Formats YYYY-MM-DD ist besonders darauf zu achten, welche Periodizität den Daten zugrunde liegt. Es ist immer nur das Beginndatum der jeweiligen Periode anzugeben.

Beispiele:
Jahresdaten: 2010-01-01, 2011-01-01, 2012-01-01, usw.
Quartalsdaten: 2014-01-01, 2014-04-01, 2014-07-01, usw.
Monatsdaten: 2014-01-01, 2014-02-01, 2014-03-01, usw.
Wochendaten: 2015-03-10, 2014-03-17, 2014-03-24, usw.

Beispiel Im folgenden Skript wird ein leeres internes Dataset mit sieben Elementen definiert und diesem eine Quartalsstruktur gegeben. Das anschließende Kommando *join* fügt die Arbeitslosenquoten der Datei *Arblquote.txt* dem internen Dataset hinzu. Für die in der linken Tabelle dargestellte Datumsspalte wird die Option *tkey* nicht benötigt. Sie ist aber erforderlich für das in der rechten Tabelle 2.19 dargestellte Datumsformat, weil es nicht dem ISO-Standard entspricht.

```
nulldata 7
setobs 4 2014:1  --time-series
join "Arblquote.txt" AQuote  --data="Arblquote_Ges" \
                            --tkey="Quartal,%Y-%q"
```

Die Option *tkey* spezifiziert einen Formatstring (in Anführungszeichen) mit zwei Bestandteilen: „<Titel Datumsspalte>,<Datumsformat>". Der Titel der Datumsspalte muss immer dann angegeben werden, wenn er von den reservierten Wörtern *obs*, *date*, *year*, *period* oder *observation* abweicht oder die Datumsangaben nicht in der ersten Spalte stehen. Das Datumsformat ist erforderlich, wenn es von der Norm ISO8601 abweicht. Im gegebenen Beispiel stellt der Spaltentitel *Quartal* kein reserviertes Wort dar. Deshalb besteht der Formatstring aus dem Titel der Spalte, also *Quartal*, und dem Datumsformat.

Das Datumsformat beinhaltet eine Kombination aus Textkonstanten und Datumsbestandteilen, die es erlauben, das Datum eindeutig zu rekonstruieren. Die Angabe %Y-%q beschreibt ein Datum in der Darstellung YYYY-QQ, die sich eindeutig auf das Datumsformat YYYY-MM-DD ISO-Norm abbilden lässt, wenn DD durch 01 und MM durch die Werte

01,04,07,10 für die einzelnen Quartalsnummern ersetzt wird. Tabelle 2.20 gibt einen Überblick über die Codes, die für das Datumsformat verwendet werden können.

Kürzel	Bedeutung
%C	Jahrhundertnummer (0-99)
%d	Tag im Monat (1-31)
%m	Nummer des Monats (1-12)
%q	Nummer des Quartals (1-4)
%Y	vierstellige Jahresangabe (z.B. 1996)
%j	Nummer des Tags im Jahr (1-366)
%w	Nummer des Wochentags (0-6) ; Sonntag=0

Tabelle 2.20.: Einige Kürzel für Datumsformate der Option *--tkey*

Die Tabelle 2.21 enthält einige Beispiele für Datumsangaben, die nicht dem Standard ISO 8601 genügen und daher mit der Option *--tkey* zu behandeln sind. Man beachte, dass die Titel der Datumsspalten in den Formatstrings anzugeben sind, weil sie keinem der reservierten Wörter entsprechen. Die Datumsangaben in der vierten Spalte der Tabelle 2.21 beziehen sich auf wöchentliche Perioden und geben jeweils das Beginndatum einer neuen Woche an.

Quartal	Monat	Tag	Woche
Q1-2014	2014Monat01	18.05.2015	10/03/2015
Q2-2014	2014Monat02	19.05.2015	17/03/2015
Q3-2014	2014Monat03	20.05.2015	24/03/2015
Q4-2014	2014Monat04	21.05.2015	31/03/2015
Q1-2015	2014Monat05	22.05.2015	07/04/2015
Q2-2015	2014Monat06	23.05.2015	14/04/2015
--tkey= „Quartal,Q%q-%Y"	--tkey= "Monat,%YMonat%m"	--tkey= "Tag,%d.%m.%Y"	--tkey= "Woche,%d/%m/%Y"

Tabelle 2.21.: Beispiele für nicht ISO-konforme Datumsformate

Mit dem Kommando *open* würde keine der in den Beispielen angegebenen Datumsformate Gretl veranlassen, die externe Datei als Zeitreihe zu interpretieren. Dies ist aber nunmehr mit dem Kommando *join* in Verbindung mit der Option *--tkey* möglich.

Damit Gretl ein Key Matching bezüglich der Datumsangaben durchführen kann, muss zunächst ein leeres Dataset definiert werden, dem mit dem Kommando *setobs* eine Zeitstruktur gegeben wird. Die Zeitstempel des leeren Datasets sind die Ankerpunkte, die Gretl für die Verknüpfung mit den Werten der Datumsspalte in der externen Datei benutzt. Damit die Daten des externen Datasets erfolgreich geladen werden, müssen die Angaben des Kommandos *setobs* zum Format der Datumsspalte passen. Bezogen auf Tabelle 2.21 müssen dem internen Dataset folgende Strukturen gegeben werden:

Für Spalte 1: *setobs 4 2014:1* (Quartalsdaten)

Für Spalte 2: *setobs 12 2014:1* (Monatsdaten)
Für Spalte 3: *setobs 7 2015-05-18* (Tagesdaten mit Woche = 7 Tage)
Für Spalte 3: *setobs 52 2015-03-10* (wöchentliche Daten)

In den bisherigen Betrachtungen sind wir von einem leeren Dataset ausgegangen, dem wir mit dem Kommando *setobs* eine Struktur aufgezwungen haben, die zur Zeitstruktur der externen Datei passt. Liegt eine Zeitreihe als internes Dataset vor, dann kann das join-Kommando nur korrekt ausgeführt werden, wenn die Zeitstempel der externen Datei zu den Zeitstempeln des internen Datasets passen.

Join von Paneldaten

Mit Gretl ist es möglich, auch bei einer Panelstruktur eine Join-Operation durchzuführen.

Beispiel   Die externe Datei *Arblquote-DF.txt* beinhaltet die Entwicklung der Arbeitslosen-quote in den Ländern Deutschland und Frankreich über mehrere Quartale. Die Daten liegen als gestapelte Querschnittseinheiten vor (siehe Tabelle 2.22). Das in Gretl geladene Dataset besitzt eine davon abweichende Organisationsform als gestapelte Zeitreihe mit den Variablen *Land_bez*, *qdatum* und *Einw*, die die Entwicklung der Einwohnerzahlen beider Länder (in Mill.) enthält. Für die Erstellung des Datasets dient die Datei *Einwohner-DF.gdt*.

Quartal	Land	Arblquote_Ges		Land_bez	qdatum	Einw
Q1-2014	Germany	7.1	1:1	Germany	20140101	80,4
Q1-2014	France	8.2	1:2	Germany	20140401	80,9
Q2-2014	Germany	11.2	1:3	Germany	20140701	81,2
Q2-2014	France	10.3	1:4	Germany	20141001	81,3
Q3-2014	Germany	8.4	1:5	Germany	20150101	81,5
Q3-2014	France	9.8	1:6	Germany	20150401	81,1
Q4-2014	Germany	8.1	2:1	France	20140101	69,2
Q4-2014	France	10.2	2:2	France	20140401	69,6
Q1-2015	Germany	9.2	2:3	France	20140701	69,5
Q1-2015	France	9.4	2:4	France	20141001	70,0
Q2-2015	Germany	10.1	2:5	France	20150101	70,2
Q2-2015	France	10.0	2:6	France	20150401	70,1

Tabelle 2.22.: Ext. Datei *Arblquote-DF.txt* (links) und int. Dataset der Einwohnerentwicklung (rechts)

Mit den Variablen *Land_bez* und *qdatum* des Datasets und den Spalten *Land* und *Quartal* der externen Datei ist die Voraussetzung für ein Key-Matching gegeben. Um das Datums-format der externen Datei an das Format der Variablen *qdatum* anzupassen, stellt Gretl die besonders nützliche Option *tconv-fmt* zur Verfügung. Mit dem folgenden join-Kommando wird die externe Datei in die vordefinierte Panelstruktur des Datasets eingefügt:

```
join "Arblquote-DF.txt" AQuote --data="Arblquote_Ges" \
                               --ikey=Land_bez,qdatum \
                               --okey=Land,Quartal \
```

```
--tconvert=Quartal \
--tconv-fmt="Q%q-%Y"
```

Mit der ersten Option *--data* werden die Werte der Spalte *Arblquote_Ges* dem inneren Dataset unter dem Variablennamen *Aquote* hinzugefügt. Die Optionen *--ikey* und *--okey* sorgen dafür, dass die internen Matching-Komponenten *Land_bez* und *qdatum* den Schlüsselkomponenten *Land* und *Quartal* der externen Datei *Arblquote-DF.txt* zugeordnet werden. Mit *--tconvert* wird festgelegt, dass die Spalte „Quartal" innerhalb der externen Datei konvertiert werden soll, während die Option *--tconv-fmt* die Information enthält, wie die Kodierung des Datums in dieser Spalte aussieht. Damit ist eine Konversion ins Format YYYYMMDD möglich.

Falls das geladene Panel-Dataset keine Variablen besitzt, mit denen ein Key-Matching durchgeführt werden kann, so können diese nachträglich durch wenige Kommandos erzeugt werden. Das folgende Skript definiert die beiden Variablen nachträglich:

```
string laender = "Germany France"
setobs Land_bez laender  --panel-groups
setobs 4 2014:1  --panel-time
series qdatum = $obsdate
```

Die beiden Varianten des Kommandos *setobs* mit den Optionen *--panel-groups* und *--panel-time* können nur benutzt werden, wenn für das Dataset bereits eine Panelstruktur vorliegt. Die Option *--panel-groups* veranlasst Gretl, eine Variable *Land_bez* vom Typ *series* anzulegen und diese folgendermaßen zu initialisieren: die im zweiten Argument angegebene Stringvariable *laender* enthält die Länderbezeichnungen *Germany* und *France* für die beiden Querschnittseinheiten, die in der Panelstruktur definiert sind. Beide Namen werden entsprechend der Anzahl der Perioden wiederholt in die series-Variable eingetragen, nach dem Muster in Tabelle 2.22 rechts.

Die zweite Ausführung von *setobs* besitzt die Option *--panel-time*, mit der die Zeitkomponente genauer spezifiziert wird. Hier wird den sieben Zeitperioden eine Quartalsstruktur mit dem Anfangswert 2014:1 gegeben. Die im nächsten Kommando aufgerufene Funktion *$obsdate* sorgt dafür, dass das Datum in die Form YYYYMMDD übertragen wird. Das Ergebnis der Umwandlung wird in der Variablen *qdatum* gespeichert.

2.3. Bearbeitung von Datasets

Vor einer ökonomischen Modellbildung wird es für den Anwender nützlich sein, sich ein Bild über die Beschaffenheit der in den Datasetvariablen gespeicherten Beobachtungen zu machen. Da diese Werte als das Ergebnis einer zufälligen Ziehung aus einer Grundgesamtheit anzusehen sind, ist es üblicherweise von Interesse, einige statistische Kennzahlen wie Median, Mittelwert und Varianz zu ermitteln.

Im Abschnitt 2.3.1 wird dargestellt, wie die erwähnten Kennzahlen und einige weitere zu ermitteln sind. Der sich anschließende Abschnitt 2.3.2 stellt dar, wie bestimmte Fragestellungen an die Daten herangetragen werden können, um gezielte Auswertungen zu erhalten. Wir werden sehen, dass dies durch die geeignete Formulierung von Operatoren möglich ist.

2.3.1. Statistische Kennzahlen von Datasetvariablen

Gretl stellt für die Berechnung statistischer Kennzahlen von Datasetvariablen eine Reihe nützlicher Kommandos zur Verfügung. Die im Folgenden verwendeten Kurzbezeichnungen $x, y, \ldots$ stehen für beliebige Variablen des Typs *series*, wobei der Index i den i-ten Beobachtungswert der Variablen bezeichnet. Für die Berechnung des arithmetischen Mittels und der Varianz gelten folgende Formeln.

$$\bar{y} = \frac{1}{N} \sum_{i=1}^{N} y_i \tag{2.1}$$

$$var(y) = \frac{1}{N-1} \sum_{i=1}^{N} (y_i - \bar{y})^2 \tag{2.2}$$

$$sd(y) = \sqrt{var(y)} \tag{2.3}$$

Dabei gibt N die Anzahl der Beobachtungen innerhalb der Datasetvariablen y an. Während die Varianz eine Maßzahl für den mittleren quadrierten Abstand der Werte vom Mittelwert $\bar{y}$ darstellt, wird die Quadratwurzel aus der Varianz als *Standardabweichung* bezeichnet und gibt den mittleren Abstand der Werte y_i von $\bar{y}$ an. Die *Kovarianz* stellt eine Maßzahl für die gemeinsame Varianz zweier Variablen x und y dar, also ein Maß, das angibt, wie beide Variablen miteinander variieren.

$$cov(x, y) = \frac{1}{N-1} \sum_{i=1}^{N} (x_i - \bar{x})(y_i - \bar{y}) \tag{2.4}$$

Für den Wert der Kovarianz gelten folgende Eigenschaften:

Positiver Zusammenhang: Die Kovarianz ist positiv, wenn hohe Werte der einen Variablen tendenziell mit hohen Werten der anderen Variablen auftreten. Das gleiche gilt für das tendenziell gemeinsame Auftreten niedriger Werte.

Negativer Zusammenhang: Die Kovarianz ist negativ, wenn hohe Werte der einen Variablen tendenziell mit niedrigen Werten der anderen Variablen auftreten. Das gleiche gilt auch umgekehrt.

Kein (linearer) Zusammenhang: Die Kovarianz ist Null, wenn die oben beschriebenen Zusammenhänge nicht erkennbar sind.

Die Kovarianz gibt einerseits durch ihr Vorzeichen die Richtung des Zusammenhangs an und andererseits vermittelt der gebildete Summenwert in Gleichung 2.4 das Ausmaß der Stärke des Zusammenhangs. Die folgenden Grafiken verdeutlichen die drei verschiedenen Zusammenhänge. Dabei stellen die zwei senkrecht aufeinander stehenden Linien die Mittelwerte $\bar{x}$ und $\bar{y}$ dar.

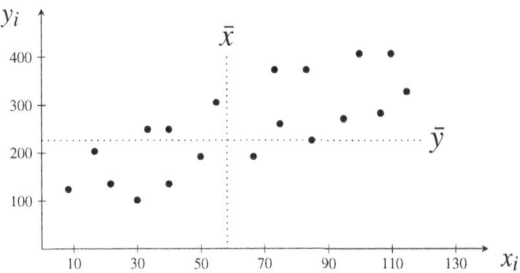

Abb. 2.13.: Positive Kovarianz zwischen x und y

In Abbildung 2.13 besteht zwischen den Variablen eine positive Kovarianz, da die überwiegende Anzahl der Produkte $(x_i - \bar{x})(y_i - \bar{y})$ im Summenausdruck der Formel 2.4 größer als Null ist.

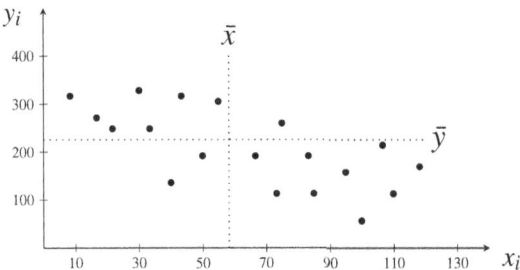

Abb. 2.14.: Negative Kovarianz zwischen x und y

In Abbildung 2.14 besteht zwischen den Variablen eine negative Kovarianz, da die Mehrzahl der Produkte $(x_i - \bar{x})(y_i - \bar{y})$ kleiner als Null ist.

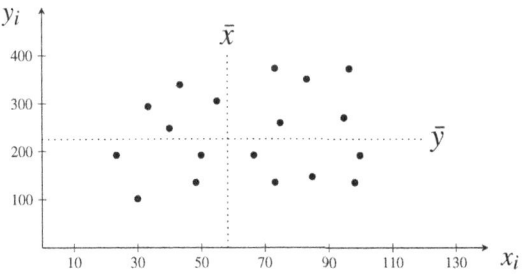

Abb. 2.15.: Kovarianz = 0 zwischen x und y

In Abbildung 2.15 besteht zwischen den Variablen eine Kovarianz nahe 0, da etwa die Hälfte der einzelnen Produkte $(x_i - \bar{x})(y_i - \bar{y})$ größer als 0 ist und die andere Hälfte kleiner als 0. Die Beträge gleichen sich ungefähr aus, sodass die Summe in etwa den Wert 0 ergibt.

Um zu einer Maßzahl bezüglich der Stärke des Zusammenhangs zu kommen, müssen wir die Kovarianz normieren. Dies wird erreicht, indem die Kovarianz durch das Produkt der Standardabweichungen beider Variablen dividiert wird. Wir erhalten damit den sogenannnten *Korrelationskoeffizienten*:

$$corr(x,y) = \frac{cov(x,y)}{sd(x)sd(y)} \tag{2.5}$$

Statt corr(x,y) wird häufig die Schreibweise r_{xy} verwendet. Der Korrelationskoeffizient r_{xy} liegt immer zwischen -1 und +1. Weiterhin gilt:

$$\text{positiver Zusammenhang:} \quad r_{xy} > 0 \tag{2.6}$$

$$\text{kein Zusammenhang:} \quad r_{xy} = 0 \tag{2.7}$$

$$\text{negativer Zusammenhang:} \quad r_{xy} < 0 \tag{2.8}$$

Für die Werte $r_{xy} = -1$ bzw. $r_{xy} = +1$ erhält man einen perfekten negativen bzw. positiven Zusammenhang.

Der Korrelationskoeffizient zwischen den Datasetvariablen *Quadratmeter* und *Distanz* lässt sich damit wie folgt berechnen, wobei *Quadratmeter* = x_1 und *Distanz* = x_2 gesetzt wird.

$$r_{x_1 x_2} = \frac{\sqrt{\frac{1}{N-1} \sum_{i=1}^{N} (x_{1i} - \bar{x}_1)(x_{2i} - \bar{x}_2)}}{\sqrt{\frac{1}{N-1} \sum_{i=1}^{N} (x_{1i} - \bar{x}_1)^2} \sqrt[2]{\frac{1}{N-1} \sum_{i=1}^{N} (x_{2i} - \bar{x}_2)^2}} \tag{2.9}$$

Selbstverständlich lassen sich die jeweiligen Ausdrücke im Zähler und im Nenner durch ein geeignetes Skript einfach berechnen. Für alle bisher genannten Kennzahlen ist es allerdings sinnvoll, die angebotenen Gretl-Funktionen zu benutzen, von denen einige in der folgenden Tabelle zusammengestellt sind (die in Klammern angegebenen Argumente x bzw. y stellen Variablen vom Typ *series* dar).

Funktion	*Rückgabe-Datentyp*	*Rückgabewert*
mean(x)	*scalar*	Mittelwert von x
var(x)	*scalar*	Varianz von x
sd(x)	*scalar*	Standardabweichung von x
corr(x,y)	*scalar*	Korrelationskoeff. zwischen x und y
median(x)	*scalar*	Median von x
min(x)	*scalar*	kleinster Wert von x
max(x)	*scalar*	größter Wert von x

Tabelle 2.23.: Funktionen zur Ermittlung statistischer Kennzahlen

Die Funktionen liefern in allen Fällen den entsprechenden Wert zurück. Als Argument wird hinter dem Funktionsnamen eine Datasetvariable in Klammern angegeben. So liefert zum Beispiel der Ausdruck *mean(Miete)* den Mittelwert aller Beobachtungen der Variablen *Miete* zurück. Das folgende Skript berechnet einige statistische Kennzahlen aus dem Dataset *Miethoehe.gdt*.

```
scalar mittelw_QM = mean(Quadratmeter)
scalar var_Miete  = var(Miete)
scalar corr_QM_Dist = corr(Quadratmeter,Distanz)
scalar min_Dist = min(Distanz)
print mittelw_QM   var_Miete   corr_QM_Dist   min_Dist
```

Es existieren weitere Variablen, die bestimmte Eigenschaften des in einer Gretl-Sitzung geöffneten Datasets beschreiben und durch Funktionen ermittelt werden können. Die in folgender Liste wiedergegebenen Variablen werden auch als *Accessor-Variablen* bezeichnet. Die wichtigsten sind in der Tabelle 2.24 zusammengefasst. Alle genannten Funktionen liefern einen Skalarwert zurück.

Accessor	Bedeutung
$datatype	Typ des Datasets (0 = no data; 1 = Querschnittsdaten; 2 = Zeitreihe; 3 = Paneldaten)
$nobs	Anzahl Beobachtungen des Datasets bzw. Samples
$nvars	Anzahl der series-Variablen (inklusive const)
$t1	Index der 1. Beobachtung des Datasets bzw. Samples
$t2	Index der letzten Beobachtung des Datasets bzw. Samples

Tabelle 2.24.: Accessor-Variablen (Funktionen) für Datasets

2.3.2. Aggregierte Auswertungen

Im vorangegangenen Abschnitt wurden Auswertungen durchgeführt, die sich auf bestimmte Variablen des gesamten Datasets bezogen. Soll nur eine Teilmenge aller Datensätze betrachtet werden, so ist es notwendig, dass man diese Teilmenge durch die Angabe einer bestimmten Bedingung näher spezifiziert, durch die die Merkmalsausprägungen eingegrenzt werden.

Beispielsweise können sich Anwender mit folgenden Fragestellungen konfrontiert sehen: *Wie hoch ist die durchschnittliche Miete von Wohnungen mit einer Wohnfläche über 90 Quadratmeter?*
Wie hoch ist die durchschnittliche Wohnfläche bei einer Distanz von 1 - 2 Kilometern Entfernung vom Zentrum?
Wieviele Wohnungen mit einer Wohnfläche über 100 Quadratmeter befinden sich mehr als 3 Kilometer vom Zentrum entfernt?
Die Grundidee aller erwähnten Fragestellungen ist, eine sogenannte *Indikatorvariable* einzuführen, die für diejenigen Entitäten, deren Werte die in der Fragestellung angegebene Bedingung erfüllen, eine 1 enthält und ansonsten eine 0. Für das weitere Vorgehen bieten sich zwei verschiedene Möglichkeiten an, die beide vorgestellt werden sollen.

- Mit der Funktion *aggregate* werden die statistischen Kennwerte einer Variablen aggregiert, wobei sich die Aggregierung nach den Werten einer zweiten Variablen richtet.

- Das Dataset wird auf einen bestimmten Wertebereich eingeschränkt, der durch eine Bedingung festgelegt wird. Diese als „restringieren" bezeichnete Vorgehensweise stellt einen Spezialfall der Bildung eines Subsamples dar. Danach enthält das Dataset nur noch einen bestimmte Teilmenge aller Beobachtungen.

Auswertungen mit der Funktion *aggregate*

Für die Beantwortung der ersten Fragestellung definieren wir zunächst eine Indikatorvariable, die an den Stellen, an denen die Variable *Quadratmeter* einen Wert über 90 aufweist, eine 1 enthält. In der Konsole wird dazu das Kommando

```
series Indik_QM90 = (Quadratmeter > 90)
```

eingegeben. Genau das gleiche Ergebnis würde das folgende Skript liefern, das den einzelnen Elementen der *series*-Variablen *Indik_QM90* den Wert 0 oder 1 zuweist:

```
series Indik_QM90
loop i = 1..20
  if Quadratmeter[i] > 90
     Indik_QM90[i] = 1
  else
     Indik_QM90[i] = 0
  endif
endloop
```

Zusätzlich zu den bereits existierenden Variablen des Datasets *Miethoehe.gdt* wird die neue Variable *Indik_QM90* im Hauptfenster angezeigt.

In Abbildung 2.16 ist zu erkennen, dass die Indikatorvariable *Ind_QM90* für diejenigen Beobachtungen, bei denen die Variable *Quadratmeter* einen Wert größer 90 besitzt, den Wert 1 enthält. Dies gilt zum Beispiel für die Sätze 5,6,8 und 12.

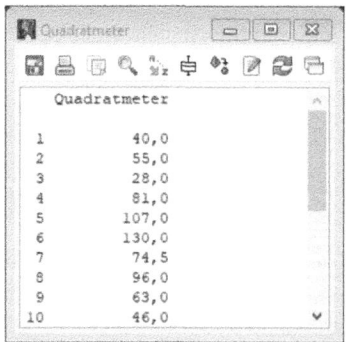 

Abb. 2.16.: Die Indikatorvariable zur Variablen *Quadratmeter*

Um die durchschnittliche Miete von Wohnungen mit einer Wohnfläche über 90 Quadratmeter zu ermitteln, benutzen wir die Funktion *aggregate*:

```
matrix m_QM90 = aggregate(Miete,Indik_QM90,mean)
print m_QM90
```

Dem Kommando werden drei Argumente zu Verfügung gestellt: Die Variable *Miete*, die für die Durchschnittsbildung relevant ist, die Variable *Indik_QM90*, die das Dataset in die beiden Teilmengen bezüglich der Quadratmeterzahl aufsplittet und eine Funktion, die auf die beiden Teilmengen angewendet wird: in diesem Fall handelt es sich um die Funktion *mean*, die für jede der beiden Teilmengen des Datasets den Mittelwert der Miete berechnet. Die Rückgabewerte der Funktion *aggregate* werden in einer Variablen des Typs *matrix* gespeichert und mit dem Kommando *print* ausgegeben:

byvar	count	f(x)
0,00000	14,000	539,50
1,0000	6,0000	1051,7

Mit dem Kommando *print* wird der Inhalt der Matrix *m_QM90* zusammen mit drei von Gretl selbst hinzugefügten Spaltenüberschriften ausgegeben. Die erste Spalte, betitelt mit *byvar*, bezieht sich auf die Anzahl der unterschiedlichen Ausprägungen der Variablen, die als zweites Argument der Funktion *aggregate* angegeben wurde. Die zweite Spalte gibt die Anzahl der Sätze für jede der Teilmengen, in die das Dataset durch die byvar-Variable aufgeteilt wurde, wieder. In der dritten Spalte wird für jede Teilmenge der Mittelwert angegeben. Die Überschrift für die dritte Spalte lautet allgemein *f(x)*, weil außer einer Durchschnittsbildung auch andere Funktionen aufgerufen werden können, zum Beispiel *sum, sd, var, min, max.*

Die durchschnittliche Miethöhe von Wohnungen mit einer Wohnfläche über 90 Quadratmeter beträgt also 1051,7 Euro. Bis einschließlich 90 Quadratmeter sind im Durchschnitt 539,50 Euro zu zahlen.

Falls Anwender „sprechende" Überschriften und auch geeignete Bezeichnungen für die Zeilen der Matrix wünschen, bietet Gretl dafür die Funktionen *cnameset* und *rnameset* an. Genaueres dazu kann dem Kapitel über Matrixbearbeitung in Gretl entnommen werden.

Für die Beantwortung der beiden weiteren Fragen unter Zuhilfenahme der Funktion *aggregate* sind nur noch geeignete Indikatorvariablen zu definieren, die dann als byvar-Variablen der Funktion im zweiten Argument angegeben werden.

```
series Indik_Dist1_2 = (Distanz >= 1 && Distanz <= 2)
series Indik_QM_Dist = (Quadratmeter > 100 && Distanz > 3)
```

Um Teilbedingungen miteinander zu verknüpfen, wird in diesem Fall der UND-Operator „&&" verwendet. Die erzeugten Indikatorvariablen lassen sich dann wie folgt im Kommando *aggregate* verwenden:

```
matrix m_Dist1_2 = aggregate(Quadratmeter,Indik_Dist1_2,mean)
matrix m_QM_Dist = aggregate(Quadratmeter,Indik_QM_Dist,sum)
```

Nicht in jedem Fall muss eine Indikatorvariable als byvar-Variable verwendet werden. Das Dataset enthält eine Variable *Wohnungstyp*, die mit vier verschiedenen Kennzahlen beschreibt, ob die Beobachtungen des jeweilige Datensatzes eine luxussanierte, eine renovierte Wohnung, einen Altbau oder Neubau betreffen. Möchte man die Durchschnittsmiete nach Wohnungstypen getrennt ermitteln, so bietet sich folgendes Kommando an:

```
matrix m_Wtyp = aggregate(Miete,Wohnungstyp,mean)
print m_Wtyp
```

Nach einer Aufbereitung der Spalten- und Zeilentitel unter Verwendung der Funktionen *cnameset* und *rnameset* lässt sich die folgende Ausgabe erstellen:

	W-typ	Anzahl	D-Miete
luxussaniert	1,0000	5,0000	743,20
renoviert	2,0000	4,0000	526,25
Altbau	3,0000	6,0000	788,33
Neubau	4,0000	5,0000	662,40

2.3.3. Der Umgang mit fehlenden Werten

Fehlende Werte (engl. *missing values*) speichert Gretl intern als größte Gleitkommazahl. Sie darf daher nicht mit normalen Datenwerten verwechselt werden. Beim Import von ASCII- oder CSV-Dateien akzeptiert Gretl verschiedene Angaben bezüglich fehlender Werte. Dazu gehören: Der String *NA*, der Wert -999 oder bei der Trennung der Werte durch Kommata das Auslassen eines Werts.

Bei der Durchführung von statistischen Analysen verfährt Gretl nach folgendem Muster:

Kalkulation von Statistiken: In diesem Fall werden fehlende Werte ignoriert und die Stichprobenzahl wird angepasst. Dies ist z.B. bei der Berechnung von Mittelwert oder Standardabweichung der Fall.

Durchführung einer Regression: Vor Durchführung der Regression werden fehlende Beobachtungen entfernt und die Größe der Stichprobe angepasst. Es wird darauf hingewiesen, wieviele Beobachtungen entfernt wurden.

Es ist allerdings wichtig zu betonen, dass nicht in allen Schätzprozeduren das Entfernen fehlender Beobachtungen durchgeführt wird. In diesen Fällen weist Gretl mit einer Fehlermeldung darauf hin und führt keine Schätzung durch.

Behandlung fehlender Werte

Da bei Schätzungen fehlende Werte entweder nicht berücksichtigt werden oder aber zu Fehlersituationen führen können, ist es manchmal sinnvoll, diese aus dem Dataset zu entfernen. Enthält eine Variable zum Beispiel an Position 10 einen Fehlwert, dann werden auch alle Werte der übrigen Variablen des Datasets an dieser Stelle entfernt. Die Anzahl der Beobachtungen wird anschließend angepasst.

Die Löschoperation für Fehlwerte ist über den Menüeintrag *Stichprobe/Entferne Beobachtungen mit Fehlwerten...* durchzuführen.

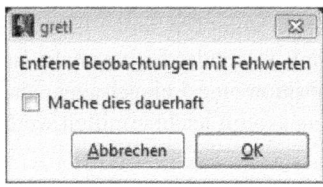

Abb. 2.17.: Entfernung fehlender Beobachtungen

In bestimmten Fällen ist es wünschenswert, Fehlwerte durch besondere Werte zu ersetzen. Diesem Bedarf kommt Gretl mit dem Menüeintrag *Daten/Bestimme Code für Fehlwerte...* entgegen. Gretl bietet ein Dialogfenster an, in dem der den Fehlwert ersetzende Wert eingegeben werden kann.

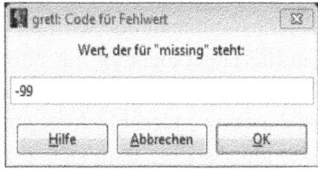

Abb. 2.18.: Ersatzwert für fehlende Beobachtungen

Es gibt einige Funktionen innerhalb der Skriptsprache, die für die Untersuchung fehlender Werte besonders geeignet sind. In Tabelle 2.25 sind sie zusammengestellt.

Aus Sicht der Anwender sind verschiedene Formen des Umgangs mit fehlenden Werten denkbar. Eine Möglichkeit besteht darin, das Dataset um die Anzahl von Beobachtungen zu reduzieren, bei denen mindestens eine Datasetvariable den Wert „NA" enthält. Der Nachteil dieses Verfahrens besteht darin, dass die zugehörigen vorhandenen Beobachtungswerte anderer Variablen verloren gehen, und damit bei einer Auswertung nicht mehr berücksichtigt werden. Vorteilhafter wäre daher in manchen Fällen ein Verfahren, den Fehlwert in einen numerischen Wert zu transformieren (z.B. eine Null).

Funktion	Rückgabedatentyp	Bedeutung
missing	scalar/series/list (wie Argument)	Ermittlung von „NAs"
misszero	scalar/series (wie Argument)	Umwandlung „NAs" in Nullen
zeromiss	scalar/series (wie Argument)	Umwandlung Nullen in „NAs"
ok	Ermittlung von korrekten Werten	gleicher Typ wie Argument x

Tabelle 2.25.: Funktionen zur Bearbeitung von Fehlwerten

Beispielsweise besitzt die Funktion *missing* als Argument eine Variable vom Typ *scalar*, *series* oder *list*. Bei einer Variablen vom Typ *series* liefert die Funktion ebenfalls eine Variable vom Typ *series* zurück, mit folgender Eigenschaft: Bei einem Fehlwert wird an der entsprechenden Beobachtungsposition eine 1 eingetragen, ansonsten der Wert 0. Die Anzahl der Fehlwerte einer Variablen kann somit leicht ermittelt werden:

```
# Ermittlung Anzahl Fehlwerte der Variablen x
series miss_x = missing(x)
scalar anz_miss_x = sum(miss_x)
printf "Anzahl der Fehlwerte von x: %d", anz_miss_x
```

Im Gegensatz zur Funktion *missing* ermittelt die Funktion *ok* die korrekten Beobachtungswerte und gibt eine Variable zurück, die an den entsprechenden Positionen den Wert 1 erhält. Beide Funktionen verhalten sich komplementär zueinander. Die Funktion *ok* ist somit identisch mit der Negation *!missing()* und lediglich ein kurzer und ausdrucksstarker Ersatz.

2.3.4. Auswahl von Teilstichproben (*subsampling*)

Bei der Untersuchung statistischer Zusammenhänge wird recht häufig der Wunsch auftreten, nicht alle Daten eines Datasets in die Untersuchung mit einzubeziehen. Stellen wir uns die Situation vor, dass der geschlechtsspezifische Einfluss auf das Einkommen untersucht werden soll und gehen wir davon aus, dass beide Geschlechtsausprägungen in einer Variablen mit zwei numerischen Werten codiert sind. Möchte man sich zum Beispiel auf die Ausprägung *weiblich* konzentrieren, dann kann man das Dataset durch Teilmengenbildung auf diejenigen Sätze einschränken, in denen die das Geschlecht bezeichnende Variable die Ausprägung *weiblich* besitzt. Dies geschieht solange, bis diese Einschränkung vom Benutzer wieder aufgehoben wird.

Bei Zeitreihendaten ist es für bestimmte Auswertungen oft wünschenswert, den Zeitrahmen der Daten einzuschränken, sodass Datensätze am Beginn oder am Ende des Datasets unterdrückt werden. In beiden Fällen werden die Daten des Datasets, die nicht in die Untersuchung einfließen sollen, natürlich nicht gelöscht, sondern nur unsichtbar gemacht. Die Teilmengen eines Datasets werden im Englischen als *Subsamples* bezeichnet.

Abb. 2.19.: Das Menü Stichprobe zur Definition eines Subsamples

Zur Realisierung dieses Konzepts stellt Gretl das Kommando *smpl* zur Verfügung. Zunächst wird aber der Umgang innerhalb der grafischen Benutzeroberfläche dargestellt.

Subsampling aus der grafischen Benutzeroberfläche heraus

Die Abbildung 2.19 gibt das Hauptfenster von Gretl mit dem geöffneten Hauptmenüpunkt *Stichprobe* wieder. Die hier angebotenen Unterpunkte liefern das Rüstzeug, um innerhalb der grafischen Oberfläche mit der Thematik umzugehen.

Bereich wählen...: Es kann ein Bereich angegeben werden, der die Teilmenge definiert. Die außerhalb des Bereichs liegenden Sätze werden unterdrückt. Diese Option ist insbesondere für Zeitreihen- oder Paneldaten interessant.

Gesamtbereich wiederherstellen: Wurde zuvor ein Subsample definiert, so kann damit das gesamte Dataset wiederhergestellt werden. Unsichtbar gemachte Datensätze sind also wieder sichtbar.

Restringiere durch Bedingung...: Es kann eine Bedingung angegeben werden, um ein Subsample zu definieren. In diesem Fall spricht man von einer Teilmengenbildung durch Restriktion.

Zufalls-Teilstichprobe...: Aus dem Dataset kann per Zufall eine Stichprobe von bestimmter Größe gezogen werden.

Ziehen mit zurück legen...: Vor jeder zufälligen Ziehung wird der zuletzt gezogene Satz wieder zurückgelegt, sodass Sätze mehrfach gezogen werden können.

Entferne Beobachtungen mit Fehlwerten...: Nur vollständige Sätze werden behalten.

Zeige Status: Die Anzahl der Sätze nach der Restriktion wird angezeigt.

In vielen Fällen ist es ausreichend, die Anzahl der Sätze geeignet zu reduzieren, indem ein bestimmter Bereich festgelegt wird. Es wird dann das Fenster im linken Teil der Abbildung 2.20 geöffnet, in dem der Anfangs- und/oder Endwert festgelegt wird.

Anhand des Menüeintrags *Zeige Status* lässt sich dann überprüfen, wieviele Datensätze Gretl unsichtbar gemacht hat. Wie dem rechten Teil der Abbildung 2.20 zu entnehmen ist, besteht die aktuelle Stichprobe aus sechzehn Datensätzen.

Um statistische Auswertungen durchzuführen, die sich auf eine bestimmte Teilmenge von Beobachtungen beziehen, können durch die Formulierung einer geeigneten Bedingung diejenigen Datensätze ausgeschlossen werden, die der Bedingung nicht genügen.

Im Hauptfenster wird zunächst der Menüeintrag *Stichprobe* selektiert und anschließend der Unterpunkt *Restringiere durch Bedingung...* ausgewählt. In das Dialogfenster „restringiere Stichprobe" kann anschließend die Bedingung für die Auswahl der Datensätze angegeben werden, siehe Abbildung 2.21.

Gretl gibt anschließend eine Information aus, wieviele Datensätze es aus dem Dataset entfernt hat. In der unteren Statuszeile wird vermerkt, wieviele Datensätze noch verblieben

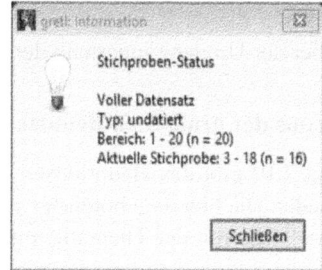

Abb. 2.20.: Festlegung des Bereichs und Statusanzeige

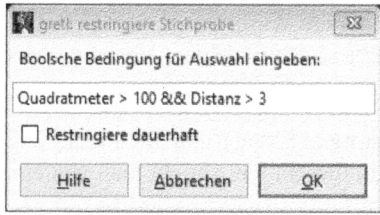

Abb. 2.21.: Einschränkung des Datasets durch Bedingung

sind, zum Beispiel: *Undatiert Gesamtbereich n= 20; aktuelle Stichprobe N=3*. Alle statistischen Auswertungen werden auf der Grundlage der noch im Dataset verbliebenen Datensätze durchgeführt. Soll das gesamte Dataset wiederhergestellt werden, kann dies über die Selektion des Menüeintrags *Stichprobe/Gesamtbereich wiederherstellen* geschehen.

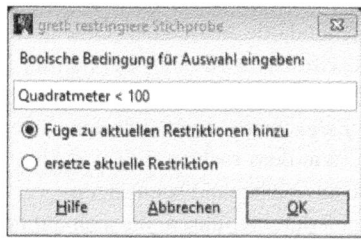

Abb. 2.22.: Durchführung einer zweiten Restriktion

Wird nach dieser Restriktion der Menüeintrag *Restringiere durch Bedingung...* noch einmal selektiert, so erhält man das Dialogfenster in Abbildung 2.22.

Unterhalb der Eingabezeile für den booleschen Bedingungsausdruck, der sich in diesem Beispiel auf die Werte der Quadratmeterzahl bezieht, ist folgende Entscheidung zu treffen:

Soll die zweite Restriktion sich auf das bereits existierende Subset beziehen oder soll das existierende Subset ersetzt werden durch ein Subset, das dem aktuell eingegebenen Bedingungsausdruck entspricht? Dazu muss der entsprechende Radiobutton selektiert werden. Entscheidet man sich für die erste Möglichkeit, dann gibt Gretl den Hinweis aus, dass es neun Beobachtungen entfernt hat. Durch die zweite Restriktion sind also 9 - 6 = 3 Beobachtungen zusätzlich entfernt worden.

Selbstverständlich hätten beide Restriktionen auch zu einer einzigen zusammengefasst werden können. Der Bedingungsausdruck dafür ist: *Distanz* > 3.0 && *Quadratmeter* < 100. Für die Bildung von Subsets steht das Kommando *smpl* zur Verfügung.

Subsampling mit dem Kommando *smpl*

Die verschiedenen Varianten des Kommandos werden in der Kommandoübersicht ausführlich dargestellt. In diesem Abschnitt sollen die drei wichtigsten Ausprägungen des Kommandos betrachtet und mit Beispielen verdeutlicht werden.

Selektion eines Bereichs Bei dieser Vorgehensweise werden Daten am Anfang und/oder Ende des Datasets abgeschnitten.
Beispiele:

```
smpl 4 122
smpl 1985:1 1999:4
smpl 2010-01-01;
```

Im ersten Beispiel werden die Beobachtungen 4 bis 122 innerhalb eines Datasets mit Querschnittsdaten selektiert. Besonderen Sinn macht das Abschneiden von Beobachtungen aber bei Zeitreihendaten. Wenn der Beobachtungszeitraum sehr groß ist, kann man sich auf einen bestimmten Zeitabschnitt beschränken. Im zweiten Beispiel werden nur die Beobachtungen von 1985:1 bis 1999:4 berücksichtigt. Im dritten Beispiel werden alle Beobachtungen ab dem 1. Januar 2010 berücksichtigt. Das dahinter stehende Semikolon bewirkt, dass der Bereich die letzte Beobachtung mit einschließt. Ein vorangestelltes Semikolon hat die entsprechende Wirkung: es werden alle Beobachtungen von der Startbeobachtung bis zur Beobachtung mit dem angegebenen Zeitstempel in die Stichprobe aufgenommen.

Selektion aufgrund einer Bedingung Die Option *restrict* sorgt dafür, dass nur diejenigen Datensätze berücksichtigt werden, die einer bestimmten Bedingung genügen.
Beispiele:

```
smpl Geschlecht == 0     --restrict
smpl Quadratmeter > 100 && Distanz > 3   --restrict
```

Im ersten Beispiel wird das Dataset auf diejenigen Beobachtungen eingeschränkt, in denen die Variable *Geschlecht* den Wert 0 besitzt. Das zweite Beispiel wurde bereits behandelt.

Selektion aufgrund fehlender Werte Es handelt sich hier um den Spezialfall einer Bedingung, und zwar um fehlende Werte innerhalb von Variablen, deren Werte mit „NA" (not available) gekennzeichnet sind.
Beispiele:

```
smpl  --no-missing
smpl  --no-all-missing
list L = Quadratmeter Distanz
smpl ok(L)  --restrict
```

Im ersten Beispiel wird durch die Option *no-missing* das Dataset auf diejenigen Datensätze eingeschränkt, bei denen für alle Variablen Beobachtungswerte vorliegen. Enthält eine Variable einen fehlenden Wert, werden auch die zugehörigen Beobachtungen der anderen Variablen unterdrückt.

Im zweiten Beispiel sorgt die Option *no-all-missing* dafür, dass eine Unterdrückung nur stattfindet, wenn alle Variablen fehlende Werte enthalten. Es genügt nicht, wenn nur der Wert einer Variablen des Datensatzes fehlt. Sollen Datensätze unterdrückt werden, in denen die Variablen *Quadratmeter* oder *Distanz* fehlende Werte enthalten, so bietet sich die Verwendung einer Liste an, denen die beiden Datasetvariablen zugeordnet werden. Der Funktion *ok* wird die Liste L als Argument mitgegeben und als Ergebnis liefert sie eine Variable vom Typ *series* zurück, in der diejenigen Werte mit 0 besetzt sind, an deren Position mindestens eine der in der Liste vorhandenen Datasetvariablen einen Fehlwert besitzt. Im o. a. Beispiel unterdrückt das Kommando *smpl ok(L)* diejenigen Datensätze, an deren Positionen die Variablen *Quadratmeter* oder *Distanz* einen fehlenden Wert (NA) enthalten.

Wenn mehrere smpl-Kommandos nacheinander ausgeführt werden, so bezieht sich das zweite smpl-Kommando auf die Dataset-Teilmenge, die durch das erste Kommando erzeugt wurde usw. Beispielsweise lässt sich eine Restriktion auf Geschlecht und Alter auch durch zwei nacheinander geschaltete Restriktionen ersetzen, eine auf das Geschlecht und eine auf das Alter. Soll eine neue Samplebildung also vom gesamten Dataset ausgehen, so muss zunächst das Dataset durch das Kommando

```
smpl full
```

wiederhergestellt werden. Alternativ kann durch die Verwendung der Option *--replace* in Verbindung mit *--restrict* dafür gesorgt werden, dass Gretl vor der Ausführung des Kommandos *smpl* das gesamte Dataset wiederherstellt.

Handelt es sich bei dem geladenen Dataset um Zeitreihendaten, so ist Vorsicht bei der Verwendung der Option *--restrict* geboten. Die Durchführung einer Selektion auf der Grundlage einer Bedingung führt in diesem Fall dazu, dass Gretl die Stichprobe als undatiert behandelt und kennzeichnet. Sollen dennoch statistische Zeitreihenuntersuchungen mit der Stichprobe durchgeführt werden, dann kann durch das Kommando *setobs* der Stichprobe wieder eine Zeitreihenstruktur gegeben werden. Mit dem Kommando *smpl full* lässt sich die ursprüngliche Zeitreihe wiederherstellen.

Restringieren von Paneldaten

Besteht das Dataset aus Paneldaten, dann lässt sich ein Subsample auf zwei Arten bilden: Entweder wird eine Teilmenge hinsichtlich der Dimension der Querschnittsdaten oder hinsichtlich der Dimension der Zeitperioden erzeugt. Um den Sachverhalt zu konkretisieren, wird auf das Dataset Bezug genommen, das die Paneldaten von sechs Unternehmen über jeweils drei Perioden enthält.

Die einfachste Art, ein Subsample zu erzeugen, besteht darin, sich auf die Identifier für die Panelbeobachtungen zu beziehen. Der gesamte Wertebereich wird durch die Identifier 1:1 (Werte der Variablen für Unternehmen 1 in Periode 1) bis 6:3 (Werte der Variablen für Unternehmen 6 in Periode 3) abgedeckt. Entsprechend bewirkt das Kommando

```
smpl 2:1 3:3
```

eine Einschränkung des Datasets auf die Werte der Unternehmen 2 und 3. Die Verwendung der Identifier für die Ziehung von Stichproben aus Panel-Datasets bietet aber nur recht eingeschränkte Möglichkeiten. Es können auf diese Weise nur zusammenhängende Bereiche von Daten für die Stichprobe ausgewählt werden. So lassen sich zum Beispiel nicht die Werte des ersten und des dritten Unternehmens über eine ODER-Verknüpfung der Form „smpl 1:1 1:3 ‖ 3:1 3:3" zu einer Teilmenge zusammenfassen. Auch eine Querschnittsbildung, zum Beispiel die Zusammenfassung der Werte aller Unternehmen in einer bestimmten Periode, ist auf diese Weise nicht durchführbar.

Es soll zunächst der erste Fall näher betrachtet werden. Wie können die Zeitreihendaten einzelner, nicht unbedingt zusammenhängender Querschnittseinheiten zu einem Subsample zusammengefasst werden?

Unternehmen	Periode	Umsatz	Mitarbeiter	Werbeetat
Lidl	Jan-2014	4200	1200	0,32
Lidl	Feb-2014	4170	1240	0,36
Lidl	Mar-2014	4300	1210	0,40
Aldi	Jan-2014	3120	980	0,15
Aldi	Feb-2014	3250	1050	0,23
Aldi	Mar-2014	3080	1055	0,27
Edeka	Jan-2014	2312	780	0,53
Edeka	Feb-2014	2455	836	0,41
Edeka	Mar-2014	2380	917	0,47

Tabelle 2.26.: Dataset *Umsatz_Panel-i-t.txt* mit Subsamples *Lidl* und *Edeka*

In einem Dataset, in dem die Werte des Panels durch Identifier-Variablen der Einheit und der Periode zugeordnet werden können, wie in Tabelle 2.26 dargestellt, kann eine Einschränkung auf die Werte der Unternehmen *Lidl* und *Edeka* wie folgt erreicht werden:[3]

```
smpl Unternehmen == "Lidl" || Unternehmen == "Edeka" --restrict
```

---

3 Das Kommando *smpl* führt dazu, dass Gretl die Zeilen mit den Werten des Unternehmens „Aldi" unterdrückt

Wenn es im Dataset keine Variable gibt, die die Namen oder Bezeichnungen der Querschnittseinheiten enthält (was häufig der Fall ist), so kann diese Variable mit dem Kommando *setobs* und der Option *panel-groups* erzeugt werden. Das Kommando setzt allerdings voraus, dass das Dataset schon eine Panelstruktur besitzt.

```
setobs Unternehmen  "Lidl Aldi Edeka"  --panel-groups
```

Die einzelnen Bezeichnungen werden für jede Querschnittseinheit entsprechend der Anzahl der Perioden wiederholt, wie aus Tabelle 2.26 zu ersehen ist.

Um die Werte der Variablen aller Unternehmen für bestimmte Perioden zu selektieren, ohne dass auf eine identifizierende Spalte *Periode* zurückgegriffen werden kann, bietet es sich an, mit dem Kommando *genr* zunächst eine Zeittrendvariable *time* zu definieren.[4] Diese Variable enthält für jede Querschnittseinheit eine Folge natürlicher Zahlen, deren Länge sich nach der Zahl der Perioden richtet.

Im anschließenden Kommando *smpl* können die gewünschten Perioden als Bedingung unter Verwendung der Zeittrendvariablen formuliert werden. Im folgenden *smpl*-Kommando wird ein Subsample aller Querschnittsdaten der Perioden 2 und 3 gebildet.

```
genr time
smpl time = 2 || time = 3  --restrict
```

2.3.5. Diskrete Datasetvariablen und deren Verarbeitung

Sehr oft enthalten Datasets Variable, die nur eine bestimmte, eingeschränkte Anzahl von Werten enthalten. In diesem Fall spricht man von *diskreten Variablen*.

Gretl bietet einige Kommandos an, die nur mit diskreten Variablen zu nutzen sind. Eine Spezialform der diskreten Variablen besitzt nur die Ausprägungen „0" und „1". Diese werden auch als *Dummy-Variablen* oder *Indikatorvariablen* bezeichnet. Eine Dummy-Variable teilt das gesamte Dataset in zwei Gruppen auf. Entweder gehört eine Beobachtung in die Gruppe mit dem Dummywert 1 oder sie liegt außerhalb der Gruppe, sodass ihr der Dummywert 0 zugeordnet ist. Beispiele für Dummy-Variablen sind:

- die Variable *Geschlecht* kennt die Merkmale *weiblich* und *männlich*. Eine mögliche numerische Kodierung wäre 0=männlich und 1=weiblich.

- Um die Messung von Tages - und Nachttemperaturen zu unterscheiden, bietet sich eine Dummy-Variable *Temp_Art* an. Sie enthält den Wert 0, wenn es sich um eine Tagestemperatur handelt und den Wert 1, wenn eine Nachttemperatur vorliegt.

- Um gesundheitliche Beeinträchtigungen zu untersuchen, kann die Tatsache relevant sein, ob die untersuchte Person beschäftigt oder arbeitslos ist. Eine Dummy-Variable *Arb_status* zerlegt die Stichprobe in die beiden Gruppen Beschäftigte mit *Arb_status* = 0 und Arbeitslose mit *Arb_status* = 1.

---

4 Das Kommando *genr* ist dafür vorgesehen, Variablen mit einer speziellen Bedeutung im jeweiligen Kontext zu erzeugen; ☞ Anhang B.4.

In jedem der angegebenen Beispiele steht bei einer Regressionsanalyse die Frage im Vordergrund, ob die Zugehörigkeit zu einer der beiden Gruppen unterschiedliche Ergebnisse liefert.

Besitzt eine diskrete Variable mehrere Werte, die das gesamte Dataset in verschiedene (inhaltliche) Kategorien zerlegen, dann bietet sich das folgende Vorgehen an: Für jede Kategorie (sprich: Ausprägung der diskreten Variablen) wird eine Dummy-Variable innerhalb des Datasets angelegt. Diese ist damit ein Stellvertreter für die jeweilige Kategorie oder Gruppe. Ihre Werte (0 oder 1) geben an, ob die beobachtete Einheit zu dieser Kategorie (oder Gruppe) gehört oder nicht.

An einem konkreten Beispiel soll gezeigt werden, wie Dummy-Variablen aus einer diskreten Variablen erzeugt werden und wie man mit ihnen umgeht. Betrachten wir als Beispiel das Dataset *Miethoehe.gdt*, das die Variable *Wohnungstyp* enthält. Diese Variable besitzt vier verschiedene Ausprägungen, die den Zustand der Immobilie beschreiben: 1=luxussanierte Wohnung; 2=renovierte Wohnung; 3=Altbau; 4=Neubau. Um einige statistische Auswertungen bezüglich des jeweiligen Wohnungstyps machen zu können, stellen wir zunächst sicher, dass Gretl die Variable *Wohnungstyp* als diskrete Variable behandelt. Dazu wird über das Kontextmenü der Variablen der Eintrag *Bearbeite Attribute* ausgewählt, um das Fenster der Variablenattribute zu öffnen (siehe Abbildung 1.8). In diesem Fenster wird ein Häkchen in die Checkbox mit dem Text *Diese Variable als diskret behandeln* gesetzt.

Auf der Basis der diskreten Variablen *Wohnungstyp* können nun vier verschiedene Dummy-Variablen definiert werden. Dazu wird der Menüeintrag *Hinzufügen/Dummies für diskrete Variablen* selektiert und das Fenster mit dem Titel „Zu dummifizierende Variable" angezeigt (siehe Abbildung 2.23). Die vorausgewählte Option *Kodiere alle Werte* bedeutet, dass für jeden Wert jeweils eine Dummyvariable angelegt wird. Der Dialog wird mit *OK* bestätigt.

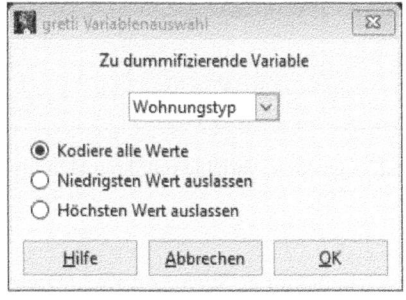

Abb. 2.23.: Dialog zur Erzeugung von Dummies

Im Hauptfenster werden anschließend vier Dummyvariablen mit den Bezeichnungen *DWohnungstyp_1*, *DWohnungstyp_2* usw. angelegt. Vor der Datasetvariablen *Wohnungstyp* erscheint dabei zunächst ein Kästchen, das ein Pluszeichen enthält. Ein Klick darauf führt zur Anzeige der Dummyvariablen, siehe Abbildung 2.24.

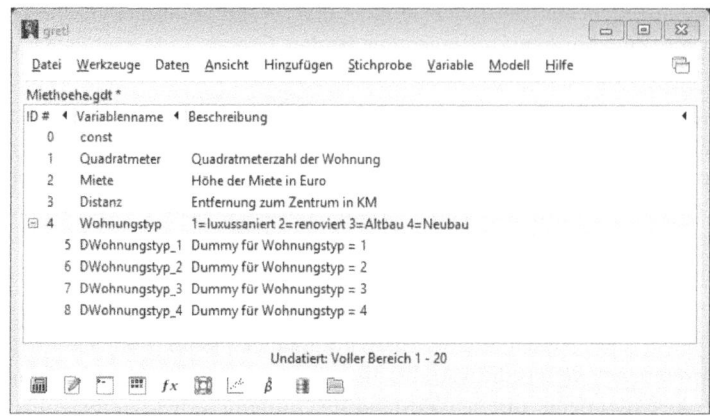

Abb. 2.24.: Dataset *Miethohe.gdt* mit angelegten Dummyvariablen

Die Tabelle 2.27 gibt einen Ausschnitt der Inhalte der diskreten Variablen *Wohnungstyp* und der zugeordneten Dummies wieder. Die erste Dummyvariable enthält an der Stelle den Wert 1, an der die Variable *Wohnungstyp* den Wert 1 besitzt. Die zweite Dummyvariable enthält an der Stelle den Wert 1, an der die Variable *Wohnungstyp* den Wert 2 besitzt usw.

Wohnungstyp	DWohnungstyp_1	DWohnungstyp_2	DWohnungstyp_3	DWohnungstyp_4
1	1	0	0	0
4	0	0	0	1
3	0	0	1	0
3	0	0	1	0
2	0	1	0	0

Tabelle 2.27.: Diskrete Variable mit ihren Dummyvariablen

Es ist nun möglich, über den Menüeintrag *Stichprobe/Restringiere durch Bedingung...* eine Restriktion des Datasets durch Verwendung einer Dummyvariablen durchzuführen. In dem angezeigten Dialogfenster werden die verfügbaren Dummyvariablen angezeigt, aus denen eine ausgewählt werden kann (siehe Abbildung 2.25).

Gretl informiert nach Auswahl einer Dummyvariablen darüber, wieviele Beobachtungen entfernt wurden. Regressionsschätzungen und die Berechnung verschiedener Statistiken beruhen dann auf den übrig gebliebenen Beobachtungen. Wenn alle Beobachtungen wieder aktiviert werden sollen, so kann das über den Menübefehl *Stichprobe/Gesamtbereich wiederherstellen* geschehen.

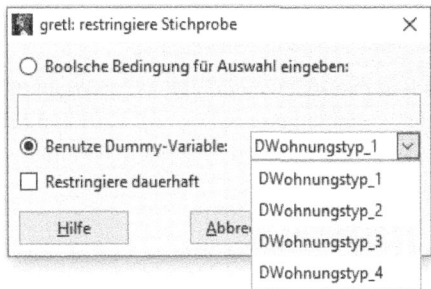

Abb. 2.25.: Restriktion über Dummyvariable

Im Folgenden wird gezeigt, welche Möglichkeiten die Skriptsprache bietet, um mit diskreten Variablen umzugehen. Gretl unterstützt einige Kommandos, die nur auf diskrete Variablen angewendet werden dürfen.

Definition einer diskreten Variablen

Gretl benutzt eine einfache Heuristik, um herauszufinden, ob eine Variable als diskret behandelt werden soll. In der Regel ist es aber besser, sich nicht auf diese Heuristik zu verlassen, sondern eine gegebene Variable ausdrücklich als diskret zu markieren. Dafür steht das Kommando *discrete* zur Verfügung. Das Kommando benötigt mindestens ein Argument; es können Variablen vom Typ *series* oder vom Typ *list* angegeben werden.

```
list xlist = x1 x2 x3
discrete z1 xlist
discrete z1  --reverse
```

Im obigen Beispiel werden die Variablen x1, x2, x3 und z1 diskretisiert, wobei die ersten drei zunächst in einer Liste zusammengefasst wurden. Anschließend wird die Diskretisierung von z1 mit der Option *reverse* wieder rückgängig gemacht.

Es liegt in der Verantwortung des Nutzers zu entscheiden, ob eine Variable diskretisiert werden sollte. Im Prinzip bietet sich ein solches Vorgehen nur für Variablen mit wenigen ganzzahligen Werten an. Für Variablen, deren Werte ein Kontinuum darstellen oder sehr viele ganzzahlige Werte besitzen (z.B. die Größe oder das Alter einer Person), kann eine Klassenbildung durchgeführt werden (siehe unten).

Kommandos für diskrete Variablen – Kommando *dummify*

Gretl bietet einige Kommandos an, die nur in Bezug auf diskrete Variablen zu verwenden sind: *dummify*, *freq* und *xtab*.

Mit dem Kommando *dummify* können sogenannte *Dummyvariablen* erzeugt werden. Die Anzahl der erzeugten Dummyvariablen ist von der Anzahl der unterschiedlichen Werte abhängig, die in der diskreten Variablen gespeichert sind. Um für die Variable *Wohnungstyp* Dummyvariable anzulegen, kodieren wir:

```
discrete Wohnungstyp
list dummies_wtyp = dummify(Wohnungstyp)
```

Die durch das Kommando *dummify* erzeugten Dummyvariablen *DWohnungstyp_1*, *DWohnungstyp_2* usw. werden der Variablen *dummies_wtyp* vom Typ *list* zugewiesen.

Soll eine grundlegende Statistik für jeden einzelnen Wohnungstyp erstellt werden, so ist folgende Schleife zu programmieren:

```
loop foreach i dummies_wtyp
   smpl $i = 1  --restrict  --replace
   summary Miete  --simple
endloop
smpl --full
```

Die Variable i referenziert nacheinander die Bezeichnungen der vier Dummyvariablen, die in der Liste *dummies_wtyp* gespeichert sind. Die Option *--replace* sorgt dafür, dass in jedem Durchlauf eine neue Restriktion des gesamten Datasets durchgeführt wird, abhängig von den Einserwerten der jeweils verarbeiteten Dummyvariablen i. Da i eine Referenz, das heißt ein Verweis auf die Dummyvariable darstellt, kann auf den Inhalt nur über $i zugegriffen werden.

Es lassen sich auch aus Variablen mit einem kontinuierlichen Wertebereich durch einen Bedingungsausdruck Dummyvariablen generieren. Eine Dummyvariable besitzt an der Stelle den Wert 1, wenn der zugehörige Beobachtungswert der Variablen in der definierten Teilmenge enthalten ist. Beispiele:

```
# Erzeugung von Dummyvariablen
series DVMiete_Ber = (Miete < 580 || Miete > 1300)
series DVdat_1984_2 = (t == "1984:2")
```

Man beachte, dass die erzeugten Dummyvariablen *DVMiete_Ber* und *DVdat_1984_2* nur die Werte 0 oder 1 beinhalten. Der Wert 1 wird eingetragen, wenn die Bedingung auf der rechten Seite erfüllt ist. Der Name der Dummyvariablen sollte daher aus Gründen der Übersichtlichkeit so gewählt werden, dass erkennbar ist, auf welche Variable sie sich bezieht. Eine zusätzliche Kennzeichnung mit dem Kürzel „DV" verdeutlicht darüber hinaus den Zweck der Variablen.

Die Verwendung einer logischen Verknüpfung wie im ersten Beispiel durch den ODER-Operator weist darauf hin, dass der Bedingungsausdruck auch komplexer aufgebaut sein kann. Die Dummyvariable *DVMiete_Ber* enthält den Wert 1, wenn an dieser Position die Variable *Miete* einen Wert unter 580 oder über 1300 enthält.

Das zweite Beispiel zeigt, dass auch der Beobachtungsindex t einer Bedingung unterworfen werden kann. Im letzten Beispiel wird mit der Dummyvariablen *DVdat_1984_2* festgelegt, welche Beobachtung innerhalb einer Zeitreihe das Datum „1984:2" besitzt.

2.4. Die Erstellung von Grafiken

Gretl stellt für die Erstellung von Grafiken eine Reihe von Möglichkeiten zur Verfügung, die Anwender teils über die grafische Benutzeroberfläche, aber auch durch mächtige Kommandos wie *plot* oder *gnuplot* realisieren können. Letzteres wird gesondert vorgestellt (☞

Abschnitt 2.4.4).

Einen schnellen Zugang zur grafischen Darstellung ermöglicht das Menüauswahlitem *Ansicht* mit dem Untermenü *Plotte spezifizierte Variablen* (siehe Abbildung 2.26).

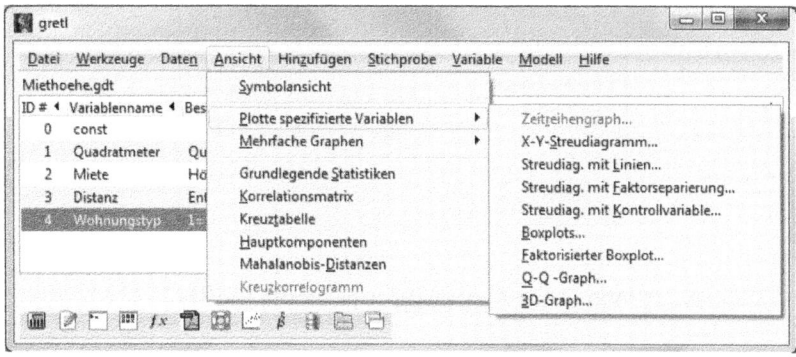

Abb. 2.26.: Hauptfenster mit Plotoptionen

Das Untermenü bietet eine breite Palette von grafischen Darstellungsformen: Streudiagramm, Boxplot, Q-Q-Graph, 3D-Graph und Zeitreihengraph. Der Eintrag *Zeitreihengraph* ist nur selektierbar, wenn das Dataset eine Zeitreihe darstellt. Für die Generierung der Grafiken bedient sich Gretl des Programms GNUPLOT.[5] Es ist ein sehr mächtiges Werkzeug, um 2D und 3D-Plots zu generieren. Bei der Gretl-Installation wird die jeweils aktuelle Version von GNUPLOT für MS Windows und Mac OS X zur Verfügung gestellt. Unter dem Menüpunkt *Werkzeuge/Gnuplot* kann auf das Programm in einem eigenen Fenster zugegriffen werden. Damit Anwender eine Grafik modifizieren können, bietet Gretl eine Dialogoberfläche an, mit deren Hilfe einige Voreinstellungen von GNUPLOT verändert werden können. Ohne diese Oberfläche müsste in den generierten Programmcode eingegriffen werden.

2.4.1. Boxplot

Am Beispiel des Datasets *Miethoehe.gdt* betrachten wir die Merkmalsausprägungen der Variablen *Miete* und verwenden dafür einen sogenannten *Boxplot* (auch *Schachtel- oder Kistendiagramm* genannt).

Die Merkmalsausprägungen sollen dabei für jeden einzelnen Wohnungstyp getrennt betrachtet werden, sodass der Menüpunkt *Faktorisierter Boxplot...* auszuwählen ist.

Im angebotenen Dialogfenster der Abbildung 2.27 wird mit der Pfeiltaste die Variable *Miete* als die zu plottende Variable übertragen. Die Beobachtungswerte sollen nach dem Wohnungstyp faktorisiert werden, sodass vier Teilmengen aller Werte gebildet werden. Daher wird die diskrete Variable *Wohnungstyp* in das Feld *Faktor (diskret)* übertragen.

---

5   Weiterführende Informationen zu dem (kostenlosen) Programmpaket *GNUPLOT* können dem Buch Janert (2016) entnommen werden.

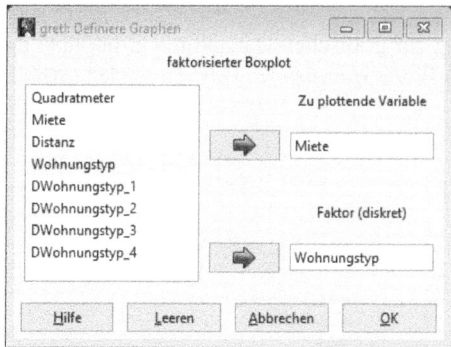

Abb. 2.27.: Auswahl der zu plottenden Variable

Nach Selektion des OK-Buttons werden vier verschiedene Kastendiagramme dargestellt (Abbildung 2.28).

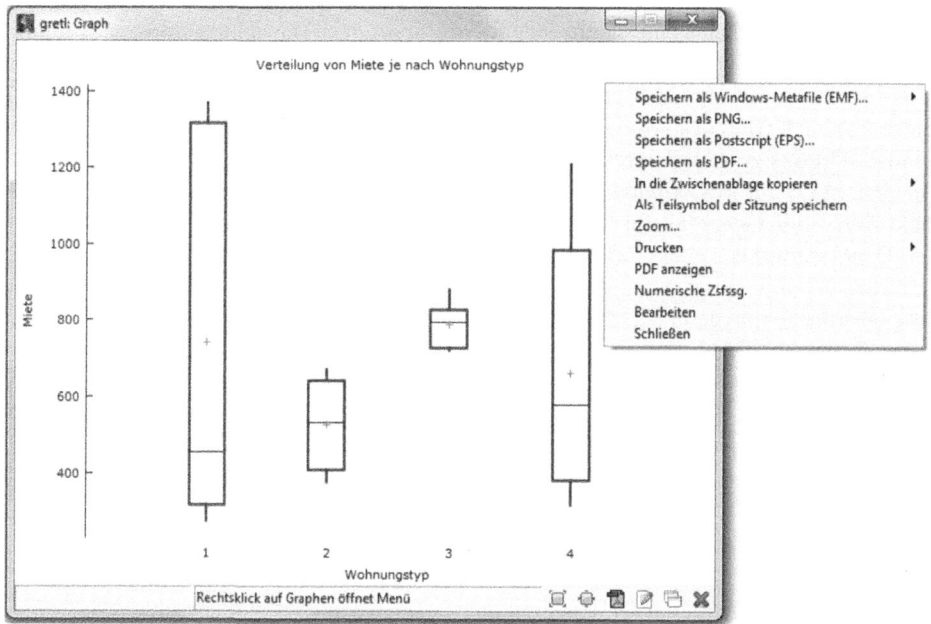

Abb. 2.28.: Vier Boxplots – unterteilt nach Wohnungstyp

Unterhalb der Diagramme sind die verschiedenen Ausprägungen der Variablen *Wohnungstyp* angegeben. Die Darstellung ist wie folgt zu interpretieren: Innerhalb jeder Box liegen genau 50% der mittleren Beobachtungswerte, sodass der untere beziehungsweise obere Rand der Box vom unteren beziehungsweise oberen Quartil gebildet wird. Als Querlinie ist noch der Median eingezeichnet. Das Pluszeichen innerhalb des Boxplots stellt den Mittelwert dar. Die beiden Striche, die bei jeder Box in jeweils unterschiedlicher Länge nach unten beziehungsweise nach oben ragen, sind die „Antennen" (im Englischen werden sie auch „whiskers" genannt). Sie repräsentieren den Abstand zum kleinsten beziehungsweise zum größten Beobachtungswert. Die Breite des Boxplots hat keine Bedeutung, die Höhe aber stellt anschaulich die Streuung der Häufigkeitsverteilung der mittleren 50% der Beobachtungswerte dar, also den Abstand des ersten und des letzten Quartils. Er wird als Interquartilsabstand (IQR) bezeichnet.

Es fällt direkt ins Auge, dass der IQR für die Werte des Wohnungstyps 1 sehr groß im Vergleich zum Wohnungstyp 3 ist. Außerdem ist der Mittelwert der Beobachtungen zum Wohnungstyp 1 recht weit vom Median entfernt, während beide Kennzahlen in den Boxplots zum Wohnungstyp 2 bzw. 3 fast identisch sind. Dies hat natürlich auch damit zu tun, dass die Streuungsbreite der Beobachtungen nicht besonders hoch ausgeprägt ist.

Die Abbildung 2.28 enthält noch ein Kontextmenü, das verschiedene Bearbeitungsmöglichkeiten der Grafik bereitstellt. Die oberen Einträge des Menüs beziehen sich auf die verschiedenen Formate, in denen die Grafik gespeichert werden kann (Windows Metafile EMF, PNG, Postscript EPS, PDF oder Zwischenablage). Mit dem Menüeintrag *Als Teilsymbol der Sitzung speichern* wird die Grafik dem internen Sitzungsspeicher hinzugefügt.

Der Menüeintrag *Numerische Zusfss* führt zu dem Informationsfenster *Daten des Boxplots*, in dem die statistischen Kennzahlen zur angegebenen Grafik wiedergegeben werden (in der Form wie in Tabelle 2.28 angegeben). Während die grafische Darstellung der Boxplots einen ersten Überblick liefert, können in diesem Fenster zu jedem Wohnungstyp die entsprechenden Statistiken der Variablen *Miete* abgelesen werden: Mittelwert, minimaler und maximaler Wert, untere und obere Quartilsgrenze und der Wert des Medians.

Numerische Zsfssg. für Miete

Wohnungstyp	Mittel	min	Q1	Median	Q3	max
1	743,20	275,00	315,50	455,00	1315,0	1370,0
2	526,25	374,00	408,25	530,50	640,00	670,00
3	788,33	720,00	727,50	795,00	827,50	880,00
4	662,40	317,00	381,00	580,00	985,00	1210,00

Tabelle 2.28.: Die Daten des Boxplots

Der Menüeintrag *Bearbeiten* führt zum Dialogfenster *gretl-Graphbefehle*, das die bereits erwähnte grafische Schnittstelle zum Programm GNUPLOT darstellt. Sie erlaubt es, die Grafik auf vielfältige Weise den eigenen Bedürfnissen anzupassen. Jede vorgenommene Änderung wird durch den Button *Anwenden* sofort sichtbar gemacht (Abbildung 2.29).

Abb. 2.29.: Die grafische Konfigurationsoberfläche für GNUPLOT

Die Reiter am Kopf des Fensters bieten Anwendern verschiedene Bearbeitungsmöglich-keiten: Im Reiter *Allg.* kann u.a. der Titel der Grafik oder die Schriftart geändert werden. Die Reiter *X-Achse* und *Y-Achse* ermöglichen eine individuelle Beschriftung der x-Achse und y-Achse. Die nachfolgenden Reiter erlauben es Anwendern, Pfeile, Linien und Texte an beliebigen Stellen der Grafik einzufügen und eine Farbpalette zu benutzen.

Speichert man die Grafik mit dem Menükontext-Befehl *Als Teilsymbol der Sitzung spei-chern* ab, so kann der Programmcode, der für die Ausgabe der Grafik in Abbildung 2.28 sorgt, im Gretl-Skripteditor noch weiter bearbeitet und auch ausgeführt werden. Dafür steht die vol-le Funktionalität des Skripteditors zur Verfügung. Die volle Ausnutzung dieser Möglichkeit setzt allerdings einige Kenntnisse in der Programmierung von GNUPLOT-Grafiken voraus.

2.4.2. Streudiagramme

Über den Menüeintrag *Ansicht/Plotte spezifizierte Variablen/X-Y-Streudiagramm...* wird ein Streudiagramm erstellt. Er führt zu einem Dialog, in dem die Variablen des Hauptfensters der x- und der y-Achse zugeordnet werden müssen. In Abbildung 1.10 wird die Variable *Quadratmeter* der x-Achse und die Variable *Miete* der y-Achse zugeordnet. Da das Feld für die x-Achse nur einen Variablennamen aufnehmen kann, lässt sich auf diese Weise nur die Abhängigkeit von einer einzelnen Variablen darstellen.

Sollen noch weitere Variablen in die Darstellung einbezogen werden, so muss die abhän-gige Variable *Miete* der x-Achse zugeordnet werden. Für die y-Achse können dann z.B. die Variablen *Quadratmeter* und *Distanz* übertragen werden. Aus Gründen der Übersichtlich-keit sollte aber die Darstellung der Abhängigkeit von einer Variablen bevorzugt werden. Sie vermeidet Irritationen bezüglich der Skalierung der Achsen.

Soll die Abhängigkeit der Miete von zwei Variablen dargestellt werden, bietet sich besser eine 3D-Grafik an. Dazu wird der Menüeintrag *Ansicht/Plotte spezifizierte Variablen/3D-Graph...* selektiert. Im anschließenden Fenster werden den drei Achsen die entsprechenden Variablen zugeordnet. Die abhängige Variable *Miete* wird dabei der vertikalen Achse z zugewiesen. Das Ergebnis ist in Abbildung 2.30 dargestellt.

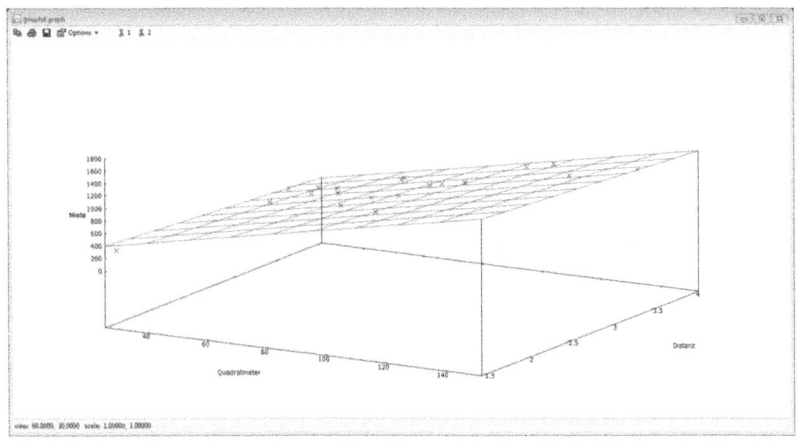

Abb. 2.30.: 3-D-Graph

Der 3-D-Graph bietet eine wichtige Interpretationshilfe bei der Untersuchung des Einflusses zweier Variablen auf die abhängige Variable. Die durch Gitterlinien dargestellte Ebene stellt den durchschnittlichen, erwartbaren Einfluss der Variablen auf den horizontalen Achsen auf die vertikal abgetragene Variable dar. Die Ebene steigt mit zunehmender Quadratmeterzahl (x-Achse) deutlich an. Ein Einfluss der Distanz auf die Miethöhe ist hingegen kaum erkennbar, da Bewegungen auf der y-Achse nur einen geringen Einfluss auf das (Höhen-) Niveau der Ebene haben.

2.4.3. Häufigkeitsdiagramme

Die Zuordnung von Häufigkeiten zu den k verschiedenen Merkmalsausprägungen einer Variablen des Datasets nennt man *Häufigkeitsverteilung*. Bei sehr vielen Merkmalsausprägungen von diskreten, metrisch skalierten Daten ist es sinnvoll, diese zu *Klassen* zusammenzufassen, um damit die Übersichtlichkeit zu erhöhen. Bei dieser Form der Verdichtung der Daten hängt die Entscheidung, wieviele Ausprägungen eine Klasse enthalten soll, davon ab, auf wieviel Information ein(e) Anwender(in) verzichten kann.

Die zusammengefassten Merkmalsausprägungen einer Klasse lassen sich durch die Angabe absoluter oder relativer Häufigkeiten näher beschreiben und anhand von rechteckigen Säulen darstellen, die sich direkt aneinander anschließen. Die resultierende Grafik nennt man

Histogramm. Die Besetzungshäufigkeiten der Klassen sind zu den Flächeninhalten der einzelnen Rechtecke proportional. Bei gleicher Klassenbreite kann man die Häufigkeiten der Ausprägungen pro Klasse an der Länge der Säulen miteinander vergleichen. Allgemein sollte bei der Wahl der Klasseneinteilung das Ziel verfolgt werden, die Struktur der Gesamtheit aller Daten angemessen zum Ausdruck zu bringen. Dazu gehört insbesondere die charakteristische Form der Verteilung der Daten auf die einzelnen Klassen.

Beispiel Als Beispiel wählen wir aus dem Dataset *edu_inc.gdt* des Autorenreiters *POE 4th. ed.* die Variable *faminc*, die das Familieneinkommen amerikanischer Haushalte in 2006 beinhaltet. Mit einem Klick der rechten Maustaste auf die Variable wird der Menüeintrag *Häufigkeitsverteilung* ausgewählt. Gretl bietet das Fenster in Abbildung 2.31 an.

In oberen Bereich gibt Gretl die Anzahl der Beobachtungen ($n = 428$) sowie den kleinsten (9072) und den größten Wert (344146) der Variablen aus. Für die Anzahl der Klassen unterbreitet Gretl einen Vorschlag, der sich an der Anzahl der Beobachtungen orientiert. Je höher diese ist, umso größer ist die gewählte Zahl der Klassen. Diese kann vom Anwender natürlich auch geändert werden. Eine zweite Möglichkeit, auf die Klassengröße Einfluss zu nehmen, besteht in der Anpassung der Klassenbreite. Wird die Zahl der Klassen zu gering angesetzt, geht Information verloren, während eine zu hohe Klassenzahl die charakteristische Form der Verteilung zu beeinträchtigen droht, weil sich zufällige Einflüsse zu sehr durchsetzen.

Anstatt nur die Daten anzuzeigen, lässt sich auch ein Test auf Normalverteilung bzw. Gammaverteilung durchführen.

Abb. 2.31.: Einstellungsdialog für Häufigkeitsverteilung

Die Statistik der Häufigkeitsverteilung weist in der zweiten Zeile den Mittelwert aller Haushaltseinkommen sowie deren mittlere Standardabweichung aus. Für jedes Intervall werden die Intervallgrenzen (hier wegen der Größe der Werte in exponentieller Schreibweise) und dessen mittlerer Wert (nicht der Mittelwert!) angegeben. In den folgenden Spalten wird die absolute und die relative Häufigkeit sowie die kumulierte Häufigkeit eingetragen.

Die Selektion der Checkbox *zeige Graph* führt zusätzlich zur Ausgabe des Balkendiagramms der Abbildung 2.33.

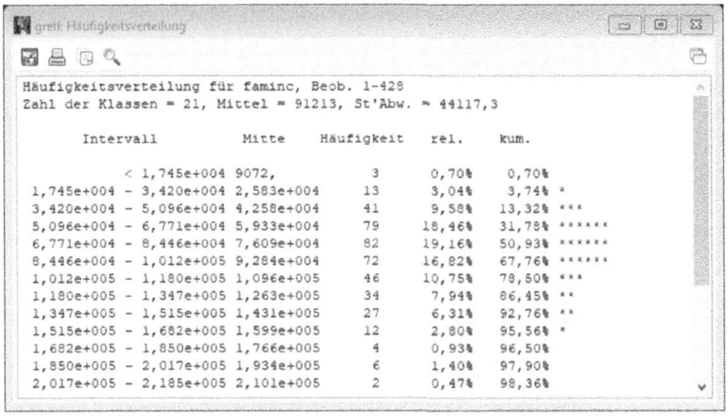

```
greft: Häufigkeitsverteilung

Häufigkeitsverteilung für faminc, Beob. 1-428
Zahl der Klassen = 21, Mittel = 91213, St'Abw. = 44117,3

          Intervall          Mitte    Häufigkeit   rel.     kum.

                < 1,745e+004 9072,           3      0,70%    0,70%
  1,745e+004 - 3,420e+004 2,583e+004        13      3,04%    3,74% *
  3,420e+004 - 5,096e+004 4,258e+004        41      9,58%   13,32% ***
  5,096e+004 - 6,771e+004 5,933e+004        79     18,46%   31,78% ******
  6,771e+004 - 8,446e+004 7,609e+004        82     19,16%   50,93% ******
  8,446e+004 - 1,012e+005 9,284e+004        72     16,82%   67,76% ******
  1,012e+005 - 1,180e+005 1,096e+005        46     10,75%   78,50% ***
  1,180e+005 - 1,347e+005 1,263e+005        34      7,94%   86,45% **
  1,347e+005 - 1,515e+005 1,431e+005        27      6,31%   92,76% **
  1,515e+005 - 1,682e+005 1,599e+005        12      2,80%   95,56% *
  1,682e+005 - 1,850e+005 1,766e+005         4      0,93%   96,50%
  1,850e+005 - 2,017e+005 1,934e+005         6      1,40%   97,90%
  2,017e+005 - 2,185e+005 2,101e+005         2      0,47%   98,36%
```

Abb. 2.32.: Statistik der Häufigkeitsverteilung

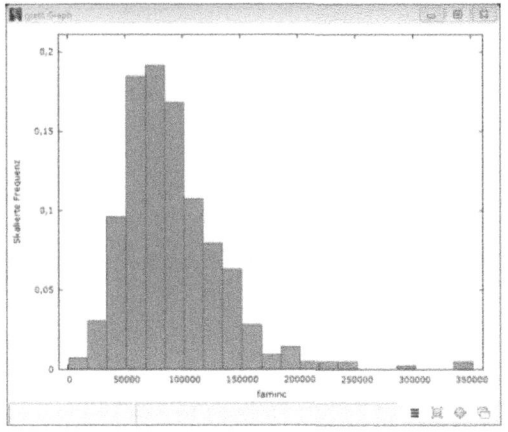

Abb. 2.33.: Darstellung des Histogramms

2.4.4. Grafikerzeugung mit dem Kommando *gnuplot*

Unter Verwendung der Kommandos *plot* und *gnuplot* können Anwender sehr flexibel eigene Grafikspezifikationen umsetzen, falls die dialogorientierte Bearbeitung zu mühsam ist. Auf die Behandlung des umfangreichen Kommandos *plot* wird im Rahmen dieser Einführung nicht eingegangen. Das nachfolgende Beispiel nutzt das einfachere Kommando *gnuplot*, um

einen Eindruck von der Stärke und Flexibilität der kommandogesteuerten Grafikerzeugung
zu vermitteln.

Das Dataset *Konsum_Eink.gdt* beinhaltet zwei Zeitreihen, die die vierteljährliche Entwicklung der privaten Konsumausgaben und der verfügbaren Einkommen in Deutschland vom
Quartal 01:1991 bis zum Quartal 04:2013 wiedergeben. Die Daten stammen von der In-
ternetseite des Sachverständigenrats zur Begutachtung der gesamtwirtschaftlichen Entwicklung (Quelle: http://www.sachverstaendigenrat-wirtschaft.de/index.html). Zur Ermittlung der
Differenzwerte wird die neue series-Variable *diff_Eink_Konsum* durch Differenzbildung der
Zeitreihen *Einkommen* und *Konsumausg* erzeugt.

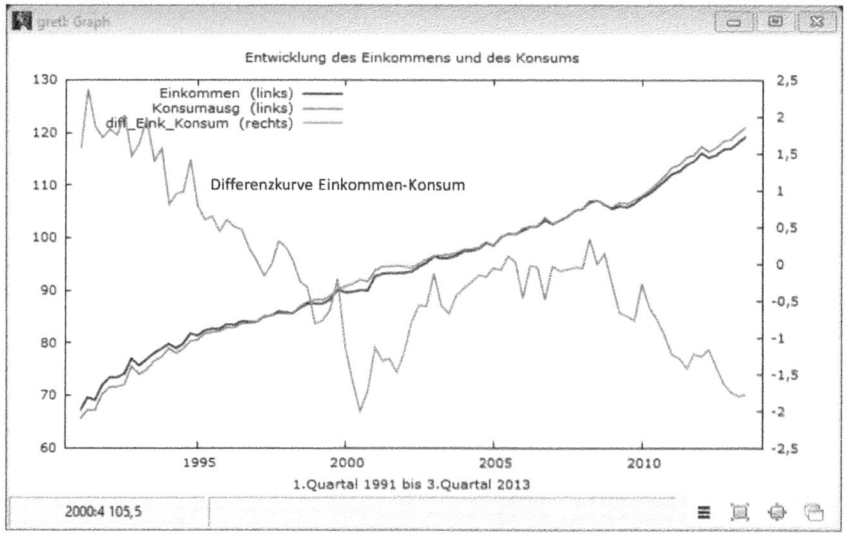

Abb. 2.34.: Die generierte Grafik des Kommando-Skripts

In Abbildung 2.34 ist das Ergebnis des folgenden Grafikkommandos wiedergegeben.

```
open "C:\Users\malitte\Gretl-Dateien\Konsum_Eink.gdt"
series diff_Eink_Konsum = Einkommen - Konsumausg
list VList = Einkommen Konsumausg diff_Eink_Konsum
gnuplot{set title "Entwicklung des Einkommens und des Konsums";\
        set label "Differenzkurve Einkommen-Konsum" at 1995,110 ;\
        set xlabel "1.Quartal 1991 bis 3.Quartal 2013";\
        set linetype 1 lc black; }\
        VList \
        --time-series  --with-lines  --output=display
```

Dem Kommando *gnuplot* werden folgende Parameter mitgegeben: Der erste Parameter
bezieht sich auf mehrere set-Anweisungen für das Programm GNUPLOT, die in geschweiften
Klammern eingeschlossen werden. Mit den Anweisungen *set title* und *set xlabel* wird eine
Titelzeile der Grafik sowie eine Beschriftung der x-Achse erzeugt. Mit *set label* und der

Angabe von Koordinaten kann ein beliebiger Text positioniert werden. Um die Farbe der Linien zu beeinflussen, wird *set linetype* verwendet. Die nachfolgende Nummer bezieht sich auf die Linie 1, also in diesem Fall die durch die Variable *Einkommen* festgelegte Linie.

Im zweiten Parameter werden die zu plottenden Zeitreihen als Listvariable (hier: *VList*) übergeben. Die weiteren Parameter legen fest, dass an der x-Achse die Zeitdimension abgetragen wird (*--time-series*), die Zeitreihen als verbundene Linien eingezeichnet werden (*--with-lines*) und der Output mit der Option *--output=display* direkt angezeigt wird.

3. Die Gretl-Sitzung

An verschiedenen Stellen wurde auf die Bedeutung des Sitzungsspeichers von Gretl eingegangen, auf den Anwender über das Fenster der Symbolansicht zugreifen können, um Daten zu verwalten. Im folgenden Kapitel wird ein systematischer Überblick über die Komponenten von Gretl gegeben, mit denen Anwender kommunizieren. Anschließend werden die grafischen Repräsentationen verschiedener Objekttypen in der Symbolansicht dargestellt, wobei auch die Kommandos zur Verwaltung dieser Objekte behandelt werden.

3.1. Komponenten der Gretl-Sitzung

Die Abbildung 3.1 verdeutlicht das Konzept der Gretl-Sitzung und das Zusammenspiel der Datenspeicherung (① bis ⑤) mit der Anwenderschnittstelle. Als Anwenderschnittstelle wird in diesem Zusammenhang das Hauptfenster ⑥ mit den Variablen der internen Datendatei und eventuell weiterer Variablen der Sitzungsdatei sowie das Fenster der Symbolansicht ⑦ betrachtet. Im Weiteren wird auf dieses Zusammenspiel näher eingegangen.

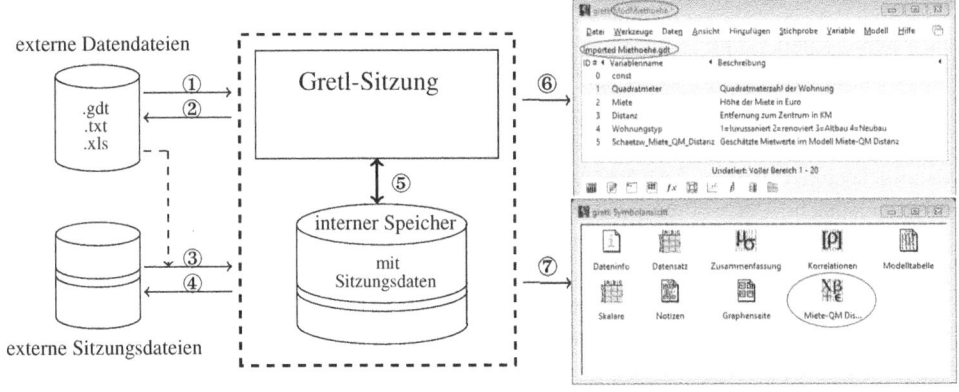

Abb. 3.1.: Sitzungskonzept und Schnittstellen

Der interne Speicher wird von Gretl zur Verfügung gestellt, sobald eine neue Sitzung geöffnet wird. Er dient dazu, bestimmte Daten, die im Verlauf der Arbeit mit einem Dataset produziert werden, aufzunehmen. Die Eröffnung einer neuen Sitzung geschieht zunächst durch das Laden oder Importieren einer externen Datendatei mit dem Menübefehl *Datei/Öffne Daten/Benutzerdatei...* (siehe ①). Gretl bietet daraufhin ein Dateiauswahlfenster an, in dem die

© Springer-Verlag GmbH Deutschland, ein Teil von Springer Nature 2019
J. Malitte und S. Schreiber, *Ökonometrie verstehen mit Gretl*,
https://doi.org/10.1007/978-3-662-58275-6_3

gewünschte Datei im Format *gdt* oder einem anderen Format (zum Beispiel *txt*, *xls*) ausge-wählt und geladen werden kann. Zuvor gibt Gretl in einem gesonderten Fenster den Warn-hinweis aus, dass das Öffnen der neuen Datendatei die Daten der laufenden Sitzung löscht. Man kann an dieser Stelle das Öffnen der Datendatei abbrechen.

Die geladenen Datensätze werden mit ihren Variablennamen sofort im Hauptfenster ange-zeigt (siehe ⑥) und die Bezeichnung der Datei wird in einer gesonderten Zeile unterhalb des Hauptmenüs ausgegeben (siehe Abbildung 1.2).

Eine weitere Möglichkeit der Eröffnung einer neuen Gretl-Sitzung besteht darin, eine ex-tern gespeicherte Sitzungsdatei einzulesen (siehe ③). Dies erfolgt mit dem Menübefehl *Da-tei/Sitzungsdateien/Öffne Sitzung*.... In diesem Fall zeigt Gretl im Dateiauswahlfenster alle bereits vorhandenen Sitzungsdateien (nicht die Datendateien) zur Auswahl an.

Auch in diesem Fall gibt Gretl den Warnhinweis aus, dass das Öffnen einer neuen Sitzung alle Daten des internen Speichers löscht.

Beim Öffnen einer Sitzungsdatei werden alle zu einem früheren Zeitpunkt gespeicherten Sitzungsdaten in den internen Speicher geladen. Zusätzlich erfolgt ein Zugriff auf die ent-sprechenden Datensätze der externen Datendatei mit den Beobachtungswerten. Diese werden ebenfalls eingelesen und im Hauptfenster ⑥ angezeigt. Nach dem Laden einer Sitzungsdatei ändert Gretl das Aussehen des Hauptfensters an zwei markanten Stellen: In der Titelleiste wird nun der Name der externen Sitzungsdatei angezeigt und unterhalb der Menüleiste wird dem Namen der externen Datendatei *Miethoehe.gdt* die Bezeichnung „Imported" vorange-stellt. Zusätzlich fügt Gretl im Hauptfenster alle Variablen des Typs *series* ein, die in der Sitzungsdatei ③ gefunden wurden.

Die dritte Möglichkeit, eine neue Gretl-Sitzung zu öffnen, besteht darin, ein neues Dataset zu definieren, wobei jede einzelne Variable definiert und anschließend die Werte der Variablen in einem speziellen Spreadsheet manuell eingegeben werden. Dieses Vorgehen wird mit dem Menüeintrag *Datei/Neuer Datensatz* veranlasst.

Bei der Bearbeitung einer Sitzung werden Anwendern wie bereits erwähnt alle Variablen vom Typ *series* im Hauptfenster angezeigt (⑥). Alle weiteren Ergebnisse, die in der Sitzungs-datei gespeichert wurden, werden Anwendern in einem speziellen Fenster, der sogenannten „Symbolansicht" dargeboten (siehe ⑦). Zu den Sitzungsdaten gehören Modellschätzungen, Skalare, Graphen, Korrelationen und statistische Zusammenfassungen, wobei jeder Ergebnis-typ durch ein spezielles Icon repräsentiert wird. Außerdem sind in der „Symbolansicht" alle Variablen des Hauptfensters mit ihren Beobachtungsdaten im Icon „Datensatz" zusammen-gefasst. Ein Doppelklick auf das jeweilige Icon ermöglicht den Zugang zu den verschiedenen Ergebnissen. Zum Fenster der Symbolansicht gelangt man über den Menüeintrag *Ansicht/-Symbolansicht* aus dem Hauptfenster heraus.

Soll eine neue Sitzung geöffnet werden, dann ist es wichtig, die Sitzungsdaten rechtzei-tig in einer externen Datei auszulagern. Dies geschieht innerhalb des Hauptfensters mit dem Menübefehl *Datei/Sitzungsdateien/Sitzung speichern* (siehe ④) bzw. *Datei/Sitzungsdateien/-Sitzung speichern unter*.... Im letzteren Fall kann dann im Dateiauswahldialog der Name der Sitzungsdatei vergeben und ein geeigneter Ordner zum Speichern ausgewählt werden. Wäh-rend der Bearbeitung einer Sitzung können Sitzungsdaten gelöscht und/oder mit den Daten einer weiteren Modellschätzung ergänzt werden.

3.2. Verwaltung der Sitzungsdaten in der Symbolansicht

Der Zugriff auf alle gespeicherten Ergebnisse der aktuellen Sitzung erfolgt durch Öffnen des Fensters *Symbolansicht* aus der Iconleiste oder dem Hauptmenü (Menüitem *Ansicht/Symbolansicht*) heraus. In der angegebenen Symbolansicht der Abbildung 3.2 sind verschiedene Typen von Informationsobjekten zu unterscheiden. Jeder Typ wird durch ein spezielles Icon-Symbol charakterisiert.

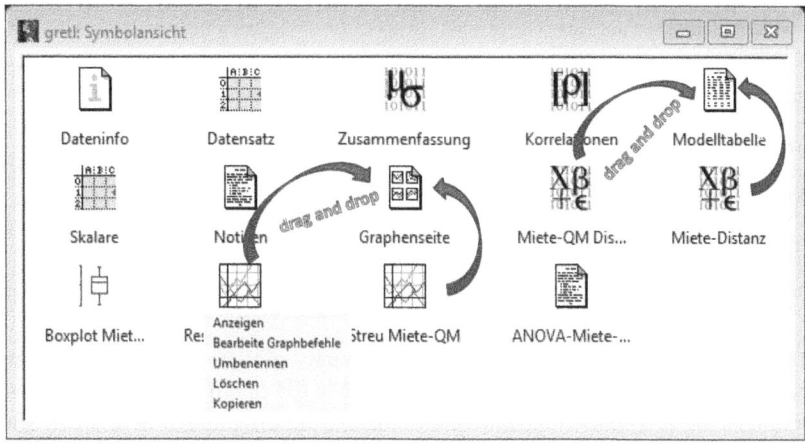

Abb. 3.2.: Das Fenster der Symbolansicht

Einige Informationsobjekte, die im Verlauf der Sitzung vom Anwender im Sitzungsspeicher abgelegt wurden, können über das Kontextmenü des Icons gelöscht oder umbenannt werden. Dazu zählen die Modellicons, Icons mit speziellen Grafiken und Boxplots sowie die Ergebnisse von ANOVA-Analysen.[1] In der Symbolansicht der Abbildung 3.2 ist das Kontextmenü eines Grafikicons wiedergegeben. Es enthält zusätzlich zu den Bearbeitungsoptionen *Anzeigen/Umbenennen/Löschen* noch den Eintrag *Bearbeite Graphbefehle*. Klickt man auf diesen Eintrag, so wird ein Editor aufgerufen, in dem das Programm mit den GNUPLOT-Kommandos zu dieser Grafik angezeigt wird.

Die in der Symbolansicht dargestellten Icons vom Typ *Modell* werden aus dem Ergebnisfenster einer Regressionsschätzung heraus angelegt. Ein solches Modellicon enthält die Symbole X, β und ε, die in einem Regressionsmodell eine feststehende Bedeutung besitzen. Gretl vergibt für die erzeugten Icons der Modellobjekte automatisch die Bezeichnungen *Modell1,Modell2* usw., die über das Kontextmenü des jeweiligen Icons umbenannt werden sollten. Für die in Abbildung 3.2 dargestellten Modellicons wurden die sprechenden Be-

---

1 Mit dem Tool *ANOVA* kann eine Varianzanalyse der Ergebnisse einer Regressionsschätzung durchgeführt werden, siehe Seite 175ff

zeichnungen *Miete-QM Distanz* und *Miete-Distanz* vergeben.[2]

Abbildung 3.2 zeigt noch zusätzlich eine bestimmte Anzahl von Icons, die bei der Eröffnung einer neuen Sitzung von Gretl zur Verfügung gestellt werden. Sie lassen sich nicht löschen oder umbenennen und haben die Aufgabe, als spezielle Datencontainerobjekte zu dienen, die entweder von Gretl selbst oder gezielt vom Anwender mit Inhalten bzw. Ergebnissen gefüllt werden. Zu ihnen gehören im Einzelnen:

- Modelltabelle

- Dateninfo und Notizen

- Datensatz

- Zusammenfassung

- Korrelationen

- Skalare

- Graphenseite[3]

Die aufgezählten Containerobjekte besitzen folgende Eigenschaften:

Modelltabelle   Die Ergebnisse einer Modellschätzung können innerhalb der Sitzung gespeichert werden. In Abbildung 3.2 ist dargestellt, wie die durch Icons symbolisierten Modellschätzungen *Miete-QM-Distanz* und *Miete-Distanz* per *drag and drop* in die Modelltabelle eingestellt werden.

Das Kontextmenü des Modellicons bietet die Optionen *Anzeigen*, *Hinzufügen zu Modelltabelle*, *Umbenennen* und *Löschen*. Vor der Übertragung eines Modells in die Modelltabelle sollte die von Gretl vergebene Bezeichnung umbenannt werden. Der Eintrag *Hinzufügen zu Modelltabelle* des Kontextmenüs bewirkt, dass das Modell in die Modelltabelle übertragen wird. Alternativ kann dies wie erwähnt per *drag and drop* erfolgen (☞ siehe dazu auch Kommando *modeltab add*).

Ein Doppelklick auf das Icon *Modelltabelle* liefert das Fenster der Abbildung 3.3. Dort werden die Inhalte aller Modellicons (hier *Miete-QM Distanz* und *Miete-Distanz*) in Spaltenform wiedergegeben. Jedes übertragene Modell enthält die geschätzten Parameterwerte sowie einige weitere statistische Informationen. Darauf wird im Abschnitt 4 näher eingegangen.

Die Überschriften der einzelnen Modellschätzungen werden defaultmäßig mit (1) (2) usw. durchnummeriert. Es besteht aber die Möglichkeit, die Nummerierung zu ändern und beispielsweise Modellnamen zu benutzen, wie die Überschriften der beiden Schätzungen in Abbildung 3.3 zeigen. Dazu muss durch einen Klick auf das obere rechte Icon das Dialogfenster mit den Modelltabellen-Optionen geöffnet werden, das in Abbildung 3.4 wiedergegeben ist.

---

2   In der aktuell vorliegenden Version von Gretl macht es einen Unterschied, ob die Regressionsschätzungen in einem Kommandoskript oder über die Dialogoberfläche durchgeführt werden. Bei einer Speicherung aus dem Fenster der Skriptausgabe heraus werden andere Icons in der Symbolansicht angelegt mit der Bezeichnung *Skriptausgabe*, *Skriptausgabe(2)* usw.

3   Die Nutzung dieses Containerobjekts setzt eine Latexinstallation auf dem Rechner voraus; siehe nachfolgende Beschreibung.

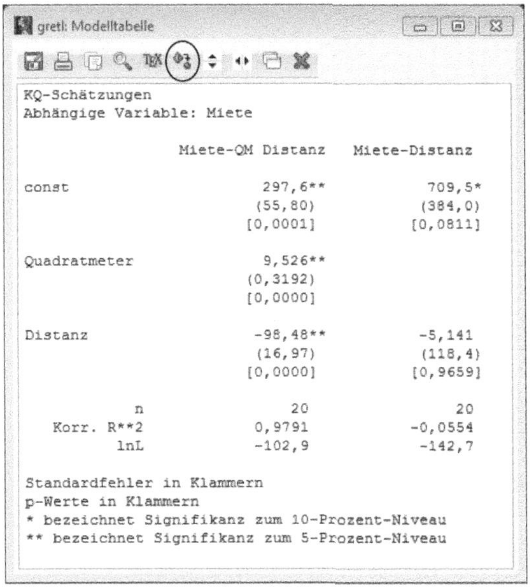

```
gretl: Modelltabelle

KQ-Schätzungen
Abhängige Variable: Miete

                      Miete-QM Distanz    Miete-Distanz

const                      297,6**            709,5*
                          (55,80)            (384,0)
                         [0,0001]           [0,0811]

Quadratmeter               9,526**
                          (0,3192)
                         [0,0000]

Distanz                   -98,48**            -5,141
                          (16,97)            (118,4)
                         [0,0000]           [0,9659]

              n               20                  20
      Korr. R**2          0,9791             -0,0554
           lnL           -102,9              -142,7

Standardfehler in Klammern
p-Werte in Klammern
* bezeichnet Signifikanz zum 10-Prozent-Niveau
** bezeichnet Signifikanz zum 5-Prozent-Niveau
```

Abb. 3.3.: Ergebnisse zweier Modellschätzungen in der Modelltabelle

Hier sollte für die Darstellung der Spaltentitel immer die Option *Modellnamen benutzen* ausgewählt werden. Zusätzlich stehen noch weitere Optionen der Darstellung in der Modelltabelle zur Verfügung.

Über das Speichersymbol des Modelltabellenfensters (Abbildung 3.3) kann der Inhalt der Modelltabelle mit Hilfe verschiedener Optionen gesichert werden. Es stehen zur Auswahl: *RTF(MS Word)* / *einfacher Text* und *LaTeX* (☞ siehe auch Kommando *tabprint*).

Das Menüicon *TeX* bietet Anwendern die Möglichkeit, die Modellergebnisse in eine LATEX-Notation umwandeln zu lassen. Dies setzt allerdings eine Latex-Installation auf dem Rechner voraus.

Dateninfo und Notizen   Das Informationsobjekt *Dateninfo* wird von Gretl im Fenster *Symbolansicht* automatisch zur Verfügung gestellt. Mit einem Doppelklick wird ein Editor geöffnet, in dem z.B. Informationen zum Datenset hinterlegt werden können. Innerhalb des Editors wird der Text durch Anklicken des Diskettensymbols gespeichert.

Das Informationsobjekt *Notizen* wird ebenfalls zur Verfügung gestellt. Es bietet ebenfalls einen Editor an, in dem Kommentare o.ä. erfasst werden können.

Datensatz   Das Informationsobjekt *Datensatz* enthält die Werte aller Variablen vom Typ *series*, die auch im Hauptfenster sichtbar sind. Dazu gehören die Variablen des Datasets, zusätzlich werden alle Variablen vom Typ *series* hier abgelegt, die neu erzeugt werden.

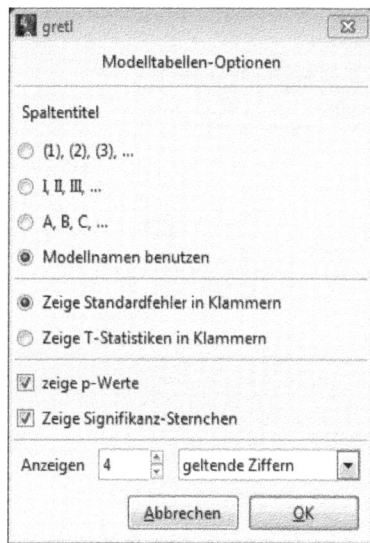

Abb. 3.4.: Optionen zur Gestaltung der Modelltabelle

Zusammenfassung Im Informationsobjekt *Zusammenfassung* gibt Gretl Statistiken aller Variablen des Datasets aus.

Korrelationen Im Informationsobjekt *Korrelationen* werden die Korrelationskoeffizienten aller Variablen des geladenen Modells wiedergegeben. Weitere Variablen vom Typ *series*, die während der Sitzung erzeugt werden, werden nicht in der Korrelationsmatrix berücksichtigt.

Skalare Durch einen Doppelklick auf das Icon *Skalare* werden alle gespeicherten Variablenwerte vom Typ *scalar* angezeigt.

Graphenseite Die in der Symbolansicht dargestellten Grafiken lassen sich per Drag and Drop in das Containerobjekt *Graphenseite* übertragen (siehe Abbildung 3.2). Wird es geöffnet, werden die Grafiken in einem PDF-Dokument untereinander dargestellt.
Für den Anwender, der seine gespeicherten Grafiken in ein LaTeX-Projekt einbinden möchte, bietet das Kontextmenü des Objekts *Graphenseite* den Eintrag *Speichern als TeX...* an. Wird dieser Eintrag selektiert, dann führt Gretl für alle dort zusammengefassten Grafiken folgende Aktionen aus: Zunächst wird ein Dialogfenster angeboten, in dem man einen Dateinamen angibt. Mit diesem werden die Grafiken als PDF-Dokumente abgespeichert, wobei zur Unterscheidung der Grafikdateien eine fortlaufende Nummer vergeben wird. Gretl erstellt zusätzlich ein TeX-Dokument mit einem vorgefertigten Gerüst von LaTeX-Kommandos, das vom Anwender modifiziert und erweitert werden kann. Für jede Grafik innerhalb des Containerobjekts *Graphenseite* wird das Kommando *includegraphics* im Dokument generiert und

als Argument der Dateiname der Grafik mitgegeben. Mit der LaTeX-Integration schafft Gretl somit auch eine solide Grundlage für die Dokumentation von grafischen Ergebnissen.

3.3. Verwaltung von Sitzungsdaten im Skript

Gretl bietet auch mit der Kommandosprache die Möglichkeit, Daten im Sitzungsspeicher aufzubauen. Zum Beispiel können Schätzergebnisse von Regressionen abgelegt, gedruckt oder auch wieder gelöscht werden.

Schauen wir uns daher an, mit welchen Kommandos die Ergebnisse zweier Modellschätzungen unter den Bezeichnungen *Miete-QM Distanz* und *Miete-Distanz* im Sitzungsspeicher abgelegt werden.[4]

```
open "C:\Users\malitte\Gretl-Dateien\Miethoehe.gdt"
"Miete-QM Distanz" <- ols Miete const Quadratmeter Distanz
Miete_Distanz <- ols Miete const Distanz
```

Dem Kommando *ols*, das die Schätzung veranlasst, gehen zwei Angaben voran: Der Name des Modellicons sowie die Zeichenfolge „<-". Letztere muss durch mindestens ein vorangestelltes und ein nachgestelltes Leerzeichen begleitet sein. Folgt der Name des Modellicons den anerkannten Regeln von Variablen, müssen keine Anführungszeichen angegeben werden. Enthält der Name einen Bindestrich oder Leerzeichen wie im ersten Fall, so ist die Angabe von Anführungszeichen erforderlich.

Nachdem die beiden Modellicons angelegt wurden, lassen sich auch die Inhalte der Modellschätzungen anzeigen. Dies geschieht mit den Kommandos

```
"Miete-QM Distanz".show
Miete_Distanz.show
```

Die Kommandos besitzen die gleiche Wirkung wie ein Doppelklick auf die Modellicons in der Symbolansicht. Die Schätzergebnisse werden angezeigt.

Sollen die Ergebnisse beider Modellschätzungen gelöscht werden (und ebenso die Icons), so kann dies mit folgenden Kommandos erreicht werden:

```
"Miete-QM Distanz".free
Miete_Distanz.free
```

Im Fenster der Symbolansicht lassen sich die geschätzten Modelle wie gezeigt per „drag and drop" in das Containerobjekt *Modelltabelle* ziehen. Dieser Vorgang kann auch mit dem Kommando *modeltab add* realisiert werden, das sich immer auf das letzte *ols*-Kommando vorher bezieht.

```
ols Miete const Quadratmeter Distanz
modeltab add
ols Miete const Distanz
modeltab add
modeltab show
```

---

4 Modellschätzungen werden im Abschnitt II ausführlich behandelt. Ein solches Modell besteht aus einer fachlich zusammengehörigen Anzahl von Variablen, von denen eine Variable als abhängig von den restlichen eingestuft und einer Regressionsanalyse unterzogen wird. Dazu benutzt man das Kommando *ols*

Die beiden ols-Kommandos legen keine Modellicons in der Symbolansicht an, das sich jeweils anschließende Kommando *modeltab add* sorgt aber dafür, dass die Schätzwerte in die Modelltabelle eingetragen werden. Das Kommando *modeltab show* zeigt diese Ergebnisse in einem separaten Fenster an. Sollen die Inhalte der Modelltabelle gelöscht werden, kann das Kommando *modeltab free* verwendet werden.

Der gleiche Mechanismus, Objekte über den Operator „<-" zu erzeugen, lässt sich auch bei der Erstellung von Grafiken anwenden.

```
DiagrMiete <- gnuplot Miete Quadratmeter
DiagrMiete.show
```

Mit dem Kommando *gnuplot* wird ein X-Y-Streudiagramm der Variablen *Miete* und *Quadratmeter* erstellt und anschließend als Objekticon mit der Bezeichnung *DiagrMiete* in der Symbolansicht angelegt. Mit dem Kommando *DiagrMiete.show* wird das Diagramm in einem Fenster angezeigt.

Es gibt eine Reihe von Gretl-Kommandos, deren Output in die Symbolansicht umgelenkt werden kann. Zum Beispiel wird mit dem Kommando *adf* ein Dickey-Fuller-Test durchgeführt. Der Output des Tests kann als Objekt mit der Bezeichnung *ADFx1* in der Symbolansicht gespeichert werden. Danach wird der Inhalt des Objekts mit *show* ausgegeben:

```
ADFx1 <- adf 2 x1
ADFx1.show
```

Teil II.

Die Analyse ökonometrischer Modelle mit Gretl

4. Regressionsanalyse von Querschnittsdaten

4.1. Modellbildung in der Ökonometrie

Unter Ökonometrie wollen wir alle statistischen Methoden und Techniken zusammenfassen, die sich mit der Erhebung und Analyse sozio-ökonomischer Phänomene befassen, um daraus Wirkungszusammenhänge oder Voraussagen zukünftiger Trends abzuleiten. Mit der Anwendung dieser Methoden wird versucht, die Kluft zwischen ökonomischer Theorie und der sich aus dem konkreten Verhalten der Menschen ergebenden ökonomischen Realität zu überbrücken. Um ein Beispiel aus der Makroökonometrie zu erwähnen, kann sich eine Untersuchung etwa auf das Verhältnis von Angebot und Nachfrage beziehen, also auf die Frage, wie stark die angebotene Menge eines bestimmten Konsumgutes zum Beispiel von der Nachfrage des Verbrauchers, dem Preis des Konsumgutes, dem Preis eines (in der Regel preiswerteren) Ersatzgutes oder dem verfügbaren Einkommen des Verbrauchers beeinflusst wird. Um den Wirkungszusammenhang zu messen, muss der Ökonometriker durch die Erhebung einer geeigneten Stichprobe zunächst Daten zu den verschiedenen Variablen sammeln oder er kann auf bereits vorhandene Daten, zum Beispiel von statistischen Ämtern und Registern, zurückgreifen. Bereits bei der Datenerhebung muss berücksichtigt werden, welche Form der Datenanalyse durchgeführt werden soll:

Möchte man die Abhängigkeit von Eigenschaften mehrerer Untersuchungsobjekte zu einem bestimmten Zeitpunkt analysieren, dann handelt es sich um eine *Querschnittsanalyse (cross-section analysis)*. Die Objekte können Personen, Personengruppen, gesellschaftliche Phänomene oder ökonomische Zustände sein. Ist die Entwicklung des Zusammenhangs der Eigenschaften eines Objekts im Zeitverlauf von Interesse, so werden Methoden der *Zeitreihenanalyse (time series analysis)* verwendet. Im Bereich der Kapitalmarktökonometrie sind z.B. börsennotierte Firmen die Untersuchungsobjekte und deren Aktienkurse bzw. Renditen die interessierenden Variablen. Stehen Informationen sowohl über mehrere Objekte als auch Zeitpunkte zur Verfügung, kommen Methoden der *Paneldatenanalyse* zum Einsatz. Als Beispiel für ein intensiv untersuchtes Panel sei etwa der Mikrozensus genannt (www.destatis.de/ DE/ZahlenFakten/GesellschaftStaat/Bevoelkerung/Mikrozensus.html).

Die Ökonometrie nutzt dabei die Mathematik, um die formalen Gesetzmäßigkeiten zu beschreiben und greift auf Wahrscheinlichkeitstheorie und Statistik zurück, um Abhängigkeiten zwischen Variablen zu schätzen.

Auf welche Weise lassen sich die Daten, deren Beziehungen untereinander aufgedeckt werden sollen, gewinnen? In den Naturwissenschaften gewinnt man Daten dadurch, dass man unter Laborbedingungen Experimente durchführt und dadurch experimentelle Beobach-

© Springer-Verlag GmbH Deutschland, ein Teil von Springer Nature 2019
J. Malitte und S. Schreiber, *Ökonometrie verstehen mit Gretl*,
https://doi.org/10.1007/978-3-662-58275-6_4

tungsdaten gewinnt. In den Sozial- und Wirtschaftswissenschaften stehen nur selten experimentell erhobene Daten zur Verfügung, sondern man ist auf das Material angewiesen, das im Laufe der Zeit gesammelt wurde, ohne dabei kontrollierte Verfahren einzusetzen, also nicht-experimentelle Beobachtungsdaten. Bei der Gewinnung experimenteller Beobachtungsdaten im Labor kann eine interessierende Variable ‚unter Kontrolle' gehalten werden, um den Effekt dieser Variablen isoliert zu untersuchen. Analog zu diesem Verfahren hat sich in der Ökonomie der Begriff *ceteris paribus* (lat.: die übrigen bleiben konstant) eingebürgert, um die aus nicht-experimentellen Beobachtungsdaten gewonnenen theoretischen Modelle, die auf Gedankenexperimenten beruhen, dadurch zu vereinfachen bzw. überschaubar zu halten, indem man bestimmte Variablen (gedanklich) konstant hält. Der Unterschied lässt sich gut anhand einer Gegenüberstellung von naturwissenschaftlicher und sozialwissenschaftlicher Untersuchungsmethodik darstellen.

Bei der Entwicklung des Düngers zur Steigerung von Ernteerträgen ist es wichtig herauszufinden, welche Düngermenge eingesetzt werden muss, um den maximalen Ertrag zu erzielen. Es werden also Experimente durchgeführt, die darin bestehen, eine Ackerfläche in mehrere gleichgroße Felder zu unterteilen, auf denen jeweils unterschiedliche Mengen Dünger ausgebracht werden. Alle anderen Variablen, die Einfluss auf den Ertrag haben können, werden unter Kontrolle gehalten, indem dafür gesorgt wird, dass alle Felder die gleiche Menge an Wasser, Sonne, Licht usw. erhalten. Zur Erntezeit konnten die auf den einzelnen Flächen geernteten Kartoffelmengen dann auf die eingesetzten Düngermengen zurückgeführt werden.

In den Sozialwissenschaften gibt es viele Theorien über den Zusammenhang des Einkommens und des Bildungsniveaus. Alle Bildungsexperten sind sich darüber einig, dass die schulische Ausbildung dabei eine Schlüsselrolle spielt. Eine experimentelle Anordnung ist aber insofern schwierig, weil es nicht durchführbar ist, einige Kinder repräsentativ auszuwählen und ihnen eine unterschiedliche Schulbildung zukommen zu lassen. Ein Ergebnis wäre dann erst nach vielen Jahren zu erwarten. Außerdem könnten die Variablen, die während der Schulausbildung eine wichtige Rolle spielen, dabei kaum kontrolliert werden. Dazu gehört zum Beispiel der Einfluss wichtiger Bezugspersonen und einschneidender Ereignisse im Schulleben. Auch die sich entfaltende Begabung spielt eine Rolle. Es ist also schwierig, diejenigen Variablen zu finden, die eine entscheidende Wirkung auf das spätere Einkommen haben.

Oft kann es passieren, dass es zwischen zwei Variablen gar keinen kausalen Zusammenhang gibt, obwohl eine starke statistische Korrelation zwischen ihnen besteht. Man spricht in diesem Zusammenhang von einer „Scheinkorrelation" (spurious correlation). Ein klassisches Beispiel wäre die kausale Verknüpfung der Anzahl von Geburten und der Anzahl der Störche in manchen Regionen. Die Theorie gibt hier keinen solchen Zusammenhang her, er ist also eine zufällige Begleiterscheinung. Die Variable „Anzahl der Störche" ist eine sog. „irrelevante Variable", die zur Erklärung der Anzahl der Geburten nichts beitragen kann. Dieses Beispiel macht deutlich, dass zur ökonometrischen Analyse auch die Entwicklung einer angemessenen Theorie gehört.

Damit kommen wir zur Bedeutung der Modellbildung in der Ökonometrie. In Anlehnung an Maddala (2001, S. 8) kann man die Arbeit des Ökonometrikers als prozessuale Abfolge von Arbeitsschritten wie in Abbildung 4.1 darstellen.

Ausgangspunkt für das ökonometrische Modell ist das ökonomische Modell mit den zu-

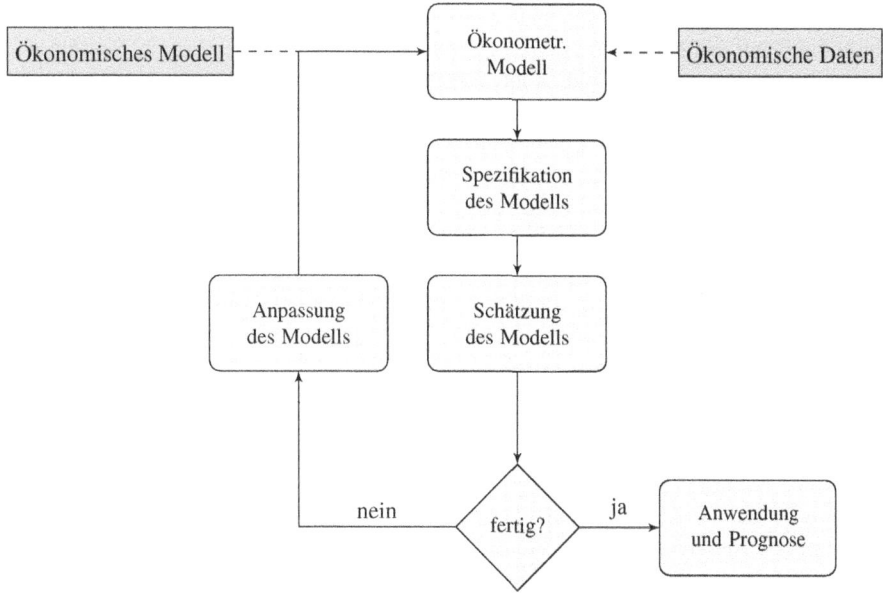

Abb. 4.1.: Modellbildung in der Ökonometrie

grunde liegenden Variablen und ihren Beziehungen untereinander. Die Daten selbst haben
entweder einen experimentellen oder nichtexperimentellen Charakter. Im ersten Fall können
sie unter kontrollierten Bedingungen wiederhergestellt werden.

Das ökonometrische Modell ist oft ein Regressionsmodell, das eine zu erklärende Variable enthält, die durch unabhängige Variablen möglichst gut erklärt werden soll. Die Güte des
Zusammenhangs ergibt sich aus der Schätzung des Modells. In der Spezifikationsphase werden aufgrund der Ergebnisse verschiedener ökonometrischer Tests Anpassungen des Modells
vorgenommen, falls die geschätzten Koeffizienten Verzerrungen aufweisen oder zu ungenau
sind. Insbesondere sind relevante von irrelevanten Variablen zu trennen. Ist die Spezifikation
abgeschlossen, kann das Modell angewendet werden, z.B. zur Erstellung von Prognosen.

In grober Zusammenfassung kann man sagen: In der Ökonometrie werden ökonomische
Wirkungszusammenhänge mit statistischen Methoden untersucht und daraus Maßzahlen des
Zusammenhangs abgeleitet. In einem sogenannten *ökonometrischen Modell* wird dabei die
Wirkung gewisser unabhängiger Variablen $x_1, x_2, ..., x_n$ auf eine bestimmte abhängige Varia-
ble y genauer spezifiziert. Die $x_1, x_2, ..., x_n$ werden häufig auch als *exogene Variablen* bezeich-
net. Welche Variable in einem System von Variablen als Abhängige behandelt wird, ist das
Ergebnis einer genauen Analyse des fachlichen Zusammenhangs.

Die als abhängig identifizierte Variable y wird auch *endogene Variable* genannt und als
Funktion $y = f(x_1, x_2, ..., x_n)$ der exogenen Variablen $x_1, x_2, ..., x_n$ aufgefasst. Dabei stellt f
eine lineare Funktion seiner Argumente dar.

Um ein Erklärungsmodell der Wirkung von $x_1, x_2, ..., x_n$ auf die endogene Variable y zu erhalten, muss diese Funktion genau spezifiziert werden. Man spricht auch davon, eine Regression von y auf die Variablen $x_1, x_2, ..., x_n$ durchzuführen. Die $x_1, x_2, ..., x_n$ werden als *Regressoren* bezeichnet, y ist der sogenannte *Regressand*.

Damit der Zusammenhang parametrisiert werden kann, müssen Beobachtungswerte für die Variablen $x_1, x_2, ..., x_n$ sowie für die endogene Variable y vorliegen. Um signifikante Zusammenhänge zwischen y und $x_1, x_2, ..., x_n$ aufdecken zu können, sollten zu y und den nun abhängigen Variablen möglichst viele Beobachtungswerte existieren. Jede Variable ist als Vektor darstellbar, deren Komponenten die Beobachtungen bzw. Werte der Variablen bilden.

Die Einsatzgebiete der Ökonometrie liegen sowohl in der Betriebs- wie auch in der Volkswirtschaftslehre. Die Anwendung von Zeitreihen hat insbesondere in der Kapitalmarktanalyse und in der zeitlich-dynamischen Entwicklung von volkswirtschaftlichen Zusammenhängen (z.B. Okunsches Gesetz, Phillipskurve) Einzug gehalten.

4.2. Das einfache lineare Regressionsmodell

Der wichtigste Schritt innerhalb der ökonometrischen Modellierung besteht darin, für den interessierenden Realitätsausschnitt ein Set von Variablen zu finden und Vermutungen über bestimmte Abhängigkeiten unter ihnen zu formulieren. Beispielsweise legt die Untersuchung von Gehaltsunterschieden in einem großen Unternehmen die Vermutung nahe, dass diese durch Faktoren wie Ausbildung, Alter, Geschlecht, Dauer der Betriebszugehörigkeit sowie weitere Faktoren erklärt werden können. Die ökonometrische Spezifikation des Modells besteht darin, möglichst alle relevanten Variablen $x_1, x_2, ..., x_p$ aufzuspüren, die einen Einfluss auf die abhängige Variable y (in diesem Fall das Gehalt) haben und daraus dann eine bestimmte funktionale Form $y = f(x_1, x_2, ..., x_p)$ abzuleiten. Im erwähnten Beispiel stellen die Variablen Ausbildung und Dauer der Betriebszugehörigkeit sicherlich relevante Variablen dar, die die Höhe des Gehalts beeinflussen. Das Ziel der ökonometrischen Analyse besteht dann darin, herauszufinden, wie sich Änderungen in den Werten dieser Variablen auf die Änderung des Gehalts auswirken.

Um die Modellbildung zu vereinfachen, gehen wir in den folgenden Abschnitten davon aus, dass die Variable y nur von einer unabhängigen Variablen x beeinflusst wird. Dies ist zwar kein realistisches Szenario, es verdeutlicht aber die Behandlung der grundlegenden Konzepte, sodass eine spätere Erweiterung auf n unabhängige Variablen kein Problem bereitet.

Im Hauptfenster der Abbildung 1.2 sind die Variablen *Miete, Quadratmeter* und *Distanz* dargestellt. Jede einzelne Variable besitzt 20 verschiedene Werte bzw. Beobachtungen, die als Realisation einer Stichprobe aus einer Gesamtpopulation von Wohnungen, zum Beispiel einer Großstadt, angesehen werden kann. Das Interesse des Ökonometrikers richtet sich in diesem Fall darauf, ob aufgrund der Datenlage ein Einfluss der Wohnungsgröße auf die Höhe der Miete festgestellt werden kann.

4.2.1. Definition des Modells und Begriffsbildung

Um einen ersten Schritt zur ökonometrischen Modellbildung hin zu vollziehen, gehen wir von der abhängigen Variablen y und der unabhängigen Variablen x aus und formulieren das

Modell der *einfachen linearen Regression*:

$$y = \alpha + \beta x + u \tag{4.1}$$

Die Gleichung 4.1 wird häufig auch als *bivariates lineares Regressionsmodell* bezeichnet. Die Variable *y* wird wie bereits erwähnt mit den folgenden Bezeichnungen belegt: *abhängige Variable*, *endogene Variable*, *erklärte Variable* oder *Regressand*. Diese Begriffsbildungen drücken aus, dass das Verhalten von *y* als Reaktion von Änderungen der Variablen *x* gemessen wird. Die Variable *x* wird meist als *unabhängige Variable* bezeichnet. Alternative Bezeichnungen sind *erklärende Variable*, *exogene Variable*, *Regressor* oder *Kontrollvariable*. Die Variable *u* wird als *Störgröße* oder *Fehlergröße* (engl. *error term* oder *disturbance*) bezeichnet und repräsentiert alle weiteren Einflussfaktoren, die auf die Variable *y* einwirken und nicht im Modell berücksichtigt sind. Ein Grund für die Nichtberücksichtung dieser Faktoren in Form weiterer Regressoren kann sein, dass sie nicht beobachtbar und damit evaluierbar sind.

Wenn die in der Störgröße *u* enthaltenen Einflussfaktoren als unabhängig von dem Regressor *x* angesehen werden und sich nicht ändern ($\Delta u = 0$), dann lässt sich der lineare Effekt von *x* auf *y* wie folgt ausdrücken:

$$\Delta y = \beta \Delta x \tag{4.2}$$

Die Größenänderung der Variablen *y* ergibt sich aus dem Produkt von β mit der Größenänderung der Variablen *x* (unter Konstanthaltung der Störgröße *u*). Der Parameter β in 4.1 bzw. 4.2 wird als *Steigungsparameter* oder manchmal als *Steigungskoeffizient* (engl. *slope parameter*) bezeichnet. Der Parameter α stellt den *Niveauparameter* dar (engl. *intercept parameter*) und ist insofern kaum von Interesse, weil er bei Größenänderungen von *x* die Größenänderung von *y* nicht beeinflusst.

Ausgehend von den Variablen des Datasets *Miethoehe.gdt* betrachten wir die Abhängigkeit der Miethöhe von der Quadratmeterzahl. Mit der Variablengleichsetzung *y = Miete* und *x = Quadratmeter* erhalten wir das einfache lineare Modell 4.1.

In Abbildung 4.2 ist eine (willkürlich gewählte) Punktmenge dargestellt, die die einzelnen Beobachtungen <Quadratmeter/Miete> repräsentieren. Es ist leicht zu erkennen, dass die Miethöhe mit zunehmender Quadratmeterzahl ansteigt. Durch die Punkte hindurch ist eine Gerade so eingezeichnet, dass eine „optimale" Anpassung an die Punktmenge gegeben ist. Sie wird als *Regressionsgerade* (R) bezeichnet und besitzt den y-Achsenabschnitt α sowie die Steigung β.

Der Grafik kann man entnehmen, dass bei einer Erhöhung der Wohnfläche um den Wert $\Delta x = 20$ die Miete etwa um den zu erwartenden Wert $\Delta y = 20\beta$ ansteigt. Bei einer Erhöhung von einem Quadratmeter wird eine Erhöhung der Miete erwartet, die dem Wert des Parameters β entspricht. Es ist dabei wichtig, hervorzuheben, dass es um die zu erwartende Mieterhöhung geht, die nicht unbedingt eintreten muss, da die Regressionsgerade nur den statistischen Zusammenhang zwischen den Werten der abhängigen und der unabhängigen Variablen beschreibt.

Es wird die Aufgabe einer *Regressionsanalyse* sein, die beiden Parameter α und β aus den gegebenen Messwerten zu schätzen.

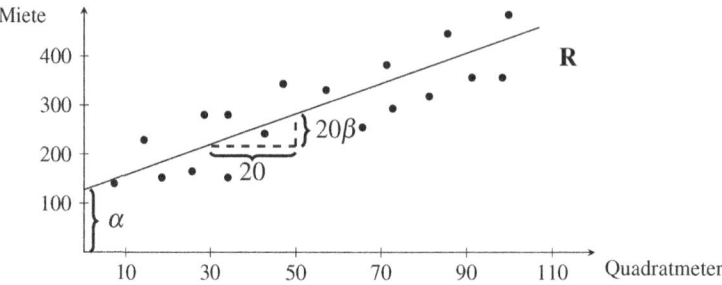

Abb. 4.2.: Regressionsgerade der Beziehung Quadratmeter und Miete

Eine Modellierung des linearen Zusammenhangs gemäß Gleichung 4.1 ist nur angemessen, wenn zwischen den Größen Miethöhe und Wohnfläche in der Realität ein linearer Zusammenhang unterstellt werden kann. Diese Annahme ist in vielen ökonomischen Anwendungsgebieten nicht gegeben. Betrachten wir dazu die Erzeugung landwirtschaftlicher Güter in der Milch- oder Getreideproduktion. Durch Beigabe von Futterzusatzstoffen oder Bodendüngemitteln lässt sich der Ertrag bzw. Ouput nicht konstant erhöhen, sondern er hängt stark davon ab, welches Niveau der Beigabe bereits erreicht ist. Je höher die Menge der beigefügten Zusatzstoffe oder Düngemittel bereits ist, umso geringer fällt der Output bei einer Erhöhung um eine Einheit aus. In der Ökonomie werden solche Zusammenhänge unter dem Stichwort des abnehmenden Grenznutzens thematisiert. Wir werden später sehen, dass auch nichtlineare Zusammenhänge in den Variablen als lineare Regressionsmodelle formuliert werden können.

Abbildung 4.2 offenbart noch weitere charakteristische Eigenschaften des einfachen Regressionsmodells, die sich insbesondere auf die Störgröße u beziehen. Offenbar hängt es von dieser Störgröße ab, wie gut der Verlauf der Regressionsgeraden an die Messpunkte (x_i, y_i) angepasst ist. Die „Qualität" der geschätzten Parameterwerte von α und β im Hinblick auf die Stärke des Zusammenhangs ist umso besser, je kleiner diese Störgrößen sind.

Im ersten Kapitel hatten wir das Streudiagramm der Variablen *Quadratmeter* und *Miete* bereits angegeben:

Die Anordnung der Datenpunkte im Streudiagramm zeigt deutlich einen linearen Zusammenhang zwischen den Werten der Variablen *Quadratmeter* und *Miete*. Gretl legt eine geeignete Regressionsgerade durch die Punktmenge und liefert die Gleichung dieser Geraden direkt mit:

$$y = 9,33 + 9,18x \qquad (4.3)$$

In der Überschrift des Streudiagramms wird darauf hingewiesen, dass die Gerade mit Hilfe der Kleinstquadrate-Anpassung ermittelt wurde, eine Methode, auf die gleich näher eingegangen wird. Die dargestellte Gerade besitzt von allen möglichen denkbaren Geraden, die durch die gegebene Punktmenge gezeichnet werden können, die besten Anpassungseigenschaften. Für die gegebene Stichprobe kann der statistische Zusammenhang zwischen der Wohnungsgröße und der Miethöhe wie folgt beschrieben werden: Für jeden zusätzlichen Quadratmeter

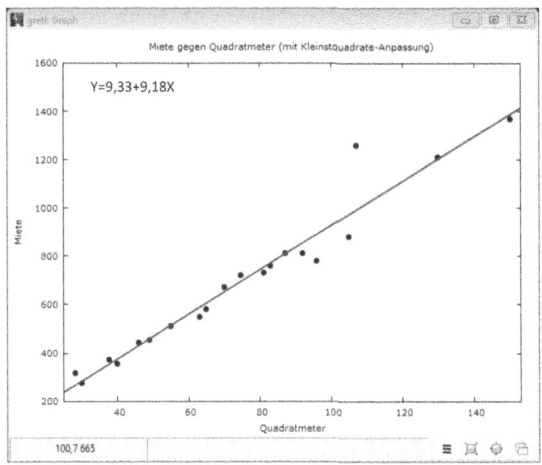

Abb. 4.3.: X-Y-Streudiagramm der Variablen *Quadratmeter* und *Miete*

Wohnfläche ist zu erwarten, dass die Miete um ca. 9,18 Euro steigt. Der Wert des Niveau-parameters (9,33) ergibt sich, wenn die Variable x (also die Quadratmeterzahl auf 0 gesetzt wird. Er ist von keiner praktischen Bedeutung, da Wohnungen mit einer Quadratmeterzahl nahe Null nicht existieren und daher Aussagen über die Höhe der Miete nicht sinnvoll sind. Dennoch darf der Niveauparameter α im Regressionsmodell nicht weggelassen werden, da sonst der Steigungsparameter *beta* falsch geschätzt werden würde.

Ebenso lassen sich für sehr hohe Werte der Variablen x keine sinnvollen Aussagen über die zu erwartende Miete machen, weil diese in der Realität nicht existieren. Es ist also bei jeder Darstellung eines ökonomischen Zusammenhangs zwischen den Regressoren und der abhän-gigen Variablen angebracht, sich nicht nur Gedanken über den Wertebereich der Regressoren, sondern auch der Maßzahl, mit der sie gemessen werden, zu machen.

Lassen wir in der Modellgleichung 4.1 den Einfluss der Störgröße beiseite, dann ergibt sich die allgemeine Gleichung der Regressionsgerade wie folgt. Sie erlaubt es, den Wert der ab-hängigen Variablen vorauszusagen, wenn der Wert der unabhängigen Variablen x gegeben ist.

$$y^R = \alpha + \beta x \qquad (4.4)$$

Dabei stellt y^R den *zu erwartenden Wert* der abhängigen Variablen (hier der Miethöhe) dar, der um die Störgröße u bereinigt ist. An späterer Stelle wird eine andere Notation für den zu erwartenden Wert eingeführt. Es muss nochmals hervorgehoben werden, dass es sich bei der Voraussage natürlich um eine Schätzung handelt, im Sinne einer einfachen Vorausberechnung unter Ausschaltung der Zufallskomponente.

Da die Abweichungen von dem zu erwartenden Wert vom Zufall gesteuert werden, muss u als eine Zufallsvariable betrachtet werden, die einen Erwartungswert und eine bestimmte

Varianz besitzt. Da sich die positiven und negativen Abweichungen in der Gesamtheit durch ihren zufälligen Einflusscharakter ausgleichen, kann bezüglich des Erwartungswerts folgende Annahme unterstellt werden:

$$E(u) = 0 \qquad (4.5)$$

Für den Verlauf der Regressionsgeraden R folgt daraus, dass die Summe der positiven und negativen Abstände der Messpunkte von R den Wert Null ergibt.

Fassen wir noch einmal die charakteristischen Eigenschaften, die die Störgröße u innerhalb des linearen Regressionsmodells besitzt, zusammen:

- Selbst im allgemeinen Fall, in dem das Modell mehrere Regressoren enthält, werden einige Variablen, die Einfluss auf die abhängige Variable haben können, nicht berücksichtigt sein. Manche dieser Variablen sind nicht beobachtbar oder auch nicht messbar. Ihr Einfluss macht sich aber indirekt in den Störgrößen des Modells bemerkbar.

- Es können sich auch Erhebungs- oder Messfehler einschleichen, die im Modell nicht berücksichtigt werden können.

- Der Zusammenhang der Variablen des Modells kann durch außerordentliche Einflüsse von außen massiv gestört werden (Beispiel: Naturkatastrophen wie Erdbeben, Überschwemmungen usw.).

4.2.2. Schätzung der Parameter mit der KQ-Methode

Im bisherigen Verlauf der Ausführungen sind wir nicht explizit auf den Unterschied zwischen der Population und der Stichprobe, die aus der Population gezogen wird, eingegangen. Die in dem Modell 4.1 angegebenen Parameter α und β beziehen sich auf die wahren Werte der Gesamtpopulation, die wir grundsätzlich nicht kennen. Es ist daher notwendig, für die geschätzten Parameter eine eigene Notation einzuführen, um sie von den wahren Parametern unterscheiden zu können. Die geschätzten Parameter beziehen sich also immer auf eine gezogene Stichprobe aus einer Grundgesamtheit. Ist die Stichprobengröße N hinreichend groß, kann man hoffen, einen guten Annäherungswert zu erhalten.

In einer gegebenen Stichprobe vom Umfang N bestehen die Beobachtungen aus einer Menge von Wertepaaren (x_i, y_i) mit $i = 1, 2, ..., N$. Damit können wir das einfache lineare Regressionsmodell 4.1 für jedes Wertepaar durch das Modell

$$y_i = \alpha + \beta x_i + u_i \qquad (4.6)$$

beschreiben. Die Werte der exogen vorgegebenen Variablen x_i sind entweder feste Werte oder das Ergebnis einer zufälligen Ziehung aus der zugrunde liegenden Population. Für jede einzelne Beobachtung i existiert eine Störgröße u_i, die als Zufallsvariable mit folgenden

Eigenschaften definiert ist:[1]

$$E(u_i|x_i) = E(u_i) = 0 \qquad (4.7)$$

$$var(u_i) = \sigma^2 \qquad (4.8)$$

Gleichung 4.7 besagt, dass der Erwartungswert der Störgröße unabhängig vom Wert des Regressors x_i sein soll. Aus der Gleichung 4.7 ist weiter ableitbar, dass die Werte der abhängigen Variablen y_i Zufallsvariablen mit Erwartungswert $E(y_i) = \alpha + \beta x_i$ darstellen.

Die Eigenschaft 4.8 bezieht sich darauf, dass alle Störgrößen die gleiche Varianz besitzen. Wir werden sehen, dass diese Eigenschaft unter bestimmten Bedingungen verletzt sein kann.

Um deutlich zu machen, dass die aus der Stichprobe ermittelten Parameter Schätzungen der wahren Parameter sind, benötigen wir eine spezielle Notation. In der ökonometrischen Fachliteratur hat sich die Schreibweise mit einem aufgesetzten Dach durchgesetzt: eine Variable, die als statistischer Schätzer einer unbekannten Variablen anzusehen ist, wird mit einem Dach bzw. Hütchen versehen, zum Beispiel $\hat{\alpha}$. In Gretl werden wir in Analogie zu dieser Konvention eine Reihe von sogenannten „Hütchen-Variablen" (engl. hat-variables) kennenlernen.

In diesem Sinne wird in Analogie zu dem Modell 4.6 das *geschätzte Modell* definiert:

$$y_i = \hat{\alpha} + \hat{\beta} x_i + \hat{u}_i \qquad (4.9)$$

Die Parameter $\hat{\alpha}$ und $\hat{\beta}$ stellen also die Schätzer der wahren Parameter α und β dar. Sie variieren von Stichprobe zu Stichprobe und lassen sich, wie noch zu zeigen ist, als Zufallsvariablen mit einem bestimmten Erwartungswert und einer bestimmten Varianz auffassen.

Die wahren Störgrößen u_i in Gleichung 4.6 werden in Gleichung 4.9 durch die geschätzten Störgrößen, die auch *Residuen* genannt werden, ersetzt. Jede Ziehung einer Stichprobe erzeugt für jede einzelne Beobachtung i ($i = 1,...,N$) ein bestimmtes Residuum $\hat{u}_i$, das als Realisation einer zugrunde liegenden Zufallsvariablen u_i anzusehen ist.

Es ist wichtig, sich nochmals klar zu machen, dass die vorliegende Stichprobe nur eine Realisation von vielen möglichen Ziehungen aus der Grundgesamtheit darstellt. Eine zweite Ziehung würde andere Werte generieren und daher andere Schätzwerte $\hat{\alpha}$ und $\hat{\beta}$ liefern. Da der Aufwand für eine zweite oder dritte Stichprobe in der Regel zu hoch ist, ist es für den Ökonometriker entscheidend, Anhaltspunkte zu haben, um belastbare Annahmen über die Güte der vorliegenden Schätzung zu treffen. Dieser wichtige Aspekt lässt sich auch wie folgt formulieren: Sind die ermittelten Schätzwerte in dem Sinne brauchbar, dass sie die unbekannten Parameter α und β einigermaßen korrekt wiedergeben? Dies ist eine Aufgabe der Inferenzstatistik.

Für die geschätzten Parameter $\hat{\alpha}$ und $\hat{\beta}$ erhalten wir folgende Darstellung der Regressionsgeraden $\hat{R}$ in Bezug auf die gezogene Stichprobe:

$$\hat{R}: \hat{y}_i = \hat{\alpha} + \hat{\beta} x_i \qquad (4.10)$$

---

1 Die in der Statistik als Glockenkurve bekannte Normalverteilung ist hier als Annahme nicht notwendig.

Man beachte, dass die Angabe des Daches über der Variablen y den Schätzwert bzw. den zu erwartenden Wert kennzeichnet, der aus den Parametern und dem Wert des Regressors berechnet werden kann. Damit lassen sich sogenannte *Punktprognosen* erstellen. Wird der Wert der exogenen Variablen x_i zunächst vorgegeben, handelt es sich um eine *bedingte Prognose*. Eine *unbedingte Prognose* liegt vor, wenn zunächst der Wert von x_i vorhergesagt oder geschätzt wird und in einem zweiten Schritt der Wert der endogenen Variablen y_i.

Die folgende Grafik 4.4 veranschaulicht die dargestellten Zusammenhänge am Beispiel von vier Beobachtungspunkten P_1 bis P_4. Für die Darstellung der Regressionsgeraden wird die Hutnotation verwendet, weil es sich nicht um die wahre Regressionsgerade handelt, sondern um die Gerade, die eine optimale Anpassung an die Messwerte der vorliegenden Stichprobe darstellt.

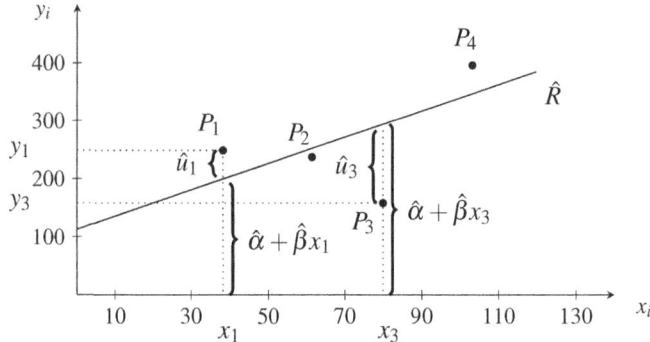

Abb. 4.4.: Zusammenhang von Residuen und Regressionsgerade $\hat{R}$

Für die optimal an die Punktmenge angepasste Regressionsgerade $\hat{R}$ ergeben sich die geschätzten Parameterwerte $\hat{\alpha}$ und $\hat{\beta}$, sodass für die Werte der Beobachtungspunkte P_1 bis P_4 folgende Beziehungen gelten:

$$y_1 = \hat{\alpha} + \hat{\beta} x_1 + \hat{u}_1$$
$$y_2 = \hat{\alpha} + \hat{\beta} x_2 + \hat{u}_2$$
$$y_3 = \hat{\alpha} + \hat{\beta} x_3 + \hat{u}_3$$
$$y_4 = \hat{\alpha} + \hat{\beta} x_4 + \hat{u}_4 \qquad (4.11)$$

Die Koordinaten der durch die Regressionsgerade geschätzten Beobachtungswerte $\hat{y}_i$ unterscheiden sich also von den realen Beobachtungswerten y_i durch die Residuen $\hat{u}_i$:

$$y_i = \hat{y}_i + \hat{u}_i \qquad (4.12)$$

Aus Abbildung 4.4 ergibt sich für die Punktmenge oberhalb von $\hat{R}$ die Eigenschaft $\hat{u}_i > 0$. Für die Punkte unterhalb von $\hat{R}$ gilt $\hat{u}_i < 0$.

Aus der Gleichung 4.12 lässt sich durch eine kleine Umstellung der Zusammenhang

$$\hat{y}_i = y_i - \hat{u}_i \tag{4.13}$$

ableiten. Damit ergeben sich auch die geschätzten Werte für die endogene Variable. Je kleiner die Residuenwerte sind, umso näher liegen die Beobachtungspunkte an der Regressionsgeraden.

Die Methode der kleinsten Quadrate – KQ-Methode

Wir wenden uns nun der Frage zu, wie die Schätzparameter $\hat{\alpha}$ und $\hat{\beta}$ berechnet werden können, um eine möglichst gute Anpassung der Regressionsgeraden $\hat{R}$ an die Punktmenge zu erreichen. Offenbar erhält man diese Gerade, wenn die Gesamtsumme der Abstände aller Residuen zu dieser Geraden einen minimalen Wert annimmt. Allerdings gerät man mit diesem Ansatz in die Schwierigkeit, dass sich positive und negative Abweichungen gegenseitig aufheben. Die Verwendung von Absolutbeträgen würde diesen Effekt zwar verhindern, bringt aber andere rechentechnische Probleme mit sich. Es hat sich daher ein auf den Mathematiker Gauß zurückgehendes Verfahren durchgesetzt, statt der Absolutbeträge die Quadrate der Residuen zu verwenden. Damit stellt sich die Aufgabe, die Parameter $\hat{\alpha}$ und $\hat{\beta}$ so zu ermitteln, dass die Summe der Residuenquadrate ein Minimum ergibt, also

$$min(\sum_{i=1}^{N} \hat{u}_i^2) = min(\sum_{i=1}^{N} (y_i - \hat{y}_i)^2) \tag{4.14}$$

Diese Methode wird in der Literatur die *Kleinstquadratemethode* genannt (engl. *ordinary least squares* bzw. *OLS*). Die Schätzer $\hat{\alpha}$ und $\hat{\beta}$ werden dementsprechend häufig als KQ-Schätzer oder OLS-Schätzer bezeichnet.[2]

Die Abbildung 4.5 verdeutlicht diesen Ansatz am Beispiel von vier verschiedenen Messpunkten. Die Residuenquadrate werden durch die Flächen der vier dargestellten Quadrate repräsentiert. Die Gesamtsumme der Flächen ist dabei zu minimieren.

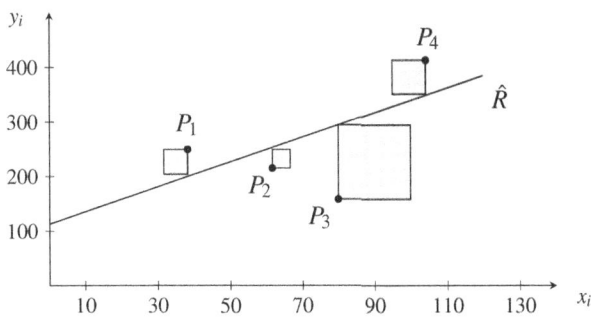

Abb. 4.5.: Minimierung der Residuenquadratsumme

---

2 In diesem Buch wird verschiedentlich vom OLS-Schätzer oder KQ-Schätzer gesprochen. Sie bezeichnen also den gleichen Sachverhalt.

Die Residuenquadratsumme wird in der gängigen Literatur auch als *RSS* bezeichnet (*residual sum of squares*). Aus der Tatsache, dass $\hat{y}_i = \hat{\alpha} + \hat{\beta}x_i$ gilt, folgt sofort:

$$min(\sum_{i=1}^{N} \hat{u}_i^2) = min(\sum_{i=1}^{N} (y_i - \hat{\alpha} - \hat{\beta}x_i)^2) \qquad (4.15)$$

Für die Residuenquadratsumme wird die kompakte Schreibweise $S_{\hat{u}\hat{u}}$ eingeführt:

$$S_{\hat{u}\hat{u}} = \sum_{i=1}^{N} (y_i - \hat{\alpha} - \hat{\beta}x_i)^2 \qquad (4.16)$$

Nun lässt sich mit den Methoden der Analysis berechnen, für welche Werte von $\hat{\alpha}$ und $\hat{\beta}$ die in 4.16 dargestellte Funktion ein Minimum besitzt. Dazu sind die ersten und zweiten partiellen Ableitungen nach $\hat{\alpha}$ und $\hat{\beta}$ zu bilden. Die ersten Ableitungen werden gleich Null gesetzt:

$$\frac{\partial S_{\hat{u}\hat{u}}}{\partial \hat{\alpha}} = \sum_{i=1}^{N} 2(y_i - \hat{\alpha} - \hat{\beta}x_i)(-1) = 0 \qquad (4.17)$$

$$\frac{\partial S_{\hat{u}\hat{u}}}{\partial \hat{\beta}} = \sum_{i=1}^{N} 2(y_i - \hat{\alpha} - \hat{\beta}x_i)(-x_i) = 0 \qquad (4.18)$$

Einige Umformungen der beiden Gleichungen führen zu den folgenden sogenannten *Normalgleichungen*:

$$\sum_{i=1}^{N} y_i = N\hat{\alpha} + \hat{\beta} \sum_{i=1}^{N} x_i \qquad (4.19)$$

$$\sum_{i=1}^{N} y_i x_i = \hat{\alpha} \sum_{i=1}^{N} x_i + \hat{\beta} \sum_{i=1}^{N} x_i^2 \qquad (4.20)$$

Löst man die Normalgleichung 4.19 nach $\hat{\alpha}$ auf und setzt das Resultat in 4.20 ein, ergibt sich nach einigen Umformungen der Wert des Schätzers $\hat{\beta}$. Als Ergebnis erhält man folgende Parameterschätzer der einfachen linearen Regression:

$$\hat{\beta} = \frac{\sum_{i=1}^{N} (x_i - \bar{x})(y_i - \bar{y})}{\sum_{i=1}^{N} (x_i - \bar{x})^2} \qquad (4.21)$$

$$\hat{\alpha} = \bar{y} - \hat{\beta}\bar{x} \qquad (4.22)$$

Interpretation der Formeln Wie aus den Formeln zu ersehen ist, spielen die Mittelwerte der abhängigen Variablen ($\bar{y}$) und der unabhängigen Variablen ($\bar{x}$) eine wichtige Rolle. In der Formel für den Parameterschätzer $\hat{\beta}$ steht im Zähler die sogenannte *Kovariation* der Variablen x und y, die als Summe der Produkte $(x_i - \bar{x})(y_i - \bar{y})$ aller Beobachtungen definiert ist. Die

Faktoren dieses Produkts bestehen aus den Abweichungen der Variablen x und y von ihrem jeweiligen Mittelwert. Im Nenner steht die *Variation* der Werte des Regressors x, die durch Aufsummierung der quadrierten Abweichungen vom Mittelwert entsteht. Die Kovariation der Werte von x und y wird häufig mit S_{xy} abgekürzt, während S_{xx} für die Variation der x-Werte steht. Bei der Berechnung einer Maßzahl für die Güte eines linearen Modells kommen wir auf diese Definitionen zurück.

Dividieren wir die Kovariation S_{xy} und die Variation S_{xx} durch den Wert $N-1$, also der um 1 verminderten Stichprobengröße N, dann erhalten wir die Definitionen der *Kovarianz* und der *Varianz*.

$$cov(x,y) = \frac{1}{N-1} \sum_{i=1}^{N} (x_i - \bar{x})(y_i - \bar{y}) \tag{4.23}$$

$$var(x) = \frac{1}{N-1} \sum_{i=1}^{N} (x_i - \bar{x})^2 \tag{4.24}$$

Damit lässt sich der KQ-Schätzer für den Steigungsparameter $\hat{\beta}$ wie folgt berechnen:

$$\hat{\beta} = \frac{cov(x,y)}{var(x)} \tag{4.25}$$

Berechnung der Schätzer $\hat{\alpha}$ und $\hat{\beta}$

Die Werte der Variablen *Quadratmeter* und *Miete* können nun verwendet werden, um die Schätzer $\hat{\alpha}$ und $\hat{\beta}$ zu berechnen.

Die Einsetzung aller 20 Werte sowie ihrer Mittelwerte in die Formel 4.21 wäre freilich ein recht mühseliges Unterfangen. Daher ziehen wir für die Berechnung des Schätzers $\hat{\beta}$ die Formel 4.25 heran, in der wir zunächst die Varianz und Kovarianz berechnen. Für die Ermittlung der Kovarianz im Zähler benutzen wir die Funktion *cov* und für die Ermittlung der Varianz die Funktion *var*.

```
scalar Kov_Miete_QM = cov(Miete,Quadratmeter)
scalar Var_QM = var(Quadratmeter)
scalar beta = Kov_Miete_QM / var(Quadratmeter)
scalar alpha = mean(Miete) - beta*mean(Quadratmeter)
```

Für den Schätzwert des Steigungsparameters $\hat{\beta}$ erhalten wir den Wert 9,18 und der Schätzwert der Konstanten $\hat{\alpha}$ ergibt 9,33. Diese Werte wurden von Gretl auch im X-Y-Streudigramm der Variablen *Quadratmeter* und *Miete* angegeben. Damit ergibt sich die Modellgleichung

$$y_i = 9,33 + 9,18x_i \tag{4.26}$$

Um das Ergebnis der Berechnungen anzuzeigen, wird das Fenster „Symbolansicht" geöffnet und ein Doppelklick auf das Icon „Skalare" ausgeführt (siehe Abbildung 4.6).

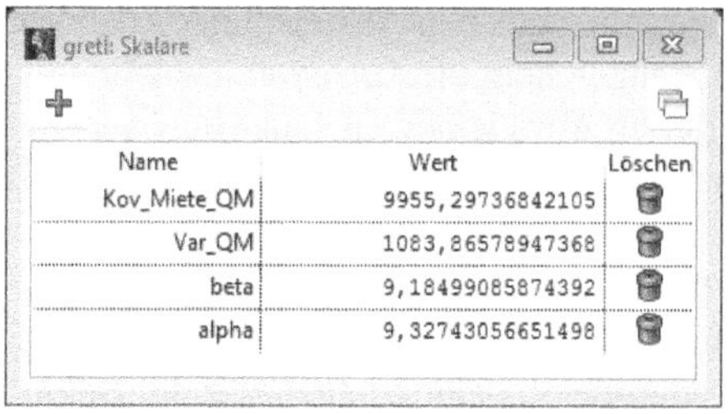

Abb. 4.6.: Anzeige der berechneten Skalare

Durchführung einer einfachen linearen Regression mit Gretl

Die Ausführung einer OLS-Schätzung können wir Gretl überlassen, wir erhalten dann viel mehr Ergebnisse als nur die beiden KQ-Schätzwerte. Es gibt zwei verschiedene Wege:

- über die grafische Benutzeroberfläche durch Selektion des Menüeintrags *Modell*

- durch das Kommando *ols* im Gretl-Skripteditor

Der erste Weg, eine OLS-Schätzung durchzuführen, führt über die grafische Benutzeroberfläche. Die Ergebnisse werden in einem Modellergebnisfenster ausgegeben, in dem anschließend weitere Analysen und Tests über Menübefehle durchführbar sind. Diese Tests können auch mit Hilfe geeigneter Kommandos durchgeführt werden. Dazu wird der Menüeintrag *Modell/kleinste Quadrate (OLS)...* ausgewählt (siehe Abbildung 4.7). Ein alternativer, kürzerer Weg führt über das Icon „$\hat{\beta}$" in der Befehlsleiste.

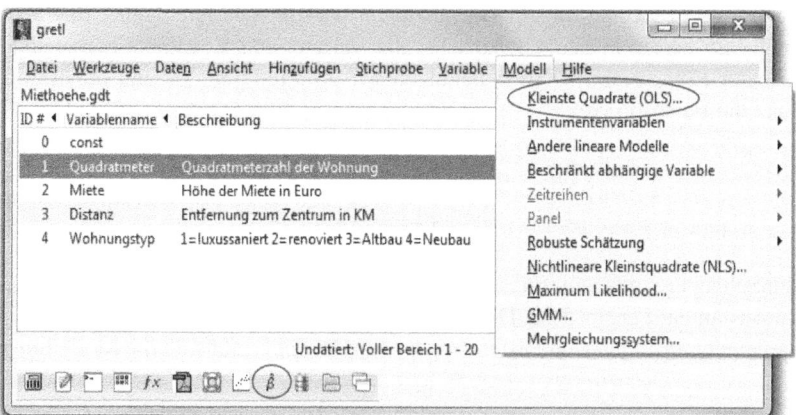

Abb. 4.7.: OLS Schätzung über das Gretl Menü

Gretl bietet daraufhin das Fenster zur Modellspezifikation aus Abbildung 4.8 an. Mit den beiden oberen Pfeilen können die Regressoren und die abhängige Variable aus den angebotenen Datasetvariablen übertragen werden. Ein zuviel übertragener Regressor kann mit dem nach links zeigenden unteren Pfeil wieder entfernt werden.

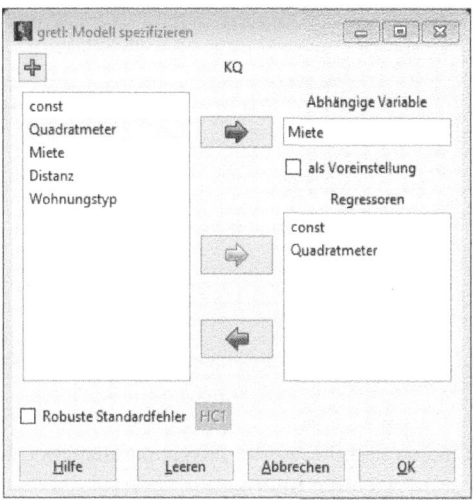

Abb. 4.8.: Fenster zur Modellspezifikation

Nach Übertragung der abhängigen Variablen *Miete* und des Regressors *Quadratmeter* kann die Spezifikation des zu schätzenden Modells mit dem Button *ok* bestätigt werden. Gretl gibt dann ein Modellergebnisfenster aus (siehe Abbildung 4.9). Die Ergebnisse der OLS-Schätzung sind recht umfangreich und lassen sich in verschiedene Blöcke unterteilen, die wie folgt zu interpretieren sind:

1. Es werden die geschätzten Parameterwerte des Modells angegeben, also $\hat{\alpha} = 9,33$ und $\hat{\beta} = 9,18$. Die Standardfehler entsprechen der Wurzel aus den Stichprobenvarianzen der Regressoren des Modells, hier *const* und *Quadratmeter*. Darauf wird später genauer eingegangen (☞ Abschnitt 4.2.4).

2. Der zweite Block enthält Angaben darüber, ob die geschätzten Werte der Koeffizienten signifikant von Null verschieden sind. Aus der Anzahl der Sterne hinter dem angegebenen p-Wert kann sofort abgelesen werden, ob die geschätzten Werte im 1%-Ablehnungsbereich (drei Sterne), im 5%-Ablehnungsbereich (zwei Sterne) oder im 10%-Ablehnungsbereich (ein Stern) der Nullhypothese liegen. Die Nullhypothese geht davon aus, dass die Werte der Koeffizienten gleich Null, also nicht signifikant sind. Dies ist gleichbedeutend damit, dass die Regressoren keinen Einfluss auf die abhängige Variable haben. In diesem Beispiel ist der Wert des Steigungskoeffizienten $\hat{\beta}$ hoch

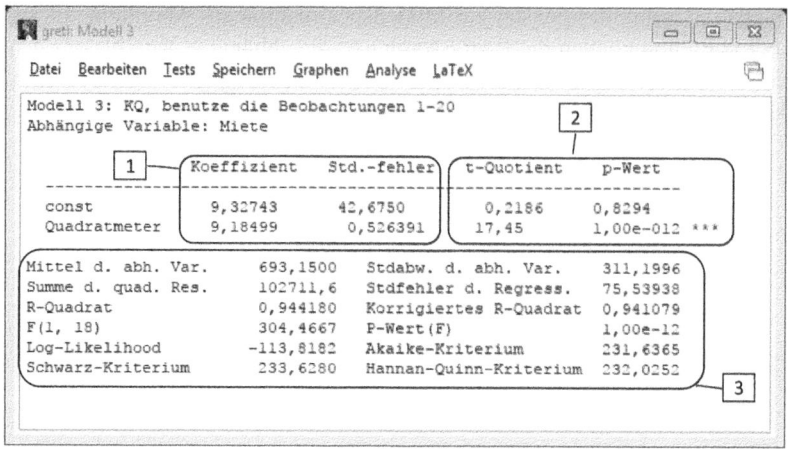

Abb. 4.9.: Ergebnisse der OLS Schätzung im Modellergebnisfenster

signifikant. Die fehlende Signifikanz des Niveauparameters $\hat{\alpha}$ kann vernachlässigt werden, da sein Wert keine wichtige Information liefert.

Auch auf die Bedeutung der Spalten *t-Quotient* und *p-Wert* wird noch genauer eingegangen (☞ Abschnitt 4.2.4).

3. Der dritte Block enthält einige statistische Kennzahlen der KQ-Schätzung. Dazu gehören der Mittelwert der abhängigen Variablen *Miete* (693,15) und deren Standardabweichung (311,19). In der zweiten Zeile steht die Residuenquadratsumme (102711,6) und der Standardfehler der Regression, der die Standardabweichung der Residuen vom Mittelwert Null bezeichnet (75,53). Insbesondere ist die Angabe eines Bestimmtheitsmaßes (R-Quadrat) hervorzuheben, dessen Wert die Stärke des Einflusses der Regressoren auf die abhängige Variable misst. Je näher er in der Nähe des Wertes 1 liegt, umso größer ist der Einfluss. Auf die Bedeutung dieser Maßzahl und den weiteren von Gretl erzeugten Kennzahlen wird im Laufe der folgenden Ausführungen näher eingegangen.

Das Modellergebnisfenster in Abbildung 4.9 bietet eine Reihe von Menübefehlen an, mit denen weitere Aktionen durchgeführt werden können. Die Menüleiste enthält folgende Einträge:

Datei Der Menüpunkt *Datei* ermöglicht es, den Inhalt des Fensters in einem bestimmten Format in einer Datei zu speichern. Angeboten werden die Formate *RTF (MS Word)*, *komma-separiert*, *einfacher Text* und *LaTeX*. Es kann auch ein Ausdruck erstellt werden. Der Unterpunkt *Als Sitzungsteilsymbol speichern* erlaubt die Speicherung innerhalb der gerade geöffneten Sitzung.

Bearbeiten Mit dem Eintrag *Kopieren* kann unter Verwendung eines der oben angegebenen Formate der Inhalt des Modellergebnisfensters in die Zwischenablage kopiert werden. Die Selektion des Eintrags *Modifiziere Modell...* führt den Anwender zum Fenster der Modellspezifikation, in dem andere Variablen für die KQ-Schätzung ausgewählt werden können.

Tests Gretl bietet unter diesem Menüpunkt eine Reihe von Tests an, die im Anschluss an eine KQ-Schätzung durchgeführt werden können, unter anderem den Test auf Heteroskedastizität, Chow-Test, Ramseys RESET. Außerdem können Tests auf Nichtlinearität auf der Basis von Quadraten und Logs erfolgen. In diesem Fall werden die Quadrate bzw. Logarithmen der Regressoren in die Regressionsgleichung mit aufgenommen. Liegt eine Zeitreihe vor, können u.a. folgende Tests erfolgen: Test auf Autokorrelation, ARCH, QLR-Test, CUSUM-Test.

Speichern Dieser Menüpunkt erlaubt das Speichern verschiedener Kennzahlen des geschätzten Modells. Die Speicherung erfolgt nur innerhalb der Sitzung.

Graphen Es lassen sich Residuengraphen erstellen, die den grafischen Verlauf der Residuen im Hinblick auf jede einzelne Variable des geschätzten Modells wiedergeben. Außerdem können Graphen erstellt werden, die einen Vergleich von angepassten und tatsächlichen Abhängigkeiten zwischen dem Regressanden und den einzelnen Regressoren ermöglichen.

Analyse Anwender können folgende Analyseschritte durchführen: Erstellung einer Prognose, wobei die automatische, die dynamische, die statische und die rollierende Prognose zur Auswahl stehen. Außerdem führt Gretl auf Wunsch eine Varianzanalyse der Koeffizienten durch (Kovarianzmatrix). Ein besonderes Angebot hält Gretl mit der Erstellung einer Konfidenzellipse der Regressoren bereit - auf dem Konfidenzniveau von 95% (☞ Kapitel 5.1).

LaTeX Ein nützliches Angebot stellt für Nutzer des LaTeX-Dokumentensatzsystems die entsprechende Schnittstelle dar, um die in Gretl erzeugten Ergebnisse in aufbereiteter Form zu dokumentieren. Über diese Schnittstelle lassen sich Tabellen des Schätzoutputs direkt im LaTeX-Format generieren. Auf Einzelheiten zu diesem Spezialthema kann nicht weiter eingegangen werden, für LaTeX-Nutzer mit entsprechenden Vorkenntnissen sollten jedoch keine Schwierigkeiten auftreten.

Ein Vergleich des Inhalts des Modellergebnisfensters mit der Ausgabe des Kommandos *ols* ergibt, dass die Angaben in Form und Inhalt übereinstimmen.

OLS Schätzung mit der Kommandosprache Die KQ-Schätzung eines ökonometrischen Modells kann mit Gretl sehr einfach mit dem Kommando *ols* durchgeführt werden. Als Argumente müssen bei einer Einfachregression zwei Variablen des Typs *series* angegeben werden. Das erste Argument bezeichnet immer die abhängige Variable (hier *Miete*). Die nachfolgenden Argumente beziehen sich auf die rechte Seite der Regressionsgleichung. Dies geschieht zunächst durch Angabe des Niveauparameters, für den in Gretl den Bezeichner *const* zur Verfügung stellt[3]. Danach folgt die Angabe mindestens eines Regressors. Als Argumente können statt der Variablennamen auch die entsprechenden ID-Nummern verwendet werden. Somit erhält man für die Einfachregression das Kommando

```
ols  Miete  const  Quadratmeter
```

Die Angabe der Variablennamen anstelle der ID-Nummern sollte bevorzugt werden, da sie das Modell leichter lesbar macht. Die Form der Ausgabe entspricht dem Inhalt des Modellergebnisfensters.

4.2.3. Analyse und Auswertung der Modellschätzung

Zunächst erscheint es sinnvoll, den Inhalt des Modellergebnisfensters aus Abbildung 4.9 im internen Sitzungsspeicher abzulegen, um jederzeit darauf zurückgreifen zu können. Dies geschieht unter dem Menüpunkt *Datei/Als Sitzungsteilsymbol speichern*. Gretl öffnet daraufhin das Fenster „Symbolansicht" und zeigt zusätzlich zu den Containerobjekten das neu erzeugte Modellicon mit der Bezeichnung *Modell1* an (siehe dazu auch Kapitel 3.2, in dem der Umgang mit Sitzungsdaten behandelt wird).

Ein Klick auf das neue Icon mit der rechten Maustaste liefert ein Kontextmenü, das die Einträge *Anzeigen*, *Hinzufügen zu Modelltabelle*, *Umbenennen* und *Löschen* enthält.

Mit den genannten Einträgen lassen sich folgende Aktionen durchführen: Der Eintrag *Anzeigen* stellt die Ergebnisse der Modellschätzung im Modellergebnisfenster dar. Mit dem Eintrag *Hinzufügen zu Modelltabelle* können die Schätzwerte der Parameter in eine Modelltabelle übertragen werden. Die Selektion des Eintrags *Umbenennen* führt zu einem Dialog, in dem ein neuer Name vergeben werden kann. Soll das Modell aus dem internen Sitzungsspeicher gelöscht werden, so steht der Eintrag *Löschen* zur Verfügung. Die Speicherung der geschätzten Modelle im internen Sitzungsspeicher besitzt den Vorteil, dass diese nicht immer wieder über das Menü *Modell/Kleinste Quadrate (OLS)...* oder ein *ols*-Kommando neu erzeugt werden müssen, sondern schnell verfügbar sind.

Im Modellergebnisfenster bietet der Menüeintrag *Speichern* eine Auswahl von statistischen Kennzahlen des geschätzten Modells an, die ebenfalls als Sitzungsdaten im internen Speicher abgelegt werden können (siehe Abb. 4.10). Zusätzlich können die geschätzten Werte $\hat{y}_i$ der abhängigen Variablen und die Residuen $\hat{u}_i$ bzw. deren Quadrate $\hat{u}_i^2$ ermittelt und gespeichert werden. Die genannten Größen stellen Variablen des Typs *series* dar, weil ihre Werte sich aus den N Beobachtungen ergeben.

---

3   *const* stellt eine *series*-Variable dar, die im Hauptfenster unter der ID-Nr. 0 angegeben wird und mit Einsen gefüllt ist.

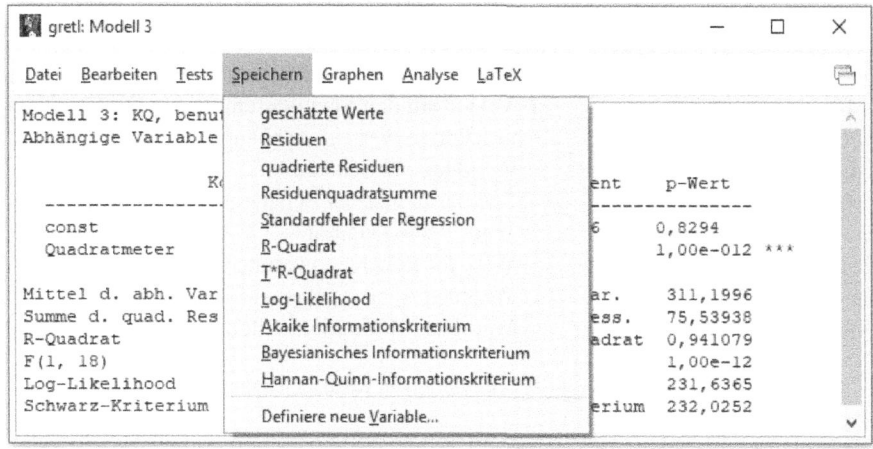

Abb. 4.10.: Dialog zur Speicherung der Kennzahlen des Modells

Die restlichen Einträge aus dem Menü *Speichern* des Modellergebnisfensters stellen wichtige statistische Kennzahlen des geschätzten Modells dar. Es handelt sich um den Standardfehler der Regression, R^2 sowie verschiedene Informationskriterien, die die Güte des geschätzten Modells beschreiben.

Während sich die ersten drei Einträge des Menüitems *Speichern* in Abbildung 4.10 auf Variablen mit einer Datensatzstruktur beziehen (sie werden unter dem Icon mit der Bezeichnung „Datensatz" zusammengefasst), beschreiben alle dahinter liegenden Einträge bestimmte Kennzahlen des Modells, die als Skalare in der *Symbolansicht* abspeichert werden können. Durch einen Doppelklick auf das Icon „Skalare" lassen sie sich anzeigen.

Zwar bietet die grafische Oberfläche von Gretl innerhalb des Modellergebnisfensters viele Auswertungsmöglichkeiten einer OLS-Schätzung an, jedoch besitzt die Nutzung der Kommandosprache besonders in dieser Hinsicht den Vorteil, die Ergebnisse schnell reproduzieren zu können.

Auswertung einer OLS-Schätzung in der Kommandosprache

Innerhalb der Kommandosprache können die statistischen Kennzahlen einer Modellschätzung durch spezielle Funktionen ermittelt werden, die in der Tabelle 4.1 zusammengestellt sind. Diese können allerdings nur im Anschluss an eine Modellschätzung mit dem Kommando OLS genutzt werden. Zum Beispiel speichert Gretl die geschätzten Werte der abhängigen Variablen ($\hat{y}_i$) in einer internen Variablen mit der Bezeichnung *$yhat*. Für die Residuen ($\hat{u}_i$) wird die Variable *$uhat* zur Verfügung gestellt.

Funktion	Rückgabe-Datentyp	Rückgabewert
$coeff	*matrix*	Vektor mit den geschätzten Koeffizienten
$stderr	*matrix*	Vektor mit den Standardfehlern der Koeffizienten
$yhat	*series*	geschätzte Werte der abhängigen Variablen
$uhat	*series*	Residuen der Schätzung
$sigma	*scalar*	Standardfehler der Schätzung
$rsq	*scalar*	Wert von R-Quadrat
$ess	*scalar*	Wert der Residuenquadratsumme
$aic	*scalar*	Wert des Akaike-Informationskriteriums
$bic	*scalar*	Wert des Informationskriteriums von Schwarz

Tabelle 4.1.: Funktionen für die Ermittlung von Kennzahlen einer OLS-Schätzung

Mit den folgenden Kommandos werden die Schätzwerte $\hat{y}_i$ und die Residuen $\hat{u}_i$ ermittelt und ausgedruckt.

```
series Schaetzw_Miete_QM = $yhat
series Res_Miete_QM = $uhat
print Miete Schaetzw_Miete_QM Res_Miete_QM  --byobs
```

Die Option *byobs* des Kommandos *print* bewirkt, dass die Werte der drei Variablen nebeneinander in Spaltenform ausgegeben werden:

	Miete	Schaetzw_Miete_QM	Res_Miete_QM
1	356	376,727	-20,7271
2	511	514,502	-3,5019
3	317	266,507	50,4928
4	730	753,312	-23,3117
5	1260	992,121	267,8785
6	1210	1203,376	6,6238

Ein Vergleich der drei Spalten ergibt den bereits beschriebenen Zusammenhang: Die Addition der Schätzwerte und der Residuen ergibt die Werte der abhängigen Variablen *Miete*. Eine andere OLS-Schätzung erzeugt neue Schätzwerte für die abhängige Variable und die Residuen, sodass die ursprünglichen Werte nicht mehr vorhanden sind.

Die geschätzten Parameterwerte $\hat{\alpha}$ und $\hat{\beta}$ lassen sich mit der Funktion *$coeff* ermitteln:

```
scalar alpha = $coeff(const)
scalar beta = $coeff(Quadratmeter)
```

Im ersten Fall wird der Funktion als Argument der Bezeichner *const* mitgegeben, im zweiten Fall der Regressor *Quadratmeter*. Die Verwendung von *$coeff* ohne Argument liefert einen Vektor mit allen geschätzten Koeffizienten. Die Zuweisung erfolgt an eine Variable vom Typ *matrix*.

4.2.4. Wahrscheinlichkeitsverteilungen der KQ-Schätzer

Um zu verdeutlichen, dass es sich bei den KQ-Schätzern $\hat{\alpha}$ und $\hat{\beta}$ um Zufallsvariablen handelt, gehen wir von den Formeln 4.21 und 4.22 zur Berechnung der KQ-Schätzer aus. Für $\hat{\beta}$ werden folgende Umformungen durchgeführt:

$$\hat{\beta} = \frac{\sum_{i=1}^{N}(x_i - \bar{x})(y_i - \bar{y})}{\sum_{i=1}^{N}(x_i - \bar{x})^2} = \frac{\sum_{i=1}^{N}(x_i y_i - y_i \bar{x} - x_i \bar{y} + \bar{x}\bar{y})}{\sum_{i=1}^{N}(x_i - \bar{x})^2}$$

$$= \frac{\sum_{i=1}^{N} x_i y_i - \sum_{i=1}^{N} y_i \bar{x}}{\sum_{i=1}^{N}(x_i - \bar{x})^2} = \sum_{i=1}^{N}\left(y_i \frac{x_i - \bar{x}}{\sum_{i=1}^{N}(x_i - \bar{x})^2}\right) \tag{4.27}$$

Das Ergebnis der Umformungen zeigt, dass sich der Schätzer $\hat{\beta}$ als eine Linearkombination (gewichtete Summe) der Zufallsvariablen y_i darstellen lässt. Daher ist auch ein Schätzer eine Zufallsvariable. Somit ist $\hat{\beta}$ von Stichprobe zu Stichprobe unterschiedlich und als Zufallsvariable aufzufassen. Dasselbe gilt für den KQ-Schätzer $\hat{\alpha}$, der sich aus der Transformation der Zufallsvariablen $\hat{\beta}$ und $\bar{y}$ ergibt (siehe Formel 4.22).

Für das Verständnis dieses Zusammenhangs ist es nützlich, sich eine beliebig wiederholbare Stichprobenziehung vorzustellen, die jedesmal andere KQ-Schätzer liefert und somit zu unterschiedlichen Regressionsgeraden führt. Abbildung 4.11 zeigt schematisch das Ergebnis zweier Stichprobenziehungen, deren Messwerte zu den Schätzgeraden $\hat{R}^+$ und $\hat{R}^o$ führen.

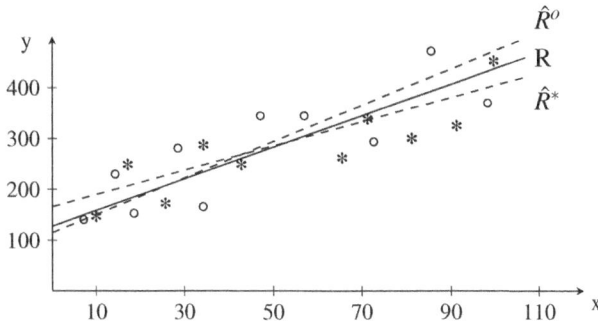

Abb. 4.11.: Regressionsgeraden zweier Samples und wahre Regressionsgerade R

Die Regressionsgerade $\hat{R}^*$ liefert die beste Anpassung an die mit einem "*" gekennzeichneten Messwerte, während die Regressionsgerade $\hat{R}^o$ die beste Anpassung für die mit „o" gekennzeichneten Messwerte einer zweiten Stichprobe darstellt. Die Gerade R repräsentiert die wahre Regressionsgerade, die wir bei Kenntnis der wahren Parameter α und β erhalten würden.

Die Gleichungen aller drei Regressionsgeraden lassen sich wie folgt darstellen:

$$y_i = \alpha + \beta x_i + u_i \tag{4.28}$$

$$y_i = \hat{\alpha}^o + \hat{\beta}^o x_i + \hat{u}_i^o \tag{4.29}$$

$$y_i = \hat{\alpha}^* + \hat{\beta}^* x_i + \hat{u}_i^* \tag{4.30}$$

Dabei gilt $\hat{\alpha}^o \neq \hat{\alpha}^* \neq \alpha$ und $\hat{\beta}^o \neq \hat{\beta}^* \neq \beta$.

Wenn auch der Verlauf der geschätzten Regressionsgeraden von den gezogenen Stichproben abhängt, so erwarten wir dennoch, dass die meisten sich nur wenig von der wahren Regressionsgeraden R unterscheiden, sodass wir daraus den Schluss ziehen können, dass die geschätzten Parameter Zufallsvariablen sind, die um die unbekannten Werte der wahren Parameter α und β streuen, sodass gilt: $E(\hat{\alpha}) = \alpha$ und $E(\hat{\beta}) = \beta$. Dafür ist die Annahme entscheidend, dass die Störgrößen einen Erwartungswert von Null haben. Bevor diese Zusammenhänge mathematisch bewiesen werden, wollen wir mit einer Simulation das Verhalten der Schätzer $\hat{\alpha}$ und $\hat{\beta}$ bei einer häufigen Stichprobenziehung untersuchen.

Abschließend ist zu ergänzen, dass noch folgendes gilt, wenn dazu die Störgrößen u_i normalverteilt sind: Erstens, aus dieser Tatsache ergibt sich direkt eine Normalverteilung der y_i. Zweitens, da aus der statistischen Theorie bekannt ist, dass eine gewichtete Summe normalverteilter Zufallsvariablen auch normalverteilt ist, sind die KQ-Schätzer dann ebenfalls normalverteilt.[4]

Simulation der KQ-Schätzer $\hat{\alpha}$ und $\hat{\beta}$

Eine Software wie Gretl ist hervorragend geeignet, um reale Stichprobenziehungen durch sogenannte *Simulationen* zu ersetzen. Sie erlauben einen Einblick in das Verhalten statistischer Größen durch die Verwendung eines Zufallsgenerators.

Um eine Simulation hinsichtlich des Verhaltens der KQ-Schätzer durchzuführen, unterstellen wir, dass die wahren Parameter folgende Werte besitzen: $\alpha = 9{,}3$ und $\beta = 9{,}2$. Damit erhalten wir die Gleichung der wahren Regressionsgeraden R:

$$y_i = 9{,}3 + 9{,}2 x_i \tag{4.31}$$

Die Werte des Regressors x werden fest vorgegeben und entsprechen den Werten der Variablen *Quadratmeter*.

Um eine Simulation von 100 Stichprobenziehungen mit einer Stichprobengröße von N=20 durchzuführen, werden mit dem Zufallsgenerator pro Ziehung 20 Residuen $\hat{u}_1$, $\hat{u}_2$,...,$\hat{u}_{20}$ erzeugt, die einen Mittelwert von Null und eine Standardabweichung von 75 besitzen. Dieser Wert erscheint realistisch und er entspricht auch dem Standardfehler der Regression in der KQ-Schätzung des Modells *Miethoehe.gdt* (siehe oben). Die 20 Residuenwerte werden zu den Werten addiert, die sich aus der Komponente $9{,}3 + 9{,}2 x_i$ ergeben. Damit lassen sich die Werte der abhängigen Variablen Miethöhe wie folgt berechnen:

$$y_i = 9{,}3 + 9{,}2 x_i + \hat{u}_i \tag{4.32}$$

Für die derart zufällig generierte Punktmenge $\{(x_i, y_i) | i = 1, ..., 20\}$ wird sodann eine KQ-Schätzung durchgeführt, die uns die KQ-Schätzer $\hat{\alpha}$ und $\hat{\beta}$ für diese simulierte Stichprobenziehung liefert.

---

4 Im klassischen Modell gehen wir davon aus, dass die x_i keine Zufallsvariablen sind, sondern feste Werte. Auf die Normalverteilung wird formaler im Zuge des folgenden Abschnitts 4.2.5 eingegangen.

```
set seed 16577899
series res = normal(0, 75)
series Miete = 9.3 + 9.2*Quadratmeter + res
ols Miete const Quadratmeter
```

Mit *set seed* wird ein Zufallszahlengenerator initialisiert. Anschließend generieren wir zufällig einen Satz von 20 Residuenwerten, die einer Normalverteilung mit Mittelwert 0 und Standardabweichung $\sigma = 75$ folgen, und weisen diese der Variablen *res* zu. Aus den qm-Werten und den Residuen werden unter Zugrundelegung der „wahren" Parameter $\alpha = 9{,}3$ und $\beta = 9{,}2$ die Miethöhen neu berechnet und die ursprünglichen Werte der Variablen *Miete* überschrieben. Abschließend werden die Mietwerte auf die qm-Werte regressiert. Wir erhalten folgende OLS-Schätzung:

Modell 1: KQ, benutze die Beobachtungen 1–20
Abhängige Variable: Miete
Heteroskedastizitäts-robuste Standardfehler, Variante HC1

	Koeffizient	Std. Fehler	*t*-Quotient	p-Wert
const	51,0748	51,3503	0,9946	0,2157
Quadratmeter	9,01760	0,539280	16,7216	4,17e–13

Für die Schätzparameter ergeben sich die Werte $\hat{\alpha} = 51{,}07$ und $\hat{\beta} = 9{,}01$, die in der Spalte *Koeffizient* ausgewiesen sind. In diesem einen Fall wird der wahre Niveauparameter $\alpha = 9{,}3$ um 41,77 zu hoch geschätzt, während der wahre Steigungsparameter $\beta = 9{,}2$ um 0,083 zu niedrig geschätzt wird. Die Unterschiede werden hervorgerufen durch den Effekt der 20 zufällig erzeugten Residuenwerte. Würden wir das Simulationsskript nochmals mit einem anderen Set zufällig generierter Residuen starten (durch Änderung des *set seed*-Werts), erhielten wir andere Werte für die Schätzer $\hat{\alpha}$ und $\hat{\beta}$. Tabelle 4.2 enthält die KQ-Schätzer einiger Wiederholungen der simulierten Stichprobenziehung.

Stichprobe	$\hat{\beta}$	$\hat{\alpha}$
1	9,01760	51,0748
2	9,12749	-9,2330
3	10,05794	-76,7110
4	9,20877	9,6064
5	9,78318	-23,3439
6	9,87957	-22,8304

Tabelle 4.2.: Einige Werte der KQ-Schätzer

Während die Ausprägungen von $\hat{\beta}$ relativ gemäßigt um den wahren Wert 9,2 schwanken, kann für die Schätzwerte von $\hat{\alpha}$ eine breite Streuung um den Wert 9,3 konstatiert werden.

Durch einige Ergänzungen und Modifizierungen der oben wiedergegebenen Kommandos lassen sich beliebig viele Stichprobenziehungen durchführen. Werden die geschätzten Steigungsparameter $\hat{\beta}$ in einer separaten Variablen (z.B *beta_Schaetzer*) gespeichert, dann lässt sich eine Häufigkeitsverteilung mit einem zusätzlichen Test auf Normalverteilung der in der Variablen *beta_Schaetzer* gespeicherten KQ-Schätzer durchführen, siehe Abb. 4.12.

Abb. 4.12.: Test auf Normalverteilung der beta-Schätzer

Die Variable *beta_Schaetzer* enthält also 250 Werte mit dem kleinsten Wert 7,831 und dem größten Wert 10,617. Wir stellen fest, dass sich der wahre Wert von 9,2 ziemlich in der Mitte befindet. Gretl schlägt vor, die Daten in 31 Klassen aufzuteilen. Im unteren Teil wird ein Test auf Normalverteilung angefordert. Nach Betätigung des Buttons *OK* erhalten wir das Histogramm der Abbildung 149.

Da ein „Test auf Normalverteilung" angefordert wurde, führt Gretl nach dem Drücken des OK-Buttons einen *Jarque-Bera-Test* durch, der sich auf die Chi-Quadrat-Verteilung stützt.[5] Bei diesem Test geht es darum, zu prüfen, ob die Verteilung der Werte des KQ-Schätzers $\hat{\beta}$ einer Normalverteilung entspricht. Da es um die Genauigkeit bzw. dem Grad der Anpassung geht, stellt dieser Test einen sogenannten *Anpassungstest* dar.

Die Berechnung der Teststatistik beruht letztlich auf einen Vergleich der in den angegebenen Klassen erwarteten absoluten Häufigkeiten (die sich an der erwarteten Normalverteilung orientieren) und den in den Klassen tatsächlich vorgefundenen absoluten Häufigkeiten. Das Ergebnis des Jarque-Bera-Tests weist einen Wert von 1,930 bei zwei Freiheitsgraden aus. Was bedeutet dieser Wert im Hinblick auf die Frage, ob der KQ-Schätzer $\hat{\beta}$ einer Normalverteilung folgt?

---

5 Die Chi-Quadrat-Verteilung wird im Abschnitt 4.2.5 näher behandelt.

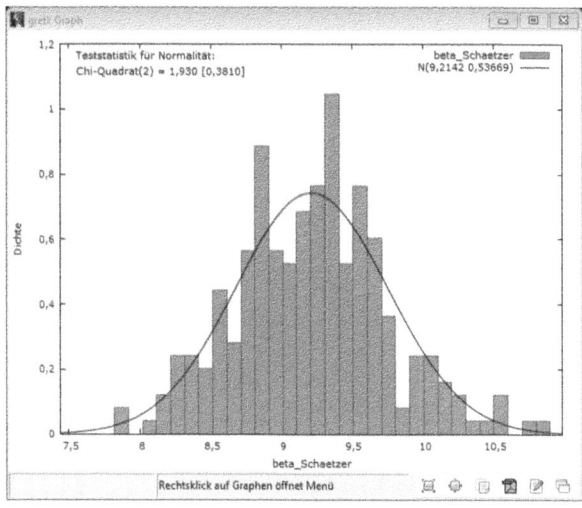

Abb. 4.13.: Häufigkeitsverteilung des KQ-Schätzers $\hat{\beta}$ bei einer Standardabweichung der Residuen von $\sigma = 75$

Zur Beantwortung dieser Frage müssen zwei Hypothesen formuliert werden. Die Nullhypothese lautet: Die Werte folgen einer Normalverteilung. Die Gegenhypothese formuliert
das Gegenteil: Es liegt keine Normalverteilung vor. Um die Nullhypothese abzulehnen, müssen wir uns für ein bestimmtes Signifikanzniveau entscheiden. Dieses definiert einen sogenannten kritischen Wert der Chi-Quadrat-Verteilung. Wird er überschritten, gerät man in den
Ablehnungsbereich der Nullhypothese. Der kritische Wert der Chi-Quadrat-Verteilung liegt
bei zwei Freiheitsgraden und einem Signifikanzniveau von 5% bei 5,991 und bei einem 1%
Niveau bei 9,210.[6] Da der Wert von 1,930 weit unter beiden Werten liegt, lehnen wir die
Nullhypothese, dass eine Normalverteilung vorliegt, nicht ab.

Oben rechts werden die Parameter der Normalverteilung wiedergegeben (siehe Abbildung
4.13). Demnach sind die KQ-Schätzer normalverteilt mit dem Mittelwert 9,2142 und der
Standardabweichung 0,53669. Wird die Anzahl der Ziehungen erhöht, erreicht man eine noch
bessere Annäherung des Mittelwerts an den wahren Wert 9,2.

Ein interessantes Ergebnis erhält man, wenn Residuen erzeugt werden, die eine Standardabweichung von $\sigma = 150$ besitzen (statt 75). Wie Abbildung 4.14 zeigt, führt eine Verdoppelung von $\hat{\sigma}$ auch zu einer Verdoppelung der Standardabweichung der KQ-Schätzer $\hat{\beta}$: von
0,536 auf 1,073.

---

6 Für die Ermittlung der kritischen Werte können die internen statistischen Tabellen von Gretl benutzt werden.
  Der Zugang erfolgt über den Menüpunkt *Werkzeuge/Statistische Tabellen*; Näheres dazu im Anhang C. Zur
  Ermittlung des kritischen Werts bei einer Chi-Quadrat-Verteilung siehe Kapitel C.1 im Anhang.

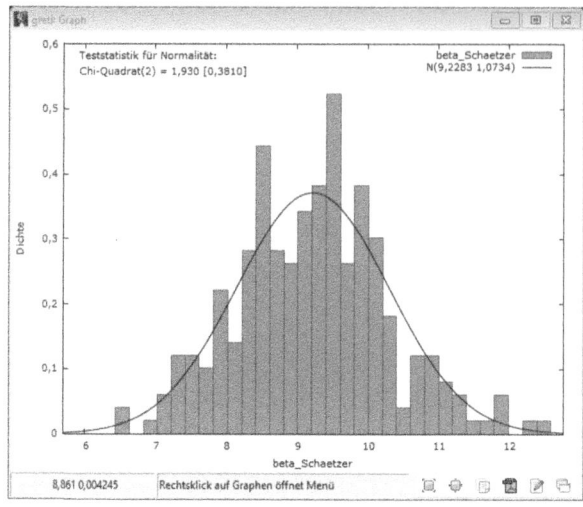

Abb. 4.14.: Häufigkeitsverteilung des KQ-Schätzers $\hat{\beta}$ bei einer Standardabweichung der Residuen von $\sigma = 150$

In Abbildung 4.14 decken die Werte jetzt einen Bereich ab, der von 6 bis 13 reicht. In Abbildung 4.13 beträgt der Abdeckungsbereich 7,5 bis 11, sodass hier die Streuung viel geringer ist. Ursächlich ist der Unterschied also auf die unterschiedliche Streuung der Residuen zurückzuführen. Wir werden diesen Zusammenhang innerhalb der noch abzuleitenden Formel wiederfinden.

Erwartungswerte der KQ-Schätzer $\hat{\alpha}$ und $\hat{\beta}$

Aus den Simulationen ist deutlich geworden, dass die KQ-Schätzer $\hat{\alpha}$ und $\hat{\beta}$ Zufallsvariablen darstellen. Wir können nun ihren Erwartungswert und ihre Varianz mathematisch ableiten.

Vor der eigentlichen Berechnung des Erwartungswerts von $\hat{\beta}$ werden zunächst einige algebraische Umformungen durchgeführt.

$$
\begin{aligned}
\hat{\beta} &= \frac{\sum_{i=1}^{N}(x_i - \bar{x})(y_i - \bar{y})}{\sum_{i=1}^{N}(x_i - \bar{x})^2} \\
&= \frac{\sum_{i=1}^{N}(x_i - \bar{x})(\beta(x_i - \bar{x}) + (u_i - \bar{u}))}{\sum_{i=1}^{N}(x_i - \bar{x})^2} \\
&= \frac{\beta \sum_{i=1}^{N}(x_i - \bar{x})^2}{\sum_{i=1}^{N}(x_i - \bar{x})^2} + \frac{\sum_{i=1}^{N}(x_i - \bar{x})(u_i - \bar{u})}{\sum_{i=1}^{N}(x_i - \bar{x})^2} \\
&= \beta + \frac{\sum_{i=1}^{N}(x_i - \bar{x})u_i}{\sum_{i=1}^{N}(x_i - \bar{x})^2}
\end{aligned}
\tag{4.33}
$$

Bildet man auf beiden Seiten der Gleichung 4.33 den Erwartungswert, dann ergibt sich nach einigen Umformungen, dass der Erwartungswert des Schätzers $\hat{\beta}$ dem wahren Wert β entspricht:

$$
\begin{aligned}
E(\hat{\beta}) &= E\left(\beta + \frac{\sum_{i=1}^{N}(x_i - \bar{x})u_i}{\sum_{i=1}^{N}(x_i - \bar{x})^2}\right) \\
&= E(\beta) + E\left(\frac{\sum_{i=1}^{N}(x_i - \bar{x})u_i}{\sum_{i=1}^{N}(x_i - \bar{x})^2}\right) \\
&= \beta + \frac{\sum_{i=1}^{N}(x_i - \bar{x})E(u_i)}{\sum_{i=1}^{N}(x_i - \bar{x})^2} \\
&= \beta
\end{aligned}
\tag{4.34}
$$

Eine entscheidende Voraussetzung für das Ergebnis ist, dass der Bruch in der vorletzten Zeile entfällt. Dies ist nur möglich, wenn gilt: $E(u_i) = E(u_i|x_i) = 0$ gilt. Der Erwartungswert $E(u_i)$ ist mit dem bedingten Erwartungswert $E(u_i|x_i)$ identisch, weil an dieser Stelle davon ausgegangen wird, dass die x_i keine Zufallsvariablen sind, sondern vorausgewählt wurden.[7] Auf die Berechnung des Erwartungswerts von $\hat{\alpha}$ wird an dieser Stelle verzichtet.

Das Ergebnis aus 4.34 konnte durch den Simulationslauf empirisch bestätigt werden.

Varianzen der KQ-Schätzer $\hat{\alpha}$ und $\hat{\beta}$

Für die Berechnung der Varianzen gehen wir von der Gleichung 4.33 aus und nehmen folgende Ersetzung vor: $S_{xx} = \sum(x_i - \bar{x})^2$. Bilden wir sodann auf beiden Seiten die Varianzen, erhält man:

$$
\begin{aligned}
var(\hat{\beta}) &= var(\beta) + var\left(\frac{\sum_{i=1}^{N}(x_i - \bar{x})u_i}{S_{xx}}\right) \\
&= \frac{1}{S_{xx}^2} var\left(\sum_{i=1}^{N}(x_i - \bar{x})u_i\right) \\
&= \frac{1}{S_{xx}^2}\sum_{i=1}^{N}(x_i - \bar{x})^2 var(u_i) = \frac{1}{S_{xx}^2}\sum_{i=1}^{N}(x_i - \bar{x})^2 \sigma^2 \\
&= \frac{\sigma^2}{S_{xx}^2} S_{xx} = \frac{\sigma^2}{S_{xx}}
\end{aligned}
\tag{4.35}
$$

Die Vereinfachungen ergeben sich daraus, dass gilt $var(\beta) = 0$ (Zeile 1) und $var(u_i) = \sigma^2$ für alle $i = 1, 2, ..., N$ (Zeile 3). Die zuletzt genannte Bedingung besagt, dass wir für jede einzelne Störgröße eine konstante Varianz unterstellen.[8]

---

7   Wenn die x_i Zufallsvariablen sind, gilt die Beziehung $E(u_i) = E(u_i|x_i)$ nur, wenn x und u statistisch unabhängig voneinander sind. Der Verzicht auf diese Einschränkung führt zum Konzept der *Endogenität*, siehe Kapitel 5.3

8   Diese Eigenschaft der Störgrößen wird als *Homoskedastizität* bezeichnet. In Kapitel 5.2.2 werden die Konsequenzen einer Verletzung dieser Annahme erörtert.

Zusammenfassend kann für die Erwartungswerte und die Varianzen der KQ-Schätzer festgehalten werden:

$$E(\hat{\alpha}) = \alpha \tag{4.36}$$

$$E(\hat{\beta}) = \beta \tag{4.37}$$

$$var(\hat{\alpha}) = \frac{\sigma^2 \sum x_i^2}{N S_{xx}} \tag{4.38}$$

$$var(\hat{\beta}) = \frac{\sigma^2}{S_{xx}} \tag{4.39}$$

Aus den Varianzen lassen sich die Standardabweichungen $sd(\hat{\alpha})$ und $sd(\hat{\beta})$ durch Ziehung der Quadratwurzeln berechnen.

Die Varianz des KQ-Schätzers $\hat{\beta}$ hängt von zwei Faktoren ab. Eine Erhöhung der Störgrößenvarianz hat ebenfalls eine Erhöhung der Varianz von $\hat{\beta}$ zur Folge. Dies konnten wir auch in unserem Simulationsbeispiel nachvollziehen: eine Verdoppelung der Abweichung der Residuen führte zu einer Verdoppelung der Abweichung des KQ-Schätzers $\hat{\beta}$. Der Leser/die Leserin sollte sich aber klarmachen, dass σ^2 die unbekannte Varianz der Störgrößen innerhalb der Grundgesamtheit bezeichnet. Um $var(\hat{\alpha})$ und $var(\hat{\beta})$ berechnen zu können, benötigen wir daher einen geeigneten Schätzer für σ^2 (siehe unten).

Der zweite Bestimmungsfaktor für die Höhe der Varianz von $\hat{\beta}$ ist die Variation S_{xx} des Regressors x. Je größer die Variation ist, das heißt je weiter die x-Werte um den Mittelwert herum streuen, umso geringer fällt die Varianz von $\hat{\beta}$ aus. Da die Variation S_{xx} bei einer Erhöhung der Stichprobengröße N anwächst, ergibt sich daraus unmittelbar eine Verminderung der Varianzen von $\hat{\beta}$ und $\hat{\alpha}$. Die Tatsache, dass N im Nenner der Varianzformel von $\hat{\alpha}$ vorkommt, verstärkt den Effekt für $\hat{\alpha}$ zusätzlich. Eine Varianzminderung der KQ-Schätzer hat natürlich zur Folge, dass die geschätzte Regressionsgerade der Stichprobe sich im Allgemeinen besser an die wahre Regressionsgerade anpasst.

Mit den Ergebnissen 4.36 bis 4.39 (und bei unterstellten festen Regressoren und dazu normalverteilten Störgrößen) lassen sich die Wahrscheinlichkeitsverteilungen der Schätzer $\hat{\alpha}$ und $\hat{\beta}$ zusammenfassend wie folgt angeben:

$$\hat{\alpha} \sim N\left(\alpha, (\sigma^2 \sum x_i^2)/(N S_{xx})\right) \tag{4.40}$$

$$\hat{\beta} \sim N\left(\beta, \sigma^2/S_{xx}\right) \tag{4.41}$$

Der Varianzschätzer der Störgrößen

Da wir die Varianz der Störgrößen in der Grundgesamtheit nicht kennen, benötigen wir für σ^2 einen geeigneten Schätzer, um die Varianzen der KQ-Schätzer berechnen zu können. Diesen Schätzer bezeichnen wir mit $\hat{\sigma}^2$ und fordern von ihm die folgende Eigenschaft:

$$E(\hat{\sigma}^2) = \sigma^2 \tag{4.42}$$

Einen Schätzer mit dieser Eigenschaft erhalten wir, indem die Residuen der Stichprobe herangezogen werden. Eine Berechnungsvorschrift für die Stichprobenvarianz der Residuen erhalten wir durch:

$$\hat{\sigma}^2 = \frac{1}{N} \sum_{i=1}^{N} (\hat{u}_i - \bar{\hat{u}})^2 = \frac{1}{N} \sum_{i=1}^{N} \hat{u}_i^2 \tag{4.43}$$

Da $\bar{\hat{u}} = 0$ gilt, erhalten wir den kürzeren Ausdruck $1/N \sum \hat{u}_i^2$. Der Schätzer in Gleichung 4.43 ist für kleine Stichprobengrößen N ein verzerrter Schätzer der unbekannten Störgrößenvarianz σ^2. Dies bedeutet, dass der Schätzer $\hat{\sigma}^2$ geringfügig vom Wert σ^2 abweicht. Diese Abweichung wird immer kleiner und geht gegen Null, wenn N erhöht wird. Da „Verzerrung" eine wichtige Eigenschaft von statistischen Schätzern ist, wird darauf noch näher eingegangen.

Allerdings ist es kein Problem, einen erwartungstreuen Schätzer $\hat{\sigma}^2$ zu konstruieren, der die Eigenschaft 4.42 besitzt:

$$\hat{\sigma}^2 = \frac{1}{N-2} \sum_{i=1}^{N} \hat{u}_i^2 = \frac{1}{N-2} S_{\hat{u}\hat{u}} \tag{4.44}$$

Die Residuenquadratsumme $\sum \hat{u}_i^2$, die wir künftig mit $S_{\hat{u}\hat{u}}$ abkürzen wollen, wird mit dem Bruch $1/(N-2)$ multipliziert. Dabei stellt der Ausdruck $N-2$ die um 2 verminderte Stichprobengröße dar, die als Anzahl der Freiheitsgrade bezeichnet wird. Im Modell der Mehrfachregression wird dafür ein allgemeiner Ausdruck eingeführt. Die Anzahl der Freiheitsgrade errechnet sich als Differenz der Stichprobengröße und der Anzahl der zu schätzenden Regressionsparameter. Im Modell der linearen Einfachregression handelt es sich um die zwei Parameter α und β.

Warum wird der Ausdruck $N-2$ als Anzahl der Freiheitsgrade bezeichnet? Die Begriff ist einleuchtend, wenn man sich klarmacht, dass durch zwei Beobachtungspunkte, zum Beispiel (x_1/y_1) und (x_2/y_2), die Regressionsgerade $\hat{R}$ eindeutig festgelegt ist und die zugehörigen Residuen $\hat{u}_1$ und $\hat{u}_2$ den Wert Null besitzen. Das bedeutet, dass diese beiden Werte bei der Berechnung des Durchschnitts der Residuenquadratsumme $S_{\hat{u}\hat{u}}$ unberücksichtigt bleiben. Durch die Festlegung der Residuen $\hat{u}_1$ und $\hat{u}_2$ stehen somit nur noch $N-2$ Residuen zur Verfügung, die als „freie Informationen" für die Schätzung der Störgrößenvarianz verwendbar sind. Kommt eine weitere Beobachtung hinzu, erhält man mit dem Residuum $\hat{u}_3$ die erste frei verfügbare Information, die für die Schätzung herangezogen werden kann. Damit besitzt die Schätzung genau einen Freiheitsgrad. Bei N Beobachtungen erhält man entsprechend $N-2$ Freiheitsgrade.

Ist $\hat{\sigma}^2$ gemäß 4.44 ermittelt, lässt sich die geschätzte Standardabweichung der Schätzer $\hat{\alpha}$ und $\hat{\beta}$ wie folgt berechnen:

$$\widehat{sd}(\hat{\alpha}) = \sqrt{\frac{\hat{\sigma}^2 \sum x_i^2}{N S_{xx}}} = \hat{\sigma} \sqrt{\frac{\sum x_i^2}{N S_{xx}}} \tag{4.45}$$

$$\widehat{sd}(\hat{\beta}) = \sqrt{\frac{\hat{\sigma}^2}{S_{xx}}} = \frac{\hat{\sigma}}{\sqrt{S_{xx}}} \tag{4.46}$$

Der Schätzer $\hat{\sigma}$ ergibt sich aus der Quadratwurzel von $\hat{\sigma}^2$ und stellt den Schätzer der unbekannten Standardabweichung der Störgrößen in der Grundgesamtheit dar. Er wird in der Literatur als „Standardfehler der Regression" (engl. standard error of the regression = SER) bezeichnet. Entsprechend werden $\widehat{sd}(\hat{\alpha})$ und $\widehat{sd}(\hat{\beta})$ als „Standardfehler der KQ-Parameterschätzer $\hat{\alpha}$ und $\hat{\beta}$" bezeichnet. Um deutlich zu machen, dass wir für die Berechnung der Varianzen bzw. Standardabweichungen auf den Schätzer $\hat{\sigma}^2$ zurückgreifen, muss im präzisen Sprachgebrauch von der geschätzten Varianz $\widehat{var}$ bzw. der geschätzten Standardabweichung $\widehat{sd}$ gesprochen werden.

Einflüsse auf die Standardabweichungen der KQ-Schätzer

Aus den Formeln 4.45 und 4.46 geht hervor, dass die Standardabweichungen $\widehat{sd}(\hat{\alpha})$ und $\widehat{sd}(\hat{\beta})$ von verschiedenen Faktoren beeinflusst werden.

- **Standardabweichung der Residuen** – Die Erhöhung/Verringerung der Standardabweichung $\hat{\sigma}$ der Residuen führt auch zu einer Erhöhung/Verringerung der Standardabweichung der KQ-Schätzer.

- **Stichprobenumfang** – Die zweite Abhängigkeit ist durch die Angabe des Stichprobenumfangs N gegeben. In Formel 4.45 ist N explizit und in Formel 4.46 implizit als Obergrenze des Summenausdrucks angegeben. Die Vergrößerung des Stichprobenumfangs hat den Effekt, dass die Koeffizientenschätzer genauer werden, weil in dem geschätzten Modell mehr Beobachtungen zur Verfügung stehen.

- **Streuung der Werte des Regressors** – Die Streuung der Werte des Regressors x um seinen Mittelwert spielt ebenfalls eine wichtige Rolle. Eine breite Streuung der x-Werte bewirkt eine Verminderung der Standardfehler der Schätzer. Unterscheiden sich die x-Werte nur unwesentlich von ihrem Mittelwert, sodass die Differenzen $(x_i - \bar{x})$ nahe bei 0 liegen, dann führt dies zu einer Vergrößerung der Standardfehler der Schätzer.

Numerische Berechnung Wir sind jetzt in der Lage, die Standardfehler der KQ-Schätzer aus den Residuen $\hat{u}_i$ zu berechnen. Im Modellergebnisfenster werden diese Werte nach einer OLS-Schätzung in der zweiten Spalte neben den Werten der KQ-Schätzer ausgewiesen (siehe Abbildung 4.9). Eine Berechnung von $\widehat{sd}(\hat{\beta})$ lässt sich in Gretl mit der folgenden Kommandosequenz durchführen:

```
ols Miete const Quadratmeter
scalar resq_su = $ess
scalar anz_obs = $T
scalar sigma_q = resq_su / (anz_obs-2)
series v = Quadratmeter - mean(Quadratmeter)
scalar QM_Variation = sum(v^2)
scalar QM_sd = sqrt(sigma_q / QM_Variation)
print QM_sd
```

Die oben wiedergegebene Kommandofolge benutzt einige Funktionen von Gretl, die die Berechnung der Standardabweichung des Schätzers $\hat{\beta}$ vereinfachen:

- Mit der (argumentlosen) Funktion *$ess* wird die Residuenquadratsumme der letzten OLS-Schätzung ermittelt.

- Mit der (argumentlosen) Funktion *$T* wird die Anzahl der Beobachtungen, die für die Schätzung des Modells herangezogen wurden, ermittelt. Da bei der Schätzung fehlende Werte nicht berücksichtigt werden, kann *$T* von *$nobs* abweichen. Letztere beinhaltet auch fehlende Werte.

- Die Funktionen *mean*, *sum* und *sqrt* werden im Zusammenhang mit Variablen des Typs *series* häufig verwendet. Die Funktion *sqrt* enthält in diesem Fall einen Bruch aus zwei Skalarvariablen. Es wird zunächst der Wert des Bruchs ermittelt und anschließend aus dem Ergebnis die Quadratwurzel gezogen.

Für den Schätzer $\widehat{sd}(\hat{\beta})$ erhalten wir das Ergebnis 0,5263 (Inhalt der Variablen *QM_sd*). Er entspricht genau dem Wert im Modellergebnisfenster.

So wie wir mit Hilfe der Funktion *$coeff* die Werte der Parameterschätzer $\hat{\alpha}$ und $\hat{\beta}$ ermitteln konnten, gilt dies auch für ihre Standardabweichungen: Gretl stellt dafür die Funktion *$stderr* zur Verfügung, sodass mit den folgenden Kommandos die Werte von $\widehat{sd}(\hat{\alpha})$ und $\widehat{sd}(\hat{\beta})$ extrahiert werden können:

```
ols Miete const Quadratmeter
scalar Const_sd = $stderr(const)
scalar QM_sd = $stderr(Quadratmeter)
```

4.2.5. Intervallschätzung des Parameters β

Im vorangegangenen Abschnitt wurde gezeigt, dass die klassischen KQ-Schätzer $\hat{\alpha}$ und $\hat{\beta}$ zumindest bei festen Regressoren und bei normalverteilten Störgrößen als normalverteilte Zufallsvariable aufzufassen sind, sonst als approximativ normalverteilt. In dieser Eigenschaft dienten ihre aus der Stichprobe berechneten Werte dazu, die wahren Parameter α und β zu schätzen. Man spricht daher auch von einer *Punktschätzung*. Es stellt sich die Frage, wie verlässlich diese Punktschätzung einzuschätzen ist. Es liegt nahe zu vermuten, dass sie um so verlässlicher ist, je geringer die Streuung der Schätzwerte um den wahren Parameter ausfällt. Um ein numerisches Maß für die Verlässlichkeit zu ermitteln, konstruieren wir ein Intervall und berechnen die Wahrscheinlichkeit, dass der wahre Parameter β in diesem Intervall liegt. Dabei können zwei verschiedene Vorgaben gemacht werden:

1. Die Intervallgrenzen werden fest vorgegeben, weil ein(e) Anwender(in) das Interesse hat, dass der wahre Parameter nur in einem bestimmten Ausmaß schwanken darf. Aus dieser Vorgabe wird die Wahrscheinlichkeit bestimmt, mit der der wahre Parameter in diesem Intervall liegt.

2. Es wird eine Wahrscheinlichkeit (zum Beispiel 95%) vorgegeben, mit der der unbekannte Parameter in einem Intervall liegen soll. Daraus werden die Intervallgrenzen berechnet.

Beide Fragestellungen sind leicht zu beantworten, wenn man von der Normalverteilung der KQ-Schätzer ausgeht.

Dichte- und Verteilungsfunktion einer Normalverteilung

Die auch als Gauß-Verteilung bekannte Normalverteilung stellt aus mehreren Gründen die wichtigste statistische Verteilung einer Zufallsvariablen dar:

- in der Praxis sind viele Messgrößen aus dem technischen, physikalischen oder technischen Bereich annähernd normalverteilt (z.B. Größe und Gewicht)

- die Normalverteilung ist häufig als Grenzverteilung anderer Verteilungen darstellbar, sodass sie sich als Approximation dieser Verteilungen ergibt

- Gewisse nicht normalverteilte Zufallsvariablen lassen sich so transformieren, sodass das Ergebnis eine normalverteilte Zufallsvariable ergibt.

Die bekannte Glockenform der Normalverteilungskurve für eine (stetige) Zufallsvariable X ist in Abbildung 4.15 dargestellt. Sie besitzt den Erwartungswert $E(X) = \mu$ und die Standardabweichung $sd(X) = \sigma$. Wir verwenden dafür die Kurzschreibweise $X \sim N(\mu, \sigma^2)$ und geben anstelle der Standardabweichung die Varianz σ^2 an.

Der Verlauf der Glockenkurve wird durch die folgende *Dichtefunktion* f beschrieben. Er ist in Abbildung 4.15 dargestellt.

$$f(x) = \frac{1}{\sigma\sqrt{2\pi}} \ e^{\frac{(x-\mu)^2}{2\sigma^2}} \tag{4.47}$$

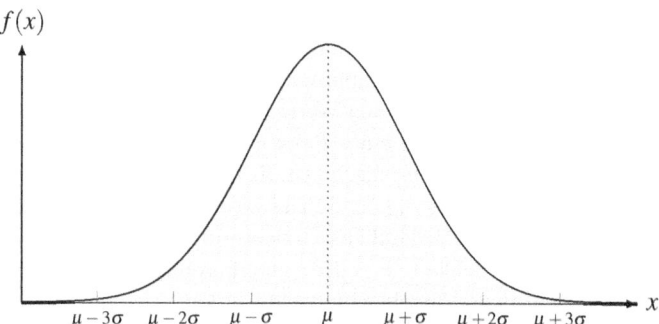

Abb. 4.15.: Dichtefunktion der Normalverteilung

Die Glockenkurve besitzt an der Stelle $x = \mu$ ihren Hochpunkt und verläuft symmetrisch zur Senkrechten an dieser Stelle.

Die von der x-Achse und der Glockenkurve begrenzte Fläche stellt die gesamte Wahrscheinlichkeitsmasse dar und besitzt daher den Wert 1. Die Größe eines bestimmten Teilbereichs der gesamten Fläche lässt sich somit als prozentualen Anteil angeben, wenn man die Intervallgrenzen des Bereichs auf der x-Achse festlegt. Der diesem Intervall zugeordne-te (prozentuale) Flächenanteil kann folgendermaßen interpretiert werden: Er gibt die Wahr-scheinlichkeit an, dass der Wert der Zufallsvariablen bei der Durchführung des Experiments oder der Ziehung der Zufallsstichprobe genau in dieses Intervall fällt.

Mathematisch lässt sich die Fläche unterhalb der Glockenkurve beschreiben, indem fol-gendes Integral gebildet wird:

$$F(x) = \int_{-\infty}^{x} \frac{1}{\sigma\sqrt{2\pi}} \; e^{\frac{(t-\mu)^2}{2\sigma^2}} \; dt \qquad (4.48)$$

Da sich die Glockenkurve in beide Richtungen der x-Achse approximativ annähert, wird das Integral von $-\infty$ bis zur oberen Grenze x gebildet. Das dadurch definierte Intervall ist nach links unbegrenzt und besitzt den Wert x als rechte Grenze. Um auszudrücken, dass die Funktion $F(x)$ Werte produziert, die als Wahrscheinlichkeiten zu interpretieren sind, können wir auch schreiben: $F(x) = P(X \leq x)$. Damit ist ausgedrückt, dass F die Wahrscheinlichkeit dafür angibt, dass die Zufallsvariable in das Intervall $(-\infty, x]$ fällt. $F(x)$ wird als *Verteilungs-funktion* bezeichnet.

$F(x)$ beziehungsweise $P(X \leq x)$ ist eine stetig steigende Funktion, die an der Stelle $x = \mu$ den Wert 0,5 besitzt. Bis zu diesem Wert steigt die Wahrscheinlichkeit progressiv, nach diesem Wert wird die Zunahme immer geringer, sodass eine Abflachung des Verlaufs der Verteilungsfunktion F zu konstatieren ist. Der Grenzwert liegt bei 1.

Aus der Symmetrieeigenschaft der Normalverteilung können wir für eine beliebige Kon-stante c die Eigenschaft

$$P(X \leq \mu - c) = 1 - P(X \leq \mu + c) \Leftrightarrow F(\mu - c) = 1 - F(\mu + c) \qquad (4.49)$$

für die Verteilungsfunktion F ableiten. Die Wahrscheinlichkeit dafür, dass der Wert der Zufallsvariablen in das Intervall $[\mu - c; \mu + c]$ fällt, kann damit wie folgt auf die Anwendung der Verteilungsfunktion zurückgeführt werden:

$$P(\mu - c \leq X \leq \mu + c) = P(X \leq \mu + c) - P(X \leq \mu - c) \qquad (4.50)$$

Vor das Intervall wird der Buchstabe P (=*probability*) gesetzt, der die beschriebene Wahr-scheinlichkeit für das Intervall angibt.

Legt man das Intervall so fest, dass die linke und rechte Intervallgrenze zur Intervallmitte μ den Abstand σ, also die Größe der Standardabweichung, besitzen, dann lässt sich aus den statistischen Tabellen für die Wahrscheinlichkeit, dass der Wert der Zufallsvariablen in dieses Intervall fällt, der Wert 68,27 % ablesen. Also:

$$P(\mu - \sigma \leq X \leq \mu + \sigma) = 0,6827 \qquad (4.51)$$

Vergrößert man das Intervall in beide Richtungen auf das Doppelte und Dreifache der Standardabweichung, dann erhält man folgende Wahrscheinlichkeiten:

$$P(\mu - 2\sigma \leq X \leq \mu + 2\sigma) = 0,9545 \qquad (4.52)$$

$$P(\mu - 3\sigma \leq X \leq \mu + 3\sigma) = 0,9974 \qquad (4.53)$$

Man erkennt also, dass die Flächenzunahme, also die Zunahme der Wahrscheinlichkeit, bei jeder weiteren konstanten Vergrößerung des Intervalls sehr stark abnimmt.

Konfidenzintervalle

Ist die Verteilung einer Zufallsvariablen gegeben, können Intervalle angegeben werden, innerhalb derer sich ein (unbekannter) Parameter der Grundgesamtheit, zum Beispiel der Mittelwert, wahrscheinlich bewegt. Diese Bandbreiten nennt man *Konfidenzintervalle* oder *Vertrauensintervalle*. Um solch ein Vertrauensintervall anzugeben, benötigt man eine *Irrtumswahrscheinlichkeit*. Eine (nach dem Ermessen des Forschers gesetzte) Irrtumswahrscheinlichkeit von $\alpha = 5\%$ bedeutet, dass das Intervall 95% der Werteverteilung der Zufallsvariablen überdeckt, im Fall der Normalverteilung sind dies die (meist mittleren) 95% der gesamten Wahrscheinlichkeitsmasse unterhalb der Glockenkurve.

Um z.B. ein Konfidenzintervall zu definieren, das den wahren, aber unbekannten Mittelwert μ der Grundgesamtheit mit der Wahrscheinlichkeit $1 - \alpha$ abdeckt, formulieren wir:

$$P\left(\hat{\mu}_{\alpha/2} \leq \mu \leq \hat{\mu}_{1-(\alpha/2)}\right) = 1 - \alpha \tag{4.54}$$

Der in runden Klammern stehende Ausdruck besagt: Der feste aber unbekannte Wert μ liegt mit der Wahrscheinlichkeit $1 - \alpha$ im Intervall $[\hat{\mu}_{\alpha/2}; \hat{\mu}_{1-(\alpha/2)}]$. Die Grenzen des Intervalls müssen aus den Daten geschätzt werden und sind daher Zufallsvariablen, was durch die Dach-Schreibweise ausgedrückt wird. Wir sprechen auch von einem *Intervallschätzer* des unbekannten Parameters μ, während mit $\hat{\mu}$ (ohne Subskript) die Punktschätzung bezeichnet wird. Dagegen ist mit $\hat{\mu}_p$ das p-Quantil der Wahrscheinlichkeitsverteilung der Schätzers gemeint. So liegt z.B. definitionsgemäß im Bereich von $-\infty$ bis $\hat{\mu}_{0,2}$ ein Anteil der Wahrscheinlichkeitsmasse von 20%. Andersherum liegen rechts von $\hat{\mu}_{0,9}$ gerade $1 - 0,9 = 10\%$ der Gesamtwahrscheinlichkeit. Die Gleichung 4.54 geht also dann auf, wenn die zugrundegelegte Schätzverteilung und damit die entsprechenden p-Quantile korrekt sind. Manchmal müssen allerdings Schätzverteilungen angenommen werden, die nur approximativ gültig sind, wie z.B. häufig in der Zeitreihenanalyse.

Für eine konkrete vorliegende Stichprobe gibt es keine Garantie, dass das berechnete Intervall tatsächlich μ enthält, es ist aber sehr wahrscheinlich (bei kleinem α). Dies ist analog zum Fehler erster Art bei einem statistischen Test. Der Wert der Irrtumswahrscheinlichkeit α kann natürlich auch auf 10%, 1% oder einen gänzlich anderen Prozentsatz festgelegt werden.

Die Standardnormalverteilung

Eine Normalverteilung mit $\mu = 0$ und $\sigma^2 = 1$ wird als *Standardnormalverteilung* oder *normierte Normalverteilung* bezeichnet. Wie noch gezeigt wird, kann jede normalverteilte Zufallsvariable mit dem Erwartungswert μ und der Varianz σ^2 durch eine geeignete Transformation in eine standardnormalverteilte Zufallsvariable überführt werden, sodass es aufgrund der tabellierten Werte der Standardnormalverteilung leicht möglich ist, um die Intervallgrenze zu einer bestimmten Wahrscheinlichkeit zu ermitteln.

In der statistischen Literatur wird eine standardnormalverteilte Zufallsvariable meist mit Z und deren Dichtefunktion mit φ bezeichnet.

$$\varphi(z) = \frac{1}{\sqrt{2\pi}} \; e^{\frac{z^2}{2}} \tag{4.55}$$

Durch Integration der Dichtefunktion erhalten wir die Verteilungsfunktion $\phi(z)$ der Standardnormalverteilung. Sie gibt die Wahrscheinlichkeit dafür an, dass die Zufallsvariable Z höchstens den Wert z annimmt: $\phi(z) = P(Z \leq z)$.

Die Abbildung 4.16 veranschaulicht noch einmal den Zusammenhang der Dichtefunktion $\varphi(z)$ und der Verteilungsfunktion $\phi(z)$. In der linken Grafik liegt eine bestimmte Wahrscheinlichkeitsmasse $P(Z \leq z1)$, die der schraffierten Fläche links vom Wert $z1$ entspricht. Die Größe dieser Wahrscheinlichkeitsmasse wird durch den Wert $\phi(z1)$ der Verteilungsfunktion repräsentiert. Anstatt auf tabellarische Darstellungen des Zusammenhangs der Werte von Z und den zugehörigen Wahrscheinlichkeiten zurückzugreifen, können Anwender auf die internen Tabellen von Gretl zurückgreifen. Nach Angabe einer rechtsseitigen Wahrscheinlichkeit (die dem nichtschraffierten Anteil unterhalb der Dichtefunktion entspricht) ermittelt Gretl den zugehörigen *kritischen Wert*, der dem Wert $z1$ in Abbildung 4.16 entspricht (siehe Anhang C.1).

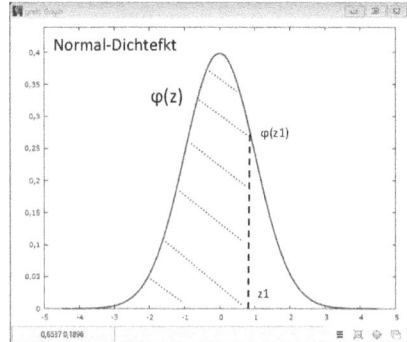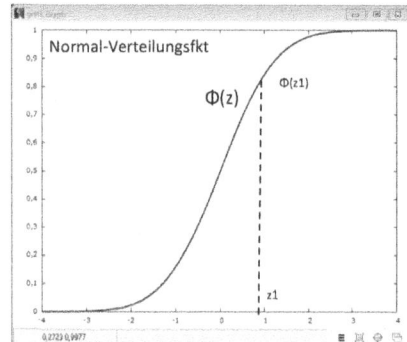

Abb. 4.16.: Dichtefunktion $\varphi(z)$ und Verteilungsfunktion $\phi(z)$ der Standardnormalverteilung

In Analogie zur Normalverteilung können wir die Wahrscheinlichkeit dafür, dass der Wert der (transformierten) Zufallsvariablen Z in das Intervall $[-c; +c]$ fällt (μ ist gleich 0), wie folgt auf die Verteilungsfunktion ϕ zurückführen:

$$P[-c \leq Z \leq c] = P(Z \leq c) - P(Z \leq -c) = \phi(c) - \phi(-c) \tag{4.56}$$

Da aufgrund der Symmetrieeigenschaft der Normalverteilungskurve die Werte von ϕ nur für Werte $c \geq 0$ tabelliert sind, können wir $\phi(-c)$ über den Zusammenhang $\phi(-c) = 1 - \phi(c)$ berechnen. Damit erhalten wir:

$$P[-c \leq Z \leq c] = 2 \cdot \phi(c) - 1 \tag{4.57}$$

Mit Hilfe der standardnormalverteilten Zufallsvariablen Z lassen sich also Aussagen der folgenden Art treffen: Die Wahrscheinlichkeit dafür, dass Z kleiner oder gleich 0,58 ausfällt, lässt sich aus den tabellierten Werten der Standardnormalverteilung ablesen und beträgt $P(Z \leq 0,58) = \phi(0,58) = 71,90\%$. Wie können wir in Gretl auf einfache Weise den Wert ermitteln?

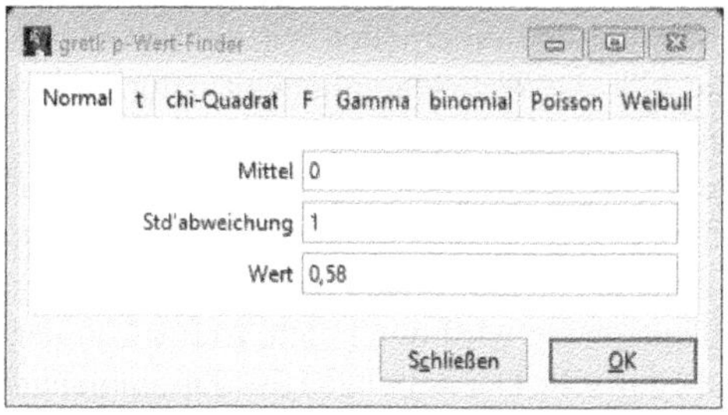

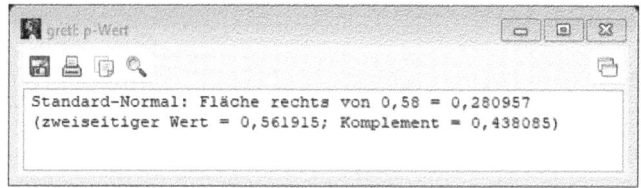

Abb. 4.17.: Dialogfenster des p-Wert-Finders

Den Anwendern stellt Gretl dafür den Dialog in Abbildung 4.17 zur Verfügung. Dort kann aus den internen Statistiktabellen die Fläche rechts von z1 unterhalb der Dichtefunktion ermittelt werden. Im Hauptmenü wird zunächst der Menüeintrag *Werkzeuge/p-Wert-Finder* selektiert und dann der erste Reiter „Normal" ausgewählt. Für die Standardnormalverteilung wird der Mittelwert 0 und die Standardabweichung 1 angegeben. Das dritte Feld enthält den z-Wert, für den der zugehörige Flächenanteil ermittelt werden soll.

Die Bestätigung mit *ok* liefert den zugehörigen prozentualen Anteil der Gesamtfläche rechts von 0, 58:

Abb. 4.18.: Ausgabe des Flächenanteils rechts vom Wert z1 = 0,58

Der Anteil beträgt 0, 280957, also etwa 28, 10%. Somit gilt $P(Z > 0,58) = 28,10\%$ und $P(Z \leq 0,58) = \phi(0,58) = 71,90\%$.

Mit 4.57 können wir die Wahrscheinlichkeit herleiten, mit der Z in das Intervall [-0,58 ; 0,58] fällt:

$$P(-0,58 \leq Z \leq 0,58) = 2 \cdot 71,90\% - 1 = 43,80\% \qquad (4.58)$$

Die allgemeine Gleichung

$$P(-c_{\alpha/2} \leq Z \leq c_{\alpha/2}) = 1 - \alpha \qquad (4.59)$$

formalisiert diesen Zusammenhang, wobei $-c_{\alpha/2}$ und $c_{\alpha/2}$ die Grenzen des Intervalls und $1 - \alpha$ die Wahrscheinlichkeit bezeichnet, dass Z innerhalb des Intervalls fällt. Um zum Beispiel das Intervall $[-c_{0.05}; c_{0.05}]$ zum Signifikanzniveau von $\alpha = 10\%$ zu bestimmen, ist von folgender Gleichung auszugehen:

$$P(-c_{0.05} \leq Z \leq c_{0.05}) = 0,9 \tag{4.60}$$

Aus dem Zusammenhang 4.57 ergibt sich:

$$2 \cdot \phi(c_{0.05}) - 1 = 0,9 \tag{4.61}$$

Eine einfache Umstellung führt zu: $\phi(c_{0.05}) = 0,95$. Um den kritischen Wert zur rechtsseitigen Wahrscheinlichkeit von $0,05\%$ zu bestimmen, wird der Menüeintrag *Werkzeuge/Statistische Tabellen* selektiert und im Reiter „Normal" die rechtsseitige Wahrscheinlichkeit von $0,05$ eingegeben:

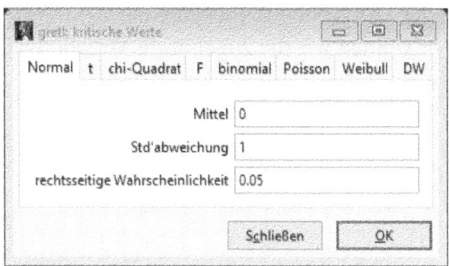

Abb. 4.19.: Dialogfenster zur Ermittlung des kritischen Werts

Wird die Eingabe mit *ok* quittiert, gibt Gretl den zugehörigen kritischen Wert von $1,64485$ in einem separaten Fenster aus. Damit fällt mit der Wahrscheinlichkeit von 90% die Zufallsvariable Z in das Intervall [-1,64 ; 1,64].

Transformation einer (μ, σ^2)-verteilten ZV in eine (0,1)-verteilte ZV

Wie bereits erwähnt lässt sich eine normalverteilte Zufallsvariable durch eine einfache lineare Transformation in eine standardnormalverteilte Zufallsvariable umwandeln. Die Konstante der linearen Transformationsgleichung besitzt den Wert $-\mu/\sigma$ und die Steigung den Wert $1/\sigma$:

$$Z = \frac{-\mu}{\sigma} + \frac{1}{\sigma}X = \frac{X-\mu}{\sigma} \tag{4.62}$$

Damit ergibt sich folgender Zusammenhang einer Zufallsvariablen X mit ihrem transformierten Äquivalent im Hinblick auf die Normalverteilungseigenschaften:

$$X \sim N(\mu, \sigma^2) \Rightarrow Z = \frac{X-\mu}{\sigma} \sim N(0,1) \tag{4.63}$$

Aufgrund dieser Transformationseigenschaft reicht es in allen Anwendungsfällen aus, die Verteilungsfunktion der Standardnormalverteilung zu tabellieren. Um zum Beispiel die Wahrscheinlichkeit dafür zu berechnen, dass eine mit μ und σ^2 normalverteilte Zufallsvariable X höchstens den Wert x annimmt, benutzt man die tabellierten Werte der Verteilungsfunktion ϕ und gibt als Argument den transformierten Wert von x an:

$$P(X \leq x) = \phi\left(\frac{x-\mu}{\sigma}\right) \tag{4.64}$$

Konfidenzintervall für β bei bekannter Standardabweichung $sd(\beta)$

Die vorangegangenen allgemein gehaltenen Ausführungen zur (Standard-) Normalverteilung wenden wir nun auf den KQ-Schätzer $\hat{\beta}$ an. Zunächst leiten wir ein Konfidenzintervall ab für den Fall, dass die Varianz der Störgrößen σ^2 bekannt ist.

Indem wir $\mu = \beta$ setzen, können wir die zugehörige Verteilungsfunktion wie folgt schreiben:

$$F(x) = \int_{-\infty}^{x} \frac{1}{sd(\beta)\sqrt{2\pi}} \, e^{\frac{(t-\beta)^2}{2var(\beta)}} \, dt \tag{4.65}$$

Damit lassen sich analog zu 4.52 und 4.53 folgende Wahrscheinlichkeiten angeben:

$$F(\beta + 2sd(\beta)) - F(\beta - 2sd(\beta)) = P(\beta \leq \beta + 2sd(\beta)) - P(\beta \leq \beta - 2sd(\beta)) = 0,9545 \tag{4.66}$$

$$F(\beta + 3sd(\beta)) - F(\beta - 3sd(\beta)) = P(\beta \leq \beta + 3sd(\beta)) - P(\beta \leq \beta - 3sd(\beta)) = 0,9974 \tag{4.67}$$

Auch im Fall der normalverteilten Zufallsvariablen $\hat{\beta}$ machen wir uns die Transformationsregel zunutze:

$$\hat{\beta} \sim N(\beta, var(\beta)) \ \Rightarrow \ Z = \frac{\hat{\beta}-\beta}{sd(\beta)} \sim N(0,1) \tag{4.68}$$

Wir formulieren nun ein sogenanntes *Vertrauensintervall* für den unbekannten Parameter β unseres ökonometrischen Modells:

$$P\left(-c_{\alpha/2} \leq \frac{\hat{\beta}-\beta}{sd(\beta)} \leq c_{\alpha/2}\right) = 1 - \alpha \tag{4.69}$$

Da wir ein Vertrauensintervall für β benötigen, führen wir einige algebraische Umformungen durch, die dazu führen, dass β im Zentrum des Intervalls liegt.

$$P\left(\hat{\beta} - c_{\alpha/2} \cdot sd(\beta) \leq \beta \leq \hat{\beta} + c_{\alpha/2} \cdot sd(\beta)\right) = 1 - \alpha \tag{4.70}$$

Gleichung 4.70 legt also das folgende Vertrauensintervall fest:

$$\left[\hat{\beta} - c_{\alpha/2} \cdot sd(\beta); \hat{\beta} + c_{\alpha/2} \cdot sd(\beta)\right] \tag{4.71}$$

Bei einem Anteil von $1 - \alpha$ der wiederholten Stichproben deckt das Intervall 4.71 den wahren Parameter β ab.

Es ist zu betonen, dass die Standardabweichung $sd(\beta)$ als bekannt angenommen wird. Die Intervallgrenze $c_{\alpha/2}$ kann zur vorgegebenen Irrtumswahrscheinlichkeit aus der Tabelle der Standardnormalverteilung abgelesen werden und $\hat{\beta}$ ergibt sich aus der KQ-Schätzung der gegebenen Stichprobe. Damit ist das Intervall vollständig berechenbar.

Konfidenzintervall für β bei unbekannter Standardabweichung $sd(\hat{\beta})$

Die Formel für die Varianz des KQ-Schätzers $\hat{\beta}$ beinhaltet die Varianz σ^2 der Störgrößen. Ist diese unbekannt, muss sie anhand der Residuen geschätzt werden und wir erhalten den Schätzer $\hat{\sigma}^2$. Aus dieser Unterscheidung ergibt sich eine sehr wichtige Konsequenz für die Konstruktion des Konfidenzintervalls.

- Ist die Varianz der Störgrößen σ^2 und damit die Standardabweichung des KQ-Schätzers $\hat{\beta}$ bekannt, dann können wir die Konstanten $c_{\alpha/2}$ und $-c_{\alpha/2}$ aus der Normalverteilungstabelle zur Berechnung des Vertrauensintervalls benutzen.

- Ist die Varianz der Störgrößen σ^2 und damit die Standardabweichung des KQ-Schätzers $\hat{\beta}$ nicht bekannt, müssen wir bei der Transformation die geschätzte Standardabweichung $\widehat{sd}(\hat{\beta})$ heranziehen. In diesem Fall ist aber die transformierte Variable nicht mehr standardnormalverteilt, sodass die Konstanten $c_{\alpha/2}$ und $-c_{\alpha/2}$ nicht benutzt werden dürfen.

Wenn von dem beschriebenen zweiten Fall auszugehen ist, muss untersucht werden, welche Verteilung die transformierten Werte von $\hat{\beta}$ besitzen. Da sich die geschätzte Standardabweichung $\widehat{sd}(\hat{\beta})$ auf die geschätzte Standardabweichung der Residuen stützt, müssen wir uns zunächst näher mit der Verteilung der Residuenquadratsumme $\sum \hat{u}_i^2$ auseinandersetzen. Da wir die einzelne Störgröße (und damit das einzelne Residuum) im Idealfall als eine normalverteilte Zufallsgröße anzusehen haben, erhalten wir für die Summe der Residuenquadrate eine Verteilung, die in der Statistik als sog. *Chi-Quadrat-Verteilung*(Abkürzung: χ^2) bezeichnet wird.

Sind also $Z_1, Z_2, ..., Z_w$ unabhängig N(0,1)-verteilte Zufallsvariablen, so folgt die Quadratsumme

$$\chi^2 = Z_1^2 + Z_2^2 + ... + Z_w^2 \tag{4.72}$$

einer Chi-Quadrat-Verteilung oder kurz $\chi^2_{(w)}$-Verteilung. Die Anzahl w der aufaddierten unabhängigen Zufallsvariablen Z_i^2 bestimmt die Gestalt ihrer Dichtefunktion (siehe dazu die Abbildung C.4 im Anhang C.1) und wird auch als Anzahl der Freiheitsgrade der $\chi^2_{(w)}$-Verteilung bezeichnet.

Weitere besondere Eigenschaften der χ^2-Verteilung kann der(die) interessierte Leser(in) der statistischen Literatur entnehmen. Für den hier dargestellten Zusammenhang ist aber wichtig, dass sie eine besondere Rolle bei einer in der Ökonometrie sehr häufig angewendeten Verteilung spielt, der sog. *t-Verteilung*.

Eine t-Verteilung (oder *Studentverteilung* nach dem Pseudonym von W.S. Gosset) erhält man, wenn aus der N(0,1)-verteilten Zufallsvariablen Z und der χ^2-verteilten Zufallsvariablen χ^2 die folgende Zufallsvariable gebildet wird:

$$t_{(w)} = \frac{Z}{\sqrt{\chi^2/w}} \tag{4.73}$$

Die Variable t gehorcht einer t-Verteilung mit w Freiheitsgraden oder kurz einer $t_{(w)}$-Verteilung. Ihre Dichtefunktion besitzt eine ähnliche symmetrische Glockenform wie die Normalverteilung, aber ihre genaue Gestalt hängt von der Zahl der Freiheitsgrade w ab. Wie für die Standard-Normalverteilung gilt auch für die t-Verteilung $E(t_{(w)}) = 0$. Sie besitzt aber eine größere Varianz.

In Abbildung C.6 des Anhangs ist der grafische Verlauf von vier Dichtefunktionen mit den Freiheitsgraden 1,2,5 und 100 dargestellt. Bei einer steigenden Zahl von Freiheitsgraden w wird die Varianz der t-Verteilung immer kleiner und nähert sich dabei immer stärker der Varianz der Standardnormalverteilung an. Im Vergleich zu ihr ist für eine kleine Zahl von Freiheitsgraden weitaus mehr Wahrscheinlichkeitsmasse an den Rändern vorhanden. Bei der Standardnormalverteilung befinden sich nur 0,26% der gesamten Wahrscheinlichkeitsmasse außerhalb des Intervalls [-3,+3]. Für die t-Verteilung kommt dieser Anteil nur bei einer hohen Zahl von Freiheitsgraden zustande. Generell kann man sagen, dass ab $w \geq 30$ die t-Verteilung schon recht gut durch die Standardnormalverteilung approximiert werden kann.

Ohne Angabe eines Beweises wird festgehalten, dass die Zufallsvariable $\hat{\beta}$ mit der folgenden Transformation einer t-Verteilung mit N-2 Freiheitsgraden folgt, also:

$$\frac{\hat{\beta} - \beta}{\widehat{sd}(\hat{\beta})} \sim t_{(N-2)} \tag{4.74}$$

Wichtig ist hier der Umstand, dass für die Standardisierung diesmal nicht die unbekannte Standardabweichung $sd(\hat{\beta})$ benutzt wird, sondern die geschätzte Standardabweichung $\widehat{sd}(\hat{\beta})$! Wir können nun auf der Grundlage des Schätzers $\widehat{sd}(\hat{\beta})$ ein sogenanntes *Vertrauensintervall* für den unbekannten Parameter β unseres ökonometrischen Modells formulieren:

$$P\left(-t_{\alpha/2} \leq \frac{\hat{\beta} - \beta}{\widehat{sd}(\hat{\beta})} \leq t_{\alpha/2}\right) = 1 - \alpha \tag{4.75}$$

Es ist zu beachten, dass wir nun für die linke und rechte Intervallgrenze das t-Quantil von $\alpha/2$ benötigen. Da wir ein Vertrauensintervall für β finden wollen, führen wir einige algebraische Umformungen durch, die dazu führen, dass β im Zentrum des Intervalls liegt.

$$P\left(\hat{\beta} - t_{\alpha/2} \cdot \widehat{sd}(\hat{\beta}) \leq \beta \leq \hat{\beta} + t_{\alpha/2} \cdot \widehat{sd}(\hat{\beta})\right) = 1 - \alpha \tag{4.76}$$

Gleichung 4.76 legt also das folgende Vertrauensintervall fest:

$$\left[\hat{\beta} - t_{\alpha/2} \cdot \widehat{sd}(\hat{\beta}); \hat{\beta} + t_{\alpha/2} \cdot \widehat{sd}(\hat{\beta})\right] \tag{4.77}$$

Bei einem Anteil von $1 - \alpha$ der wiederholten Stichproben deckt das Intervall 4.77 den wahren Parameter β ab.

Numerisches Beispiel Wir sind nun in der Lage, ein Vertrauensintervall für den unbekannten Parameter β zu berechnen. Dazu geben wir das Signifikanzniveau $\alpha = 15\%$ vor. Die Stichprobengröße des Datasets *Miethoehe.gdt* beträgt N=20. Für den Wert von $\hat{\beta}$ ergab sich 9,185 und für den Schätzer $\widehat{sd}(\hat{\beta})$ berechneten wir den Wert 0,5263.

Für die Berechnung der links- und rechtsseitigen Grenzen des Intervalls benötigen wir noch den Wert $t_{7.5}$, den wir entweder der t-Tabelle im Anhang oder der in Gretl gespeicherten statistischen Tabelle zur t-Verteilung entnehmen. Dazu rufen wir das Dialogfenster „kritische Werte" über den Menüeintrag *Werkzeuge/statistische Tabellen* des Hauptfensters auf und selektieren dort den Reiter „t" (siehe auch Abbildung C.7 im Anhang). Anschließend wird die Anzahl der Freiheitsgrade (hier FG=18) und die rechtsseitige Wahrscheinlichkeit (hier $\alpha/2 = 0.075$) spezifiziert. Wie Abbildung 4.20 zeigt, erhalten wir den Wert $t_{7.5} = 1,50371$.

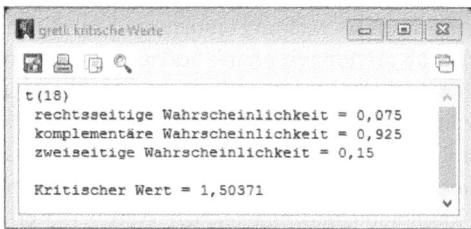

Abb. 4.20.: Kritischer Wert für die t-Verteilung zum Niveau 7,5% bei 18 FG

Damit können wir den Intervallschätzer zum Signifikanzniveau 15% wie folgt angeben:

$$[9,185 - 1,50371 \cdot 0,5263; 9,185 + 1,50371 \cdot 0,5263] = [8,3936; 9,9764] \tag{4.78}$$

Dies bedeutet, dass der wahre Parameter β mit einer Wahrscheinlichkeit von $1 - \alpha = 85\%$ in das Intervall $[8,3936; 9,9764]$ fällt.

Um die einzelnen Schritte nachzuvollziehen, wurde bei der Berechnung des Vertrauensintervalls bewusst der ausführliche Weg über die grafische Oberfläche beschritten. Für eine komfortable und schnelle Berechnung des Intervalls ist aber die Skriptsprache heranzuziehen. Zur Berechnung der Intervallgrenzen benötigten wir den Schätzer $\hat{\beta}$ und seine Standardabweichung $\widehat{sd}(\hat{\beta})$, die wieder mit den Funktionen *$coeff* und *$stderr* ermittelt werden.

```
ols Miete const Quadratmeter
scalar koeff_beta = $coeff(Quadratmeter)
scalar stdabw_beta = $stderr(Quadratmeter)
scalar t_krit = critical(t, 18, 0.075)
# Berechnung der Intervallgrenzen
scalar Grenze_links = koeff_beta - t_krit * stdabw_beta
scalar Grenze_rechts = koeff_beta + t_krit * stdabw_beta
```

Den kritischen Wert (Variable *t_krit*) erhält man durch den Aufruf der Funktion *critical*. Sie benötigt drei Argumente: Die Art der Verteilung (hier „t"), die Anzahl der Freiheitsgrade (=18) und die rechtsseitige Wahrscheinlichkeit (=0.075). Die Berechnung der linken und rechten Grenze des Intervalls erfolgt analog zu 4.78.

4.2.6. Signifikanz der KQ-Schätzer – Hypothesentest

Die Grundidee des Hypothesentests lässt sich am Beispiel der Miethöhen illustrieren. Man stellt zum Beispiel die Behauptung auf, dass die Erhöhung der Wohnfläche um einen Quadratmeter zu einer Mieterhöhung um 9 Euro führt. Damit wird postuliert, dass der wahre Parameter β den Wert 9,0 besitzt. Anschließend definiert man ein geeignetes Intervall, zum Beispiel [8,8 ; 9,2], bei dem der wahre Wert in der Intervallmitte liegt. Liegt der aus der Stichprobe geschätzte Wert $\hat{\beta}$ innerhalb dieses Intervalls, dann gibt es keinen hinreichenden Grund, den postulierten Wert des wahren Parameters abzulehnen. Das definierte Intervall [8,8 ; 9,2] wird daher auch als *Akzeptanzbereich* bezeichnet. Liegt der gemessene Wert aus der Stichprobe allerdings außerhalb des Intervalls, geht man davon aus, dass der wahre Wert nicht 9,0 beträgt. Ist er zum Beispiel kleiner als 8,8, dann könnte der wahre Wert kleiner als 9,0 sein. Der linke und rechte Bereich außerhalb des Akzeptanzbereichs wird daher konsequenterweise als *Ablehnungsbereich* bezeichnet. In unserer Stichprobe wurde für $\hat{\beta}$, also dem Steigungsparameter der Variablen *Quadratmeter*, der Wert 9,185 ermittelt, sodass die obige Behauptung nicht abgelehnt werden kann. Eine ähnliche Behauptung kann auch für den Parameter α formuliert werden. Wir beschränken uns aber auf den ökonomisch wichtigeren und aussagekräftigeren Steigungsparameter β.

Es stellt sich nun die weiterführende Frage, nach welchen Kriterien die Intervallgrenzen gebildet werden sollten. Dieser Frage soll in den folgenden Ausführungen nachgegangen werden, wobei zunächst der *zweiseitige Hypothesentest* und anschließend der *einseitige Hypothesentest* behandelt wird. Einige allgemeinere Überlegungen zu diesem Thema schließen den Abschnitt ab.

Zweiseitiger Hypothesentest

Wir formalisieren das obige Beispiel und stellen die Behauptung auf, dass der wahre Parameter den Wert $\beta = \beta_0$ besitzt. Dieses (häufig aus verschiedenen Indizien und Erfahrungen gewonnene) Postulat wird in der Statistik eine *Nullhypothese* genannt und mit H_0 bezeichnet. Der Nullhypothese wird ein alternatives Postulat mit der Bezeichnung *Alternativhypothese* entgegengestellt und üblicherweise mit H_1 bezeichnet. Sie besagt das exakte Gegenteil der

Nullhypothese. Damit können wir beide Hypothesen wie folgt formulieren:

$$H_0 : \beta = \beta_0$$
$$H_1 : \beta \neq \beta_0 \tag{4.79}$$

Eine Ablehnung der Nullhypothese H_0 aufgrund der Datenkonstellation bedeutet gleichzeitig die Annahme der Alternativhypothese H_1.

Wenn wir aber davon auszugehen hätten, dass die Nullhypothese $H_0 : \beta = \beta_0$ wahr ist und auch die Varianz des Schätzers $\hat{\beta}$ bekannt ist, dann würden wir seine Verteilung kennen:

$$\hat{\beta} \sim N\left(\beta_0, var(\hat{\beta})\right) \tag{4.80}$$

Die Abbildung 4.21 enthält die grafische Darstellung des zweiseitigen Hypothesentests. Zusätzlich sind am linken und rechten Rand der mittleren Fläche zwei Intervallgrenzen eingezeichnet, die das Intervall $[\beta_0 - c_{\alpha/2}; \beta_0 + c_{\alpha/2}]$ definieren. Innerhalb dieses Intervalls befindet sich die Wahrscheinlichkeitsmasse in Höhe von $1 - \alpha$. Die restliche Wahrscheinlichkeitsmasse verteilt sich je zur Hälfte auf die Bereiche jenseits der Intervallgrenzen.

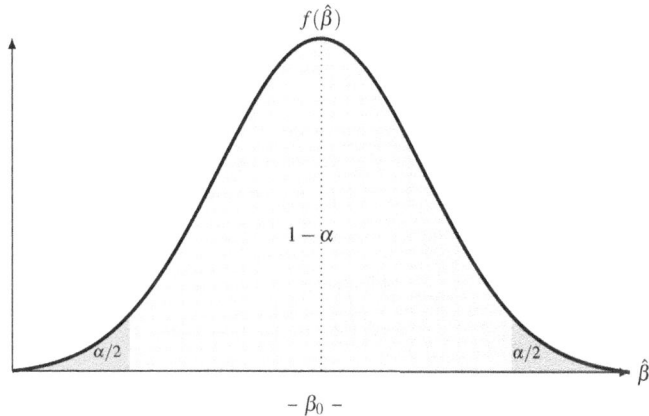

Abb. 4.21.: Zweiseitiger Hypothesentest zum Signifikanzniveau α

Wie bei einem Intervallschätzer liegt unter Voraussetzung der Gültigkeit der Nullhypothese H_0 die Wahrscheinlichkeit dafür, dass eine Stichprobe gezogen wird, dessen $\hat{\beta}$-Wert innerhalb des Intervalls $[\beta_0 - c_{\alpha/2}; \beta_0 + c_{\alpha/2}]$ liegt, bei $1 - \alpha$. Dieser Sachverhalt lässt sich durch die Gleichung

$$P\left(\beta_0 - c_{\alpha/2} \leq \hat{\beta} \leq \beta_0 + c_{\alpha/2}\right) = 1 - \alpha \tag{4.81}$$

ausdrücken. In diesem Fall wird daher die Nullhypothese akzeptiert. Man darf allerdings daraus nicht den irrtümlichen Schluss ziehen, dass die Nullhypothese *wahr* ist. „Akzeptanz" bedeutet in diesem Zusammenhang lediglich, dass die Differenz des Stichprobenwerts zum angenommenen Wert der Nullhypothese nicht hinreichend groß ist, um die Nullhypothese abzulehnen. Aus diesem Grund wird das Intervall $[\beta_0 - c_{\alpha/2}; \beta_0 + c_{\alpha/2}]$ als Akzeptanzintervall bezeichnet.

Weicht der Wert des Schätzers $\hat{\beta}$ dagegen so weit vom Wert β_0 der Nullhypothese ab, dass er in dem Bereich rechts oder links des Akzeptanzintervalls liegt, dann stellt dies unter Maßgabe der Nullhypothese $H_0 : \beta = \beta_0$ ein sehr unwahrscheinliches Ereignis dar. Die Wahrscheinlichkeit dafür liegt bei α. Wenn Anwendern daran gelegen ist, die Nullhypothese nur dann abzulehnen, wenn die Daten sehr deutlich dagegen sprechen, dann wird α auf einen sehr niedrigen Wert festgesetzt, zum Beispiel 5% oder 1%. Diese Prozentsätze beschreiben also das Risiko, dass die Nullhypothese abgelehnt wird, obwohl sie wahr ist. Man spricht deshalb im Kontext eines Hypothesentests oftmals auch von einer *Irrtumswahrscheinlichkeit* α statt vom *Signifikanzniveau* α. Der Bereich außerhalb des *Akzeptanzintervalls* wird dann folgerichtig als *Ablehnungsbereich* bezeichnet.

Halten wir die wichtigste Erkenntnis aus der obigen Erörterung nochmals fest: Je kleiner der Wert der Irrtumswahrscheinlichkeit festgelegt wird, umso mehr kann man der Richtigkeit einer Ablehnung der Nullhypothese vertrauen. Da der Wert von $\hat{\beta}$ in den linken oder rechten Teil des Ablehnungsbereichs fallen kann, sprechen wir von einem *zweiseitigen Hypothesentest*. Aufgrund der zentralen Rolle, die die Intervallgrenzen $\beta_0 - c_{\alpha/2}$ und $\beta_0 + c_{\alpha/2}$ in diesem Test spielen, werden sie als *kritische Werte* bezeichnet.

Da wir für die praktische Berechnung der kritischen Werte die wahre Verteilung des Schätzers $\hat{\beta}$ nicht kennen, müssen wir auf die durch die Stichprobe gelieferten Daten zur Berechnung der Standardabweichung von $\hat{\beta}$ zurückgreifen. Im letzten Abschnitt haben wir gezeigt, dass die in der Formel 4.74 wiedergegebene Transformation der $\hat{\beta}$-Werte einer t-Verteilung mit N-2 Freiheitsgraden folgt. Indem wir für β den in der Nullhypothese behaupteten Wert β_0 einsetzen, erhalten wir:

$$t = \frac{\hat{\beta} - \beta_0}{\widehat{sd}(\hat{\beta})} \sim t_{(N-2)} \tag{4.82}$$

Der Wert von t steigt also in dem Maße an, wie der Wert $\hat{\beta}$ aus der Stichprobe sich von dem in der Nullhypothese angegebenen Wert β_0 entfernt. Je größer der betragsmäßige Wert von t ausfällt, umso unplausibler ist eine Annahme der Nullhypothese. Um zu ermitteln, wann $\hat{\beta}$ in den Ablehnungsbereich der Nullhypothese gerät, müssen wir nur die kritischen Werte der t-Verteilung zum vorgegebenen Signifikanzniveau bestimmen. Die kritischen Grenzen $-t_{\alpha/2}$ und $+t_{\alpha/2}$ der t-Verteilung ergeben sich aus der Gleichung:

$$P(-t_{\alpha/2} \leq t \leq t_{\alpha/2}) = 1 - \alpha \tag{4.83}$$

Die Einsetzung des Bruchs aus 4.82 für den Wert von t in Gleichung 4.83 und anschließende Auflösung nach $\hat{\beta}$ liefert:

$$P\left(\beta_0 - t_{\alpha/2} \cdot \widehat{sd}(\hat{\beta}) \leq \hat{\beta} \leq \beta_0 + t_{\alpha/2} \cdot \widehat{sd}(\hat{\beta})\right) = 1 - \alpha \tag{4.84}$$

Diese Gleichung ist wie folgt zu interpretieren: Wenn $H_0 : \beta = \beta_0$ gültig ist, dann liegt bei einem Anteil von $1 - \alpha$ der wiederholten Stichproben der ermittelte Wert $\hat{\beta}$ innerhalb des Akzeptanzintervalls $[\beta_0 - t_{\alpha/2} \cdot \widehat{sd}(\hat{\beta}); \beta_0 + t_{\alpha/2} \cdot \widehat{sd}(\hat{\beta})]$. Da jede dieser Stichproben eine jeweils andere geschätzte Standardabweichung $\widehat{sd}(\hat{\beta})$ liefert, fallen die kritischen Grenzen des Intervalls jeweils etwas anders aus. Liegt aber der Wert von $\hat{\beta}$ außerhalb des Akzeptanzintervalls $[\beta_0 - t_{\alpha/2} \cdot \widehat{sd}(\hat{\beta}); \beta_0 + t_{\alpha/2} \cdot \widehat{sd}(\hat{\beta})]$, dann wird die Nullhypothese verworfen.[9]

Einseitiger Hypothesentest

Im zweiseitigen Hypothesentest wird in der Nullhypothese ein spezieller einzelner Wert angegeben, sodass die Ablehnungsbereiche von H_0 an beiden Rändern der Verteilung liegen. In der wirtschaftswissenschaftlichen Praxis ist es eher der Regelfall, dass sich die Nullhypothese nicht nur auf einen Wert, sondern auf einen Wertebereich bezieht, der in eine Richtung offen ist. Dies bedeutet, dass der gesamte Ablehnungsbereich sich entweder auf der linken oder der rechten Seite der Verteilung befindet. Abbildung 4.22 veranschaulicht die Situation für den Fall, in dem sich der Ablehnungsbereich auf der rechten Seite der Verteilung befindet. In diesem Fall wird von einem *rechtsseitigen Hypothesentest* gesprochen.[10]

Da sich die auf die Irrtumswahrscheinlichkeit α beziehende Wahrscheinlichkeitsmasse beim einseitigen Hypothesentest nur auf eine Seite (hier die rechte Seite) konzentriert, verschiebt sich die linke Grenze des Ablehnungsbereichs, also der kritische Wert, ein wenig nach links. Der Grund dafür ist, dass sich durch die Herübernahme der linken Wahrscheinlichkeitsmasse in den rechten Ablehnungsbereich dieser sich jetzt flächenmäßig verdoppelt.

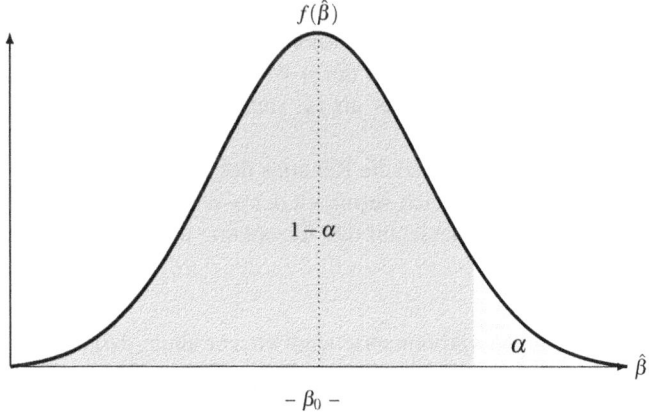

Abb. 4.22.: Einseitiger Hypothesentest zum Signifikanzniveau α

---

9 Das bedeutet nicht automatisch, dass die Alternativhypothese wahr ist. Es bedeutet lediglich, dass durch den Test mit einem Anteil α der Fälle die Nullhypothese abgelehnt wird, obwohl sie wahr ist.

10 In analoger Weise kann auch ein linksseitiger Hypothesentest konstruiert werden.

Die Formulierung der Null- und der Alternativhypothese lautet nun:

$$H_0 : \beta \leq \beta_0$$
$$H_1 : \beta > \beta_0 \tag{4.85}$$

Formal lässt sich beim rechtsseitigen Test die Wahrscheinlichkeit dafür, dass $\hat{\beta}$ im Akzeptanzintervall $(-\infty; \beta_0 + t_\alpha]$ liegt, wie folgt ausdrücken:

$$P(\hat{\beta} \leq \beta_0 + t_\alpha) = 1 - \alpha \tag{4.86}$$

Für die Durchführung des rechtsseitigen Hypothesentests müssen wir wieder auf die geschätzte Standardabweichung des Schätzers $\hat{\beta}$ zurückgreifen und eine Transformation der $\hat{\beta}$-Werte gemäß der Verteilung 4.82 durchführen.

Jede wiederholte Stichprobe liefert neue Werte für $\hat{\beta}$ und $\widehat{sd}(\hat{\beta})$ und damit einen neuen Wert für t. Um eine Entscheidung zu treffen, wird der aus der Stichprobe ermittelte t-Wert mit dem kritischen Wert t_α verglichen. Dabei kann in Analogie zu 4.86 folgende Beziehung zugrunde gelegt werden:

$$P(t \leq t_\alpha) = 1 - \alpha \tag{4.87}$$

Aus 4.87 ergibt sich, dass die Nullhypothese abgelehnt wird, wenn t größer als t_α ausfällt. Ist der ermittelte t-Wert kleiner als t_α, wird die Nullhypothese nicht verworfen.

Der p-Wert In vielen statistischen Softwarepaketen wird zusätzlich zum t-Wert der sogenannte *p-Wert* wiedergegeben. Dieser Wert gibt bei einseitigen Tests der rechts vom ermittelten t-Wert der Stichprobe liegende Wahrscheinlichkeitsmasse wieder. Üblicherweise bezieht er sich aber auf den zweiseitigen Test. Ist der *p-Wert* kleiner als das vorgegebene Signifikanzniveau α, dann ist der t-Wert größer als t_α, sodass in diesem Fall die Nullhypothese abzulehnen ist.

Der Blick auf den p-Wert erspart also die Kenntnis des kritischen Werts t_α, mit dem der t-Wert verglichen werden muss. Zugleich vermittelt der p-Wert ein deutliches Bild davon, wie die gesamte Wahrscheinlichkeitsmasse auf das Akzeptanz- und Ablehnungsintervall verteilt ist.

Numerisches Beispiel In der Ökonometrie sind wir vor allem daran interessiert, dass ein Schätzer wie $\hat{\beta}$ überhaupt einen signifikanten Einfluss auf die abhängige Variable ausübt. In den gängigen Softwarepaketen wie auch Gretl wird in der Nullhypothese daher auf den Wert $\beta_0 = 0$ getestet, sodass wir die Null- und Alternativhypothese des zweiseitigen Tests aus 4.79 wie folgt formulieren:

$$H_0 : \beta = 0$$
$$H_1 : \beta \neq 0 \tag{4.88}$$

Damit erhalten wir das Akzeptanzintervall $[-t_{\alpha/2}; t_{\alpha/2}]$ sowie die Ablehnungsintervalle $(-\infty; t_{\alpha/2}]$ und $[t_{\alpha/2}; \infty)$. Der t-Wert kann in diesem Fall gemäß der Verteilung

$$t = \frac{\hat{\beta}}{\widehat{sd}(\hat{\beta})} \sim t_{(N-2)} \tag{4.89}$$

ermittelt werden. Der Vergleich mit $t_{\alpha/2}$ ergibt, ob die Nullhypothese abgelehnt werden muss. Eine Ablehnung bedeutet, dass der Parameter β keinen Einfluss auf die abhängige Variable ausübt.

Mit dem folgenden Gretl-Skript können wir den t-Wert in der Formel 4.89 leicht berechnen:

```
ols Miete const Quadratmeter
scalar koeff_beta = $coeff(Quadratmeter)
scalar stdabw_beta = $stderr(Quadratmeter)
scalar t_Wert = koeff_beta / stdabw_beta
scalar p_Wert = pvalue(t, $df, t_Wert)
```

Nach der KQ-Schätzung mit dem Kommando *ols*, ausgehend von dem Dataset *Miethoehe.gdt*, werden mit Hilfe der Funktionen *$coeff* und *$stderr* der Schätzer $\hat{\beta}$ und die geschätzte Standardabweichung $\widehat{sd}(\hat{\beta})$ ermittelt. Anschließend wird der t-Wert nach der Formel 4.89 berechnet: t_Wert $= 9{,}185/0{,}5264 = 17{,}449$. Dieser Wert wird im Modellergebnisfenster in der Spalte „t-Quotient" ausgewiesen. Das letzte Kommando im Skript liefert mit Hilfe der Funktion *pvalue* die Fläche rechts vom ermittelten t-Wert. Die Funktion *pvalue* besitzt als erstes Argument den Buchstaben t, weil eine t-Verteilung zugrunde liegt. Das zweite Argument bildet die Funktion $df, die die Anzahl der Freiheitsgrade des Modells liefert (=18). Die Variable t_Wert wird als drittes Argument angegeben.[11] Für die Variable p_Wert erhalten wir den sehr geringen Wert $5{,}00647e - 013$, der viel kleiner ist als das vorgegebene Signifikanzniveau von 5%. Damit muss die Nullhypothese, die besagt, dass die Variable *Quadratmeter* keinen Einfluss auf die Höhe der Miete ausübt, abgelehnt werden.

Der kritische Wert der t-Verteilung zum Signifikanzniveau 5% kann auch mit Hilfe des Dialogs aus Abbildung C.7 ermittelt werden (siehe Anhang C.1). Dort wird die Zahl der Freiheitsgrade (18) sowie die rechtsseitige Wahrscheinlichkeit von $0{,}025$ für $\alpha/2$ angegeben. Gretl ermittelt daraus den kritischen Wert $t_{\alpha/2} = 2.1$. Mit dem p-Wert-Finder können wir die Fläche rechts vom Wert $t = 17{,}449$ ermitteln.

4.2.7. Güte der Modellanpassung: das Bestimmtheitsmaß

Die Ermittlung der geschätzten Parameterwerte des ökonometrischen Modells liefert noch keine Aussage über die Stärke des Zusammenhangs der Variablen. Eine wichtige Maßzahl für die Güte des Modells liefert daher das sogenannte *Bestimmtheitsmaß* R^2, das Gretl im Ergebnisfenster ausgibt. Es lässt sich als Stärke des Einflusses der Regressoren auf die abhängige Variable interpretieren. Man kommt einem Verständnis dieser Maßzahl näher, wenn man

---

11 *pvalue* ist als Kommando und als Funktion verfügbar. Die Funktion liefert genau den p-Wert zurück und deren Parameter werden in Klammern angegeben. In der Kommandoform erfolgt keine Zuweisung und die Parameter werden ohne Klammern dahinter angegeben.

die Schwankungsbreiten der Variablenwerte um ihren jeweiligen Mittelwert heranzieht. Auf die Definition dieser sogenannten *Variation* wurde bereits mehrfach zurückgegriffen. Zusammenfassend lassen sich in einem einfachen linearen Regressionsmodell folgende Variationen unterscheiden:

$$S_{yy} = \sum_{i=1}^{n} (y_i - \bar{y})^2 \quad \text{Variation der abhängigen Variablen y} \tag{4.90}$$

$$S_{\hat{y}\hat{y}} = \sum_{i=1}^{n} (\hat{y}_i - \bar{\hat{y}})^2 \quad \text{Variation des erklärten Anteils } \hat{y} \tag{4.91}$$

$$S_{\hat{u}\hat{u}} = \sum_{i=1}^{n} (\hat{u}_i - \bar{\hat{u}})^2 \quad \text{Variation der Residuen } \hat{u}_i \tag{4.92}$$

$$S_{xx} = \sum_{i=1}^{n} (x_i - \bar{x})^2 \quad \text{Variation des Regressors x} \tag{4.93}$$

Für den Mittelwert der Residuen gilt dabei: $\bar{\hat{u}} = \bar{u} = 0$. Weiterhin gilt: $\bar{y} = \bar{\hat{y}}$.

In der englisch-sprachigen Literatur werden die Variationen in der Regel wie folgt abgekürzt:

$$ESS = S_{\hat{y}\hat{y}} \; ; \qquad RSS = S_{\hat{u}\hat{u}} \; ; \qquad TSS = S_{yy}$$

Dabei bedeuten: ESS = explained sum of squares, RSS = residual sum of squares und TSS = total sum of squares.

Die folgende Grafik in Abbildung 4.23 macht deutlich, dass sich die Summanden der durch die Formeln 4.90 bis 4.93 dargestellten Variationen als Flächen dreier Quadrate zu den einzelnen Datenpunkten visualisieren lassen. Zum Beispiel entspricht die Variation S_{yy} des Punktes P_1 der Fläche des Quadrats mit der Kantenlänge $y_1 - \bar{y}$. Für alle vier Datenpunkte P_1 bis P_4 gilt also: Die Gesamtfläche der Quadrate mit den Kantenlängen $y_i - \bar{y}$ ($i = 1$ bis $i = 4$) entspricht der Summe der Gesamtflächen der restlichen Quadrate (in Graustufen dargestellt).

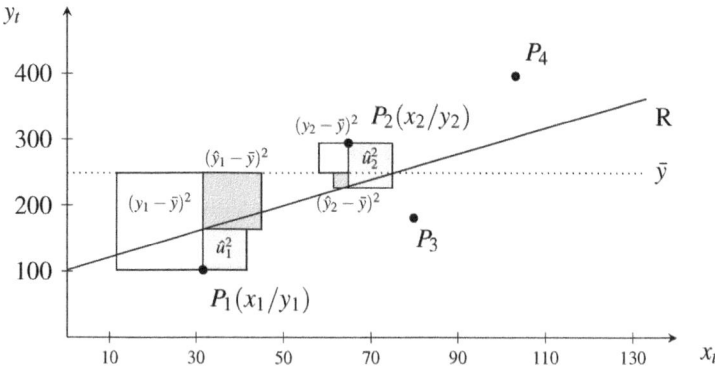

Abb. 4.23.: Darstellung der Variationen

Für den Zusammenhang der oben definierten Variationen besitzt folgende Aussage eine wichtige Bedeutung: Die Variation der abhängigen Variablen entspricht der Summe der Variation der Residuen und der Variation des erklärten Anteils von y.

$$\sum_{i=1}^{n}(y_i - \overline{y})^2 = \sum_{i=1}^{n}\hat{u}_i^2 + \sum_{i=1}^{n}(\hat{y}_i - \overline{\hat{y}})^2 \tag{4.94}$$

Oder in verkürzter Schreibweise:

$$S_{yy} = S_{\hat{y}\hat{y}} + S_{\hat{u}\hat{u}} \tag{4.95}$$

Die Formel 4.94 wird häufig in der Form SST = SSE + SSR geschrieben. Auf einen Beweis wird an dieser Stelle verzichtet, er ist zum Beispiel nachzulesen bei Wooldridge (2008, S. 35).

Die Stärke des Zusammenhangs der Variablen x und y hängt vom Verhältnis der Variation der Residuen $S_{\hat{u}\hat{u}}$ zu der Variation des erklärten Anteils $S_{\hat{y}\hat{y}}$ ab und lässt sich gut durch Venndiagramme darstellen. Rechnerisch ergibt sich die Stärke des Zusammenhangs durch das sogenannte *Bestimmtheitsmaß*. Es ist definiert als das Verhältnis der erklärten Variation zur gesamten Variation der y-Werte:

$$R^2 = \frac{S_{\hat{y}\hat{y}}}{S_{yy}} = \frac{S_{yy} - S_{\hat{u}\hat{u}}}{S_{yy}} = 1 - \frac{S_{\hat{u}\hat{u}}}{S_{yy}} \tag{4.96}$$

Aus der Formel 4.96 geht hervor, dass das Bestimmtheitsmaß R^2 zwischen 0 und 1 liegt. Dabei sind zwei (theoretische) Fälle denkbar: Besitzt die Variation der Residuen (RSS) den Wert Null, dann gilt $R^2 = 1$. In diesem Fall wird die Variation der y-Werte zu 100% aus der Variation der Werte des Regressors erklärt und die Datenpunkte liegen alle auf der Regressionsgeraden. Für den entgegengesetzten Fall ist die Variation des geschätzten Anteils (ESS) gleich Null, sodass der Regressor nicht zur Erklärung der Werte der abhängigen Variablen beiträgt. Die verschiedenen Konstellationen sind in den unten dargestellten Venn-Diagrammen abgebildet. Ein schwacher Zusammenhang drückt sich in einem Bestimmtheitsmaß aus, der geringfügig über dem Wert Null liegt (z.B. 0,1). Ein starker Zusammenhang ist bei einem Bestimmtheitsmaß von 0,8 oder 0,9 gegeben.

Grundsätzlich lassen sich drei Ausprägungsformen des Zusammenhangs unterscheiden, die in den folgenden Abbildungen dargestellt sind:

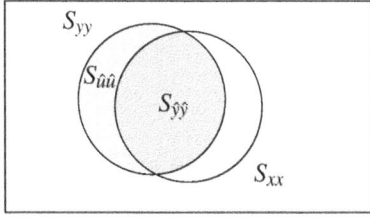

Abb. 4.24.: Starker Zusammenhang zwischen x und y

Abbildung 4.24 stellt eine hohe Erklärungskraft des Regressionsmodells dar. Die Datenpunkte liegen sehr nahe an der Regressionsgeraden, sodass die Residuenquadratsumme sehr
klein ist.

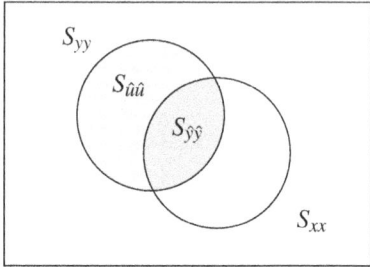

Abb. 4.25.: Mittlerer Zusammenhang zwischen x und y

Abbildung 4.25 stellt eine mittlere Erklärungskraft des Regressionsmodells dar. Die Datenpunkte liegen in einem mittleren Abstand zur Regressionsgeraden. Die Variation der Residuen besitzt einen mittleren Wert.

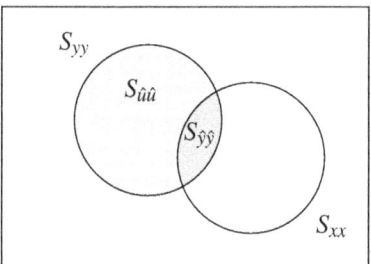

Abb. 4.26.: Schwacher Zusammenhang zwischen x und y

Abbildung 4.26 stellt eine schwache Erklärungskraft des Regressionsmodells dar. Die Datenpunkte liegen weit von der Regressionsgeraden entfernt, sodass die Residuenquadratsumme sehr groß ist.

Berechnung des Bestimmtheitsmaßes

Die Berechnung des Bestimmtheitsmaßes R^2 ist nur möglich, wenn man den Wert von $S_{\hat{u}\hat{u}}$
kennt. Dieser ergibt sich aber erst, wenn eine KQ-Schätzung des Modells durchgeführt wurde. Es ist aber auch möglich, das Bestimmtheitsmaß aus den Daten zu berechnen.

Für den Fall einer einfachen linearen Regression mit einer unabhängigen Variablen x kann folgende alternative Formel herangezogen werden:

$$R^2 = \frac{S_{xy}^2}{S_{xx}S_{yy}} = \frac{[\sum_{i=1}^{n}(x_i - \bar{x})(y_i - \bar{y})]^2}{\sum_{i=1}^{n}(x_i - \bar{x})^2 \sum_{i=1}^{n}(y_i - \bar{y})^2} \tag{4.97}$$

Im Zähler der Gleichung steht das Quadrat der Kovariation zwischen dem Regressor x und der Variablen y. Im Nenner stehen die Variationen der Variablen x und y. Der in Formel 4.97 dargestellte Zusammenhang ist leicht nachzuweisen. Aus der Variation $S_{\hat{y}\hat{y}}$ ergibt sich:

$$S_{\hat{y}\hat{y}} = \sum(\hat{y}_i - \bar{y}) = \sum[(\hat{\alpha} + \hat{\beta}x_i) - (\hat{\alpha} + \hat{\beta}\bar{x})]^2$$
$$= \sum[\hat{\beta}(x_i - \bar{x})]^2 = \hat{\beta}^2 \sum(x_i - \bar{x})^2$$
$$= (\frac{S_{xy}}{S_{xx}})^2 S_{xx} = \frac{S_{xy}^2}{S_{xx}} \tag{4.98}$$

Ersetzt man $S_{\hat{y}\hat{y}}$ durch den Ausdruck $R^2 \cdot S_{yy}$ ein, erhält man nach einer kleinen Umformung die obige Formel für R^2.

Die Werte der einzelnen Variationen präsentiert Gretl in einem eigenen Fenster, dem ANOVA-Fenster. Es lässt sich aus dem Ergebnisfenster der OLS-Schätzung über den Eintrag *Analyse/ANOVA* aufrufen, siehe Abbildung 4.27.

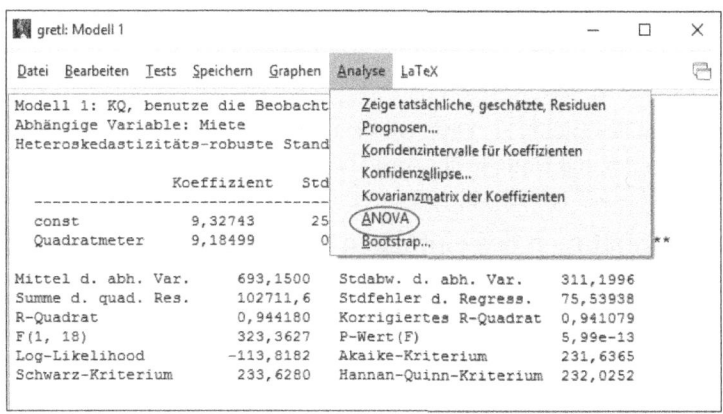

Abb. 4.27.: Auswahl ANOVA im Modellergebnisfenster

ANOVA ist die Abkürzung von „Analysis of variance", also „Varianzanalyse". Im Wesentlichen enthält das Fenster die Angaben der Variationen (Quadratsumme), die zugehörigen Freiheitsgrade (FG) sowie die Mittelwerte der Quadratsummen.

Varianzanalyse:

	Quadratsumme	FG	quad. Mittel
Regression	1,73735e+006	1	1,73735e+006
Residuum	102712	18	5706,2
Total	1,84006e+006	19	96845,2

R^2 = 1,73735e+006 / 1,84006e+006 = 0,944180

$F(1,18)$ = 1,73735e+006 / 5706,2 = 304,467 [p-Wert 1e–012]

In der Spalte „Quadratsumme" werden die Variationen ausgegeben: ESS = 1737350, RSS = 102712, TSS = 1840060.

Die beiden Spalten FG und quad. Mittel sind wie folgt zu interpretieren. In der Spalte FG stehen die Freiheitsgrade. Die Residuenquadratsumme (Zeile Residuum) besitzt 18 Freiheitsgrade, weil von den 20 Beobachtungswerten unseres Beispiels 2 Freiheitsgrade abgezogen werden müssen. Dazu betrachte man die Beziehung

$$\hat{u}_i = y_i - \hat{\alpha} - \hat{\beta} x_i \quad (i = 1, 2, \ldots, N) \tag{4.99}$$

zwischen den Residuen $\hat{u}_i$ und den Variablen y_i (endogene Variable) sowie x_i (unabhängige Variable). Geben wir für die zwei Variablen konkrete Werte vor, dann können noch 18 Werte der 20 Residuen frei vergeben werden. Die Werte der letzten Spalte (*quad. Mittel*) ergeben sich aus der Division der Werte von „Quadratsumme" und „FG".

Mit dem Kommando *OLS* kann erreicht werden, dass die ANOVA-Ergebnisse zusammen mit den Ergebnissen der Modellschätzung angezeigt werden. Zu diesem Zweck wird hinter dem Kommando *ols* die Option *--anova* wie folgt angegeben:

```
ols Miete const Quadratmeter  --anova
```

So wie in diesem Beispiel bietet Gretl bei vielen Kommandos die Möglichkeit, durch Angabe von Optionen Art und Umfang der Ausgabe zu modifizieren.

4.2.8. Grundannahmen des einfachen linearen Regressionsmodells

Es gibt einige Annahmen, die sicherstellen, dass das ökonometrische Modell korrekt spezifiziert ist und die gewünschten Eigenschaften aufweist. Eine Verletzung einer oder mehrerer der nachfolgend vorgestellten Annahmen hat zur Konsequenz, dass die Modellspezifikation überprüft werden muss.

Es gibt mehrere Möglichkeiten, die Gesamtmenge der mathematisch notwendigen Annahmen zu formulieren und zu gruppieren. Auf den ersten Blick mag es daher scheinen, als ob in verschiedenen Lehrbüchern unterschiedliche Anforderungen an das klassische Modell gestellt werden. Dies ist aber nicht der Fall, alle Annahmen zusammengenommen bleiben äquivalent.[12]

---

12 Eine vergleichbare Situation gibt es in der Geometrie: Es ist gleichgültig, ob eine bestimmte Art von Dreieck dadurch definiert wird, dass alle Seiten gleich lang sind oder dass alle Winkel gleich groß sind. Beide Definitionen sind äquivalent und folgen logisch aus der jeweils anderen.

Wir folgen hier der Unterteilung von L. v. Auer (2011), der drei Bereiche unterscheidet. Die A-Annahmen beziehen sich auf die funktionale Form des Modells. Die B-Annahmen betreffen wünschenswerte Eigenschaften der Störgrößen, während die C-Annahmen bestimmte Eigenschaften des Regressors (bzw. der Regressoren im Modell einer Mehrfachregression) unterstellen.

Formulierung der A-Annahmen

- *Annahme A1*
  Im Modell $y_i = \alpha + \beta x_i$ fehlen keine relevanten exogenen Variablen und das Modell ist damit vollständig erklärt.

- *Annahme A2*
  Der wahre Zusammenhang zwischen x_i und y_i ist linear.
  Hinweis: Dies lässt sich im bivariaten Fall häufig anhand der Punktwolke erkennen. Das Beispiel einer nicht-linearen Beziehung gibt Abbildung 4.28 wieder. Die dargestellte Punktmenge beschreibt einen Zusammenhang zwischen den Daten, der nicht angemessen durch eine Regressionsgerade modelliert werden kann. Mit zunehmender Wohnfläche fällt der Zuwachs an Miete immer geringer aus, sodass eher von einem logarithmischen Zusammenhang auszugehen ist.

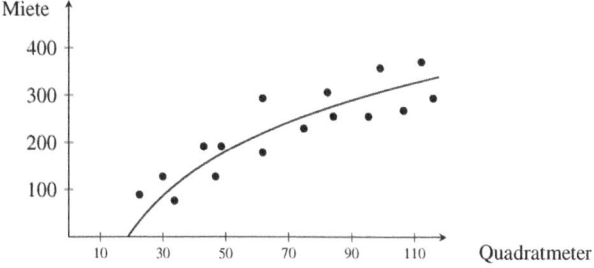

Abb. 4.28.: Logarithmischer Zusammenhang zwischen Miete und Quadratmeter?

Es sollte immer anhand eines X-Y-Streudiagramms kontrolliert werden, ob ein nichtlinearer Zusammenhang gegeben ist. Im vorliegenden Beispiel kann aber dennoch eine lineare Regression durchgeführt werden, weil es nur darauf ankommt, dass die Regressionsgleichung linear in den Parametern α und β ist. Die Werte müssen nur entsprechend transformiert werden. Darauf wird im Kapitel 4.3 näher eingegangen.

- *Annahme A3*
  Die Parameter α und β sind für alle N Beobachtungen konstant. Ein Verstoß gegen diese Annahme stellt einen Strukturbruch dar, der aus der Tatsache resultiert, dass der Datenzusammenhang nicht hinreichend analysiert wurde.[13]

---

13 Diese Annahme kann auch als explizit ausformulierter Teil der Annahme A1 angesehen werden, da ein Strukturbruch letztlich durch andere erklärende Variablen modelliert werden kann.

Die in Abbildung 4.29 dargestellte Punktwolke gibt einen Zusammenhang zwischen der Wohnfläche und der Miethöhe wieder, der möglicherweise auf einen sogenannten *Strukturbruch* im Niveauparameter α als auch im Steigungsparameter β hindeutet. In diesem Fall sind die Daten in zwei Teilmengen zu zerlegen, wobei für jede Teilmenge eine gesonderte Schätzung durchzuführen ist. Durch jede der beiden separierten Punktmengen kann dann eine eigene Regressionsgerade gelegt werden.

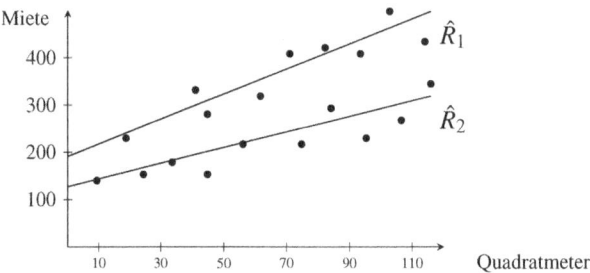

Abb. 4.29.: möglicher Strukturbruch des Datenzusammenhangs

Welche Möglichkeiten Gretl anbietet, um einen Strukturbruch zu erkennen und zu behandeln, ist Gegenstand des späteren Abschnitts 5.1.4.2.

Formulierung der B-Annahmen Die abhängige Variable im klassischen linearen Regressionsmodell hängt nicht nur von den Regressoren ab, deren Werte beobachtbar sind, sondern auch von den Störgrößen u_i.

Es lassen sich vier Annahmen treffen, die für die Störgrößen gelten sollten, damit das klassische lineare Regressionsmodell korrekte Ergebnisse im oben dargestellten Sinne liefert. (Die Annahmen *B1* bis *B3* werden im Zeitreihenkontext zusammengenommen auch als Eigenschaft des *weißen Rauschens* oder *white noise* bezeichnet, ☞ Kapitel 6.)

- *Annahme B1*
  Bei gegebenen Werten des Regressors x besitzen die Störgrößen für alle Beobachtungen $i = 1, ..., N$ den Erwartungswert 0, das heißt:

$$E(u_i|x_i) = 0 \qquad (4.100)$$

Um auszudrücken, dass der Störterm u und die erklärende Variable x nicht miteinander in Beziehung stehen, können wir Annahme B1 auch so formulieren: $E(u_i|x_i) = E(u_i) = 0$. Diese Annahme besagt, dass der Störterm u im Erwartungswert von der erklärenden Variablen x unabhängig ist, das heißt, der bedingte Erwartungswert von u ist bei einem gegebenen beliebigen Wert von x gleich dem unbedingten Erwartungswert von u und damit konstant. Dieser Fall ist insbesondere gegeben, wenn wir von fixen (nicht-zufälligen) x-Werten ausgehen, weswegen dieser Spezialfall manchmal mit dem

klassischen Modell gleichgesetzt wird; vgl. auch Annahme C. Es reicht aber wie oben
angegeben die schwächere Annahme aus, dass bei stochastischen Regressoren der bedingte Erwartungswert der Störgrößen Null ist.[14]

- *Annahme B2*
  Bei gegebenen Werten des Regressors x ist die Varianz der Störgrößen für alle Beobachtungen $i = 1, ..., N$ konstant, das heißt:

$$var(u_i|x_i) = \sigma^2 \qquad (4.101)$$

Diese Eigenschaft hatten wir als *Homoskedastizität* der Störgrößen bezeichnet. Verletzt
eine oder mehrere der N Störgrößen diese Annahme, liegt sogenannte *Heteroskedastizität* vor. Wie oben ausführlich erläutert, gilt auch hier im Fall der Unabhängigkeit der
Störgröße u vom Regressor x der folgende Zusammenhang: $var(u_i|x_i) = var(u_i) = \sigma^2$.
Eine Konsequenz dieser häufig zu beobachtenden Tatsache besteht darin, dass die Störgrößen für bestimmte Wertebereiche eines Regressors besonders weit um den Mittelwert 0 streuen, während für andere Bereiche die Streuung sehr gering ausfällt. In der
folgenden Grafik nimmt die Varianz der Störgrößen bei einem Anwachsen der Werte
des Regressors x kontinuierlich zu.

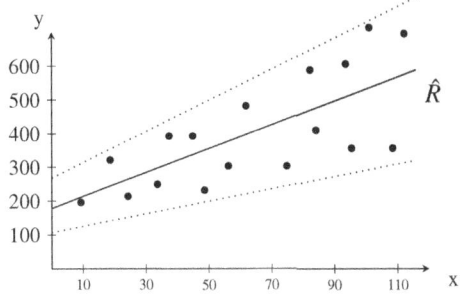

Abb. 4.30.: Punktwolke, die auf heteroskedastische Störgrößen hinweist

Trotz Heteroskedastizität der Störgrößen ist eine KQ-Schätzung des Modells möglich.
Im Rahmen des multiplen linearen Regressionsmodells wird detailliert darauf einge-
gangen. Allerdings ergeben sich teils erhebliche Auswirkungen auf die Effizienz der
Schätzung und auf die Verlässlichkeit von statistischen Tests.

---

14 Betrachten wir als weiteres Beispiel ein Modell, das den Lohn (*wage*) nur durch die Ausbildungszeit (*educ*)
erklärt: wage $= \alpha + \beta$educ$+u$. Angenommen, der Störterm u enthalte nur den unbeobachtbaren Faktor Begabung
(*ability*). Unter der Annahme $E(u_i|x_i) = E(u_i)$ heißt dies für den Fall zweier Ausbildungszeiten von 10 und 16
Jahren: $E(abil|educ = 10) = E(abil|educ = 16) = E(abil)$. Diese Annahme wäre falsch, wenn in der Realität
die durchschnittliche Begabung positiv mit der Ausbildungszeit korreliert ist.
Solche Fälle sind durch diese Annahme des klassischen Modells ausgeschlossen.

- *Annahme B3*

  Die Werte des Fehlerterms sind nicht miteinander korreliert, sodass keine Autokorrelation vorliegt. Für zwei verschiedene Beobachtungen i und j gilt somit:

$$cov(u_i, u_j | x_i) = 0 \qquad (4.102)$$

Diese Eigenschaft bedeutet, dass der Wert der Störgröße u_i den Wert einer weiteren Störgröße u_j nicht beeinflusst.

Bei Querschnittsdaten wird diese Annahme oft auch als unabhängige Zufallsziehung bezeichnet (*random sampling*). Diese Annahme kann dann verletzt sein, wenn im Beispiel des Mietmodells Preisabsprachen bezüglich der Miethöhe vorgenommen werden. Eine über dem Durchschnitt liegende Miete mit der Störgröße $u_i > 0$ wird dann sehr schnell eine ebenfalls über dem Durchschnitt liegende Miete mit der Störgröße $u_j > 0$ nach sich ziehen, sodass in diesem Fall eine positive Autokorrelation mit $cov(u_i, u_j) > 0$ vorliegt. Besonders häufig ist eine Verletzung der Annahme 4.102 bei Zeitreihen zu beobachten, da zeitliche Abläufe relativ selten durch abrupte Änderungen größeren Ausmaßes charakterisiert sind, sodass sich mehrere aufeinanderfolgende Residuen entweder oberhalb oder unterhalb der Regressionsgeraden befinden (siehe Abbildung 4.31).

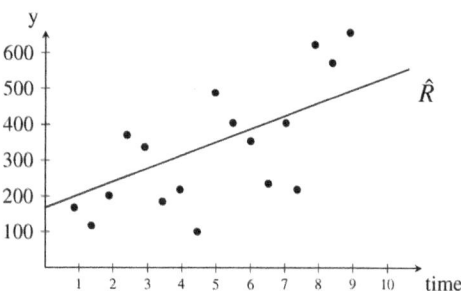

Abb. 4.31.: Autokorrelation der Störgrößen

Autokorrelation der Störgrößen hat ähnliche Konsequenzen wie das Auftreten von Heteroskedastizität. Sie verzerrt zwar nicht die Lage der Schätzgeraden $\hat{R}$, führt aber ebenso wie bei Heteroskedastizität zu ineffizienten Schätzungen und zu Problemen bei der statistischen Inferenz (d.h. beim Testen). Es bedarf deshalb spezieller Testverfahren, die in Kapitel 6.2 diskutiert werden.

- *Annahme B4*

  Jede Zufallsvariable u_i besitzt die gleiche Wahrscheinlichkeitsverteilung, nämlich eine Normalverteilung mit dem Erwartungswert 0 und der Varianz σ^2. Auch hier gilt, dass eine Verletzung dieser Annahme hauptsächlich Auswirkungen auf Tests hat, nicht primär auf die Parameterschätzung.[15]

$$u_i \sim N(0, \sigma^2) \qquad (4.103)$$

Die getroffenen Annahmen beziehen sich auf die unbeobachtbaren Störgrößen der Grundgesamtheit und nicht auf ihre beobachtbaren Entsprechungen, den Residuen innerhalb einer gezogenen Stichprobe. Daher sind manche Annahmen zunächst relativ abstrakt; so lässt sich die Streuung eines einzelnen Residuums u_i nie wirklich empirisch überprüfen, weil erstens nur die Schätzung $\hat{u}_i$ der eigentlichen Realisation beobachtbar ist, vor allem aber weil mit einer einzigen Realisation keine Streuung berechenbar ist. Es ist aber andererseits möglich, Tendenzen in den Residuen empirisch zu überprüfen, die den Annahmen widersprechen würden. Ein Beispiel wurde in Abbildung 4.30 vorgeführt.

Formulierung der C-Annahme

- *Annahme C*
  Im Modell $y_i = \alpha + \beta x_i$ ist die exogene Variable x_i keine Zufallsvariable, sondern sie kann wie in einem Experiment kontrolliert werden. Dies bedeutet, dass es keine Beziehung zwischen dem Fehlerterm und dem korrespondierenden Wert des Regressors gibt:

$$cov(u_i, x_i) = 0 \text{ für } i = 1, ..., N \qquad (4.104)$$

Wie bei Annahme B1 bereits erwähnt wurde, stellt diese starke Annahme einen Spezialfall dar. In der medizinischen Forschung sind solche kontrollierten Experimente üblich. Im ökonomischen Kontext ist es schwierig, überzeugende Beispiele hierfür zu finden, daher dient der Fall der Annahme C eher als theoretischer Referenzfall.

4.2.9. Unverzerrtheit und Effizienz der KQ-Schätzer

In diesem Abschnitt wollen wir die Konzepte der *Unverzerrtheit* und der *Effizienz* als wichtige und erstrebenswerte Eigenschaften der OLS-Schätzer eines Modells beschreiben. Die Verwendung des Adjektivs „erstrebenswert" deutet bereits an, dass es zu Einschränkungen dieser Eigenschaften kommen kann. Diese sind in der Regel darauf zurückzuführen, dass gewisse Abstriche bei den (wünschenswerten) statistischen Verteilungsmustern der Störgrößen zu machen sind und dass unerwünschte Korrelationen des oder der Regressoren mit den Störgrößen existieren können. Im Verlauf der weiteren Ausführungen wird darauf jeweils näher eingegangen.

---

15 Eine Verletzung der Annahme B4 erzeugt außerdem wenig Probleme bei großen Stichproben, da der zentrale Grenzwertsatz der Statistik eine approximative Normalverteilung für die KQ-Schätzer zusichert. Für kleinere Stichproben können sich allerdings irreführende Testergebnisse bei den Hypothesentests ergeben. Für eine ausführlichere Diskussion siehe Abschnitt 5.2.1.

Die KQ-Methode (Methode der kleinsten Quadratsumme) lieferte die Größen $\hat{\alpha}$ und $\hat{\beta}$ als Schätzer für α und β in dem linearen ökonometrischen Modell

$$y_i = \alpha + \beta x_i + u_i \tag{4.105}$$

Es existieren noch weitere Methoden, die andere mathematische Schätzverfahren benutzen (z.B. Maximum-Likelihood-Methode, Methode der Kleinstbeträge). Die Bevorzugung der KQ-Methode liegt vor allem darin, dass die Schätzer *unverzerrt* und *effizient* sind. Für diese Eigenschaften gelten die folgenden Definitionen.

Unverzerrtheit   Der Schätzer $\hat{\beta}^A$ (A = beliebige Schätzmethode, z.B. OLS) heißt unverzerrt oder erwartungstreu, wenn die aus wiederholten Stichproben ermittelten Werte $\hat{\beta}^A$ im Mittel den wahren Wert β treffen, das heißt wenn gilt:

$$E(\hat{\beta}^A) = \beta \tag{4.106}$$

In Abbildung 4.32 stellt $\hat{\beta}^A$ einen unverzerrten Schätzer mit dem Erwartungswert β dar. Seine Verteilung wird durch die linke Glockenkurve dargestellt. Die rechte Glockenkurve repräsentiert ein Schätzverfahren B, bei dem die Werte der Schätzer $\hat{\beta}^B$ nicht um den wahren Wert β streuen, sodass gilt: $E(\hat{\beta}^B) \neq \beta$. Die Differenz $E(\hat{\beta}^B) - \beta$ wird *systematischer Fehler* (engl. *bias*) genannt. Für einen erwartungstreuen Schätzer wie $E(\hat{\beta}^A)$ besitzt er den Wert Null. Die KQ-Methode liefert unter den besprochenen Annahmen unverzerrte Schätzer.

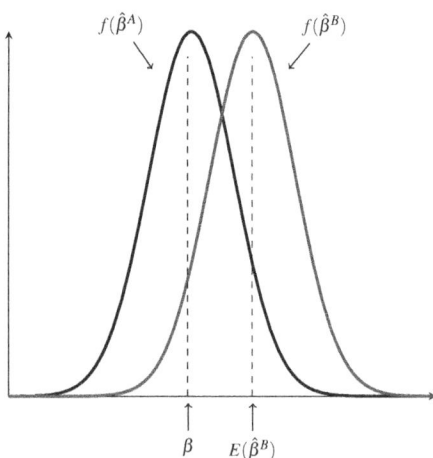

Abb. 4.32.: Ein unverzerrter Schätzer $\hat{\beta}^A$ und ein verzerrter Schätzer $\hat{\beta}^B$

Um unter allen unverzerrten Schätzern den „besten" Schätzer zu erhalten, betrachtet man zusätzlich die Varianz und besitzt damit ein Kriterium, um die *Effizienz* des Schätzers zu beurteilen.

Effizienz Ein unverzerrter Schätzer $\hat{\beta}^A$ ist *effizient*, wenn er innerhalb aller unverzerrten Schätzer die geringste Varianz beziehungsweise Streuung aufweist. Sei $\hat{\beta}^C$ ein beliebiger anderer erwartungstreuer Schätzer, so ist $\hat{\beta}^A$ effizienter als $\hat{\beta}^C$, wenn gilt:

$$var(\hat{\beta}^A) < var(\hat{\beta}^C) \qquad (4.107)$$

Die Abbildung 4.33 demonstriert das Kriterium der Effizienz. Beide dargestellten Schätzer $\hat{\beta}^A$ und $\hat{\beta}^C$ sind unverzerrt, da ihre Verteilungen um den wahren Wert β zentriert sind. Allerdings ist der Schätzer $\hat{\beta}^C$ weniger effizient, da seine Verteilung eine höhere Varianz aufweist. Das Kriterium der Effizienz ist dem Kriterium der Unverzerrtheit untergeordnet, es sollte aber angestrebt werden, Schätzer zu finden, die möglichst nah um den wahren Wert verteilt sind.

Unter den getroffenen A-,B- und C-Annahmen sind die KQ-Schätzer $\hat{\alpha}$ und $\hat{\beta}$ innerhalb der Klasse der unverzerrten linearen Schätzer unverzerrt und effizient.[16] Sie haben die *BLUE-Eigenschaft* (*Best Linear Unbiased Estimator*). Sie schließt *nicht* aus, dass es *nicht-lineare* unverzerrte Schätzer gibt, die eine noch geringere Varianz aufweisen.

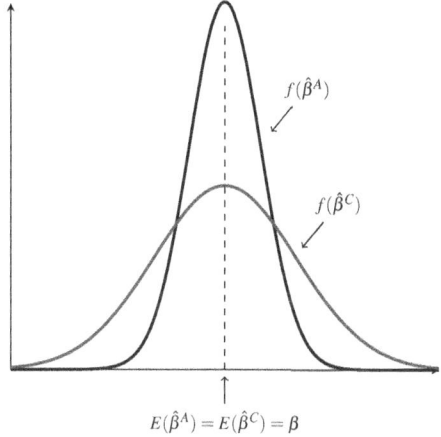

Abb. 4.33.: Zwei unverzerrte Schätzer mit unterschiedlicher Varianz

Konsistenz In salopper Formulierung bedeutet Konsistenz, dass ein Schätzer umso genauer werden sollte, je größer die Stichprobe ist. In Abbildung 4.34 sind die Wahrscheinlichkeitsverteilungen eines Schätzers $\hat{\beta}^A$ zu sehen. Offensichtlich weicht bei jeder Verteilung der Erwartungswert vom wahren Wert β ab, sodass der Schätzer verzerrt ist. Da sich jedoch die Wahrscheinlichkeitsmasse bei zunehmendem Stichprobenumfang N immer stärker um den wahren Wert β konzentriert, liegt es nahe, von einer Konsistenz des Schätzers auszugehen.

---

16 Diese Einsicht wird auch als *Gauß-Markov-Theorem* bezeichnet.

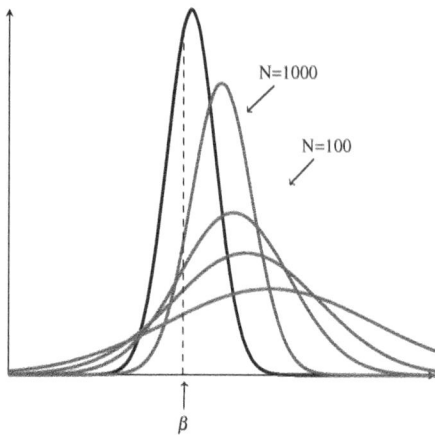

Abb. 4.34.: Konvergenz eines verzerrten Schätzers $\hat{\beta}^A$ bei wachsender Stichprobengröße N

Die Abbildung 4.34 zeigt, dass konsistente Schätzer in kleinen Stichproben verzerrt, also nicht erwartungstreu sein können. In formaler Schreibweise bedeutet Konsistenz:

$$\lim_{n\to\infty} P(|\hat{\beta}^A - \beta| \geq \varepsilon) = 0 \qquad oder \quad plim(\hat{\beta}^A) = \beta \qquad (4.108)$$

Wächst also der Stichprobenumfang N gegen unendlich, so konvergiert die Wahrscheinlichkeit dafür, dass der Schätzwert $\hat{\beta}^A$ vom wahren Wert β um mehr als einen beliebig kleinen Wert ε abweicht, gegen Null. Häufig wird auch die verkürzte Schreibweise *plim* verwendet, die für *Wahrscheinlichkeitsgrenzwert* steht (lat. *probabilitas* und *limes*).

4.3. Nichtlineare Modelle und Transformationen von Variablen

Bei manchen ökonomischen Prozessen ist es plausibler, von nichtlinearen Beziehungen zwischen den Variablen auszugehen. Wenn wir bisher von linearen Regressionsmodellen gesprochen haben, benutzen wir diese Terminologie im Hinblick auf zwei wichtige aber unterschiedliche Eigenschaften: Die betrachteten Modelle sind zunächst „linear in den Variablen", weil keine höheren Potenzen oder andere Transformationen der Variablen betrachtet werden. Zum anderen sind sie auch „linear in den Parametern", weil in den Modellen nur die Produkte einfacher Parametern mit den beobachteten Variablen vorkommen, und diese insgesamt additiv verknüpft sind.[17]

---

17 Im Rahmen der Behandlung der einfachen linearen Regression haben wir es nur mit dem Niveauparameter und einem Steigungsparameter zu tun. Modelle mit mehreren Regressoren sind Thema des Kapitels 4.4. Natürlich spielen nicht-lineare Zusammenhänge dort auch eine wichtige Rolle.

In diesem Kapitel soll ein kurzer Einblick in einige wichtige nichtlineare Modelle gegeben werden, wobei jeweils „nichtlinear in den Variablen" gemeint ist. Durch geeignete Transformation wird es trotzdem möglich sein, eine lineare Regression durchzuführen (d.h., „linear in den Parametern"). Bei der Suche nach einem angemessenen Modell besteht das Ziel immer darin, diejenige Spezifikation zu finden, die einen möglichst großen Anteil der Variation der abhängigen Variablen erklärt.

4.3.1. Linearität und Nichtlinearität

Eine Reihe von Beziehungen zwischen ökonomischen Größen lassen sich nicht als lineare Zusammenhänge interpretieren. Die Abbildung 4.35 zeigt zwei Beispiele, bei denen der Zusammenhang zwischen den Werten der abhängigen Variablen y und der unabhängigen Variablen x nicht linear zu sein scheint. Die Schätzung einer linearen Regressionsgleichung führt in diesen Fällen zu einer falschen Interpretation des Zusammenhangs. Man spricht in diesem Zusammenhang auch von einer *Fehlspezifikation* der funktionalen Form des Modells.

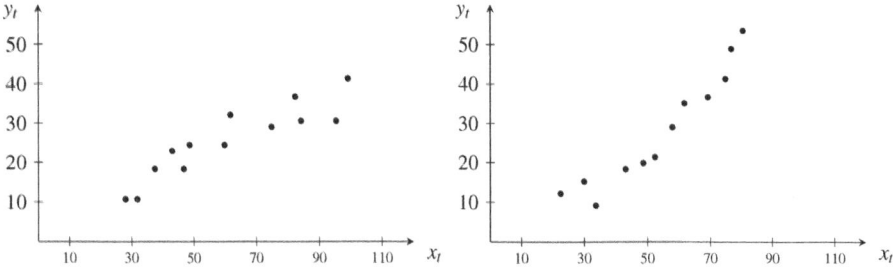

Abb. 4.35.: Logarithmischer oder exponentieller Zusammenhang?

Im links wiedergegebenen Diagramm von Abbildung 4.35 scheint der Zusammenhang einem logarithmischen Verlauf zu folgen, sodass die marginale Veränderung von y_i umso geringer ausfällt, je größer der Wert von x_i, also das Ausgangsniveau, ist. Im rechts angegebenen Diagramm steigen die marginalen Änderungen von y_i immer weiter an, wenn der Wert von x_i zunimmt. Hier scheint also entweder ein exponentieller Zusammenhang vorzuliegen oder einer, der dem Verlauf einer quadratischen Funktion entspricht.

Um auch in diesen Fällen eine lineare Regression durchführen zu können, werden die Variablen x bzw. y einer mathematischen Transformation unterworfen. Legt das X-Y-Diagramm z.B. einen logarithmischen Zusammenhang nahe, können die Beobachtungswerte x_i logarithmiert und die daraus resultierende Variable mit den Logarithmuswerten in der Regressionsgleichung verwendet werden. Hier gibt es also zwei unterschiedliche Bedeutungen des Begriffs linear: Die Variablen werden zwar nichtlinear transformiert, aber die Linearität der Gleichung des Regressionsmodells bleibt erhalten. Man spricht hierbei auch von Linearität in den Parametern. Daher kann weiterhin die KQ-Methode zur Schätzung verwendet werden.

Im Folgenden werden einige alternative Funktionsformen behandelt, die im Modellierungsprozess herangezogen werden können, um den wahren Zusammenhang einer abhängigen Variablen von den Regressoren zu finden. Mit dem Box-Cox-Test wird ein Test vorgestellt, mit dem entschieden werden kann, ob eine bestimmte, recht häufig auftretende funktionale Form dem linearen Modellansatz vorzuziehen ist.

4.3.2. Modelle mit logarithmischen Transformationen

In diesem Abschnitt werden drei funktionale Zusammenhänge betrachtet, die zu verschiedenen Formen von Modellen führen. Diese Modelle werden durch entsprechende Beispiele veranschaulicht, sodass der Leser/die Leserin in die Lage versetzt wird, die jeweils besondere Art des Zusammenhangs von Variablen auf eigene Datensammlungen anzuwenden.
Im Einzelnen lassen sich unterscheiden:

- das semi-logarithmische Modell

- das exponentielle Modell

- das voll-logarithmische Modell

Während sich die oben erwähnten Modelle auf die logarithmierten Werte der abhängigen und/oder der unabhängigen Variablen beziehen, beruht das *polynomiale Modell* darauf, dass die quadrierten Werte, die Kubikwerte oder höhere Potenzen der unabhängigen Variablen herangezogen werden. Diese Variante ist Gegenstand des Abschnitts 4.3.3.

Das semilogarithmische Modell

Beispiel   Das Dataset *Milchleistung.gdt* enthält Daten über den Verbrauch von Kraftfutter und den jährlichen Milchertrag (in Litern) in einem landwirtschaftlichen Betrieb. Das zugrunde liegende Beispiel ist enthalten in L. v. Auer (2011).
Es soll untersucht werden, welcher Zusammenhang zwischen dem Futtermitteleinsatz (Variable *Futter*) und der produzierten Milchmenge (Variable *Milchleistung*) existiert. Eine erste Vermutung lautet, dass die erzeugte Milchmenge bei einer immer weiter erhöhten Kraftfuttermenge nicht beliebig ausgeweitet werden kann. Vielmehr sollte die Erhöhung der Milchmenge davon abhängig sein, welche Kraftfuttermenge bereits verabreicht worden ist.
Das von Gretl ausgegebene X-Y-Streudiagramm in Abbildung 4.36 enthält zum Vergleich einen linearen Zusammenhang zwischen der Menge des Kraftfutters und dem Milchoutput, obwohl die Punktmenge einem logarithmischen Verlauf zu folgen scheint. Gretl berechnet nach dem KQ-Verfahren folgende Regressionsgleichung:

$$\hat{y}_i = 5040 + 113x_i \tag{4.109}$$

Wird also die Kraftfuttermenge um einen Zentner im Jahr erhöht, steigt die Milchleistung um 113 Liter im Jahr an. Der Verlauf der Punktmenge deutet allerdings an, dass bei steigender Kraftfuttermenge die zusätzliche Milchleistung immer geringer wird, es also auch in der Milchleistung der Kühe eine Grenzrate der Produktivität gibt. Bei einem sehr hohen Einsatz von Kraftfutter ist kaum noch ein zusätzlicher Output an Milchleistung möglich.

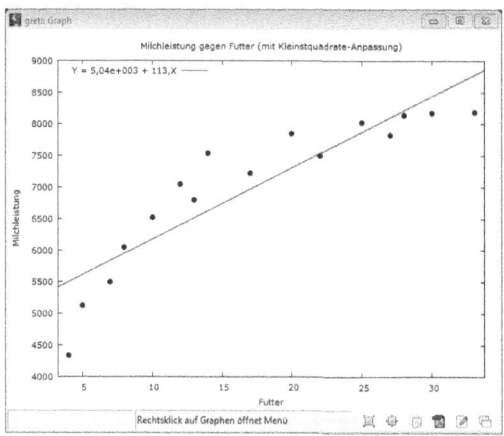

Abb. 4.36.: Streudiagramm des Zusammenhangs Futtermenge und Milchmenge

Deshalb kann das hier verwendete lineare Regressionsmodell die Daten nicht angemessen repräsentieren, sodass wir von einem fehlspezifizierten Modell sprechen können. Wie man an dem Beispiel sieht, ist das Modell nicht geeignet und eine Schätzung oder Prognose würde irreführende Werte liefern.

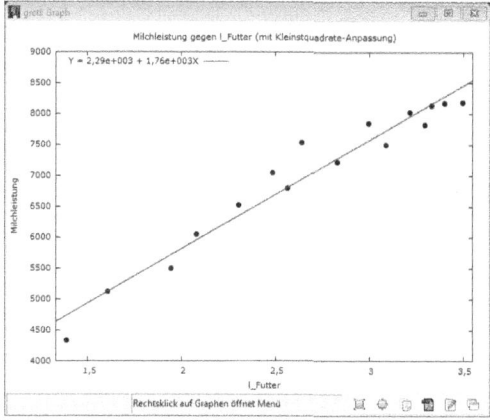

Abb. 4.37.: Streudiagramm des Zusammenhangs *l_Futter* und Milchleistung

Ein besserer Ansatz wäre, gemäß dem Verlauf der Punktmenge zwischen den Variablen Futter und Milchleistung einen logarithmischen Zusammenhang zu unterstellen, entsprechend dem Modell:

$$Milchleistung_i = \alpha + \beta log(Futter_i) + u_i \tag{4.110}$$

In Gretl können wir die Werte der Datasetvariablen *Futter* leicht logarithmieren, indem zunächst die Variable mit der rechten Maustaste selektiert und anschließend in der oberen Menüleiste des Hauptfensters der Eintrag *Hinzufügen/Logs gewählter Variablen* ausgewählt wird. Gretl generiert daraufhin die neue Variable *l_Futter* mit den logarithmierten Werten und gibt sie im Hauptfenster aus.

Abbildung 4.37 zeigt das X-Y-Streudiagramm, in dem auf der x-Achse die logarithmierten Werte der Variablen *l_Futter* und auf der y-Achse die Werte der Variablen *Milchleistung* abgetragen sind. Vergleicht man beide Streudiagramme miteinander, so ist festzustellen, dass die Punktmenge zum Modell 4.110 in etwa dem Verlauf der Regressionsgerade folgt. Für die Regressionsgerade berechnet Gretl folgende Gleichung:

$$\hat{y}_i = 2290 + 1760 log(x_i) \tag{4.111}$$

Bevor wir uns der Frage zuwenden, wie der geschätzte Parameter $\hat{\beta} = 1760$ im Modell zu interpretieren ist, soll untersucht werden, wie sich die beiden Streudiagramme in den Ergebnissen der KQ-Schätzung widerspiegeln. Um beide Modelle miteinander zu vergleichen, führen wir zwei verschiedene KQ-Schätzungen durch:

```
ols Milchleistung const Futter
ols Milchleistung const l_Futter
```

Die Ergebnisse der beiden OLS-Schätzungen liefern hochsignifikante Schätzer, da die p-Werte sehr niedrig sind (siehe Modell 1 und Modell 2).

Modell 1: KQ, benutze die Beobachtungen 1–16
Abhängige Variable: Milchleistung
Heteroskedastizitäts-robuste Standardfehler, Variante HC1

	Koeffizient	Std. Fehler	t-Quotient	p-Wert
const	5043,52	365,480	13,7997	5,81e–011
Futter	113,217	16,3948	6,9057	2,09e–06

Mittel d. abh. Var.	6989,438	Stdabw. d. abh. Var.	1187,771
Summe d. quad. Res.	4031368	Stdfehler d. Regress.	536,6143
R^2	0,809500	Korrigiertes R^2	0,795892
$F(1,14)$	47,68831	P-Wert(F)	7,26e–06
Log-Likelihood	−122,1992	Akaike-Kriterium	248,3985
Schwarz-Kriterium	249,9437	Hannan–Quinn	248,4776

Um zu beurteilen, welches Modell vorzuziehen ist, können die im OLS-Output grau hervorgehobenen statistischen Kennzahlen verglichen werden. Gegenüber dem linearen Modell 1 besitzt das semi-logarithmische Modell 2 eine viel kleinere Residuenquadratsumme (1040045 gegenüber 40311368), sodass sich die Werte der abhängigen Variablen *Milchleistung* besser an die Regressionsgerade anpassen.

Modell 2: KQ, benutze die Beobachtungen 1–16
Abhängige Variable: Milchleistung

Heteroskedastizitäts-robuste Standardfehler, Variante HC1

	Koeffizient	Std. Fehler	t-Quotient	p-Wert
const	2291,38	298,534	7,6754	2,21e–06
l_Futter	1761,34	104,124	16,9158	1,03e–10

Mittel d. abh. Var.	6989,438	Stdabw. d. abh. Var.	1187,771
Summe d. quad. Res.	1040045	Stdfehler d. Regress.	272,5600
R^2	0,950853	Korrigiertes R^2	0,947343
$F(1,14)$	286,1438	P-Wert(F)	1,03e–10
Log-Likelihood	−111,3605	Akaike-Kriterium	226,7210
Schwarz-Kriterium	228,2662	Hannan–Quinn	226,8001

Der höhere Wert des Bestimmtheitsmaßes R^2 deutet darauf hin, dass das Modell 2 (semilogarithmisch) hinsichtlich der Anpassung an die gegebene Punktmenge besser abschneidet als das lineare Modell. Hier ist aber Vorsicht geboten! Das Bestimmtheitsmaß darf nur zum Vergleich herangezogen werden, wenn die endogene Variable in den zu vergleichenden Modellen identisch ist und auch dieselbe Stichprobe untersucht wird. Beides ist hier der Fall.

Ein Modellvergleich mittels R^2 ist aber unbrauchbar, wenn das eine Modell eine transformierte (z.B. logarithmierte) endogene Variable enthält und das andere Modell die nicht-transformierte endogene Variable. Modelle der zuerst genannten Form werden wir mit dem *voll-logarithmischen* und dem *exponentiellen Modell* noch kennenlernen. Die zweite Bedingung für den Vergleich anhand von R^2 ist die identische Anzahl der Regressoren in beiden Modellen, wobei wir entsprechende Maße für multiple Regressionen später noch kennenlernen werden. Drittens müssen die Modelle einen Niveauparameter α enthalten.

Interpretation der Parameter Es ist nun zu klären, wie der geschätzte Koeffizient der Variablen *l_Futter* zu interpretieren ist. Wir gehen vom geschätzten Modell aus:

$$\hat{y}_i = \hat{\alpha} + \hat{\beta} log(x_i) \tag{4.112}$$

Leitet man unter Ausnutzung der Kettenregel $\hat{y}_i$ nach x_i ab, so erhält man:

$$\frac{d\hat{y}_i}{dx_i} = \frac{d\hat{y}_i}{d(log(x_i))} \cdot \frac{d(log(x_i))}{dx_i} = \frac{\hat{\beta}}{x_i} \tag{4.113}$$

Für den Differentialquotienten $d\hat{y}_i/d(log(x_i))$ erhalten wir den Wert $\hat{\beta}$ und die Ableitung der Logarithmusfunktion ergibt den Bruch $1/x_i$. Um den Grenzwert der Änderung der abhängigen Variablen $\hat{y}$ zu bestimmen, lösen wir 4.113 nach $d\hat{y}_i$ auf:

$$d\hat{y}_i = \frac{dx_i}{x_i} \cdot \hat{\beta} \tag{4.114}$$

Die marginale Änderung $\Delta\hat{y}_i$ ergibt sich also aus dem Produkt des Schätzers $\hat{\beta}$ mit der relativen Änderung des Regressorwerts $\Delta\hat{x}_i/x_i$. Eine Steigerung des Futterzusatzes um 1%

bewirkt eine Änderung des Milchoutputs um $0,01\hat{\beta}$, eine Änderung um 7% führt zu einem Anstieg der Milchleistung um $0,07\hat{\beta}$. Für den aus der Schätzung des Modells 4.110 ermittelten Wert $\hat{\beta} = 1761$ ergeben sich folgende Werte des zusätzlichen Milchoutputs: bei 1%: $\Delta\hat{y}_i = 0,01 \cdot 1761 = 17,60$ Liter. Bei 7%: $\Delta\hat{y}_i = 0,07 \cdot 1761 = 123,20$ Liter.

Es muss betont werden, dass im semilogarithmischen Modell prozentuale Änderungen des Regressors betrachtet werden, keine absoluten Änderungen. Bleibt die prozentuale Änderung konstant, muss bei höheren Ausgangswerten des Regressors x_i auch die absolute Änderung Δx_i höher ausfallen.

Dagegen ergibt sich die Reaktion der endogenen Variablen in absoluten Mengeneinheiten.

Das exponentielle Modell

Im semilogarithmischen Modell führt ein prozentualer Anstieg des Wertes der unabhängigen Variablen zu einer Veränderung des absoluten Betrags der abhängigen Variablen.

Im sogenannten exponentiellen Modell, das wir nun behandeln wollen, wird die Interpretation der Veränderung von x und y gegenüber dem semilogarithmischen Modell vertauscht. Angenommen, aus einem X-Y-Plot des Regressors x und des Regressanden y geht hervor, dass ein exponentieller Zusammenhang zwischen ihnen zu existieren scheint. Eine adäquate ökonometrische Modellierung dieses Zusammenhangs ist in Gleichung 4.115 angegeben.

$$y_i = \alpha^* \cdot e^{\beta x_i + u_i} \tag{4.115}$$

Werden beide Seiten logarithmiert, erhält man auf der rechten Seite Linearität in den Parametern und auf der linken Seite die logarithmierten Werte des Regressanden y:

$$log(y_i) = log(\alpha^*) + log\left(e^{\beta x_i + u_i}\right) \tag{4.116}$$

$$log(y_i) = \alpha + \beta x_i + u_i \tag{4.117}$$

Eine Veränderung des Absolutwertes des Regressors x führt hier zu einer *prozentualen Veränderung* der abhängigen Variablen y. Sind die KQ-Schätzer gegeben, dann lassen sich die Werte von $log(y_i)$ mit dem folgenden Schätzmodell vorhersagen:

$$\widehat{log(y_i)} = \hat{\alpha} + \hat{\beta} \cdot x_i \tag{4.118}$$

Es ist wichtig, die auf der linken Seite von 4.118 benutzte „Hütchenschreibweise" richtig zu interpretieren. Da es sich um geschätzte Logarithmuswerte handelt, erhält man die logarithmierten y-Werte durch Addition der Residuen:

$$log(y_i) = \widehat{log(y_i)} + \hat{u}_i \tag{4.119}$$

Die Umrechnung der geschätzten Logarithmuswerte $\widehat{log(y_i)}$ in die geschätzten Werte $\hat{y}_i$ ist leider nicht durch eine einfache Anwendung der Exponentialfunktion auf $\widehat{log(y_i)}$ vorzunehmen. Hier gilt die Ungleichung:

$$e^{\widehat{log(y_i)}} \neq \hat{y}_i \tag{4.120}$$

Das Ausmaß der Verzerrung, das sich in der Ungleichung 4.120 zwischen den geschätzten Logarithmuswerten und den geschätzten Werten $\hat{y}_i$ widerspiegelt, kann genauer bestimmt werden. Wendet man die Exponentialfunktion auf beide Seiten der Gleichung 4.117 an, so erhält man:

$$y_i = e^{\alpha + \beta x_i + u_i}$$
$$= e^{u_i} \cdot e^{\alpha + \beta x_i} \tag{4.121}$$

Bildet man den Erwartungswert der abhängigen Variablen, so ergibt sich:

$$E(y_i|x_i) = E\left(e^{u_i} \cdot e^{\alpha + \beta x_i}\right)$$
$$= E(e^{u_i}) \cdot E\left(e^{\alpha + \beta x_i}\right)$$
$$= e^{\sigma^2/2} \cdot e^{\alpha + \beta x_i} \tag{4.122}$$

Es lässt sich zeigen, dass der Erwartungswert der exponenzierten Störgrößen e^{u_i} dem Wert $e^{\sigma^2/2}$ entspricht, wenn u selbst normalverteilt ist mit dem Erwartungswert 0 und der Varianz σ^2. Wenn diese Annahme haltbar ist, müssen die geschätzten Logarithmuswerte $\widehat{log(y_i)}$ wie folgt korrigiert werden, um die Schätzwerte $\hat{y}_i$ der abhängigen Variablen zu bestimmen:

$$\hat{y}_i = e^{\widehat{log(y_i)}} \cdot e^{\hat{\sigma}^2/2} \tag{4.123}$$

In der Formel 4.123 stellt $\hat{\sigma}^2$ den Schätzer der Varianz σ^2 dar. Er lässt sich nach der Modellschätzung einfach durch Quadrierung des Standardfehlers $\hat{\sigma}$ der Regression berechnen. Als Konsequenz der Formel 4.123 ergibt sich, dass die Werte $\hat{y}_i$ *nicht* aus dem Term $\hat{\alpha} + \hat{\beta} x_i$ der Schätzgleichung 4.118 berechnet werden können. Die $\hat{y}_i$ in 4.123 entstehen ja aus der Multiplikation der geschätzten Logarithmuswerte mit dem Korrekturfaktor $e^{\hat{\sigma}^2/2}$.

Dass zwischen den Schätzwerten $\hat{y}_i$ und den Werten des Regressors x_i ein exponentieller Zusammenhang besteht, ergibt sich aus einer kleinen Umstellung von 4.123:

$$\hat{y}_i = e^{\hat{\alpha} + \hat{\beta} x_i} \cdot e^{\hat{\sigma}^2/2} = e^{\hat{\alpha} + \hat{\beta} x_i + \hat{\sigma}^2/2} \tag{4.124}$$

Entsprach im semilogarithmischen Modell der Zusammenhang zwischen den Variablen einem logarithmischen Verlauf, so drückt die Bezeichnung „exponentielles Modell" bereits den Charakter des Zusammenhangs aus: ein bestimmter prozentualer Anstieg der abhängigen Variablen fällt in absoluten Zahlen umso höher aus, je größer der Wert der unabhängigen Variablen ist.

Um die Bedeutung des KQ-Schätzers $\hat{\beta}$ genauer zu bestimmen, logarithmieren wir Gleichung 4.124 und bilden die Ableitung nach x_i:

$$log(\hat{y}_i) = \hat{\alpha} + \hat{\beta} x_i + \hat{\sigma}^2/2 \tag{4.125}$$
$$\frac{d\,log(\hat{y}_i)}{dx_i} = \hat{\beta} \tag{4.126}$$

Aus der Ableitung des natürlichen Logarithmus $d \log(\hat{y}_i)/d\hat{y}_i = 1/\hat{y}_i$ ergibt sich nach einer Umstellung: $d \log(\hat{y}_i) = d\hat{y}_i/\hat{y}_i$. Setzt man den Bruch $d\hat{y}_i/\hat{y}_i$ in Gleichung 4.126 ein, dann erhalten wir für $\hat{\beta}$ den Ausdruck:

$$\hat{\beta} = \frac{d\hat{y}_i/\hat{y}_i}{dx_i} \tag{4.127}$$

Der Schätzer $\hat{\beta}$ in Formel 4.127 gibt an, um welchen prozentualen Anteil der Wert der abhängigen Variablen steigt (oder fällt), wenn x_i um eine Einheit erhöht wird. Der Zähler ist also als ein Steigungsmaß oder als relative Änderung zu interpretieren, die man in Prozenten angeben kann. Da im Nenner der absolute Wert dx_i steht, spricht man auch von einem *semi-elastischen Modell*.

Bei einer Änderung des Regressors um den Wert Δx_i kann also die prozentuale Änderung der abhängigen Variablen nach folgender Formel berechnet werden:[18]

$$\frac{\Delta \hat{y}_i}{\hat{y}_i} \approx \hat{\beta} \cdot \Delta x_i \tag{4.128}$$

Beispiel Um das exponentielle Modell besser zu verstehen, betrachten wir den Zusammenhang zwischen der Anzahl der Ausbildungsjahre und dem Stundenlohn. Dazu ziehen wir das Dataset *cps.gdt* aus der Datensammlung des Lehrbuchs *Principles of Econometrics* von Hill, Griffiths und Lim (2011) heran. Es kann aus dem Autorenreiter *POE 4th ed.* über das Ordnersymbol in der unteren Iconleiste des Hauptfensters geladen werden. In Abbildung 4.38 ist ein Ausschnitt des Datasets wiedergegeben.

Das Dataset *cps.gdt* enthält 4733 Beobachtungen. Wir wollen untersuchen, welche Modellierung des Zusammenhangs der Variablen *educ* (Anzahl der Ausbildungsjahre) und *wage* (Stundenlohn) angemessen ist.

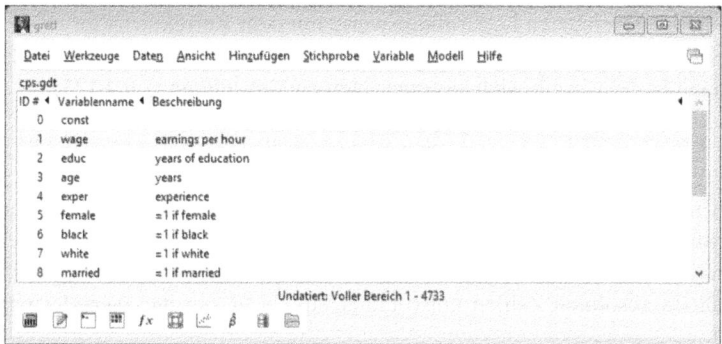

Abb. 4.38.: Dataset *cps.gdt*

---

[18] Man beachte, dass die (bisherige) Verwendung des Symbols Δ vor einer Variablen als eine marginale Änderung der Variablen, also um einen sehr kleinen Wert, zu verstehen ist. Die Verwendung des Buchstabens d bedeutet immer das „Differential" im Sinne eines unendlich kleinen Anteils des Zuwachses einer Variablen oder Funktion.

Zunächst wird die Variable *wage* selektiert und über das Kontextmenü (rechte Maustaste) der Eintrag *Logs hinzufügen* ausgewählt. Gretl erzeugt daraufhin die Variable *l_wage* mit den logarithmierten Werten und fügt diese am Ende das geladenen Datasets ein. Anschließend werden zwei X-Y-Streudiagramme erzeugt, eines mit *wage* als abhängiger Variablen und ein weiteres mit *l_wage* als abhängiger Variablen. Beide Streudiagramme sind in Abbildung 4.39 angegeben.

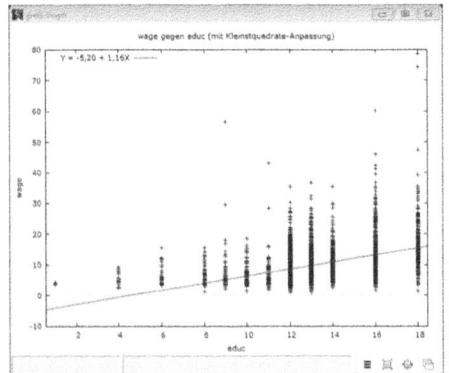 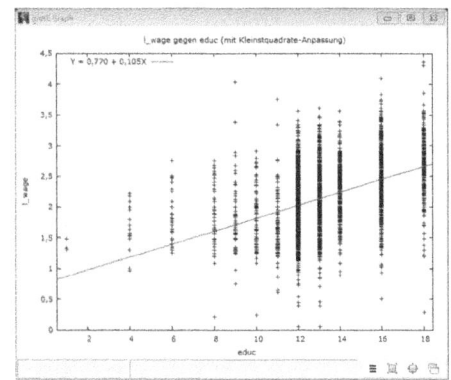

Abb. 4.39.: Streudiagramme von *wage* gegen *educ* (links) und *l_wage* gegen *educ* (rechts)

Beide Grafiken zeigen, dass sich der durchschnittliche Stundenlohn mit zunehmender Ausbildungsdauer erhöht. Unterstellt man einen linearen Zusammenhang, so ergibt sich die Gleichung der Regressionsgeraden wie folgt:

$$\widehat{wage}_i = -5,20 + 1,16 \cdot educ_i \qquad (4.129)$$

Dies bedeutet, dass eine Erhöhung der Ausbildungsdauer um ein Jahr zu einer Erhöhung des Stundenlohns um 1,16 Dollar führt, unabhängig davon, ob die Ausbildungsdauer von 5 auf 6 Jahre oder von 13 auf 14 Jahre erhöht wird. Ist eine solche Annahme aber realistisch? Es sollte eher vermutet werden, dass der Anstieg der Ausbildungsdauer zu einem prozentualen Anstieg des Stundenverdienstes führt. Ein dazu passendes Modell erhalten wir, indem die abhängige Variable aus den logarithmierten Werten der Variablen *wage* gebildet wird, wie es die rechte Grafik in Abbildung 4.39 zeigt.

$$log(wage_i) = \alpha + \beta educ_i + u_i \qquad (4.130)$$

Gretl ermittelt hier eine Schätzgerade, deren Steigungsparameter den Wert 0,105 besitzt. Damit ergibt sich folgende Interpretation des Zusammenhangs: Die Erhöhung der Ausbildungsdauer um ein Jahr führt zu einer Lohnerhöhung um 0,105%.

Es erscheint kaum möglich, aus dem Vergleich der beiden Streudiagramme eindeutig zu entscheiden, welches Modell vorzuziehen ist. Wie bereits erwähnt, leistet das Bestimmtheitsmaß bei der Suche nach dem geeigneten Funktionstyp auch keine Hilfe, wenn die Dimensionen der abhängigen Variablen in den zu vergleichenden Modellen verschieden sind (z.B.

logarithmiert und nicht-logarithmiert). Da das Bestimmtheitsmaß direkt aus der Summe der Residuenquadrate berechnet wird, ist diese ebenfalls für den Vergleich nicht geeignet. Da die Werte $log(y_i)$ wesentlich kleiner sind als die Werte y_i, fallen die Residuen in einem Modell mit logarithmierter endogener Variable in jedem Fall wesentlich geringer aus, unabhängig von der Anpassungsgüte.

Ein Vergleich der Modelle auf der Basis der Residuenquadrate ist also nur dann sinnvoll, wenn die Residuen vergleichbar gemacht werden. Desweiteren lässt sich im Rahmen einer von Box und Cox (1964) vorgeschlagenen noch allgemeineren Transformation überprüfen, ob die semi-logarithmische oder die exponentielle Modellvariante mit den Daten gut vereinbar sind.

Box-Cox-Tests auf funktionale Form

Zunächst einmal geht es darum, eine Maßzahl zu erhalten, die anzeigen kann, ob ein Modell mit y_i als abhängiger Variable eine bessere Anpassung an die Daten liefert als ein Modell mit $log(y_i)$ als endogener Variable. Es zeigte sich bereits in den 1960er Jahren, dass dieses Ziel erreicht werden kann durch eine Umskalierung mit dem sogenannten geometrischen Mittelwert der Variablen y_i.

Ein Vergleich wird in folgenden Schritten vollzogen:

1. Aus den beobachteten Werten y_i der endogenen Variablen wird das geometrische Mittel $\tilde{y}$ nach folgender Formel berechnet:

$$\begin{aligned} \tilde{y} &= (y_1 \cdot y_2 \cdot ... \cdot y_N)^{1/N} \\ &= e^{(1/N) \cdot ln(y_1 \cdot y_2 \cdot ... \cdot y_N)} \\ &= e^{(1/N) \cdot \sum_{i=1}^{N} ln(y_i)} \end{aligned} \tag{4.131}$$

Es wird also einfach das gewöhnliche arithmetische Mittel der logarithmierten Werte berechnet und diese Zahl dann in die e-Funktion eingesetzt.

2. Zuerst wird eine KQ-Schätzung des Niveau-Modells mit der endogenen Variablen y durchgeführt, wobei sich die Summe der Residuenquadrate $S_{\hat{u}\hat{u}}$ ergibt.

3. Dann wird eine KQ-Schätzung des Log-Modells mit der endogenen Variablen $log(y)$ durchgeführt, wobei sich die Summe der Residuenquadrate $S_{\hat{u}\hat{u}}^*$ ergibt.

4. Dividiert man in dem Niveau-Modell mit der endogenen Variablen y die Quadratsumme der Residuen durch $\tilde{y}^2$ (das quadrierte geometrische Mittel), so kann man den entstandenen Quotienten $S_{\hat{u}\hat{u}}/\tilde{y}^2$ direkt mit $S_{\hat{u}\hat{u}}^*$, der Quadratsumme der Residuen des Log-Modells mit der endogenen Variablen $log(y)$, vergleichen. Der Modelltyp mit dem kleineren Wert erreicht dann eine bessere Anpassung an die Daten. Gilt zum Beispiel $S_{\hat{u}\hat{u}}^* < S_{\hat{u}\hat{u}}/\tilde{y}^2$, so spricht dies für das Modell mit $log(y)$ als endogener Variablen.

Wie beim Vergleich zweier Bestimmtheitsmaße gilt auch hier: Ist die Abweichung beider Werte nur gering, so könnte diese Differenz auch rein zufällig sein.

Um die Vermutung zu erhärten, dass das exponentielle Modell besser zu den Daten passt, werden das geometrische Mittel und die Residuenquadratsummen beider Modelle ermittelt:

```
geo_mittel_quad = ( exp(mean(log(wage))) )^2
ols wage const educ
ess_lin = $ess              # ess: error sum of squares
series l_wage = log(wage)
ols l_wage const educ
ess_log = $ess
```

Mit Hilfe der Formel 4.131 wird das geometrische Mittel der Variablen $y = wage$ ermittelt und sofort quadriert; es ergibt sich 76,18. Für die Residuenquadratsumme der linearen Spezifikation erhalten wir 147547,00 bzw. für die log-Transformation 1140,89. Nach Reskalierung mit dem quadrierten geometrischen Mittel lautet die vergleichbare Residuenquadratsumme des linearen Modells 1936,82, ist also deutlich schlechter als die der log-Variante.

Die Schätzung des exponentiellen Modells führt ebenso wie das lineare Modell zu signifikanten KQ-Schätzern $\hat{\alpha}$ und $\hat{\beta}$:

Modell 2: KQ, benutze die Beobachtungen 1–4733

Abhängige Variable: l_wage

Heteroskedastizitäts-robuste Standardfehler, Variante HC1

	Koeffizient	Std. Fehler	t-Quotient	p-Wert
const	0,770472	0,0424044	18,1696	2,28e–071
educ	0,104949	0,00314625	33,3567	2,69e–219

Zieht man diese Ergebnisse heran, ergibt sich folgendes geschätzte Modell:

$$\widehat{log(wage_i)} = 0,7705 + 0,1049 \cdot educ_i \tag{4.132}$$

Der Wert des KQ-Schätzers von $educ_i$ ist so zu interpretieren, dass bei einer Erhöhung der Ausbildung um ein Jahr eine Steigerung des Stundenlohns um 10,49% zu erwarten ist, wobei das Ausgangsniveau der Ausbildungsdauer keine Rolle spielt.

Formale Tests   Für einen formalen statistischen Test, ob eine der beiden Spezifikationen den Daten gerecht wird, oder ob eventuell keine der beiden Modellvarianten sinnvoll ist, ist die Box-Cox-Transformation geeignet. Diese Transformation hängt von einem stetigen Parameter λ ab und beruht auf der folgenden Formel:

$$y_i = \begin{cases} \frac{y_i^\lambda - 1}{\lambda} & \lambda \neq 0 \\ log(y_i) & \lambda = 0 \end{cases} \tag{4.133}$$

Ganz offensichtlich ist die logarithmische Transformation ein Spezialfall der Box-Cox-Transformation für $\lambda = 0$, aber bei Verwendung von $\lambda = 1$ ergibt sich mit $y_i - 1$ im Grunde auch die Beibehaltung der eigentlichen Werte (Nicht-Transformation). Denn die Subtraktion des konstanten Werts 1 von allen Beobachtungen wird sich bei einer KQ-Schätzung ausschließlich in der Konstanten auswirken, die daher auch dringend erforderlich ist.

Die Werte $\lambda = 0$ und $\lambda = 1$ sind also besonders interessant, allerdings sind auch beliebige andere Werte in dieser Transformation möglich. Es ist prinzipiell denkbar, dass die Daten eine Transformation von y_i mit einem λ-Wert von $-0{,}2$ oder $0{,}6$ erfordern, auch wenn die Interpretation der Schätzergebnisse damit deutlich erschwert würde.

Der formale Testansatz behandelt daher den Transformationsparameter λ wie jeden anderen geschätzten Koeffizienten, über den Nullhypothesen formuliert werden können. Unsere beiden interessanten Hypothesenpaare lauten damit:

- $H_0^{\text{linear}}: \lambda = 1, H_a^{\text{linear}}: \lambda \neq 1$

- $H_0^{\text{log}}: \lambda = 0, H_a^{\text{log}}: \lambda \neq 0$

Beide Tests müssen getrennt voneinander betrachtet und durchgeführt werden. Wegen der unvermeidlichen statistischen Fehler (zweiter Art) kann es vorkommen, dass keine der beiden Nullhypothesen abgelehnt wird, obwohl nicht beide gleichzeitig wahr sein können. Andererseits kann es auch passieren, dass beide Nullhypothesen korrekterweise abgelehnt werden, weil der für die Daten korrekte Box-Cox-Transformationsparameter weder Null noch Eins ist, also weder eine lineare noch eine logarithmische Form gefragt ist.

Diese Tests gehen über die eingebaute Funktionalität von Gretl hinaus, daher haben die Autoren im Zusammenhang mit diesem Lehrbuch ein entsprechendes Funktionspaket für Gretl entwickelt, was zunächst installiert werden muss. Das *BoxCoxFuncForm.gfn*-Paket findet sich bei bestehender Internetverbindung aus dem Gretl-Programm heraus über die Menüfolge *Datei/Funktionspakete/Auf Server...*, siehe auch den Anhang B.9 für allgemeine Erläuterungen zu zusätzlichen Funktionspaketen, die von Nutzern für Gretl bereitgestellt werden. Nach Auswahl von *BoxCoxFuncForm* und Anklicken des Installationsknopfes steht das Paket im lokalen Gretl-Programm zur Ausführung bereit.

Im Paket stehen den Nutzern zwei Funktionen zur Verfügung: *LevelLogTest* und *BoxCoxForm*. Die erste dieser Funktionen wendet die soeben beschriebenen Tests an.[19] Sie verwendet einen von Davidson und MacKinnon (1985) vorgeschlagenen Ansatz, der den Vorteil hat, dass nicht erst der (beste) λ-Transformationsparameter geschätzt werden muss. Da die Tests nur die Restriktion dieses einen Parameters überprüfen, weist die Verteilung der entsprechenden Chi2-Teststatistik jeweils einen Freiheitsgrad auf.

Nach erfolgter Installation des Pakets und bereits geladenem Dataset erfordert die Ausführung des Tests lediglich zwei Skriptzeilen:

```
include BoxCoxFuncForm.gfn
LevelLogTest(wage, null, educ)
```

---

19 Die Funktion BoxCoxForm dagegen ermöglicht es, den λ-Parameter völlig frei zu schätzen und darüber hinaus verschiedene Transformationsparameter für die endogene Variable und den Regressor zu verwenden. Die Schätzmethode beruht auf dem Maximum-Likelihood-Ansatz, deren Darstellung an dieser Stelle zu weit führen würde. Beide Funktionen unterstützen auch mehrere Regressoren, von denen nicht alle transformiert werden müssen.

Mit der *include*-Anweisung wird das Paket explizit eingebunden und dessen Funktionen werden für das folgende Skript verfügbar. Anschließend wird *LevelLogTest* mit den entsprechenden Funktionsargumenten ausgeführt. An erster Stelle steht hier die *y*-Variable in nicht-logarithmierter Form. Anschließend könnten der Funktion solche Regressoren übergeben werden, die für die jeweilige Alternativhypothese ebenso wie die linke Seite transformiert werden sollten. Dass solche Regressoren in unserem Beispiel nicht existieren, wird der Funktion durch das Gretl-Schlüsselwort *null* erklärt, d.h. es wird dort eine leere Variablenliste übergeben.

Anschließend an dritter Stelle werden die sonstigen Regressoren genannt, die grundsätzlich unverändert bleiben sollen. Hier könnte auch eine Konstante noch explizit spezifiziert werden, diese wird von der Funktion aber auch automatisch hinzugefügt.

Als Ergebnis meldet die *LevelLogTest* zunächst einmal „The log specification fits better." Dies basiert auf dem Vergleich der entsprechend angepassten Residuenquadratsummen. Anschließend werden die beiden formalen Testergebnisse ausgegeben. Für die erste Nullhypothese H_0^{linear}: $\lambda = 1$ ergibt sich eine sehr große Teststatistik von 1953,75 mit einem sehr kleinen p-Wert von (gerundet) Null. Die zweite Nullhypothese $H_0^{\log}$: $\lambda = 0$ liefert ein weniger drastisches Testresultat, mit der Teststatistik 9,41 und dem p-Wert 0,0022. Auch dies bedeutet natürlich eine Ablehnung der Nullhypothese z.B. zum 1%-Niveau, sodass in diesem Fall also beide Nullhypothesen abgelehnt werden. Streng genommen wäre also eine andere Box-Cox-Transformation mit einem anderen Parameter $0 \neq \lambda \neq 1$ optimal. Pragmatischerweise würde man für die praktische Anwendung in diesem Fall wohl trotzdem die Log-Spezifikation wählen, weil eine Schätzung mit allgemein Box-Cox-transformierten Daten schwer zu interpretieren ist.

Das voll-logarithmische Modell

Das sogenannte voll-logarithmische Modell besteht aus den Logarithmen des Regressors und der abhängigen Variablen:

$$log(y_i) = \alpha + \beta log(x_i) + u_i \tag{4.134}$$

Es wird benutzt, wenn prozentuale Änderungen von y auf prozentuale Änderungen von x zurückgeführt werden sollen. Man denke dabei zum Beispiel an den Zusammenhang zwischen Produktpreisen und abgesetzten Mengen. Oft ist die Annahme sinnvoll, dass eine prozentuale Erhöhung des Preises auch zu einer prozentualen Verringerung der Nachfrage führt. Um diesen Zusammenhang zu untersuchen, ist also ein voll-logarithmisches Modell aufzustellen.

Das zu 4.134 passende Schätzmodell lautet:

$$\widehat{log(y_i)} = \hat{\alpha} + \hat{\beta} log(x_i) \tag{4.135}$$

Der Schätzer $\hat{\beta}$ ergibt sich aus der Ableitung von $\widehat{log(y_i)}$ nach $log(x_i)$:

$$\hat{\beta} = \frac{d\widehat{log(y_i)}}{dlog(x_i)} \tag{4.136}$$

Wegen $\widehat{dlog(y_i)} = d\hat{y}_i/\hat{y}_i$ und $dlog(x_i) = dx_i/x_i$ folgt daraus:

$$\hat{\beta} = \frac{d\hat{y}_i/\hat{y}_i}{dx_i/x_i} \tag{4.137}$$

Der Parameter $\hat{\beta}$ zeigt die *Elastizität* der abhängigen Variablen y an: Diese ist definiert als prozentuale Veränderung von y, wenn x um 1% erhöht wird. Ersetzt man den Buchstaben d (der für das Differential steht) durch das Zeichen Δ als Symbol für eine nicht-marginale Veränderung des Variablenwerts, dann offenbart eine kleine Umstellung von 4.137 den folgenden Zusammenhang innerhalb des voll-logarithmischen Modells:

$$\frac{\Delta \hat{y}_i}{\hat{y}_i} \approx \hat{\beta} \cdot \frac{\Delta x_i}{x_i} \tag{4.138}$$

Das Produkt des Schätzers $\hat{\beta}$ und der prozentualen Änderung des Regressors führt zu einer bestimmten prozentualen Veränderung des geschätzten y-Werts.

4.3.3. Modelle mit polynomialer Struktur

In diesem Abschnitt werden Zusammenhänge betrachtet, die es nahelegen, einen Modellierungsansatz zu wählen, der auf einer polynomialen Struktur der Regressoren beruht. Im einfachsten Fall hat man es mit quadratischen Modellen zu tun, in denen der Regressor (oder im multiplen Fall einer von mehreren Regressoren) den Exponenten 2 besitzt. In einzelnen Fällen ist es aber denkbar, auch Modelle in Betracht zu ziehen, in denen der Regressor/die Regressoren ein Polynom höherer Ordnung darstellen. Vom Standpunkt der ökonomischen Theorie aus sind solche Ansätze aber nur selten naheliegend.

Das quadratische Modell

Manche nicht-lineare Beziehungen können durch das Hinzufügen von Potenzen höherer Ordnung approximiert werden. Das quadratische Modell wird verwendet, wenn folgende quadratische Beziehung zwischen dem Regressor und der abhängigen Variablen vermutet wird:[20]

$$y_i = \alpha + \beta_1 x_i + \beta_2 x_i^2 + u_i \tag{4.139}$$

Mit einem Test der Nullhypothese $H_0 : \beta_2 = 0$ lässt sich das Modell 4.139 auf Linearität testen.[21]

Beispiel Wir greifen auf das Dataset *cps.gdt* zurück und betrachten den Zusammenhang zwischen den Variablen *wage* und *exper*. Die Variable *exper* beinhaltet die Berufserfahrung in Jahren. Das Streudiagramm in Abbildung 4.40 weist auf einen gänzlich anderen funktionalen

---

20 Es lassen sich auch Potenzen bzw. Polynome höherer Ordnung hinzufügen.
21 Ausgehend vom linearen Modell könnte der RESET-Test angewendet werden; ☞ Abschnitt 5.1.4.1.

Zusammenhang zwischen dem Stundenlohn und der Berufserfahrung hin als der Zusammenhang zwischen dem Stundenlohn und der Ausbildungsdauer, den wir als exponentiell erkannt haben.

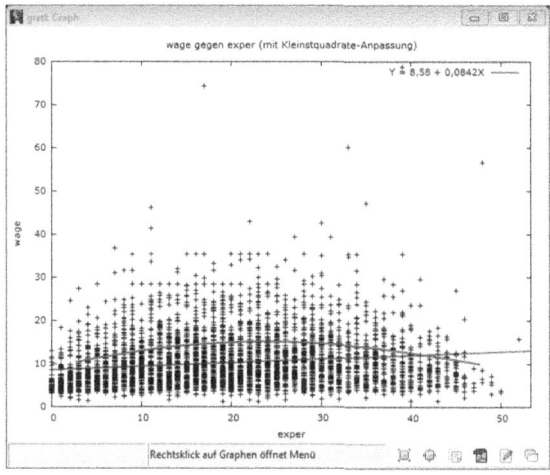

Abb. 4.40.: Streudiagramm der Variablen *exper* und *wage*

Gretl legt wie gewohnt eine passende Regressionsgerade durch die Punktwolke, mit der geschätzten Gleichung

$$\widehat{wage}_i = 8,58 + 0,0842 \cdot exper_i \tag{4.140}$$

Der Datenzusammenhang selbst deutet aber darauf hin, dass er am besten durch eine quadratische Funktion abgebildet werden kann. Er ergibt die Form einer nach unten geöffneten Parabel (siehe Abbildung 4.40). Wie kann ein solcher Zusammenhang in einem ökonometrischen Modell abgebildet werden?

Das Modell unterscheidet sich nicht von der Form einer quadratischen Gleichung: es müssen lediglich die Werte des Regressors x_i und seine quadrierten Werte x_i^2 aufgenommen werden. Allerdings stellt die Variable mit den quadrierten Werten einen weiteren Regressor dar. Modelle mit mehr als einem Regressor werden im nächsten Abschnitt ausführlich behandelt. Im zweifachen Regressionsmodell werden neben dem Niveauparameter α die Steigungsparameter β_1 und β_2 geschätzt.

Für das Modell der quadratischen Spezifikation in 4.141 gilt: Werden die Werte des ersten Regressors geändert, so ändern sich auch die Werte des zweiten Regressors.

$$wage_i = \alpha + \beta_1 exper_i + \beta_2 exper_i^2 + u_i \tag{4.141}$$

Bevor eine OLS-Schätzung des zweifachen Regressionsmodell 4.141 durchgeführt werden kann, müssen die Werte von *exper* zunächst quadriert werden. Dafür lässt sich das Kommando *square* verwenden.

```
square exper
ols wage const exper sq_exper
```

Das Kommando OLS ergibt die Schätzer $\hat{\alpha} = 6,04$, $\hat{\beta}_1 = 0,44$ und $\hat{\beta}_2 = -0,0087$, sodass das Schätzmodell wie folgt dargestellt werden kann:

$$\widehat{wage}_i = 6,04 + 0,44 \cdot exper_i - 0,0087 \cdot sq\_exper_i \tag{4.142}$$

Bei einer Berufserfahrung von 20 Jahren erhalten wir einen geschätzten Stundenlohn von $\widehat{wage} = 6,04 + 0,44 \cdot 20 - 0,0087 \cdot 20^2 = 18,32$ Dollar. Setzt man den Betrag in die von Gretl ursprünglich geschätzte Gleichung 4.140 ein, so erhält man einen viel niedrigeren Wert: $\widehat{wage} = 8,58 + 0,0842 \cdot 20 = 10,26$ Dollar.

Um die weitere Darstellung übersichtlich zu gestalten, setzen wir $y_i = wage_i$ und $x_i = exper_i$. Soll die Änderungsrate des Stundenlohns bei einer Erhöhung der Berufsjahre ermittelt werden, so ist ausgehend vom geschätzten Modell der Differentialquotient $d\hat{y}_i/dx_i$ zu bilden:

$$\hat{y}_i = \hat{\beta}_1 x_i + \hat{\beta}_2 x_i^2 \tag{4.143}$$

$$\frac{d\hat{y}_i}{dx_i} = \hat{\beta}_1 + 2\hat{\beta}_2 x_i \tag{4.144}$$

Damit erhält man für eine Änderung des Stundenlohns $\Delta\hat{y}$ bei einer Änderung der Berufserfahrung um Δx Jahre die approximative Formel:

$$\frac{\Delta\hat{y}_i}{\Delta x_i} \approx \hat{\beta}_1 + 2\hat{\beta}_2 x_i \tag{4.145}$$

beziehungsweise

$$\Delta\hat{y}_i \approx (\hat{\beta}_1 + 2\hat{\beta}_2 x_i)\Delta x_i \tag{4.146}$$

Formel 4.146 besagt, dass die Änderung der geschätzten Werte $\hat{y}_i$ vom Wert des Regressors abhängt: Die geschätzte Steigung beträgt $\hat{\beta}_1 + 2\hat{\beta}_2 x_i$.

Wenn der geschätzte Parameter von x^2, $\hat{\beta}_2$, kleiner als Null ist, ergibt der Datenzusammenhang immer eine nach unten geöffnete Parabel.

Das Maximum der Parabel kann durch Nullsetzen der Gleichung 4.145 und anschließende Auflösung nach x_i bestimmt werden:

$$\hat{\beta}_1 + 2\hat{\beta}_2 x_i = 0 \tag{4.147}$$

$$x_i = \frac{-\hat{\beta}_1}{2\hat{\beta}_2} \tag{4.148}$$

Einsetzung der geschätzten Werte $\hat{\beta}_1 = 0,44$ und $\hat{\beta}_2 = -0,0087$ in die Gleichung 4.148 ergibt für den Regressor den Wert $x^* = 25,3$. Dies bedeutet, dass sich positive Effekte auf die abhängige Variable ergeben, wenn der Wert des Regressors kleiner ist als 25,3. Liegt er oberhalb von 25,3, so besitzt eine Änderung des Regressorwerts einen negativen Effekt (siehe dazu Abbildung 4.40).

Zusammenfassung   Tabelle 4.3 gibt einen Überblick über die bereits besprochenen Modelltypen. Es ist besonders zu beachten, dass man im semi-logarithmischen Modell die prozentuale Veränderung des Regressors durch eine Division des Schätzers durch 100 erhält. Im exponentiellen Modell hingegen wird der Schätzer mit 100 multipliziert, um die prozentuale Änderung von y zu erhalten.

ökonometrisches Modell	*lineare Regr.-Gleichung*	*Interpretation von* $\hat{\beta}$
lineares Modell	$y_i = \alpha + \beta x_i + u_i$	$\Delta y_i = \hat{\beta} \Delta x_i$
semi-logarithmisches Modell	$y_i = \alpha + \beta log(x_i) + u_i$	$\Delta y_i = (\hat{\beta}/100)\%\Delta x_i$
exponentielles Modell	$log(y_i) = \alpha + \beta x_i + u_i$	$\%\Delta y_i = (100\hat{\beta})\Delta x_i$
voll-logarithmisches Modell	$log(y_i) = \alpha + \beta log(x_i) + u_i$	$\%\Delta y_i = \hat{\beta}\%\Delta x_i$
quadratisches Modell	$y_i = \alpha + \beta_1 x_i + \beta_2 x_i^2 + u_i$	$\Delta y_i = (\hat{\beta}_1 + 2\hat{\beta}_2 x_i)\Delta x_i$

Tabelle 4.3.: verschiedene Modellspezifikationen

Sollen bestimmte Modellvarianten der Tabelle 4.3 im Hinblick auf die optimale Anpassung an die Daten miteinander verglichen werden, so ist darauf zu achten, dass das Bestimmtheitsmaß R^2 und damit auch die Quadratsumme der Residuen nur in folgenden Fällen verwendet werden dürfen: 1. Beim Vergleich des exponentiellen und des voll-logarithmischen Modells 2. Beim Vergleich des linearen und des semi-logarithmischen Modells. Das quadratische Modell kann mit Letzteren nicht direkt verglichen werden, denn es besitzt zwar die gleiche endogene Variable y, aber zwei Regressoren! In einem späteren Abschnitt wird für solche Vergleiche das korrigierte Bestimmtheitsmaß eingeführt.

All diese Modelle betrafen nichtlineare Transformationen der *Variablen*, sodass die Gleichungen weiterhin linear in den Parametern blieben. Eine andere Art von Modellen stellen Gleichungen mit nichtlinearen Funktionsverknüpfungen dar. Für eine eingehende Behandlung dieser fortgeschritteneren Methode fehlt hier der Platz, aber im Abschnitt 6.4.2 wird ein konkretes und einfaches Beispiel dazu vorgeführt.

4.4. Das multiple lineare Regressionsmodell

Im einfachen linearen Regressionsmodell sind wir der Einfachheit halber davon ausgegangen, dass wir in der Beschränkung auf einen Regressor bereits sinnvolle und aussagekräftige Werte für die geschätzten Parameter erhalten. Durch die Nichtberücksichtigung zusätzlicher Kontrollvariablen in Form weiterer Regressoren werden deren Einflüsse auf die abhängige Variable in die Störgrößen verlagert. Nur durch die Aufstellung eines Modells mit mehreren Regressoren ist es daher möglich, diejenigen Faktoren innerhalb der Störgrößen zu isolieren und damit zu kontrollieren, die einen Einfluss auf die abhängige Variable ausüben.

Wie im einfachen linearen Regressionsmodell gehen wir davon aus, dass die Werte der Regressoren kontrolliert werden können. Dies bedeutet, dass sie unabhängig von den Störgrößen sind. Das multiple lineare Regressionsmodell erlaubt es, den Einfluss einer bestimmten Variablen auf die abhängige Variable unter Konstanthaltung der Werte der anderen Variablen zu messen.

4.4.1. Eigenschaften des multiplen Regressionsmodells

Im eingangs dargestellten Beispiel der einfachen Regression haben wir die Abhängigkeit der Werte der Variablen *Miete* von dem Regressor *Quadratmeter* dargestellt. Natürlich werden die Miethöhen auch von weiteren Faktoren beeinflusst, wie z.B. der Distanz zum Stadtzentrum, der Wohnlage oder der Ausstattung. Es ist daher sinnvoll, das Modell zu erweitern und nehmen als weiteren Regressor die Variable *Distanz* auf, die die Entfernung der Wohnung zum Stadtzentrum angibt (in Kilometern). Indem wir den Regressor *Quadratmeter* mit x_1 und den Regressor *Distanz* mit x_2 abkürzen, erhalten wir das folgende Modell der linearen Zweifachregression:

$$y = \alpha + \beta_1 x_1 + \beta_2 x_2 + u \tag{4.149}$$

Die abhängige Variable *Miete* wird mit y abgekürzt. Der Parameter α wird wie im einfachen Modell als „Niveauparameter" (engl. „intercept") und die Parameter β_1 und β_2 als Steigungsparameter bezeichnet. β_1 misst dabei die Änderung der Miethöhe bei einer Änderung der Wohnfläche um einen Quadratmeter, während β_2 die Änderung der Miethöhe bei einer Erhöhung der Distanz um einen Kilometer misst. Die beschriebenen Änderungen gelten nur, wenn der jeweils andere Einflussfaktor konstant gehalten wird (partielle Effekte).

Zu den formellen Annahmen kommen wir noch in Abschnitt 4.4.5, insbesondere soll aber hier gelten, dass andere Faktoren, die in den Störgrößen verborgen sind und die Einfluss auf die Miethöhe haben, nicht mit den Variablen *Quadratmeter* und *Distanz* korreliert sind. Angenommen, es gäbe einen Faktor „Wohnqualität", der als Bestandteil der Störgröße u Einfluss auf die Miethöhe besitzt. Dann sollte für die obige Zweifachregression gelten, dass die Wohnqualität unabhängig ist von der Wohnungsgröße und der Distanz zum Zentrum.

Die Verallgemeinerung des Modells 4.149 erlaubt es, mehr als zwei unabhängige Variablen als Regressoren in das Modell aufzunehmen. Ein solches Modell wird in der Ökonometrie als *allgemeines lineares Regressionsmodell* bezeichnet und folgendermaßen spezifiziert:

$$y = \alpha + \beta_1 x_1 + \beta_2 x_2 + ... + \beta_k x_k + u \tag{4.150}$$

Im Modell 4.150 existieren im allgemeinen Fall k verschiedene Regressoren, die einen Einfluss auf die Variable y ausüben. Die zugehörigen Koeffizienten α, β_1 bis β_k quantifizieren dabei das Ausmaß des Einflusses, den jede unabhängige Variable auf y hat. Jeder einzelne Koeffizient bezeichnet damit den partiellen Einfluss des entsprechenden Regressors, indem der Einfluss der übrigen Regressoren konstant gehalten wird (*ceteris-paribus Klausel*). Zum Beispiel misst β_3 den Effekt von x_3 auf y bei einer Erhöhung von x_3 um eine Einheit.

Um den Bezug auf die einzelnen Beobachtungsdaten stärker zu betonen, wird häufig ein entsprechender Index hinzugefügt, sodass sich die Gleichung 4.150 auch wie folgt schreiben lässt:

$$y_i = \alpha + \beta_1 x_{1i} + \beta_2 x_{2i} + \ldots + \beta_k x_{ki} + u_i \text{ für } i = 1, 2, \ldots, N \tag{4.151}$$

Der Index i gibt dabei die i-te Beobachtung innerhalb eines Querschnittssamples wieder, wobei gilt: $1 \leq i \leq N$. Dabei stellt N die Größe der Stichprobe dar.

Eine Schätzung der Regressionsgleichung 4.151 besteht darin, für die unbekannten Parameter α, β_1 bis β_k Schätzwerte $\hat{\alpha}$, $\hat{\beta}_1$ bis $\hat{\beta}_k$ zu finden, sodass die Summe der quadratischen Residuen möglichst klein ist:

$$\sum \hat{u}_i^2 = \sum (y_i - \hat{\alpha} - \hat{\beta}_1 x_{1i} - \hat{\beta}_2 x_{2i} - \ldots - \hat{\beta}_k x_{ki}) \tag{4.152}$$

Wie Gleichung 4.152 zeigt, stellt die Residuenquadratsumme eine Aufsummierung von Werten dar, die sich aus der Differenz der y_i und den mit den Schätzern gewichteten Regressorwerten ergeben.

Die Methode der kleinsten Quadrate soll zunächst am Beispiel der Zweifachregression vorgestellt werden. Für das allgemeine Regressionsmodell bietet sich eine matrixbezogene Darstellung an, die im Anhang vorgestellt wird.

Das zum ökonometrischen Modell der Zweifachregression passende geschätzte Modell lautet:

$$\hat{y}_i = \hat{\alpha} + \hat{\beta}_1 x_{1i} + \hat{\beta}_2 x_{2i} \text{ für } i = 1, 2, \ldots, N \tag{4.153}$$

Der vorausgesagte Wert $\hat{y}_i$ für die Beobachtung i ergibt sich dadurch, dass die Werte der unabhängigen Variablen mit den Werten der KQ-Schätzer gewichtet und zum Schätzwert $\hat{\alpha}$ addiert werden. Der aktuelle Wert y_i unterscheidet sich von dem vorhergesagten Wert $\hat{y}_i$ durch einen Voraussagefehler, den wir als Störgröße bereits im einfachen Modell eingeführt haben. Innerhalb der gegebenen Stichprobe wird er als Residuum $\hat{u}_i$ bezeichnet:

$$\hat{u}_i = y_i - \hat{y}_i \text{ für } i = 1, 2, \ldots, N \tag{4.154}$$

Für $\hat{u}_i > 0$ liegt der vorhergesagte unter dem beobachteten Wert y_i, für $\hat{u}_i < 0$ liegt er über y_i. Wird die rechte Seite von 4.153 in 4.154 eingesetzt, so ergibt sich:

$$\hat{u}_i = y_i - \hat{\alpha} - \hat{\beta}_1 x_{1i} - \hat{\beta}_2 x_{2i} \text{ für } i = 1, 2, \ldots, N \tag{4.155}$$

Die Summe der Residuenquadrate $S_{\hat{u}\hat{u}} = \sum \hat{u}_i^2$ ist wieder zu minimieren. Wir haben es jetzt bei der Schätzung der Parameter nicht mehr mit einer Regressionsgeraden, sondern einer Regressionsebene zu tun. Die Punktwolke verteilt sich oberhalb und unterhalb der Regressionsebene und die Parameter sind so zu schätzen, dass sich für die gesuchte Ebene eine optimale Anpassungslage ergibt.

Ausgangspunkt ist die folgende Funktion:

$$S_{\hat{u}\hat{u}} = \sum (y_i - \hat{y}_i - \hat{\alpha} - \hat{\beta}_1 x_{1i} - \hat{\beta}_2 x_{2i})^2 \tag{4.156}$$

Aus dieser Gleichung sind die partiellen Ableitungen nach den Schätzern $\hat{\alpha}$, $\hat{\beta}_1$ und $\hat{\beta}_2$ zu bilden und zur Bestimmung der Minima gleich Null zu setzen:

$$\partial S_{\hat{u}\hat{u}}/\partial \hat{\alpha} = 0 \tag{4.157}$$

$$\partial S_{\hat{u}\hat{u}}/\partial \hat{\beta}_1 = 0 \tag{4.158}$$

$$\partial S_{\hat{u}\hat{u}}/\partial \hat{\beta}_2 = 0 \tag{4.159}$$

Auf die umfangreiche Herleitung der Formeln für die drei Schätzer wird an dieser Stelle verzichtet. Sie werden gemäß der folgenden Formeln berechnet:

$$\hat{\beta}_1 = \frac{S_{22}S_{1y} - S_{12}S_{2y}}{S_{11}S_{22} - S_{12}^2} \tag{4.160}$$

$$\hat{\beta}_2 = \frac{S_{11}S_{2y} - S_{12}S_{1y}}{S_{11}S_{22} - S_{12}^2} \tag{4.161}$$

$$\hat{\alpha} = \bar{y} - \hat{\beta}_1 \bar{x}_1 - \hat{\beta}_2 \bar{x}_2 \tag{4.162}$$

Zugunsten einer kompakten Schreibweise erhält das Symbol S, das zur Darstellung der Variationen bzw. Kovariationen der unabhängigen Variablen x_1 und x_2 benutzt wird, nur den Index der jeweiligen Variable. Damit erhalten wir folgende Definitionen:

$$S_{11} = \sum (x_{1i} - \bar{x}_1)^2 \tag{4.163}$$

$$S_{22} = \sum (x_{2i} - \bar{x}_2)^2 \tag{4.164}$$

$$S_{12} = \sum (x_{1i} - \bar{x}_1)(x_{2i} - \bar{x}_2) \tag{4.165}$$

$$S_{1y} = \sum (x_{1i} - \bar{x}_1)(y_i - \bar{y}) \tag{4.166}$$

$$S_{2y} = \sum (x_{2i} - \bar{x}_2)(y_i - \bar{y}) \tag{4.167}$$

Betrachtet man die Formeln 4.160 und 4.161 für die Berechnung der Parameterschätzer $\hat{\beta}_1$ und $\hat{\beta}_2$ etwas näher, so lässt sich feststellen, dass die Kovariation S_{12} der Regressoren einen wesentlichen Einfluss auf den Wert des jeweiligen Parameterschätzers hat. Nur wenn die Regressoren gegenseitig unabhängig sind, ergibt sich $S_{12} = 0$, sodass zum Beispiel für die Berechnung von $\hat{\beta}_1$ der folgende Bruch übrigbleibt:

$$\hat{\beta}_1 = \frac{S_{22}S_{1y}}{S_{11}S_{22}} = \frac{S_{1y}}{S_{11}} \tag{4.168}$$

Analog gilt dann für $\hat{\beta}_2$:

$$\hat{\beta}_2 = \frac{S_{11}S_{2y}}{S_{11}S_{22}} = \frac{S_{2y}}{S_{22}} \tag{4.169}$$

Beide Formeln vereinfachen sich dadurch auf die Berechnungsvorschrift, wie wir sie in der Einfachregression kennengelernt haben. In ihnen ist kein Bezug zum jeweils anderen Regressor mehr vorhanden.

Für die Darstellung der Variationen bietet sich wieder ein Venndiagramm an, wobei die Variationen S_{11} und S_{22} durch die beiden unteren Kreise dargestellt werden.

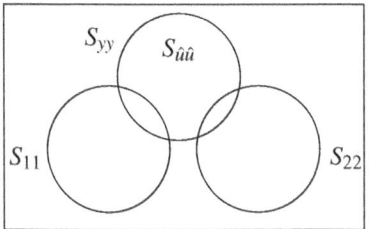 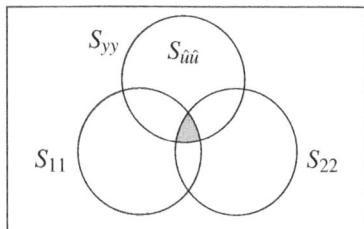

Abb. 4.41.: Zwei Regressoren mit $S_{12} = 0$ und $S_{12} \neq 0$

Die Formeln 4.168 und 4.169 geben die Situation wieder, die im linken Venndiagramm der Abbildung 4.41 dargestellt ist. Beide Regressoren besitzen einen Einfluss auf die abhängige Variable y und sind miteinander nicht korreliert. Die KQ-Schätzer $\hat{\beta}_1$ und $\hat{\beta}_2$ sind in diesem speziellen Fall insofern unabhängig voneinander, als die Nichtberücksichtigung einer der beiden Variablen bei einer Schätzung den Parameterwert der anderen Variablen nicht beeinflusst.

Das rechte Venndiagramm spiegelt eine in der Realität sehr häufig anzutreffende Situation wieder: Die vorhandene Überschneidungsfläche der beiden unteren Kreise drückt die vorhandene Korrelation beider Regressoren aus. Zusätzlich beeinflussen die Regressoren die abhängige Variable. Die grau dargestellte Schnittmenge aller drei Kreise stellt den *gemeinsamen Einfluss* von x_1 und x_2 auf y dar. Auf diese Zusammenhänge wird bei der Behandlung des Bestimmtheitsmaßes noch einmal genauer eingegangen.

Interpretation des geschätzten Modells

Da Anwendern die Berechnung der Parameterschätzer $\hat{\alpha}$, $\hat{\beta}_1$ und $\hat{\beta}_2$ von Gretl abgenommen wird, stellt ihre korrekte Interpretation den wichtigeren Aspekt im gegebenen Anwendungsfall dar.

In Gleichung 4.153 stellt der Niveauparameter $\hat{\alpha}$ den vorausgesagten Wert für $\hat{y}_i$ dar, wenn beide Regressoren x_{1i} und x_{2i} den Wert Null besitzen. Die Parameterschätzer $\hat{\beta}_1$ und $\hat{\beta}_2$ stellen die sogenannten *partiellen Effekte* auf y dar. Angenommen, Δx_{1i} und Δx_{2i} seien die Änderungen in den Variablenwerten der Regressoren für eine bestimmte Beobachtung i. Dann lässt sich die vorausgesagte Änderung von $\hat{y}_i$ auf folgende Weise berechnen:

$$\Delta \hat{y}_i = \hat{\beta}_1 \Delta x_{1i} + \hat{\beta}_2 \Delta x_{2i} \tag{4.170}$$

Wird der zweite Regressand konstant gehalten, sodass $\Delta x_{2i} = 0$, so ergibt sich:

$$\Delta \hat{y}_i = \hat{\beta}_1 \Delta x_{1i} \tag{4.171}$$

Entsprechend gilt bei Konstanthaltung des ersten Regressors:

$$\Delta \hat{y}_i = \hat{\beta}_2 \Delta x_{2i} \tag{4.172}$$

In analoger Weise lässt sich aus dem geschätzen Modell der allgemeinen Mehrfachregression die zu erwartende Änderung $\Delta \hat{y}$ der abhängigen Variablen aus den Änderungen $\Delta \hat{x}_k$ (k=1,...,p) der p unabhängigen Variablen berechnen:

$$\Delta \hat{y}_i = \hat{\beta}_1 \Delta x_{1i} + \hat{\beta}_2 \Delta x_{2i} + ... + \hat{\beta}_p \Delta x_{pi} \qquad (4.173)$$

Werden die Variablen $x_2, x_3, ..., x_p$ konstant gehalten, sodass $\Delta x_{2i} = \Delta x_{3i} = ... = \Delta x_{pi} = 0$ gilt, dann stellt $\hat{\beta}_1$ den partiellen Einfluss der Variablen x_1 auf y dar und es ergibt sich der Zusammenhang in Gleichung 4.171.

4.4.2. Schätzung von Modellen mit mehreren Regressoren

Zum besseren Verständnis des multiplen Regressionsmodells wollen wir im ersten Beispiel den Einfluss von Wohnfläche und Entfernung zum Zentrum auf die Höhe der Miete untersuchen und gehen daher von dem folgenden Modell einer *Zweifachregression* aus.

$$y = \alpha + \beta_1 x_1 + \beta_2 x_2 + u \qquad (4.174)$$

Dabei wird der erste Regressor *Quadratmeter* mit x_1 und der zweite Regressor *Distanz* mit x_2 abgekürzt. Die Variable y enthält die Mietwerte. Wie bei der Schätzung eines einfachen linearen Modells kann die OLS-Schätzung durch Auswahl des Menüeintrags *Modell/Kleinste Quadrate (OLS)...* im Hauptmenü initiiert werden. Daraufhin erscheint das Fenster zur Modellspezifikation, in dem die abhängige Variable *Miete* und die Regressoren *Quadratmeter* und *Distanz* ausgewählt werden. Die Bestätigung mit *ok* führt zur Ausgabe der folgenden KQ-Statistik in einem Modellergebnisfenster:

Modell 1: KQ, benutze die Beobachtungen 1–20
Abhängige Variable: Miete

	Koeffizient	Std. Fehler	*t*-Quotient	p-Wert
const	297,579	55,7987	5,333	0,0001
Quadratmeter	9,52637	0,319164	29,85	0,0000
Distanz	−98,4826	16,9687	−5,804	0,0000

Mittel d. abh. Var.	693,1500	Stdabw. d. abh. Var.	311,1996
Summe d. quad. Res.	34450,75	Stdfehler d. Regress.	45,01683
R^2	0,981277	Korrigiertes R^2	0,979075
$F(2,17)$	445,4958	P-Wert(F)	2,07e–15
Log-Likelihood	−102,8943	Akaike-Kriterium	211,7886
Schwarz-Kriterium	214,7758	Hannan–Quinn	212,3718

Die berechneten Werte für die Koeffizientenschätzer $\hat{\alpha}$, $\hat{\beta}_1$ und $\hat{\beta}_2$ sowie deren Standardabweichungen werden in den ersten beiden Spalten ausgegeben. Die Spalten *t-Quotient* und *p-Wert* erlauben die Beurteilung, ob die geschätzten Werte der Parameter signifikant sind. Die sehr geringen p-Werte liefern die Information, dass die Werte der Koeffizientenschätzer signifikant von Null verschieden sind. Die Angabe von drei Sternen deutet darauf hin, dass das Ergebnis noch weit unter dem Signifikanzniveau von 1% liegt. Wie bei der Schätzung des einfachen Regressionsmodells werden noch weitere Ergebnisse angegeben. Dazu zählen Mittelwert und Standardabweichung der abhängigen Variablen *Miete*, die Summe der Residuenquadrate sowie die Standardabweichung der Residuen (*Stdfehler der Regression*).

Die Steigungsparameter der Variablen *Quadratmeter* und *Distanz* betragen $\hat{\beta}_1 = 9{,}52$ und $\hat{\beta}_2 = -98{,}48$. Daraus lässt sich folgendes geschätzte Modell ableiten:

$$\hat{y} = 297{,}58 + 9{,}52x_1 - 98{,}48x_2 \tag{4.175}$$

Dies bedeutet: Erhöht man die Wohnfläche um einen Quadratmeter, so steigt die Miete um den geschätzten Betrag von 9,52 Euro. Erhöht sich die Distanz zum Zentrum um einen Kilometer, so hat dies eine geschätzte Auswirkung auf die Miethöhe in Höhe von -98,48 Euro. Wohnt man umgekehrt einen Kilometer näher zum Zentrum, sind etwa 100 Euro mehr zu zahlen.

Die Ausgabe des Modellergebnisfensters lässt sich auch mit Hilfe des folgenden OLS-Kommandos erzielen:

```
ols Miete const Quadratmeter Distanz
```

Beispiel Das zweite Beispiel entstammt einer Datei, die aus dem Autorenreiter *Ramanathan* geladen werden kann (*data4-6.gdt*). Sie enthält Daten aus 58 verschiedenen Landkreisen in Kalifornien, die u.a. das durchschnittliche Familieneinkommen (*medinc*), die prozentuale Arbeitslosenrate (*unemp*) und den prozentualen Anteil von College-Absolventen in den einzelnen Landkreisen (*college*) wiedergeben.

Wir wollen herausfinden, wie sich diese Größen auf den prozentualen Anteil von Familien unterhalb der Armutsgrenze auswirken. Die einzelnen Anteile in den 58 Landkreisen sind in der Variablen *povrate* gespeichert. Somit können wir in diesem Beispiel von drei Regressoren ausgehen, die hinter der Modellkonstanten *const* wie folgt angegeben werden.

```
ols povrate const medinc unemp college
```

Die Ausführung des OLS-Kommandos ergibt folgende Statistik. Es ist festzustellen, dass alle drei Regressoren einen signifikanten Einfluss auf den prozentualen Anteil von Familien unterhalb der Armutsgrenze besitzen.

Modell 1: KQ, benutze die Beobachtungen 1–58
Abhängige Variable: povrate

	Koeffizient	Std. Fehler	*t*-Quotient	p-Wert
const	14,7125	2,67001	5,510	0,0000
medinc	−0,379851	0,0678967	−5,595	0,0000
unemp	0,470141	0,115732	4,062	0,0002
college	0,209422	0,0779910	2,685	0,0096

Mittel d. abh. Var.	9,903448	Stdabw. d. abh. Var.	3,955452
Summe d. quad. Res.	260,5777	Stdfehler d. Regress.	2,196705
R^2	0,707807	Korrigiertes R^2	0,691574
$F(3,54)$	43,60308	P-Wert(F)	1,89e–14
Log-Likelihood	$-125,8697$	Akaike-Kriterium	259,7394
Schwarz-Kriterium	267,9812	Hannan–Quinn	262,9498

Besonders stark wirkt sich das durchschnittliche Familieneinkommen und die prozentuale Arbeitslosenrate aus. Bei einem Anstieg der Arbeitslosenrate um 1% fallen 0,47% mehr Familien unter die Armutsgrenze. Bei einem steigenden durchschnittlichen Einkommen um 1000 Dollar sinkt der prozentuale Anteil um 0,38%.

4.4.3. KQ-Schätzungen mit Dummyvariablen

Auf Dummy-Variablen wurde bereits im ersten Abschnitt im Zusammenhang mit der Bearbeitung von Datasets näher eingegangen. Dieser Variablentyp kann in der Regressionsanalyse eingesetzt werden, um den Einfluss qualitativer Merkmale auf die abhängige Variable zu untersuchen. Dabei bieten sich zwei verschiedene Herangehensweisen an. Die gesamte Stichprobe wird in zwei Teilmengen zerlegt, die den Ausprägungen 0 und 1 der Dummy-Variablen entsprechen. Dies ist mit dem Kommando *smpl* leicht möglich. Anschließend wird für jede Teilmenge eine Regressionsanalyse durchgeführt, um zu ermitteln, ob die Koeffizienten verschieden sind.

Alternativ kann die Dummy-Variable als Regressor in die Modellierung aufgenommen werden, sodass alle Beobachtungen einbezogen werden. Diese Vorgehensweise besitzt den Vorteil, dass festgestellt werden kann, ob die Dummy-Variable einen signifikanten Einfluss ausübt. Dieser Weg wird hier weiterverfolgt.

Achsenabschnitts-Dummies

Wenn man von der Vermutung ausgeht, dass eine Dummy-Variable lediglich einen Einfluss auf das Niveau der abhängigen Variable hat, dann wird in der Literatur gelegentlich von sog. *Achsenabschnitts-Dummies* gesprochen.

Dazu betrachten wir das Dataset *Einkommen.gdt*, in dem die Abhängigkeit des monatlichen Einkommens von Akademikern von ihrem Alter, ihrer Berufserfahrung (in Jahren) und dem Ausbildungsabschluss untersucht werden soll. Die folgende Tabelle 4.4 enthält die spaltenweise Auflistung der Datasetvariablen sowie einen Ausschnitt der Variablenwerte. Die Variable *Ausbildg* beinhaltet den erworbenen akademischen Grad mit folgenden Ausprägungen: 1 = Bachelor-Abschluss, 2 = Master-Abschluss, 3 = Promotion. Die letzten drei Spalten beinhalten die den drei Werten zugeordneten Dummyvariablen. Sie werden mit dem Kommando *dummify* erzeugt.

Eink	Alter	Berufserf	Geschl	Ausbildg	DAusbildg_1	DAusbildg_2	DAusbildg_3
1400	25	0	0	1	1	0	0
1470	27	4	1	1	1	0	0
1675	23	0	1	2	0	1	0
1935	29	1	0	2	0	1	0
2150	33	6	0	3	0	0	1
2370	44	17	0	2	0	1	0
2390	50	22	1	2	0	1	0
2600	67	26	1	3	0	0	1

Tabelle 4.4.: Ausschnitt des Datasets *Einkommen.gdt*

Zunächst soll aber die Entwicklung des Einkommens in Abhängigkeit von der Berufserfahrung und dem Geschlecht untersucht werden, wobei das Geschlecht als Dummyvariable mit den beiden Ausprägungen 0 (=männlich) und 1 (=weiblich) anzusehen ist. Gehen wir von der Vermutung aus, dass die genannten Dummy-Variablen lediglich einen Einfluss auf das Niveau der abhängigen Variable haben, dann ergibt sich mit den Ersetzungen $x = Berufserf$, $D = Geschl$ sowie $y = Eink$ das folgende Modell:

$$y = \alpha + \beta_1 x + \beta_2 D + u \tag{4.176}$$

Für alle Beobachtungen, die sich auf weibliche Mitarbeiter beziehen, besitzt die Dummy-Variable D den Wert 1. Die Regressionsgleichung besitzt für diese Fälle die Form

$$\begin{aligned} y &= \alpha + \beta_1 x + \beta_2 (1) + u \\ &= (\alpha + \beta_2) + \beta_1 x + u \end{aligned} \tag{4.177}$$

Die Konstante des Modells verändert sich also in diesem Fall um den Wert von β_2. Für männliche Mitarbeiter erhält man hingegen das Modell

$$y = \alpha + \beta_1 x + u \tag{4.178}$$

Für beide Ausprägungen der Dummyvariablen bleibt der Wert des Steigungsparameters β_1 unverändert. Da die Werte der Dummy-Variablen in diesem Fall mit 0 kodiert sind, entfällt der zweite Regressor. Dieses Modell wird als *Referenzmodell* bezeichnet. Um zu testen, ob die Geschlechtsgruppen ein signifikant unterschiedliches Achsenabschnittsniveau besitzen, wird folgendes Skript ausgeführt.

```
open "@gretldir\data\Einkommen.gdt"
# Regression Einkommen auf Berufserfahrung und Geschlecht
ols Eink const Berufserf Geschl
```

Die Ergebnisse der Regression zeigen, dass die geschätzten Parameterwerte hoch signifikant sind, da die p-Werte in der rechten Spalte sehr weit unter dem 5%-Niveau liegen.

Modell 1: KQ, benutze die Beobachtungen 1–96
Abhängige Variable: Eink

	Koeffizient	Std. Fehler	t-Quotient	p-Wert
const	1801,94	41,4013	43,5238	0,0000
Berufserf	33,9332	1,85958	18,2478	0,0000
Geschl	$-169,911$	43,1079	$-3,9415$	0,0002

Somit ergibt sich für die Referenzgruppe der männlichen Mitarbeiter folgende Regressionsgleichung:

$$y = 1801,94 + 33,93x \tag{4.179}$$

Das X-Y-Streudiagramm in Abbildung 4.42 zeigt die angepasste Regressionsgerade für die männlichen Mitarbeiter. Die Punktmenge umfasst nur diese Mitarbeiter.

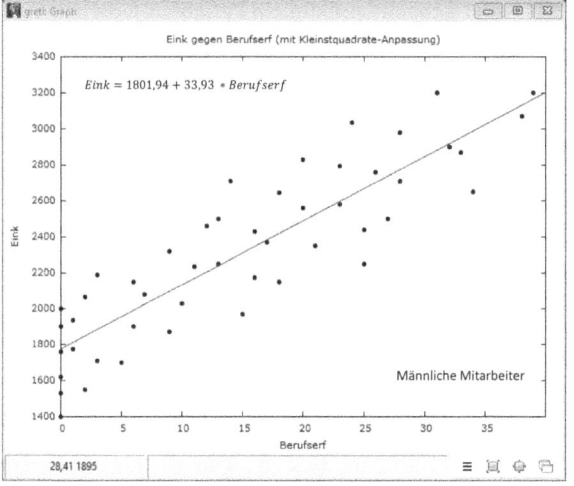

Abb. 4.42.: Regressionsschätzung für männliche Mitarbeiter (Geschl=0)

Für die weiblichen Mitarbeiterinnen ergibt sich die Regressionsgleichung:

$$y = 1801,94 - 169,91 + 33,93x$$
$$y = 1632,03 + 33,93x \tag{4.180}$$

Damit liegt das Einkommensniveau der weiblichen Mitarbeiterinnen ca. 170 Euro unter dem Niveau der männlichen Mitarbeiter. In beiden Gruppen erhöht sich das Einkommen mit jedem weiteren Jahr an Berufserfahrung um ca. 34 Euro. Das X-Y-Streudiagramm in Abbildung 4.43 zeigt die angepasste Regressionsgerade für die weiblichen Mitarbeiterinnen.

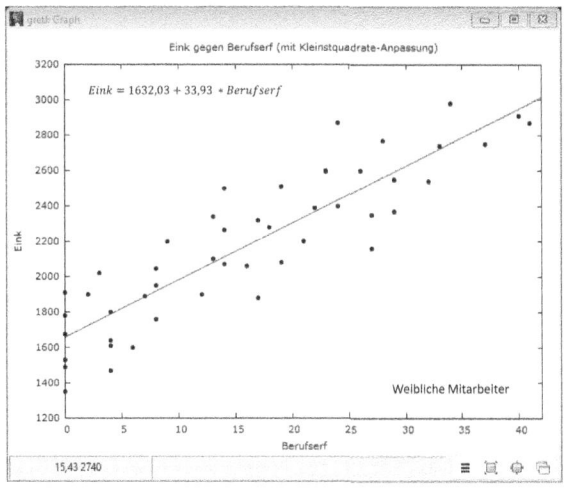

Abb. 4.43.: Regressionsschätzung für weibliche Mitarbeiterinnen (Geschl=1)

Selbstverständlich kann auch ein Set von Dummyvariablen in die Regressionsgleichung aufgenommen werden. Zu diesem Zweck untersuchen wir die Abhängigkeit des Einkommens von der Berufserfahrung und dem Grad der Ausbildung. Es ist zu vermuten, dass eine Promotion höhere Einstiegsgehälter erwarten lässt als ein Masterabschluss und dieser wiederum höhere Einstiegsgehälter als ein Bachelor-Abschluss.

In der Tabelle 4.4 wurden bereits drei Dummyvariablen angegeben, die wie folgt abgekürzt werden sollen: $D_1 = DAusbildg\_1$, $D_2 = DAusbildg\_2$ und $D_3 = DAusbildg\_3$. Wir haben damit drei qualitative Bedingungen.

$$D1 = \begin{cases} 1 & \text{Bachelor} \\ 0 & \text{kein Bachelor} \end{cases}$$

Die Ausprägung 0 umfasst also alle Abschlüsse, die entweder einem Master oder einer Promotion zuzuordnen sind (dabei wird davon ausgegangen, dass es keine Datensätze gibt, in denen nichtakademische Abschlüsse vorkommen). Entsprechend erhält man:

$$D2 = \begin{cases} 1 & \text{Master} \\ 0 & \text{kein Master} \end{cases}$$

$$D3 = \begin{cases} 1 & \text{Promotion} \\ 0 & \text{keine Promotion} \end{cases}$$

Um alle drei qualitativen Merkmale im Regressionsmodell abzubilden, benötigt man lediglich zwei Dummyvariablen. Die Variable D_1 wird als Referenz behandelt. Damit erhält man das ökonometrische Modell

$$y = \alpha + \beta_1 x + \beta_2 D_2 + \beta_3 D_3 + u \tag{4.181}$$

Für die Nullwerte beider Dummyvariablen ergibt sich der Parameter α, der das Einkommensniveau für die Bachelorabschlüsse kennzeichnet.

```
open "@gretldir\data\Einkommen.gdt"
dummify Ausbildg
# Regression Einkommen auf Berufserfahrung und Ausbildung
ols Eink const Berufserf DAusbildg_2 DAusbildg_3
```

Auch in diesem Fall erhalten wir Parameterschätzungen, die sehr geringe p-Werte aufweisen.

Modell 1: KQ, benutze die Beobachtungen 1–96
Abhängige Variable: Eink
Heteroskedastizitäts-robuste Standardfehler, Variante HC1

	Koeffizient	Std. Fehler	t-Quotient	p-Wert
const	1525,63	30,3509	50,27	0,0000
Berufserf	33,2398	1,42615	23,31	0,0000
DAusbildg_2	189,090	36,1599	5,229	0,0000
DAusbildg_3	417,421	37,1433	11,24	0,0000

Somit ergibt sich für die Referenzgruppe der Mitarbeiter mit Bachelorabschluss folgende Regressionsgleichung:

$$y = 1525,63 + 33,24x \tag{4.182}$$

Für die Mitarbeiter mit Masterabschluss erhalten wir die Regressionsgleichung:

$$y = 1525,63 + 189,09 + 33,24x$$
$$y = 1714,72 + 33,24x \tag{4.183}$$

Für die Mitarbeiter mit Promotion erhalten wir:

$$y = 1525,63 + 189,09 + 417,42 + 33,24x$$
$$y = 2132,14 + 33,24x \tag{4.184}$$

Damit liegt das Einkommensniveau der Mitarbeiter mit einem Bachelor ca. 606 Euro unter dem Niveau der promovierten Mitarbeiter. In allen Gruppen erhöht sich das Einkommen mit jedem weiteren Jahr an Berufserfahrung um ca. 33 Euro.

Interaktionen zwischen den Regressoren

Im vorangegangenen Beispiel wurde davon ausgegangen, dass das Ausbildungsniveau keinen Einfluss auf den Wert des Steigungsparameters besitzt. In sehr vielen Fällen muss aber davon ausgegangen werden, dass der Einfluss eines der beiden Regressoren auf die abhängige Variable vom Wert des zweiten Regressors (oder mehrerer Regressoren) abhängt. Wird dieser Zusammenhang nicht modelliert, sind verzerrte Schätzungen die zwangsläufige Folge. Man denke zum Beispiel an die Untersuchung der Wirkung neu entwickelter Medikamente an Probanden. Hier spielt nicht nur die Höhe der verabreichten Dosis eine Rolle, sondern ihr marginaler Einfluss (bei einer Dosiserhöhung) ist unmittelbar abhängig vom Alter oder auch vom Geschlecht des Probanden. Es liegt also ein Zusammenhang zwischen den Regressoren vor, der sich im Modell nicht allein auf eine Veränderung des Niveauparameters auswirkt.

Um den Zusammenhang von Regressoren zu modellieren, wird das Konzept der *Interaktionsvariablen* eingeführt. Handelt es sich bei den Variablen x_1 und x_2 um zwei sich stark beeinflussende Variablen, so wird der Ausdruck $x_1 * x_2$ als *Interaktionsvariable* bezeichnet.

Es wird zunächst das Modell für zwei unabhängige Regressoren formuliert:

$$y = \alpha + \beta_1 x_1 + \beta_2 x_2 + u \tag{4.185}$$

Bei einem Einfluss der Regressoren untereinander ist das Modell unter Berücksichtigung der Interaktionsvariablen wie folgt zu spezifizieren.

$$y = \alpha + \beta_1 x_1 + \beta_2 x_2 + \beta_3 (x_1 * x_2) + u \tag{4.186}$$

Eine kleine Umformulierung führt zu:

$$y = \alpha + + \beta_2 x_2 + (\beta_1 + \beta_3 x_2) x_1 + u \tag{4.187}$$

An der zweiten Formulierung wird unmittelbar deutlich, dass eine marginale Erhöhung des Werts von x_1 davon abhängig ist, welchen Wert die Variable x_2 annimmt.

Handelt es sich bei der Variablen x_2 um eine Dummyvariable D, so kann man das zu 4.186 analoge Modell aufstellen:

$$y = \alpha + \beta_1 x_1 + \beta_2 D + \beta_3 (x_1 * D) + u \tag{4.188}$$

In Analogie zu 4.187 ergibt sich

$$y = \alpha + \beta_2 D + (\beta_1 + \beta_3 D) x_1 + u \tag{4.189}$$

Nimmt die Indikatorvariable D den Wert 1 an, so erhöht sich der Wert des Steigungsparameters β_1 um den Wert β_3.

Zur Veranschaulichung dieses Konzepts kehren wir zu unserem Ausgangsbeispiel zurück, in dem die Miethöhe als abhängige Größe von der Wohnfläche und der Distanz zum Zentrum modelliert wurde. Zusätzlich gibt es eine diskrete Variable *Wohnungstyp*, die den Erhaltungszustand der Wohnung beschreibt. Es ist zu vermuten, dass der Anstieg der Miete mit jedem zusätzlichen Quadratmeter höher ausfällt, wenn die Wohnung luxussaniert wurde oder einen Neubau darstellt. Wir wollen also wissen, wie hoch dieser Anstieg gegenüber Altbauten und renovierten Wohnungen ausfällt.

Im folgenden Gretl-Skript wird eine geeignete Dummy-Variable erzeugt, die alle luxussanierten Wohnungen sowie Neubauten kennzeichnet. Die Interaktionsvariable erhalten wir durch Multiplikation der Variablen *Quadratmeter* mit dieser Dummy-Variablen.

```
open "@gretldir\data\Miethoehe.gdt"
dummify Wohnungstyp
series D_Neu_Lux = DWohnungstyp_1 + DWohnungstyp_4
# Interaktionsvariable definieren
series QM_D_Neu_Lux = Quadratmeter*D_Neu_Lux
# Regression Miete auf Quadratmeter und Dummy
ols Miete const Quadratmeter D_Neu_Lux QM_D_Neu_Lux
```

Die Ausführung des angegebenen Skripts liefert folgende OLS-Schätzung:

Modell 1: KQ, benutze die Beobachtungen 1–20
Abhängige Variable: Miete
Heteroskedastizitäts-robuste Standardfehler, Variante HC1

	Koeffizient	Std. Fehler	t-Quotient	p-Wert
const	107,184	34,1999	3,134	0,0064
Quadratmeter	7,57314	0,476048	15,91	0,0000
D_Neu_Lux	−103,016	46,2671	−2,227	0,0407
QM_D_Neu_Lux	2,02345	0,833968	2,426	0,0274

Aus den geschätzten Koeffizienten ergibt sich folgende Regressionsgleichung:

$$Miete = 107.18 + 7.57 * Quadratmeter - 103.02 * D\_Neu\_Lux + 2.02 * QM\_D\_Neu\_Lux \tag{4.190}$$

Für luxussanierte Wohnungen und Neubauten nimmt die Dummy-Variable *D_Neu_Lux* den Wert 1 an, sodass sich für die Interaktionsvariable *QM_D_Neu_Lux* in diesen Fällen ein geschätzter Steigungsparameter von 2.02 ergibt. Wird dieser Wert in die Gleichung 4.189 eingesetzt, erhalten wir die Regressionsgleichung

$$Miete = 107.18 - 103.02 * 1 + (7.57 + 2.02 * 1) * Quadratmeter$$
$$= 4.16 + 9.59 * Quadratmeter \tag{4.191}$$

Für *D_Neu_Lux* = 0 ergibt sich:

$$Miete = 107.18 - 103.02 * 0 + (7.57 + 2.02 * 0) * Quadratmeter$$
$$= 107.18 + 7.57 * Quadratmeter \tag{4.192}$$

Im Ergebnis lässt sich festhalten, dass bei einer Erhöhung der Wohnungsgröße um einen Quadratmeter Neubauten und luxussanierte Wohnungen um 2,02 Euro teurer sind als Altbauten und renovierte Wohnungen. Die beiden X-Y-Streudiagramme in der Abbildung 4.44 veranschaulichen für beide Wohnungskategorien die angepassten Regressionsgeraden. Sie lassen sich erzeugen, indem zuvor das Dataset mit der Bedingung *D_Neu_Lux=1* (linke Grafik) bzw. *D_Neu_Lux=0* (rechte Grafik) restringiert wird.

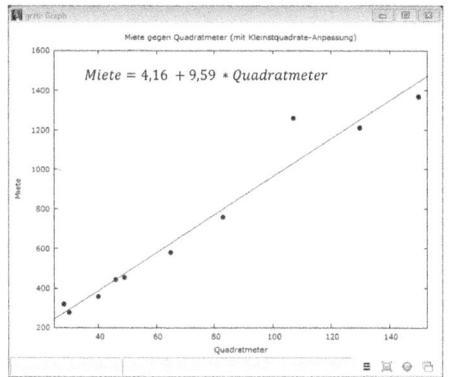 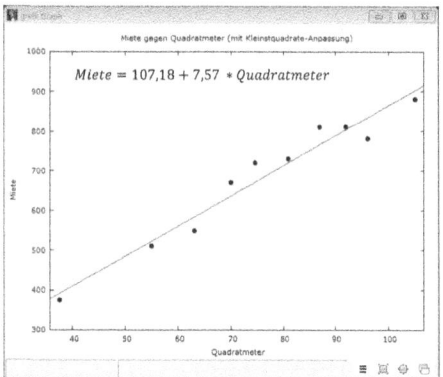

Abb. 4.44.: Auswirkung der Interaktionsvariable auf den Steigungsparameter

4.4.4. Autonome Variation und Bestimmtheitsmaß

In diesem Abschnitt wollen wir der Frage nachgehen, welche Auswirkungen die Korrelation der Regressoren auf das Ergebnis einer KQ-Schätzung hat. Außerdem leiten wir die Berechnungsvorschrift für das Bestimmtheitsmaß im Falle mehrerer Regressoren ab.

In der Einfachregression wurde das Bestimmtheitsmaß R^2 wie folgt berechnet:

$$R^2 = \frac{S_{\hat{y}\hat{y}}}{S_{yy}} = \frac{S_{xy}^2}{S_{xx}S_{yy}} \tag{4.193}$$

Die Berechnung nach der im zweiten Bruch von 4.193 angegebenen Vorschrift setzt keine Schätzung des Modells voraus. Die Höhe von R^2 wird entscheidend durch das Ausmaß der Kovariation zwischen x und y geprägt, also der Korrelation zwischen beiden Variablen. Das Bestimmtheitsmaß R_{12}^2 zwischen x_1 und x_2 erhalten wir, indem wir das Quadrat der Kovariation zwischen x_1 und x_2 durch das Produkt der Variationen von x_1 und x_2 dividieren:

$$R_{12}^2 = \frac{S_{12}^2}{S_{11}S_{22}} \tag{4.194}$$

Für das Modell der Mehrfachregression werden wir im Ergebnis feststellen, dass die Varianzen der KQ-Schätzer davon abhängig sind, wie hoch die Regressoren miteinander korreliert sind.[22] Um diesen Zusammenhang zu verdeutlichen, betrachten wir noch einmal das Modell mit zwei Regressoren, wie in den Venndiagrammen der Abbildung 4.45.

---

22 Überträgt man das statistische Maß der Korrelation auf das Gebiet der Vektoralgebra, spricht man auch von *Multikollinearität* zweier oder mehrerer Regressoren, denn diese lassen sich als Vektoren mit N Beobachtungen interpretieren. Im Abschnitt 5.1.1 wird auf diese Thematik näher eingegangen.

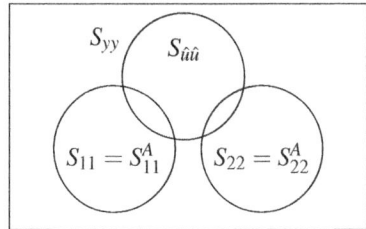 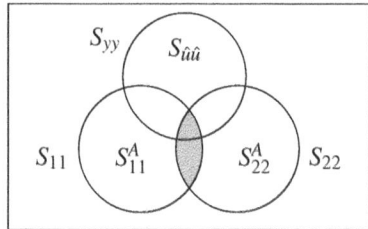

Abb. 4.45.: Venndiagramme ohne und mit Korrelation der Regressoren

In der linken Abbildung liegt keine Korrelation zwischen den Regressoren vor, sodass gilt: $R_{12}^2 = 0$. Die Einflüsse der Variablen x_1 und x_2 auf die abhängige Variable y sind somit voneinander getrennt. Für den Parameterschätzer $\hat{\beta}_1$ der Variablen x_1 bedeutet dies, dass die Existenz der Variablen x_2 keinen Einfluss auf ihn hat. Betrachten wir nämlich die beiden Regressionsgleichungen

$$\hat{y} = \hat{\alpha} + \hat{\beta}_1 x_1 \qquad (4.195)$$

$$\hat{y} = \hat{\alpha}^* + \hat{\beta}_1^* x_1 + \hat{\beta}_2^* x_2 \qquad (4.196)$$

dann können wir unter der Voraussetzung, dass die Regressoren nicht korreliert sind, die folgende Identität ableiten: $\hat{\beta}_1 = \hat{\beta}_1^*$. Im Ergebnis ist also festzuhalten: Die Aufnahme eines zusätzlichen Regressors x_k in einem allgemeinen multiplen Regressionsmodell hat keinen Einfluss auf die Werte der übrigen Parameterschätzer, wenn dieser nicht mit den anderen Regressoren korreliert ist, genauer: wenn keine paarweise Korrelation vorliegt.

Ganz anders verhält sich die Situation in der rechten Abbildung. Die Größe der Schnittfläche zwischen den beiden unteren Kreisen gibt an, wie hoch die beiden Regressoren miteinander korreliert sind. In diesem Fall besitzt das Bestimmtheitsmaß R_{12}^2 einen Wert ungleich Null und für die Schätzer gilt: $\hat{\beta}_1 \neq \hat{\beta}_1^*$ und $var(\hat{\beta}_1) \neq var(\hat{\beta}_1^*)$. Dieses Ergebnis ist dem Umstand zuzuschreiben, dass die Regressoren sich den Einfluss auf die abhängige Variable teilen. Im rechten Venndiagramm spiegelt sich dieser in der Überschneidungsfläche der drei Kreise wieder.

Zu analogen Aussagen bezüglich $\hat{\beta}_2$ kommen wir, wenn von den Schätzgleichungen

$$\hat{y} = \hat{\alpha} + \hat{\beta}_2 x_2 \qquad (4.197)$$

$$\hat{y} = \hat{\alpha}^* + \hat{\beta}_1^* x_1 + \hat{\beta}_2^* x_2 \qquad (4.198)$$

ausgegangen wird.

Der geschilderte Sachverhalt legt nahe, einen Teilbereich innerhalb der Variationen S_{11} und S_{22} zu identifizieren, der von dem Einfluss des jeweils anderen Regressors unabhängig ist. Diesen Teilbereich bezeichnet man als *autonome Komponente des Regressors* und er soll fortan innerhalb der Bezeichnung für die Variation mit einem hochgestellten „A" gekennzeichnet werden. Für die Variationen S_{11} und S_{22} ergeben sich somit die autonomen Komponenten S_{11}^A und S_{22}^A. Sie werden häufig auch als *autonome Variationen der Regressoren* bezeichnet. Für sie gelten die folgenden Eigenschaften:

$$S_{11}^A \leq S_{11} \tag{4.199}$$

$$S_{22}^A \leq S_{22} \tag{4.200}$$

Das Gleichheitszeichen in 4.199 und 4.200 gilt nur für den Ausnahmefall, dass x_1 und x_2 nicht korreliert sind. In Abbildung 4.45 ist diese Situation im linken Venndiagramm gegeben. Im rechten Venndiagramm erhält man die autonomen Variationen, wenn man sich die Überschneidungsfläche der Variationen von x_1 und x_2 wegdenkt.

Mit der begrifflichen Einführung einer autonomen Variation gelingt es uns, den Einfluss der anderen Regressoren sozusagen „herauszupartionalisieren" (engl. „partialling out"). Dieses Konzept ermöglicht es, die Schätzer des zweifachen (oder mehrfachen) Regressionsmodells auf eine alternative Weise zu berechnen. Wenn es also gelingt, die Werte von S_{11}^A und S_{22}^A zu berechnen, dann können wir unter Heranziehung der Formel für den Parameterschätzer $\hat{\beta}$ im einfachen Modell folgende Berechnungsvorschriften ableiten:

$$\hat{\beta}_1 = \frac{S_{1y}^A}{S_{11}^A} \tag{4.201}$$

$$\hat{\beta}_2 = \frac{S_{2y}^A}{S_{22}^A} \tag{4.202}$$

Die Kovariationen S_{1y}^A und S_{2y}^A im Zähler der beiden Brüche stellen die Schnittflächen der autonomen Variationen mit der Variation S_{yy} der abhängigen Variablen dar. Damit bilden sie den erklärten Anteil an der Variation S_{yy}.

Wie können wir die autonomen Variationen von x_1 und x_2 berechnen? Dise Frage ist leicht zu beantworten, wenn man die autonomen Komponenten als Residualkomponenten auffasst, die sich ergeben, wenn man die unabhängigen Variablen x_1 und x_2 aufeinander regressiert. Unter diesem Gesichtspunkt können folgende Kürzel vereinbart werden:

S_{11}^A: Variation der Residuen einer Regression von x_1 (abh. Var.) auf x_2 (unabh. Var.)
S_{22}^A: Variation der Residuen einer Regression von x_2 (abh. Var.) auf x_1 (unabh. Var.)

Damit erhalten wir zwei zusätzliche Hilfsschätzungen:

$$x_{1i} = \hat{\delta}_0 + \hat{\delta}_1 x_{2i} + \hat{x}_{1i}^A \tag{4.203}$$

$$x_{2i} = \hat{\delta}_0^* + \hat{\delta}_1^* x_{1i} + \hat{x}_{2i}^A \tag{4.204}$$

Bilden wir nun die Variationen aus den Residuen $\hat{x}_{1i}^A$ und $\hat{x}_{2i}^A$, dann erhalten wir die autonomen Komponenten von x_1 und x_2:

$$S_{11}^A = \sum \left(\hat{x}_{1i}^A - \bar{\hat{x}}_1^A \right)^2 = \sum \left(\hat{x}_{1i}^A \right)^2 \tag{4.205}$$

$$S_{22}^A = \sum \left(\hat{x}_{2i}^A - \bar{\hat{x}}_2^A \right)^2 = \sum \left(\hat{x}_{2i}^A \right)^2 \tag{4.206}$$

Die Vereinfachung in 4.205 und 4.206 folgt aus der Tatsache, dass das arithmetische Mittel der Residuen einer KQ-Schätzung den Wert Null ergibt, also $\bar{\hat{x}}_1^A = 0$ und $\bar{\hat{x}}_2^A = 0$.

Mit den Hilfsschätzungen 4.203 und 4.204 lassen sich auch die autonomen Variationen S_{1y}^A und S_{2y}^A berechnen:

$$S_{1y}^A = \sum (y_i - \bar{y}) \left(\hat{x}_{1i}^A - \bar{\hat{x}}_1^A \right) = \sum (y_i - \bar{y}) \hat{x}_{1i}^A \qquad (4.207)$$

$$S_{2y}^A = \sum (y_i - \bar{y}) \left(\hat{x}_{2i}^A - \bar{\hat{x}}_2^A \right) = \sum (y_i - \bar{y}) \hat{x}_{2i}^A \qquad (4.208)$$

Damit steht nichts mehr im Wege, um die Schätzer $\hat{\beta}_1$ und $\hat{\beta}_2$ über den Umweg der autonomen Variationen gemäß 4.201 und 4.202 zu berechnen.

In Gretl können wir hintereinander zwei Regressionen durchführen, um über den Umweg der autonomen Variation die Parameterschätzer zu ermitteln. Zunächst scheint es sinnvoll, zu ermitteln, ob die Regressoren *Distanz* und *Quadratmeter* korreliert sind. Eine Übersicht über die Korrelationskoeffizienten erhält man, wenn aus dem Fenster der Symbolansicht heraus ein Doppelklick auf das Icon mit der Bezeichnung *Korrelationen* ausgeführt wird. Es werden dann alle Korrelationen der Datasetvariablen aufgeführt (siehe auch Tabelle 1.2 im Kapitel 1.2).

Für die Regressoren *Distanz* und *Quadratmeter* erhalten wir einen Korrelationskoeffizienten von 0,1843. Damit ist es sinnvoll, die beiden Variablen aufeinander zu regressieren. Wir beschränken uns dabei auf die Regression der Variablen *Quadratmeter* (x_1) auf die Variable *Distanz* (x_2). Die Umsetzung in Gretl führt zu folgender Kommandofolge:

```
# Hilfsregression QM auf Distanz
ols Quadratmeter const Distanz
# Ermittlung der Residuen (=autonome Komponente)
series QM_Autonom = $uhat
# Regression Miete auf autonome Komponente QM_Autonom
ols Miete const QM_Autonom
```

Wie bereits erwähnt wurde, liefert Gretl mit der Funktion *$uhat* die Residuen der vorausgegangenen OLS-Schätzung und speichert sie in der Variablen *QM_Autonom*. Diese Werte bilden die autonome Komponente der Variablen *Quadratmeter*. Mit der zweiten OLS-Anweisung wird die Variable *Miete* auf die autonome Komponente regrssiert. Sie liefert den gesuchten Parameterschätzer, der den Einfluss der autonomen Komponente *QM_Autonom* auf die abhängige Variable *Miete* repräsentiert. Die folgende OLS-Statistik der zweiten Regression zeigt, dass für die Variable *QM_Autonom* der gleiche Wert für den Parameterschätzer geliefert wird wie in der ursprünglichen Zweifachregression für die Variable *Quadratmeter*, nämlich 9,52.

Modell 1: KQ, benutze die Beobachtungen 1–20
Abhängige Variable: Miete

	Koeffizient	Std. Fehler	t-Quotient	p-Wert
const	693,150	9,80976	70,66	0,0000
QM_Autonom	9,52637	0,311037	30,63	0,0000

Mittel d. abh. Var.	693,1500	Stdabw. d. abh. Var.	311,1996
Summe d. quad. Res.	34643,31	Stdfehler d. Regress.	43,87059
R^2	0,981173	Korrigiertes R^2	0,980127
$F(1,18)$	938,0591	P-Wert(F)	5,56e–17
Log-Likelihood	−102,9500	Akaike-Kriterium	209,9001
Schwarz-Kriterium	211,8916	Hannan–Quinn	210,2888

Das Konzept der autonomen Variation lässt sich leicht auf das allgemeine Modell der Mehrfachregression übertragen. Es sei

$$y_i = \alpha + \beta_1 x_{1i} + \beta_2 x_{2i} + \ldots + \beta_p x_{pi} + u_i \tag{4.209}$$

das Modell mit p Regressoren. Dann ist die autonome Komponente des Regressors x_k definiert als Residualkomponente $\hat{x}_{ki}^A$ einer Regression von x_k auf die übrigen Regressoren $x_1,\ldots,x_{k-1},x_{k+1},\ldots,x_p$:

$$x_{ki} = \hat{\delta}_0 + \hat{\delta}_1 x_{1i} + \ldots + \hat{\delta}_{k-1} x_{(k-1)i} + \hat{\delta}_{k+1} x_{(k+1)i} + \hat{\delta}_p x_{pi} \tag{4.210}$$

Die Variation der autonomen Komponente von x_k ergibt sich aus:

$$S_{ky}^A = \sum (y_i - \bar{y}) \left(\hat{x}_{ki}^A - \tilde{x}_k^A \right) = \sum (y_i - \bar{y}) \hat{x}_{ki}^A \tag{4.211}$$

Damit lässt sich der KQ-Schätzer von β_k wie folgt berechnen:

$$\hat{\beta}_k = \frac{S_{ky}^A}{S_{kk}^A} \tag{4.212}$$

Das Bestimmtheitsmaß

Wie im Fall der Einfachregression entspricht die Summe der quadratischen Residuen $S_{\hat{u}\hat{u}}$ dem Anteil an der Variation der abhängigen Variablen y, der nicht auf die Werte der exogenen Variablen zurückzuführen ist.

$$S_{\hat{u}\hat{u}} = S_{yy} - S_{\hat{y}\hat{y}} \tag{4.213}$$

Wie im Fall der Einfachregression wird die *erklärte Variation* durch den Ausdruck

$$S_{\hat{y}\hat{y}} = \sum (\hat{y}_i - \bar{\hat{y}})^2 \tag{4.214}$$

berechnet, wobei $\bar{\hat{y}} = \bar{y} = 1/N \sum \hat{y}_i$ entspricht.
In analoger Weise ist das Bestimmtheitsmaß R^2 wie im Fall der Einfachregression definiert:

$$R^2 = \frac{S_{yy} - S_{\hat{u}\hat{u}}}{S_{yy}} = \frac{S_{\hat{y}\hat{y}}}{S_{yy}} = 1 - \frac{S_{\hat{u}\hat{u}}}{S_{yy}} \tag{4.215}$$

Der Wert von R^2 hängt also von der Größe des erklärten Anteils ab. Veranschaulicht man sich die Definition des Bestimmtheitsmaßes an einem Venndiagramm, so wird die erklärte Variation $S_{\hat{y}\hat{y}}$ durch die Überschneidungsfläche der Regressoren mit der abhängigen Variablen dargestellt (siehe Abbildung 4.46).

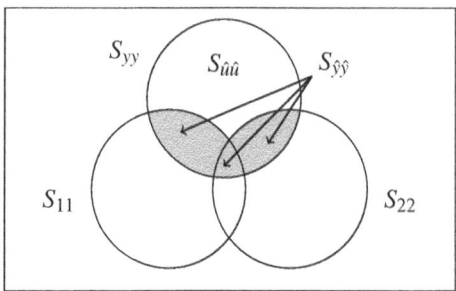

Abb. 4.46.: Venndiagramm der Variationen

Eine alternative Berechnung kann vorgenommen werden, wenn nach einer KQ-Schätzung die Werte der geschätzten Steigungsparameter $\hat{\beta}_k$ bekannt sind. In diesem Fall lässt sich das Bestimmtheitsmaß nach der Formel

$$R^2 = \frac{S_{\hat{y}\hat{y}}}{S_{yy}} = \frac{\sum_{k=1}^{p} \hat{\beta}_k S_{ky}}{S_{yy}} \tag{4.216}$$

berechnen, wobei von p Regressoren ausgegangen wird. Die Variation des erklärten Anteils $S_{\hat{y}\hat{y}}$ lässt sich als Summe der p Kovariationen S_{ky} schreiben, die mit ihren jeweiligen KQ-Schätzern $\hat{\beta}_k$ gewichtet werden. Die Kovariation des k-ten Regressors x_{ki} mit y berechnet man dabei mit der Formel $\sum_{i=1}^{N}(x_{ki} - \bar{x}_k)(y_i - \bar{y})$. Im Fall der Zweifachregression reduziert sich die Formel 4.216 auf:

$$R^2 = \frac{S_{\hat{y}\hat{y}}}{S_{yy}} = \frac{\hat{\beta}_1 S_{1y} + \hat{\beta}_2 S_{2y}}{S_{yy}} \tag{4.217}$$

Die Werte ESS, RSS, TSS sowie das Bestimmtheitsmaß und die F-Statistik präsentiert Gretl wieder übersichtlich im ANOVA-Fenster. Die Ausgabe erfolgt aus dem Modellergebnisfenster heraus über den Menüpunkt *Analyse*. Alternativ werden die ANOVA-Statistiken auch in der Skriptausgabe nach den OLS-Statistiken ausgegeben, wenn das Kommando *OLS* die Option *–anova* enthält. Wir erhalten folgende Ergebnisse:

Varianzanalyse:

	Quadratsumme	FG	quad. Mittel
Regression	1,80561e+006	2	902804
Residuum	34450,8	17	2026,51
Total	1,84006e+006	19	96845,2

R^2 = 1,80561e+006 / 1,84006e+006 = 0,981277

F(2,17) = 902804 / 2026,51 = 445,496 [p-Wert 2,07e–015]

Während der Wert für TSS mit dem Wert aus der Einfachregression identisch ist, weichen die Werte für ESS und RSS ab: ESS = 1805610, RSS = 34450,8, TSS = 1840060

Die Residuenquadratsumme (Zeile Residuum) besitzt im Gegensatz zum einfachen Regressionsmodell jetzt 17 Freiheitsgrade, weil von den 20 Beobachtungswerten unseres Beispiels 3 Freiheitsgrade abgezogen werden müssen (die zwei exogenen Variablen *Quadratmeter* und *Distanz* sowie die Konstante des Modells). Geben wir für die drei Variablen konkrete Werte vor, dann können noch 17 Werte der 20 Residuen frei vergeben werden.

Eine wichtige Feststellung betrifft das Verhalten von R^2 im Falle einer Erweiterung der Modellspezifikation. Die zusätzliche Aufnahme einer unabhängigen Variablen in das Modell führt in der Regel zu einer Erhöhung von R^2. „In der Regel" bedeutet in diesem Zusammenhang, dass die neue Variable mit der abhängigen Variablen y korreliert ist. Die Hinzunahme einer irrelevanten Variable verändert R^2 nicht, sodass sich im Ergebnis festhalten lässt, dass bei einer Erweiterung des Modells das Bestimmtheitsmaß sich nicht verringern kann. Damit liefert das Bestimmtheitsmaß kein gutes Kriterium für die Entscheidung, ob eine oder mehrere Variable hinzugefügt werden sollen. Eine bessere Maßzahl werden wir mit dem *korrigierten Bestimmtheitsmaß* noch kennenlernen.

4.4.5. Grundannahmen des multiplen Regressionsmodells

Wie im Fall des einfachen Regressionsmodells lassen sich aus den Annahmen über das lineare Modell bestimmte Eigenschaften für die KQ-Schätzer des mehrfachen Regressionsmodells ableiten. Sind diese Annahmen erfüllt, so besagt das sogenannte *Gauss-Markov-Theorem*, dass die Parameter-Schätzer der Methode der kleinsten Quadrate (KQ-Methode) die besten linearen erwartungstreuen Schätzer sind, also die Eigenschaft *BLUE* haben: *best linear unbiased estimator*. Diese Abkürzung steht für die folgenden Eigenschaften des OLS-Schätzers:

- **linear** – $\hat{\alpha}$, $\hat{\beta}_1$ bis $\hat{\beta}_k$ sind lineare Schätzer. Deren Formeln lassen sich als Linearkombinationen der Zufallsvariablen y beschreiben.

- **unbiased** – Die Erwartungswerte der Schätzer $\hat{\alpha}$, $\hat{\beta}_1$ bis $\hat{\beta}_k$ entsprechen den wahren Werten: $E(\hat{\alpha}) = \alpha$, $E(\hat{\beta}_1) = \beta_1,..., E(\hat{\beta}_k) = \beta_k$. Sie werden deshalb als *unverzerrt* beziehungsweise *erwartungstreu* bezeichnet. Bei der wiederholten unabhängigen Ziehung von Stichproben aus der Grundgesamtheit wird also erwartet, dass der Durchschnitt der Schätzwerte des jeweiligen Schätzers gleich dem wahren Wert ist. Dieses Verhalten ist aber an die Annahme gebunden, dass der bedingte Erwartungswert der Störgrößen $E(u|x_1,x_2,...,x_k)$ gleich Null ist.

- **best** – Diese Eigenschaft bezieht sich darauf, dass die KQ-Schätzer $\hat{\alpha}$, $\hat{\beta}_1$ bis $\hat{\beta}_k$ unter allen linearen unverzerrten Schätzern die kleinste Varianz besitzen. Diese Eigenschaft wird auch als *Effizienz* bezeichnet (engl. efficiency). Dahinter steckt der Gedanke, dass ein effizienter Schätzer die in den Daten zur Verfügung stehende Information optimal nutzt.

- **consistent** – *Konsistenz* ist nicht in dem Eigenschaftskürzel BLUE enthalten, beschreibt aber eine erstrebenswerte Eigenschaft, die für einen Schätzer im allgemeinen gelten sollte. Damit ist sein Verhalten bei wachsendem Stichprobenumfang N gemeint. Es ist wünschenswert, dass die Werte eines Schätzers bei wachsendem Stichprobenumfang gegen einen speziellen Wert konvergieren. Für den Bereich der Statistik bedeutet dies, dass die Wahrscheinlichkeit, von diesem speziellen Wert um eine vorgegebene kleine Größe abzuweichen, mit wachsendem N gegen Null geht. Es kann gezeigt werden, dass die KQ-Schätzer konsistent sind.

Die KQ-Schätzer besitzen genau die genannten Eigenschaften, wenn man von den folgenden B-Annahmen bezüglich des Verhaltens der Störgrößen ausgehen kann:

- **Annahme B1** Bei gegebenen Werten der Regressoren besitzen die Störgrößen u_i (i=1,...,N) den Erwartungswert Null, das heißt:

$$E(u_i|x_{1i},...,x_{ki}) = 0 \qquad (4.218)$$

Wie im Fall des einfachen Regressionsmodells verlangen wir also auch hier, dass der Störterm u nicht mit den Regressoren $x_1, x_2, ..., x_k$ korreliert ist, das heißt $E(u_i|x_{1i},...,x_{ki}) = E(u_i)$.

- **Annahme B2** Bei gegebenen Werten der Regressoren ist die Varianz der Störgrößen u_i für alle Beobachtungen konstant.

$$var(u_i|x_{1i},...,x_{ki}) = \sigma^2 \qquad (4.219)$$

- **Annahme B3** Bei gegebenen Werten der Regressoren sind die Störgrößen u_i und u_j nicht miteinander korreliert (für alle i $\neq$ j).

$$cov(u_i,u_j|x_{1i},...,x_{ki}) = 0 \qquad (4.220)$$

- **Annahme B4** Die Störgröße u_i ist normalverteilt, das heißt

$$u_i \sim N(0,\sigma^2) \qquad (4.221)$$

Diese Annahme ist nicht notwendig für die BLUE-Eigenschaft, sondern erlaubt im klassischen Regressionsmodell die exakte Berechnung der Testverteilungen, im Gegensatz zu asymptotischen Approximationen.

Den vier B-Annahmen fügen wir noch die folgende C-Annahme hinzu, die im Modell der Einfachregression keine Rolle gespielt hat.

- **Annahme C**
  Eine unabhängige Variable darf keine perfekte lineare Funktion einer oder mehrerer anderer unabhängiger Variablen sein. Dieses Phänomen wird als *perfekte Kollinearität* bezeichnet und heißt nichts anderes, dass die betreffende Variable nicht zur Erklärung der abhängigen Variablen beiträgt und somit entfernt werden muss. Eine teilweise Kollinearität ist allerdings kein Problem und bedeutet lediglich, dass es ein gewisses Ausmaß an Korrelation zwischen den Werten der unabhängigen Variablen geben darf.

4.4.6. Erwartungswert und Varianz der KQ-Schätzer $\hat{\alpha}$ und $\hat{\beta}_i$

Ausgehend von den Grundannahmen, die wir in Abschnitt 4.4.5 getroffen haben, lassen sich die Erwartungswerte der KQ-Schätzer in einem Modell mit k Regressoren wie folgt angeben, wobei $1 \leq i \leq k$ gilt:

$$E(\hat{\beta}_i) = \beta_i \tag{4.222}$$

$$E(\hat{\alpha}) = \alpha \tag{4.223}$$

Mit anderen Worten: Die KQ-Schätzer sind unverzerrte Schätzer für die wahren Parameter innerhalb der Gesamtpopulation. Ein Beweis für die Unverzerrtheit der KQ-Schätzer wird im Kapitel A.3 unter Verwendung der Matrixnotation erbracht.

Für den Spezialfall der Zweifachregression folgt:

$$E(\hat{\beta}_1) = \beta_1 \tag{4.224}$$

$$E(\hat{\beta}_2) = \beta_2 \tag{4.225}$$

Die Varianzen und Kovarianzen der KQ-Schätzer $\hat{\beta}_1$ und $\hat{\beta}_2$ werden nach folgenden Formeln berechnet:

$$var(\hat{\beta}_1) = \frac{\sigma^2}{S_{11}(1 - R_{12}^2)} = \frac{\sigma^2}{S_{11}^A} \tag{4.226}$$

$$var(\hat{\beta}_2) = \frac{\sigma^2}{S_{22}(1 - R_{12}^2)} = \frac{\sigma^2}{S_{22}^A} \tag{4.227}$$

$$var(\hat{\alpha}) = \sigma^2/N + \bar{x}_1^2 \cdot var(\hat{\beta}_1) + 2\bar{x}_1\bar{x}_2 \cdot cov(\hat{\beta}_1, \hat{\beta}_2) + \bar{x}_2^2 \cdot var(\hat{\beta}_2) \tag{4.228}$$

Betrachten wir die Formeln für die Berechnung der Varianzen der Steigungsparameter eingehender, so ist zunächst eine Abhängigkeit von der Varianz σ^2 der Störgrößen zu erkennen. Eine Erhöhung der Störgrößenvarianz führt zu einer Erhöhung der Varianzen von $\hat{\beta}_1$ und $\hat{\beta}_2$.

Den zweiten Einflussfaktor auf die Varianzen der Steigungsparameter stellt das Bestimmtheitsmaß R_{12}^2 zwischen den Regressoren dar. Sind x_1 und x_2 miteinander korreliert, sodass

$R_{12}^2 \neq 0$ gilt, dann sind diese Varianzen höher als im Fall der Unabhängigkeit beider Regressoren. Um diesen Zusammenhang zu verdeutlichen, separieren wir den Teilbruch $1/(1-R_{12}^2)$:

$$VIF = \frac{1}{(1-R_{12}^2)} \tag{4.229}$$

Der Quotient $VIF = 1/(1-R_{12}^2)$ wird in der englischsprachigen Literatur häufig als *Variance Inflation Factor* (VIF) bezeichnet. Liegt keine Multikollinearität vor ($R_{12}^2 = 0$), dann ergibt sich $VIF = 1$ und die durch die Formeln 5.5 und 5.6 gegebenen Varianzen der Schätzer erreichen ihren minimalen Wert, nämlich σ^2/S_{11} bzw. σ^2/S_{22}. Eine zunehmende Kollinearität zwischen x_1 und x_2 erhöht die Varianzen der beiden Schätzer $\hat{\beta}_1$ und $\hat{\beta}_2$. Dies ist gleichbedeutend mit einer Erhöhung ihrer Standardfehler. Die Varianz der Störgrößen σ^2 in den Gleichungen 5.5 und 5.6 kann durch die Varianz der Residuen $\hat{\sigma}^2$ geschätzt werden. Im Extremfall einer vollständigen linearen Abhängigkeit kann der VIF gar nicht berechnet werden, da der Nenner den Wert Null besitzt.

Damit ergeben sich für 4.226 und 4.227 folgende kürzere Schreibweisen:

$$var(\hat{\beta}_1) = \frac{\sigma^2}{S_{11}} \cdot VIF \tag{4.230}$$

$$var(\hat{\beta}_2) = \frac{\sigma^2}{S_{22}} \cdot VIF \tag{4.231}$$

Je höher die Korrelation der unabhängigen Variablen x_1 und x_2 ausfällt, umso stärker nähert sich der Wert des Bestimmtheitsmaßes R_{12} dem Wert 1. Aus der Definition folgt daraus eine Erhöhung des VIF und damit eine größere Varianz der Parameterschätzer $\hat{\beta}_1$ und $\hat{\beta}_2$. Wie die Formeln 4.226 und 4.227 zeigen, lassen sich die Varianzen auch mit Hilfe der autonomen Komponenten berechnen. Sind die unabhängigen Variablen nicht korreliert, folgt $VIF = 1$ und die Formeln 4.230 und 4.231 entsprechen der Formel in der Einfachregression.

Die Kovarianz zwischen den Schätzern $\hat{\beta}_1$ und $\hat{\beta}_2$ wird folgendermaßen berechnet:

$$cov(\hat{\beta}_1, \hat{\beta}_2) = \frac{-\sigma^2 R_{12}^2}{S_{12}(1-R_{12}^2)} = \frac{-\sigma^2 R_{12}^2}{S_{12}} \cdot VIF \tag{4.232}$$

Um die Varianzen der Schätzer berechnen zu können, müssen wir die unbekannte Varianz σ^2 der Grundgesamtheit durch eine entsprechende Schätzformel ersetzen. Die beiden Formeln lassen sich für den Fall einer allgemeinen Mehrfachregression erweitern, wobei $\hat{\beta}_k$ den Parameterschätzer des Regressors x_k darstellt.

$$var(\hat{\beta}_k) = \frac{\sigma^2}{S_{kk}(1-R_k^2)} \tag{4.233}$$

R_k^2 ist hierbei das Bestimmtheitsmaß einer Hilfregession, bei der die erklärende Variable x_k auf alle anderen erklärenden Variablen regressiert wird.

Unter dem Menüpunkt *Analyse/Kollinearität* im Modellfenster kann man den VIF-Faktor schnell ermitteln. Das Mietmodell liefert das Ergebnis in Abbildung 4.47. Für die beiden Regressionskoeffizienten der Variablen *Quadratmeter* und *Distanz* wird ein VIF-Faktor von 1,035 ermittelt, der ein niedriges Maß an Kollinearität zeigt. Die Werte sind deshalb identisch, weil nur zwei Regressoren vorhanden sind. Zusätzlich werden in der 2. Spalte noch die Konditionsindizes (CI) von Belsley, Kuh und Welsch, 1980 ausgegeben. Die niedrigen Werte bestätigen das Ergebnis der VIF-Faktoren.

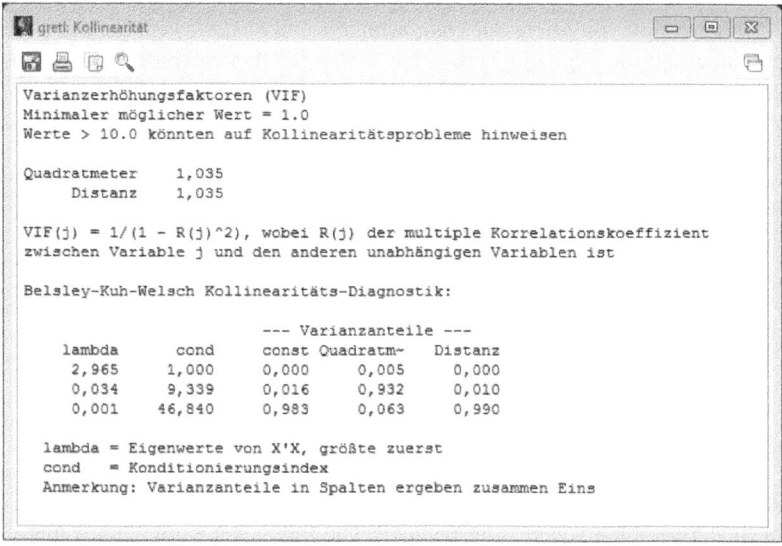

Abb. 4.47.: Test auf Kollinearität und VIFs im Mietmodell

Schätzformel für die unbekannte Varianz der Störgrößen Wie im Fall der Einfachregression benötigen wir einen Schätzer $\hat{\sigma}^2$ für die unbekannte Varianz der Störgrößen. Dazu wird die Summe der Residuenquadrate $S_{\hat{u}\hat{u}}$ des geschätzten Modells herangezogen. Um einen unverzerrten Schätzer zu erhalten, wird $S_{\hat{u}\hat{u}}$ durch die Anzahl der Freiheitsgrade dividiert. Im einfachen Regressionsmodell ergab sich dieser Wert aus dem um 2 verminderten Stichprobenumfang N. Im Fall der Zweifachregression erhalten wir einen unverzerrten Schätzer durch:

$$\hat{\sigma}^2 = \frac{1}{N-3} \sum_{i=1}^{N} \hat{u}_i^2 = \frac{1}{N-3} S_{\hat{u}\hat{u}} \tag{4.234}$$

Von der Stichprobengröße N wird der Wert 3 subtrahiert, weil im Modell der Zweifachregression drei Parameter zu schätzen sind: $\hat{\alpha}$, $\hat{\beta}_1$ und $\hat{\beta}_2$. Dadurch sind $N-3$ Residuen frei variabel. Im allgemeinen Modell mit k Regressoren (und Konstante) ergibt sich:

$$\hat{\sigma}^2 = \frac{1}{N-k-1}\sum_{i=1}^{N}\hat{u}_i^2 = \frac{1}{N-k-1}S_{\hat{u}\hat{u}} \qquad (4.235)$$

Berechnung der Varianzen

Zur Berechnung der Varianzen von $\hat{\beta}_1$ und $\hat{\beta}_2$ erweitern wir das Skript zur Berechnung der Varianz im Modell der Einfachregression aus Abschnitt 4.2.4. Dabei wird wieder das Beispiel der Zweifachregression von *Miete* auf *Quadratmeter* und *Distanz* verwendet, wobei wir der Lesbarkeit halber auf die explizite Typangabe *scalar* bei den entsprechenden Zuweisungen verzichten:

```
ols Miete const Quadratmeter Distanz
resq_su = $ess
anz_obs = $T
sigma_q = resq_su / (anz_obs - 3)
series v1 = Quadratmeter - mean(Quadratmeter)
series v2 = Distanz - mean(Distanz)
QM_Variation = sum(v1^2)
Dist_Variation = sum(v2^2)
Dist_QM_Kovariation = sum(v1*v2)
R_12_Quadr = Dist_QM_Kovariation^2 / (Dist_Variation*QM_Variation)
VIF = 1 / (1 - R_12_Quadr)
QM_var = sigma_q / QM_Variation * VIF
Dist_var = sigma_q / Dist_Variation * VIF
print  QM_var Dist_var
```

Nach der OLS-Schätzung des Modells wird zunächst die Varianz der Residuen ermittelt und in der Skalarvariablen *sigma_q* gespeichert. Die folgenden Kommandos führen zur Berechnung der Variationen der beiden Regressoren. Sie werden in den Variablen *QM_Variation* und *Dist_Variation* gespeichert. Die Kovariation zwischen *Distanz* und *Quadratmeter* wird berechnet, indem die Variablen *v1* und *v2*, die die Abstände der Flächenwerte und Distanzwerte zu ihrem jeweiligen Mittelwert enthalten, miteinander multipliziert werden.

Die Aufsummierung ergibt die Variationen S_{11} und S_{22} (siehe Variablen *QM_Variation* und *Dist_Variation*) sowie der Kovariation S_{12} (siehe Variable *Dist_QM_Kovariation*). Die sich anschließenden Kommandos sind selbsterklärend. Gemäß Formel 4.194 wird zunächst R_{12}^2 und anschließend der *Variance influence factor* berechnet. Daraus ergeben sich die Varianzen von $\hat{\beta}_1$ und $\hat{\beta}_2$ gemäß den Formeln 4.230 und 4.231.

Wir erhalten die Varianzen *QM_var* = 0,101865 und *Dist_var* = 287,93693. Für die Berechnung der Standardabweichungen bzw. Standardfehler der KQ-Schätzer müssen noch die Wurzeln gezogen werden. Damit ergeben sich folgende Werte: $sd(\hat{\alpha}) = \sqrt{3113,497} = 55,79$, $sd(\hat{\beta}_1) = \sqrt{0,1018} = 0,31$ und $sd(\hat{\beta}_2) = \sqrt{287,9369} = 16,96$. Die Ergebnisse stimmen mit den Angaben im Modellergebnisfenster überein (☞ Abschnitt 4.4.2).

Eine elegantere Möglichkeit bietet Gretl mit der Funktion *$vcv* an. Sie kann nach einem OLS-Kommando angegeben werden und erzeugt eine sogenannte *Varianz-Kovarianz-Matrix* der KQ-Schätzer. Ihre Anwendung zeigt folgendes Beispiel:

```
ols Miete const Quadratmeter Distanz
matrix KovMatrix = $vcv
print KovMatrix
```

Nach dem OLS-Kommando wird die Funktion *$vcv* aufgerufen. Sie erzeugt eine Matrix mit den Varianzen und Kovarianzen der KQ-Schätzer. Das Ergebnis wird einer Variablen (hier: *KovMatrix*) mit dem speziellen Datentyp *matrix* zugewiesen. Die in der Variablen *Kov-Matrix* gespeicherten Werte besitzen das folgende Schema:

$$\begin{bmatrix} var(\hat{\alpha}) & cov(\hat{\alpha},\hat{\beta}_1) & cov(\hat{\alpha},\hat{\beta}_2) \\ cov(\hat{\beta}_1,\hat{\alpha}) & var(\hat{\beta}_1) & cov(\hat{\beta}_1,\hat{\beta}_2) \\ cov(\hat{\beta}_2,\hat{\alpha}) & cov(\hat{\beta}_2,\hat{\beta}_1) & var(\hat{\beta}_2) \end{bmatrix} \tag{4.236}$$

In der Diagonalen werden die Varianzen der KQ-Schätzer gespeichert. Die Werte oberhalb und unterhalb der Diagonalen stellen die Kovarianzen dar. In Bezug auf unser konkretes Beispiel erzeugt Gretl die folgende Matrix:

$$\begin{bmatrix} 3113,5 & -4,4049 & -842,77 \\ -4,4049 & 0,10187 & -0,99810 \\ -842,77 & -0,99810 & 287,94 \end{bmatrix} \tag{4.237}$$

Die Werte oberhalb und unterhalb der Diagonalen sind identisch, da man die Argumente der Kovarianzen aus 4.236 auch vertauschen kann. Die Standardabweichungen, die Gretl im Modellergebnisfenster hinter den Werten der KQ-Schätzer in der Spalte *Std.fehler* ausgibt, entsprechen den Wurzeln aus den Werten der Diagonalen.

Bei einer Zweifachregression liefert Gretl eine Matrix mit drei Zeilen und drei Spalten (3x3-Matrix). Der allgemeine Fall, wenn k Regressoren zu schätzen sind, führt zu einer Kovarianzmatrix mit k+1 Zeilen und k+1 Spalten ([k+1]x[k+1]-Matrix).

Mit der Funktion *$vcv* können die Werte innerhalb der Kovarianzmatrix auch einzeln ermittelt werden, wenn als Argumente die Datasetvariablen angegeben werden:

```
scalar Const_var = $vcv(const,const)
scalar Const_QM_cov = $vcv(const,Quadratmeter)
scalar Const_Dist_cov = $vcv(const,Distanz)
scalar QM_var = $vcv(Quadratmeter,Quadratmeter)
scalar Dist_QM_cov = $vcv(Quadratmeter,Distanz)
scalar Dist_var = $vcv(Distanz,Distanz)
```

Bei der Ermittlung einer Varianz muss der Parameter zweimal angegeben werden, zum Beispiel *$vcv(Distanz,Distanz)*. Mit dieser Methode können also die gesuchten Varianzen leicht aus der Kovarianzmatrix extrahiert werden.

Aus dem Modellergebnisfenster heraus kann die Kovarianzmatrix ausgegeben werden, wenn man dort den Menüeintrag *Analyse/Kovarianzmatrix der Koeffizienten* auswählt. Gretl führt dann die Berechnungen durch und gibt das Ergebnis wie folgt wieder:

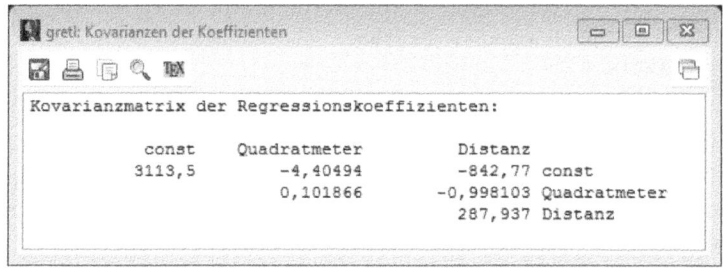

Abb. 4.48.: Kovarianzmatrix aus dem Modellergebnisfenster

Gretl unterschlägt die unterhalb der Diagonalen liegenden Werte und betitelt die Spalten und Zeilen mit den Bezeichnungen der Regressoren und der Konstanten *const*.

Wahrscheinlichkeitsverteilungen der KQ-Schätzer

Die Annahme B4 beinhaltete die Normalverteilung der Störgrößen, also

$$u_i \sim N\left(0, \sigma^2\right) \tag{4.238}$$

Da die Werte y_i der abhängigen Variablen aus der Transformation $y_i = \alpha + \beta_1 x_{1i} + \beta_2 x_{2i} + u_i$ aus u_i hervorgehen (i=1,...,N), ist auch y_i eine normalverteilte Zufallsvariable. Ihr Erwartungswert berechnet sich wie folgt:

$$\begin{aligned} E(y_i) &= E(\alpha + \beta_1 x_{1i} + \beta_2 x_{2i} + u_i) \\ &= E(\alpha) + E(\beta_1 x_{1i}) + E(\beta_2 x_{2i}) + E(u_i) \\ &= \alpha + \beta_1 x_{1i} + \beta_2 x_{2i} + 0 \end{aligned} \tag{4.239}$$

Für die Varianz der y_i ergibt sich:

$$\begin{aligned} var(y_i) &= E\left[(y_i - E(y_i))^2\right] \\ &= E\left[(y_i - \alpha - \beta_1 x_{1i} - \beta_2 x_{2i})^2\right] = \\ &= E\left[u_i^2\right] = E\left[(u_i - E(u_i))^2\right] = \sigma^2 \end{aligned} \tag{4.240}$$

Der letzte Schritt folgt aus $E(u_i) = 0$. Die Zufallsvariable y_i besitzt also die gleiche Varianz wie die Störgröße, nämlich σ^2. Zusammengefasst kann aus 4.239 und 4.240 folgende Verteilung der y_i angegeben werden:

$$y_i \sim N\left(\alpha + \beta_1 x_{1i} + \beta_2 x_{2i}, \sigma^2\right) \tag{4.241}$$

Da die beiden Schätzer $\hat{\beta}_1$ und $\hat{\beta}_2$ eine lineare Funktion der normalverteilten Werte von y_i darstellen, sind auch die Schätzer selbst normalverteilte Zufallsvariablen. Die lineare Abhängigkeit des Schätzers $\hat{\beta}_1$ resultiert aus dem in der folgenden Formel dargestellten Zusammenhang (siehe auch 4.160):

$$\hat{\beta}_1 = \frac{S_{22}S_{1y} - S_{12}S_{2y}}{S_{11}S_{22} - S_{12}^2} \tag{4.242}$$

Die y_i–Werte sind im Zähler dieses Bruches in den Formeln für die Kovariationen S_{1y} und S_{2y} enthalten. Gleiches gilt für den Schätzer $\hat{\beta}_2$.

Wir können nun die Verteilungen der Schätzer $\hat{\beta}_1$ und $\hat{\beta}_2$ angeben (die Angabe der Verteilung von α unterbleibt hier):

$$\hat{\beta}_1 \sim N\left(\beta_1, \frac{\sigma^2}{S_{11}(1 - R_{12}^2)}\right) \tag{4.243}$$

$$\hat{\beta}_2 \sim N\left(\beta_2, \frac{\sigma^2}{S_{22}(1 - R_{12}^2)}\right) \tag{4.244}$$

4.4.7. Hypothesentest im multiplen Regressionsmodell

Da das multiple Regressionsmodell mehrere Regressoren enthält, gibt es vielfältige Möglichkeiten für den Test von Hypothesen. Eine Hypothese bezüglich der Signifikanz eines einzelnen Parameters ist weiterhin mit dem t-Test zu überprüfen. Für eine komplexe Form von Hypothesen ist der t-Test allerdings nicht geeignet, sodass Anwender in diesen Fällen auf den allgemeineren F-Test ausweichen können.

Test einer Linearkombination von Parametern

Im Hinblick auf den Signifikanztest einzelner Parameter des multiplen Regressionsmodells gibt es keinen Unterschied zum Signifikanztest im einfachen Modell. Für jeden einzelnen Schätzer $\hat{\beta}_1$, $\hat{\beta}_2$ usw. wird eine Variablentransformation durchgeführt und auf diese Weise der entsprechende t-Wert berechnet. Dieser ist anschließend mit dem kritischen Wert zu vergleichen.

Eine verallgemeinerte Form des t-Tests erhalten wir, wenn wir bestimmte Beziehungen der Parameter, die sich in linearer Form ausdrücken lassen, bei der Formulierung der Nullhypothese zulassen. Bei einem zweiseitigen t-Test kann die Beziehung zwischen den Parametern der Regressoren durch folgende Null- und Alternativhypothese ausgedrückt werden:

$$H_0 : s_1\beta_1 + s_2\beta_2 = \beta_0$$
$$H_1 : s_1\beta_1 + s_2\beta_2 \neq \beta_0 \tag{4.245}$$

Die Nullhypothese enthält in diesem Fall eine lineare Beziehung der Parameter β_1 und β_2, wobei s_1 und s_2 beliebige Konstanten darstellen. Den herkömmlichen t-Test für einen einzelnen Parameter erhält man, wenn man einer der beiden Konstanten den Wert 0 und der anderen den Wert 1 zuweist. Der oben formulierte allgemeinere Fall erlaubt es Anwendern, einen vermuteten Zusammenhang der Parameter auf statistische Signifikanz zu testen.

Es ist auch möglich, einen entsprechenden einseitigen Test durchzuführen. Zum Beispiel besitzt ein rechtsseitiger Test dann folgende allgemeine Form:

$$H_0 : s_1\beta_1 + s_2\beta_2 \leq \beta_0$$
$$H_1 : s_1\beta_1 + s_2\beta_2 > \beta_0 \tag{4.246}$$

Das Akzeptanzintervall besitzt dann als rechte Grenze den Wert t_α und t-Werte, die rechts von diesem Wert liegen, führen zur Ablehnung der Nullhypothese.

Beispiel Zur Verdeutlichung der Vorgehensweise wollen wir ein konkretes Beispiel heranziehen. Das Dataset *andy.gdt* aus dem Autorenreiter *POE* besitzt die Variablen *sales*, *price* und *advert*, deren Werte sich auf die Verkaufszahlen von Hamburgern einer Imbisskette mit 75 Filialen beziehen. Die Variable *sales* enthält die monatlichen Umsatzwerte (in 1000 Dollar), die Variable *price* einen Preisindex (= gewogener Durchschnitt) aller in einem Monat verkauften Artikel und die Werte der Variablen *advert* stellen die Werbungskosten dar (zum Beispiel für Azeigenkampagnen usw.).

Es soll untersucht werden, wie sich eine Änderung des Preisindex und der Werbungsausgaben auf die monatlichen Verkaufszahlen auswirken. Daraus ergibt sich das folgende ökonometrische Modell:

$$sales = \alpha + \beta_1 price + \beta_2 advert + u_i \tag{4.247}$$

Die KQ-Schätzung liefert für die Variable *price* den hochsignifikanten Schätzer $\hat{\beta}_1 = -7,907$ und für die Variable *advert* den ebenfalls signifikanten Schätzer $\hat{\beta}_2 = 1,862$:

Modell 1: KQ, benutze die Beobachtungen 1–75
Abhängige Variable: sales

	Koeffizient	Std. Fehler	t-Quotient	p-Wert
const	118,914	6,35164	18,72	0,0000
price	−7,90785	1,09599	−7,215	0,0000
advert	1,86258	0,683195	2,726	0,0080

Mittel d. abh. Var.	77,37467	Stdabw. d. abh. Var.	6,488537
Summe d. quad. Res.	1718,943	Stdfehler d. Regress.	4,886124
R^2	0,448258	Korrigiertes R^2	0,432932
$F(2,72)$	29,24786	P-Wert(F)	5,04e–10
Log-Likelihood	−223,8695	Akaike-Kriterium	453,7390
Schwarz-Kriterium	460,6915	Hannan–Quinn	456,5151

Aus dem Ergebnis können wir folgende Interpretation ableiten: Wird der Preisindex um einen Dollar erhöht, so hat dies eine monatliche Umsatzeinbuße von 7907 Dollar zur Folge. Umgekehrt bewirkt die Verringerung des Preisindexes um einen Dollar eine Erhöhung des

Umsatzes um 7907 Dollar. Eine Erhöhung der Werbeausgaben um 1000 Dollar bewirkt ein Umsatzplus von 1862 Dollar.

Da die Regressoren einen gegenläufigen Einfluss auf den Verkaufserlös haben, überlegt ein Mitarbeiter der Werbeabteilung, ob eine Verminderung des Preisindexes aller verkauften Produkte um 0,20 Dollar eine größere Wirkung auf die Erhöhung des Verkaufserlöses besitzt als eine Aufstockung des Werbeetats um 500 Dollar. Eine leichte Rechnung ergibt, dass die Verminderung des Preisindex um 0,20 Dollar den Umsatz um ca. 1600 Dollar steigen lässt, die Erhöhung des Werbeetats um 500 Dollar aber lediglich ein Umsatzplus von ca. 930 Dollar erbringt. Als gute Statistiker wollen wir zusätzlich untermauern, dass die Verminderung des Preisindexes die bessere Wahl darstellt. Dazu wird eine geeignete Nullhypothese aufgestellt werden, die bei Unterschreitung einer Irrtumswahrscheinlichkeit von zum Beispiel 1% abgelehnt wird. Wie muss diese Nullhypothese formuliert werden?

Die Nullhypothese ergibt sich aus der begründeten Annahme, dass die Wirkung des Preisnachlasses größer ist als die Wirkung von Werbemaßnahmen. Um die Nullhypothese aufzustellen, gehen wir von einer Umkehrung dieser Annahme aus, da wir ja bestrebt sind, die Nullhypothese abzulehnen. Wir erhalten damit:

$$H_0 : -0,2\hat{\beta}_1 \leq 0,5\hat{\beta}_2$$
$$H_1 : -0,2\hat{\beta}_1 > 0,5\hat{\beta}_2 \tag{4.248}$$

Eine kleine Umformung ergibt einen rechtsseitigen Hypothesentest.

$$H_0 : -0,2\hat{\beta}_1 - 0,5\hat{\beta}_2 \leq 0$$
$$H_1 : -0,2\hat{\beta}_1 - 0,5\hat{\beta}_2 > 0 \tag{4.249}$$

Da beide Schätzer $\hat{\beta}_1$ und $\hat{\beta}_2$ normalverteilte Zufallsvariablen sind, ist auch die Linearkombination $-0,2\hat{\beta}_1 - 0,5\hat{\beta}_2$ eine normalverteilte Zufallsvariable, die einer t-Transformation unterworfen werden kann. Die Teststatistik ergibt sich als:

$$t = \frac{(-0,2\hat{\beta}_1 - 0,5\hat{\beta}_2) - 0}{\widehat{sd}(-0,2\hat{\beta}_1 - 0,5\hat{\beta}_2)} \sim t_{(N-3)} \tag{4.250}$$

Die Teststatistik folgt dabei einer t-Verteilung mit 72 Freiheitsgraden, da der Stichprobenumfang $N = 75$ beträgt.

Nun wollen wir die Umsetzung in Gretl vornehmen und untersuchen, ob ein Preisnachlass wirklich eine signifikant höhere Wirkung auf den Erlös ausübt als eine Werbekampagne. Die Nullhypothese dazu wurde schon formuliert. Auch die t-Transformation wurde angegeben. Wir führen einen rechtsseitigen Test durch. Dazu wird die geschätzte Standardabweichung im Nenner der obigen Teststatistik 4.250 wie folgt umgeformt. (Dabei ist die Auflösung der Varianz des Klammerausdrucks der statistischen Formelsammlung zu entnehmen):

$$\widehat{sd}(-0,2\hat{\beta}_1 - 0,5\hat{\beta}_2) = \sqrt{\widehat{var}(-0,2\hat{\beta}_1 - 0,5\hat{\beta}_2)} =$$
$$\sqrt{(-0,2)^2\widehat{var}(\hat{\beta}_1) + (-0,5)^2\widehat{var}(\hat{\beta}_2) + 2(-0,2)(-0,5)\widehat{cov}(\hat{\beta}_1, \hat{\beta}_2)} \tag{4.251}$$

Die geschätzten Varianzen sowie die Kovarianz zwischen $\hat{\beta}_1$ und $\hat{\beta}_2$ erhalten wir aus der Kovarianzmatrix, die wir im vorangegangenen Abschnitt behandelt haben. Dazu benutzen wir wieder die Funktion *$vcv* mit den entsprechenden Parametern. Der Wert der t-Statistik lässt sich mit folgendem Skript ermitteln:[23]

```
ols sales const price advert --vcv
scalar zwert = (-0.2) * $coeff(price) + (-0.5) * $coeff(advert)
scalar varianz = (-0.2)^2 * $vcv(price,price) + \
                 (-0.5)^2 * $vcv(advert,advert) + \
                 2 * (-0.2) * (-0.5)*$vcv(price,advert)
scalar stdabw = sqrt(varianz)
scalar t_wert = zwert / stdabw
pvalue t $df t_wert
```

Die Angabe *--vcv* hinter dem Kommando *ols* bewirkt, dass die Kovarianzmatrix der Schätzung mit erstellt wird. Der p-Wert rechts von $t_{72} = 1{,}62171$ beträgt 0,0546189 (siehe Abb. 4.49). Er liegt nur knapp über 5% und daher liegt es im Ermessen der Anwender, ob die Nullhypothese abgelehnt wird. Entscheidet man sich für die Ablehnung, so bedeutet das, dass der Preisnachlass ein größeres Gewicht hat als die Werbekampagne.

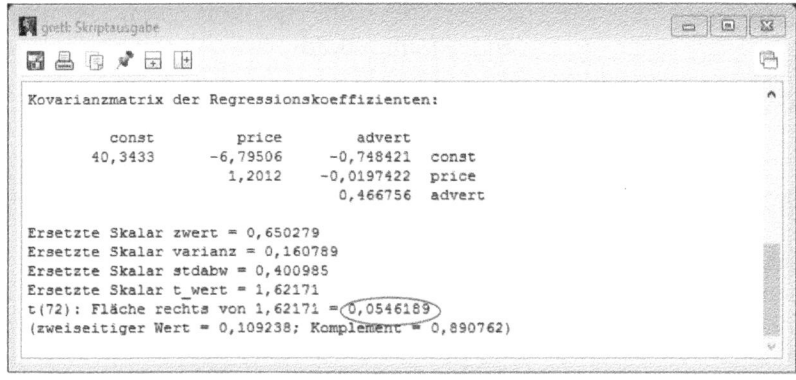

Abb. 4.49.: Ausgabe Kovarianzmatrix und t-Statistik

Mit dem t-Test kann nur eine Nullhypothese getestet werden, die genau einen oder eine Linearkombination mehrerer Parameter enthält. Sollen mehrere Restriktionen getestet werden, muss der F-Test benutzt werden.

Simultaner Test mehrerer Linearkombinationen – der F-Test

Der im folgenden zu behandelnde F-Test bietet ein breiteres Anwendungsspektrum als der t-Test, weil er es erlaubt, die verschiedenen Parameter unabhängig voneinander und simultan

---

23 Hier verwenden wir die Kommandoform von *pvalue*, im Gegensatz zur Funktion (☞ Seite 171). Die Textausgabe dieses Kommandos wird in Abbildung 4.49 gezeigt.

zu testen. So lässt sich eine Null- und Alternativhypothese der folgenden Form aufstellen:

$$H_0 : \beta_1 = 0 \text{ und } \beta_2 = 0$$
$$H_1 : \beta_1 \neq 0 \text{ und/oder } \beta_2 \neq 0 \tag{4.252}$$

Die Nullhypothese wird meist in der kompakteren Form $\beta_1 = \beta_2 = 0$ geschrieben.

Um zu verstehen, warum wir im obigen Fall auf einen F-Test zurückgreifen, müssen wir kurz auf die Charakteristika seiner Verteilung eingehen. Wir betrachten eine Chi-Quadrat-verteilte Zufallsvariable X mit v Freiheitsgraden und eine zweite Chi-Quadrat-verteilte Zufallsvariable Y mit w Freiheitsgraden, die von X unabhängig ist. Bildet man den Quotienten aus X/v und Y/w, dann wird die Verteilung der auf diese Weise erzeugten Zufallsvariablen als *F-Verteilung* mit dem Zählerfreiheitsgrad v und dem Nennerfreiheitsgrad w bezeichnet. Sie erhält das Kürzel F bzw. expliziter $F_{v,w}$.

$$F = \frac{X/v}{Y/w} \tag{4.253}$$

Wie eine Chi-Quadrat-verteilte Zufallsvariable kann auch die F-Verteilung nur positive Werte annehmen und ihr Erwartungswert hängt nur von der Anzahl der Freiheitsgrade der Zufallsvariablen Y im Nenner ab: $E(F) = w/(w-2)$ (für $w > 2$). Dies bedeutet: Mit zunehmendem Freiheitsgrad w konvergiert der Erwartungswert $E(F)$ gegen 1.

Im Kapitel C.1 des Anhangs ist der Verlauf der Dichtefunktion einer F-Verteilung für verschiedene Werte von u und w visualisiert. An den verschiedenfarbig dargestellten Dichten lässt sich ablesen, wie sich eine Veränderung der Freiheitsgrade des Zählers bzw. des Nenners auf die Form der Dichtefunktion auswirkt. Im Gegensatz zur Gaußverteilung oder zur t-Verteilung ist die F-Verteilung linksschief, also nicht symmetrisch. Für große Werte von w lässt sich die F-Verteilung durch die χ^2-Verteilung mit v Freiheitsgraden approximieren.

Ein sehr wichtiger Punkt ist, dass mit einem F-Test keine einseitigen Tests durchgeführt werden können, sondern nur zweiseitige. Für einseitige Tests muss der t-Test verwendet werden, der allerdings wie bereits erwähnt die entscheidende Einschränkung besitzt, dass man mit ihm keine Linearkombinationen mehrerer Parameter testen kann.

In einem Regressionsmodell können wir H_0 und H_1 aus 4.252 auch wie folgt formulieren:

$$H_0 : y_i = \alpha^R + 0 \cdot x_1 + 0 \cdot x_2 + u^R$$
$$= \alpha^R + u^R$$
$$H_1 : y_i = \alpha + \beta_1 x_1 + \beta_2 x_2 + u \tag{4.254}$$

Die Nullhypothese erhalten wir, indem das Regressionsmodell mit zwei Regressoren herangezogen wird und darin für die Parameter die Werte $\beta_1 = \beta_2 = 0$ eingesetzt werden. Für die Parameter der Alternativhypothese gilt die Bedingung: $\beta_1 \neq 0$ und/oder $\beta_2 \neq 0$. Das als Nullhypothese formulierte Modell wird in diesem Zusammenhang als sogenanntes *restringiertes Modell* bezeichnet, wobei u^R die Störgröße dieses Modells bezeichnet. Wir können auch von einem eingeschränkten Modell sprechen, in dem beiden Steigungsparametern kein

Einfluss auf die abhängige Variable zugestanden wird, sodass die beiden exogenen Variablen für die Variation in der endogenen Variable keinen Beitrag leisten. Für das restringierte Nullhypothesenmodell ist also nur noch der Parameter α^R zu schätzen.

Die Alternativhypothese drückt aus, dass *mindestens* einer der beiden Steigungsparameter einen Einfluss besitzt. Dieses Modell wird daher als das *unrestringierte* Modell bezeichnet.

Auch für das in der Nullhypothese formulierte restringierte Modell kann die KQ-Methode angewendet werden. Um hervorzuheben, dass die Residuenquadrate auf der Basis des restringierten Modells ermittelt wurden, werden sie im Folgenden durch $S_{\hat{u}\hat{u}}^R$ symbolisiert. Aus dem restringierten Modell können wir das entsprechende geschätzte Modell wie folgt ableiten:

$$y_i = \hat{\alpha}^R + \hat{u}^R \tag{4.255}$$

Eine Umstellung liefert:

$$\hat{u}^R = y_i - \hat{\alpha}^R \tag{4.256}$$

Eine KQ-Schätzung des restringierten Modells ist demzufolge eine Minimierung von

$$S_{\hat{u}\hat{u}}^R = \sum \left(\hat{u_i}^R \right)^2 = \sum \left(y_i - \hat{\alpha}^R \right)^2 = \sum y_i^2 + N \left(\hat{\alpha}^R \right)^2 - 2 \hat{\alpha}^R \sum y_i \tag{4.257}$$

Die Ableitung nach $\hat{\alpha}$ ergibt

$$\frac{\partial S_{\hat{u}\hat{u}}^R}{\partial \hat{\alpha}^R} = 2N\hat{\alpha}^R - 2\sum y_i \tag{4.258}$$

Setzt man die Ableitung auf Null, dann folgt $N\hat{\alpha}^R = \sum y_i$ und damit $\hat{\alpha}^R = \bar{y}$. Eine Einsetzung von $\bar{y}$ in Gleichung 4.257 für $\hat{\alpha}^R$ ergibt:

$$S_{\hat{u}\hat{u}}^R = \sum \left(\hat{u_i}^R \right)^2 = \sum (y_i - \bar{y})^2 = S_{\hat{y}\hat{y}} \tag{4.259}$$

Die Variation der Residuen des restringierten Modells entspricht also genau der Variation der Werte der endogenen Variablen y, weil der Einfluss der Regressoren ausgeschaltet wurde.

In welcher Beziehung stehen nun die Residuenquadratsummen des restringierten und des unrestringierten Modells? Es muss immer gelten:

$$S_{\hat{u}\hat{u}}^R \geq S_{\hat{u}\hat{u}} \tag{4.260}$$

Eine Begründung für diese Beziehung liegt darin, dass mit dem restringierten Modell eine weniger flexible Anpassung an die Daten möglich ist als mit dem restringierten Modell, sodass $S_{\hat{u}\hat{u}}$ nicht kleiner sein kann als $S_{\hat{u}\hat{u}}^R$. Wenn die Regressoren in dem Modell einen wichtigen Einfluss auf die endogene Variable besitzen, dann wird $S_{\hat{u}\hat{u}}^R$ deutlich größer sein als $S_{\hat{u}\hat{u}}$. Wenn ein nur geringer Einfluss der Regressoren existiert, liegt $S_{\hat{u}\hat{u}}^R$ nur leicht über $S_{\hat{u}\hat{u}}$.

Der F-Test macht sich diese Zusammenhänge zunutze, um die Residuenquadratsummen der beiden Modelle zueinander ins Verhältnis zu setzen und aus diesem Verhältnis einen F-Wert abzuleiten, der durch den Vergleich mit einem kritischen Wert Auskunft darüber gibt, ob das restringierte Modell (H_0-Hypothese) abzulehnen ist.

Da die beiden Residuenquadratsummen $S_{\hat{u}\hat{u}}^R$ und $S_{\hat{u}\hat{u}}$ Chi-Quadrat-verteilte Zufallsvariablen darstellen (sie entstehen durch Aufsummierung der Zufallsvariablen $\hat{u}_i{}^2$), können wir aus ihnen die Zufallsvariable F ableiten. Dabei beschreibt df_r die Zahl der Freiheitsgrade des restringierten Modells (df: *degrees of freedom*), während df_u die Zahl der Freiheitsgrade des *u*restringierten Modells angibt:

$$F(L, N - K_u) = \frac{\left(S_{\hat{u}\hat{u}}^R - S_{\hat{u}\hat{u}}\right)/(df_r - df_u)}{S_{\hat{u}\hat{u}}/df_u} \tag{4.261}$$

Der F-Wert wird nahe bei 0 liegen, wenn sich $S_{\hat{u}\hat{u}}^R$ nur geringfügig von $S_{\hat{u}\hat{u}}$ unterscheidet. Entfernen sich beide Residuenquadratsummen wertmäßig voneinander, dann steigt der Wert von F an. Die Differenz im Zähler des Bruchs $\left(S_{\hat{u}\hat{u}}^R - S_{\hat{u}\hat{u}}\right)$ ist natürlich auch eine Chi-Quadrat-verteilte Zufallsvariable, weil die Differenz zweier Chi-Quadrat-verteilter Zufallsvariablen wieder Chi-Quadrat-verteilt ist.

Im Nenner der Formel 4.261 wird die Residuenquadratsumme $S_{\hat{u}\hat{u}}$ durch die Zahl der Freiheitsgrade des unrestringierten Modells df_u dividiert (diese errechnet sich aus der Differenz der Beobachtungsanzahl N und der Anzahl der Regressionsparameter). Die Zahl der Freiheitsgrade im Zähler der F-Verteilung errechnet sich aus der Differenz der Zahl der Freiheitsgrade des restringierten Modells df_r und der Zahl der Freiheitsgrade des unrestringierten Modells df_u. Diese kann auch als die Anzahl der Restriktionen interpretiert werden. In dem Dataset *andy.gdt* erhalten wir folgende Freiheitsgrade im Nenner und Zähler: df_u = (75 - 3) = 72 und $df_r - df_u$ = (74 - 72) = 2. Damit erhalten wir die spezielle F-Verteilung F(2,72). Der Wert 75 stellt die Anzahl der Beobachtungen im Dataset dar.

Überschreitet der berechnete Wert von F den kritischen F-Wert, so kommt es zur Ablehnung der Nullhypothese. Ist die Residuenquadratsumme im restringierten Modell gleich der Summe der Residuenquadrate im unrestringierten Modell, dann ergibt sich für F der Wert 0. Dies kann aber praktisch nie vorkommen, da bereits kleine Schwankungen innerhalb des Regressors eine minimale statistische Korrelation nach sich ziehen. Dieser Fall kann also nur mit einer statistischen Wahrscheinlichkeit Null auftreten.

Ökonometrische Software wie Gretl berechnet aus dem restringierten und dem unrestringierten Modell den F-Wert und vergleicht ihn mit dem kritischen F-Wert $F_{1-\alpha}(df_r - df_u, df_u)$. Ist der F-Wert größer als der kritische F-Wert, wird die Nullhypothese abgelehnt.

Numerisches Beispiel Ausgehend von dem Dataset *andy.gdt* wollen wir testen, ob die Steigungsparameter der Regressoren *price* und *advert* gemeinsam einen signifikanten Einfluss auf den Verkaufserlös ausüben. Diese Aufgabenstellung lässt sich leicht durch ein Gretl-Skript lösen. Die Signifikanz jedes einzelnen Parameters kann zwar mit einem t-Test überprüft werden, aber für die Prüfung der Signifikanz beider Parameter benötigen wir den F-Test. Dazu muss sowohl das restringierte als auch das unrestringierte Modell einer ols-Schätzung unterworfen werden.

Die Berechnung des F-Werts nach der Formel 4.261 erfolgt mit dem folgenden Skript:

```
ols sales const
Resqsu_r = $ess
df_r = $df
```

```
ols sales const price advert
Resqsu_u = $ess
df_u = $df
diff_df = df_r-df_u
F_Wert = ((Resqsu_r - Resqsu_u) / diff_df) / (Resqsu_u / df_u)
p_Wert = pvalue(F, diff_df, df_u, F_Wert)
print F_Wert p_Wert
```

Mit dem ersten *ols*-Kommando wird zunächst das restringierte Modell geschätzt und mit dem zweiten *ols*-Kommando das unrestringierte. Die Berechnung von *F_Wert* folgt der in 4.261 angegebenen Formel. Mit der Funktion *pvalue* wird schließlich der zum F-Wert gehörende p-Wert berechnet. Man beachte, dass als Argumente der Buchstabe F (für F-Verteilung), die Freiheitsgrade des Zählers, die Freiheitsgrade des Nenners und der berechnete F-Wert anzugeben sind.

Für die F-Statistik erhalten wir den Wert von 29,247. Dieser entspricht einem p-Wert von 5,04e-010. Diese beiden Angaben kann man auch den Statistiken der OLS-Schätzung des Modells 4.247 entnehmen. Somit können wir die H_0-Hypothese ablehnen und davon ausgehen, dass die Regressoren *price* und *advert* gemeinsam einen signifikanten Einfluss auf den Verkaufserlös ausüben.

Über die grafische Oberfläche lassen sich Restriktionen einfach spezifizieren. Zunächst wird eine OLS-Schätzung des Modells über den Menüpunkt *Modell/Kleinste Quadrate (OLS)* angestoßen. Im Ergebnisfenster wird der Menüeintrag *Tests/Lineare Restriktionen* ausgewählt. Gretl zeigt dann ein leeres Eingabefenster an, in dem wie in einem Editor jeweils pro Zeile eine bestimmte Restriktion spezifiziert wird. In der ersten Zeile muss also die Restriktion b[2] = 0 und in der zweiten Zeile die Restriktion b[3] = 0 eingegeben werden. Der Buchstabe b, gefolgt von zwei eckigen Klammern und einer darin enthaltenen Zahl, bezeichnet einen bestimmten „beta"-Parameter des Modells, wobei b[1] sich auf die Konstante des Modells bezieht. (Man kann auch den Regressornamen direkt verwenden, z.B. b[price] = 0.)

Nach Selektion des Buttons *OK* erhalten wir das unten stehende Ergebnis. Die Konstante des Modells besitzt einen signifikanten Einfluss auf die abhängige Variable. Die Koeffizienten der Regressoren wurden von Gretl auf den Wert 0 gesetzt und die Angaben *t-Quotient* sowie *p-Wert* erhalten den Wert *NA* (not available). Besonders wichtig ist aber die Ausgabe der Teststatistik oberhalb der Tabelle: Für den F-Wert erhalten erhalten wir einen sehr hohen Wert von 29,2479. (Werden bei der Modellspezifikation *Robuste Standardfehler* gewählt, erhöht sich der F-Wert gar auf 41,4748.) Dieser weist darauf hin, dass die Differenz der Residuenquadratsummen des restringierten und unrestringierten Modells sehr hoch ist. Der Wert liegt daher im Ablehnungsbereich der Nullhypothese, was durch die Angabe des p-Werts von weit unter 5% noch unterstrichen wird. Es ist also davon auszugehen, dass beide Regressoren zusammen einen signifikanten Einfluss auf die Miethöhe ausüben.

Restriktion angewendet
1: b[price] = 0
2: b[advert] = 0
Teststatistik: Robustes F(2, 72) = 29,2479, mit p-Wert = 5,04086e-010
Restringierte Schätzungen:

	Koeffizient	Std. Fehler	t-Quotient	p-Wert
const	77,3747	0,479232	103,3	9,62e–082 ***
price	0,000000	0,000000	NA,	NA,
advert	0,000000	0,000000	NA,	NA,

Standardfehler der Regression = 6,48854

Die gleiche Ausgabe wird in einem Gretl-Skript erzielt, wenn die Restriktionen im Anschluss an das Kommando *ols* nach der Anweisung *restrict* spezifiziert werden. Die Spezifizierung wird durch das Kommando *end restrict* abgeschlossen.

```
ols sales const price advert
restrict
    b[2]=0
    b[3]=0
end restrict
```

Die gleiche Wirkung wird erzielt durch das Kommando *omit*, dem die Angabe derjenigen Regressoren folgt, die weggelassen werden sollen.

```
ols sales const price advert
omit price advert
```

Gretl gibt dann die Statistiken des F-Tests aus sowie einen Hinweis, dass in diesem Fall das Weglassen beider Regressoren zu einem schlechteren Modell führt, da keines der drei Informationskriterien verbessert wurde.

Nullhypothese: Die Regressionskoeffizienten sind Null für die Variablen
price, advert
Teststatistik: F(2, 17) = 29,2479, p-Wert 5,04086e-010
Das Weglassen von Variablen verbesserte 0 von 3 Informationskriterien.

Es soll noch einmal darauf hingewiesen werden, dass die OLS-Statistik im Modellergebnisfenster bereits einen F-Test auf die Gesamtsignifikanz aller Steigungsparameter des Modells beinhaltet. Gretl testet also die folgende Nullhypothese

$$H_0 : \beta_1 = \beta_2 = ... = \beta_k = 0 \tag{4.262}$$

gegen die Alternativhypothese $H_1 : \beta_i \neq 0$ für *mindestens* einen Regressor β_i. Dabei geht Gretl wie folgt vor: Wird eine KQ-Schätzung durchgeführt (sei es im GUI oder per ols-Kommando), dann schätzt Gretl zwei Modelle. Eine Modellschätzung bezieht sich auf das vollständige (unrestringierte) Modell mit allen angegebenen Regressoren. Die zweite Modellschätzung bezieht sich auf das restringierte Modell, das dadurch entsteht, dass Gretl lediglich eine Regression der abhängigen Variablen auf die Konstante (*const*) durchführt. Die sich daraus ergebende F-Statistik wird im Modellergebnisfenster oder in der Ausgabe des ols-Kommandos mit F-Wert und dem korrespondierenden p-Wert protokolliert. Damit liefert Gretl die Information, ob die Regressoren in ihrer Gesamtheit einen Einfluss auf die abhängige Variable ausüben. Das Ergebnis der Zweifachregression liefert den F-Wert F(2,72) =

29,24 mit dem zugehörigen p-Wert 5,04e-10. Der Einfluss beider Regressoren auf die abhängige Variable ist also hochsignifikant.

Das eben behandelte Beispiel einer Restriktion lässt sich natürlich verallgemeinern. In einem anderen Zusammenhang kann zum Beispiel getestet werden, ob in bezug auf die ersten beiden Regressoren die Summe der Koeffizienten den Wert 1 besitzt. Im Spezifikationsfenster für Restriktionen ist dann nur einzugeben:

```
b[2] + b[3] = 1
```

Das folgende Schaubild gibt noch einmal einen zusammenfassenden Überblick, in welchen Fällen ein t-Test oder ein F-Test anzuwenden ist.

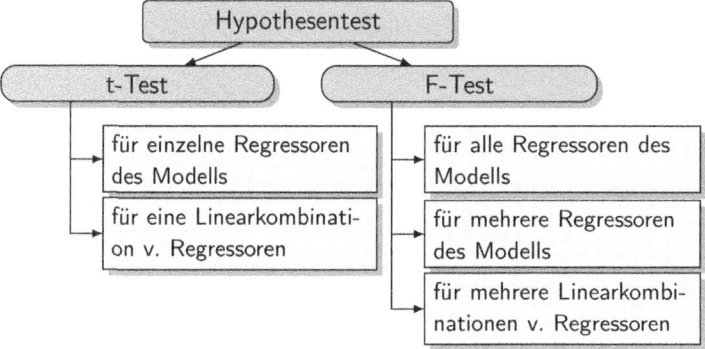

Abb. 4.50.: Formen von Hypothesentests

4.4.8. Konfidenzintervalle und Konfidenzellipse

In Ergänzung zu den Ausführungen des vorigen Abschnitts soll ein nützliches Analysewerkzeug vorgestellt werden, das von Gretl zum Zweck der grafischen Darstellung diverser Akzeptanz- und Ablehnungsbereiche von Regressorschätzungen zur Verfügung gestellt wird. Es wird als *Konfidenzellipse* bezeichnet. Im Folgenden wird eine kurze Einführung in deren Interpretation gegeben. (Diese Ausführungen können ohne Einbuße des Verständnisses übersprungen und zu einem späteren Zeitpunkt nachgeholt werden.)

In Bezug auf unser Mietbeispiel erhält man die Konfidenzintervalle der Regressoren durch Selektion des Menüeintrags *Analyse/Konfidenzintervalle für Koeffizienten* im Modellergebnisfenster. Es wird folgende Ausgabe erzeugt:

$$t(17, 0{,}025) = 2{,}110$$

Variable	Koeffizient	95% Konfidenz-Intervall	
const	297,579	179,854	415,304
Quadratmeter	9,52637	8,85299	10,1997
Distanz	−98,4826	−134,283	−62,6818

Die von Gretl angegebenen Intervallgrenzen lassen sich für jeden der Regressoren *Quadratmeter* und *Distanz* mit Hilfe der t-Verteilung berechnen, wie wir es oben an einem Beispiel durchgeführt haben. Gretl legt standardmäßig ein Konfidenzniveau von 95% zugrunde, was aber durch Klick auf das Icon α im angegebenen Menü auf beliebige gewünschte Werte verändert werden kann, wie in Abbildung 4.51 zu sehen ist.

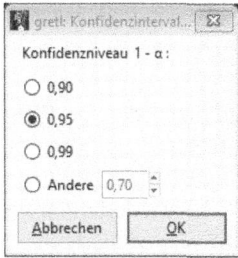

Abb. 4.51.: Festlegung des Signifikanzniveaus zum Vertrauensintervall

Nach der Bestätigung mit *OK* führt Gretl die Berechnungen der Intervalle erneut durch und gibt die aktualisierten Werte der Konfidenzintervalle aus.

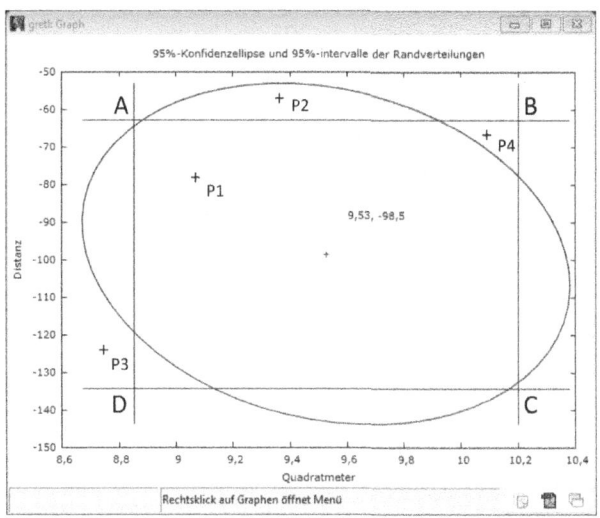

Abb. 4.52.: Konfidenzrechteck und Konfidenzellipse zum Signifikanzniveau 5%

Die auf der Grundlage des vorgegebenen Konfidenzniveaus berechneten Intervalle bilden, wenn man sie auf der x- und y-Achse abträgt, einen rechteckigen Akzeptanzbereich (siehe Abbildung 4.52). Die Ausgabe des dargestellten Fensters erfolgt, wenn nach einer

OLS-Schätzung im Modellergebnisfenster das Menüitem *Analyse/Konfidenzellipse...* selektiert wird und in einem nachfolgenden Dialog zwei Variablen und ein Konfidenzniveau ausgewählt werden.

Das durch die Punkte A,B,C,D markierte Rechteck stellt den Akzeptanzbereich dar, der sich aus den Akzeptanzintervallen des Schätzers von *Quadratmeter* und des Schätzers von *Distanz* ergibt. Für $H_0 : \beta_1 = 9,53$ lautet das Akzeptanzintervall [8,85 ; 10,19] und entspricht dem Abstand der Punkte A und B. Auf analoge Weise erhält man für den t-Test der Nullhypothese $H_0 : \beta_2 = -98,5$ das Akzeptanzintervall [-134,28 ; -62,68]. Es entspricht dem Abstand der Punkte A und D.

Wir können also zusammenfassend sagen, dass bei 95% der gedanklich wiederholten Stichproben der Schätzer $\hat{\beta}_1$ in das AB-Intervall und der Schätzer $\hat{\beta}_2$ in das AD-Intervall fällt. Wären beide Schätzer voneinander unabhängig und damit ihre Kovarianz gleich Null, dann würde bei nur $95\% \cdot 95\% = 90,25\%$ der wiederholten Stichproben das Wertepaar $(\hat{\beta}_1, \hat{\beta}_2)$ in das Rechteck ABCD fallen. Bei 9,75% der wiederholten Stichproben würde einer der beiden Schätzer oder beide Schätzer zusammen außerhalb der Akzeptanzregion ABCD liegen. Dies gilt in der Abbildung 4.52 für diejenigen Wertepaare, die durch die Punkte P2 und P3 dargestellt sind. Soll also auch für die rechteckige Akzeptanzregion das 95%-Vertrauensintervall gelten, dann müsste das Rechteck nach allen Seiten hin ein wenig vergrößert werden.

Während der t-Test für die beobachteten Werte der Schätzer $\hat{\beta}_1$ und $\hat{\beta}_2$ jeweils ein Akzeptanzintervall liefert, woraus sich die rechteckige Akzeptanzregion ergibt, wird im F-Test dem beobachteten Wertepaar $(\hat{\beta}_1, \hat{\beta}_2)$ eine 95%-Akzeptanzregion gegenübergestellt, die der Fläche einer Ellipse entspricht. Die durch die Ellipsenfläche repräsentierte Akzeptanzregion stellt eine *minimale* Akzeptanzregion dar, weil sie kleiner ist als eine vergrößerte rechteckige Akzeptanzregion ABCD, die dem 95%-Niveau genügen würde. Liegt das beobachtete Wertepaar $(\hat{\beta}_1, \hat{\beta}_2)$ außerhalb dieser Region, wird die Nullhypothese $H_0 : \beta_1 = 9,53$ und $\beta_2 = -98,5$ abgelehnt. Dies gilt für die Wertepaare der Punkte P3 und P4. Das Wertepaar (9,53 ; -98,5), das die Erwartungswerte beider Koeffizientenschätzer darstellt, liegt im Zentrum beider Akzeptanzbereiche. Es ist durch ein Pluszeichen in der Mitte der Ellipse gekennzeichnet (siehe Abbildung 4.52).

Ein Vergleich der Ellipse mit dem Rechteck ergibt, dass ihre Fläche etwa in der Mitte der Akzeptanzintervalle AB und BC (bzw. CD und AD) über die rechteckige Fläche hinausragt. Beim zum Punkt P2 gehörenden Wertepaar $(\hat{\beta}_1, \hat{\beta}_2)$ lässt sich festellen, dass $\hat{\beta}_1$ im Intervall AB liegt, $\hat{\beta}_2$ aber außerhalb von AD. Bezüglich des von der Ellipse gebildeten Akzeptanzintervalls würde man die Nullhypothese $H_0 : \beta_1 = 9,53$ und $\beta_2 = -98,5$ nicht ablehnen.

Halten wir also fest, dass die Akzeptanzregion der Ellipse in der Mitte der jeweiligen Akzeptanzintervalle AB und BC noch etwas zusätzliche Wahrscheinlichkeitsmasse erhält. Zum Ausgleich wird insbesondere im oberen rechten und im unteren linken Bereich des Rechtecks der Ellipse wieder etwas Wahrscheinlichkeitsmasse entzogen. Dies bedeutet, dass Stichproben, in denen die Werte von $\hat{\beta}_1$ bzw. $\hat{\beta}_2$ hart an der oberen bzw. unteren Intervallgrenze, aber gerade noch in der rechteckigen Intervallregion liegen, bereits zum Ablehnungsbereich der Nullhypothese des F-Tests gehören.

Die Form der Ellipse sagt etwas über die Kovarianz der Regressoren *Quadratmeter* und *Distanz* aus. Je höher die Kovarianz ist, umso ausgeprägter ist die Ellipsenform und umso stärker verengt sich die Ellipse in Richtung einer Geraden. Dabei nimmt auch ihre Fläche kontinuierlich ab. Dadurch werden die Teilausschnitte in der oberen rechten und unteren linken Ecke immer größer. In der rechten oberen Ecke gibt es nun immer mehr Wertepaare $(\hat{\beta}_1, \hat{\beta}_2)$, bei denen der Schätzer $\hat{\beta}_1$ einen hohen Wert in der Nähe der rechten Intervallgrenze 10,19 besitzt und der Schätzer $\hat{\beta}_2$ einen Wert in der Nähe von -62,68. Dies führt dann verstärkt zu Situationen, in denen eine Ablehnung der Nullhypothese im F-Test erfolgt, obwohl beide Schätzer noch in den Akzeptanzintervallen der t-Tests liegen.

5. Probleme der Modellbildung und Maßnahmen zur Qualitätssteigerung

Die folgenden Ausführungen gehen näher auf die Themen ein, die unter den Hauptmenüeinträgen *Tests* und *Analyse* des Modellergebnisfensters bearbeitet werden können. Die angebotenen Einträge beruhen auf der KQ-Schätzung eines konkreten Modells. Insbesondere bietet der Menüpunkt *Tests* Anwendern die Möglichkeit, das geschätzte Modell auf eine Teilauswahl von Regressoren einzuschränken oder durch andere Regressoren zu erweitern. Gretl berücksichtigt die neue Modellkonstellation und führt eine erneute Modellschätzung durch. Zusammenhänge zwischen den Koeffizienten lassen sich durch lineare Restriktionen formulieren. Außerdem kann das Modell durch die Berücksichtigung der Logarithmen bzw. Quadrate der Regressoren auf Nichtlinearität getestet werden. Mit dem Chow-Test lässt sich außerdem überprüfen, ob das Modell einen sogenannten *Strukturbruch* besitzt. Die in dieser Gruppe zusammengefassten Tests betreffen Aktivitäten, die sich auf die Spezifikation eines Modells beziehen.

Demgegenüber stehen Tests, die sich auf die Eigenschaften der Residuen beziehen. Diese werden in einem gesonderten Kapitel besprochen, da sie nicht direkt in die Kategorie von Spezifikationstests fallen.

5.1. Die Analyse des geschätzten Modells

Gretl bietet eine Reihe von Analysetools an, die unter dem Menüeintrag *Analyse* des Modellergebnisfensters zu finden sind (siehe Abbildung 5.1).

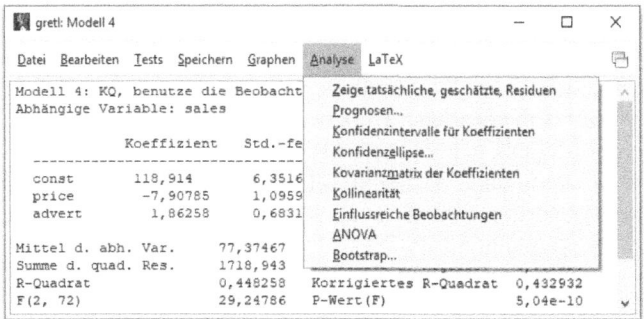

Abb. 5.1.: Angebotene Analysetools

© Springer-Verlag GmbH Deutschland, ein Teil von Springer Nature 2019
J. Malitte und S. Schreiber, *Ökonometrie verstehen mit Gretl*,
https://doi.org/10.1007/978-3-662-58275-6_5

Dazu gehören:

- *Zeige tatsächliche, geschätzte, Residuen* : In einer Tabelle werden der Wert der abhängigen Variablen, der angepasste Wert und der Wert des Residuums zu jeder Beobachtung angegeben.

- *Prognosen...* : Insbesondere für Zeitreihen lassen sich Prognosen erstellen

- *Konfidenzintervalle für Koeffizienten* : Es werden die Vertrauensintervalle zum Signifikanzniveau von 95% angezeigt, die jeweils aus einem t-Test hervorgegangen sind.

- *Konfidenzellipse* : Gretl erstellt eine Konfidenzellipse des F-Tests und die Konfidenzintervalle der t-Tests.

- *Kovarianzmatrix der Koeffizienten* : Es wird die Matrix aller Varianzen und Kovarianzen zwischen den Regressionskoeffizienten angegeben.

- *Kollinearität* : Zur Beurteilung der Kollinearität zwischen den Regressoren wird der VIF-Faktor und eine Kollinearitätsdiagnostik von Belsley-Kuh-Welsch ausgegeben.

- *Einflussreiche Beobachtungen* : Gretl gibt eine Statistik über die Einflüsse einzelner Beobachtungen auf das Ergebnis der Schätzung aus.

- *ANOVA* : Gretl führt eine Varianzanalyse durch und gibt das Bestimmtheitsmaß der Regression an.

- *Bootstrap...* : Für einzelne Koeffizienten der Regressoren lassen sich Bootstrapping-Analysen durchführen.[1]

Auf einige der angegebenen Werkzeuge wurde bereits im Verlauf der Ausführungen genauer eingegangen. Das Thema ANOVA wurde im Abschnitt 4.2.7 behandelt und die Konfidenzellipse im Zusammenhang mit dem F-Test im Abschnitt 4.4.8. Im nächsten Abschnitt werden die Auswirkungen von Kollinearität zwischen Regressoren auf die Modellschätzung behandelt und untersucht, welche Konsequenz des Weglassen relevanter Regressoren besitzt.

Darauffolgend werden verschiedene Maßzahlen des geschätzten Modells behandelt und Methoden vorgestellt, wie man bei eingebetteten Modellen die günstigste Variante herausfiltern kann. Im Abschnitt 5.1.3 wird der Einfluss von sogenannten *Ausreißern* behandelt, also Beobachtungen, die aus dem erwarteten Wertebereich fallen.

Zur Analyse eines Modells gehört auch, ob eine korrekte Spezifikation vorliegt. Dazu stehen zwei Tests zur Verfügung: der RESET-Test von *Ramsey* und der *Chow-Test*. Diese sind nicht über den Menüeintrag *Analyse* aus Abbildung 5.1 verfügbar, sondern über den Menüeintrag *Tests* (☞ Abschnitt 5.1.4).

---

1 Der Bootstrap ist ein inferenzstatistischer Ansatz, bei dem versucht wird, Populationsparameter dadurch zu schätzen, indem aus einer vorliegenden großen repräsentativen Stichprobe wiederholt kleinere Stichproben gezogen werden. Damit lassen sich die oft schwer prüfbaren Voraussetzungen der klassischen Inferenzstatistik wie z.B. Annahmen der Normalverteilung oder homogene Varianzen umgehen. Die Berechnung von Konfidenzintervallen und Signifikanztests als die wichtigsten klassischen Verfahren sind auf solche Annahmen zwingend angewiesen.

5.1.1. Kollinearität der Regressoren und Auslassen relevanter Variablen

Bei der Modellbildung kann es vorkommen, dass zwei oder mehrere erklärende Variablen hoch miteinander korreliert sind. In diesem Fall spricht man von *Kollinearität* bzw. *Multikollinearität*. Wir werden sehen, dass es eine Maßzahl für das Ausmaß der Kollinearität gibt und wie sie berechnet wird. Zunächst sollte man sich aber klarmachen, dass ein gewisses Maß an Kollinearität zwischen den Regressoren als Normalfall angesehen werden kann. Betrachten wir als Beispiel die Abhängigkeit des Einkommens von den Regressoren Alter, Schulbildung und Anzahl der Berufsjahre. Während Alter und Schulbildung kaum miteinander korreliert sind, gilt dies für die Beziehung des Alters zur Anzahl der Berufsjahre nicht. Mit zunehmendem Alter nimmt auch die Zahl der Berufsjahre zu, ausgenommen in Fällen, in denen die Berufszeit durch eine längere Phase der Arbeitslosigkeit unterbrochen wurde.

Von *perfekter Kollinearität* wird gesprochen, wenn sich eine unabhängige Variable als Linearkombination von einer oder mehreren anderen Variablen darstellen lässt. In diesem Fall können die Parameterschätzer $\hat{\alpha}$, $\hat{\beta}_1$, $\hat{\beta}_2$,... nicht berechnet werden, weil die Matrix $X'X$ singulär wäre und damit nicht mehr invertiert werden könnte. Perfekte Kollinearität wird von den Statistikprogrammen direkt mit einer Fehlermeldung quittiert und wird daher immer bemerkt. Typische Fälle von Multikollinearität führen aber dazu, dass die Variablen nur **annähernd** linear abhängig sind, was nicht in einen offensichtlichen Fehler mündet, sondern in verdecktere Probleme.

Wenn also einfach von Multikollinearität gesprochen wird, versteht man darunter nicht die exakte lineare Abhängigkeit, sondern nur die hohe Korrelation der Regressoren untereinander. Die hohe Kollinearität bedeutet keine Verletzung der Gauß-Markov-Annahmen, und daher sind die KQ-Schätzer auch weiterhin BLUE (*best linear unbiased estimators*), das heißt unverzerrt und zusammengenommen varianzminimal. Allerdings hat hohe Kollinearität den Nachteil, dass die KQ-Schätzer ungenau geschätzt werden, was sich in hohen Standardfehlern widerspiegelt. Dadurch sind die Konfidenzintervalle der Schätzer sehr breit. Darauf wird noch genauer eingegangen.

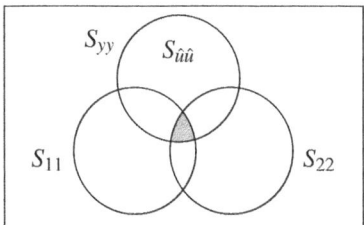 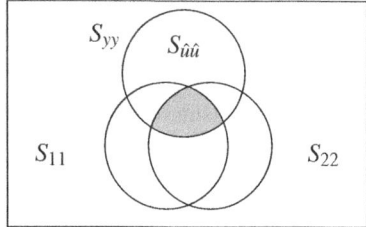

Abb. 5.2.: geringe und starke Kollinearität der Regressoren

Ein anschauliches Bild der Kollinearität zwischen zwei Variablen erhält man, wenn man die Venndiagramme der Abbildung 5.2 betrachtet. Die Schnittfläche der beiden unteren Kreise symbolisiert das Ausmaß von Kollinearität zwischen ihnen. Gibt es keine Überlappung, dann liegt keine Kollinearität vor. Die Variation der Werte beider Regressoren ist in diesem Fall autonom (das heißt unabhängig von der Variation der Werte des anderen Regressors) und damit vollständig nutzbar für die Erklärung der Variation der abhängigen Variablen. Die Schätzung der Parameter β_1 und β_2 spiegelt ganz den individuellen Einfluss der einzelnen Regressoren auf die abhängige Variable wider. Im Fall vorliegender Kollinearität repräsentiert die Schnittfläche der drei Kreise den gemeinsamen Einfluss der beiden exogenen Variablen auf die abhängige Variable.

Im rechten Venndiagramm überlappen sich die Flächen sehr stark, sodass es schwierig wird, den Einfluss jedes Regressors isoliert zu messen. Beide Regressoren weisen ein hohes Maß gemeinsamer Variation auf, der zur Erklärung der Streuung von y herangezogen wird. Damit gelingt es nur schlecht, den individuellen Einfluss der Regressoren zu messen.

Konsequenzen der Multikollinearität

Erinnern wir uns an den folgenden Sachverhalt: Ein Regressionsparameter misst die Auswirkungen des entsprechenden Regressors auf die abhängige Variable y unter der Bedingung, dass die Werte der übrigen Regressoren des Modells konstant gehalten werden (*ceteris paribus*). Wenn aber die erklärenden Variablen hoch korreliert sind, lässt sich der Einfluss einer einzelnen Variablen schlecht isolieren, was sich in großen Standardfehlern der geschätzten Parameter niederschlägt.

Diese Aussage soll anhand einiger formelmäßiger Zusammenhänge konkretisiert werden. Dazu ziehen wir noch einmal die Definitionen der Variation und Kovariation eines Modells mit zwei Regressoren x_1 und x_2 heran:

$$S_{11} = \sum_{i=1}^{N} (x_{1i} - \bar{x}_1)^2 \text{ (Variation des Regressors } x_{1i}) \tag{5.1}$$

$$S_{22} = \sum_{i=1}^{N} (x_{2i} - \bar{x}_2)^2 \text{ (Variation des Regressors } x_{2i}) \tag{5.2}$$

$$S_{12} = \sum_{i=1}^{N} (x_{1i} - \bar{x}_1)(x_{2i} - \bar{x}_2) \text{ (Kovariation zwischen } x_{1i} \text{ und } x_{2i}) \tag{5.3}$$

Das Bestimmtheitsmaß R_{12}^2 zwischen x_1 und x_2 erhielten wir bereits durch folgende Berechnungsvorschrift:

$$R_{12}^2 = \frac{S_{12}^2}{S_{11} S_{22}} \tag{5.4}$$

Sind die Variablen x_1 und x_2 nicht miteinander korreliert, erhalten wir für den Zähler S_{12}^2 den Wert 0. Bei einer vollständigen linearen Abhängigkeit entspricht die quadrierte Variation S_{12}^2 dem Produkt der Variationen $S_{11} S_{22}$, sodass sich für R_{12}^2 der Wert 1 ergibt. Damit besitzt das Bestimmtheitsmaß R_{12}^2 Werte zwischen 0 und 1. Je größer R_{12}^2 ist, umso geringer ist die autonome Variation der einzelnen Variablen. Dies bedeutet, dass die Schnittfläche beider Variablen im Venndiagramm größer wird. Bei einem Wert von 0 liegt keine Kollinearität vor.

Mit der obigen Definition des Bestimmtheitsmaßes zwischen zwei Regressoren konnten wir die Varianz der Parameterschätzer $\hat{\beta}_1$ und $\hat{\beta}_2$ an anderer Stelle wie folgt definieren:

$$var(\hat{\beta}_1) = \frac{\sigma^2}{S_{11}} \cdot VIF \qquad (5.5)$$

$$var(\hat{\beta}_2) = \frac{\sigma^2}{S_{22}} \cdot VIF \qquad (5.6)$$

Dabei stellt der Quotient $VIF = 1/(1 - R_{12}^2)$ den *Variance Inflation Factor* dar, dessen Wert das Ausmaß der Varianzen von $\hat{\beta}_1$ und $\hat{\beta}_2$ beeinflusst.

Konsequenzen für Intervallschätzungen und Hypothesentests

Multikollinearität beeinträchtigt die Aussagekraft von Intervallschätzungen, da ein großer Wert von $var(\hat{\beta}_1)$ bzw. $var(\hat{\beta}_2)$ zu großen und daher kaum aussagekräftigen Intervallen führt. Ähnliches gilt für Hypothesentests: Angenommen, für einen Schätzer $\hat{\beta}_1$ ergibt sich ein Wert, der deutlich von 0 abweicht. Wenn gleichzeitig aufgrund hoher Multikollinearität der Wert des Standardfehlers $\widehat{sd}(\hat{\beta}_1)$ sehr hoch ist, bedeutet der große Wert des Schätzers $\hat{\beta}_1$ noch nicht, dass auch der t-Wert des Hypothesentests, also der Bruch $(\hat{\beta}_1 - 0)/\widehat{sd}(\hat{\beta}_1)$, groß ist. Damit kann der Fall eintreten, dass der t-Wert kleiner als der kritische Wert $t_{\alpha/2}$ ausfällt und es zu keiner Ablehnung der Nullhypothese kommt, sodass der Schätzer $\hat{\beta}_1$ als nicht signifikant eingestuft werden muss.

Indikatoren von Kollinearität   Um Hinweise auf Multikollinearität zu erhalten, verwendet man vor allem folgende Indikatoren, die die Abhängigkeit zwischen den Regressoren beschreiben:

- Wenn es lineare Abhängigkeiten zwischen mehreren Variablen gibt, müssen Hilfsregressionen erstellt werden, indem die erklärenden Variablen aufeinander regressiert werden. Je höher das R_k^2 dieser Hilfsregression ist, umso größer ist das Kollinearitätsproblem. Es gibt keine feste Regel im Hinblick darauf, wie hoch das R_k^2 einer Hilfsregression maximal sein darf, aber eine Faustregel besagt: Wenn das R_k^2 einer Hilfsregression größer ist als das Bestimmtheitsmaß des ursprünglichen Modells, stellt Kollinearität unter Umständen ein ernstes Problem dar. Dann sollte man einen Blick auf die Größe des Standardfehlers werfen. Ist dieser Wert sehr hoch, dann kann er zu einem niedrigen t-Wert führen (siehe oben), sodass die Variable aus dem Modell entfernt werden sollte.

- Eine hohe Korrelation zwischen einem Regressor und den übrigen Regressoren wird durch einen VIF-Faktor gekennzeichnet, der größer als 10 ist. Viele Statistikprogramme, auch Gretl, geben für jeden Regressionskoeffizienten den Varianz-Inflations-Faktor (VIF) aus.

- Ein weiterer Indikator für das Vorliegen von Kollinearität ist die Konditionszahl von Belsley, Kuh und Welsch (1980), im Englischen *Condition Index* (CI). Ein CI > 30 ist ein Hinweis auf starke Kollinearität.

Das Vorliegen von wechselseitiger, eventuell starker Kollinearität von bestimmten Regressoren des Modells muss mit der Fragestellung verbunden werden, welchen wichtigen Beitrag zur Erklärung der abhängigen Variablen die einzelnen Regressoren leisten. Bei einem hohen Erklärungspotential (ablesbar an der Höhe des Bestimmtheitsmaßes) sprechen wir von sogenannten *relevanten Regressoren*.

Nichtberücksichtigung relevanter Variablen

Der folgende Abschnitt behandelt die Konsequenzen, die sich aus der Nichtberücksichtigung einer relevanten Variablen ergeben. Wir werden sehen, dass daraus nicht wünschenswerte Konsequenzen für die KQ-Schätzer der anderen Regressoren erwachsen. Eine möglichst vollständige Berücksichtigung aller auf die abhängige Variable einwirkenden Faktoren muss daher das wichtigste Bestreben bei der Erstellung eines qualitativ guten Modells sein.

Als Ausgangspunkt betrachten wir das folgende multiple Regressionsmodell mit k Regressoren:

$$y = \alpha + \beta_1 x_1 + \beta_2 x_2 + \ldots + \beta_i x_i + \ldots + \beta_k x_k + u \tag{5.7}$$

Angenommen, die Variable x_i stellt einen wichtigen Regressor in dem Modell dar. Wird sie bei der Schätzung der Regressionsgleichung weggelassen, dann kann dies bei den KQ-Schätzern zu Verzerrungen führen. Dafür müssen folgende Bedingungen erfüllt sein:

- Mindestens ein Regressor des Modells ist mit der weggelassenen Variablen x_i korreliert, das heißt es liegt Kollinearität vor.

- Die weggelassene Variable x_i besitzt einen statistisch signifikanten Einfluss auf die abhängige Variable (relevante Variable)

Wird eine Variable x_i mit diesen beiden Eigenschaften aus dem Modell entfernt, dann folgt daraus, dass mindestens ein Regressor mit der Störgröße korreliert ist, sodass für den bedingten Erwartungswert der Störgröße

$$E(u|x_1, \ldots, x_{i-1}, x_{i+1}, \ldots, x_k) \neq 0 \tag{5.8}$$

gilt. Damit wird die Annahme B1, die die Unabhängigkeit der Regressoren von der Störgröße postuliert, verletzt. Der Grund dafür liegt darin, dass der Fehlerterm u alle Einflüsse auf die abhängige Variable repräsentiert, die nicht von den Regressoren abgedeckt werden. Wird also eine Variable mit den oben erwähnten beiden Bedingungen aus dem Modell entfernt, so verlagert sich ihr Einfluss auf die abhängige Variable in den Fehlerterm u. Andererseits erbt der Fehlerterm aber auch die Korrelation der weggelassenen Variablen mit einem der Regressoren des Modells. Falls zum Beispiel gilt: $corr(x_i, x_2) \neq 0$, dann folgt nach der Entfernung von x_i auch: $corr(x_2, u) \neq 0$.

Um diese Aussagen zu konkretisieren, betrachten wir das Modell der Zweifachregression:

$$y = \alpha + \beta_1 x_1 + \beta_2 x_2 + u \tag{5.9}$$

In dem vollständig spezifizierten Modell 5.9 wird die Variable x_2 unterdrückt und das folgende (unvollständige) Modell geschätzt:

$$y = \alpha^* + \beta_1^* x_1 + u^* \tag{5.10}$$

Die Störgröße u^* im fehlspezifizierten Modell 5.10 übernimmt den Einfluss der nicht berücksichtigten Variablen x_2, sodass ihr Erwartungswert ungleich Null ist[2]:

$$E(u_i^*) = E(\beta_2 x_{2i} + u_i) = \beta_2 x_{2i} + E(u_i) = \beta_2 x_{2i} + 0 \tag{5.11}$$

Damit ist die Annahme B1 verletzt. Welche Konsequenz ergibt sich aber nun für den geschätzten Parameter $\hat{\beta}_1^*$ des fehlspezifizierten Modells 5.10?

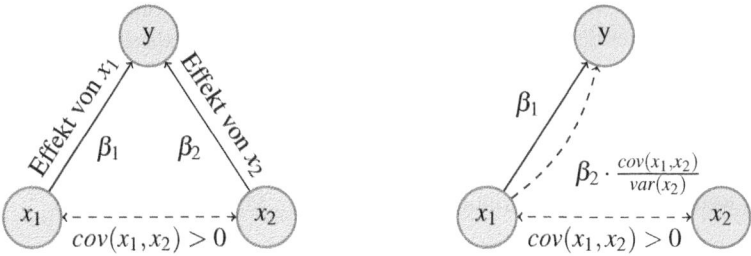

Abb. 5.3.: Änderung des Einflusses von x_1 durch Unterdrückung von x_2

Ausgehend von der Berechnungsformel $\hat{\beta}_1^* = cov(x_1, y)/var(x_1)$ ergibt sich durch einige Umformungen, dass der Regressor x_1 im unvollständigen Modell einen Teil des Einflusses der weggelassenen Variablen x_2 übernimmt:

$$\hat{\beta}_1^* = \frac{cov(x_1, y)}{var(x_1)} = \frac{cov(x_1, \hat{\alpha} + \hat{\beta}_1 x_1 + \hat{\beta}_2 x_2 + \hat{u})}{var(x_1)}$$

$$= \frac{\hat{\beta}_1 cov(x_1, x_1) + \hat{\beta}_2 cov(x_1, x_2) + cov(x_1, \hat{u})}{var(x_1)}$$

$$= \frac{\hat{\beta}_1 var(x_1) + \hat{\beta}_2 cov(x_1, x_2) + 0}{var(x_1)} = \hat{\beta}_1 + \hat{\beta}_2 \cdot \frac{cov(x_1, x_2)}{var(x_1)} \tag{5.12}$$

---

2 Wir gehen hier wieder davon aus, dass der Störterm u und der Regressor x nicht miteinander in Beziehung stehen, also: $E(u_i^*|x_i) = E(u_i^*)$ sowie $E(u_i|x_i) = E(u_i)$

Der geschätzte Parameter $\hat{\beta}_1^*$ übernimmt damit einen Teil des Einflusses des ausgeschlossenen Regressors. Dieser Anteil wird maßgeblich von der Kovarianz zwischen x_1 und x_2 bestimmt. Der Ausdruck $\hat{\beta}_2 cov(x_1, x_2)/var(x_1)$ kann als Verzerrungsgröße des Parameters $\hat{\beta}_1$ interpretiert werden. Abbildung 5.3 verdeutlicht noch einmal den geschilderten Effekt.[3]

Gleichung 5.12 erlaubt eine grobe Abschätzung des Vorzeichens der Verzerrung bei der Schätzung von β_1^* im falsch spezifizierten Modell 5.10. Die folgende Tabelle gibt die vier Möglichkeiten wieder:

	$corr(x_1, x_2) > 0$	$corr(x_1, x_2) < 0$
$\beta_2 > 0$	Bias > 0	Bias < 0
$\beta_2 < 0$	Bias < 0	Bias > 0

Tabelle 5.1.: Mögliche Vorzeichen des Omitted Variable Bias

Wird eine relevante Variable nicht berücksichtigt, sind die Konsequenzen für den Intervallschätzer und Hypothesentests eindeutig: Da die Schätzer für die Standardabweichungen der Koeffizienten ebenfalls verzerrt sind, gilt dies insbesondere auch für den Intervallschätzer. Ist die Korrelation unter den Regressoren sehr hoch, können Hypothesentests ihre Gültigkeit verlieren, weil der Wert des Schätzers im unvollständigen Modell vom Annahmebereich in den Ablehnungsbereich wechselt oder umgekehrt.

Numerisches Beispiel Ausgehend von unserem Mietbeispiel wollen wir die Verzerrung berechnen, wenn die relevante Variable *Distanz* aus dem Modell entfernt wird.

$$Miete = \alpha + \beta_1 \cdot Quadratmeter + \beta_2 \cdot Distanz + u \tag{5.13}$$

$$Miete = \alpha^* + \beta_1^* \cdot Quadratmeter + v \tag{5.14}$$

Mit dem OLS-Kommando wird zunächst das Ausgangsmodell mit beiden Regressoren geschätzt und anschließend der Steigungsparameter β_1^* des unvollständigen Modells berechnet. Die von Gretl berechneten Werte der KQ-Schätzer des Ausgangsmodells ermitteln wir wieder mit der Funktion *$coeff*.

```
# Regression Miete auf QM und Distanz
ols Miete const Quadratmeter Distanz
scalar hat_beta1 = $coeff(Quadratmeter)
scalar hat_beta2 = $coeff(Distanz)
# Berechnung des Bias
bias = hat_beta2 * (cov(Quadratmeter,Distanz) / var(Quadratmeter))
hat_beta1_stern = hat_beta1 + bias
print hat_beta1_stern
```

Die Berechnung des bias ergibt den Wert $-0,34$. Wird der Regressor *Distanz* entfernt, reduziert sich der Wert des Steigungsparameters von *Quadratmeter* auf $\hat{\beta}_1^* = 9,185$ (Variable *hat_beta1_stern*). Die Verzerrung des Steigungsparameters der Variablen *Quadratmeter* fällt relativ klein aus, weil die Regressoren nicht hoch miteinander korreliert sind.

---

3 Die Nichtberücksichtigung relevanter Regressoren und deren Auswirkungen auf die geschätzten Parameter wird in der englischsprachigen Literatur als *„omitted variable bias"* bezeichnet.

Aufnahme irrelevanter Variablen

Ein irrelevanter Regressor besitzt die Eigenschaft, dass er keinen oder nur einen sehr geringen Einfluss auf die abhängige Variable besitzt. Werden irrelevante Regressoren zusätzlich in das Modell aufgenommen, dann ergeben sich keine nennenswerten Änderungen der geschätzten Parameter, sodass diese erwartungstreu bleiben. Allerdings ist das Modell überspezifiziert.

Der Nachteil der Aufnahme irrelevanter Regressoren besteht darin, dass sich dadurch die Standardfehler der restlichen geschätzten Parameter erhöhen. Die Schätzung wird damit also insgesamt ungenauer. Auf einen Beweis dieser Behauptung wird hier verzichtet. Da a priori aber nicht klar ist, ob eine Variable irrelevant ist oder nicht, stellt sich in der Praxis die Frage, wann sie aufzunehmen ist. Diese Frage der Modellselektion wird im folgenden Abschnitt behandelt.

5.1.2. Maßzahlen der Modellgüte und Modellselektion

Mit Hilfe des Konzepts der Varianzzerlegung wurde die Variation der endogenen Variable y aufgeteilt in einen erklärten und einen unerklärten Anteil. Die Maßzahl für den erklärten Anteil innerhalb der abhängigen Variablen wird durch das Bestimmtheitsmaß R^2 festgelegt und sagt aus, in welchem Ausmaß eine Veränderung der abhängigen Variablen auf Veränderungen der Regressorwerte zurückzuführen ist.

Dennoch besitzt diese Maßzahl einige Schwachpunkte, die deutlich werden, wenn die Anzahl der ins Modell aufgenommenen Variablen erhöht wird. Fügt man einem Modell mit N Regressoren einen weiteren Regressor hinzu, so kann die Anpassungsgüte des Modells nicht verschlechtert werden. Besitzt der zusätzliche Regressor einen Einfluss auf die abhängige Variable, so wird die Residuenquadratsumme des neuen Modells geringer ausfallen als diejenige des alten Modells. Eine Veränderung gäbe es nicht, wenn die hinzugefügte Variable keinen Einfluss auf die endogene Variable hätte. Eine Verringerung der Residuenquadratsumme steht immer eine Vergrößerung des Bestimmtheitsmaßes gegenüber. Für sich genommen ist diese Vergrößerung des Bestimmtheitsmaßes eine durchaus wünschenswerte Eigenschaft. Allerdings ist jede zusätzliche Aufnahme eines Regressors mit der Gefahr verbunden, dass ihr Einfluss auf die endogene Variable verschwindend gering oder gar nicht vorhanden ist. In diesem Fall tritt aber folgende nicht wünschenswerte Wirkung ein: Die Aufnahme des zusätzlichen, überflüssigen Regressors ist in dem Sinne nachteilig, als die Schätzungen der wahren Parameter α, β_1, β_2 usw. ineffizienter sind. Ineffizienter heißt hier, dass die Varianzen der Schätzer $\hat{\alpha}$, $\hat{\beta}_1$, $\hat{\beta}_2$ usw. im erweiterten Modell größer sind als die Varianzen des ursprünglichen Modells. Diese effizienzmindernde Wirkung auf die Varianzen der Schätzer ist umso größer, je stärker die zusätzlich aufgenommene Variable mit den übrigen korreliert ist. Eine genauere Beschreibung dieses Phänomens lieferte der Abschnitt „Test auf Kollinearität" (☞ 5.1.1).

Wenn zusätzliche Regressoren ins Modell aufgenommen werden, die keinen beziehungsweise nur einen verschwindend geringen Beitrag zur Erklärung der endogenen Variablen liefern, dann wäre es wünschenswert, dafür eine geeignete Maßzahl zu haben. Das Bestimmtheitsmaß R^2 ist dafür nicht geeignet. Denn wenn die Residuenquadratsumme nur ganz geringfügig oder gar nicht abnimmt, können wir die Erklärungsrelevanz der neu aufgenommen

Variablen an R^2 nicht ablesen.

Eine zusätzliche Variable ins Modell aufzunehmen ist daher nur dann attraktiv, wenn das Risiko einer Verzerrung deutlich sinkt und die Varianz der Schätzer nur geringfügig steigt. Um beide Aspekte in einer geeigneten Maßzahl abzubilden, wurde ein sog. *korrigiertes Bestimmtheitsmaß* $\overline{R}^2$ vorgeschlagen. Das korrigierte bzw. adjustierte Bestimmtheitsmaß ist folgendermaßen definiert:

$$\overline{R}^2 = 1 - \frac{S_{\hat{u}\hat{u}}/(N-K-1)}{S_{\hat{y}\hat{y}}/(N-1)} = 1 - \frac{S_{\hat{u}\hat{u}}(N-1)}{S_{\hat{y}\hat{y}}(N-K-1)}$$

$$= 1 - (1 - R^2)\frac{N-1}{N-K-1} \tag{5.15}$$

In der Formel 5.15 stellt N die Anzahl der Beobachtungen dar und K die Anzahl der unabhängigen Variablen.

Werden zusätzliche exogene Variablen ins Modell aufgenommen, dann steigt der Wert von K in dem Zählerausdruck $S_{\hat{u}\hat{u}}/(N-K-1)$. Diese Erhöhung führt zunächst zu einer Werterhöhung des Zählers. Die gegenläufige Tendenz ist aber, dass mit jeder neuen Variable die Variation $S_{\hat{u}\hat{u}}$ der Residuen abnimmt, wenn diese Variable die endogene Variable beeinflusst. Damit sinkt das Verzerrungsrisiko und es ergibt sich ein wertmindernder Effekt auf den Zählerausdruck.

Hat also bei der Aufnahme einer neuen Variablen die Abnahme der Residuenvariation den größeren Effekt auf den Zähler (im Sinne seiner Wertminderung), dann steigt der Wert von $\overline{R}^2$. Es gilt dann: $\overline{R}^2_{(n+1)} \geq \overline{R}^2_{(n)}$. Bei einem geringen Erklärungsbeitrag einer neuen Variablen ist auch $\overline{R}^2_{(n+1)} < \overline{R}^2_{(n)}$ möglich.

Die Betrachtung des korrigierten Bestimmtheitsmaßes kann also einen ersten Anhaltspunkt für die Fehlspezifikation des Modells liefern. Insgesamt kann man sagen, dass unter allen Modellen dasjenige als akzeptabel erscheint, das den größten Wert für $\overline{R}^2$ aufweist.

Allerdings ist abschließend darauf hinzuweisen, dass ein hoher Wert von R^2 bzw. $\overline{R}^2$ für sich genommen noch kein Kriterium für ein gut spezifiziertes Modell sein darf. Ein hoher Wert von R^2 bzw. $\overline{R}^2$ bedeutet lediglich eine qualitativ gute Vorhersagbarkeit der Werte der abhängigen Variablen y aus den Werten der Regressoren. Bei einem Wert nahe Null wird der größte Teil der Variation von y durch die Variation des Fehlerterms erklärt, sodass die Regressoren nicht wesentlich für gute Vorhersagen zu verwenden sind.

Es lassen sich folgende Argumente gegen eine Überbewertung der Bestimmtheitsmaße bei der Suche nach einem qualitativ guten Modell anführen:

- Eine Erhöhung der Werte von R^2 bzw. $\overline{R}^2$ bedeutet nicht, dass eine hinzugefügte Variable statistisch signifikant ist. Die Signifikanz der Variablen kann nur an der t-Statistik abgelesen werden.

- Ein hoher Wert von R^2 bzw. $\overline{R}^2$ weist für sich genommen nicht darauf hin, dass die ausgewählten Regressoren den wahren kausalen Wirkungszusammenhang widerspiegeln. Dieser kann nur aus dem jeweiligen fachlichen Zusammenhang, der sich aus der ökonomischen Analyse ergibt, ermittelt werden.

- Ein hoher Wert von R^2 bzw. $\overline{R}^2$ lässt keinen Schluss darüber zu, ob das Weglassen einer relevanten Variablen zu einem *„omitted variable bias"* führt. Umgekehrt kann eine Verzerrung des Koeffizientenschätzers bei der Entfernung einer relevanten, mit anderen Regressoren korrelierten Variablen sowohl in Modellen mit niedrigem als auch hohem $\overline{R}^2$ auftreten.

Es gibt weitere Kennzahlen, an denen die Güte des Modells abgelesen werden kann, zum Beispiel:

- AIC = Akaikes Informationskriterium (1973)

- SC = Schwarz-Kriterium (1978)

- PC = Prognosekriterium von Amemiyas (1980)

In Gretl werden bei einer Modellschätzung die Werte des AIC und SC ausgegeben, dazu noch ein weiteres Kriterium: das *Hannan-Quinn Kriterium*.

Die unten angegebenen Formeln für die oben erwähnten Kennzahlen basieren auf der Summe der Residuenquadrate. Wird sie stark gesenkt, weist dies auf eine Minderung des Verzerrungsrisikos hin. Die Anzahl K der Variablen wiederum ist ein Indikator für die Schätzvarianz, sodass eine höhere Zahl die Schätzvarianz ansteigen lässt. Hier die Definitionen:

$$AIC = ln\left(\frac{S_{\hat{u}\hat{u}}}{N}\right) + \frac{2(N+1)}{N} \tag{5.16}$$

$$SC = ln\left(\frac{S_{\hat{u}\hat{u}}}{N}\right) + \frac{(K+1)ln(N)}{N} \tag{5.17}$$

$$PC = \frac{S_{\hat{u}\hat{u}}[1+(K+1)/N]}{N-K-1} \tag{5.18}$$

Ein Modell ist umso besser anzusehen, je geringer der Wert der jeweiligen Kennzahl ist. Im übrigen gelten aber auch hier die oben angeführten Hinweise, die gegen eine Überbewertung dieser Maßzahlen sprechen.

Es wurde ausgeführt, dass die Beurteilung der Güte eines Modells anhand der genannten Maßzahlen AIC, SC usw. sinnvoll ist, aber nicht die inhaltliche, am Fachgegenstand orientierte Analyse ersetzen kann. Die Suche nach dem günstigsten Modell kann außerdem durch einen Modellierungsansatz gestaltet werden, bei dem das Konzept der sogenannten *eingebetteten Modelle* herangezogen wird. Dabei spielt der F-Test wieder eine besondere Rolle.

Einbettung von Modellen

Es wurde bereits ausgeführt, dass der Test auf Gesamtsignifikanz einer Gruppe von Regressoren des multiplen Regressionsmodells einen Anwendungsbereich für den F-Test darstellt. Es lassen sich mit ihm aber auch sogenannte *eingebettete Modelle* (engl. *embedded or nested models*) untersuchen. Ein Modell A wird dann als *eingebettet* (engl. *embedded*) in ein weiteres Modell B bezeichnet, wenn A aus dem Modell B durch Nullrestriktionen hervorgeht. Zum Beispiel ist das Modell B gegeben durch

$$y = \alpha + \beta_1 x_1 + \beta_2 x_2 + \beta_3 x_3 + \beta_4 x_4 + \beta_5 x_5 + u \tag{5.19}$$

Mit einem F-Test wird die Nullhypothese $H_0 : \beta_4 = \beta_5 = 0$ getestet und angenommen. Mit diesem Ergebnis kann dann dem kleineren Modell A der Vorzug gegeben werden:

$$y = \alpha + \beta_1 x_1 + \beta_2 x_2 + \beta_3 x_3 + u \tag{5.20}$$

Die Regressoren von A bilden eine echte Teilmenge der Regressoren von B, sodass man von einer Einbettung des Modells A in das Modell B sprechen kann. Die KQ-Schätzung des Modells A wird auch als *restringierte KQ-Schätzung* oder kurz als *RKQ-Schätzung* bezeichnet.

Eine alternative Form der Restriktion erhält man, wenn es eine Beziehung zwischen den Koeffizienten des Modells gibt. Gehen wir von dem Modell

$$y = \alpha + \beta_1 x_1 + \beta_2 x_2 + \beta_3 x_3 + \beta_4 x_4 + u \tag{5.21}$$

aus und unterstellen, dass es aus anderen Quellen Informationen über die Irrelevanz des Regressors x_2 und eine lineare Beziehung der Koeffizienten x_3 und x_1 gibt, zum Beispiel $\beta_2 = 0$ und $\beta_3 = 0.5 \cdot \beta_1$. Beide Gleichungen ergeben zusammen die Nullhypothese. Sie kann überprüft werden, indem mit Hilfe des Fensters „lineare Restriktionen" (Menüeintrag *Tests/lineare Restriktionen*) jede einzelne Bedingung in einer gesonderten Zeile wie folgt erfasst wird:

$$b[3] = 0 \tag{5.22}$$
$$b[4] = 0.5 * b[2] \tag{5.23}$$

Aus der angegebenen Restriktion erstellt Gretl intern ein restringiertes Modell und ermittelt daraus über eine RKQ-Schätzung die Residuenquadratsumme. Die KQ-Schätzung des Modells 5.21 ergibt die Residuenquadratsumme des unrestringierten Modells. Führt der daraus ermittelte F-Wert nicht zu einer Ablehnung der Nullhypothese, kann man das restringierte Modell ermitteln, indem die durch die Restriktion gegebenen Beziehungen in das Ausgangsmodell eingesetzt werden:

$$y = \alpha + \beta_1 x_1 + 0 \cdot x_2 + 0.5 \cdot \beta_1 x_3 + \beta_4 x_4 + u$$
$$y = \alpha + \beta_1 x_1^* + \beta_4 x_4 + u \tag{5.24}$$

wobei $x_1^* = x_1 + 0.5 \cdot x_3$.

Durch die Verschmelzung der Informationen wird die Zahl der zu schätzenden Parameter auf drei gesenkt, während die Zahl der Beobachtungen N unverändert bleibt. Dadurch erhöht sich die Zahl der Freiheitsgrade und die Parameter β_1 und β_4 können mit geringerer Varianz geschätzt werden. Den Schätzer β_3 erhält man anschließend über die Beziehung $\beta_3 = 0.5 \cdot \beta_1$.

Wenn die Restriktionen $\beta_2 = 0$ und $\beta_3 = 0.5 \cdot \beta_1$ korrekt sind, also durch den F-Test nicht abgelehnt werden konnten, dann ist die RKQ-Schätzung des Modells 5.24 unverzerrt. Das eingebettete Modell stellt in diesem Fall eine angemessene Spezifikation dar. Bei einer falschen Ablehnung der Nullhypothese würde eine RKQ-Schätzung von 5.24 allerdings verzerrte Schätzer liefern!

5.1.3. Einflussreiche Beobachtungen

In der Statistik spricht man von einem *Ausreißer* (engl. *outlier*), wenn ein Messwert nicht in eine erwartete Messreihe passt und insofern nicht den Erwartungen entspricht. Diese Erwartungen orientieren sich an einem bestimmten Streuungsbereich um den Erwartungswert herum. Eine andere Umschreibung lautet: Ein *Ausreißer* wird als ein Datenpunkt definiert, deren Attributwerte stark vom größten Teil der anderen Datenpunkte abweichen. Gründe für deren Existenz können darin liegen, dass beim Vorgang der Datenerhebung Fehler passieren, indem zum Beispiel ein Attributwert in einer anderen Einheit erfasst wird.

In jedem Fall sind Ausreißer dahingehend zu überprüfen, ob sie eine zwar extreme, aber akzeptable Ausprägung der Realität darstellen oder auf Erhebungsfehler (zum Beispiel Messfehler) zurückzuführen sind. Bei einem Erhebungsfehler sollte der Ausreißer, falls möglich, korrigiert oder aus der Datenmenge gestrichen werden.

Bei der Untersuchung von Ausreißern geht es ausschließlich darum, diejenigen Punkte zu ermitteln, die ein Problem bei der Schätzung eines Regressionsmodells darstellen. Ausreißer, die einen besonderen Einfluss auf die Regressionsergebnisse ausüben, werden von Belsley, Kuh und Welsch (1980) wie folgt definiert: „Eine einflussreiche Beobachtung besitzt die Eigenschaft, dass sie einzeln oder zusammen mit anderen Beobachtungen einen nachweisbar größeren Einfluss auf die berechneten Werte der verschiedenen Schätzer (Koeffizienten, Standardfehler, t-Tests usw.) ausübt als die Mehrheit der anderen Beobachtungen".

Ein Ansatz zur Bestimmung des Einflusses von Ausreißern liegt in der Messung der Veränderung der Schätzresultate, wenn diese Datenpunkte aus dem Dataset gelöscht werden. Entsprechend findet man in der Literatur eine Reihe von Maßzahlen, die den Einfluss auf verschiedene Kennzahlen der Regressionsschätzung an zwei besonderen Eigenschaften eines Ausreißers festmachen: der Abweichung eines Punktes im Hinblick auf den Schätzwert der abhängigen Variablen sowie der relativen Lage des Punktes bezüglich der Werte der unabhängigen Variablen. Ein Ausreißer kann sich also auf einen extremen y-Wert beziehen (in diesem Fall liegt ein *fit-outlier* vor) oder auf extreme Werte der Regressoren (sogenannte *factor-outlier*).

Abbildung 5.4 enthält das Streudiagramm für die Variablen *Miete* und *Quadratmeter* aus dem bereits bekannten Mietmodell. Der als *Outlier 1* gekennzeichnete Ausreißer rechts im Bild besitzt die Koordinaten (QM:300/Miete:1210). Da der Mietwert eine große Abweichung vom geschätzten Mietwert besitzt, können wir diesen Ausreißer als einen *fit-outlier* bezeichnen. Da die Quadratmeterzahl sehr weit vom Durchschnittswert von 88,4 Quadratmetern entfernt ist, können wir auch von einem *factor-outlier* sprechen. Beide Eigenschaften zusammen genommen führen zu dem Effekt, dass der Ausreißer einen großen Einfluss auf den Verlauf der Regressionsgeraden hat und damit auf die Schätzung des Niveau- und Steigungsparame-

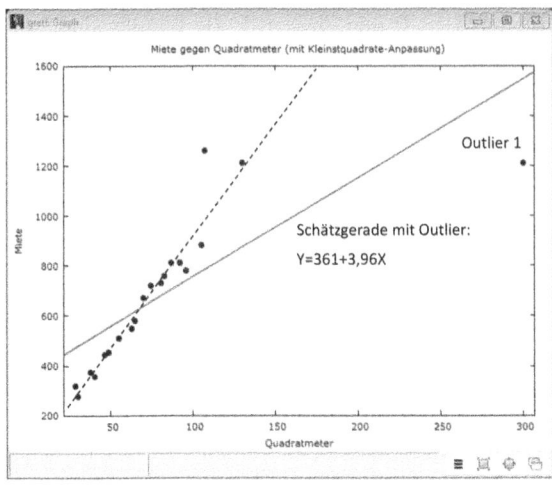

Abb. 5.4.: großer Einfluss eines Ausreißers auf die OLS-Schätzung

ters. Der Ausreißer zieht die Gerade praktisch zu sich herunter. Belässt man diesen Daten-punkt im Sample, so besitzt der Steigungsparameter der Regressionsgeraden lediglich den Wert 3,96, wird er entfernt, erhalten wir eine viel höhere Steigung. Dieser Ausreißer besitzt also einen sehr hohen Einfluss auf die Parameterschätzung. In diesem Fall ist es sinnvoll, die entsprechende Beobachtung aus dem Dataset zu entfernen.

In der Abbildung 5.5 hingegen ergibt sich ein anderes Bild. Der als *Outlier 2* gekenn-zeichnete Ausreißer besitzt hier die Koordinaten (QM:300/Miete:2500). Da der y-Wert in der Nähe des geschätzten Werts liegt, kann nicht von einem *fit-outlier* gesprochen werden. Al-lerdings ist die Quadratmeterzahl wieder sehr weit vom Durchschnittswert entfernt, sodass ein *factor-outlier* vorliegt. Diese Konstellation führt dazu, dass der Ausreißer nur einen re-lativ geringen Einfluss auf den Verlauf der Regressionsgeraden besitzt. Entfernt man diesen Punkt aus dem Dataset, dann ergibt eine erneute OLS-Schätzung einen moderaten Anstieg des Steigungsparameters.

Wie die Beispiele zeigen, kann man sich guten ersten Überblick über die Beschaffenheit des Datenmaterials mit Hilfe von Grafiken verschaffen. Im Falle einer Einfachregression kann zum Beispiel bereits ein einfaches Streudiagramm zwischen x und y viele Eigenschaften der Daten wie etwa das Vorhandensein von Ausreißern oder auch Nichtlinearität offen legen. Die Streudiagramme in den Abbildungen 5.4 und 5.5 zeigen zwei Ausreißer mit verschiedenen Eigenschaften.

Besonders im ersten Fall besitzt der Ausreißer einen sogenannten *Hebeleffekt*, da er eine überproportionale Auswirkung auf das Ergebnis der Regressionsanalyse hat. Identifizieren kann man einen Ausreißer mit dieser Eigenschaft dadurch, dass man sogenannte *Hebelwer-te* berechnet (engl. *leverage values*). Der Hebelwert einer Beobachtung beschreibt den Effekt des beobachteten Werts auf den vorhergesagten Wert. Gretl bietet, wie gezeigt wird, die Mög-

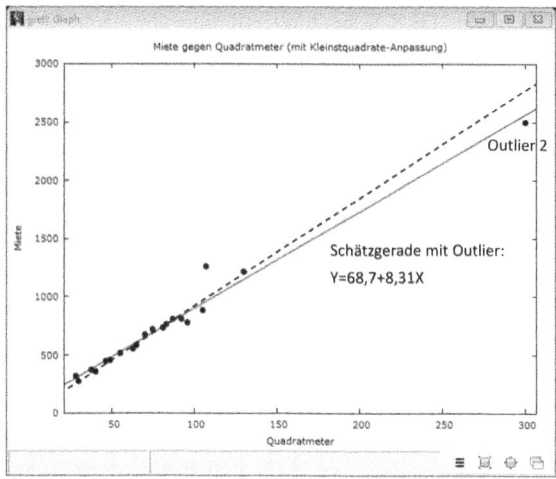

Abb. 5.5.: geringer Einfluss eines Ausreißers auf die OLS-Schätzung

lichkeit, sich die Hebelwerte auch anzeigen zu lassen.

Bezeichnen wir den Hebelwert der Beobachtung i mit h_i, dann gibt dieser Wert die Abweichung des Attributwerts der Beobachtung i vom Attributmittelwert an. Für h_i gilt: $0 \leq h_i \leq 1$. Ein hoher Hebelwert ist ein Indiz für einen Ausreißer im Sinne eines *factor-outliers*.

Ein hoher Leverage wirkt sich indes aber nur dann auf die Schätzer für die Regressionsparameter aus, wenn zusätzlich y_i selbst „aus der Reihe tanzt", das heißt, bei dem *Leverage* handelt es sich nur um ein Maß für den potentiellen Einfluss. Dies wird an den Abbildungen 5.4 und 5.5 deutlich. Wie können wir Gretl nutzen, um den gewonnenen Eindruck zu bestätigen?

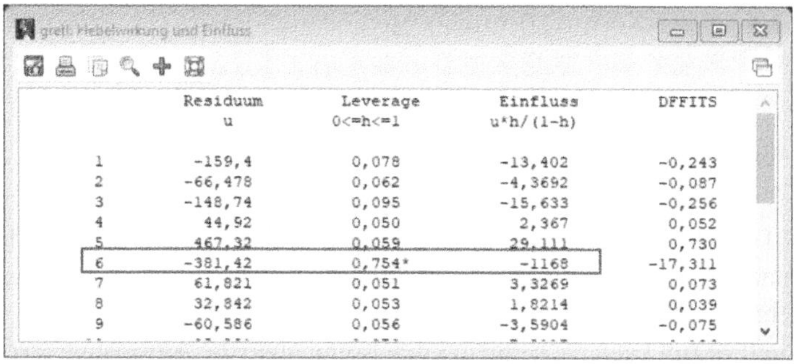

```
gretl: Hebelwirkung und Einfluss                        □ ▣ ☒

           Residuum       Leverage       Einfluss      DFFITS
              u           0<=h<=1         u*h/(1-h)

     1      -159,4         0,078          -13,402       -0,243
     2      -66,478        0,062          -4,3692       -0,087
     3      -148,74        0,095          -15,633       -0,256
     4       44,92         0,050           2,367         0,052
     5       467,32        0,059          29,111         0,730
     6      -381,42        0,754*         -1168        -17,311
     7       61,821        0,051           3,3269        0,073
     8       32,842        0,053           1,8214        0,039
     9      -60,586        0,056          -3,5904       -0,075
```

Abb. 5.6.: Leverage und Einfluss auf die Parameterschätzung für Outlier 1

Im Modellergebnisfenster der OLS-Schätzung erhalten wir nach Auswahl des Menüitems *Analyse/Einflussreiche Beobachtungen* das Fenster „Hebelwirkung und Einfluss" der Abbildung 5.6.

Es enthält für alle Beobachtungen in Spaltenform die Residuen, die Leveragewerte und einen Wert, der den jeweiligen Einfluss auf die Regressionsschätzung wiedergibt. Punkte, deren Hebelwert h größer ist als $2p/N$ (p = Anzahl Parameter, N = Stichprobengröße), sind mit einem Sternchen versehen. Im aktuellen Beispiel errechnet sich dieser Wert zu $2 \cdot 2/20 = 0,2$, sodass die Beobachtung $i = 6$ mit einem Hebelwert von 0,754 hervorgehoben wird. Der Einfluss wird durch das Produkt $u_i \cdot h_i/(1 - h_i)$ gemessen. In der Formel findet also das Ausmaß der Anpassung des y-Werts an den geschätzten y-Wert seinen Ausdruck. Das Ergebnis führt zu einem im Vergleich zu den anderen Beobachtungen sehr hohen negativen Wert von -1168 und drückt damit den großen Einfluss auf die Regressionsschätzung aus.

Für das zweite Beispiel erhalten wir die in Abbildung 5.7 dargestellten Ergebnisse.

Während der Hebelwert identisch ist (die Quadratmeterzahlen der Ausreißer sind identisch), ergibt sich ein gänzlich anderer Wert für den Einfluss. Er ist mit einem moderaten Wert von -195,52 sehr viel geringer als im ersten Fall, da der y-Wert in der Nähe der für die übrige Punktmenge geschätzten Regressionsgeraden liegt.

Gretl gibt neben dem dargestellten Fenster noch eine grafische Komponente aus, in der die Werte *Leverage* und *Einfluss* durch längliche Balken visualisiert werden. Auf diese Weise springen Ausreißer „direkt ins Auge" und können nicht übersehen werden (was bei einer hohen Zahl von Beobachtungen sehr hilfreich ist).

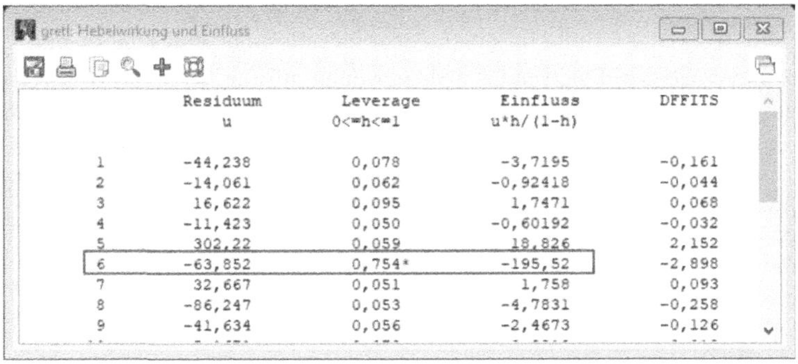

	Residuum u	Leverage 0<=h<=1	Einfluss u*h/(1-h)	DFFITS	
1	-44,238	0,078	-3,7195	-0,161	
2	-14,061	0,062	-0,92418	-0,044	
3	16,622	0,095	1,7471	0,068	
4	-11,423	0,050	-0,60192	-0,032	
5	302,22	0,059	18,826	2,152	
6	-63,852	0,754*	-195,52	-2,898	
7	32,667	0,051	1,758	0,093	
8	-86,247	0,053	-4,7831	-0,258	
9	-41,634	0,056	-2,4673	-0,126	

Abb. 5.7.: Leverage und Einfluss auf die Parameterschätzung für Outlier 2

Die Maßzahl DFFITS gibt die sogenannten *studentized residuals* an. Für nähere Informationen kann dazu Belsley, Kuh und Welsch (1980) herangezogen werden. Aus ihr sind die gleichen Ergebnisse abzuleiten.

In einem Gretl-Skript kann nach einem OLS-Kommando die Anweisung *leverage* verwendet werden. Sie bewirkt, dass in der Skriptausgabe die in den oben angegebenen Fenstern dargestellten Werte nach den OLS-Statistiken wiedergegeben werden.

Tritt das Problem der Ausreißer in einem nichtlinearen Datenzusammenhang auf, dann lässt es sich dadurch in den Griff bekommen, dass zum Beispiel durch eine logarithmische Transformation der Daten ein linearer Zusammenhang hergestellt wird.

5.1.4. Tests zur Untersuchung der Spezifikation von Modellen

In diesem Abschnitt werden solche Tests behandelt, die die Anwender bei der Spezifikation eines Modells wirkungsvoll unterstützen, damit es die ökonomische Wirklichkeit angemessen beschreiben kann. Im Zuge der Modellierung ist eine der wichtigsten Entscheidungen, wieviele und konkret welche Variablen als Regressoren aufgenommen werden sollten. Bei einer hohen Anzahl von Regressoren wird es in der Regel mehr oder weniger starke Wechselbeziehungen unter ihnen geben. Zu beachten ist dabei, dass die Nichtberücksichtigung eines relevanten Regressors dazu führt, dass die Parameter verzerrt geschätzt werden. Das Ausmaß der Verzerrung hängt davon ab, wie stark die Abhängigkeit der Regressoren untereinander ist. Was die Auswahl geeigneter Variablen betrifft, sollte sie allerdings in erster Linie von fachlichen Erwägungen geleitet werden.

Ein zweites Problem ist dadurch gegeben, dass die Beziehungen von Variablen nichtlinearer Natur sein können. In vielen Anwendungsgebieten stehen die Daten durch eine logarithmische oder exponentielle Funktion miteinander in Verbindung. Dennoch kann auch in solchen Fällen durch eine geeignete Umformung ein lineares Regressionsmodell formuliert und geschätzt werden (☞ nicht-lineare Zusammenhänge, Kapitel 4.3).

Mit einem speziellen Fehlspezifikationstest, dem sogenannten *RESET-Test*, können Anwender testen, ob das spezifizierte Regressionsmodell eine lineare Ausprägung besitzt.

Mit den von Gretl angebotenen Restriktionstests können die Auswirkungen des Weglassens von Variablen oder der Aufnahme neuer Regressoren auf die Schätzergebnisse getestet werden. Gretl geht immer von der ursprünglichen OLS-Schätzung aus, wie sie sich im Modellergebnisfenster präsentiert. Jede Hinzunahme oder Wegnahme einer Variablen führt zu einer Veränderung bestimmter Maßzahlen, die die Güte des Modells angeben. Gretl ermittelt diese Veränderungen und gibt die Information aus, ob sich dadurch die Modellgüte verbessert oder verschlechtert hat.

Die Tests lassen sich aufrufen, indem innerhalb des Modellergebnisfensters das Menü *Tests* ausgewählt wird, siehe Abbildung 5.8.

Die angebotenen Tests lassen sich in zwei Kategorien unterteilen:

- Zu der ersten Kategorie zählen diejenigen Tests, die sich auf die Spezifikation eines ökonometrischen Modells beziehen: Dabei steht die Frage im Vordergrund, welche Regressoren in ein Modell aufgenommen werden sollten und welche Variablen irrelevant sind, weiterhin die Frage, ob ein lineares Modell angemessen ist oder besser durch ein nicht-lineares Modell ersetzt werden sollte. Diese Fragestellungen können durch folgende Menüeinträge näher untersucht werden:
  Variablen weglassen – Variablen hinzufügen – Summe der Koeffizienten – Lineare Restriktionen – Nichtlinearität (Quadrate/Logs) – Ramseys RESET.
  In diesem Sinne gehört dazu auch der *Chow-Test*.

- Zur zweiten Kategorie gehören Tests, die sich auf ein (weitgehend) korrekt spezifiziertes Modell beziehen. Hier ist zu überprüfen, ob die Modellannahmen bezüglich des Verhaltens der Störgrößen verletzt werden. Für diese Untersuchungen stehen daher die Menüeinträge *Heteroskedastizität – Normalität der Residuen – Autokorrelation* im Vordergrund.

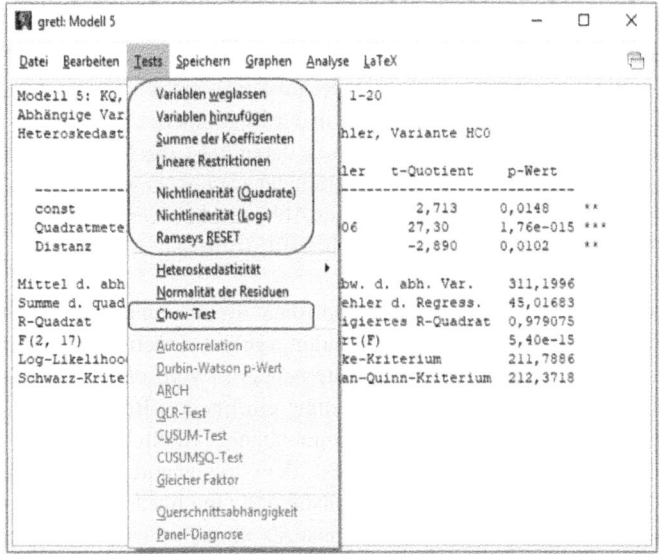

Abb. 5.8.: Angebotene Tests zur Beurteilung der Spezifikation

Da im vorliegenden Beispiel das Modell aus Querschnittsdaten besteht, sind alle Einträge, die sich auf die Untersuchung von Zeitreihendaten beziehen, grau eingefärbt und können somit nicht ausgewählt werden.

Aus dem in Abbildung 5.8 wiedergegebenen Menü sollen die wichtigsten Tests der oben beschriebenen ersten Kategorie im Folgenden näher behandelt werden. Sie werden durch folgende Menüeinträge abgedeckt:

- *Variablen weglassen/hinzufügen* : Die Spezifikation des Modells kann durch Variablen erweitert oder durch Weglassen von Variablen eingeschränkt werden.

- *Summe der Koeffizienten* : Es erfolgt ein t-Test, ob die Summe zweier Koeffizienten signifikant von Null verschieden ist.

- *Lineare Restriktionen* : Es können beliebige lineare Restriktionen definiert werden.

- *Nichtlinearität (Quadrate/Logs)* : Es werden zusätzlich die Quadrate oder Logs in das Modell aufgenommen

- *Ramseys RESET* : Der Test ist ein Fehlspezifikationstest, der das Resultat liefert, ob eine lineare Modellierung angemessen ist.

- *Chow-Test* : Test auf Strukturbrüche des Modells

Die Tests der zweiten Kategorie, die benutzt werden, um insbesondere das Verhalten der Störgrößen genauer zu untersuchen, werden an anderer Stelle behandelt: ☞ Kapitel 5.2.

5.1.4.1. Ein Fehlspezifikationstest – Ramseys RESET-Test

Spezifikationsfehler eines Modells können sich auf viele Erscheinungsformen beziehen. Eine harmlosere Form besteht in der Aufnahme irrelevanter Variablen, die keinen Einfluss auf die abhängige Variable ausüben und die Ergebnisse einer KQ-Schätzung nicht wesentlich beeinflussen. Der Parameterschätzer einer solchen Variablen ist nicht signifikant von Null verschieden, sodass ein solcher Spezifikationsfehler rasch aufgedeckt werden kann.

Es existiert eine besondere Klasse von Tests, die als *Fehlspezifikationstests* bezeichnet werden. Hierbei werden nicht verschiedene Modelle anhand gewisser Kennzahlen wie AIC, SC usw. verglichen, sondern es wird ein spezielles Modell daraufhin untersucht, ob es fehlspezifiziert ist. Wenn es als fehlspezifiziert eingestuft wird, hat man aber keinen Anhaltspunkt, welches alternative Modell verwendet werden soll.

Ein von Gretl unterstützter Fehlspezifikationstest ist der sogenannte *RESET-Test* von Ramsey (RESET = Regression Error Specification Test). Mit ihm lässt sich beurteilen, ob der Zusammenhang der Variablen als lineare Regressionsgleichung modelliert werden kann. Kommt man nach Durchführung des RESET-Tests zu der Schlussfolgerung, dass der Widerspruch des linearen Modells zu den beobachteten Daten zu groß ist, dann stellt das lineare Modell keinen geeigneten Kandidaten für das ökonometrische Modell dar.

Grundidee des RESET-Tests

Der RESET-Test ist auf ein einfaches oder ein multiples Regressionsmodell anwendbar. Wir gehen beispielhaft von einer linearen Regressionsgleichung mit zwei Regressoren aus:

$$y = \alpha + \beta_1 x_1 + \beta_2 x_2 + u \tag{5.25}$$

Wir wollen sicherstellen, dass die wahre Abhängigkeit der Variablen y von den Regressoren x_1 und x_2 tatsächlich eine lineare Form besitzt. Anders formuliert möchten wir ausschließen, dass wir für eine angemessene Modellierung zum Beispiel auch die Quadrate und eventuell die dritten Potenzen von x_1 und x_2 zu berücksichtigen haben:

$$y = \alpha + \beta_1 x_1 + \beta_2 x_2 + \gamma_1 x_1^2 + \gamma_2 x_2^2 + \gamma_3 x_1^3 + \gamma_4 x_2^3 + \ldots + u \tag{5.26}$$

Sollte sich herausstellen, dass die ergänzten Variablen in einer KQ-Schätzung keine signifikanten Parameterwerte γ_1 bis γ_4 besitzen, dann spricht viel dafür, dass das lineare Modell 5.25 eine korrekte Spezifikation des Datenzusammenhangs darstellt.

Um sicherzustellen, dass in dem erweiterten Modell auch wirklich alle Potenzen der beiden Regressoren x_1 und x_2 berücksichtigt sind, schätzen wir nicht das Modell 5.26. Stattdessen stellen wir die Annahme auf, das lineare Modell 5.25 sei korrekt und berechnen dann auf der Grundlage dieser Annahme die geschätzten Werte der endogenen Variablen:

$$\hat{y} = \hat{\alpha} + \hat{\beta}_1 x_1 + \hat{\beta}_2 x_2 \qquad (5.27)$$

Die Potenzen der geschätzten Werte $\hat{y}$ werden sodann als zusätzliche Regressoren in das Modell 5.25 aufgenommen:

$$y = \alpha + \beta_1 x_1 + \beta_2 x_2 + \gamma_1 \hat{y}^2 + \gamma_2 \hat{y}^3 + \gamma_3 \hat{y}^4 + u^* \qquad (5.28)$$

Die Berücksichtigung der Potenzen von $\hat{y}$ in Form zusätzlicher Regressoren hat den Zweck, Informationen über die Potenzen der unabhängigen Variablen x_1 und x_2 in das Modell einzuschleusen, um auf diese Weise herauszubekommen, ob die Potenzen von x_1 und x_2 sowie deren Kreuzprodukte einen Beitrag zur Erklärung der endogenen Variablen y leisten. Ist dies nicht der Fall, müssten die Parameter γ_1, γ_2 und γ_3 allesamt den Wert Null besitzen. Erweisen sich die Parameter aber als signifikant, muss davon ausgegangen werden, dass das lineare Modell fehlspezifiziert ist. Einen Vorschlag, welches nichtlineare Modell dann aufzustellen ist, liefert die RESET-Methode natürlich nicht.

Warum besitzt das Modell 5.28 Informationen über die Potenzen der unabhängigen Variablen x_1 und x_2? Dazu reicht es aus, die quadrierten geschätzten Werte $\hat{y}^2$ zu berechnen:

$$\hat{y}^2 = (\hat{\alpha} + \hat{\beta}_1 x_1 + \hat{\beta}_2 x_2)^2 = \hat{\alpha}^2 + 2\hat{\alpha}\hat{\beta}_1 x_1 + 2\hat{\alpha}\hat{\beta}_2 x_2 + \hat{\beta}_1^2 x_1^2 + 2\hat{\beta}_1\hat{\beta}_2 x_1 x_2 + \hat{\beta}_2^2 x_2^2 \qquad (5.29)$$

In analoger Weise besitzen auch die dritten und vierten Potenzen von $\hat{y}$ Informationen über die dritten und vierten Potenzen sowie die Kreuzprodukte der Variablen x_1 und x_2.

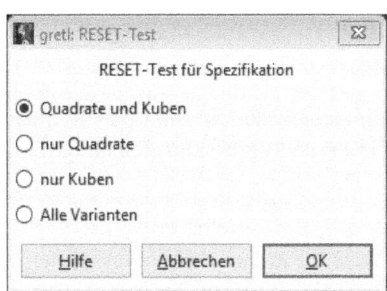

Abb. 5.9.: RESET-Dialog

Interpretation der Formeln   Untersuchen wir, ob in unserem Mietmodell die Abhängigkeit der Miethöhe von den Regressoren *Quadratmeter* und *Distanz* als lineares Modell spezifiziert werden kann.

Dazu wird zunächst die KQ-Schätzung durchgeführt und anschließend im Modellergebnisfenster der Menüeintrag *Tests/Ramseys RESET* selektiert. Daraufhin erscheint das Dialogfenster in Abbildung 5.9

Gretl schlägt vor, die Quadrate und Kuben der geschätzten Werte von $\hat{y}$ zu übernehmen. Folgen wir dem Vorschlag, dann erzeugt Gretl die folgende Ausgabe:

Hilfsregression für RESET-Spezifikationstest

KQ, benutze die Beobachtungen 1–20

Abhängige Variable: Miete

	Koeffizient	Std.-Fehler	t-Quotient	p-Wert
const	223,725	76,9561	2,907	0,0108 **
Quadratmeter	0,456942	5,77275	0,07915	0,9380
Distanz	-3,27559	62,3844	-0,05251	0,9588
yhat^2	0,00122002	0,000823210	1,482	0,1590
yhat^3	-4,65969e-07	3,37219e-07	-1,382	0,1873

Teststatistik: F = 1,408270,

mit p-Wert = P(F(2,15) > 1,40827) = 0,275

Gretl schätzt also das erweiterte RESET-Modell, das zusätzlich zu den Regressoren *Quadratmeter* und *Distanz* noch die Quadrate und Kuben der geschätzten Werte der abhängigen Variablen *Miete* enthält, also $\hat{y}^2$ und $\hat{y}^3$. Gretl bezeichnet sie mit *yhat^2* und *yhat^3*. Die zugehörigen p-Werte liegen weit über dem 5%-Signifikanzniveau, sodass davon auszugehen ist, dass *yhat^2* und *yhat^3* keinen signifikanten Einfluss auf die abhängige Variable haben.

Gretl führt noch einen F-Test durch, mit dem getestet wird, ob beide Parameter der Variablen *yhat^2* und *yhat^3* gleich Null sind. Dem F-Wert von 1,40827 entspricht ein p-Wert von 0,275, der ebenfalls darauf hindeutet, dass beide Parameter gleich Null sind. Damit ist das lineare Modell angemessen.

Der RESET-Test kann auch innerhalb der Skriptsprache nach einem OLS-Kommando aktiviert werden. Um die oben wiedergegebenen Ergebnisse des RESET-Tests zu erzeugen, kodiert man:

```
ols Miete const Quadratmeter Distanz
reset
```

Das Kommando *reset* sorgt dafür, dass die Hilfsregression für das RESET-Modell durchgeführt wird. Mit den zusätzlichen Optionen *--squares-only* und *--cubes-only* kann angegeben werden, ob bei der Hilfsregression nur die Quadrate oder nur die Kuben der geschätzten y-Werte berücksichtigt werden sollen. Der F-Wert der durch das Kommando *reset* erzeugten Teststatistik wird in der Variablen *$test* und der p-Wert in der Variablen *$pvalue* gespeichert. Deren Inhalte können jeweils einer vom Anwender zu definierenden Variablen des Typs *scalar* oder *matrix* zugewiesen werden.[4]

---

4 Im Vergleich zum Kommando/zur Funktion *pvalue* bezieht sich die Funktion *$pvalue* – mit vorangestelltem $-Zeichen – immer auf ein vorangegangenes (Hypothesen-)Testkommando wie z.B. *chow* oder *reset*.

5.1.4.2. Test auf Strukturbrüche – Der Chow-Test

Eine besondere Annahme im linearen Regressionsmodell geht davon aus, dass die Regressionsparameter α, β_1,...,β_k für alle N Beobachtungen konstant sind. Bei der Spezifikation eines ökonometrischen Modells kann allerdings von dieser Annahme nicht immer ausgegangen werden. Vielmehr offenbart ein Plot der Beobachtungswerte in vielen Fällen, dass sich der Wirkungszusammenhang zwischen den exogenen und der endogenen Variable für einen bestimmten Beobachtungsbereich deutlich ändert. Dieses Problem tritt oftmals auf, wenn mit Zeitreihen gearbeitet wird. Als Beispiel kann die marginale Sparneigung betrachtet werden, die sich als Reaktion auf eine geänderte Kapitalertragssteuer im Zeitverlauf ändern kann.

Ein Modell, dessen Parameter bzw. Koeffizienten über alle Beobachtungen konstant sind, wird gemeinhin als *(struktur-) stabil* angesehen. Sind die Parameter nur stückweise konstant, so enthält das Modell sogenannte *Strukturbrüche*. Die Formulierung „stückweise" bezieht sich bei Zeitreihen auf bestimmte Zeitabschnitte, innerhalb deren die Parameter konstant sind. In einem längeren Zeitabschnitt ist es nicht ungewöhnlich, dass es 2 oder 3 Strukturbrüche geben kann. Bei Querschnittsdaten beziehen sich die Strukturbrüche meist auf bestimmte kritische Größen der exogenen Variablen. Zum Beispiel kann es sein, dass der Quadratmeterpreis einer Wohnung bis zu einer Fläche von 100 Quadratmetern sich auf einem sehr hohen Niveau befindet, während bei größeren Wohnungen sich dieser Preis auf einem deutlich niedrigeren Niveau einpendelt. Das Problem bei der Aufdeckung eines Strukturbruchs besteht immer darin, herauszufinden, an welcher Stelle dieser zu lokalisieren ist. Auch wenn man sich in manchen Situationen bezüglich der Verortung des Strukturbruchs sicher sein kann, so tritt doch sehr oft das Problem auf, dass nur ein ungefährer Zeitraum angegeben werden kann, zum Beispiel bei einer jährlichen Periodizität der Zeitraum 2005 bis 2007. Dennoch lässt sich mit ökonometrischen Mitteln überprüfen, ob auch in diesen Fällen ein Strukturbruch vorliegt. Dieses Verfahren wird als QLR-Test (Quandt likelihood ratio) bezeichnet, der auch von Gretl angeboten wird (siehe Abbildung 5.8).

Die Abbildung 5.10 zeigt die beschriebene Situation schematisch an einer vorhandenen Menge von Beobachtungspunkten, deren Plot den Verdacht eines Strukturbruchs für diejenigen Werte des Regressors x nahelegt, die den Wert 60 überschreiten. Der Einfluss auf die abhängige Variable y scheint für diese Werte signifikant abzunehmen. Die Regressionsgerade R stellt die schlechteste Repräsentation des Wirkungszusammenhangs dar. Zu einem besseren Ergebnis und damit angemessenen Spezifikation kommt man, wenn die Punktmenge an der Stelle $x = 60$ aufgeteilt wird und durch jede Teilmenge eine spezifische Regressionsgerade gelegt wird.

Ausgehend von der beschriebenen Trennung der beiden Wertebereiche der unabhängigen Variablen haben wir es mit zwei ökonometrischen Modellen zu tun:

$$R1 : y_i = \alpha_I + \beta_I x_i + u_i \text{ für } x_i < 60 \tag{5.30}$$

$$R2 : y_i = \alpha_{II} + \beta_{II} x_i + u_i \text{ für } x_i \geq 60 \tag{5.31}$$

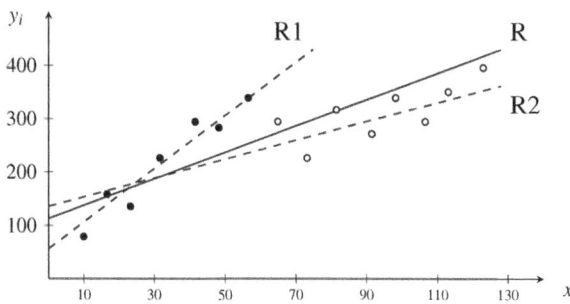

Abb. 5.10.: Mögliche Konstellationen der Koeffizientenschätzer

Dabei stellen α_I bzw. β_I die wahren Parameter der ersten Teilmenge $T_1 : x_i < 60$ und α_{II} bzw. β_{II} die wahren Parameter der zweiten Teilmenge $T_2 : x_i \geq 60$ dar. Für die Parameter lassen sich vier mögliche Fälle unterscheiden.

- $\alpha_I \neq \alpha_{II}$ und $\beta_I = \beta_{II}$: in diesem Fall liegt ein Strukturbruch der Regressionskonstanten vor, sodass sich lediglich eine Änderung im Niveau des Wirkungszusammenhangs der Variablen ergibt.

- $\alpha_I = \alpha_{II}$ und $\beta_I \neq \beta_{II}$: in diesem Fall liegt ein Strukturbruch des Steigungsparameters der Regression vor, sodass sich eine Änderung im Anstiegsverhalten ergibt.

- $\alpha_I \neq \alpha_{II}$ und $\beta_I \neq \beta_{II}$: in diesem Fall liegt ein Strukturbruch der Regressionskonstanten und des Steigungsparameters vor, sodass sich das Niveau des Wirkungszusammenhangs und das Anstiegsverhalten ändert.

- $\alpha_I = \alpha_{II}$ und $\beta_I = \beta_{II}$: in diesem Fall liegt kein Strukturbruch vor.

Selbstverständlich lässt sich ein Strukturbruch nicht aus der Analyse des Plots allein ableiten. Hilfreich ist die Durchführung des sog. *Chow-Tests*, der auch von Gretl angeboten wird. Die Idee hinter dem Chow-Test besteht darin, für die beiden separierten Teilmengen T_1 und T_2 die Quadratsummen der Residuen zu berechnen und sie in Beziehung zur Residuenquadratsumme des gesamten Datasets zu setzen. Die Durchführung des Chow-Tests beruht dann auf der folgenden F-Statistik:

$$F(k, n_1 + n_2 - k) = \frac{\left(S_{\hat{u}\hat{u}}^G - S_{\hat{u}\hat{u}}^I - S_{\hat{u}\hat{u}}^{II} \right) / k}{\left(S_{\hat{u}\hat{u}}^I + S_{\hat{u}\hat{u}}^{II} \right) / (n_1 + n_2 - k)} \tag{5.32}$$

Dabei steht $S_{\hat{u}\hat{u}}^G$ für die Residuenquadratsumme des gesamten Datasets, $S_{\hat{u}\hat{u}}^I$ für die Residuenquadratsumme der ersten Teilmenge mit n_1 Beobachtungen und $S_{\hat{u}\hat{u}}^{II}$ für die Residuenquadratsumme der zweiten Teilmenge mit n_2 Beobachtungen. Der Buchstabe k beinhaltet die Anzahl zu schätzender Parameter.

Im Zähler werden also die Residuenquadratsummen beider Teilmengen von der Gesamtsumme der Residuenquadrate subtrahiert, während im Nenner die Residuenquadratsummen der Teilmengen addiert werden. Zähler und Nenner werden durch die Anzahl der Freiheits-grade dividiert. Liegt kein Strukturbruch vor, sollte der Wert des Zählers nicht nennenswert größer sein als der Wert des Nenners. Bei einem Strukturbruch fällt aber $S_{\hat{u}\hat{u}}^{G}$ wesentlich grö-ßer aus als $(S_{\hat{u}\hat{u}}^{I} + S_{\hat{u}\hat{u}}^{II})$. In diesem Fall ergibt sich ein hoher F-Wert, der zur Ablehnung der Nullhypothese „kein Strukturbruch" führt.

Statt der Anwendung des Chow-Tests kann auch ein allgemeiner Hypothesentest helfen, Klarheit über die Existenz eines Strukturbruchs zu bekommen. Bei einem Strukturbruch zwi-schen den Parametern beider Modelle gelten folgende Beziehungen:

$$\alpha_{II} = \alpha_{I} + \gamma \tag{5.33}$$
$$\beta_{II} = \beta_{I} + \delta \tag{5.34}$$

Ein entsprechender Test sollte das Ergebnis liefern, ob die Konstanten γ und δ von Null verschiedene Werte haben. In diesem Fall wäre von einem Strukturbruch in einem oder beiden Parametern auszugehen. Wenn sowohl γ als auch δ einen Wert von Null besitzen, existiert kein Strukturbruch. Mit Hilfe dieser Parameter lässt sich das Modell der zweiten Teilmenge auch folgendermaßen schreiben:

$$R2: y_i = \alpha_I + \gamma + (\beta_I + \delta)x_i + u_i \text{ für } x_i \geq 60 \tag{5.35}$$

Nach Auflösung des Klammerausdrucks ergibt sich:

$$R2: y_i = \alpha_I + \gamma + \beta_I x_i + \delta x_i + u_i \text{ für } x_i \geq 60 \tag{5.36}$$

Wenn wir in dieses Modell eine Dummyvariable einführen, die für alle Werte aus der ers-ten Teilmenge den Wert 0 annimmt und für alle Werte aus der zweiten Teilmenge den Wert 1, dann erhalten wir ein allgemeines Modell, das in der Lage ist, den gesamten Beobachtungsbe-reich abzudecken und den Ausgangspunkt für den Test auf einen potentiellen Strukturbruch zu bilden. Die Dummyvariable besitzt folgende Eigenschaft:

$$D_i = \begin{cases} 0 & \text{Beobachtungen für } x_i < 60 \\ 1 & \text{Beobachtungen für } x_i \geq 60 \end{cases}$$

Sie hat die angenehme Eigenschaft, dass sich nun die ursprünglich getrennten Modelle zu einem einzigen Strukturbruchmodell zusammenfassen lassen:

$$y_i = \alpha_I + \gamma D_i + \beta_I x_i + \delta D_i x_i + u_i \tag{5.37}$$

Setzt man die beiden Werte 0 und 1 der Dummyvariablen in die Regressionsgleichung ein, so erhalten wir entweder das Modell für die Regressionsgerade R1 oder das Modell für die Regressionsgerade R2:

$$R1: y_i = \alpha_I + 0 \cdot \gamma + \beta_I x_i + 0 \cdot \delta x_i + u_i \text{ für } x_i < 60 \tag{5.38}$$
$$R2: y_i = \alpha_I + 1 \cdot \gamma + \beta_I x_i + 1 \cdot \delta x_i + u_i \text{ für } x_i \geq 60 \tag{5.39}$$

Eine KQ-Schätzung des Strukturbruchmodells erlaubt eine Aussage darüber, welcher der oben dargestellten Fälle zutrifft bzw. in welchem Parameter eventuell der Strukturbruch auftritt. Ist der Schätzwert von γ signifikant von Null verschieden, liegt ein Strukturbruch im Niveauparameter vor. Ist der Schätzwert von δ signifikant von Null verschieden, erhalten wir einen Strukturbruch im Steigungsparameter. Das Produkt aus D_i und x_i ergibt eine Variable, die als *Interaktionsvariable* bezeichnet wird.

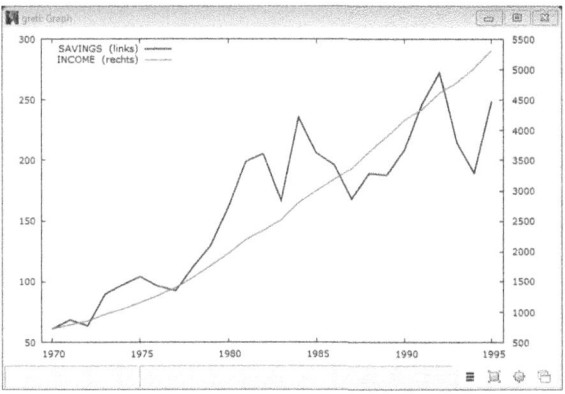

Abb. 5.11.: Verlauf der Zeitreihen *SAVINGS* und *INCOME*

Beispiel Um von einem konkreten Beispiel auszugehen, betrachten wir die Entwicklung des Einkommens und des volkswirtschaftlichen Sparvolumens in den USA in einem speziellen Zeitraum. Die zugrunde liegenden Daten entnehmen wir der Datenreihe *Table_8.9.gdt*, die aus dem Autorenreiter *Gujarati* geladen werden kann. Die Datenreihe enthält die Jahresdaten des verfügbaren Einkommens (Variable *INCOME*) und die Ersparnisse (Variable *SAVINGS*), beide in Mrd. US-$ für den Zeitraum von 1970 bis 1995. Es wird vermutet, dass der Zusammenhang zwischen dem verfügbaren Einkommen und der volkswirtschaftlichen Ersparnis in diesem Zeitraum eine Änderung erfahren hat, bedingt durch eine schwere Rezession im Jahr 1982. Die Frage, die zu beantworten ist, lautet: Hat die Rezession eine Änderung im Sparverhalten der Amerikaner hervorgerufen? Die Zeitreihe der Variablen *SAVINGS* in Abbildung 5.11 deutet ein hohes Schwankungsverhalten ab 1982 an.

Um einer Antwort näher zu kommen, teilen wir die gesamten Daten in zwei Teilmengen auf und benutzen dafür eine Dummyvariable, zum Beispiel *D_Phase*. Für alle Beobachtungen, die den Jahren 1970 bis 1981 zugeordnet werden können, erhält die Dummyvariable den Wert 1. Für alle Beobachtungen, die sich auf die Jahre ab 1982 beziehen, erhält sie den Wert 0. Also:

$$D\_Phase_i = \begin{cases} 1 & \text{wenn } Jahr_i = 1970, 1971, \ldots 1981 \\ 0 & \text{wenn } Jahr_i = 1982, 1983, \ldots 1995 \end{cases}$$

Mit dem folgenden Kommando wird die Dummyvariable angelegt:

```
series D_Phase = (obs < obsnum(1982))
```

Gretl wertet den rechts vom Zuweisungszeichen stehenden logischen Ausdruck aus, indem jeder Wert der Variablen *Jahr* mit der Konstanten 1982 verglichen wird. Für jede Beobachtung mit einer Jahreszahl unter 1982 wird der Variablen *D_Phase* die Konstante 1 (= TRUE) zugewiesen. Bei Nichterfüllung der Bedingung wird 0 (= FALSE) zugewiesen. Die spezielle Variable *obs* stellt eine Indexvariable für die Beobachtungen dar. Ein Vergleichsausdruck *(obs < 1982)* würde hier nicht zum Ziel führen, weil die Jahreszahl 1982 erst mit Hilfe der Funktion *obsnum* in einen Indexwert umgewandelt werden muss.[5]

Der nächste Schritt besteht darin, einen Plot der Daten unter Verwendung der Dummyvariablen zu erzeugen.

Der Menüeintrag *Ansicht/Plotte spezifizierte Variablen/Streudiag. mit Faktorseparierung...* führt zur Ausgabe des folgenden Fensters, in dem die Variablen zu spezifizieren sind:

Abb. 5.12.: Spezifizierung zu plottender Variablen

Als x-Achsen- bzw. y-Achsenvariable werden *INCOME* und *SAVINGS* ausgewählt und als Faktor wird die Dummyvariable *D_Phase* mit den zwei diskreten Merkmalen 0 und 1 in das entsprechende rechte Feld übertragen. Nach Bestätigung des OK-Buttons werden die Punkte, die dem Wert 1 der Dummyvariablen zugeordnet sind, durch das Zeichen „x" und die restlichen Punkte durch das Zeichen „+" dargestellt. Durch einen Klick mit der rechten

---

5 Bei Zeitreihen können außer der Jahreszahl auch andere gültige Datumsangaben angegeben werden. Zum Beispiel bewirkt die Anweisung *series dum = (obs > (1986:4))*, dass *dum* für Beobachtungen, die hinter dem 4. Quartal 1986 liegen, den Wert 1 erhält. Bei Querschnittsdaten hingegen generiert eine Zuweisung der Form *series dum = (obs < 15)* eine Variable *dum*, die für die Beobachtungen 1 bis 14 den Wert 1, ansonsten 0 enthält. Die Verwendung der Funktion *obsnum* bei einer Jahreszahl ist notwendig, da diese auch als volle Integerzahl interpretiert werden kann. Siehe dazu auch im Anhang B.4 die Beschreibung von *obs* und *obsnum*.

Maustaste auf die Grafik lässt sich ein Kontextmenü einschalten, in dem über den Eintrag *Bearbeiten* die Grafik angepasst werden kann.

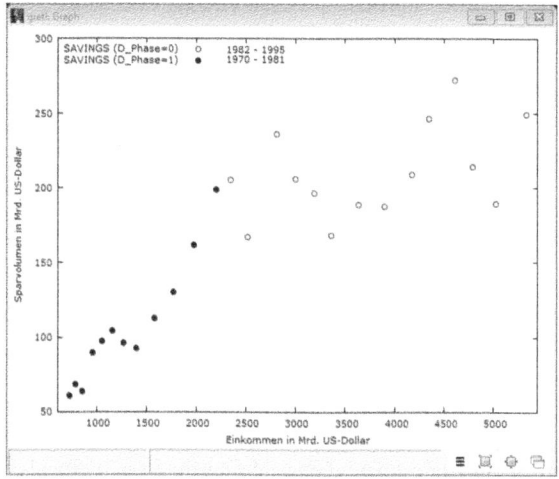

Abb. 5.13.: Entwicklung des Sparvolumens USA von 1970 bis 1995

Die Grafik in Abbildung 5.13 zeigt das Ergebnis. So wurde das Aussehen der Datenpunkte geändert und noch eine Beschriftung der Achsen hinzugefügt. Die Entwicklung des Sparvermögens scheint sich ab dem Jahr 1982 tatsächlich zu verlangsamen, während vor 1982 ein recht steiler Anstieg zu verzeichnen ist. Wir vermuten daher einen Strukturbruch im Steigungsparameter und Niveauparameter. Um diesen nachzuvollziehen, schätzen wir das folgende Strukturbruchmodell:

$$SAVINGS_i = \alpha_I + \gamma D\_Phase_i + \beta_I INCOME_i + \delta D\_Phase_i \cdot INCOME_i + u_i \qquad (5.40)$$

Damit das Modell geschätzt werden kann, benötigen wir noch die Interaktionsvariable *INC_D_Phase*, die als Produkt von *INCOME* und *D_Phase* erzeugt wird:

```
series INC_D_Phase = D_Phase * INCOME
```

Damit kann das Modell 5.40 einer KQ-Schätzung unterworfen werden:

```
ols SAVINGS const D_Phase INCOME INC_D_Phase
```

Sie liefert folgende Ergebnisse:

Modell 1: KQ, benutze die Beobachtungen 1970–1995 ($T = 26$)

Abhängige Variable: SAVINGS

	Koeffizient	Std. Fehler	t-Quotient	p-Wert
const	153,495	26,2264	5,853	0,0000
D_Phase	−152,479	33,0824	−4,609	0,0001
INCOME	0,0148624	0,00672906	2,209	0,0379
INC_D_Phase	0,0654694	0,0159824	4,096	0,0005

Für die geschätzten Parameter des Modells 5.40 erhalten wir folgende Werte: $\hat{\alpha}_I = 153,49$, $\hat{\gamma} = -152,48$, $\hat{\beta}_I = 0,015$ und $\hat{\delta} = 0,065$. Somit haben wir es mit zwei ökonometrischen Modellen zu tun.[6] Das erste Modell (M1) besitzt für die Jahre 1970 bis 1981 einen Steigungsparameter von 0,08:

$$M1 : SAVINGS_i = 1,01 + 0,08 \cdot INCOME_i \tag{5.41}$$

Im zweiten Modell (M2) ist der Einfluss des Einkommens auf das Sparvolumen sehr viel geringer und besitzt für die Jahre 1982 bis 1995 den Wert 0,015:

$$M2 : SAVINGS_i = 153,50 + 0,015 \cdot INCOME_i \tag{5.42}$$

Da alle Regressionsparameter aufgrund des sehr geringen p-Werts als hochsignifikant eingestuft werden können, lässt sich folgende Interpretation aus den Ergebnissen ableiten: In den Jahren 1970 bis 1981 führt eine Erhöhung des Einkommens um eine Mrd. US-\$ zu einer Steigerung des Sparvolumens um 0,08 Mrd. US-\$. Für die Jahre 1982 bis 1995 kann eine Erhöhung um 1,5 Mrd. US-\$ abgelesen werden. Der Niveauparameter für die Phase 1 (1970 - 1981) liegt bei 153,49 - 152,48 = 1,01 und für die Phase 2 (1982 - 1995) bei 153,49. Damit liegt sowohl für den Niveauparameter als auch für den Steigungsparameter ein Strukturbruch vor, der sich zeitlich im Jahr 1982 lokalisieren lässt.

Für das Modell 5.40 können wir den Test, ob ein Strukturbruch in beiden Parametern vorliegt, auch durch einen F-Test mit der Nullhypothese $H_0 : \gamma = \delta = 0$ durchführen.

- F-Test der Hypothese $H_0 : \gamma = \delta = 0$ gegen $H_1 : \gamma \neq 0$ oder $\delta \neq 0$

- Falls die Nullhypothese des F-Tests abgelehnt wird, liegt entweder ein Strukturbruch im Niveauparameter ($\gamma \neq 0$), im Steigungsparameter ($\delta \neq 0$) oder in beiden vor ($\gamma \neq 0$ und $\delta \neq 0$).

- Um herauszufinden, ob ein Strukturbruch nur in einem der beiden Parameter vorliegt, genügt ein t-Test der Form $H_0 : \gamma = 0$ gegen $H_1 : \gamma \neq 0$ beziehungsweise $H_0 : \delta = 0$ gegen $H_1 : \delta \neq 0$.

---

6 Man könnte auch ein Modell aufstellen, in dem das Einkommen von der Höhe des Sparvolumens beeinflusst wird, sodass beide Größen ihre Rollen als abhängige/unabhängige Variable vertauschen. Werden zwei Regressionsgleichungen aufgestellt, in denen jede Variable einmal als endogen und in der anderen als exogen definiert wird, dann spricht man von einem *simultanen Modell*. Dieses besitzt i.d.R. weitere exogene Faktoren wie das Alter, den Beruf oder das Geschlecht. In diesem Fall wird die Instrumentvariablenschätzung eingesetzt (☞ Abschnitt 5.3.3).

Gujarati und Porter (2009) weisen auf die Gleichwertigkeit des F-Tests mit dem sogenannten *Chow-Test* hin. Von Maddala (2001) stammt der Hinweis, dieser Test sei 1952 zuerst von Rao vorgeschlagen worden. Seinen Namen verdankte er allerdings dem Ökonomen Gregory Chow (Chow, 1960), der sich mit einer speziellen Variante des Tests, der als *prognostischer Chow-Test* in die Literatur einging, beschäftigte.

In Gretl ist der Chow-Test aus dem Modellergebnisfenster aufrufbar, wenn man das Modell ohne Dummyvariablen (!) schätzt, in unserem Beispiel nur mit dem Regressor *INCOME*. Unter dem Menüpunkt *Tests* wird sodann der Eintrag *Tests/Chow-Test* selektiert.

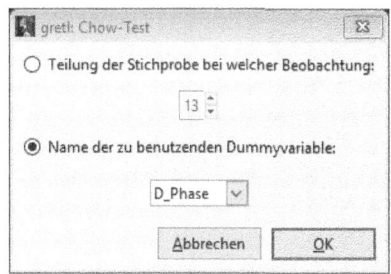

Abb. 5.14.: Spezifikation der Teilung der Stichprobe

Im angezeigten Fenster können Anwender entweder die Beobachtung spezifizieren, bei der ein Strukturbruch vermutet wird. Alternativ kann eine Dummyvariable ausgewählt werden, die wie in unserem Beispiel die beiden Teilmengen repräsentiert. Existieren mehrere Dummys, ist eine eine Auswahl aus der angebotenen Liste vorzunehmen. Bei der Durchführung des Chow-Tests erstellt Gretl eine erweiterte Schätzung unter Einbeziehung der Dummyvariablen *D_Phase* und der Interaktionsvariablen *INC_D_Phase*, also für das oben angegebene vollständige Strukturbruchmodell.

Wie erwartet sind die Ergebnisse mit den Werten der Modellschätzung von 5.40 identisch. Zusätzlich wird unterhalb der Schätzergebnisse des Modells ohne Dummies das Ergebnis des Chow-Tests angezeigt:

Chow-Test auf strukturellen Unterschied bzgl. D_Phase –
Nullhypothese: kein struktureller Unterschied
Teststatistik: $F(2,22) = 10,6901$
mit p-Wert = $P(F(2,22) > 10,6901) = 0,000570757$

Der F-Test ergibt einen Wert von 10,69, der einem p-Wert von 0,0006 entspricht. Damit ist die Nullhypothese $H_0 : \gamma = \delta = 0$ abzulehnen. Die t-Werte von *D_Phase* und *D_Einkommen* sind so groß, sodass ein Strukturbruch in beiden Parametern vorliegt.

5.2. Tests zu den Modellannahmen

Während sich die Spezifikationsphase auf die Festlegung des Modelltyps (lineares oder nicht-lineares Modell) und die Auswahl der geeigneten Regressoren beschränkt (☞ Abschnitt 5.1.2), sollte in einer anschließenden Phase die Qualität oder Güte des spezifizierten Modells untersucht werden.

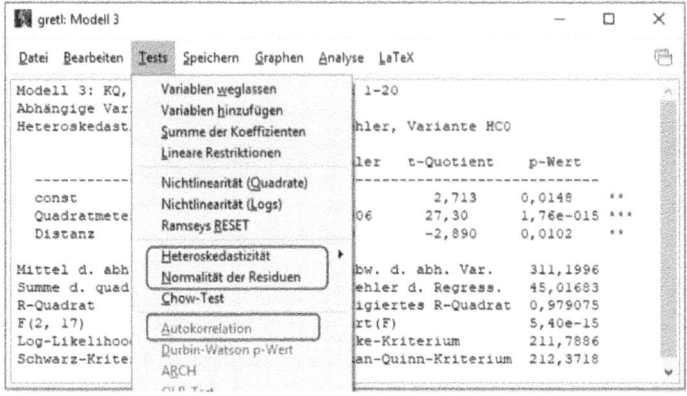

Abb. 5.15.: Angebotene Tests zur Beurteilung der Modellgüte

Dabei lässt man sich von den Annahmen leiten, die im Hinblick auf die Eigenschaften der Residuen festgelegt wurden. Natürlich muss die Verletzung dieser Annahmen wie zum Beispiel das Vorliegen von Heteroskedastizität oder Autokorrelation überprüft werden, weil sie einen Einfluss auf die Genauigkeit der Koeffizientenschätzer ausübt. Dafür stehen eine Reihe von aussagekräftigen Tests bereit. Sie sind im Modellfenster von Gretl über die Menüeinträge *Heteroskedastizität – Normalität der Residuen – Autokorrelation* leicht durchzuführen.

Die Tests lassen sich aufrufen, indem innerhalb des Modellergebnisfensters das Menü *Tests* selektiert wird, siehe Abbildung 5.15.

Aus dem in Abbildung 5.15 wiedergegebenen Menü sollen die wichtigsten Tests näher behandelt werden. Sie werden durch folgende Menüeinträge abgedeckt:

- *Normalität der Residuen*: Test auf Normalverteilung der Residuen

- *Heteroskedastizität*: Test, ob Homoskedastizität der Residuen verletzt ist

- *Autokorrelation*: Test auf (Freiheit von) Autokorrelation der Residuen (nur Zeitreihen)

5.2.1. Normalverteilung der Störgrößen

Bei der KQ-Schätzung der Parameterwerte eines linearen Regressionsmodells wurde festgestellt, dass die Schätzer unverzerrt und innerhalb der Klasse der unverzerrten linearen

Schätzer effizient sind, also eine minimale Varianz besitzen. Diese Feststellung wird nicht durch eine Verletzung der Normalverteilungsannahme der Störgrößen beeinträchtigt, sondern ist auch gültig, wenn nicht von deren Normalverteilung ausgegangen werden kann. Nun beschränken sich die statistischen Eigenschaften der KQ-Schätzer aber nicht allein auf die Größen Erwartungswert und Varianz, sondern besonders auf die Form ihrer Wahrscheinlichkeitsverteilung. Aus der Normalverteilungsannahme der Störgrößen lässt sich aber direkt die Normalverteilungseigenschaft der KQ-Schätzer ableiten. Was bedeutet in Kenntnis dieses Zusammenhangs also eine Verletzung der Normalverteilungsannahme der Störgrößen?

Die Frage ist leicht zu beantworten: Probleme ergeben sich bei allen statistischen Verfahren, die auf der Normalverteilung der KQ-Schätzer beruhen. Dazu zählen Intervallschätzer, die die Information liefern, ob der Wert eines KQ-Schätzers zum Beispiel in einem 95%-Vertrauensintervall liegt. Wenn man sich auf die Normalverteilung des KQ-Schätzers nicht verlassen kann, werden die Intervallgrenzen falsch berechnet. Dazu zählen auch die verschiedenen Hypothesentests (t-Tests und F-Tests), deren Ergebnisse verzerrt und irreführend wären, wenn die KQ-Schätzer nicht normalverteilt sind. Also gibt es einige Gründe, der Verteilung der Störgrößen eine gewisse Aufmerksamkeit zu zollen.

Es muss in diesem Zusammenhang hervorgehoben werden, dass mit zunehmendem Stichprobenumfang dieser Frage weniger Aufmerksamkeit gewidmet werden muss. Verantwortlich dafür ist der sogenannte *zentrale Grenzwertsatz*, der sicherstellt, dass für **genügend große** Stichproben die Wahrscheinlichkeitsverteilungen der KQ-Schätzer gegen Normalverteilungen konvergieren, auch wenn die Störgrößen nicht unbedingt normalverteilt sind. In diesem Fall liefern Intervallschätzungen und Hypothesentests weitgehend korrekte Ergebnisse. Die Untersuchung der Störgrößenverteilung ist also bei eher geringen Stichprobenumfängen (etwa bis 50 Beobachtungen) durchaus sinnvoll .

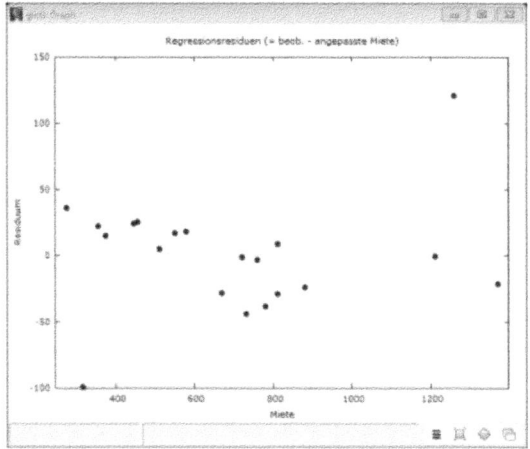

Abb. 5.16.: Residuenplot gegen die abhängige Variable *Miete*

Für eine genauere Untersuchung der Störgrößen gehen wir von der Schätzung des Modells aus, in dem wir die abhängige Variable *Miete* auf die Regressoren *Quadratmeter* und *Distanz* regressiert haben. Als erste Maßnahme bietet sich ein Residuenplot an, der gegen die abhängige Variable abgetragen wird. Aus dem Modellergebnisfenster heraus wird dazu in der Menüleiste der Eintrag *Graphen* selektiert. Der Untermenüpunkt *Residuengraph* bietet verschiedene Möglichkeiten an, unter denen wir die Option *gegen Miete* auswählen. Das Resultat zeigt Abbildung 5.16. Die Residuen schwanken für die verschiedenen Werte der Variablen *Miete* nicht regelmäßig um den Wert Null und enthalten einige Ausreißer.

Es ist sinnvoll, für die Beurteilung des Verhaltens der Residuen einen Test durchzuführen. Ein sehr häufig eingesetzter Test auf Normalverteilung der Residuen ist der *Jarque-Bera-Test*. Bei diesem wird in einem ersten Schritt das dritte und vierte Moment (Schiefe und Kurtosis) der Verteilung geschätzt. Weichen die Schätzwerte für Schiefe und Kurtosis deutlich von 0 bzw. 3 ab, ist dies ein Indiz dafür, dass die Störgrößen nicht normalverteilt sind. Als Berechnungsgrundlage wird eine spezielle Zufallsvariable, die sog. *Jarque-Bera-Statistik* zugrundegelegt, die bei Gültigkeit der Nullhypothese (Normalverteilung der Störgrößen) einer Chi-Quadratverteilung mit zwei Freiheitsgraden folgt. Die Annahme einer Normalverteilung (Nullhypothese) kann abgelehnt werden, wenn der zugehörige p-Wert der *Jarque-Bera-Statistik* kleiner als das gewählte Signifikanzniveau ist.

In Gretl aktiviert man die Durchführung des Jarque-Bera-Tests aus dem Menü *Tests* des Modellergebnisfensters, indem der Eintrag *Normalität der Residuen* ausgewählt wird.[7]

gretl: Residuen-Vert.

```
Häufigkeitsverteilung für uhat5, Beob. 1-20
Zahl der Klassen = 7, Mittel = -9,09495e-014, St'Abw. = 45,0168

       Intervall          Mitte    Häufigkeit   rel.     kum.

          < -81,263   -99,593        1       5,00%    5,00% *
   -81,263 - -44,603   -62,933        0       0,00%    5,00%
   -44,603 - -7,9426   -26,273        6      30,00%   35,00% **********
   -7,9426 -  28,718    10,387       11      55,00%   90,00% *******************
    28,718 -  65,378    47,048        1       5,00%   95,00% *
    65,378 -  102,04    83,708        0       0,00%   95,00%
         >=  102,04    120,37        1       5,00%  100,00% *

Test für Nullhypothese auf Normalverteilung:
Chi-Quadrat(2) = 13,465 mit p-Wert 0,00119
```

Abb. 5.17.: Häufigkeitsverteilung der Residuen - Jarque-Bera Statistik

Es wird daraufhin eine Häufigkeitsverteilung erstellt, in denen das Ergebnis der Jarque-Bera-

7 Die Ausgabe in Abbildung 5.17 kann auch erzielt werden, wenn in einem Skript nach der KQ-Schätzung des Modells das Kommando *modtest* mit der Option *--normality* angegeben wird. Ein Überblick über die Optionen des Kommandos *modtest*, mit denen verschiedene Testverfahren nach einer Schätzung durchgeführt werden können, liefert das Kapitel B.7 im Anhang.

Teststatistik wiedergegeben wird (siehe Abbildung 5.17). Es zeigt sich, dass der kritische Wert der Chi-Quadratverteilung auf dem 5%-Niveau weit überschritten wird (er liegt bei 13,465), sodass die Nullhypothese, also die Normalverteilungsannahme der Störgrößen, abgelehnt werden muss. Dies bedeutet, wie bereits ausgeführt, dass Intervallschätzungen und Hypothesentests als nicht besonders zuverlässig eingestuft werden können, dies umso mehr, als der Stichprobenumfang deutlich unter der Zahl von 50 Beobachtungen liegt. Erfolgt der Test innerhalb der grafischen Oberfläche, wird folgendes Histogramm ausgegeben:

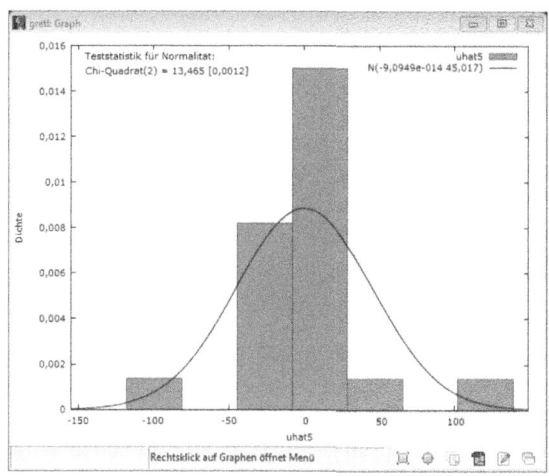

Abb. 5.18.: Histogramm der Residuenverteilung

Das Histogramm bestätigt den Eindruck, den der Residuenplot hinterlässt, denn an den Enden der Normalverteilungskurve lassen sich sehr gut die Ausreißer wiedererkennen.

5.2.2. Heteroskedastizität der Störgrößen

Auch für ein lineares Modell mit mehreren Regressoren gehen wir von der Annahme aus, dass alle Störgrößen im spezifizierten Modell eine konstante Varianz aufweisen, das heißt, es gilt:

$$var(u_i|x_{1i},...,x_{ki}) = \sigma^2 \quad \text{für } i = 1,...,N \qquad (5.43)$$

Diese Bedingung wird auch als *Annahme der Homoskedastizität* bezeichnet. Erfüllt die Fehlerkomponente diese Annahme nicht, liegt sogenannte *Heteroskedastizität* vor.[8]

Abbildung 5.19 zeigt die Auswirkung der Heteroskedastizität im Fall der unabhängigen Variablen x_k. Die Zunahme der x_k-Werte führt in diesem speziellen Fall zu einer steigen-

---

8 Im Folgenden unterstellen wir auch hier bis auf Weiteres, dass der Störterm u nicht mit den Regressoren $x_1, x_2, ..., x_k$ korreliert ist, das heißt es gilt: $E(u_i|x_{1i},...,x_{ki}) = E(u_i)$ und $var(u_i|x_{1i},...,x_{ki}) = var(u_i)$.

den Varianz der Störgrößen (rechte Grafik). Selbstverständlich gibt es verschiedene Schwankungsmuster der Störgrößenvarianz und nicht immer liegt eine Abhängigkeit von einer Variablen vor. Häufig kann sich ein recht diffuses Bild ergeben, das keine Systematik in den Varianzschwankungen der Störgrößen erkennen lässt. Im Fall der Homoskedastizität (linke Grafik) hat der Wert der unabhängigen Variablen keinen Einfluss auf die Varianz der Störgröße.

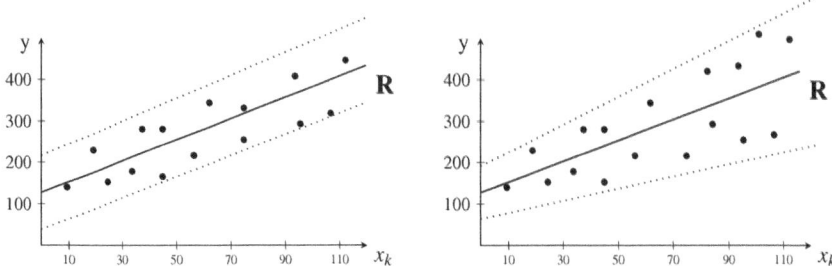

Abb. 5.19.: Homoskedastizität (links) und Heteroskedastizität (rechts) des Fehlerterms

Liegt Heteroskedastizität vor, so sind die KQ-Schätzer des Modells weiterhin *unverzerrt*. Es ergeben sich aber andere Werte für die Standardfehler der KQ-Schätzer, wenn fälschlicherweise von einer Homoskedastizität der Störgrößen ausgegangen und eine konstante Varianz unterstellt wird. In diesem Fall muss eine Einbuße an Effizienz hingenommen werden, sodass Hypothesentests und Intervallschätzer irreführende Ergebnisse liefern, weil in deren Formeln der Standardfehler der Schätzung herangezogen wird. Es gibt also einen Grund, sich mit dieser Problematik auseinanderzusetzen und glücklicherweise gibt es in der statistischen Software (wie in Gretl) Möglichkeiten, das Auftreten von Heteroskedastizität aufzudecken und daraus Konsequenzen für eine korrekte Berechnung der Standardfehler zu ziehen.

Geht man vom Beispiel des Steigungsparameters β der Einfachregression aus, so lässt sich dessen Varianz im Fall der Homoskedastizität auf folgende Weise berechnen (siehe auch 4.35):

$$var(\hat{\beta}) = \frac{1}{S_{xx}^2} \sum (x_i - \bar{x}) \sigma^2 \text{ für i} = 1,...,N \qquad (5.44)$$

Liegt aber Heteroskedastizität vor, dann ist nicht von einer konstanten Größe σ^2 der Störgrößenvarianz auszugehen, sodass Formel 5.44 folgende Modifikation erfährt:

$$var(\hat{\beta}) = \frac{1}{S_{xx}^2} \sum (x_i - \bar{x}) \sigma_i^2 \text{ für i} = 1,...,N \qquad (5.45)$$

Der Index i der Störgrößenvarianz σ_i^2 weist darauf hin, dass jede Störgröße u_i eine eigene Varianz besitzt. In der Praxis ist vorhandene Heteroskedastizität der Normalfall und Studien zeigen, dass der Effizienzverlust bei deren Nichtberücksichtigung häufig gering ausfällt. Wird aber bei der Berechnung der Standardabweichungen $sd(\hat{\alpha})$ und $sd(\hat{\beta})$ nur eine konstante Varianz der Störgrößen berücksichtigt, ergeben sich wie bereits erwähnt ernsthafte Konsequenzen für die Werte der Intervallschätzer und für die Ergebnisse von Hypothesentests.

Ein Ausweg aus dieser Situation besteht darin, in Gleichung 5.45 die Werte σ_i^2 durch die geschätzten Werte $\hat{\sigma}_i^2$ zu ersetzen, um damit eine brauchbare Schätzung der Varianz $var(\hat{\beta})$ zu erhalten. Wir haben bereits gesehen, dass die Residuenquadrate $\hat{u}_i^2$ als brauchbare Schätzer für die jeweilige Störgrößenvarianz σ_i^2 herangezogen werden können, sodass wir die Varianz des Steigungsparameters β wie folgt schätzen können:

$$\widehat{var}(\hat{\beta})^{HK} = \frac{1}{S_{xx}^2} \sum (x_i - \bar{x})\hat{u}_i^2 \text{ für i = 1,...,N} \tag{5.46}$$

Das hochgestellte „HK" beinhaltet den Hinweis, dass es sich bei der Formel 5.46 um einen sogenannten *heteroskedastizitäts-konsistenten* Schätzer handelt.

Im konkreten Fall kann man sich ein Bild vom Verhalten der Fehlervarianz machen, wenn nach einer Modellschätzung ein Plot der Residuen gegen die Werte der unabhängigen Variablen durchgeführt wird. Im Fall einer Mehrfachregression sollte der Plot einzeln für jeden Regressor durchgeführt werden. Doch hier ist Vorsicht geboten, da bei einem hohen Maß an gegenseitiger Korrelation zwischen den Regressoren die Beziehung jedes einzelnen Regressors zu den Störgrößen nicht separiert werden kann und somit der Plot nicht aussagekräftig genug ist.

Beispiel   Bezogen auf unser Mietmodell mit den Regressoren *Quadratmeter* und *Distanz* selektieren wir nach einer OLS-Schätzung im Modellergebnisfenster den Menüeintrag *Graphen/Residuengraph/Gegen Quadratmeter*. Gretl erzeugt daraufhin einen Plot der Residuenwerte gegen die Variable *Quadratmeter*, wie Abbildung 5.20 zeigt.

Schwanken die Residuenwerte für alle Beobachtungen relativ gleichmäßig um die eingezeichnete Nulllinie, so kann dies ein Hinweis auf vorhandene Homoskedastizität sein. Im vorliegenden Beispiel ergibt sich aber ein diffuses Bild, das keine eindeutigen Schlüsse zulässt. Zwar ist es möglich, anhand eines Plots Indizien für die Existenz heteroskedastischer Eigenschaften der Residuen zu erhalten, jedoch ist diese Methode im Ganzen gesehen fehleranfällig. Angenommen, die Varianz steigt mit den Werten des Regressors x_{2i} und es liegt nur ein Plot gegen x_{1i} vor, der keine Anzeichen von Heteroskedastizität aufweist, so können daraus die falschen Schlüsse gezogen werden. Eine unsystematische Verteilung der Varianzschwankungen lässt sich auch nur sehr schwer an einem Plot erkennen. Diese Form von Heteroskedastizität ist insbesondere bei Zeitreihen zu beobachten, bei denen keine systematische Abhängigkeit der Residuenvarianz von der Zeit zu beobachten ist.

Ein Blick auf den Residuenplot sollte daher immer durch einen Test auf Homoskedastizität ergänzt werden. In der einschlägigen Literatur werden folgende Tests vorgeschlagen:

- White's Test

- Breusch-Pagan-Test

- Test von Koenker

Allen Tests ist gemeinsam, dass ihre Teststatistiken auf die Werte der Residuen angewiesen sind, die wir bei der KQ-Schätzung des Modells erhalten. Dabei geht man davon aus, dass die Residuen ein ähnliches Streuverhalten aufweisen wie die unbekannten Störgrößen der Grundgesamtheit und daher die Existenz von Heteroskedastizität offenlegen können.

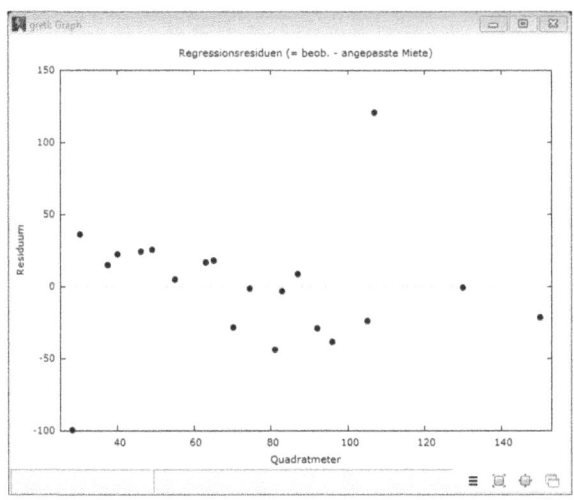

Abb. 5.20.: Plot der Residuen gegen *Quadratmeter*

Im Folgenden soll zunächst die Idee des White-Tests skizziert werden, der häufig eingesetzt wird und in fast allen Softwareprogrammen verfügbar ist. Der Vorteil des White-Tests liegt vor allem darin, dass er einfach durchzuführen ist und nicht so stark von der Normalverteilungsannahme abhängt wie der Breusch-Pagan-Test.

5.2.3. White-Test

Als Ausgangspunkt betrachten wir die KQ-Schätzung des folgenden linearen Modells:

$$y_i = \alpha + \beta_1 x_{1i} + \beta_2 x_{2i} + u_i \tag{5.47}$$

Um einen Test zu konstruieren, der es erlaubt, die Konstanz der Störgrößenvarianz $var(u_i)$ zu beurteilen, betrachten wir die Residuen $\hat{u}_i$ der KQ-Schätzung des obigen Modells.

Zusätzlich ist es für die weiteren Überlegungen nützlich, sich den folgenden Zusammenhang bewusst zu machen:

$$var(u_i) = E\left[(u_i - E(u_i))^2\right] \tag{5.48}$$

Da für den Erwartungswert der Störgrößen $E(u_i) = 0$ gilt, folgt daraus für die Varianz der Störgrößen die Gleichung $var(u_i) = E(u_i^2)$. Eine Aussage über die Störgrößenvarianz lässt sich also auf eine Aussage über den Erwartungswert der quadrierten Störgrößen zurückführen. Ein aussagekräftiger Test sollte also die Quadratwerte der Residuen, die aus der KQ-Schätzung des Modells resultieren, im Blick haben.

Genau dies ist beim White-Test der Fall. Er geht von einer Hilfsregression aus, deren abhängige Variable aus den Quadraten der Residuen besteht. Als erklärende Variablen dienen dabei die Regressoren des Ausgangsmodells, deren Quadrate und alle Kreuzprodukte:

$$\hat{u}_i^2 = \alpha_1 + \alpha_2 x_{1i} + \alpha_3 x_{2i} + \alpha_4 x_{1i}^2 + \alpha_5 x_{2i}^2 + \alpha_6 x_{1i} x_{2i} + u_i \tag{5.49}$$

Der Grund für die Konstruktion der Hilfsregression 5.49 liegt darin, dass es wünschenswert ist zu untersuchen, ob die Varianz der Residuen (verkörpert im Quadrat der Residuen) systematisch mit den Regressoren oder deren Kreuzprodukten variiert. In diesem Fall würden die Koeffizientenschätzer $\hat{\alpha}_2$, $\hat{\alpha}_3$, ... $\hat{\alpha}_6$ systematisch Werte ungleich Null liefern.

Durch einen F-Test kann nun überprüft werden, ob alle Koeffizientenschätzer $\hat{\alpha}_i$ gleich Null sind (Nullhypothese). Wird die Nullhypothese abgelehnt, dann lässt sich die Behauptung der Homoskedastizität der Residuen $\hat{u}_i$ nicht aufrechterhalten.

Eine etwas andere Variante des Tests wird als LM-Test (Lagrange-Multiplier) bezeichnet und geht ebenfalls von der oben angegebenen Hilfsregression aus. Dabei steht das Bestimmtheitsmaß R^2 im Vordergrund der Betrachtung. Falls einer oder mehrere Koeffizienten der Hilfsregression statistisch signifikant sind, dann wird der Wert von R^2 relativ hoch sein. Im umgekehrten Fall (bei fehlender Signifikanz der Koeffizienten) ist R^2 relativ klein. Wie gezeigt werden kann, folgt das Produkt aus der Anzahl der Beobachtungen N und dem Bestimmtheitsmaß einer Chi-Quadrat-Verteilung mit m Freiheitsgraden, wobei m die Anzahl der Regressoren der Hilfsregression angibt (in der Regressionsgleichung 5.49 ist $m = 5$). Falls das Produkt NR^2 im Ablehnungsbereich der Verteilung liegt, muss die Nullhypothese einer Homoskedastizität der Residuen fallengelassen werden. Die Ablehnung der Nullhypothese führt dazu, dass die Residuen als heteroskedastisch eingestuft werden.

Führen wir also einen Test durch, der zeigen soll, ob in unserem Mietmodell die Residuen homoskedastisch sind. Ausgangspunkt ist das Modellergebnisfenster, in dem der Menüpunkt *Tests/Heteroskedastizität/Heteroskedastizität/White's Test* selektiert wird. Gretl erzeugt folgende Ausgabe:[9]

White's Test für Heteroskedastizität

KQ, benutze die Beobachtungen 1–20

Abhängige Variable: uhat^2

	Koeffizient	Std.-Fehler	t-Quotient	p-Wert
const	34597,7	2227,93	15,53	3,21e–010 ***
Quadratmeter	206,211	26,5299	7,773	1,91e–06 ***
Distanz	-25298,2	1607,92	-15,73	2,70e–010 ***
sq_Quadratmeter	0,160225	0,122004	1,313	0,2102
X2_X3	-69,9241	7,67106	-9,115	2,91e–07 ***
sq_Distanz	4579,56	318,970	14,36	9,07e–010 ***

---

9   Sie kann auch innerhalb eines Skripts erzielt werden, wenn im Anschluss an das OLS-Kommando das Kommando *modtest* mit der Option *--white* angegeben wird

Unkorrigiertes R-Quadrat = 0,978965
Teststatistik: TR^2 = 19,579291,
mit p-Wert = P(Chi-Quadrat(5) > 19,579291) = 0,001498

Die KQ-Schätzung der Hilfsregression liefert folgendes Bild: Die Koeffizienten fast aller Regressoren sind hoch signifikant! Bis auf eine Ausnahme: Der Koeffizient der Variablen *sq_Quadratmeter* ist nicht signifikant, denn der t-Test ergibt einen p-Wert von 0,21. Außerdem erhalten wir einen recht hohen Wert für das Bestimmtheitsmaß, der bei etwa 0,98 liegt, also nahe bei 1. Dies deutet bereits darauf hin, dass der LM-Test die Residuen nicht als homoskedastisch einstufen wird. Bestätigt wird diese Annahme durch den Wert der Chi-Quadrat Teststatistik. Der Wert von 19,57 liegt deutlich über dem Wert von 11,07, der bei einem Signifikanzniveau von 5% aus den statistischen Tabellen abzulesen ist.

Dieses Ergebnis bedeutet, dass die KQ-Schätzer zwar im Fall der Heteroskedastizität des Fehlerterms unverzerrt sind, aber nicht mehr effizient. Damit ist auch die Formel für die Berechnung der Standardfehler der Koeffizienten nicht mehr korrekt und die t-Werte führen zu falschen Signifikanztests. Der Grund für das ganze Dilemma ist, dass die Varianz der Residuen nicht in den Formeln zur Berechnung der Koeffizientenschätzer, wohl aber in den Formeln zur Berechnung ihrer Varianzen vorkommt.

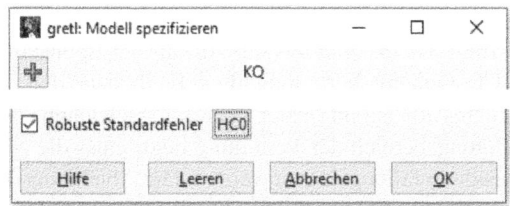

Abb. 5.21.: Festlegung der HCCME Einstellungen bei der Modellspezifikation

Das Ausmaß an Heteroskedastizität lässt sich an der Streuung der Varianzen festmachen, die die Diagonalelemente innerhalb der Varianz-Kovarianzmatrix der Störgrößen bilden (siehe Darstellung im Anhang A.3). White (1980) hat gezeigt, dass man insbesondere bei größeren Stichproben gute Schätzer erhält, wenn man die Diagonalelemente durch die Residuenquadrate $\hat{u}_1^2, \hat{u}_2^2, ...$ ersetzt. Aufgrund dieser Eigenschaft bezeichnet man einen solchen Schätzer auch als HCCM-Estimator. (HCCM: *heteroskedasticity-consistent covariance matrix*) Dieser findet seinen Niederschlag bei der Berechnung des Varianzschätzers $\widehat{var}(\hat{\beta})^{HK}$ in der Formel 5.46. Im Laufe der Zeit wurden mehrere HCCM-Varianten erarbeitet wie HC1, HC2 und HC3. Sie alle versuchen, die Qualität der Schätzung zu verbessern.

Den Konfigurationsdialog zur Festlegung der HCCME-Variante erreicht man dadurch, dass im Fenster zur Spezifikation des Modells in der Checkbox „Robuste Standardfehler" ein Häkchen gesetzt wird, siehe Abbildung 5.21. Rechts neben dem Text wird die eingestellte Variante angezeigt. Es sollte darauf geachtet werden, dass bei einer Modellschätzung das Häkchen gesetzt ist, weil nur so die Varianz-Kovarianzmatrix der Störgrößen auch berücksichtigt wird.

Soll eine andere HCCME-Einstellung vorgenommen werden, genügt ein Klick auf die daneben angezeigte Variante, z.B. HC_0. Es erscheint dann das Fenster in Abbildung 5.22.

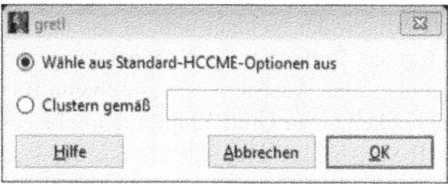

Abb. 5.22.: Auswahl der HCCME-Optionen

Gretl bietet Anwendern zwei Optionen an, wobei die Auswahl der Standard-Optionen voreingestellt ist. Alternativ können Anwender eine Clustervariable angeben. Diese Variable besitzt mindestens zwei verschiedene Werte und hat die Funktion, wie der Name schon sagt, das Dataset in mindestens zwei verschiedene Cluster aufzuteilen. Die Aufteilung ist durch die verschiedenen Werte der Clustervariablen festgelegt.

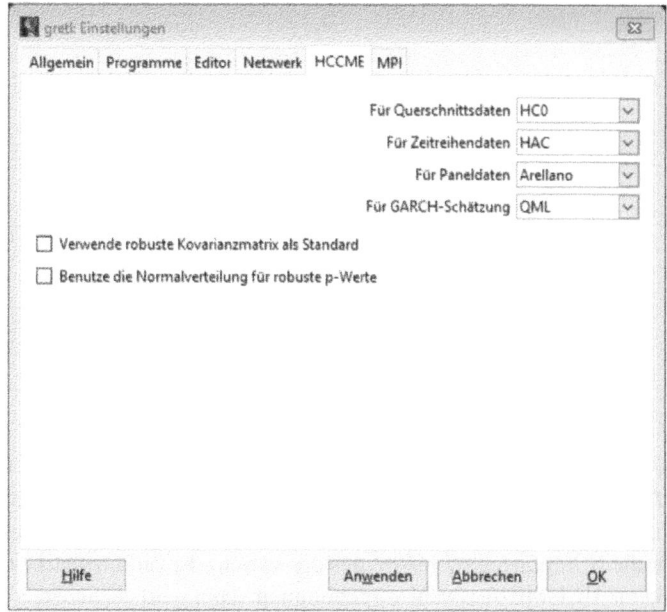

Abb. 5.23.: Teilfenster zur Einstellung der HCCME-Variante

Die Aufteilung der Beobachtungen in Teilmengen bzw. Cluster sollte natürlich gut überlegt sein und kann durch einen Residuenplot unterstützt werden. Wird zum Beispiel festgestellt, dass es zwei oder drei Teilbereiche der Stichprobe gibt, zwischen denen sich die Residuen-streuung stark unterscheidet (wobei sie innerhalb der Bereiche relativ stabil ist), dann lohnt es sich, eine Clustervariable mit zwei bzw. drei Werten anzulegen.

Wird die Standardoption ausgewählt, gelangt man in das Fenster „Einstellungen" (siehe Abb. 5.23). Gretl öffnet sofort das Teilfenster für die Einstellung der HCCME-Varianten. Die übrigen Teilfenster können über eine Auswahlleiste am oberen Rand aufgeschaltet werden. Sie bieten Einstellungsmöglichkeiten zur Gretl-Konfiguration insgesamt.

Die Auswahl der HCCME-Variante kann für jeden Datasettyp getrennt vorgenommen wer-den, also für Querschnittsdaten, Zeitreihen, Panels und GARCH-Schätzungen. Für Quer-schnittsdaten stehen die Varianten HC_0, HC_1, HC_2, HC_3 und HC_{3a} zur Auswahl. Bevor die Auswahl mit dem Button *Anwenden* bestätigt wird, kann ein Häkchen vor „Verwende robuste Kovarianzmatrix als Standard" gesetzt werden.

Vergleicht man die Standardfehler einer Schätzung mit der HCCME-Variante HC1 und ohne Auswahl einer Variante (Usual), dann lassen sich deutliche Unterschiede feststellen.

KQ-Schätzungen
Abhängige Variable: Miete

	Usual	HC1-Robust
const	297,6**	297,6**
	(55,80)	(119,0)
Quadratmeter	9,526**	9,526**
	(0,3192)	(0,3786)
Distanz	−98,48**	−98,48**
	(16,97)	(36,96)
n	20	20
R^2	0,9813	0,9813
ℓ	−102,9	−102,9

Standardfehler in Klammern
* bezeichnet Signifikanz zum 10-Prozent-Niveau
** bezeichnet Signifikanz zum 5-Prozent-Niveau

Der Vergleich zeigt, dass sich bei Auswahl von HC1 die Standardfehler der Konstanten und der Variablen *Distanz* fast verdoppeln. Der Grund liegt darin, dass bei Auswahl von HC1 die Heteroskedastizität ausdrücklich berücksichtigt wird, weil die einzelnen Residuenquadrate als Schätzer für die N Varianzen σ_1^2 bis σ_N^2 aus der Varianz-Kovarianzmatrix zugrunde gelegt werden. Wird keine HCCME-Auswahl vorgenommen, dann wird als Schätzer die aus der Re-siduenquadratsumme berechnete konstante Residuenvarianz $\hat{\sigma}^2$ benutzt. Da wir aufgrund des White-Tests aber nicht von Homoskedastizität auszugehen haben, ist letzteres Vorgehen nicht angemessen. Liefert also ein Test wie der White-Test das Resultat, dass Heteroskedastizität vorliegt, so sollte auf jeden Fall eine HCCME-Variante ausgewählt werden, weil die Stan-dardfehler der Koeffizienten korrekter sind. Im matrixtheoretischen Teil des Anhangs wird dieser Zusammenhang detaillierter behandelt.

5.2.4. Schätzverfahren beim Auftreten von Heteroskedastizität

Welche Maßnahmen beim Vorliegen von Heteroskedastizit zu ergreifen sind, hängt davon ab, ob man etwas über die Art der Heteroskedastizität weiß. Lässt sich eine besondere Abhängigkeit nicht erkennen, sollte man bei der OLS-Schätzung auf eine HCCME-Variante wie HC_0 oder HC_1 zurückgreifen.

Existiert hingegen eine einigermaßen klare Vorstellung über die Art der Heteroskedastizit, ist es häufig empfehlenswert, die *gewichtete KQ-Methode*, engl. *weighted least squares* (WLS), oder die *verallgemeinerte KQ-Methode*, engl. *feasible generalized least squares* (FGLS), anzuwenden.

Gewichtete KQ-Methode

Während OLS alle Beobachtungen gleich gewichtet, sodass die Beobachtungen mit den größten Störtermen einen überdurchschnittlich großen Einfluss auf die Schätzung haben, erfolgt bei der Methode WLS ein Ausgleich der verschiedenen Gewichtungen durch eine geeignete Transformation der Datenwerte. Wenn die Varianzen σ_i^2 der Störterme für alle Beobachtungen i bekannt wären, würde man bei der Verwendung von WLS das Modell

$$y_i = \alpha + \beta_1 x_{1i} + \beta_2 x_{2i} + ... + \beta_p x_{pi} + u_i \qquad (5.50)$$

durch die Standardabweichung σ_i dividieren:

$$\frac{y_i}{\sigma_i} = \alpha \frac{1}{\sigma_i} + \beta_1 \frac{x_{1i}}{\sigma_i} + \beta_2 \frac{x_{2i}}{\sigma_i} + ... + \beta_p \frac{x_{pi}}{\sigma_i} + \frac{u_i}{\sigma_i} \qquad (5.51)$$

Mit den Ersetzungen $y_i^* = y_i/\sigma_i$, $z_i^* = 1/\sigma_i$, $x_{1i}^* = x_{1i}/\sigma_i$, $x_{2i}^* = x_{2i}/\sigma_i$,..., $u_i^* = u_i/\sigma_i$ ergibt sich daraus das transformierte Modell:

$$y_i^* = \alpha z_i^* + \beta_1 x_{1i}^* + \beta_2 x_{2i}^* + ... + \beta_p x_{pi}^* + u_i^* \qquad (5.52)$$

Man beachte, das das Modell 5.52 die gewünschte Eigenschaft der Homoskedastizität besitzt. Außerdem stellt der Parameter α keine Konstante mehr dar, sondern ist als Steigungsparameter der neu eingeführten Variablen $z_i^* = 1/\sigma_i$ zu interpretieren. Die Homoskedastizität ergibt sich aus:

$$var(u_i^*) = var\left(\frac{u_i}{\sigma_i}\right) = \frac{1}{\sigma_i^2} \cdot var(u_i) = \frac{1}{\sigma_i^2} \cdot \sigma_i^2 = 1 \qquad (5.53)$$

Da wir die Standardabweichungen der Störgrößen für die einzelnen Beobachtungen nicht kennen, kann man natürlich auf die Standardfehler der Residuen zurückgreifen und damit die robusten HCCME-Schätzer benutzen (s.o.).

Häufig lässt sich eine funktionale Abhängigkeit der Störgrößenvarianzen von den Werten eines Regressors x_k oder mehrerer Regressoren beobachten. Auch in diesen Fällen ist es lohnend, die gewichtete KQ-Methode (WLS) heranzuziehen, um effizientere Schätzergebnisse als beim OLS-Verfahren zu erzielen. Ausgehend von den erklärenden Variablen $x_1, x_2, ..., x_p$

des multiplen Modells 5.50 existiert demzufolge eine Funktion $h(x_1, x_2, ..., x_p)$, die die Form der Heteroskedastizität angemessen beschreibt. Für jede Beobachtung i einer zufällig erzeugten Stichprobe lässt sich deshalb der folgende Zusammenhang formulieren:

$$var(u_i | x_{1i}, x_{2i}, ..., x_{pi}) = \sigma^2 \cdot h(x_{1i}, x_{2i}, ..., x_{pi}) = \sigma^2 \cdot h_i \qquad (5.54)$$

Der Parameter σ^2 der Grundgesamtheit ist unbekannt, kann aber aus den Daten der Stichprobe geschätzt werden. Für die verschiedenen Funktionswerte h_i gilt $h_i > 0$, da für die einzelnen Beobachtungen i die zugehörigen Varianzen $var(u_i | x_{1i}, x_{2i}, ..., x_{pi})$ positiv sind.

Wie können wir unter Ausnutzung eines funktionalen Zusammenhangs zwischen den Varianzen der Störgrößen und den Regressorwerten $x_{1i}, x_{2i}, ...$ die Parameter $\beta_1, \beta_2, ...$ im Modell 5.50 schätzen?

Ein Modell mit homoskedastischen Störgrößen lässt sich dadurch erzeugen, indem alle Variablenwerte des Modells 5.50 durch $\sqrt{h_i}$ dividiert werden:

$$\frac{y_i}{\sqrt{h_i}} = \alpha^* \frac{1}{\sqrt{h_i}} + \beta_1^* \frac{x_{1i}}{\sqrt{h_i}} + \beta_2^* \frac{x_{2i}}{\sqrt{h_i}} + ... + \beta_p^* \frac{x_{pi}}{\sqrt{h_i}} + \frac{u_i}{\sqrt{h_i}} \qquad (5.55)$$

Durch die Ersetzungen $y_i^* = y_i/\sqrt{h_i}$, $x_{0i}^* = 1/\sqrt{h_i}$, $x_{1i}^* = x_{1i}/\sqrt{h_i}$ usw. kann 5.55 in eine kompaktere Darstellung überführt werden:

$$y_i^* = \alpha^* x_{0i}^* + \beta_1^* x_{1i}^* + \beta_2^* x_{2i}^* + ... + \beta_p^* x_{pi}^* + u_i^* \qquad (5.56)$$

Da eine OLS-Schätzung des transformierten Modells Schätzer liefert, die sich von den OLS-Schätzern des Ausgangsmodells 5.50 unterscheiden, wurden die Parameter in 5.56 mit einem Stern versehen. Die angepassten Störgrößen $u_i^* = u_i/\sqrt{h_i}$ besitzen den Erwartungswert Null, da h_i eine Funktion der Regressoren ist. Die Berechnung der Varianz ergibt den konstanten Erwartungswert σ^2:

$$E\left(\left(u_i/\sqrt{h_i} \right)^2 \right) = E\left(u_i^2 \right) / h_i = \sigma^2 h_i / h_i = \sigma^2 \qquad (5.57)$$

Damit ist gezeigt, dass das Modell 5.56 homoskedastische Störgrößen besitzt. Falls das ursprüngliche Modell 5.50 alle A-,B- und C-Annahmen erfüllt (außer der Annahme der Homoskedastizität), so gilt dies auch für das transformierte Modell 5.56. Eine OLS-Schätzung von 5.56 liefert Schätzer $\hat{\beta}_j^*$, die im Vergleich zu den Schätzern $\hat{\beta}_j$ bessere Effizienzeigenschaften im Hinblick auf die Werte der t-Statistiken und der F-Statistiken besitzen. Sie werden *weighted least squares (WLS)* Schätzer genannt, weil sie die *gewichtete* Summe der Residuenquadrate minimieren, wobei jedes quadrierte Residuum $(\hat{u}_i^*)^2$ mit $1/h_i$ gewichtet wird.[10] Dabei erhalten die Beobachtungswerte mit einer hohen Störgrößenvarianz ein geringeres Gewicht. Die WLS Schätzer $\hat{\beta}_j^*$ besitzen die Eigenschaft, dass sie die gewichtete Summe der quadrierten Residuen

$$\sum_{i=1}^{N} \left(y_i - \hat{\alpha} - \hat{\beta}_1 x_{1i} - \hat{\beta}_2 x_{2i} - ... - \hat{\beta}_p x_{pi} \right)^2 / h_i \qquad (5.58)$$

---

10 Die WLS-Schätzer bilden einen Sonderfall der sogenannten *generalized least squares (GLS)* Schätzer. Diese finden auch bei der Schätzung von Modellen Verwendung, deren Störgrößen autokorreliert sind.

minimieren. Diese Summe ist identisch mit der Summe der quadrierten Residuen des Modells 5.56:

$$S_{\hat{u}^*\hat{u}^*} = \sum_{i=1}^{N} \left(y_i^* - \hat{\alpha}^* x_{0i}^* - \hat{\beta}_1^* x_{1i}^* - \hat{\beta}_2^* x_{2i}^* - \ldots - \hat{\beta}_p^* x_{pi}^* \right)^2 \tag{5.59}$$

Man beachte, dass die Summanden in 5.58, also die einzelnen quadrierten Residuen, mit dem Faktor $1/h_i$ gewichtet werden, während die transformierten Variablen in 5.56 mit dem Faktor $1/\sqrt{h_i}$ gewichtet werden.

Wir gehen von dem folgenden einfachen Regressionsmodell aus:

$$y_i = \alpha + \beta x_i + u_i \tag{5.60}$$

Zwischen den Varianzen der einzelnen Beobachtungen und den Werten des Regressors x könnte man zum Beispiel folgende Abhängigkeiten feststellen:

$$var(u_i|x_i) = \sigma_i^2 = \sigma^2 \cdot x_i \tag{5.61}$$

$$var(u_i|x_i) = \sigma_i^2 = \sigma^2 \cdot x_i^2 \tag{5.62}$$

In Gleichung 5.61 besitzt die Funktion h folgende Form: $h(x_i) = a \cdot x_i$ mit $a = 1$; in Gleichung 5.62 besitzt h eine quadratische Form: $h(x_i) = x_i^2$. Im ersten Fall ist die Varianz von u_i proportional zum Wert x_i, mit dem Proportionalitätsfaktor σ^2. Im zweiten Fall liegt Proportionalität zu den quadratischen Werten von x_i vor.

Beispiel Zur Verdeutlichung der Vorgehensweise *weighted least squares* betrachten wir ein konkretes Beispiel von Adkins (2014). Aus dem Verzeichnis *POE 4th ed.* laden wir die Datei *food.gdt*, die die Variablen *income* und *food_exp* enthält. Die Variable *income* enthält die wöchentlichen Haushaltseinkommen und *food_exp* die wöchentlichen Haushaltsausgaben aus einem Sample von 40 amerikanischen Haushalten.

Es steht die Frage im Vordergrund, wie das Haushaltseinkommen die wöchentlichen Haushaltsausgaben beeinflusst, sodass wir folgendes Modell erhalten:

$$food\_exp_i = \alpha + \beta \cdot income_i + u_i \tag{5.63}$$

Die Schätzung des Modells 5.63 ergibt die KQ-Schätzer $\hat{\alpha} = 83,4$ und $\hat{\beta} = 10,21$.

Der anschließende Residuenplot gegen die Variable *income* lässt die Schlussfolgerung zu, dass durch die KQ-Schätzung keine besonders effizienten Schätzer zu erwarten sind, weil eine zunehmende Varianz der Residuen bei einer Erhöhung des Einkommens festzustellen ist (siehe Abb. 5.24).

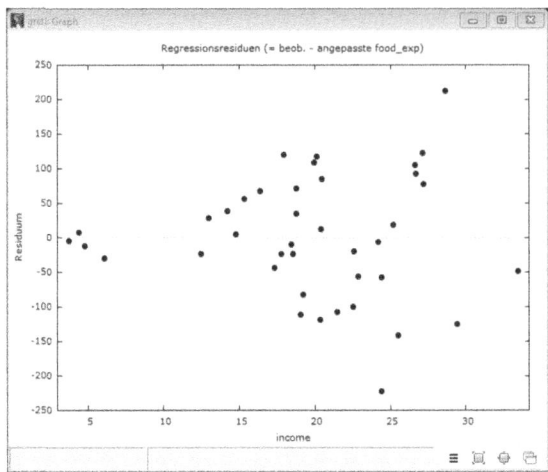

Abb. 5.24.: Residuenplot gegen *income*

Aus der Grafik ergibt sich allerdings nicht eindeutig, ob die Funktion h_i einem linearen oder quadratischen Verlauf folgt. Unterstellen wir eine lineare Abhängigkeit gemäß 5.61, dann lässt sich das folgende Modell mit homoskedastischen Störgrößen aufstellen:

$$\frac{food\_exp_i}{\sqrt{income_i}} = \alpha \frac{1}{\sqrt{income_i}} + \beta \frac{x_i}{\sqrt{income_i}} + \frac{u_i}{\sqrt{income_i}} \tag{5.64}$$

Eine OLS-Schätzung von 5.64 liefert wieder effiziente KQ-Schätzer und erfüllt damit alle A-, B- und C-Annahmen. Die Realisierung des gewichteten Modells 5.64 kann in Gretl durch das folgende Skript erfolgen:

```
series gew_inc = 1 / sqrt(income)
# Division durch Gewichtungsfaktor
series konst = gew_inc * const
series y = gew_inc * food_exp
series x = gew_inc * income
ols y konst x
```

Alternativ lässt sich die gewichtete KQ-Schätzung mit dem Kommando *wls* realisieren. Hat man den begründeten Verdacht, dass die Störgrößenvarianzen linear von den Werten eines Regressors x_k gemäß Formel 5.61 abhängen, so kann eine Gewichtsvariable $gew\_var = 1/x_k$ definiert werden, die hinter dem Kommando *wls* wie folgt zu spezifizieren ist:

```
wls gew_var y const x_1 x_2 x_3 ...
```

An dieser Stelle ist ein wichtiger Hinweis zu beachten: Gretl benutzt nicht den Korrekturfaktor $1/\sqrt{x_k}$, wie wir ihn oben verwendet haben, sondern $1/x_k$!

Der Gewichtsvariablen folgt die abhängige Variable y sowie die Konstante *const* mit den Regressoren. Würde man im Dataset *food.gdt* anhand des gegebenen Residuenplots in Abbildung 5.24 eine lineare Abhängigkeit der Störgrößenvarianzen vom Regressor *income* unterstellen, so wäre eine gewichtete KQ-Schätzung mit folgendem Skript zu realisieren.

```
series gew_inc = 1 / income
wls gew_inc food_exp const income
```

Das zweizeilige Skript liefert exakt die gleichen Ergebnisse wie das weiter oben angegebene Skript. Sie sind in der unten angegebenen Tabelle 5.2 wiedergegeben, wobei zum Vergleich auch die Ergebnisse der OLS-Schätzung angegeben sind.

Im Hauptfenster kann die gewichtete KQ-Schätzung über den Menüeintrag *Modell/Andere lineare Modelle/Gewichtete KQ* aufgerufen werden. Es erscheint dann wie bei der OLS-Schätzung ein Modellspezifikationsfenster, in dem zusätzlich zu den Regressoren und der abhängigen Variablen noch die Gewichtsvariable angegeben werden muss.

Verallgemeinerte KQ-Methode

In vielen Fällen ist es schwierig, eine Funktion $h_i = h(x_{1i}, ..., x_{pi})$ zu finden, die die genaue Form der Heteroskedastizität beschreibt. In solchen Fällen kann ein Verfahren angewendet werden, das auf einer vorgelagerten Schätzung der Störgrößenvarianz beruht und zu sogenannten *GLS* Schätzern führt. Häufig werden diese auch als *feasible GLS (FGLS)* Schätzer bezeichnet.

Die folgende Prozedur zur Erzeugung geeigneter GLS-Schätzer orientiert sich an dem Vorschlag von Wooldridge (2008, S. 277). Dort kann auch die nähere Begründung dieses Vorgehens nachgelesen werden. Demzufolge werden folgende Schritte durchlaufen:

1. Es wird eine Regression von y auf die Regressoren $x_1, x_2, ..., x_p$ durchgeführt.

2. Die Residuen der OLS-Schätzung werden quadriert und anschließend logarithmiert, das heißt, es wird eine series-Variable erzeugt, die die Werte $log(\hat{u}_i^2)$ beinhaltet.

3. Es wird eine Regression der $log(\hat{u}_i^2)$ auf die Regressoren $x_1, x_2, ..., x_p$ durchgeführt. Die gefitteten Werte dieser Regression werden in der Variablen $\hat{g}_i$ gespeichert.

4. Die gefitteten Werte aus 3. werden exponenziert: $\hat{h}_i = exp(\hat{g}_i)$.

5. Es wird eine WLS-Schätzung des Ausgangsmodells durchgeführt, wobei die Gewichte $1/\hat{h}_i$ benutzt werden.

Das folgende Skript zeigt eine Umsetzung der GLS-Prozedur.

```
set echo off
ols food_exp const income
# logarithmierte Residuenquadrate ermitteln
series log_resq = log($uhat^2)
# logarithmierte Residuenquadrate auf income regressieren
ols log_resq const income
# gefittete Werte exponenzieren und Gewichtsvariable gew bestimmen
series h = exp($yhat)
series gew = 1/h
wls gew food_exp const income
```

Das dargestellte Verfahren beruht also auf einer Schätzung der Störgrößenvarianzen, sodass die quadrierten Residuen mit dem Faktor $1/\hat{h}_i$ gewichtet werden (statt mit dem Faktor $1/h_i$). Bei einer Transformation der Variablen erfolgt eine Multiplikation aller Beobachtungswerte mit dem Faktor $1/\sqrt{\hat{h}_i}$.

Die Tabelle 5.2 stellt die Ergebnisse der OLS-Schätzung, der gewichteten KQ-Schätzung (WLS) und der verallgemeinerten KQ-Schätzung (FGLS) des Modells 5.63, in dem wir Heteroskedastizität festgestellt haben, gegenüber.

	$\hat{\alpha}$	$\hat{\beta}$	$\widehat{sd}(\hat{\alpha})$	$\widehat{sd}(\hat{\beta})$
OLS-Schätzer	83,41	10,21	43,41	2,09
WLS-Schätzer	78,68	10,45	23,79	1,38
FGLS-Schätzer	75,15	10,79	13,60	1,09

Tabelle 5.2.: Vergleich des OLS-Schätzers mit Schätzern, die Heteroskedastizität berücksichtigen

Während die Werte des Schätzers $\hat{\beta}$ nur geringfügig voneinander abweichen, erhalten wir für die Standardfehler beim WLS- und FGLS-Schätzer weitaus geringere Werte.

5.3. Endogenität von Regressoren

Unter den Gauß-Markov Annahmen B1 bis B4 besitzen die OLS-Schätzer $\hat{\alpha}$, $\hat{\beta}_1$ bis $\hat{\beta}_k$ in einem Modell mit k Regressoren die Eigenschaft BLUE (Best Linear Unbiased Estimators). Sie sind also erwartungstreu und effizient. Die entscheidende Annahme für die Unverzerrtheit der OLS-Schätzer ist die stochastische Unabhängigkeit zwischen den Regressoren und den Störgrößen. Der bedingte Erwartungswert der Störgrößen ist in diesem Fall daher gleich Null: $E(u|x_1,...,x_k) = 0$. Besitzt die unabhängige Variable diese Eigenschaft **nicht**, dann wird sie als *endogen* bezeichnet. Man spricht auch von der *Endogenität* des Regressors.

Gehen wir davon aus, dass die Regressoren in einem experimentellen Umfeld kontrolliert werden, dann ist die Erwartungstreue der OLS-Schätzer eine vernünftige und realistische Annahme. Sind die Regressoren aber stochastischer Natur, weil sie das Resultat einer zufälligen Ziehung sind, rückt das Problem einer Abhängigkeit zwischen den Regressoren und den Störgrößen stärker in den Vordergrund.

Im linken Teil der Abbildung 5.25 wird der Einfluss auf die abhängige Variable y in einen durch den Regressor x_i erklärten Teil und in einen unerklärten Teil zerlegt, der im Störterm u abgebildet wird.[11] Der zu schätzende Koeffizient β_i beschreibt die Stärke des Einflusses von x_i auf y.

---

11 Die rechtwinklige Anordnung der Knoten im Gegensatz zur rechten Grafik drückt den Sachverhalt aus, dass im Fall der Unabhängigkeit zwischen x_k und u die Vektoren der zugehörigen Beobachtungswerte linear unabhängig voneinander sind (in der Linearen Algebra wird dieser Sachverhalt als *Orthogonalität* bezeichnet).

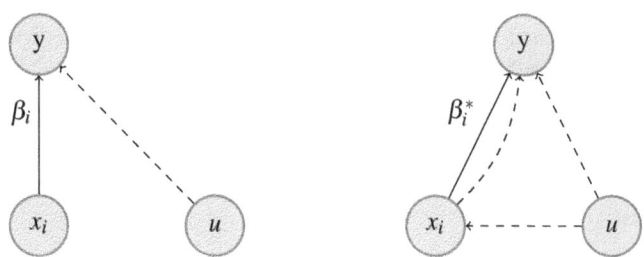

Abb. 5.25.: Verzerrung des KQ-Schätzers bei Endogenität des Regressors x_i

Falls allerdings die erklärende Variable x_i mit dem Störterm u korreliert ist ($corr(x_i, u) \neq 0$), wie im rechten Teil der Abbildung 5.25 dargestellt, wird der eigentliche Zusammenhang zwischen x_i und y durch den zusätzlichen Einfluss des Störterms verstärkt oder abgeschwächt (gestrichelte Linie). Dadurch verändert sich der Einfluss des Koeffizienten von β_i auf β_i^*.

Die Endogenität von Regressoren lässt sich im wesentlichen auf die folgenden Ursachen zurückführen:

- Die Nichtberücksichtigung zumindest eines relevanten Regressors, der mit einer oder mehreren berücksichtigten Regressoren des Modells korreliert ist (engl. *omitted variables*).

- Messfehler bei der Werteerfassung der abhängigen oder unabhängigen Variablen

- Simultanität: Eine Variable besitzt den Doppelcharakter als abhängige Variable und als Regressor. Das heißt, sie existiert im ersten Modell als erklärende Variable und in einem zweiten Modell als abhängige Variable. Damit treten interdependente Effekte auf, die zu Endogenität führen. Das Thema Simultanität wird im Abschnitt 5.3.3 behandelt.

Die genannten Ursachen werden in den folgenden Abschnitten näher ausgeführt. Mit der *Instrumentvariablenschätzung* wird anschließend eine Methode vorgestellt, wie durch Separation desjenigen Teils der unabhängigen Variablen, der mit dem Fehlerterm korreliert ist, die Verzerrung des Koeffizientenschätzers weitgehend aufgehoben werden kann.

5.3.1. Ursachen für das Auftreten von Endogenität

Unterdrückung relevanter Regressoren

Die Unterdrückung relevanter Regressoren ist ein wichtiges Anwendungsbeispiel für das Auftreten von Endogenität. Da es ein bedeutendes Thema im Rahmen der richtigen Modellspezifikation ist, kann hier auf den Abschnitt 5.1.1 verwiesen werden. Dort hatten wir den Schwerpunkt auf die Ermittlung der Verzerrung gelegt, deren Größe vom Ausmaß der Korrelation zwischen dem unterdrückten Regressor und den im Modell verbliebenen Regressor(en) abhängt. Dabei haben wir auf die Berechnungsformeln der Regressoren unter Heranziehung der Varianz und Kovarianz zurückgegriffen.

Im Wesentlichen lassen sich zwei Effekte beobachten, wenn relevante Erklärungsfaktoren in einem Regressionsmodell weggelassen werden:

1. Die Koeffizienten der im Modell enthaltenen erklärenden Variablen werden verzerrt geschätzt. Dies geschieht deshalb, weil das KQ-Verfahren einen Teil des Erklärungs-beitrags der ausgelassenen Variablen in die Schätzung der verbliebenen Variablen ein-fließen lässt.

2. Die nicht erklärte Streuung, das heißt die Varianz der Störgrößen, steigt an, weil die Störgrößen den Streuungsanteil der weggelassenen Variablen aufnehmen.

An dieser Stelle wird ein etwas anderer Ansatz verfolgt, um die Verzerrung nachzuweisen. Ausgehend von dem zweifachen Regressionsmodell

$$y = \alpha + \beta_1 x_1 + \beta_2 x_2 + u \tag{5.65}$$

nehmen wir an, dass die Variable x_1 einen signifikanten Einfluss auf die unterdrückte (relevante) Variable x_2 ausübt, der sich wie folgt modellieren lässt:

$$x_2 = \delta_1 + \delta_2 x_1 + v \tag{5.66}$$

Setzen wir diesen Zusammenhang in die Regressionsgleichung ein, ergibt sich:

$$\begin{aligned} y &= \alpha + \beta_1 x_1 + \beta_2 (\delta_1 + \delta_2 x_1 + v) + u \\ &= \alpha + \beta_2 \delta_1 + (\beta_1 + \beta_2 \delta_2) x_1 + \beta_2 v + u \end{aligned} \tag{5.67}$$

Nach den Ersetzungen $\alpha^* = \alpha + \beta_2 \delta_1$, $\beta_1^* = \beta_1 + \beta_2 \delta_2$ und $v^* = \beta_2 v + u$ schätzen wir nun das folgende einfache Modell:

$$y = \alpha^* + \beta_1^* x_1 + v^* \tag{5.68}$$

Es ist ersichtlich, dass zunächst der Koeffizient β_1^* um den Betrag $\beta_2 \delta_2$ zu hoch (oder niedrig) geschätzt wird. Die Ursache dafür liegt in der Korrelation der Störgröße v^* mit der erklärenden Variablen x_1, weil ein Teil der Variation von x_1 auf die Variation von x_2 zurückzu-führen ist. Da diese Korrelation auch mit zunehmender Stichprobengröße nicht verschwindet, ist der KQ-Schätzer bei einem endogenen Regressor auch nicht konsistent. Das heißt, dass selbst bei einem sehr hohen Stichprobenumfang der KQ-Schätzer β_1^* nicht gegen den wahren Wert β_1 strebt.

Streng genommen lässt sich das Problem ausgelassener relevanter Variablen nicht ganz zufriedenstellend lösen. [12] In vielen Fällen sind relevante Einflussfaktoren nicht beobachtbar oder es liegen keine Beobachtungsdaten vor. Manchmal kann eine sogenannte Proxy-Variable an Stelle der ausgelassenen Variablen verwendet werden. Diese sollte möglichst stark mit der ausgelassenen Variablen korreliert sein. Beobachtungsdaten für geeignete Proxy-Variablen müssen dann natürlich auch vorhanden sein.

---

12 Ein bekanntes Bonmot fasst diesen Sachverhalt in den bündigen Satz: "All models are wrong".

Messfehler

In diesem Abschnitt beschränken wir uns auf die Darstellung von Messfehlern bei der Erfassung von Werten für die abhängige und die unabhängigen Variablen. Zusätzlich soll nur der spezielle Fall einer Einfachregression behandelt werden. Die Ergebnisse gelten auch im Falle einer Mehrfachregression.

Es sei angenommen, dass das korrekte, keine Messfehler enthaltende Modell, das alle Modellannahmen erfüllt, wie folgt definiert sei:

$$y = \alpha + \beta x + u \tag{5.69}$$

Betrachten wir zuerst den Fall, dass Messfehler bei der abhängigen Variablen y auftreten. Statt der korrekten Werte von y werden die Werte von y^* beobachtet, die sich von den korrekten Werten durch zufällige Messfehler in der Variablen v unterscheiden. Diese Messfehler sind für jeden Beobachtungswert von v unterschiedlich und wir gehen zunächst vom Erwartungwert $E(v) = 0$ aus. Aus der Beziehung $y^* = y + v$ wird die Gleichung 5.69 zu

$$y^* - v = \alpha + \beta x + u \tag{5.70}$$

Damit erhalten wir

$$y^* = \alpha + \beta x + u^* \tag{5.71}$$

wobei die Beziehung $u^* = u + v$ gilt. Bildet man auf beiden Seiten den Erwartungswert und geht von der Annahme $E(u) = 0$ aus, dann erhält man

$$E(u^*) = E(u) + E(v) = 0 \tag{5.72}$$

Wenn der Regressor x nicht mit den Messfehlern korreliert ist (was unmittelbar einleuchtend ist), ergeben sich keine Probleme bei der OLS-Schätzung, das heißt, die OLS-Schätzer bleiben unverzerrt und konsistent. Messfehler bei der abhängigen Variablen erhöhen jedoch die Varianz der Störgrößen, weil sich in der Gleichung 5.71 die Störgröße u^* aus der Addition der ursprünglichen Störgröße u und dem Messfehler v ergibt.

Kommt es zu systematisch positiven oder negativen Messfehlern, sodass $E(v) > 0$ oder $E(v) < 0$ gilt, dann ergibt sich für die Störgrößen des Modells 5.71 $E(u^*) \neq 0$. Allerdings führt dieser von Null verschiedene Erwartungswert lediglich zu einer Veränderung der Modellkonstanten und ist für den relevanten β-Schätzer unproblematisch.

Betrachten wir nun den Fall, dass es zu Messfehlern bei der Erfassung der Werte einer exogenen Variablen kommt. Auch hier gehen wir der Einfachheit halber wieder vom einfachen Regressionsmodell aus, ohne die matrixtheoretische Schreibweise zu bemühen.

Im Gegensatz zu abhängigen Variablen sind Messfehler bei erklärenden Variablen kritisch zu beurteilen. Für die durch Messfehler verfälschten Werte des Regressors ergibt sich folgende Beziehung: $x^* = x + v$. Auflösung nach x und Einsetzung in Gleichung 5.69 führt zu der Gleichung

$$y = \alpha + \beta(x^* - v) + u$$

$$= \alpha + \beta x^* + u - \beta v \tag{5.73}$$

Im Modell 5.73 kann der Ausdruck $u - \beta v$ als neue Störgröße u^* aufgefasst werden:

$$u^* = u - \beta v \tag{5.74}$$

Die Störgröße u^* ist nun allerdings mit der unabhängigen Zufallsvariablen x^* korreliert. Diese Tatsache ergibt sich aus folgender Überlegung:

Positive Messfehler von v führen zu einer Erhöhung der Werte des Regressors x^*. Gleichzeitig werden über die Beziehung 5.74 die Werte der Störgrößen von u^* verringert (ein positiver Parameter β vorausgesetzt).

Negative Messfehler von v verringern die Werte des Regressors x^*, es erhöhen sich aber die Störgrößen von u^* gegenüber den Störgrößen von u des ursprünglichen Modells.

Die Kovarianz zwischen x^* und u^* ist also in jedem Fall ungleich Null. Um sie exakt zu berechnen, sind die Rechenregeln im Umgang mit Kovarianzen zu beachten.

$$
\begin{aligned}
cov(x_i^*, u_i^*) &= cov(x_i^*, u_i - \beta v_i) = cov(x_i^*, u_i) - \beta cov(x_i^*, v_i) \\
&= -\beta cov(x_i^*, v_i) = -\beta cov(x_i + v_i, v_i) = \\
&= -\beta (cov(x_i, v_i) + cov(v_i, v_i)) = -\beta \sigma_v^2
\end{aligned}
\tag{5.75}
$$

Nach den Voraussetzungen sind die Werte von x^* nicht mit den Störgrößen von u korreliert. Das gleiche gilt für die Werte von x im Verhältnis zu den Messfehlern von v. Im Ergebnis entspricht das Ausmaß der Endogenität dem Produkt aus dem Wert von β und der Varianz σ_v^2 der Messfehler. Ist β positiv, dann ist die Kovarianz negativ, bei einem negativen Steigungsparameter ist sie positiv.

Für den Erwartungswert des Schätzers $\hat{\beta}$ erhalten wir ohne ausführliche Umformungen:

$$E(\hat{\beta}) = E\left(\beta + \frac{cov(x^*, u^*)}{var(x^*)}\right) = \beta - \beta \frac{\sigma_v^2}{\sigma_x^2 + \sigma_v^2} \tag{5.76}$$

Dieses Ergebnis ist wie folgt zu interpretieren: Der KQ-Schätzer $\hat{\beta}$ unterschätzt systematisch den wahren Koeffizienten β, und zwar genau um den Betrag $\beta \sigma_v^2 / (\sigma_x^2 + \sigma_v^2)$, sobald Messfehler bei der Erfassung der Werte des Regressors vorliegen. Die Verzerrung ist umso größer, je größer σ_v^2 ist. Tritt kein Messfehler auf ($\sigma_v^2 = 0$), verschwindet die Verzerrung wieder, da der Zähler in der Formel 5.76 gleich Null ist.

5.3.2. Endogenität und Instrumentvariablenschätzung (IV)

5.3.2.1. Grundidee der IV-Schätzung

Um die Darstellung zu vereinfachen, betrachten wir weiter das einfache Regressionsmodell und unterstellen eine Korrelation des Regressors x mit dem Fehlerterm u. Eine Verallgemeinerung auf das multiple Regressionsmodell erfolgt im Anschluss.

$$y_i = \alpha + \beta x_i + u_i \tag{5.77}$$

Endogenität im ökonometrischen Sinne haben wir definiert als eine Abhängigkeit zwischen dem Fehlerterm u und der erklärenden Variablen, sodass gilt: $E(u|x) \neq 0$. Wenn für eine Variable x die Kovarianz mit dem Fehlerterm ungleich Null ist, dann zerfallen die Beobachtungen x_i in zwei Teile: Ein Teil ist korreliert mit u_i, ein zweiter Teil ist unkorreliert mit u_i. Isoliert man diejenigen Beobachtungen x_i, die nicht mit u_i korreliert sind, kann man den Koeffizienten von x unverzerrt schätzen. Zur Isolierung des nicht mit dem Fehlerterm korrelierten Teils von x benötigt man eine weitere Variable z, die ebenfalls nicht mit dem Fehlerterm korreliert. Diese Variable wird als *Instrumentvariable* oder kurz *Instrument* bezeichnet.

Damit also eine Variable z als Instrument zu verwenden ist, müssen zwei Bedingungen erfüllt sein:

- *Relevanz*: Die erklärende Variable *x* ist mit z korreliert: $cov(x,z) \neq 0$

- *Exogenität*: Die Instrumentvariable *z* ist mit dem Störterm *nicht* korreliert: $cov(z,u) = 0$

Das linke Bild in Abbildung 5.26 zeigt einen KQ-Schätzer $\hat{\beta}^{KQ}$, der im positiven oder negativen Sinn verzerrt ist, weil der Regressor x mit dem Fehlerterm korreliert ist.

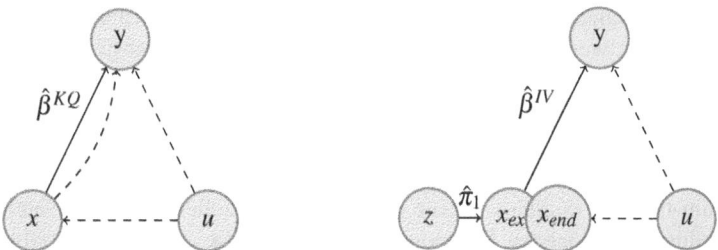

Abb. 5.26.: Zweistufige KQ-Schätzung durch Verwendung einer Instrumentvariablen z

Bei der Einführung einer Instrumentvariablen z wird der Regressor x in einen exogenen Teil x_{ex} und einen endogenen Teil x_{end} zerlegt. Man kann sich die Variable z als ein Instrument vorstellen, das es ermöglicht, diejenigen Variationen von x zu isolieren, die nicht mit u korreliert sind. Damit wird derjenige Teil der Variationen von x ausgeschlossen, der für die Verzerrung des Koeffizienten β verantwortlich ist. Dies genau ist die Grundidee der sogenannten *Instrumentvariablenschätzung*. Der exogene Teil wird durch die Instrumentvariable z erklärt und entsteht durch eine Regression von x (als abhängiger Variablen) auf z (als Regressor). Daraus ergibt sich der KQ-Schätzer $\hat{\pi}_1$. Da z nicht mit dem Fehlerterm u korreliert ist, gilt dies auch für x_{ex}. Der endogene Teil x_{end} hingegen ist mit dem Fehlerterm u korreliert. Diese Konstellation ist im rechten Bild der Abbildung 5.26 dargestellt.

Die vorangestellten allgemeinen Überlegungen sollen durch ein konkretes Beispiel erläutert werden. Wooldridge (2008) erwähnt ein Beispiel, in dem der Lohn eines Erwerbstätigen (*wage*) durch die Anzahl Ausbildungsjahre (*educ*) und seinen Fähigkeiten (*abil*) erklärt wird:

$$log(wage) = \alpha + \beta_1 educ + \beta_2 abil + u \qquad (5.78)$$

Wenn es keine Beobachtungen für die Variable *abil* gibt und stattdessen das Modell

$$log(wage) = \alpha + \beta_1 educ + u \qquad (5.79)$$

geschätzt wird, dann wird der Einfluss von *abil* auf die abhängige Variable *log(wage)* in die Störgröße u verschoben. Wenn *educ* und *abil* miteinander korreliert sind (was sehr wahrscheinlich ist), dann erhalten wir einen verzerrten und inkonsistenten KQ-Schätzer $\hat{\beta}_1$ für β_1. Der Ausweg aus dieser Situation besteht darin, eine geeignete Proxy-Variable wie zum Beispiel den Intelligenzquotienten (*IQ*) in das Modell 5.78 anstelle des Regressors *abil* einzusetzen, wenn dafür Daten vorliegen. Voraussetzung dafür wäre eine hohe Korrelation beider Variablen.

Wenn wir vom Modell 5.79 ausgehen, können wir zwar den IQ als Proxy-Variable für *abil* verwenden, er wäre aber ungeeignet als Instrumentvariable für *educ*. Es gilt zwar die Bedingung $cov(educ, IQ) \neq 0$, aber die zweite Bedingung $cov(IQ, u) = 0$ ist nicht erfüllt. Dies liegt daran, dass der Einfluss der nicht im Modell 5.79 enthaltenen Variablen *abil* in die Störgröße *u* gewandert ist, wo sie einen Einfluss auf den IQ ausübt.

Die Suche nach einer adäquaten IV-Variablen gestaltet sich daher nicht immer einfach. Zunächst müssen dazu Beobachtungsdaten vorliegen. Wenn im beschriebenen Beispiel Daten zur Ausbildung des Vaters oder der Mutter vorliegen würden, könnten diese als IV-Variablen dann genutzt werden, wenn sie (a) positiv mit der Ausbildungsdauer des Kindes (*educ*) und (b) **nicht** mit den Einflussgrößen, die sich in der Störgröße *u* niederschlagen (wie *abil*), korreliert sind. Test auf Validität der Instrumente werden wir später in diesem Abschnitt noch kennenlernen.

Hat man sich durch diese Schwierigkeiten gekämpft, lässt sich durch eine Instrumentvariable wie zum Beispiel *motheredu*, die die Ausbildungszeiten der Mutter enthält, der unverzerrte Einfluss der exogenen Komponente $educ_{ex}$ auf die abhängige Variable *log(wage)* bestimmen. Die Isolierung der exogenen Komponente und anschließende KQ-Schätzung bezeichnet man in der deutsch-sprachigen Literatur als *Instrumentvariablenschätzung* oder kurz als *IV-Schätzung*. In der englischsprachigen Literatur wird von einer zweistufigen KQ-Schätzung gesprochen (engl. *Two Stage Least Squares = TSLS*).

In allgemeiner Terminologie (mit *x* als Regressor und *z* als IV-Variable) wird die IV-Schätzung in zwei Stufen vollzogen.

Erste Stufe: Um den exogenen Teil x_{ex} zu erzeugen, wird in einer Hilfsregression die Variable x auf die Instrumentvariable z regressiert, wobei v_i eine Störgröße darstellt:

$$x_i = \pi_0 + \pi_1 z_i + v_i \qquad (5.80)$$

Die Regressionsgleichung 5.80 zerlegt x_i in die beiden Komponenten $\pi_0 + \pi_1 z_i$ und v_i. Dabei ist $\pi_0 + \pi_1 z_i$ diejenige exogene Komponente in x_i, die durch z_i erklärt wird. Da die z_i nicht mit den Störgrößen u_i korreliert sind, gilt dies auch für die Komponente $\pi_0 + \pi_1 z_i$. Diese kann daher für die zweite Stufe der TSLS-Schätzung weiterverwendet werden.

Da wir die Werte für die Parameter π_0 und π_1 nicht kennen, werden sie durch eine

KQ-Schätzung des Modells 5.80 ermittelt. Aus den geschätzten Koeffizienten $\hat{\pi}_0$ und $\hat{\pi}_1$ werden anschließend die angepassten Werte $\hat{x}_i$ berechnet:

$$\hat{x}_i = \hat{\pi}_0 + \hat{\pi}_1 z_i \tag{5.81}$$

Da die $\hat{x}_i$ nur von der exogenen Instrumentvariablen z abhängen, sind sie sicher nicht mit den Störgrößen u_i des obigen Regressionsmodells 5.77 korreliert.

Zweite Stufe: In der zweiten KQ-Schätzung werden die gefitteten Werte der ersten Stufe verwendet, um den Effekt von x auf y zu messen:

$$y_i = \alpha + \beta \hat{x}_i + w_i \tag{5.82}$$

Die Werte des Regressors x_i werden also durch die geschätzten Werte $\hat{x}_i$ der ersten Stufe ersetzt. Die KQ-Schätzung des Modells 5.82 liefert die IV-Schätzer $\hat{\alpha}^{IV}$ und $\hat{\beta}^{IV}$.

Wenn man auf die beschriebene Weise zweistufig vorgeht, erhält man zwar die korrekten, unverzerrten Koeffizienten, allerdings sind die Standardfehler der zweiten Stufe nicht korrekt, da diese die erste Stufe nicht berücksichtigen. Deshalb sollte man in allen Ökonometrieprogrammen, also auch in Gretl, die dort zur Verfügung gestellten Kommandos zur Schätzung von TSLS verwenden, da diese automatisch die korrekten Standardfehler liefern, weil bei deren Berechnung auf die Störgrößen des Ausgangsmodells u_i zurückgegriffen wird.

5.3.2.2. Eigenschaften der IV-Schätzer

In diesem Abschnitt werden wichtige Eigenschaften der IV-Schätzer hergeleitet und der Unterschied zu den OLS-Schätzern hervorgehoben. Im Anschluss erfolgt eine IV-Schätzung anhand eines konkreten Beispiels in Gretl. Die theoretisch hergeleiteten unterschiedlichen Eigenschaften von OLS- und IV-Schätzer werden abschließend anhand einer Gretl-Simulation veranschaulicht.

Berechnung der IV-Schätzer $\hat{\alpha}^{IV}$ und $\hat{\beta}^{IV}$

Bei der Herleitung der Formeln zur Berechnung der IV-Schätzer $\hat{\alpha}^{IV}$ und $\hat{\beta}^{IV}$ beziehen wir uns auf das einfache Regressionsmodell, in dem für den endogenen Regressor x genau eine Instrumentvariable vorliegt. Im Ergebnis ähneln sie den Formeln, die wir zur Berechnung der KQ-Schätzer kennengelernt haben.

$$\hat{\beta}^{IV} = \frac{\sum_{i=1}^{N}(z_i - \bar{z})(y_i - \bar{y})}{\sum_{i=1}^{N}(z_i - \bar{z})(x_i - \bar{x})} = \frac{S_{zy}}{S_{zx}} \tag{5.83}$$

$$\hat{\alpha}^{IV} = \bar{y} - \hat{\beta}^{IV}\bar{x} \tag{5.84}$$

Stellen wir zum Vergleich den IV-Schätzer $\hat{\beta}^{IV}$ dem OLS-Schätzer der Einfachregression gegenüber:

$$\hat{\beta}^{OLS} = \frac{\sum_{i=1}^{N}(x_i - \bar{x})(y_i - \bar{y})}{\sum_{i=1}^{N}(x_i - \bar{x})^2} = \frac{S_{xy}}{S_{xx}} \tag{5.85}$$

In der Formel zur Berechnung des IV-Schätzers $\hat{\beta}^{IV}$ wird also der Ausdruck $(x_i - \bar{x})$ durch den Ausdruck $(z_i - \bar{z})$ ersetzt.

Die Formel 5.83 zur Berechnung von $\hat{\beta}^{IV}$ lässt sich leicht beweisen, wenn man die Regressionsgleichung 5.82 der 2. Stufe der IV-Schätzung zum Ausgangspunkt nimmt. Dann lässt sich $\hat{\beta}^{IV}$ auch wie folgt berechnen, indem die Stichproben-Kovariation zwischen $\hat{x}_i$ und y_i durch die Variation der $\hat{x}_i$ dividiert wird:

$$\hat{\beta}^{IV} = \frac{S_{\hat{x}y}}{S_{\hat{x}\hat{x}}} = \frac{\sum_{i=1}^{N}\left(\hat{x}_i - \bar{\hat{x}}\right)(y_i - \bar{y})}{\sum_{i=1}^{N}\left(\hat{x}_i - \bar{\hat{x}}\right)^2} \tag{5.86}$$

Wir führen durch einige Umformungen den Nachweis, dass für die Kovariation $S_{\hat{x}y}$ gilt: $S_{\hat{x}y} = \hat{\pi}_1 S_{zy}$. Analog kann nachgewiesen werden, dass für die Variation der $\hat{x}_i$ gilt: $S_{\hat{x}\hat{x}} = \hat{\pi}_1 S_{zx}$. Daraus folgt unmittelbar die Darstellung 5.83 für den Schätzer $\hat{\beta}^{IV}$.

$$\begin{aligned}
S_{\hat{x}y} &= \sum_{i=1}^{N}\left(\hat{x}_i - \bar{\hat{x}}\right)(y_i - \bar{y}) = \sum_{i=1}^{N}\left(\hat{\pi}_0 + \hat{\pi}_1 z_i - \bar{\hat{x}}\right)(y_i - \bar{y}) \\
&= \left(\hat{\pi}_0 - \bar{\hat{x}}\right)\sum_{i=1}^{N}(y_i - \bar{y}) + \hat{\pi}_1 \sum_{i=1}^{N} z_i(y_i - \bar{y}) = \hat{\pi}_1 \sum_{i=1}^{N} z_i(y_i - \bar{y}) \\
&= \hat{\pi}_1 \sum_{i=1}^{N}(z_i - \bar{z} + \bar{z})(y_i - \bar{y}) = \hat{\pi}_1 \sum_{i=1}^{N}(z_i - \bar{z})(y_i - \bar{y}) + \sum_{i=1}^{N} \bar{z}(y_i - \bar{y}) \\
&= \hat{\pi}_1 S_{zy}
\end{aligned} \tag{5.87}$$

In den Abschnitten über die Unterdrückung relevanter Regressoren und das Auftreten von Messfehlern wurde gezeigt, dass in diesen Fällen die erklärenden Variablen mit den Störgrößen korrelieren und somit nicht unabhängig voneinander verteilt sind. Dies führt dazu, dass die KQ-Methode die wahren Parameter der Grundgesamtheit verzerrt schätzt. In kleineren Stichproben mit 10 bis 30 Beobachtungen ist die Varianz sowohl des KQ-Schätzers $\hat{\beta}^{KQ}$ als auch des IV-Schätzers $\hat{\beta}^{IV}$ noch recht hoch, sodass es zu größeren Abweichungen vom wahren Wert β in beiden Fällen kommen kann. Die bessere Qualität des IV-Schätzers zeigt sich bei sehr großen Stichproben, in denen beide Schätzer nur geringe Abweichungen von ihrem jeweiligen wahren Wert β aufweisen. Während der KQ-Schätzer $\hat{\beta}^{KQ}$ dem (verzerrten) Wahrscheinlichkeitsgrenzwert β^* (mit $\beta^* \neq \beta$) unterliegt, können wir für den IV-Schätzer $\hat{\beta}^{IV}$ nachweisen, dass er dem wahren Grenzwert β unterliegt. Diese (erwünschte) asymptotische Eigenschaft der Konsistenz des IV-Schätzers soll nun nachgewiesen und schließlich in einer Monte Carlo Simulation empirisch untermauert werden.

Konsistenz der IV-Schätzer

Zunächst soll gezeigt werden, dass der KQ-Schätzer nicht-konsistent ist, also den wahren Parameter β verzerrt schätzt. In der Einfachregression hatten wir die folgende Formel für den KQ-Schätzer $\hat{\beta}$ angegeben:

$$\hat{\beta}^{KQ} = \beta + \frac{\sum_{i=1}^{N}(x_i - \bar{x})u_i}{\sum_{i=1}^{N}(x_i - \bar{x})^2} \qquad (5.88)$$

Um den Wahrscheinlichkeitsgrenzwert (p-Limit) zu bestimmen, dividieren wir Zähler und Nenner durch (1/N) und bilden die Grenzwerte:

$$plim(\hat{\beta}^{KQ}) = \beta + \frac{plim\left(1/N\sum_{i=1}^{N}(x_i - \bar{x})u_i\right)}{plim\left(1/N\sum_{i=1}^{N}(x_i - \bar{x})^2\right)} = \beta + \frac{cov(x,u)}{var(x)} \neq \beta \qquad (5.89)$$

Wenn der Regressor x und die Störgröße u korreliert sind, gilt entweder $cov(x,u) < 0$ (Verzerrung nach unten) oder $cov(x,u) > 0$ (Verzerrung nach oben). Damit ist die Inkonsistenz des KQ-Schätzers $\hat{\beta}^{KQ}$ gezeigt. Falls keine Korrelation zwischen x_i und u_i existiert, ist $\hat{\beta}^{KQ}$ ein konsistenter Schätzer.

Um die asymptotischen Eigenschaften von $\hat{\beta}^{IV}$ aufzuzeigen, gehen wir von der Berechnungsvorschrift 5.83 aus und ersetzen im Zähler die abhängigen Variablen y_i und $\bar{y}$ durch die Regressionsterme $(\alpha + \beta x_i + u_i)$ bzw. $(\alpha + \beta \bar{x} + \bar{u})$.

$$\hat{\beta}^{IV} = \frac{\sum_{i=1}^{N}(z_i - \bar{z})([\alpha + \beta x_i + u_i] - [\alpha + \beta \bar{x} + \bar{u}])}{\sum_{i=1}^{N}(z_i - \bar{z})(x_i - \bar{x})} \qquad (5.90)$$

$$= \frac{\sum_{i=1}^{N}(\beta(z_i - \bar{z})(x_i - \bar{x}) + (z_i - \bar{z})(u_i - \bar{u}))}{\sum_{i=1}^{N}(z_i - \bar{z})(x_i - \bar{x})} \qquad (5.91)$$

$$= \beta + \frac{\sum_{i=1}^{N}(z_i - \bar{z})(u_i - \bar{u})}{\sum_{i=1}^{N}(z_i - \bar{z})(x_i - \bar{x})} \qquad (5.92)$$

Aus 5.92 ist ersichtlich, dass der IV-Schätzer aus dem wahren Wert β und einer additiven Größe besteht, die den Fehlerterm $(u_i - \bar{u})$ enthält. Dividieren wir Zähler und Nenner durch N und betrachten den Wahrscheinlichkeitsgrenzwert (plim), dann ergibt sich:

$$plim(\hat{\beta}^{IV}) = \beta + \frac{plim\left(1/N\sum_{i=1}^{N}(z_i - \bar{z})(u_i - \bar{u})\right)}{plim\left(1/N\sum_{i=1}^{N}(z_i - \bar{z})(x_i - \bar{x})\right)} \qquad (5.93)$$

$$= \beta + \frac{cov(z,u)}{cov(z,x)} \qquad (5.94)$$

Die Gleichung 5.94 erlaubt eine Einschätzung, wann eine Instrumentvariable als brauchbar oder als schwach einzustufen ist und damit besser auf sie verzichtet werden sollte. Ein geeigneter Test dazu wird später vorgestellt. Als schwach ist eine Instrumentvariable z vor allem dann einzustufen, wenn die Korrelation zwischen z und dem endogenen Regressor sehr gering ist, also in der Nähe von Null liegt. Falls die empirische Entsprechung einer endlichen Stichprobe eine, wenn auch sehr geringe, Korrelation zwischen der IV-Variablen z und der Störgröße u aufweist, kann sich die Situation ergeben, dass die Verzerrung des IV-Schätzers $\hat{\beta}^{IV}$ unter Umständen höher ausfällt als die Verzerrung des KQ-Schätzers $\hat{\beta}^{KQ}$.

Einen unverzerrten IV-Schätzer $\hat{\beta}^{IV}$ des wahren Parameters β erhalten wir also nur dann, wenn $cov(z, u) = 0$ gilt.

Über die Verteilung des IV-Schätzers in kleinen Stichproben sind keine belastbaren Aussagen möglich, in großen Stichproben allerdings konvergiert $\hat{\beta}^{IV}$ gegen eine Normalverteilung mit dem Mittelwert β und der Varianz $\sigma^2_{\hat{\beta}^{IV}}$.

Für eine gegebene Stichprobe lässt sich die Varianz des IV-Schätzers wie folgt berechnen:

$$\widehat{var}\left(\hat{\beta}^{IV}\right) = \frac{\hat{\sigma}^2_u}{\sum_{i=1}^{N}(x_i - \bar{x})^2} \cdot \frac{1}{r^2_{xz}} = \frac{\hat{\sigma}^2_u}{S_{xx}} \cdot \frac{1}{r^2_{xz}} \tag{5.95}$$

Dabei stellt r_{xz} den Korrelationskoeffizienten zwischen x und seinem Instrument z dar. Die Varianz der Residuen ist durch die Formel

$$\hat{\sigma}^2_u = \frac{S^{IV}_{\hat{u}\hat{u}}}{N - 2} \tag{5.96}$$

gegeben und stellt einen konsistenten Schätzer der Störgrößenvarianz σ^2_u dar. Die Formeln verraten uns auch, dass die Varianz des IV-Schätzers gegen den Grenzwert 0 konvergiert, wenn der Stichprobenumfang N zunimmt.

Die der geschätzten Varianz zugrunde liegenden Residuen werden gemäß der Formel

$$\hat{u}_i = y_i - \hat{\alpha}^{IV} - \hat{\beta}^{IV} x_i \tag{5.97}$$

ermittelt.

Lassen wir den zweiten Faktor $1/r^2_{xz}$ für den Augenblick außer acht, dann entspricht der erste Bruch aus Gleichung 5.95 der Varianz des KQ-Schätzers $\hat{\beta}^{KQ}$. Der IV-Schätzer wird daher eine höhere Varianz aufweisen als der KQ-Schätzer, da der Korrelationskoeffizient r_{xz} bei einer positiven Korrelation zwischen 0 und 1 liegt und damit der Faktor $1/r^2_{xz}$ größer als 1 ist. Liegt ein sogenanntes *schwaches Instrument* vor, sodass die Korrelation zwischen x und seinem Instrument nahe bei Null liegt, dann steigt die Varianz des IV-Schätzers rasant an.

IV-Schätzung mit Gretl

Beispiel   Um eine IV-Schätzung mit Gretl durchzuführen, wird ein Dataset verwendet, das aus dem Autorenreiter *POE 4th ed.* geladen werden kann.

Die Daten beziehen sich auf eine Querschnittserhebung von 1976 in Bezug auf den Stundenlohn von Frauen. Im Jahr zuvor wurden 753 Beobachtungen erhoben, wobei 428 Frauen

mit einem positiven Einkommen sowie 325 Frauen ohne Einkommen zum Beobachtungs-
umfang gehörten. Die Daten wurden von Professor Mroz zur Verfügung gestellt. Bei der
Untersuchung beschränken wir uns auf die 428 Beobachtungen, in denen die Frauen positive
Einkommen erzielten.

Für unser Beispiel konzentrieren wir uns besonders auf folgende Variablen des Datasets
mroz.gdt:

wage = Stundenlohn der Frau
educ = Ausbildungsdauer der Frau in Jahren
heduc = Ausbildungsdauer des Ehemanns in Jahren

Basierend auf der Stichprobe von 428 Frauen soll der Effekt der Ausbildungsdauer auf deren Gehalt untersucht werden. Die Werte der Variablen *wage* werden logarithmiert und als
abhängige Variable festgelegt:

$$l\_wage_i = \alpha + \beta educ_i + u_i \qquad (5.98)$$

Die KQ-Schätzung des Modells des Modells 5.98 liefert folgendes Ergebnis:

Modell 1: KQ, benutze die Beobachtungen 1–428
Abhängige Variable: l_wage
Heteroskedastizitäts-robuste Standardfehler, Variante HC1

	Koeffizient	Std. Fehler	t-Quotient	p-Wert
const	−0,185197	0,170748	−1,085	0,2787
educ	0,108649	0,0134153	8,099	0,0000

Mittel d. abh. Var.	1,190173	Stdabw. d. abh. Var.	0,723198
Summe d. quad. Res.	197,0010	Stdfehler d. Regress.	0,680032
R^2	0,117883	Korrigiertes R^2	0,115812
$F(1,426)$	65,59137	P-Wert(F)	5,90e−15

Aus den p-Werten ergibt sich, dass es einen signifikanten positiven Einfluss der Variablen
educ auf den Stundenlohn gibt. Jedes zusätzliche Jahr an Ausbildungsdauer erhöht den Stundenlohn um etwa 10,9%.

Wenn wir die Vermutung einer Endogenität der Variablen *educ* haben, weil in den Störgrößen weitere Einflussfaktoren auf den Stundenlohn versteckt sind, die mit der Ausbildungsdauer korrelieren (z.B. Begabung und Flexibilität), dann sollte eine geeignete Instrumentvariable
für *educ* gesucht werden. Diese darf nicht mit den Störgrößen korreliert sein. Wir entscheiden
uns für *heduc*, weil zu vermuten ist, dass die Bildungsstände bei Ehepaaren hoch miteinander
korrelieren und *heduc* unabhängig von den Störgrößen des Modells 5.98 ist. In der ersten
Stufe regressieren wir *educ* auf sein Instrument *heduc*:

$$educ_i = \pi_0 + \pi_1 heduc_i + v_i \qquad (5.99)$$

Die KQ-Schätzung der ersten Stufe liefert die angepassten Werte $\widehat{educ}_i$, die mit Hilfe der KQ-Schätzer $\hat{\pi}_0$ und $\hat{\pi}_1$ berechnet werden. Die Werte $\widehat{educ}_i$ werden in der zweiten Stufe für die Schätzung von l_wage_i verwendet:

$$l\_wage_i = \alpha + \beta \widehat{educ}_i + w_i \tag{5.100}$$

In Gretl kann zur Durchführung der IV-Schätzung das folgende Skript gestartet werden.

```
ols educ const heduc      /* Erste Stufe IVS */
series educ_hat = $yhat
ols l_wage const educ_hat  /* Zweite Stufe IVS */
```

Das Ergebnis der ersten OLS-Schätzung zeigt, dass die Ausbildungszeit des Ehemanns einen signifikanten Einfluss auf *educ* hat:

Modell 2: KQ, benutze die Beobachtungen 1–428
Abhängige Variable: educ
Heteroskedastizitäts-robuste Standardfehler, Variante HC1

	Koeffizient	Std. Fehler	t-Quotient	p-Wert
const	7,01468	0,418251	16,77	0,0000
heduc	0,447520	0,0330748	13,53	0,0000

Die angepassten Werte $\widehat{educ}_i$ werden mit Hilfe der Funktion $yhat bereitgestellt und in der Variablen *educ_hat* gespeichert. Anschließend erfolgt eine Regression von *l_wage* auf die angepassten Werte *educ_hat*.

Modell 3: KQ, benutze die Beobachtungen 1–428
Abhängige Variable: l_wage
Heteroskedastizitäts-robuste Standardfehler, Variante HC1

	Koeffizient	Std. Fehler	t-Quotient	p-Wert
const	0,121309	0,319848	0,3793	0,7047
educ_hat	0,0844359	0,0253892	3,326	0,0010

Die Regression von *l_wage* auf den exogenen Anteil von *educ* führt zu einer Verringerung der Schätzung des Steigungsparameters von *educ*. Er ist von $10,9\%$ auf $8,44\%$ gesunken. Das Ergebnis legt nahe, dass die OLS-Schätzung zu hoch ausfällt.

Um die TSLS-Schätzung mit Hilfe der grafischen Oberfläche auszuführen, wird der Menüeintrag *Modell/Instrumentvariablen/Zweistufige Kleinstquadrate(TSLS)* selektiert. In dem ausgegebenen Modellspezifikationsfenster werden die abhängige Variable, die Regressoren und die Instrumentvariablen aus der linken Variablenliste des Datasets ausgewählt, siehe Abbildung 5.27. Als Instrument wird *heduc* aus der linken Variablenliste übertragen.

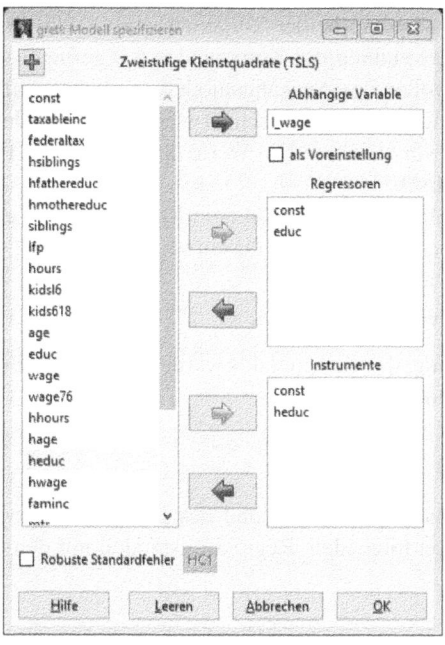

Abb. 5.27.: Spezifikationsfenster für TSLS-Schätzung

Nach Bestätigung der Spezifikation (*OK*) erzeugt Gretl folgende (leicht gekürzte) Ausgabe:

Modell 1: TSLS, benutze die Beobachtungen 1–428
Abhängige Variable: l_wage
instrumentiert: educ
Instrumente: const heduc

	Koeffizient	Std. Fehler	t-Quotient	p-Wert
const	0,121309	0,309480	0,3920	0,6953
educ	0,0844359	0,0243084	3,474	0,0006

Mittel d. abh. Var.	1,190173	Stdabw. d. abh. Var.	0,723198
Summe d. quad. Res.	198,3085	Stdfehler d. Regress.	0,682285
R^2	0,117883	Korrigiertes R^2	0,115812
$F(1,426)$	12,06537	P-Wert(F)	0,000566

Hausman-Test –
Nullhypothese: KQ-Schätzungen sind konsistent
Asymptotische Teststatistik: $\chi^2(1) = 1{,}5571$
mit p-Wert = 0,21209

Test auf schwache Instrumente –
F-Statistik der ersten Stufe $F(1,426) = 232{,}672$

Beim Vergleich der Ergebnisse beider Vorgehensweisen fällt insbesondere auf, dass die Standardfehler bei der Verwendung des Kommandos *tsls* geringer ausfallen, weil dabei korrekterweise auf die Störgrößen des Ausgangsmodells zurückgegriffen wird. Weil im obigen Gretl-Skript die Standardfehler falsch berechnet werden, ist in jedem Fall die von Gretl angebotene TSLS-Methode vorzuziehen! Die Werte der geschätzten Parameter sind bei beiden Verfahren allerdings identisch.

Die gleiche Ausgabe können wir auch mit dem Kommando *tsls* erzielen. Nach dem Semikolon wird die Konstante *const*, die immer als ein valides Instrument anzusehen ist, sowie die Instrumentvariable *heduc* angegeben.

```
tsls l_wage const educ; const heduc
```

Die weitere Ausgestaltung des Kommandos werden wir bei der Besprechung des allgemeinen IV Regressionsmodells kennenlernen.

Monte Carlo Simulation

Um die Eigenschaften des KQ-Schätzers und des IV-Schätzers in einer Simulation zu demonstrieren, gehen wir von folgendem Regressionsmodell mit den Parameterwerten $\alpha = 10$ und $\beta = 5$ aus:

$$y_i = 10 + 5x_i + u_i \tag{5.101}$$

Um eine Korrelation des Regressors x mit dem Fehlerterm u herbeizuführen, wird folgende Abhängigkeit definiert:

$$x_i = 2z_i + 0.5w_i + u_i \tag{5.102}$$

In Gleichung 5.102 stellen z und w Variablen und u den Fehlerterm des Modells 5.101 dar. Für die beiden Variablen sowie den Fehlerterm erzeugen wir unabhängig voneinander Werte mit dem Zufallsgenerator, die der Standardnormalverteilung mit dem Mittelwert 0 und der Varianz 1 folgen. Die Variablen z und w sind geeignete Instrumentvariablen für den endogenen Regressor x, da beide unabhängig vom Fehlerterm u verteilt sind. Bezüglich der Anzahl der Werte betrachten wir zwei Stichprobenumfänge: $N = 50$ und $N = 500$. Damit ist es möglich, das Verhalten des KQ-Schätzers und des IV-Schätzers bei einem kleinen und einem großen Stichprobenumfang zu vergleichen. Um sich ein Bild über die Verteilung der KQ-Schätzer bzw. IV-Schätzer machen zu können, werden für jede Stichprobengröße 1000 Ziehungen durchgeführt. Bei jeder einzelnen Ziehung werden die Werte der Variablen z und w sowie des Fehlerterms u generiert, die Werte von y berechnet und anschließend eine OLS-Schätzung beziehungsweise zweistufige IV-Schätzung des Modells 5.101 vorgenommen. Nach jeder Ziehung werden die geschätzten Parameter in einer Variablen zwischengespeichert.

Wir betrachten zunächst die Verteilung der Werte des geschätzten Steigungsparameters $\hat{\beta}$ in den Abbildungen 5.28 und 5.29. Sie sind das Ergebnis der verzerrten KQ-Schätzung für die Stichprobengrößen $N = 50$ und $N = 500$. Die besondere Aufmerksamkeit ist dabei auf den Mittelwert und die Varianz zu richten.

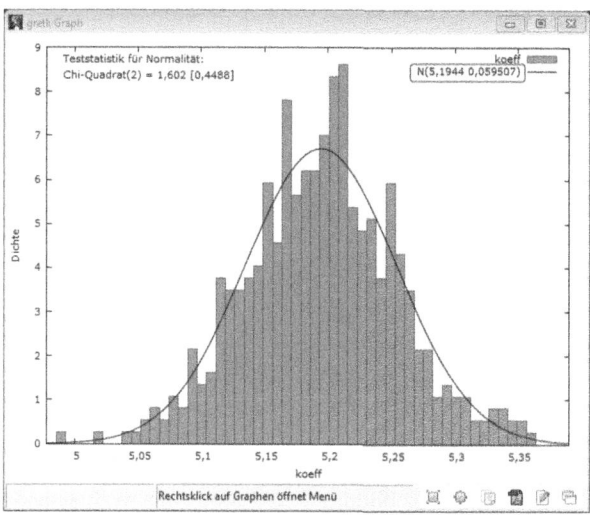

Abb. 5.28.: Simulation KQ-Schätzung bei Endogenität des Regressors – Stichprobe $N = 50$

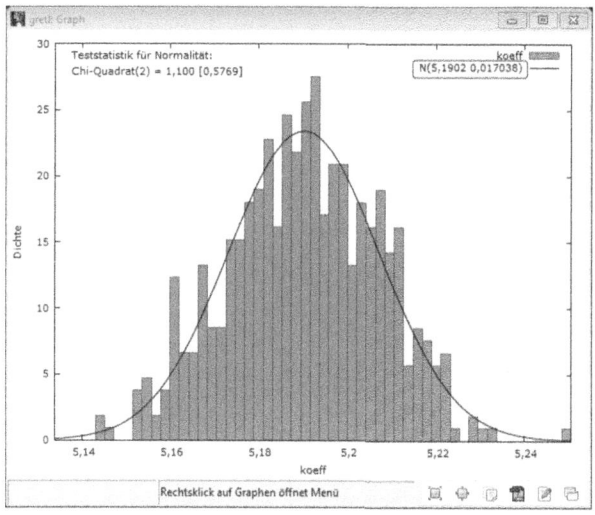

Abb. 5.29.: Simulation KQ-Schätzung bei Endogenität des Regressors – Stichprobe $N = 500$

Für beide Stichprobengrößen liegt der Mittelwert von $\hat{\beta}$ etwa bei 5,19 und damit 0,19 oberhalb des wahren Wertes, den wir mit $\beta = 5$ vorgegeben haben. Obwohl sich beide Stichprobenumfänge um den Faktor 10 unterscheiden, liegen die Mittelwerte sehr nahe beieinander bzw. unterscheiden sich kaum. Vergleicht man hingegen die Varianzen miteinander, so fallen deutliche Unterschiede ins Auge. Die Varianz im Fall $N = 50$ ist etwa 3 bis 4mal so hoch wie im Fall $N = 500$ (0,059 gegenüber 0,017). Die Chi-Quadrat-Statistik zur Messung der Normalität der Verteilung weist in beiden Fällen einen p-Wert weit über 5% aus, sodass die Nullhypothese, die davon ausgeht, dass eine Normalverteilung vorliegt, angenommen werden kann.

Betrachten wir nun die Simulationsergebnisse der zweistufigen IV-Schätzung in den Abbildungen 5.30 und 5.31, so können wir wichtige Unterschiede zu den OLS-Schätzungen feststellen.

Der sehr niedrige p-Wert (= 0,0072) der Chi-Quadrat-Teststatistik weist darauf hin, dass für die Stichprobengröße $N = 50$ die Feststellung zu terffen ist, dass der IV-Schätzer $\hat{\beta}^{IV}$ nicht normalverteilt ist. Dies bestätigt auch der Blick auf das Histogramm in Abbildung 5.30, das eine rechtsschiefe Häufigkeitsverteilung andeutet. Der Mittelwert der IV-Schätzer liegt allerdings recht nahe an dem vorgegebenen, wahren Wert von $\beta = 5$ und weist lediglich eine geringfügige Verzerrung von 0,0024 auf.

Die Erhöhung des Stichprobenumfangs auf $N = 500$ führt zu einer weiteren Verbesserung des Mittelwerts auf 5,0012 (siehe Abbildung 5.31), sodass der Wahrscheinlichkeitsgrenzwert (plim) noch genauer getroffen wird. Außerdem weist die Chi-Quadrat-Statistik mit einem p-Wert von 0,8474 darauf hin, dass die IV-Schätzer recht gut durch eine Normalverteilung angenähert werden können.

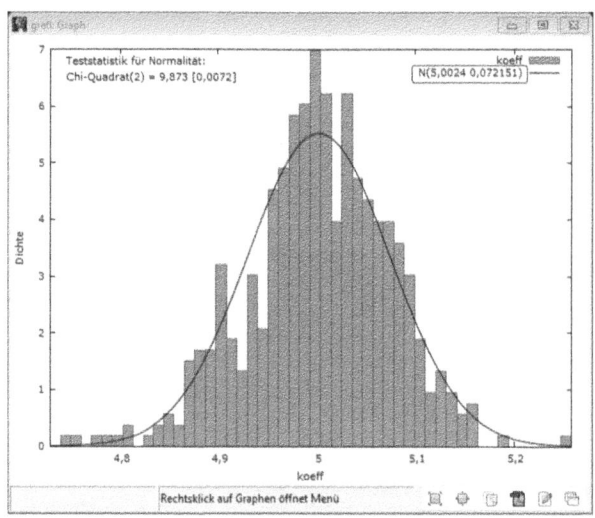

Abb. 5.30.: Simulation IV-Schätzung bei Endogenität des Regressors-Stichprobe $N = 50$

Die Simulationen der IV-Schätzungen in den Abbildungen 5.30 und 5.31 zeigen also, dass bei wachsendem Stichprobenumfang die Mittelwerte der Parameterschätzer gegen den wahren Wert streben und damit zunehmend unverzerrt sind. Außerdem nimmt die Schiefe der Verteilung ab und nähert sich der Normalverteilung.

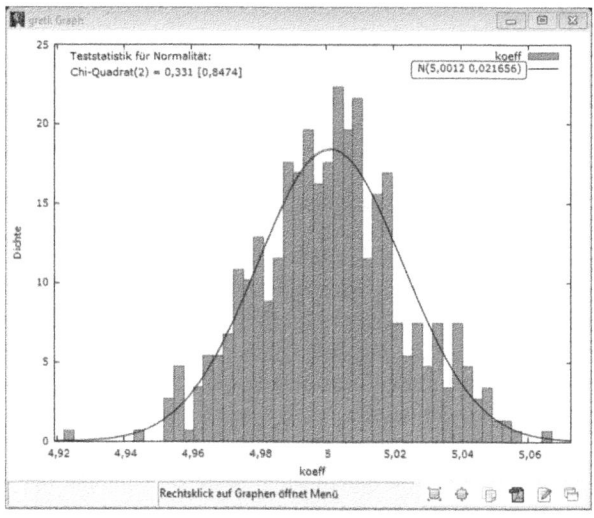

Abb. 5.31.: Simulation IV-Schätzung bei Endogenität des Regressors-Stichprobe N=500

Eine weitere Besonderheit betrifft die Varianz der Verteilung der IV-Schätzer. Vergleicht man sie mit den korrespondierenden Varianzen der KQ-Schätzer, so fällt auf, dass die Varianzen der IV-Schätzer größer ausfallen. Diese Beobachtung leitet sich aus der Formel 5.95 ab, in der die Varianz des KQ-Schätzers durch den Faktor $(1/r_{xz}^2)$ korrigiert wird, der größer als 1 ist.

Die IV-Schätzung ist, wie das Beispiel und die durchgeführten Simulationen gezeigt haben, eine sehr gute und angemessene Methode, bei vermuteter Endogenität des Regressors genauere Schätzergebnisse zu erhalten. Dies ist insbesondere dann der Fall, wenn eine hohe Zahl von Beobachtungen vorliegt.

Der nächste Abschnitt behandelt die Frage, wie eine IV-Schätzung auch bei einem multiplen Regressionsmodell mit mehreren Regressoren durchzuführen und wie ein solches Verfahren in Gretl umzusetzen ist. Ein weiterer Aspekt ergibt sich aus der Tatsache, dass es für einen (endogenen) Regressor mehrere Instrumentvariablen geben kann.

5.3.2.3. Das allgemeine IV-Regressionsmodell

Die IV-Schätzmethode kann auch auf allgemeine Modelle mit mehreren endogenen Regressoren angewendet werden.

Zur Unterscheidung von exogenen und endogenen Regressoren führen wir ein hochgestelltes *ex* oder *en* für den entsprechenden Regressor x ein:

$$y = \alpha + \beta_1 x_1^{en} + \beta_2 x_2^{en} + ... + \beta_r x_r^{en} + \beta_{r+1} x_1^{ex} + \beta_{r+2} x_2^{ex} + ... + \beta_{r+s} x_s^{ex} + u \qquad (5.103)$$

Das allgemeine IV Regressionsmodell 5.103 beinhaltet verschiedene Typen von Variablen:

- Die abhängige Variable y

- Die r endogenen Regressoren $x_1^{en}, ..., x_r^{en}$, die mit der Störgröße u korreliert sind

- Die s exogenen Regressoren $x_1^{ex}, ..., x_s^{ex}$, die mit der Störgröße u nicht korreliert sind

- Die q verschiedenen Instrumentvariablen $z_1, ..., z_q$

Besondere Aufmerksamkeit ist dem Verhältnis der Anzahl q der Instrumentvariablen zur Anzahl r der endogenen Variablen zu widmen. Dabei gilt folgender Zusammenhang: Die Regressionskoeffizienten werden als *genau identifiziert* bezeichnet, wenn die Anzahl der Instrumente der Anzahl der endogenen Variablen entspricht, also $q = r$. Die Koeffizienten sind *überidentifiziert*, wenn die Anzahl der Instrumente die Anzahl der endogenen Regressoren übersteigt, also $q > r$. Sie sind *unteridentifiziert*, wenn es weniger Instrumente als endogene Regressoren gibt, also $q < r$. Bei einer Unteridentifizierung ist keine IV-Schätzung möglich. Eine genaue Identifizierung ermöglicht die direkte Berechnung der IV-Schätzer durch Anwendung der Matrixalgebra. Bei einer Überidentifizierung muss auf jeden Fall eine zweistufige Schätzung (TSLS) durchgeführt werden, die in der ersten Stufe dafür sorgt, dass die exogene Komponente der endogenen Regressoren isoliert wird.

Wie im Fall der Einfachregression wird die TSLS-Schätzung auch im Modell der Mehrfachregression in zwei Stufen durchgeführt. Betrachten wir zum Beispiel das Modell

$$y = \alpha + \beta_1 x_1 + \beta_2 x_2 + \beta_3 x_3 + \beta_4 x_4 + u \tag{5.104}$$

in dem x_1 und x_2 endogene und x_3 sowie x_4 exogene Regressoren darstellen. Um für dieses Modell eine IV-Schätzung durchführen zu können, benötigen wir **mindestens** zwei Instrumentvariablen (zum Beispiel z_1 für x_1 und z_2 für x_2), die nicht im Modell enthalten und hochgradig mit x_1 bzw. x_2, aber nicht mit der Störgröße u korreliert sind. Dann können wir in der **ersten Stufe** jede endogene Variable auf **alle** Instrumente und die restlichen exogenen Variablen des Modells regressieren:

$$x_1 = \pi_0 + \pi_1 z_1 + \pi_2 z_2 + \pi_3 x_3 + \pi_4 x_4 + v_1 \tag{5.105}$$
$$x_2 = \delta_0 + \delta_1 z_1 + \delta_2 z_2 + \delta_3 x_3 + \delta_4 x_4 + v_2 \tag{5.106}$$

Es ist wichtig, dass die Instrumentvariablen z_1 und z_2 in beiden (!) reduzierten Modellen der Gleichungen 5.105 und 5.106 vorkommen. Für jede Gleichung kann dann ein F-Test mit der Nullhypothese $H_0 : \pi_1 = 0$ und $\pi_2 = 0$ sowie $H_0 : \delta_1 = 0$ und $\delta_2 = 0$ durchgeführt werden. Können auf der Basis dieses Tests beide Nullhypothesen abgelehnt werden, dann sind z_1 und z_2 brauchbare Kandidaten für eine IV-Schätzung des Modells 5.104.

Dabei sind die Störgrößen v_1 und v_2 nicht mit den erklärenden Variablen korreliert. Die KQ-Schätzungen von 5.105 und 5.106 liefern die gefitteten Werte $\hat{x}_1$ und $\hat{x}_2$:

$$\hat{x}_1 = \hat{\pi}_0 + \hat{\pi}_1 z_1 + \hat{\pi}_2 z_2 + \hat{\pi}_3 x_3 + \hat{\pi}_4 x_4 \tag{5.107}$$
$$\hat{x}_2 = \hat{\delta}_0 + \hat{\delta}_1 z_1 + \hat{\delta}_2 z_2 + \hat{\delta}_3 x_3 + \hat{\delta}_4 x_4 \tag{5.108}$$

In der zweiten Stufe werden die gefitteten Werte aus 5.107 und 5.108 für die KQ-Schätzung des Modells 5.104 verwendet:

$$y = \alpha + \beta_1 \hat{x}_1 + \beta_2 \hat{x}_2 + \beta_3 x_3 + \beta_4 x_4 + w \qquad (5.109)$$

Da nun alle vier Regressoren exogen, also nicht mit der Störgröße korreliert sind, erhalten wir aus einer gewöhnlichen KQ-Schätzung konsistente IV-Schätzer $\hat{\alpha}^{IV}$, $\hat{\beta}_1^{IV}$ bis $\hat{\beta}_4^{IV}$.

Die beiden Stufen der IV-Schätzung setzt das folgende Gretl-Skript um:

```
ols x1 const z1 z2 x3 x4    /* Erste Stufe IVS */
series x1_hat = $yhat
ols x2 const z1 z2 x3 x4
series x2_hat = $yhat
ols y const x1_hat x2_hat x3 x4    /* Zweite Stufe IVS */
```

Mit dem Kommando *tsls* lässt sich eine IV-Schätzung mit mehreren endogenen Regressoren und mehreren Instrumenten noch leichter realisieren. Bezogen auf das obige Beispiel werden die IV-Schätzer mit dem folgenden Kommando ermittelt:

```
tsls y const x1 x2 x3 x4; const z1 z2 x3 x4
```

Hinter der Angabe des Semikolon werden die Konstante *const*, die Instrumentvariablen und die exogenen Regressoren des Modells aufgelistet.

Beispiel Wir kommen auf den Datensatz *mroz.gdt* zurück und stellen die plausible Vermutung an, dass neben der Ausbildungsdauer *educ* auch die Dauer der Berufstätigkeit in Jahren (*exper*) einen Einfluss auf den Stundenlohn hat. Damit erhalten wir ein Modell mit zwei Regressoren:

$$l\_wage_i = \alpha + \beta_1 educ_i + \beta_2 exper_i + u_i \qquad (5.110)$$

Die KQ-Schätzung des Modells liefert folgendes Ergebnis:

Modell 2: KQ, benutze die Beobachtungen 1–428
Abhängige Variable: l_wage
Heteroskedastizitäts-robuste Standardfehler, Variante HC1

	Koeffizient	Std. Fehler	t-Quotient	p-Wert
const	−0,400174	0,182819	−2,189	0,0291
educ	0,109489	0,0133353	8,210	0,0000
exper	0,0156736	0,00408097	3,841	0,0001

Mittel d. abh. Var.	1,190173	Stdabw. d. abh. Var.	0,723198
Summe d. quad. Res.	190,1950	Stdfehler d. Regress.	0,668968
R^2	0,148358	Korrigiertes R^2	0,144350
$F(2,425)$	40,12862	P-Wert(F)	1,09e–16

Unter Konstanthaltung der Variablen *exper* erbringt eine zusätzliche Ausbildungsdauer von einem Jahr einen um 10,9% höheren Lohn. Jedes zusätzliche Jahr Berufstätigkeit erbringt eine Steigerung um 1,5%.

Ausgehend von einer vermuteten Endogenität des Regressors *educ* liegt es nahe, dass der Ausbildungsstand der Eltern die schulische Karriere der Tochter stark beeinflusst, sodass wir die Variablen *mothereduc* (Ausbildungsgrad der Mutter) und *fathereduc* (Ausbildungsgrad des Vaters) als Instrumente auszuwählen. In der Tat lassen sich aus der Korrelationsmatrix, in der Gretl die Beziehungen der Variablen des Datasets ablegt, folgende Korrelationskoeffizienten ablesen: corr(*educ*,*mothereduc*) = 0,4353 und corr(*educ*,*fathereduc*) = 0,4425. Dies bedeutet, dass beide Variablen mit der Variablen *educ* recht hoch korreliert sind, sodass die Relevanzbedingung erfüllt ist. Andererseits sollte der Bildungsgrad der Eltern nicht mit den Störgrößen korrelieren. Diese Forderung scheint gesichert, da nicht davon auszugehen ist, dass es weitere Einflussfaktoren auf die Gehaltshöhe gibt, die mit der Ausbildung der Eltern korrelieren. Als weitere Instrumentvariable wird der Ausbildungsstand des Ehegatten ausgewählt (*heduc*).

Wenn wir geeignete Instrumentvariablen für einen endogenen Regressor finden wollen, ist es wichtig zu beurteilen, ob die gefundenen Instrumentvariablen eine spürbare Korrelation mit dem Regressor aufweisen. Die oben angegebenen Werte der Korrelationskoeffizienten geben zwar einen ersten Hinweis, aber einen statistischen Test können wir durchführen, indem wir auf die erste Stufe der TSLS-Schätzung zurückgreifen und eine Regression der endogenen Variablen auf alle Instrumentvariablen und die exogenen Variablen des Ausgangsmodells durchführen:

$$educ_i = \pi_0 + \pi_1 mothereduc_i + \pi_2 fathereduc_i + \pi_3 heduc_i + \pi_4 exper_i + u_i \qquad (5.111)$$

In der Praxis hat sich folgendes Kriterium durchgesetzt: Wenn sich für diese Hilfsregression in einem F-Test der Nullhypothese

$$H_0 : \pi_1 = \pi_2 = \pi_3 = 0 \qquad (5.112)$$

ein F-Wert von unter 10 ergibt, dann sollten die verwendeten Instrumentvariablen als schwach eingestuft werden (Faustregel). Das folgende Skript untersucht, ob die Instrumentvariablen *mothereduc* ($= z_1$), *fathereduc* ($= z_2$) und *heduc* ($= z_3$) als schwache Instrumente für *educ* einzustufen sind.

```
ols educ const mothereduc fathereduc heduc exper /* Hilfsr. 1.Stufe */
omit mothereduc fathereduc heduc
```

Mit dem Kommando *omit* wird untersucht, ob durch das Weglassen der drei Instrumentvariablen eine Verbesserung der Modellschätzung zu erreichen ist. Gretl gibt zusätzlich zu den (hier nicht wiedergegebenen) Modellschätzungen den Hinweis aus:

Nullhypothese: Die Regressionskoeffizienten sind Null für die Variablen
mothereduc, fathereduc, heduc
Teststatistik: F(3, 423) = 105,499, p-Wert 5,29386e-051
Das Weglassen von Variablen verbesserte 0 von 3 Informationskriterien.

Wie der oben stehende Output beweist, muss die Nullhypothese, dass die Parameter von *mothereduc*, *fathereduc* und *heduc* alle 0 sind, aufgrund des sehr hohen F-Werts von 105,499 abgelehnt werden, weil er weit über dem Wert 10 liegt. Es liegen also **keine** schwachen Instrumente vor.

IV-Schätzung des Modells

Die Variablen der IV-Schätzung des Modells 5.110 werden im Modellspezifikationsfenster festgelegt, das bereits vorgestellt wurde (siehe Abbildung 5.27). Es werden die abhängige Variable, die Regressoren und die Instrumente durch Auswahl aus der linken Variablenliste spezifiziert. Als Instrumente werden neben der Konstanten *const* die Instrumentvariablen *mothereduc*, *fathereduc* und *heduc* sowie der exogene Regressor *exper* übertragen.

Wird das Fenster mit *ok* bestätigt, erzeugt Gretl den folgenden TSLS-Output:

Modell 1: TSLS, benutze die Beobachtungen 1–428
Abhängige Variable: l_wage
instrumentiert: educ
Instrumente: const mothereduc fathereduc heduc exper
Heteroskedastizitäts-robuste Standardfehler, Variante HC1

	Koeffizient	Std. Fehler	t-Quotient	p-Wert
const	−0,0733783	0,289230	−0,2537	0,7998
educ	0,0837874	0,0220381	3,802	0,0002
exper	0,0155627	0,00410563	3,791	0,0002

Mittel d. abh. Var.	1,190173	Stdabw. d. abh. Var.	0,723198
Summe d. quad. Res.	191,6678	Stdfehler d. Regress.	0,671553
R^2	0,146444	Korrigiertes R^2	0,142427
$F(2,425)$	13,56637	P-Wert(F)	1,94e–06

Hausman-Test –
Nullhypothese: KQ-Schätzungen sind konsistent
Asymptotische Teststatistik: $\chi^2(1) = 2,49433$
mit p-Wert = 0,114257

Sargans Überidentifikationstest –
Nullhypothese: all Instrumente sind valide
Teststatistik: LM = 1,01045
mit p-Wert = $P(\chi^2(2) > 1,01045) = 0,603371$

Test auf schwache Instrumente –
First-stage $F(3,423) = 107,477$
Ein Wert < 10 könnte auf schwache Instrumente hinweisen

Die folgende Tabelle stellt die Parameterschätzungen der OLS-Schätzung denen der TSLS-Schätzung gegenüber.

Schätzer	const	educ	exper
OLS (*p-Wert*)	-0,4001 (*0,0291*)	0,1094 (*2,67e–015*)	0,0156 (*0,0001*)
TSLS (*p-Wert*)	-0,0733 (*0,7998*)	0,0837 (*0,0002*)	0,0155 (*0,0002*)

Tabelle 5.3.: Vergleich der IV-Schätzer und KQ-Schätzer

Der Vergleich beider Schätzer ergibt, dass sich der Einfluss des Regressors *educ* auf das Gehalt um etwa 2,5% verringert hat, denn die TSLS-Schätzung liefert nun einen Wert von 8,37%. Der Einfluss des Regressors *exper* ist in etwa gleich geblieben. Die Schätzwerte sind weiterhin hoch signifikant. Inwieweit das Ausmaß der Endogenität der unabhängigen Variablen *educ* durch die hier gewählten Instrumentvariablen tatsächlich verringert werden konnte, lässt sich nicht ermessen. Es ist jedoch davon auszugehen, dass durch die Maßnahme eine bessere Annäherung an die wahren Parameterwerte β_1 und β_2 erreicht werden konnte. Voraussetzung dafür ist allerdings, dass die ausgewählten Instrumentvariablen gewisse Gütekriterien erfüllen. Ob eine TSLS-Schätzung unter Umständen bessere Ergebnisse erzielt als eine OLS-Schätzung, kann an Hand von drei Tests beurteilt werden, die Gretl im Anschluss ausgibt (siehe oben). Auf diese Tests wird im nächsten Abschnitt eingegangen.

Die oben wiedergegebenen Ergebnisse der TSLS-Schätzung lassen sich auch mit dem Kommando *tsls* erzielen, das nach dem Semikolon alle Instrumente und die exogenen Regressoren des Modells enthält.

```
tsls l_wage const educ exper; const mothereduc fathereduc heduc exper
```

5.3.2.4. Test der Instrumente und Hausman-Test

In der Praxis ist es nicht immer einfach, geeignete Instrumentvariablen zu finden. Der Anwender(in) stehen aber Tests zur Verfügung, mit denen die Eignung der gewählten Instrumentvariablen überprüft werden kann. Die Tests nehmen die beiden oben beschriebenen Haupteigenschaften von Instrumentvariablen in den Blick: Relevanz und Exogenität.

Es ist ebenfalls wichtig sicherzustellen, dass angeblich endogene Regressoren diese Eigenschaft auch wirklich besitzen. Die von Gretl durchgeführte IV-Schätzung mit dem Kommando *tsls* führt diese Tests durch und liefert konkrete Ergebnisse, die zur Entscheidung benutzt werden können, ob eine IV-Schätzung oder doch besser eine konventionelle KQ-Schätzung des vorhandenen Modells durchzuführen ist. Das Ziel ist immer, möglichst effiziente aber unverzerrte Koeffizientenschätzer zu erhalten. Gretl unterstützt die folgenden Tests:

- *Der Hausman-Test*
  Sind die erklärenden Variablen exogen, dann ist der KQ-Schätzer effizienter als der IV-Schätzer. Es ist deshalb sinnvoll zu prüfen, ob die Vermutung der Endogenität einer Variablen auch wirklich zutrifft. Andernfalls ist eine Anwendung des IV-Verfahrens gar nicht erforderlich, sodass das effizientere KQ-Verfahren zu bevorzugen ist. Für die Prüfung sollte der sogenannte *Hausman-Test* verwendet werden. Die Grundidee des Tests beruht auf dem direkten Vergleich von KQ- und IV-Schätzer.

- *Der Test auf schwache Instrumente*
  Dieser Test ist ein Test auf die Relevanz der Instrumentvariablen. Wurde die Endogenität einer erklärenden Variablen (oder mehrerer) mit dem Hausman-Test bestätigt, besteht der nächste Schritt darin, Instrumentvariable aufzuspüren. Dabei ist es wichtig, festzustellen, ob die gefundenen Instrumentvariablen eine spürbare Korrelation mit den Werten der endogenen Variablen aufweisen. Wenn nur eine schwache Korrelation vorliegt, können die IV-Schätzer sehr schlechte Resultate liefern, selbst wenn eine große Stichprobe vorliegt. In diesem Fall spricht man von *schwachen Instrumenten* (engl. *weak instruments*). Ihr Vorliegen hat zur Konsequenz, dass selbst in großen Stichproben die IV-Schätzer noch verzerrt und sich daraus ergebende Konfidenzintervalle unbrauchbar sind. Schwache Instrumente können daran erkannt werden, dass sie auf der ersten Stufe der IV-Schätzung nicht signifikante Koeffizienten besitzen (p-Wert > 10%)

- *Der Test auf überidentifizierende Instrumente*
  Dieser Test ist ein Test auf die Exogenität der Instrumentvariablen. Im multivariaten Fall, wenn mehrere Regressoren im Modell vorhanden sind, muss für jeden endogenen Regressor mindestens eine Instrumentvariable zur Verfügung stehen. Übersteigt die Anzahl der Instrumente die Anzahl der endogenen Variablen, so sollte für diesen Fall ein statistischer Test eingesetzt werden, mit dem man feststellen kann, ob die Instrumente auch exogen, also nicht mit den Störgrößen korreliert sind. Besitzt das Modell beispielsweise eine endogene Variable und nur ein Instrument, dann ist der Test nicht einsetzbar und nur aus der genauen Kenntnis des fachlichen Zusammenhangs heraus einzuschätzen, ob das verwendete Instrument die Eigenschaft der Exogenität besitzt.

Hausman-Test

Der Spezifikationstest von Hausman dient der Überprüfung der Endogenität eines Regressors. Da die geschätzten Residuen per Konstruktion nicht mit der erklärenden Variablen korreliert sind, können sie nicht zum Test einer Korrelation zwischen einer erklärenden Variablen und der Störgröße verwendet werden. Von Hausman wurde daher ein anderes Verfahren vorgeschlagen.

Die Grundidee des Tests besteht in einem direkten Vergleich der OLS-Schätzung mit der IV-Schätzung. Ausgehend von dem einfachen Regressionsmodell

$$y_i = \alpha + \beta x_i + u_i \tag{5.113}$$

nehmen wir an, dass die Variable x_i endogen und daher mit den Störgrößen u_i korreliert ist. Wenn sich allerdings herausstellt, dass zwischen der als endogen angenommenen Variablen x_i und den Störgrößen u_i keine Korrelation herrscht ($cov(x_i, u_i) = 0$), dann liefern sowohl die KQ-Methode als auch die TSLS-Methode konsistente Schätzer, deren Schätzwerte nahe am wahren Wert β liegen. Es ist daher zu erwarten, dass $\hat{\beta}^{KQ}$ und $\hat{\beta}^{IV}$ nicht weit voneinander abweichen. Wenn aber $cov(x_i, u_i) \neq 0$ ist, dann ist der KQ-Schätzer nicht konsistent. In diesem Fall sollte sich eine größere Differenz zwischen $\hat{\beta}^{KQ}$ und $\hat{\beta}^{IV}$ ergeben. Daraus kann eine Nullhypothese und eine Alternativhypothese abgeleitet werden.

Die Nullhypothese lautet: Die exogene Variable x_i und die Störgröße u_i sind unkorreliert:

$$H_0 : plim\left(\frac{1}{N}\sum(x_i - \bar{x})u_i\right) = 0 \tag{5.114}$$

Die Alternativhypothese lautet: x_i und die Störgröße u_i sind korreliert:

$$H_1 : plim\left(\frac{1}{N}\sum(x_i - \bar{x})u_i\right) \neq 0 \tag{5.115}$$

Hausman konnte zeigen, dass die Verteilung der transformierten Zufallsvariablen

$$H = \frac{\hat{\beta}^{IV} - \hat{\beta}^{OLS}}{v\hat{a}r(\hat{\beta}^{IV}) - v\hat{a}r(\hat{\beta}^{OLS})} \tag{5.116}$$

bei Gültigkeit der Nullhypothese und bei großem Stichprobenumfang approximativ der $\chi^2_{(1)}$-Verteilung entspricht. Je größer die Differenz $(\hat{\beta}^{IV} - \hat{\beta}^{OLS})$, umso größer ist der Wert von H, sodass die Nullhypothese bei Überschreitung des kritischen Werts abgelehnt werden muss.

Bei der Berechnung der Varianzen von $\hat{\beta}^{IV}$ und $\hat{\beta}^{OLS}$ werden entweder die Residuen der IV-Schätzung oder alternativ die Residuen der KQ-Schätzung zugrunde gelegt. Diese Ambivalenz zeigt, dass hier asymptotische Ergebnisse zu erwarten sind, die nur bei großen Stichprobenumfängen aussagekräftig sind.

Der Test auf überidentifizierende Instrumente (Sargan-Test)

Wie wir gesehen haben, müssen Instrumente relevant und exogen sein. Während ein F-Test auf gemeinsame Signifikanz aller Instrumente in der ersten Stufe Hinweise auf die Relevanz der Instrumente liefert, kann die Korrelation zwischen dem Instrument und dem unbeobachtbaren Störterm der Grundgesamtheit nicht unmittelbar getestet werden. Liegt eine Überidentifikation vor, bei der die Anzahl der Instrumente die Anzahl der endogenen Regressoren übersteigt, kann der sogenannte *Sargan-Test* Aufschluss geben. Ausgehend von dem Modell

$$y_i = \alpha + \beta_1 x_1 + \beta_2 x_2 + u \tag{5.117}$$

verfüge die endogene Variable x_1 über zwei potentielle Instrumente z_1 und z_2. Die Testdurchführung erfolgt in zwei Schritten.

Zunächst wird die überidentifizierte Gleichung 5.117 mit TSLS in zwei Stufen geschätzt:

$$x_1 = \pi_0 + \pi_1 z_1 + \pi_2 z_2 + \pi_3 x_2 + v \tag{5.118}$$

$$y = \alpha + \beta_1 \hat{x}_1 + \beta_2 x_2 + w \tag{5.119}$$

Anschließend werden die IV-Schätzer $\hat{\alpha}^{IV}$, $\hat{\beta}_1^{IV}$ und $\hat{\beta}_2^{IV}$ in die Ausgangsgleichung 5.117 eingesetzt und die Residuen $\hat{u}_i$ (i=1,...,N) auf folgende Weise ermittelt:

$$\hat{u}_i = y_i - \hat{\alpha}^{IV} - \hat{\beta}_1^{IV} x_{1i} - \hat{\beta}_2^{IV} x_{2i} \tag{5.120}$$

Falls die Instrumentvariablen z_1 und z_2 sowie x_2 exogen sind, dann sollten ihre Werte nicht mit den Residuen $\hat{u}_i$ korreliert sein. Somit sollte die Regression

$$\hat{u}_i = \alpha_0 + \alpha_1 z_{1i} + \alpha_2 z_{2i} + \alpha_3 x_{2i} + v_i^* \tag{5.121}$$

ein niedriges Bestimmtheitsmaß R^2 liefern. Unter der Nullhypothese, dass alle Instrumente exogen sind, ist die Teststatistik $SARG = N \cdot R^2$ mit q Freiheitsgraden asymptotisch Chi-Quadrat-verteilt. Die Anzahl q der Freiheitsgrade wird bestimmt durch die Anzahl der Instrumente vermindert um die Zahl der endogenen Variablen, also durch den Grad der Überidentifizierung. Ist SARG größer als der kritische Wert von $\chi^2_{(q)}$, dann muss die Nullhypothese, dass alle Instrumente exogen sind, abgelehnt werden. Dies bedeutet, dass mindestens ein Instrument mit dem Störterm korreliert ist und hat zur Konsequenz, dass die IV-Schätzungen ungültig sind. Der Test auf überidentifizierende Instrumente wird von Gretl bei einer TSLS-Schätzung mit durchgeführt.

Schauen wir uns nun die Ergebnisse der dargestellten Tests zur TSLS-Schätzung am Ende des vorhergehenden Abschnitts an, die Gretl im Anschluss an die TSLS-Statistiken ausgibt. Der Hausman-Test, mit dem überprüft wird, ob die Nullhypothese (KQ-Schätzer sind konsistent) abzulehnen ist, erzeugt einen Chi-Quadrat-Wert, der den auf 10% bezogenen Signifikanzbereich nur knapp verfehlt. Daraus sollte allerdings **nicht** voreilig der Schluss gezogen werden, dass die Variable *educ* nicht endogen ist! Der Test auf schwache Instrumente liefert einen sehr hohen F-Wert von 107,477, den wir schon in der oben angegebenen Hilfsregression ermittelt hatten, sodass die Instrumente nicht als schwach einzustufen sind. Der Sargan-Test führt aufgrund des geringen Chi-Quadrat-Werts von 1,01045 (mit einem p-Wert von 0,603) zu einer Annahme der Nullhypothese, die die Instrumente als valide, das heißt exogen, einstuft. Fasst man die Ergebnisse aller Tests zusammen, scheint in Bezug auf unser Beispiel die IV-Schätzung gegenüber der OLS-Schätzung keine besseren Ergebnisse zu erzielen, was die Qualität der Parameterschätzungen angeht.

5.3.3. Simultane ökonometrische Modelle

In diesem Abschnitt betrachten wir sogenannte *simultane Gleichungssysteme*, in denen eine wichtige ökonomische Größe in einer ersten Gleichung abhängig von weiteren Variablen ist und trotzdem selbst in einer zusätzlich anzunehmenden Gleichung einen Einfluss als Regressor ausübt. Es wird gezeigt, dass die KQ-Schätzer einer Regressionsgleichung, die Teil eines solchen Systems ist, nicht konsistent sind, sodass darauf aufbauende statistische Tests unbrauchbar sind.[13]

Der Begriff „Simultanität" lässt sich in diesem Zusammenhang wohl am besten mit „wechselseitiger Beeinflussung" oder „Interdependenz" übersetzen. Was darunter zu verstehen ist, sei an einem Beispiel verdeutlicht. Betrachten wir die beiden Beziehungen:

$$p_t = \beta_1 + \beta_2 e_t + u_t \tag{5.122}$$

---

13 Die Ausführungen in diesem Abschnitt richten sich an den(die) fortgeschrittene(n) Leser(in) und stellen eine Spezialanwendung der IV-Schätzung dar. Gretl unterstützt auch eine explizite Systemformulierung mit vielen weiteren Optionen, auf die aus Platzgründen verzichtet werden muss.

$$e_t = \alpha_1 + \alpha_2 p_t + \alpha_3 A_t + v_t \qquad (5.123)$$

Diese Gleichungen werden als *strukturelles* oder *simultanes* Gleichungssystem bezeichnet. Die erste Gleichung beschreibt den Einfluss des Einkommens e auf den Preis p, sodass wir für die Regressionsgleichung 5.122 einen positiven Koeffizienten unterstellen können ($\beta_2 > 0$). Es ist auch unumstritten, dass die Preisentwicklung einen Einfluss auf die (nominale) Einkommensentwicklung ausübt, sodass die Variable e in 5.123 als abhängige Variable modelliert wird. Es liegt wiederum ein positiver Zusammenhang vor ($\alpha_2 > 0$), da eine Preiserhöhung z.b. zu höheren Lohnforderungen führt.

Es liegt also in unserem Beispiel eine Wechselwirkung zwischen dem Preis und dem Einkommen vor. Im Englischen wird dieser Sachverhalt als *feedback causality* bezeichnet. Sowohl e wie p sind daher *endogene Variablen*. In der Gleichung 5.123 wurde außerdem als Regressor die Arbeitslosenquote A eingeführt, weil eine Erhöhung dieser Quote einen eher negativen Einfluss auf die Einkommensentwicklung hat. Deshalb ist für den Parameter α_3 ein negativer Wert zu erwarten. Die Werte der Variablen A seien zumindest für die Periode t vorherbestimmt gegeben, sodass A_t nicht mit der Störgröße v_t korreliert ist.

Wie können wir die Korrelation von e und p mit ihren jeweiligen Störgrößen u und v und damit ihre Endogenität begründen? Eine Erhöhung der Störgröße u_t zieht gemäß 5.122 direkt eine kontemporäre (periodengleiche) Erhöhung des Preises p_t nach sich. Ein Blick auf Gleichung 5.123 zeigt, dass für $\alpha_2 > 0$ ein erhöhter p_t-Wert zu einem erhöhten Einkommen führt. Kehrt man zur Gleichung 5.122 zurück, resultiert für $\beta_2 > 0$ aus dem erhöhten e_t-Wert wieder ein erhöhter p_t-Wert. Ausgelöst durch einen Zuwachs der Störgröße u_t kommt also ein wechselseitiger Prozess in Gang. Wichtig ist in diesem Zusammenhang, dass ein positiver u_t-Wert mit einem positiven e_t-Wert einhergeht. Das heißt, in Gleichung 5.122 ist die Variable e kontemporär mit der Störgröße u korreliert. Analoge Überlegungen zeigen, dass auch in 5.123 die Variable p kontemporär mit der Störgröße v korreliert ist. Würde man die Korrelationen missachten und eine KQ-Schätzung von 5.122 und 5.123 durchführen, dann wären die Ergebnisse verzerrt und nicht einmal konsistent.

Bias im simultanen Gleichungssystem

Um das Ausmaß der Verzerrung zu berechnen, das eine KQ-Schätzung des obigen simultanen Modells mit sich bringt, konzentrieren wir uns auf den KQ-Schätzer $\hat{\beta}_2$.[14]

$$\hat{\beta}_2^{KQ} = \frac{\sum_{i=1}^{N}(p_t - \bar{p})(e_t - \bar{e})}{\sum_{i=1}^{N}(e_t - \bar{e})^2} = \frac{\sum_{i=1}^{N}([\beta_1 + \beta_2 e_t + u_t] - [\beta_1 + \beta_2 \bar{e} + \bar{u}])(e_t - \bar{e})}{\sum_{i=1}^{N}(e_t - \bar{e})^2}$$

$$= \frac{\sum_{i=1}^{N}(\beta_2(e_t - \bar{e})(e_t - \bar{e}) + (u_t - \bar{u})(e_t - \bar{e}))}{\sum_{i=1}^{N}(e_t - \bar{e})^2}$$

---

14 Ein Grund für diese Wahl ist, dass die andere Gleichung 5.123 nicht *identifiziert* ist, worauf etwas später noch eingegangen wird. Bei einer nicht identifizierten Gleichung ist die direkte Schätzung grundsätzlich nicht sinnvoll.

$$= \beta_2 + \frac{\sum_{i=1}^{N}(u_t - \bar{u})(e_t - \bar{e})}{\sum_{i=1}^{N}(e_t - \bar{e})^2} \tag{5.124}$$

Wir bilden nun den Wahrscheinlichkeitsgrenzwert (plim) des KQ-Schätzers $\hat{\beta}_2^{KQ}$, indem wir den Stichprobenumfang N beliebig vergrößern. Da der Bruch in 5.124 keinen Grenzwert besitzt, dividieren wir Zähler und Nenner durch N:

$$plim\left(\hat{\beta}_2^{KQ}\right) = \beta_2 + \frac{plim\left(1/N \sum_{i=1}^{N}(u_t - \bar{u})(e_t - \bar{e})\right)}{plim\left(1/N \sum_{i=1}^{N}(e_t - \bar{e})^2\right)} = \beta_2 + \frac{cov(u,e)}{var(e)} > \beta_2 \tag{5.125}$$

Der Zähler des Bruchs strebt gegen die wahre Kovarianz von u und e, der Nenner gegen die Varianz von e. Da $cov(u,e) > 0$ gilt, ist der Schätzer $\hat{\beta}_2^{KQ}$ nicht konsistent.

Um zu vermeiden, dass die endogenen Variablen auf beiden Seiten der Gleichungen stehen, stellen wir das strukturelle Gleichungssystem so um, dass die endogenen Variablen als abhängig von der exogenen Variablen A und den Störgrößen dargestellt werden. Das derart umgestellte System wird als Gleichungssystem in *reduzierter Form* bezeichnet, im Gegensatz zur Strukturform vorher.

Die Umstellung besteht darin, in Gleichung 5.122 die Variable e_t durch den Ausdruck der rechten Seite von 5.123 zu substituieren und in Gleichung 5.123 die Variable p_t durch den Ausdruck der rechten Seite von 5.122. Damit erhalten wir das neue Gleichungssystem

$$p_t = \beta_1 + \beta_2(\alpha_1 + \alpha_2 p_t + \alpha_3 A_t + v_t) + u_t \tag{5.126}$$

$$e_t = \alpha_1 + \alpha_2(\beta_1 + \beta_2 e_t + u_t) + \alpha_3 A_t + v_t \tag{5.127}$$

Auflösung der Gleichung 5.126 nach p_t liefert:

$$p_t = \frac{\beta_1 + \alpha_1 \beta_2}{1 - \alpha_2 \beta_2} + \frac{\alpha_3 \beta_2}{1 - \alpha_2 \beta_2} A_t + \frac{\beta_2 v_t + u_t}{1 - \alpha_2 \beta_2} \tag{5.128}$$

Löst man Gleichung 5.127 auf analoge Weise nach e_t auf, dann ergibt sich:

$$e_t = \frac{\alpha_1 + \alpha_2 \beta_1}{1 - \alpha_2 \beta_2} + \frac{\alpha_3}{1 - \alpha_2 \beta_2} A_t + \frac{\alpha_2 u_t + v_t}{1 - \alpha_2 \beta_2} \tag{5.129}$$

Ersetzt man in den Formeln 5.128 und 5.129 die Bruchterme durch die Parameter π_1, π_2, π_3 und π_4 sowie durch die Störgrößen u_t^* und v_t^*, dann erhalten wir folgende einfache Regressionsgleichungen:

$$p_t = \pi_1 + \pi_2 A_t + u_t^* \tag{5.130}$$

$$e_t = \pi_3 + \pi_4 A_t + v_t^* \tag{5.131}$$

Die Gleichungen 5.130 und 5.131 bilden zusammen die zum simultanen Modell gehörende *reduzierte Form*. Es besteht aus zwei einfachen Regressionsmodellen mit den abhängigen Variablen e_t und p_t und dem Regressor A_t, der in seiner Eigenschaft als exogene Variable nicht mit den Störgrößen u_t und v_t korreliert ist. Wenn in einem allgemeineren dynamischen System auch noch Verzögerungen der endogenen Variablen als Regressoren auftauchen sollen, ist dies für die reduzierte Form erlaubt; solche Terme sind in Periode t *vorherbestimmt* und daher ebenfalls nicht endogen. Das obige System aus 5.130 und 5.131 ist daher sogar ein Spezialfall: Wenn nur noch exogene Variablen und Störgrößen in der Formulierung auftauchen, handelt es sich um die sogenannte *finale Form* des Systems.

Die KQ-Schätzer $\hat{\pi}_1$ $\hat{\pi}_2$ sowie $\hat{\pi}_3$ $\hat{\pi}_4$, die sich aus der KQ-Schätzung der reduzierten Gleichungen ergeben, sind konsistent, weil in der reduzierten Form kein Endogenitätsproblem vorliegt. Daher liegt es nahe, diese Schätzer dazu zu verwenden, um die Koeffizienten der Strukturform zu bestimmen. Wenn dies möglich wäre, ergäben sich daraus konsistente Schätzer des simultanen Systems 5.122 und 5.123.

Hier stoßen wir allerdings auf das *Identifikationsproblem* der Systemschätzung. Vereinfacht ausgedrückt ist eine eindeutige Berechnung der Parameter der strukturellen Form nur dann möglich, wenn die Anzahl der Parameter der reduzierten Form derjenigen der strukturellen Form entspricht. In unserem Fall dagegen liegen die folgenden Beziehungen zwischen den Parametern der reduzierten Form und jenen der Strukturform vor:

$$\pi_1 = \frac{\beta_1 + \alpha_1\beta_2}{1 - \alpha_2\beta_2} \; ; \; \pi_2 = \frac{\alpha_3\beta_2}{1 - \alpha_2\beta_2} \; ; \; \pi_3 = \frac{\alpha_1 + \alpha_2\beta_1}{1 - \alpha_2\beta_2} \; ; \; \pi_4 = \frac{\alpha_3}{1 - \alpha_2\beta_2} \tag{5.132}$$

Offensichtlich wäre die Berechnung der reduzierten Form aus den Parametern der Strukturform ohne weiteres möglich, falls wir letztere kennen würden. Allerdings existieren nur vier solche Transformationsgleichungen für $\pi_1, ..., \pi_4$, die sich auf fünf Strukturkoeffizienten $\alpha_1, ..., \alpha_3, \beta_1, \beta_2$ beziehen. Das Gleichungssystem für die Koeffizienten der Strukturform ist also insgesamt unterbestimmt, was auch als *Unteridentifikation* bezeichnet wird.

Wir besitzen lediglich einen exogenen Regressor A_t, aber zwei endogene Variablen e_t und v_t. Die Parameter der strukturellen Form sind nur dann berechenbar, wenn genügend exogene Regressoren als Instrumentvariable zur Verfügung stehen. A_t kann als Instrumentvariable nur für die erste Strukturgleichung 5.122 verwendet werden, wo sie als Instrument für die endogene Variable e_t dient. Weil aber A_t in der zweiten Gleichung 5.123 bereits als „echter" Regressor auftaucht, kann sie dort nicht als Instrument für p_t benutzt werden. Daher ist die erste Strukturgleichung in diesem Fall gerade noch identifiziert, die zweite hingegen nicht.

Eine Lösung des Dilemmas könnte darin bestehen, in die Preisgleichung noch eine weitere exogene Variable einzuführen. Traditionelle makroökonomische Modelle verwenden beispielsweise die durch die Notenbank gesteuerte Geldbasis G_t. Damit lässt sich das simultane Modell wie folgt erweitern:

$$p_t = \beta_1 + \beta_2 e_t + \beta_3 G_t + u_t \tag{5.133}$$

$$e_t = \alpha_1 + \alpha_2 p_t + \alpha_3 A_t + v_t \tag{5.134}$$

Man sollte gedanklich nachvollziehen, dass die Umrechnung zwischen struktureller und reduzierter Form in diesem Fall aus sechs Transformationsgleichungen besteht, und dass es in beiden Formen sechs Koeffizienten gibt. Im allgemeinen können daher alle Parameter im simultanen Modell aus den geschätzten Parametern der reduzierten Form berechnet werden. Die Parameter des simultanen Modells können durch eine IV-Schätzung ermittelt werden, indem die exogene Variable A_t als Instrument für e_t in der Preisinflationsgleichung 5.133

benutzt wird und die zusätzlich eingeführte exogene Variable G_t als Instrument für p_t in der Einkommensgleichung 5.134. Wie bereits früher erklärt wurde, müssen dabei zwei Bedingungen erfüllt sein:

Relevanz Die Arbeitslosenquote A eignet sich als Instrument für e, weil die gewünschte Korrelation gerade durch ihren Einfluss in der Strukturgleichung für e entsteht. Ökonomisch gesehen zieht eine Erhöhung dieser Quote tendenziell eine Verringerung des Einkommens e nach sich. Ebenso eignet sich die Variable G als Instrument für p als Regressor in 5.134, weil in der vorigen Gleichung 5.133 der Einfluss von G auf p modelliert wurde.

Exogenität Eine (kontemporäre) Korrelation der Arbeitslosenquote A_t oder der Geldmenge G_t mit den Störgrößen v_t und u_t muss ausgeschlossen sein, diese Größen müssen in diesem Sinne gegeben sein (z.B. vorherbestimmt aus den Vorperioden) oder nur durch externe Faktoren gesteuert sein. Ob diese Art von Annahmen zutreffen, ist bei konkreten Anwendungen immer wieder eine schwierige Beurteilung und Gegenstand von Diskussionen.

Erinnerung: Eine konsistente Schätzung der Regressionsgleichungen der reduzierten Form ist hingegen immer möglich.

Schätzung eines simultanen Gleichungssystems mit Gretl

Beispiel Für die Schätzung eines simultanen Systems benutzen wir ein Dataset mit der Bezeichnung *truffles.gdt*, das die Daten eines speziellen französischen Trüffelmarktes in Frankreich enthält und das aus dem Autorenreiter *POE* geladen werden kann. Das Dataset besteht aus fünf Variablen, die folgende Bedeutung haben:

p = Preis der Premiumtrüffel in Dollar pro Unze
q = Menge der Trüffel, die in einer Marktperiode gehandelt werden, in Unzen
ps = Preis eines substitutiven Gutes (andere Trüffelsorte) in Dollar pro Unze
di = Pro-Kopf-Einkommen der Anwohner
pf = Mietpreis eines Trüffelschweins in Dollar pro Stunde

Mit den folgenden Gleichungen wird die Angebots- und Nachfrageseite des französischen Trüffelmarktes modelliert:

$$q_j = \alpha_1 + \alpha_2 p_j + \alpha_3 ps_j + \alpha_4 di_j + u_j \qquad (5.135)$$
$$p_j = \beta_1 + \beta_2 q_j + \beta_3 pf_j + v_j \qquad (5.136)$$

Kommt es durch eine Erhöhung der Nachfrage zu einer Steigerung der Trüffelmenge q, so führt das in Gleichung 5.136 zu einer Erhöhung des Preises p der Premiumtrüffel. Die Erhöhung des Preises wiederum beeinflusst in positivem Sinne die Menge q der gehandelten Trüffel in Gleichung 5.135. Die Variablen q und p sind also endogene Variablen, die mit den korrespondierenden Störgrößen korreliert sind. Die Variablen ps (Preis einer anderen

Trüffelsorte, auf die der Konsument ausweichen kann) und *di* (das Pro-Kopf-Einkommen) in 5.135 sind exogene Variablen, die die nachgefragte Menge *q* beeinflussen. Während das Pro-Kopf-Einkommen einen positiven Einfluss auf die Nachfrage und somit auf die Menge der gehandelten Premiumtrüffel besitzt, hat der Preis des substitutiven Gutes nur dann einen positiven Einfluss auf die gehandelte Menge, wenn er deutlich über dem Preis der Premiumtrüffel liegt. In der Regel werden Güter als substitutiv bezeichnet, wenn sie als Ersatzgüter gelten und somit preiswerter sind, sodass in diesem Fall ein negativer Einfluss auf den Handel mit Premiumtrüffel zu erwarten ist. Eine weitere exogene Variable in 5.136 beeinflusst den Trüffelpreis: Es handelt sich um den Mietpreis eines Trüffelschweins (Variable *pf*).

Wir greifen daher auf die IV-Methode zurück und schätzen mit ihr zunächst die Parameter $\beta_1, \beta_2, \beta_3$ der Gleichung 5.136 des strukturellen Modells. Dazu benötigen wir mindestens eine Instrumentvariable, mit deren Hilfe wir die mit *v* korrelierte Komponente in *q* von der nicht korrelierten Komponente trennen können. Eine solche Variable muss mit *q* eng korreliert, aber von *v* unabhängig sein. Aus den obigen beiden Gleichungen ist ersichtlich, dass dafür die beiden Variablen *ps* und *di* aus Gleichung 5.135 infrage kommen. Beide beeinflussen die Variable *q* in Gleichung 5.136, sind aber von *v* unabhängig. Damit haben wir zwei (überidentifizierende) Instrumente für *q* gefunden: *ps* und *di*.

Damit lässt sich die erste Stufe der IV-Schätzung durchführen. Die nicht mit der Störgröße *v* korrelierte Komponente in *q* wird ermittelt, indem *q* zunächst auf den exogenen Regressor *pf* sowie die beiden Instrumente *ps* und *di* regressiert wird:

$$q_j = \pi_1 + \pi_2 pf_j + \pi_3 ps_j + \pi_4 di_j + u_j^* \tag{5.137}$$

Die KQ-Schätzung liefert die geschätzten Parameter $\hat{\pi}_1$ bis $\hat{\pi}_4$, aus denen die Schätzwerte $\hat{q}_j$ berechnet werden. Diese sind nicht mit den Störgrößen v_j korreliert, sodass die KQ-Schätzung des folgenden Modells nunmehr unverzerrte Schätzer $\hat{\beta}_1^{IV}$, $\hat{\beta}_2^{IV}$ und $\hat{\beta}_3^{IV}$ liefert.

$$p_j = \beta_1 + \beta_2 \hat{q}_j + \beta_3 pf_j + v_j^* \tag{5.138}$$

Beide Stufen können durch folgendes Skript realisiert werden:

```
ols q const pf ps di      /* Erste Stufe der IV-Schaetzung */
series qhat = $yhat
ols p const qhat pf       /* Zweite Stufe der IV-Schaetzung */
```

Diese explizit aufgegliederten beiden KQ-Stufen der IV-Schätzung lassen sich wieder durch ein *tsls*-Kommando ersetzen:

```
tsls p const q pf; const pf ps di
```

Das TSLS-Kommando generiert die folgende Ausgabe:

Modell 1: TSLS, benutze die Beobachtungen 1–30
Abhängige Variable: p
instrumentiert: q
Instrumente: const pf ps di

	Koeffizient	Std. Fehler	t-Quotient	p-Wert
const	$-58{,}7982$	5,85916	$-10{,}04$	1,32e–010 ***
q	2,93671	0,215772	13,61	1,32e–013 ***
pf	2,95849	0,155964	15,97	3,88e–017 ***

Mittel d. abh. Var.	62,72400	Stdabw. d. abh. Var.	18,72346
Summe d. quad. Res.	522,5009	Stdfehler d. Regress.	4,399078
R^2	0,950805	Korrigiertes R^2	0,947161
$F(2,27)$	232,7392	P-Wert(F)	9,47e–18

Hausman-Test –
Nullhypothese: KQ-Schätzungen sind konsistent
Asymptotische Teststatistik: $\chi^2(1) = 8{,}13525$
mit p-Wert $= 0{,}00434129$

Sargans Überidentifikationstest –
Nullhypothese: all Instrumente sind valide
Teststatistik: LM $= 1{,}54398$
mit p-Wert $= P(\chi^2(1) > 1{,}54398) = 0{,}214026$

Test auf schwache Instrumente –
F-Statistik der ersten Stufe (2,26) $= 28{,}9339$
Kritische Werte für maximale gewünschte TSLS-Größe, bei
Tests mit nominalem 5%-Signifikanzniveau:
Größe 10% 15% 20% 25%
Wert 19,93 11,59 8,75 7,25
Maximale Größe wahrscheinlich kleiner als 10%

Für die unverzerrten Parameterschätzer ergeben sich folgende (gerundete) Werte: $\hat{\beta}_1^{IV} = -58{,}80$, $\hat{\beta}_2^{IV} = 2{,}94$ und $\hat{\beta}_3^{IV} = 2{,}96$. Der p-Wert der Hausman-Statistik liegt weit unter dem 5% Signifikanzniveau, sodass die KQ-Schätzungen nicht konsistent sind (Nullhypothese ist abzulehnen!). Der Test auf schwache Instrumente lässt wegen des hohen F-Werts (>10) den Schluss zu, dass die Instrumentvariablen relevant sind.

Wie bereits erwähnt, wird die endogene Variable q durch die Instrumentvariablen ps und di überidentifiziert. In diesem speziellen Fall wird vom Kommando *tsls* noch eine Sargan-Statistik ausgedruckt, die im Abschnitt 5.3.2.4 erläutert wurde. Der recht hohe p-Wert des Sargan-Tests von $0{,}214 > 5\%$ deutet darauf hin, dass beide Instrumente valide sind. Keines der beiden Instrumente korreliert stark mit der Störgröße der Modellgleichung. Dies ist also ein gewünschtes Ergebnis des Tests.

Um die Schätzer $\hat{\alpha}_1$, $\hat{\alpha}_2$, $\hat{\alpha}_3$ und $\hat{\alpha}_4$ im strukturellen Modell 5.135 zu bestimmen, benutzen wir für den endogenen Regressor p die Instrumentvariable pf aus Gleichung 5.136, die nicht mit der Störgröße u in 5.135 korreliert ist. Zusammen mit den beiden Regressoren ps und di erhalten wir die Hilfsregression der ersten Stufe:

$$p_j = \pi_5 + \pi_6 pf_j + \pi_7 ps_j + \pi_8 di_j + v_j^* \tag{5.139}$$

Die KQ-Schätzung liefert wieder die Schätzer $\hat{\pi}_5$ bis $\hat{\pi}_8$, sodass aus ihnen die $\hat{p}_j$ ermittelt werden können. Da sie nicht mit den Störgrößen u_j korreliert sind, können sie für die KQ-Schätzung des Modells 5.135 herangezogen werden:

$$q_j = \alpha_1 + \alpha_2 \hat{p}_j + \alpha_3 ps_j + \alpha_4 di_j + u_j^*$$ (5.140)

Die IV-Schätzung wird durch das folgende Skript realisiert:

```
ols p const pf ps di   /* Erste Stufe der IV-Schaetzung */
series phat = $yhat
ols q const phat ps di /* Zweite Stufe der IV-Schaetzung */
```

Und wieder ersetzt durch das kompakte *tsls*-Kommando, das auch die Kovarianzmatrix und Standardfehler der Schätzer automatisch korrekt ermittelt:

```
tsls q const p ps di; const pf ps di
```

Gretl ermittelt die folgenden Parameterschätzer: $\hat{\alpha}_1^{IV} = -4,279$, $\hat{\alpha}_2^{IV} = -0,374$, $\hat{\alpha}_3^{IV} = 1,296$ und $\hat{\alpha}_4^{IV} = 5,014$. Der Hausman-Test liefert einen hohen Chi-Quadrat-Wert von $132,48$ und einen p-Wert von $1,17244\mathrm{e}\text{-}030$ ($1,17 \cdot 10^{-30}$), der sehr klein ist. Die Nullhypothese, dass die einfacheren KQ-Schätzungen konsistent gewesen wären, muss daher abgelehnt werden. Auch der Test auf schwache Instrumente liefert aufgrund eines hohen F-Werts von $20,57$, der größer als die Faustregel 10 ist, einen deutlichen Hinweis darauf, dass die Instrumentvariablen nicht als schwach eingestuft werden können.

6. Regressionsanalyse von Zeitreihen

Wie man schon am Akronym „Gretl" sieht (*Gnu Regression, Econometrics and Time-series Library*), spielt die Zeitreihenanalyse eine wichtige Rolle im Programm und wird voll unterstützt. In diesem Kapitel wird ein grundlegender Teil der angebotenen Funktionalität besprochen, auch wenn viele Bereiche nicht abgedeckt werden können. So werden z.B. Modelle mit *moving average*-Komponenten (MA) nicht erläutert, worunter auch die ARIMA-Spezifikationen fallen, die in der univariaten Zeitreihenanalyse recht populär sind. Ein Grund dafür ist, dass sie nicht zu den Regressionsmodellen gehören und nicht mit der KQ-Methode geschätzt werden können.[1]

Genau wie im Querschnittskontext ist jedoch auch im Zeitreihenbereich die bedeutendste Schätztechnik die KQ-Methode. Selbst wenn es einige wichtige Unterschiede und Eigenheiten gibt, können wir daher vieles aus den vorigen Kapiteln weiterverwenden. Dies bedeutet allerdings, dass in diesem Kapitel die entsprechenden Vorkenntnisse vorausgesetzt werden.

Zeitreihendaten unterscheiden sich von Querschnittsdaten vor allem dadurch, dass die einzelnen Beobachtungen eine natürliche Ordnung und Reihenfolge haben. Während im Querschnittsbereich z.B. der Index $i = 3$ eine willkürliche Nummerierung darstellt und im Prinzip nicht anders ist als $i = 1$ oder $i = 100$, ist im Zeitreihenkontext offensichtlich, dass $t = 3$ erstens in der Nähe von $t = 1$ ist, zweitens eindeutig danach kommt, und drittens weit weg ist von $t = 100$. Außerdem muss bei einer Zeitreihe auch mitgeteilt werden, welche Periodizität oder Frequenz die Daten haben, also ob es sich um Jahresdaten handelt, Quartals-, Monats- oder Wochendaten, oder gar um Daten, die täglich oder noch öfter bis in den Sekundenbereich erhoben werden. Die übliche Zeitreihenanalyse beschränkt sich auf Beobachtungen mit gleichen Abständen (Äquidistanz), die vergehende Zeitperiode ist dabei immer gleich lang.[2]

Ein oft auftretendes Phänomen, das es in dieser Form bei Querschnittsdaten wegen der fehlenden Anordnung nicht geben kann, ist die sogenannte Autokorrelation. Dies bedeutet, dass eine Zeitreihe bei nah beieinanderliegenden Beobachtungsperioden oft zu ähnlichen Realisationen neigt (positive Autokorrelation). Sowohl die Variablen selbst als auch die Regressionsresiduen können diese Eigenschaft aufweisen, weswegen wir entsprechende Schätzungen und Tests im nächsten Abschnitt einführen und erläutern werden. Danach werden weitere verbreitete praktische Verfahren und Probleme vorgestellt.

---

1 Tatsächlich ist es so, dass Gretl eine der leistungsstärksten Implementationen von ARIMA-Schätzalgorithmen aufweist. Aus Platzgründen können wir hier trotzdem nicht weiter darauf eingehen.

2 Strenggenommen stimmt dies bei Monats- oder Quartalsdaten nicht wegen der unterschiedlichen Monatslänge, und sogar bei Jahresdaten könnte man auf die Schaltjahre verweisen. Von diesen marginalen Abweichungen abstrahieren wir wie allgemein üblich.

© Springer-Verlag GmbH Deutschland, ein Teil von Springer Nature 2019
J. Malitte und S. Schreiber, *Ökonometrie verstehen mit Gretl*,
https://doi.org/10.1007/978-3-662-58275-6_6

6.1. Grundkonzepte der Zeitreihenanalyse

Im klassischen Regressionsmodell im Querschnittsbereich haben wir bei jeder Beobachtung der abhängigen Variablen y_i von einer Zufallsvariable gesprochen bzw. von deren Realisation. Da die Störgrößen u_i per Annahme unabhängige Zufallsvariablen waren und die Regressoren im einfachsten Fall nicht-stochastische Größen, waren auch die y_i für verschiedene i unabhängig voneinander.

Im Zeitreihenbereich liegen dagegen zeitliche Folgen von Zufallsvariablen vor, die sich nacheinander realisieren. Solch eine Folge wird auch als *stochastischer Prozess* bezeichnet. Stochastische Prozesse fallen zum Beispiel in den folgenden Bereichen an:

- in der VWL: Bruttosozialprodukt, Arbeitslosenquote, Aktienindex

- in der Finanzwirtschaft : Börsenkurse

- in der Medizin: EEG

- in der Meteorologie: Temperatur, Wetterbeobachtung usw.

Das Ziel der Zeitreihenanalyse ist es, die Systematik und Verlaufsform eines stochastischen Prozesses zu analysieren. Schon die grafische Darstellung kann dabei einen Trend oder Brüche im zeitlichen Verlauf der Datenreihe offenbaren und ermöglicht auch (heuristische) Prognosen über den weiteren Verlauf der Zeitreihe.

Außerdem ist es offensichtlich, dass in vielen Anwendungsgebieten die einzelnen Zufallsvariablen des Prozesses (also die Werte in den einzelnen Beobachtungsperioden) nicht voneinander unabhängig sein werden. Teilweise kann dies so weit gehen, dass sich das Niveau einer Zeitreihe nach einer Änderung dauerhaft verschiebt, also der Einfluss einer Innovation oder eines Schocks nie wieder vollständig abebbt. Diese Eigenschaft wird im Abschnitt über Einheitswurzeln, stochastische Trends und Kointegration weiter untersucht.

Aber auch bei vorübergehenden Einflüssen der vergangenen Schocks ist eine andere Behandlung als bei Querschnittsdaten sinnvoll und notwendig. Die wichtigste Technik dabei ist die Modellierung mit zeitlich verzögerten Variablen (engl. *lags*), und zwar sowohl der erklärenden als auch Verzögerungen der abhängigen Variablen. Obwohl dadurch die klassischen Annahmen des Regressionsmodells nicht mehr erfüllt sind, wird sich zeigen, dass die KQ-Schätzung als unser Hauptwerkzeug oft weiterhin angewendet werden kann.

Arbeiten mit Verzögerungen   Mit Gretl ist die Erstellung und Verwendung von zeitlichen Verzögerungen sehr einfach, wenn das Dataset bereits als Zeitreihendaten definiert ist. (Sollte dies noch nicht der Fall sein, kann dies mit dem *setobs*-Kommando oder per Menü nachgeholt werden wie in Abschnitt 2.1.2 beschrieben.) Es gibt einerseits die Möglichkeit, explizit entsprechende *series*-Variablen zu erzeugen, andererseits lassen sich durch eine bestimmte Syntax direkt im Schätzbefehl Verzögerungen aufnehmen.

Zum Beispiel werden durch die folgenden Skriptzeilen Verzögerungen der bestehenden Variable y erzeugt:

```
# y existiert schon
series y_verz = y(-1)
list yV4 = lags(4, y)     # enthaelt 1. bis 4. Verzoegerung
list yV4alt = y(-1 to -4) # dasselbe
```

In der ersten Zeile wird durch die Klammersyntax die erste zeitliche Verzögerung erzeugt und in der neuen Variablen *y_verz* gespeichert. Die Klammersyntax erlaubt übrigens auch die umgekehrte Zeitrichtung: *y(+1)* ist ein sogenannter *lead*, also der Wert der jeweils nächsten Periode. In der zweiten Zeile wird die *lags*-Funktion von Gretl dafür benutzt, gleich mehrere Verzögerungen zu erzeugen. Diese können natürlich nicht in eine einzige *series* gespeichert werden, daher wird hier ein *list*-Typ verwendet. Im Hintergrund legt Gretl dabei übrigens auch die dazugehörigen neuen Variablen im Dataset an, mit dem Namensschema *y_1*, *y_2* usw. Zum Schluss wird gezeigt, dass auch hierfür die Klammersyntax verwendet werden kann, mit dem Schlüsselwort *to*.

In der grafischen Oberfläche von Gretl lassen sich die Verzögerungen einfach erzeugen über "Hinzufügen/Lags gewählter Variablen", die dafür allerdings vorher per Maus selektiert werden müssen. Eine entsprechende Liste kann zweistufig angelegt werden: Erzeuge zunächst die Verzögerungen wie eben, dann gehe auf „Daten/Definiere oder bearbeite Liste", woraufhin sich ein Fenster öffnet. In diesem Fenster ist nun ein Häkchen in das Feld „Zeige verzögerte Variablen" zu setzen, woraufhin die eben generierten Verzögerungen auftauchen und per Mausklick in die Liste kopiert werden können.

Für die Schätzungen erlaubt es Gretl, die obige Syntax auch direkt mit Schätzkommandos zu kombinieren. So ist es z.B. erlaubt, eine KQ-Schätzung wie folgt durchzuführen, sofern *x* und *y* bereits existieren. Die notwendigen Variablen werden automatisch erzeugt.

```
ols y const lags(2, x) x(-4)
```

Differenzenbildung Im Zeitreihenkontext bedeuten Differenzen nicht nur das Ergebnis einer Subtraktion beliebiger Werte, sondern es geht meist um die zeitliche Entwicklung einer Variablen. Die (erste) Zeitdifferenz ist die Veränderung einer Zeitreihe von einer Periode zur nächsten, symbolisch ausgedrückt durch ein großes griechisches Delta: $\Delta x_t = x_t - x_{t-1}$. Offensichtlich ist also die Differenz nichts anderes als die Subtraktion der ersten Verzögerung der Variablen von sich selbst. In Gretl steht dafür die Funktion *diff* zur Verfügung, die nur in Zeitreihen-Datasets (oder in Panels) anwendbar ist. In der grafischen Oberfläche findet sich der Eintrag unter *Hinzufügen / Erste Differenzen gewählter Variablen*. Eine alternative Möglichkeit ist das Kontextmenü nach Anklicken der Variable *u* mit der rechten Maustaste, indem *Differenz hinzufügen* ausgewählt wird.

Während die Differenz von x_t das absolute Wachstum von *x* angibt, ist man oft eher am relativen Wachstum bzw. an der Wachstumsrate interessiert. In den Gretl-Menüs gibt es dafür den Eintrag *Hinzufügen / Prozentuale Änderung gewählter Variablen*. Eine spezielle Funktion gibt es hier nicht, denn erstens ist die Umsetzung sehr einfach,

```
series xwachstum = diff(x) / x(-1)
```

wobei man je nach gewünschter Skalierung die entstandene Zeitreihe noch mit 100 multiplizieren könnte, und zweitens verwendet man in der Praxis häufig die Approximation der

Wachstumsraten durch die absoluten Differenzen der Logarithmen. Der Grund liegt auch darin, dass bei exponentiellem Wachstum der Logarithmus einer Zeitreihe linear wächst, sodass man daher von ökonomischen Niveauvariablen wie dem BIP oft bereits die Logarithmen betrachtet. Die lineare Operation der zeitlichen Differenzenbildung erlaubt im linearen Regressionsmodell viele einfache Umrechnungen, daher nehmen Ökonometriker die kleinen Approximationsfehler durch die Log-Differenzen gerne in Kauf.

Obwohl auch die Log-Differenzen einfach in Gretl zu bilden sind ($diff(log(x))$), ist diese Transformation so üblich, dass eine spezielle Funktion dafür existiert:

```
series xwrate_approx = ldiff(x)
```

Sowohl *lags* als auch *diff* und *ldiff* existieren nicht nur als Funktionen, sondern auch in Kommandoform. So erzeugt die Befehlszeile *diff x* (ohne *genr* oder *series* davor und ohne Gleichheitszeichen) die Differenzen von *x* als neue Variable im Dataset, mit dem Namen *d_x*. Die Kommandoform der Funktion *log* heißt dagegen *logs*.

6.2. Autokorrelation der Störgrößen

In den klassischen Modellannahmen wurde davon ausgegangen, dass die Störgrößen des Modells nicht miteinander korreliert sind. Dies bedeutet, dass der Wert der Störgröße u_i den Wert einer weiteren Störgröße u_j nicht beeinflusst. Geht man von dem allgemeinen Modell

$$y_t = \alpha + \beta_1 x_{1t} + \beta_2 x_{2t} + ... + \beta_p x_{pt} + u_t \qquad (6.1)$$

aus, so bedeutet die Annahme B3, dass für zwei verschiedene Beobachtungen t und $t+s$ die Kovarianz der Störgrößen den Wert Null besitzt:

$$cov(u_t, u_{t+s}) = 0 \text{ für } t = 1, ..., T \quad s \neq 0 \qquad (6.2)$$

Im Zeitreihenkontext ist normalerweise zu erwarten, dass eine Korrelation untereinander vor allem in zeitlicher Nähe auftreten würde, dass also die Bedingung 6.2 vor allem dann verletzt würde, wenn s betragsmäßig ein kleiner Wert ist wie -2 oder 1. Daher spricht man im Englischen teilweise auch von *serial correlation*. Um den Zusammenhang mit Zeitreihen zu betonen, wird statt der Indizes i bzw. j der Index t verwendet.

Da die (unbekannten) Störgrößen u_t und u_s Zufallsvariablen sind, bedeutet die Annahme, dass es keinen statistisch relevanten Zusammenhang zwischen ihnen gibt. Falls dieser Zusammenhang positiv wäre, wäre damit gemeint, dass bei einer positiven Störgröße u_t mit *einiger Wahrscheinlichkeit* auch die Störgröße u_s positiv ist. Im analogen Sinne ist bei einer negativen Störgröße u_t damit zu rechnen, dass mit *relativ hoher Wahrscheinlichkeit* die Störgröße u_s ebenfalls negativ ist. Bei negativer Autokorrelation, die manchmal auch Antipersistenz genannt wird, wäre der Zusammenhang umgekehrt. Jedoch ist positive Autokorrelation sehr viel häufiger zu beobachten.

Das Problem der Korrelation der Störgrößen ist vor allem in Zeitreihen gegeben. Bei der Untersuchung von Querschnittsdaten ist das Auftreten von Autokorrelation in den Störgrößen

sehr oft die Folge einer falschen Spezifikation: es wurde unter Umständen eine relevante
Variable vergessen oder die falsche funktionale Form angewendet. Stellen die Variablen eines
ökonometrischen Modells aber Zeitreihendaten dar, dann sind die Werte dieser Variablen
oft an zeitliche Zusammenhänge gebunden, die dafür sorgen, dass sie sich im Zeitablauf
nicht plötzlich und abrupt ändern. Als Beispiel kann man die monatliche Entwicklung der
Arbeitslosenzahl über einen gewissen Zeitraum betrachten. Man wird hierbei feststellen, dass
es in der Regel von einer Periode zur nächsten keine abrupten Ausschläge nach unten und
oben gibt, weil die Variablen, die die Entwicklung der Arbeitslosenzahl beeinflussen, häufig
nur geringen Veränderungen unterworfen sind. Dem entspricht, dass auch die Störgrößen, die
wir als Zusammenfassung aller unbeobachtbaren Einflüsse charakterisiert haben, von einer
Periode zur nächsten ihr Vorzeichen mit großer Wahrscheinlichkeit beibehalten.

Häufig ist es zunächst das vorrangige Ziel, die Kovarianz zeitlich benachbarter Störgrößen
zu betrachten, also die Größe $cov(u_t, u_{t+1})$. Allerdings beeinflussen sich die Werte vieler ökonomischer Variablen über mehrere Zeiträume hinweg, sodass es auch für die Störgrößen des
ökonometrischen Modells einen Zusammenhang über mehrere Zeitperioden hinweg geben
kann und damit gilt: $cov(u_t, u_{t+i}) \neq 0$ für i > 1.

Da wir die Störgrößen der Grundgesamtheit nicht kennen, interessieren uns im Folgenden
natürlich wieder die Residuen einer KQ-Schätzung, aus denen Rückschlüsse auf die Störgrößen innerhalb der Grundgesamtheit gezogen werden können.

6.2.1. Einführendes Beispiel: Zusammenhang BIP und Arbeitslosigkeit

Betrachten wir ein konkretes Beispiel: Nach dem Okunschen Gesetz besteht zwischen der
Entwicklung des Wirtschaftswachstums und der Veränderung der Arbeitslosigkeit ein Zu-
sammenhang dergestalt, dass ein höheres Wirtschaftswachstum tendenziell eine Senkung der
Arbeitslosigkeit nach sich zieht. Es wurde 1962 von dem Ökonom Okun aus empirischen
Untersuchungen in den USA abgeleitet; wie immer in der Makroökonomie ist der Begriff
„Gesetz" mit Vorsicht zu genießen. Das Wirtschaftswachstum wird allgemein durch die Ver-
änderungsrate des BIP (Bruttoindlandsprodukt, *Gross Domestic Product*, GDP) gemessen.

Mit dem Dataset *okun.gdt*, das im Autorenreiter *POE 4th ed.* zur Verfügung steht, soll nun
eine ad-hoc Schätzung des Okunschen Gesetzes durchgeführt werden. Wir springen damit
bewusst ins kalte Wasser, um direkt eine praktische zeitreihenanalytische Anwendung zu
erhalten. Einige Eigenschaften des Modells werden wir daher erst in späteren Abschnitten
genauer besprechen.

Der Dataset enthält für den Zeitraum 2. Quartal 1985 bis 3. Quartal 2009 die prozentualen
Veränderungen der Wachstumsraten des U.S.-amerikanischen Bruttoinlandsprodukts (GDP)
sowie die Arbeitslosenraten (näheres dazu siehe Adkins, 2014). Die Variable u steht für „un-
employment rate" und die Variable g für die prozentuale Änderungsrate des GDP (siehe Abbildung 6.1).

Da u die Arbeitslosenrate bezeichnet, benötigen wir die Differenzen $u_t - u_{t-1}$ der benachbarten Werte von u, um die Änderung der Arbeitslosenrate von einer Periode zur nächsten zu
erhalten. In Gretl können wir dazu die Differenzreihe d_u generieren (siehe oben).

Für die Untersuchung des beschriebenen Zusammenhangs ist es sinnvoll davon auszugehen, dass die Veränderung der Arbeitslosenquote nicht nur von der Änderung des GDP in der
gleichen Periode, sondern auch von den Änderungen der vorangegangenen Perioden abhängt,
sodass von einem verzögerten Einfluss des GDP auf die Arbeitslosenquote auszugehen ist.
Um diesen verzögerten Einfluss angemessen zu modellieren, müssen sogenannte *Lagvariablen* eingeführt werden. Die Werte von Lagvariablen beruhen alle auf den Werten ein und
derselben Variablen. Die zeitliche Verzögerung zur aktuellen Periode t wird durch die Indizes t-1, t-2 usw. zum Ausdruck gebracht. So bezeichnet g_{t-1} die um eine Periode verzögerte
Änderungsrate des GDP, g_{t-2} die um zwei Perioden verzögerte Änderungsrate usw.

Wir entscheiden uns, die Variable d_u auf die drei Lags der Variablen g zu regressieren,
also g_{t-1} bis g_{t-3}. Damit ergibt sich das ökonometrische Modell

$$d\_u_t = \alpha + \beta_0 g_t + \beta_1 g_{t-1} + \beta_2 g_{t-2} + \beta_3 g_{t-3} + \varepsilon_t \qquad (6.3)$$

Da die Variable u eine inhaltliche Bedeutung hat, nennen wir die Störgrößen hier ε.

Das Ergebnis in Abbildung 6.1 zeigt, dass d_u als dritte Variable (mit ID-NR 3) dem
Dataset hinzugefügt wurde, während die Lagvariablen unterhalb der Variablen g angeordnet
werden. Deren Ansicht lässt sich durch ein kleines rechteckiges Kästchen per Mausklick ein-
oder ausschalten. Ist die Ansicht ausgeschaltet, enthält das Kästchen ein Pluszeichen, das sich
bei voller Ansicht (wie in Abbildung 6.1) in ein Minus-Zeichen verwandelt.

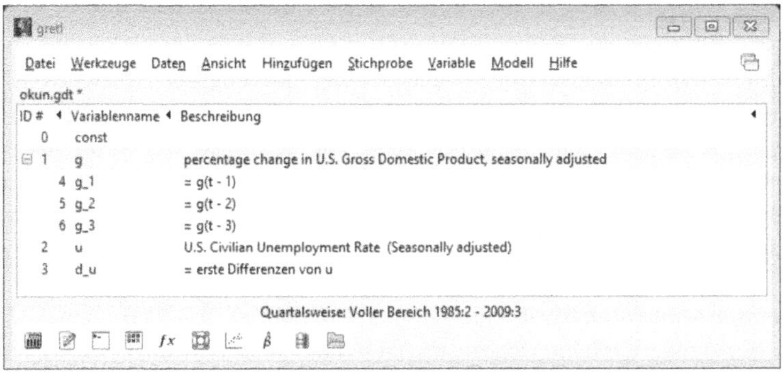

Abb. 6.1.: Dataset mit den Zeitreihen des US-GDP und der Arbeitslosenquoten von 1985 bis 2009

Um sich die Inhalte aller Variablen übersichtlich anzuschauen, wechseln wir in das Fenster der Symbolansicht und führen einen Doppelklick auf das Icon *Datensatz* aus. Daraufhin
werden die Werte von g und u, der Differenzvariablen d_u sowie den Lagvariablen g_1, g_2
und g_3 angezeigt. Abbildung 6.2 zeigt einen kleinen Ausschnitt.

Die Werte der Lagvariablen g_1 ergeben sich einfach durch Verschiebung der Werte von
g um eine Position nach unten. Die Werte der Variablen g_2 erhält man durch eine weitere
Verschiebung um eine Position.

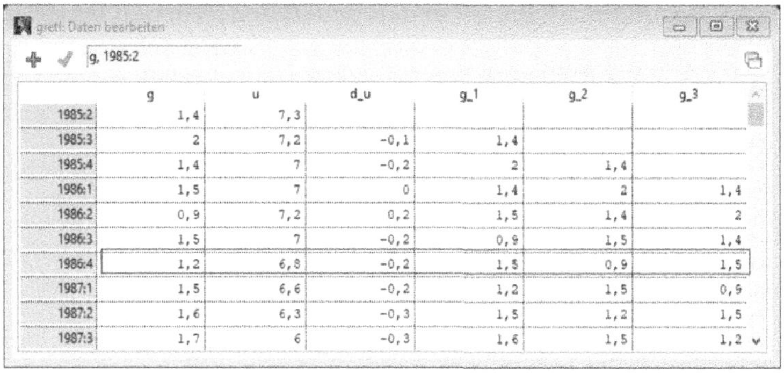

	g	u	d_u	g_1	g_2	g_3
1985:2	1,4	7,3				
1985:3	2	7,2	-0,1	1,4		
1985:4	1,4	7	-0,2	2	1,4	
1986:1	1,5	7	0	1,4	2	1,4
1986:2	0,9	7,2	0,2	1,5	1,4	2
1986:3	1,5	7	-0,2	0,9	1,5	1,4
1986:4	1,2	6,8	-0,2	1,5	0,9	1,5
1987:1	1,5	6,6	-0,2	1,2	1,5	0,9
1987:2	1,6	6,3	-0,3	1,5	1,2	1,5
1987:3	1,7	6	-0,3	1,6	1,5	1,2

Abb. 6.2.: Variablen g und u mit Differenzvariable und Lagvariablen

Betrachten wir zum Beispiel die Periode 1986:4 (4.Quartal 1986) als aktuelle Periode mit $t = 0$, dann ergibt sich für diese Periode der folgende modellierte Zusammenhang:

$$d\_u_0 = \alpha + \beta_0 g_0 + \beta_1 g_{-1} + \beta_2 g_{-2} + \beta_3 g_{-3} + u_0 \tag{6.4}$$

Tragen wir für d_u_0, g_0 und deren Lags g_{-1}, g_{-2}, g_{-3} die Werte der Periode 1986:4 aus Abbildung 6.2 ein, so ergibt sich:

$$-0,2 = \alpha + \beta_0 \cdot 1,2 + \beta_1 \cdot 1,5 + \beta_2 \cdot 0,9 + \beta_3 \cdot 1,5 + u_0 \tag{6.5}$$

Aus Abbildung 6.2 ist zu ersehen, dass die Lagvariable g_1 infolge der Verschiebung einen Fehlwert für die Periode 1 aufweist. Die Variable g_2 weist für die ersten beiden Beobachtungen Fehlwerte auf und die Variable g_3 für die ersten drei Beobachtungen. Daraus folgt, dass es recht problematisch sein kann, für ein Dataset mit wenig Beobachtungen ein Modell aufzustellen, das eine hohe Zahl von Lagvariablen als Regressoren enthält. Bei der Schätzung können nur diejenigen Perioden berücksichtigt werden, für die Werte vorliegen. Eine generelle Richtschnur ohne Kenntnis des Kontexts gibt es nicht, aber es ist als Daumenregel sicherlich wünschenswert, für jeden zu schätzenden Parameter möglichst zehn Beobachtungen zu haben, also zehnmal mehr Beobachtungen als Koeffizienten. Dies hängt aber auch vom Grad der Kollinearität der Regressoren ab.

Der nächste Schritt besteht darin, sich den Verlauf der Zeitreihen g und d_u in einem Plot anzuschauen, um einen Eindruck von dem Verlauf der Werte über den gesamten Zeitraum zu erhalten. Dazu erfolgt im Hauptfenster eine Selektion von *Ansicht/Plotte spezifizierte Variablen/Zeitreihengraph....* Im anschließenden Auswahlfenster werden beide Variablen in den rechten Bereich übertragen. Abbildung 6.3 zeigt den grafischen Verlauf der beiden Zeitreihen g und d_u.

Zwischen beiden Zeitreihen ist folgender Zusammenhang zu beobachten: Ist in bestimmten Zeiträumen ein Absinken des Inlandsprodukt-Wachstums zu verzeichnen, dann führt dies zu

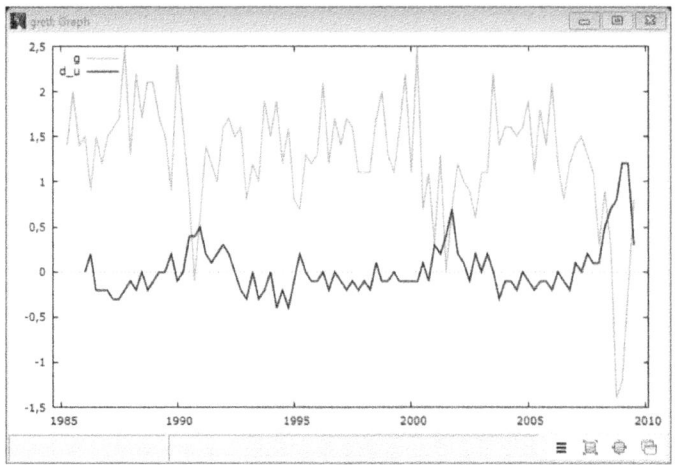

Abb. 6.3.: Plot der Zeitreihen des GDP (*g*) und Änderungen der Arbeitslosenquote (*d_u*)

einem verzögerten Anstieg der Arbeitslosigkeit. Dieser Zusammenhang ist besonders gut am Ende der Zeitreihe zu beobachten, als die globale Finanzkrise hereinbrach und zur sogenannten "great recession"führte. Weniger gut ist optisch erkennbar, dass ein höheres Wachstum des BIP ein Absinken der Arbeitslosigkeit mit sich bringt. Der dargestellte Verlauf beider Zeitreihen liefert also teilweise Anhaltspunkte für die Gesetzmäßigkeit von Okun. Schauen wir uns an, ob sich die Vermutung durch eine KQ-Schätzung des Modells 6.3 bestätigen lässt. Die Variable *d_u* wird also auf *g* und deren drei Lagvariablen regressiert.[3]

```
ols d_u const g g_1 g_2 g_3
```

Das Ergebnis der Modellschätzung offenbart einen starken Zusammenhang zwischen der Arbeitslosenrate und der Entwicklung des GDP.

Modell 1: KQ, benutze die Beobachtungen 1986:1–2009:3 (*T* = 95)
Abhängige Variable: d_u
HAC Standardfehler, Bandbreite 3 (Bartlett-Kern)

	Koeffizient	Std. Fehler	*t*-Quotient	p-Wert
const	0,580975	0,0630044	9,221	0,0000
g	−0,202053	0,0275884	−7,324	0,0000
g_1	−0,164535	0,0338601	−4,859	0,0000
g_2	−0,0715560	0,0315191	−2,270	0,0256
g_3	0,00330302	0,0364980	0,09050	0,9281

---

3   Es sei noch einmal auf die Möglichkeit einer direkten Schätzformulierung hingewiesen: *ols diff(u) const g g(-1) g(-2) g(-3)*.

Mittel d. abh. Var.	0,027368	Stdabw. d. abh. Var.	0,289329
Summe d. quad. Res.	2,735164	Stdfehler d. Regress.	0,174329
R^2	0,652406	Korrigiertes R^2	0,636957
$F(4,90)$	26,60625	P-Wert(F)	1,42e–14
Log-Likelihood	33,71590	Akaike-Kriterium	−57,43179
Schwarz-Kriterium	−44,66241	Hannan–Quinn	−52,27200
$\hat{\rho}$	0,358631	Durbin–Watson	1,274079

Wir erhalten eine signifikante Konstante und drei signifikante Steigungsparameter für die Regressoren g_t, g_{t-1} und g_{t-2}. Dies bedeutet, dass das GDP der aktuellen Periode und der zwei vorangehenden Perioden einen Einfluss auf die Änderung der Arbeitslosenquote ausübt. Eine Erhöhung des GDP um einen Prozentpunkt in der aktuellen Periode t vermindert die Arbeitslosigkeit um 0,2 Prozentpunkte (genauer: die Differenz vermindert sich um 0,2 Prozentpunkte). Die gleiche Erhöhung in der Vorperiode (t-1) führt zu einer Absenkung der Arbeitslosenquote um 0,16 Prozentpunkte in Periode t. Auch die Vorvorperiode (t-2) besitzt noch einen signifikanten Einfluss auf die Änderung der aktuellen Arbeitslosenquote, und zwar um 0,07 Prozentpunkte. Die dritte Vorperiode hingegen besitzt keinen Einfluss mehr auf die Arbeitslosenquote.

Vorsicht bei der Interpretation ist allerdings geboten: es gibt zwei Kennzahlen, die signalisieren, dass die Autokorrelation der Residuen recht hoch ist, sodass wir von einer Verzerrung der Standardfehler ausgehen können. Die beiden Kennzahlen beziehen sich auf die *Durbin-Watson-Statistik* und den Faktor *rho*, die in folgenden Abschnitten diskutiert werden.

Wird die OLS-Schätzung über den Menüeintrag *Modell/Kleinste Quadrate (OLS)* durchgeführt, dann muss man im Spezifikationsfenster die Auswahl der Lagvariablen als Regressoren über einen Button mit der Beschriftung *Lags...* veranlassen (siehe Abbildung 6.4). Zuvor muss allerdings zuerst die Variable g als Regressor ausgewählt werden. Es können auf Wunsch auch nur ganz bestimmte Lags ausgewählt werden.

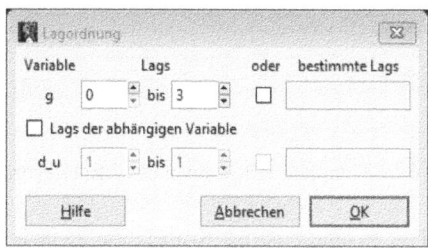

Abb. 6.4.: Auswahl der Lags bei der Modellspezifikation

Für die Genauigkeit der Parameterschätzung ist das Ausmaß an Autokorrelation zwischen den Störgrößen von großer Bedeutung. Insbesondere bei Zeitreihen stoßen wir sehr häufig auf dieses Phänomen.

Um einen Eindruck zu bekommen, wie eine Störgröße zum Zeitpunkt t die Störgröße zum nachfolgenden Zeitpunkt $t + 1$ beeinflusst, führen wir in unserem Dataset *okun.gdt* eine Regression von $\hat{u}_t$ auf $\hat{u}_{t-1}$ durch.

```
# ols des Ursprungsmodells
ols d_u const g g_1 g_2 g_3
# die ermittelten Residuen speichern
series res = $uhat
# ols des Zusammenhangs der benachbarten Residuen
ols res res(-1)
# Ausdruck des X-Y Streudiagramms
gnuplot res res_1  --output=display
```

Nach der ursprünglichen OLS-Schätzung stehen die Residuen in der Variablen $uhat zur Verfügung. Anschließend werden die Residuen *res* auf die Residuen der vorangegangenen Periode (*res(-1)*) regressiert. Dabei wird die Konstante *const* nicht berücksichtigt. Das Streudiagramm wird mit dem Kommando *gnuplot* angedruckt. Es ist in Abbildung 6.5 wiedergegeben.

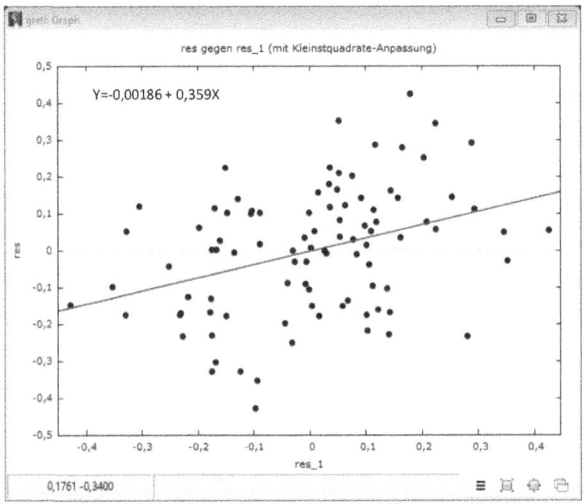

Abb. 6.5.: Gnuplot der Residuen des AR(1)-Prozesses

Man sieht sehr schön, dass es eine positive Korrelation zwischen den aufeinanderfolgenden Residuen gibt. Die um eine Periode verzögerten Residuen sind dabei auf der x-Achse abgetragen. Für den geschätzten Steigungsparameter $\hat{\rho}$ erhalten wir den Wert 0,359. Dieser Wert wurde auch in der Schätzung des Modells 6.3 wiedergegeben. Er wurde dort mit *rho* bezeichnet.

Die Frage, die sich stellt, lautet: Wie weit muss der Wert $\hat{\rho}$ von 0 abweichen, um von Autokorrelation zu sprechen? Im nächsten Abschnitt soll zunächst der hier im Beispiel vorgestellte Ansatz stärker formalisiert werden und dann der übliche Test auf Autokorrelation eingeführt werden.

6.2.2. Der autoregressive Prozess der Störgrößen

Um einen Messwert für das Ausmaß an Autokorrelation zu finden, müssen die oben formulierten intuitiven Aussagen stärker formalisiert werden. Die Auswirkung oder der Einfluss einer Störgröße auf die zeitlich eine Periode später auftretende Störgröße kann wiederum durch ein lineares Regressionsmodell ausgedrückt werden. Achtung: Da dies ein allgemeines Thema im Zeitreihenbereich darstellt, kehren wir zur üblichen Notation zurück und bezeichnen mit u die Störgrößen des ursprünglich geschätzten Modells, obwohl in unserem Anwendungsfall dieser Buchstabe für die linksstehende Variable der Arbeitslosenquote stand. Dies darf nicht verwechselt werden, das folgende u entspricht also dem ε in Gleichung 6.3.

Beim Hilfsmodell wird lediglich die Konstante weggelassen, da die Residuen per Konstruktion den Mittelwert Null aufweisen. Dieses Modell besitzt folgendes Aussehen:

$$u_t = \rho u_{t-1} + e_t \tag{6.6}$$

Die Gleichung 6.6 beschreibt einen sogenannten *autoregressiven Prozess*, der den Einfluss einer Realisation (hier: Störgröße) u_{t-1} auf ihren Nachfolger u_t modelliert. Wie immer ist die theoretische Störgröße u_t unbeobachtbar, sodass das Modell mit den geschätzten Residuen $\hat{u}_t$ operationalisiert werden muss. Dabei bezeichnet ρ (= rho) eine Konstante und e_t eine (weitere, ebenso unbeobachtbare) Innovation, von der wir annehmen wollen, dass sie einen Erwartungswert 0 und eine konstante Varianz σ_e^2 aufweist.

$$E(e_t), \quad Var(e_t) = \sigma_e^2 \tag{6.7}$$

Der autoregressive Prozess 6.6 beschreibt nur den Einfluss der unmittelbar vorangegangenen Störung zum Zeitpunkt $t-1$ auf die nachfolgende Störung zum Zeitpunkt t und wird daher als *autoregressiver Prozess erster Ordnung* bezeichnet (abgekürzt: *AR(1)-Prozess*). Ein AR(1)-Prozess verbindet Größen zweier aufeinanderfolgender Zeitpunkte. Das heißt hier, dass die Störgröße, die in der abgelaufenen Periode wirksam war, einen Einfluss auf die Stärke in der Folgeperiode ausübt. Dieser Einfluss wird durch die Konstante ρ beschrieben. Ist der Einfluss gering, dann besitzt ρ einen Wert nahe Null. Die zweite Komponente e_t im AR(1)-Prozess stellt eine weitere Störung dar, die in Periode t auftritt und die ursprüngliche Störgröße u_t zusätzlich beeinflusst. Ohne diese zweite Zufallskomponente wäre der in 6.6 modellierte Prozess vollständig determiniert, wenn die Störgröße u_1 der ersten Periode bekannt ist.

Welchen Wert könnte der Parameter ρ annehmen? Für Werte, die unter -1 beziehungsweise über 1 liegen, würden die Störgrößen betragsmäßig kontinuierlich wachsen und unendlich groß werden. Diese Entwicklung wird auch nicht durch die Existenz der Störterme e_t verhindert. Für den Parameter ρ in der Beziehung 6.6 wird daher in der Regel folgender Wertebereich zu beobachten sein:

$$-1 < \rho < 1 \tag{6.8}$$

Insbesondere auf die Möglichkeit, dass ρ in einem AR(1)-Prozess den Wert 1 annimmt, werden wir später noch eingehen. Ein AR(1)-Prozess, für den der Parameter ρ den in Ungleichung 6.8 angegebenen Wertebereich besitzt, wird als *stationär* bezeichnet.

Erwartungswert und Varianz eines autoregressiven Prozesses

Wir stützen uns wieder auf den in Gleichung 6.6 dargestellten AR(1)-Prozess und ermitteln dessen Erwartungswert $E(u_t)$ und die Varianz $var(u_t)$. Der Prozess besitzt folgende rekursive Darstellung:

$$
\begin{aligned}
u_t &= e_t + \rho u_{t-1} \\
&= e_t + \rho(e_{t-1} + \rho u_{t-2}) \\
&= e_t + \rho e_{t-1} + \rho^2(e_{t-2} + \rho u_{t-3}) \\
&= e_t + \rho e_{t-1} + \rho^2 e_{t-2} + \rho^3 e_{t-3} + \dots + \rho^r u_{t-r} = \sum_{j=0}^{r-1} \rho^j e_{t-j} + \rho^r u_{t-r} \quad (6.9)
\end{aligned}
$$

In der Gleichung 6.9 gehen wir davon aus, dass vor r Perioden der Prozess mit dem Startwert $u_{t-r} = u_0$ begann. Die Bedingung $-1 < \rho < 1$ bewirkt, dass die Wirkung des Startwerts u_0 auf den gegenwärtigen Wert u_t immer schwächer wird. Bildet man den Erwartungswert dieser Reihe, dann ergibt sich:

$$
\begin{aligned}
E(u_t) &= E(e_t + \rho e_{t-1} + \rho^2 e_{t-2} + \rho^3 e_{t-3} + \dots + \rho^r u_{t-r}) \\
&= E(e_t) + \rho E(e_{t-1}) + \rho^2 E(e_{t-2}) + \rho^3 E(e_{t-3}) + \dots + \rho^r E(u_{t-r}) \\
&= \sum_{j=0}^{r-1} \rho^j E(e_{t-j}) + \rho^r E(u_{t-r}) = \rho^r E(u_{t-r}) \qquad (da \ E(e_{t-j}) = 0) \quad (6.10)
\end{aligned}
$$

Bilden wir hier den Grenzwert $r \to \infty$, so erhalten wir wegen $-1 < \rho < 1$ den Erwartungswert $E(u_t) = \rho^r E(u_{t-r}) = 0$.

Die Varianz von u_t erhält man wie folgt aus der in 6.9 angegebenen Reihe:

$$
\begin{aligned}
var(u_t) &= var(e_t + \rho e_{t-1} + \rho^2 e_{t-2} + \rho^3 e_{t-3} + \dots + \rho^r u_{t-r}) \\
&= var(e_t) + \rho^2 var(e_{t-1}) + \rho^4 var(e_{t-2}) + \rho^6 var(e_{t-3}) + \dots + (\rho^r)^2 var(u_{t-r}) \\
&= \sigma_e^2 \sum_{i=0}^{r-1} \rho^{2i} + \rho^{2r} var(u_0) \qquad (da \ var(e_t) = var(e_{t-1}) = \dots = \sigma_e^2) \\
&= \sigma_e^2 \frac{1}{1-\rho^2} = \sigma^2 \qquad (falls \ r \to \infty) \quad (6.11)
\end{aligned}
$$

Bei der Grenzwertbildung $r \to \infty$ erhalten wir für den zweiten Summanden den Wert 0. Mit den Mitteln der Analysis kann gezeigt werden, dass die unendliche Summe $(1 + \rho^2 + \rho^4 + \rho^6 + \dots)$ den Grenzwert $1/(1-\rho^2)$ ergibt.

Der Erwartungswert ist bei autoregressiven Störgrößen also gleich Null und ihre Varianz hängt lediglich vom Parameter ρ sowie der Varianz σ_e^2 der Störgrößen e_t des AR(1)-Prozesses ab und ist somit konstant. Diese Konstante bezeichnen wir wie gewohnt mit σ^2. Ohne Beweis geben wir an, dass die Kovarianz zweier beliebiger Störgrößen sich nach der Formel

$$
cov(u_t, u_{t-r}) = \rho^r \sigma_e^2 \frac{1}{1-\rho^2} = \rho^r \sigma^2 \quad (6.12)
$$

berechnen lässt. Wie Formel 6.12 zeigt, ist die Kovarianz nicht abhängig vom Zeitpunkt t, sondern vom zeitlichen Abstand r der Störgrößen und dem Parameter ρ des AR(1)-Prozesses. Für zwei benachbarte Störgrößen ergibt sich deren Kovarianz $cov(u_t, u_{t-1})$ aus dem Produkt der (konstanten) Varianz σ^2 und dem Parameter ρ. Da ρ einen Wert zwischen -1 und +1 besitzt, bildet ρ^r mit wachsendem r eine immer kleiner werdende Folge von Werten. Die Kovarianz nähert sich dem Wert Null umso schneller, je kleiner der Wert von ρ ist.

Eine Verallgemeinerung des AR(1)-Prozesses ist durch den folgenden AR(p)-Prozess gegeben:

$$u_t = \rho_1 u_{t-1} + \rho_2 u_{t-2} + \ldots + \rho_p u_{t-p} + e_t \tag{6.13}$$

Dieser Modellierungsansatz geht realistischerweise davon aus, dass eine Störgröße u_t von den Werten der Störgrößen aus den Perioden $t-1$, $t-2$,..., $t-p$ beeinflusst wird. Im Weiteren soll vereinfachend unterstellt werden, dass die Störgrößen einem AR(1)-Prozess folgen.

Ausgehend von unserem obigen Modell, das den Einfluss der Veränderungen des GDP auf die Arbeitslosenrate beschreibt, können wir durch eine OLS-Schätzung zunächst die Residuen $\hat{u}_t$ ermitteln und diese dazu benutzen, um den Parameter ρ des autoregressiven Prozesses 6.6 zu schätzen.

Das auf den Residuen basierende analoge Modell lautet:

$$\hat{u}_t = \rho \hat{u}_{t-1} + e_t \tag{6.14}$$

Der Schätzparameter $\hat{\rho}$ kann dabei nach folgender Formel berechnet werden:

$$\hat{\rho} = \frac{\sum_{t=2}^T \hat{u}_{t-1} \hat{u}_t}{\sum_{t=2}^T \hat{u}_{t-1}^2} \tag{6.15}$$

Da für $t = 1$ kein Residuum u_{t-1} vorliegt, beginnt die Aufsummierung bei t=2. Formel 6.15 entspricht der üblichen KQ-Formel für den Steigungsparameter eines Modells ohne Niveauparameter. Statt diese Formel zu benutzen, können wir einfach eine KQ-Schätzung des Modells 6.14 durchführen und dabei die Konstante weglassen.

Gretl gibt den Wert von $\hat{\rho}$ bei einer Modellschätzung mit aus. Bei unserer Modellschätzung des Zusammenhangs zwischen der Arbeitslosenrate und der Entwicklung des GDP berechnete Gretl für $\hat{\rho}$ einen Wert von 0,359.

6.2.3. Der Durbin-Watson-Test

Mit dem Durbin-Watson-Test steht ein einfacher Test auf (die Abwesenheit der) Autokorrelation erster Ordnung der Störgrößen zur Verfügung. Da idealtypisch die Störgrößen rein zufällig und unsystematisch sein sollen, wird die Nullhypothese getestet, dass diese Autokorrelation erster Ordnung den Wert Null hat:

$$H_0 : \rho = 0 \tag{6.16}$$

In der Praxis stehen uns die geschätzten Störgrößen $\hat{u}_t$ und dementsprechend eine Schätzung $\hat{\rho}$ zur Verfügung. Grundlage des Durbin-Watson-Tests ist eine eng verwandte Zufallsvariable, die sog. *Durbin-Watson-Statistik*, die mit DW oder d bezeichnet wird. Es lässt sich zeigen, dass die folgende Beziehung zwischen der Durbin-Watson-Statistik und dem Schätzwert $\hat{\rho}$ gilt:

$$d \approx 2(1 - \hat{\rho}) \tag{6.17}$$

Offensichtlich entspricht die Nullhypothese einem Wert von $d = 2$. Für den $\hat{\rho}$-Wert knapp unter dem Wert 1 erhält man einen d-Wert knapp über 0, also den Fall einer fast perfekten positiven Korrelation. Bei fast perfekter negativer Korrelation ($\hat{\rho} \approx -1$) erhalten wir für d einen Wert knapp unter 4. Damit besitzt d folgenden Wertebereich:

$$0 < d < 4 \tag{6.18}$$

Leider können die kritischen Werte der Teststatistik nicht allgemeingültig angegeben werden, weil deren Verteilung von der Anzahl der im Modell verwendeten Regressoren und vom Stichprobenumfang T abhängt. Unter anderem deshalb muss der Durbin-Watson-Test trotz seiner Verbreitung als veraltet angesehen werden. Der sehr viel leistungsstärkere LM-Test auf Autokorrelation wird im Abschnitt 6.2.4 dargestellt.

In der OLS-Schätzung des Modells wird die Durbin-Watson-Statistik zusammen mit dem Wert von $\hat{\rho}$ in der letzten Zeile ausgegeben: Der Wert beträgt 1,274 und signalisiert damit positive Autokorrelation der Residuen.

Wird das Modell 6.3 in der grafischen Oberfläche geschätzt, dann kann die Durbin-Watson-Statistik im Modellergebnisfenster unter dem Menüpunkt *Tests/Durbin-Watson p-Wert* ausgegeben werden:

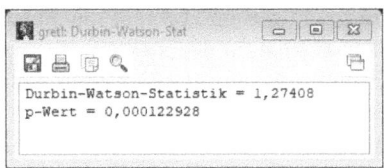

Abb. 6.6.: Durbin-Watson-Statistik mit p-Wert

Da der p-Wert weit unter dem 5%-Signifikanzniveau liegt, kann von der Autokorrelation der Störgrößen ausgegangen werden.

Es soll noch ein weiterer Autokorrelationstest vorgestellt werden, der von Breusch und Godfrey entwickelt wurde und mit dem wichtige Einschränkungen des Durbin-Watson-Tests umgangen werden können. Der Durbin-Watson-Test sollte nicht verwendet werden, wenn das Regressionsmodell Verzögerungen der abhängigen Variablen als Regressoren enthält oder wenn die Regressoren selbst Zufallsvariablen sind. Daher gilt der Test strenggenommen nur unter sehr restriktiven Annahmen. Außerdem geht der Durbin-Watson-Test von einem AR(1)-Prozess der Störgrößen aus, obwohl diese einem allgemeineren AR(q)-Prozess folgen könnten. Da die Durbin-Watson-Statistik letztlich dieselbe Information liefert wie der Autokorrelationskoeffizient erster Ordnung, ist sie für einen ersten Eindruck aber durchaus sinnvoll.

6.2.4. Der Breusch-Godfrey-Test

Der von Breusch (1978) und Godfrey (1978) vorgeschlagene *Lagrange-Multiplier-Test* (kurz *LM-Test*) ist im Gegensatz zum Durbin-Watson-Test in der Lage, auf Autokorrelation höherer Ordnung zu testen und dabei auch mehrere Lags der abhängigen Variablen als Regressoren in den Test mit einzubeziehen. Damit ist dieser Test sehr gut geeignet, wenn die fachlich begründete Vermutung besteht, dass die um eine (oder mehrere) Periode(n) zurückliegenden Werte der abhängigen Variablen einen Einfluss auf die aktuellen Werte der abhängigen Variablen ausüben können.[4]

In Bezug auf unser einführendes Beispiel könnte hinter der Entscheidung, die um eine Periode verzögerte Lagvariable d_u_1 als Regressor in das Modell aufzunehmen, die Überlegung stehen, dass die prozentuale Veränderung der Arbeitslosenquote der Vorperiode in der Folgeperiode noch nachwirkt.

Der Breusch-Godfrey-Test (kurz BG-Test) geht von dem folgenden allgemeinen Regressionsmodell aus:

$$y_t = \alpha + \beta_1 x_{1t} + ... + \beta_k x_{kt} + u_t \text{ für t=1,2,...,T} \tag{6.19}$$

Dabei gilt: Die Regressoren x_{1t} bis x_{1t} können exogen sein oder aus Lags der abhängigen und unabhängigen Variablen bestehen! Die Störgrößen u_t dieses Modells folgen einem AR(p)-Prozess gemäß Gleichung 6.13. Der BG-Test geht aus von der Nullhypothese

$$H_0 : \rho_1 = \rho_2 = ... = \rho_s = 0 \text{ (keine Autokorrelation)} \tag{6.20}$$

und testet gegen die Alternativhypothese:

$$H_1 : \rho_i \neq 0 \text{ für mindestens einen Parameter } \rho_i \tag{6.21}$$

Dabei führt er folgende Schritte durch:

- Schätze das Modell 6.19 und speichere die Residuen $\hat{u}_t$

- Regressiere die Residuen $\hat{u}_t$ auf alle vorhandenen Regressoren des Modells 6.19 sowie auf die verzögerten Werte von $\hat{u}_t$, also $\hat{u}_{t-1}$ bis $\hat{u}_{t-s}$. Dadurch bleiben noch (T-s)

---

4 Werden in einem Regressionsmodell nur exogene Variablen mit einer Lagstruktur als Regressoren berücksichtigt, spricht man von einem *dynamischen Lagmodell* (Abk. *DL-Modell*). Werden sowohl Lags der exogenen Regressoren als auch Lags der abhängigen Variablen als Regressoren in das Modell aufgenommen, spricht man von einem *autoregressiven dynamischen Modell mit Lagstruktur* (Abk. *ARDL-Modell*). Diese Form wird im Kapitel 6.4 näher betrachtet.

Beobachtungen übrig, weil s Beobachtungen durch die Verwendung von s (zeitlich verzögerten) Residuen im Modell gebunden sind. Es wird also folgende Hilfsregression
durchgeführt:

$$\hat{u}_t = \alpha + \beta_1 x_{1t} + \dots + \beta_k x_{kt} + \rho_1 \hat{u}_{t-1} + \rho_2 \hat{u}_{t-2} + \dots + \rho_s \hat{u}_{t-s} + e_t \qquad (6.22)$$

Wenn die Steigungsparameter $\hat{\rho}_1$ bis $\hat{\rho}_s$ der verzögerten Residuen einen Wert um 0
aufweisen, kann man davon ausgehen, dass keine Autokorrelation vorliegt.

- Aus der Regression wird das Bestimmtheitsmaß R^2 berechnet. Nach Breusch und Godfrey folgt das Produkt aus R^2 und (T-s) einer Chi-Quadrat Verteilung mit p Freiheitsgraden:

$$(T - s)R^2 \sim \chi_s^2 \qquad (6.23)$$

Durch die Berücksichtigung der Regressoren aus dem Modell 6.19 in der Hilfsregression 6.22 gehen die verzögerten Residuen nur mit jener Information ein, die nicht schon
in den Regressoren x_{1t} bis x_{st} enthalten sind. Überschreitet die Verteilung χ_s^2 die kritische Grenze bei einem vorgegebenen Signifikanzniveau, dann wird die Nullhypothese
(keine Korrelation) abgelehnt.

Um unser Modell mit dem BG-Test auf Autokorrelation zu testen, wird im Modellergebnisfenster der Menüeintrag *Tests/Autokorrelation* selektiert. Anschließend wird in einem Dialogfenster die Anzahl der Lags spezifiziert. Dieser Wert sollte hinreichend groß sein. In der
Regel reicht es bei Quartalsdaten aus, 4 bis 6 Lags der Residuen anzugeben. Nach Eingabe
von 4 gibt Gretl das Ergebnis des BG-Tests aus:

Breusch-Godfrey-Test auf Autokorrelation bis zur Ordnung 4
KQ, benutze die Beobachtungen 1986:1-2009:3 (T=95)
Abhängige Variable: uhat

	Koeffizient	Std.-fehler	t-Quotient	p-Wert
const	−0,0155563	0,0521263	−0,2984	0,7661
g	0,0277267	0,0322755	0,8591	0,3927
g_1	−0,000163278	0,0353525	−0,004619	0,9963
g_2	−0,0119089	0,0344260	−0,3459	0,7302
g_3	−0,00363688	0,0356425	−0,1020	0,9190
uhat_1	0,344973	0,111718	3,088	0,0027 ***
uhat_2	0,0704562	0,121784	0,5785	0,5644
uhat_3	0,139765	0,123113	1,135	0,2594
uhat_4	−0,144002	0,114543	−1,257	0,2121

Unkorrigiertes R-Quadrat = 0,159910

Teststatistik: LMF = 4,092501
mit p-Wert = P(F(4,86) > 4,0925) = 0,00439

Alternative Statistik: TR^2 = 15,191464
mit p-Wert = P(Chi-Quadrat(4) > 15,1915) = 0,00432

Ljung-Box Q' = 18,3084,
mit p-Wert = P(Chi-Quadrat(4) > 18,3084) = 0,00107

Zunächst erfolgt die Information, dass von 98 Beobachtungen nur 95 berücksichtigt werden, weil drei Lags der Regressorvariablen g in das Modell einfließen. Anschließend werden die Koeffizientenschätzungen der Hilfsregression angegeben. Dabei ist das Augenmerk lediglich auf die Koeffizienten der Regressoren *uhat_1* bis *uhat_4* zu richten, also die bis zu vier Perioden verzögerten Werte der Residuen. In der Gruppe dieser Regressoren ist *uhat_1* besonders hervorgehoben, weil sein p-Wert weit unter dem 5%-Niveau liegt. Damit liegt mindestens ein signifikant von Null verschiedener Steigungsparameter vor, der eine Ablehnung der Nullhypothese (keine Autokorrelation) nahelegt. Bestätigt wird der Befund durch den hohen Wert der Chi-Quadrat-Statistik, der bei 15,19 liegt.

Mit dem folgenden Skript lässt sich der Breusch-Godfrey-Test leicht realisieren. Das Produkt aus T und R^2 wird durch die Funktion $trsq bereitgestellt.

```
open "@gretldir\data\poe\okun.gdt"
diff u
ols d_u const g g(-1) g(-2) g(-3)
# Durchfuehrung Breusch-Godfrey Test:
series res = $uhat
ols res const g g(-1) g(-2) g(-3) res(-1) res(-2) res(-3) res(-4)
scalar TR2 = $trsq
pvalue X 4 TR2
```

Im Vergleich zur obigen Testausgabe werden von 98 Beobachtungen nur 91 Beobachtungen berücksichtigt, weil sich die jeweils höchsten Lags in den zwei Gleichungen in ihrer Auswirkung kumulieren. Dies führt zu leichten Abweichungen der Teststatistiken, die aber nur marginal ausfallen. Die Ausgabe der Chi-Quadrat-Teststatistik lautet:

Erzeugte Skalar TR2 = 15,5396
Chi-Quadrat (4): Fläche rechts von 15,5396 = 0,00370345
(nach links: 0,996297)

Der p-Wert von 0,0037 liegt weit unter den üblichen Niveaus von 5% oder 1%, sodass die Nullhypothese (keine Autokorrelation der Residuen) abzulehnen ist.

6.2.5. Schätzverfahren beim Auftreten von Autokorrelation

Die Autokorrelation der Residuen, also die Verletzung der Annahme B3, bewirkt einerseits, dass die KQ-Schätzer nicht länger effizient sind, und zum anderen gibt es Auswirkungen auf die statistische Inferenz, da die Standardfehler verzerrt sind. Bereits an dieser Stelle sei darauf hingewiesen, dass diese noch relativ harmlose Schlussfolgerung nur im ansonsten klassischen Regressionsmodell zutrifft, wenn also weiterhin die Regressoren nicht mit den Störtermen korreliert sind. Später werden wir jedoch sehen, dass es ein übliches und nützliches Verfahren ist, Verzögerungen der abhängigen Variablen als Regressoren mit aufzunehmen.

In einem solchen Fall führen autokorrelierte Residuen sogar dazu, dass die Koeffizienten-(Punkt-) schätzer selbst nicht mehr konsistent sind. Die in diesem Abschnitt diskutierten Verfahren beziehen sich daher nur auf eine Situation ohne verzögerte endogene Variablen als Regressoren.

Die Auswirkungen auf die Inferenz jedoch lässt sich bei einem einfachen Regressionsmodell dadurch demonstrieren, wie die Varianz des Steigungsparameters β im Fall vorliegender Autokorrelation der Störgrößen korrekt berechnet würde (die Herleitung kann der einschlägigen Literatur entnommen werden; z.B. von L. v. Auer (2011, S. 428):

$$var(\hat{\beta}) = \frac{\sigma^2}{S_{xx}} \cdot [1 + \rho \cdot \frac{\sum_{t=1}^{T-1}(x_t - \bar{x})(x_{t+1} - \bar{x})}{S_{xx}} + \rho^2 \cdot \frac{\sum_{t=1}^{T-2}(x_t - \bar{x})(x_{t+2} - \bar{x})}{S_{xx}} + ...] \quad (6.24)$$

Die Brüche im Klammerausdruck von 6.24 spiegeln die Verzerrung des Standardfehlers $sd(\hat{\beta})$ wieder. Liegt keine Autokorrelation vor ($\rho = 0$), dann erhalten wir wieder die einfache Formel $var(\hat{\beta}) = \sigma^2/S_{xx}$. Eine unverzerrte Schätzung des Standardfehlers erfordert also, dass bei vorliegender Autokorrelation die Gleichung 6.24 benutzt wird. Dabei ist für die praktische Berechnung die unbekannte Varianz σ^2 der Störgrößen wieder durch den unverzerrten Schätzer $\hat{\sigma}^2$ zu ersetzen. Unter der Voraussetzung nicht vorhandener Autokorrelation haben wir diesen mit Hilfe der Formel $S_{\hat{u}\hat{u}}/(T-2)$ berechnet. Goldfeld und Quandt (1965) haben aber gezeigt, dass der Schätzer $\hat{\sigma}^2$ bei bestehender Autokorrelation der Störgrößen nicht mit dieser Formel berechnet werden kann, weil er verzerrt ist.

Die genannten Probleme führen zu dem Vorgehen, die ursprüngliche KQ-Schätzung durch eine *verallgemeinerte KQ-Schätzung* (abgekürzt *VKQ* bzw. *GLS, Generalized Least Squares*) zu ersetzen, in der die Schätzer zur Hervorhebung dann als VKQ-Schätzer α^{VKQ}, β_1^{VKQ}, β_2^{VKQ} usw. bezeichnet werden. Durch eine Transformation des ursprünglichen Modells erreicht man, dass die Annahme B3 wieder erfüllt ist. Ausgehend von dem multiplen Modell

$$y_t = \alpha + \beta_1 x_{1t} + ... + \beta_k x_{kt} + u_t \quad (6.25)$$

in dem die Störgrößen dem autoregressiven Prozess $u_t = \rho u_{t-1} + e_t$ folgen, ergibt sich:

$$y_t = \alpha + \beta_1 x_{1t} + ... + \beta_k x_{kt} + \rho u_{t-1} + e_t \quad (6.26)$$

Da die Gleichung 6.25 auch für die Periode $(t-1)$ gilt, folgt:

$$y_{t-1} = \alpha + \beta_1 x_{1(t-1)} + ... + \beta_k x_{k(t-1)} + u_{t-1}$$
$$\Leftrightarrow u_{t-1} = y_{t-1} - \alpha - \beta_1 x_{1(t-1)} - ... - \beta_k x_{k(t-1)} \quad (6.27)$$

Setzt man den Term für u_{t-1} in die Gleichung 6.26 ein, dann erhält man folgende Beziehung:

$$y_t = \alpha + \beta_1 x_{1t} + ... + \beta_k x_{kt} + \rho(y_{t-1} - \alpha - \beta_1 x_{1(t-1)} - ... - \beta_k x_{k(t-1)}) + e_t$$
$$= \alpha + \beta_1 x_{1t} + ... + \beta_k x_{kt} + \rho y_{t-1} - \rho \alpha - \rho \beta_1 x_{1(t-1)} - ... - \rho \beta_k x_{k(t-1)} + e_t \quad (6.28)$$

Bringt man ρy_{t-1} auf die linke Seite, ergibt sich

$$y_t - \rho y_{t-1} = (1 - \rho)\alpha + \beta_1(x_{1t} - \rho x_{1(t-1)}) + \ldots + \beta_k(x_{kt} - \rho x_{k(t-1)}) + e_t \qquad (6.29)$$

Schließlich definieren wir noch:

$$y_t^* = y_t - \rho y_{t-1}$$
$$z_t^* = 1 - \rho$$
$$x_{1t}^* = x_{1t} - \rho x_{1(t-1)}$$
$$\ldots$$
$$x_{kt}^* = x_{kt} - \rho x_{k(t-1)}$$
$$u_t^* = e_t \qquad (6.30)$$

Damit erhält man das transformierte Modell:

$$y_t^* = \alpha^{VKQ} z_t^* + \beta_1^{VKQ} x_{1t}^* + \ldots + \beta_k^{VKQ} x_{kt}^* + u_t^* \text{ für t=1,2,...,T} \qquad (6.31)$$

Ersetzt man die Sternvariablen im Modell 6.31 durch die oben angegebenen Differenzen, dann ergibt sich für die Störgrößen des Modells: $u_t^* = e_t$. Die Störgrößen e_t sind gemäß Voraussetzung nicht autokorreliert.

Abweichend gelten für die ersten Werte die Transformationen:

$$y_1^* = \sqrt{1 - \rho^2} y_1$$
$$z_1^* = \sqrt{1 - \rho^2}$$
$$x_{11}^* = \sqrt{1 - \rho^2} x_{1t}$$
$$x_{21}^* = \sqrt{1 - \rho^2} x_{2t}$$
$$\ldots$$
$$u_1^* = \sqrt{1 - \rho^2} u_1 \qquad (6.32)$$

Um eine Transformation der Variablenwerte praktisch durchführen zu können, ist es erforderlich, den unbekannten Parameter ρ durch Rückgriff auf die Residuen der KQ-Schätzung zu ermitteln. Während die Schätzung des Modells 6.25 die Schätzer $\hat{\alpha}, \hat{\beta}_1, \hat{\beta}_2, \ldots$ liefert, ergibt eine Schätzung des transformierten Modells die Schätzer $\hat{\alpha}^{VKQ}, \hat{\beta}_1^{VKQ}, \hat{\beta}_2^{VKQ}$ usw.

In der Praxis haben sich für die Berechnung der VKQ-Schätzer drei Verfahren durchgesetzt, die alle von Gretl unterstützt werden:

- die VKQ-Methode von Hildreth und Lu

- die GVKQ-Methode von Cochrane und Orcutt

- die GVKQ-Methode von Prais-Winsten

Die *VKQ-Methode* von Hildreth und Lu (1960) beruht darauf, durch ein iteratives Verfahren, in dem verschiedene ρ-Werte in das transformierte Modell eingesetzt werden, denjenigen Wert zu finden, der bei der KQ-Schätzung die geringste Summe der Residuenquadrate liefert. Im ersten Durchlauf werden nacheinander alle ρ-Werte von -0,9 bis +0,9 eingesetzt. Liefert der Wert 0,3 zum Beispiel ein Minimum der Residuenquadratsumme, so werden in der Umgebung des Wertes 0,3 die ρ-Werte 0,26 bis 0,35 ausprobiert und wiederum das Minimum der Residuenquadratsumme ermittelt. Der Grad der Genauigkeit kann dabei beliebig erhöht werden, wobei im nächsten Schritt Tausenderstellen verwendet werden. Mit dem so ermittelten ρ-Wert lassen sich die Werte der Sternvariablen des Modells 6.31 berechnen.

Die *GVKQ-Methode* wurde von Cochrane und Orcutt (1949) vorgeschlagen und von Prais und Winsten (1954) weiter verbessert. Um die transformierten Werte y_t^*, z_t^* sowie x_{1t}^* bis x_{kt}^* zu erhalten, wird in diesem Verfahren ρ zunächst geschätzt. Der VKQ-Methode ist hier also eine Schätzstufe vorgelagert, weshalb man auch von der *GVKQ-Methode* spricht (geschätzte verallgemeinerte Kleinst-Quadratmethode). Dabei wird nach folgenden Einzelschritten verfahren:

1. Es wird zunächst eine KQ-Schätzung des ursprünglichen Modells 6.25 durchgeführt und daraus die Residuen gemäß $\hat{u}_t = y_t - \hat{\alpha} - \hat{\beta}_1 x_{1t} - \ldots - \hat{\beta}_k x_{kt}$ ermittelt.

2. Aus den Residuen $\hat{u}_t$ wird ein Schätzwert für ρ berechnet. Der Schätzer $\hat{\rho}$ ist durch die Formel 6.15 gegeben.

3. Der Schätzwert $\hat{\rho}$ wird zur Berechnung der transformierten Variablenwerte y_t^*, z_t^* sowie x_{1t}^* bis x_{kt}^* verwendet.

4. Eine KQ-Schätzung des transformierten Modells 6.31 ist somit ohne Weiteres möglich. Die resultierenden GVKQ-Schätzer werden mit $\hat{\alpha}^{GVKQ}$, $\hat{\beta}_1^{GVKQ}$, $\hat{\beta}_2^{GVKQ}$ usw. bezeichnet und sind unverzerrt.

Das oben beschriebene Verfahren wird auch als *Cochrane-Orcutt-Verfahren* bezeichnet. Soll die Schätzgenauigkeit weiter erhöht werden, können die genannten Schritte wiederholt werden, wobei im ersten Schritt zur Ermittlung der Residuen die ermittelten Schätzwerte $\hat{\alpha}^{GVKQ}$, $\hat{\beta}_1^{GVKQ}$, $\hat{\beta}_2^{GVKQ}$ benutzt werden. Der neu ermittelte Schätzwert $\hat{\rho}$ stellt dann die Grundlage für die Berechnung der transformierten Variablenwerte dar. Ändert sich der Wert von $\hat{\rho}$ nur marginal, dann bricht das Verfahren ab. Diese Wiederholungsstruktur ist der Grund dafür, dass man vom *iterativen Cochrane-Orcutt-Verfahren* spricht.

Die GVKQ-Methode von Prais/Winsten unterscheidet sich nur darin vom Cochrane-Orcutt-Verfahren, dass es die besondere Transformationsregel der ersten Beobachtung berücksichtigt (siehe 6.32).

In Gretl können die GVKQ-Schätzmethoden von Cochrane-Orcutt, Prais-Winsten und die VKQ-Methode von Hildreth-Lu über den Menüeintrag *Modell/ Zeitreihen/ AR-Störterme (GLS)/ AR(1)...* aufgerufen werden. In dem ausgegebenen Dialogfenster werden die abhängige Variable sowie die Regressoren spezifiziert. Sodann können Anwender eine der drei angebotenen VKQ-Schätzmethoden auswählen.

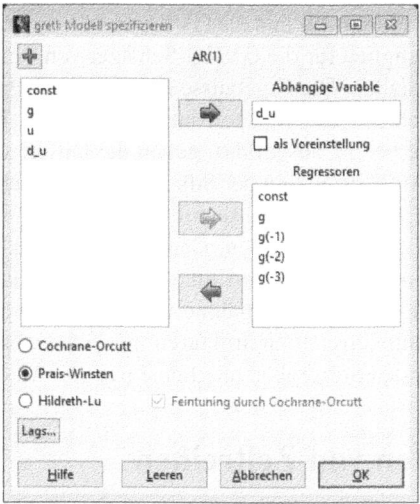

Abb. 6.7.: Spezifikation der VKQ-Schätzung

In der folgenden Übersicht sind die VKQ-Schätzergebnisse nach den Methoden Cochrane-Orcutt, Prais-Winsten und Hildreth-Lu gegenübergestellt. Zusätzlich sind in der letzten Spalte die Ergebnisse der ursprünglichen OLS-Schätzung wiedergegeben.

GLS-Schätzungen nach: Cochrane-Orcutt, Prais-Winsten, Hildreth-Lu
Abhängige Variable: Konsumausg

	Cochrane-Orcutt	Prais-Winsten	Hildreth-Lu	ols
const	0,5411**	0,5403**	0,5411**	0,5810**
	(0,07153)	(0,07126)	(0,07153)	(0,06300)
g	−0,1752**	−0,1751**	−0,1752**	−0,2021**
	(0,03093)	(0,03081)	(0,03093)	(0,02759)
g_1	−0,1698**	−0,1696**	−0,1698**	−0,1645**
	(0,03104)	(0,03091)	(0,03104)	(0,03386)
g_2	−0,08001**	−0,07820**	−0,08001**	−0,07156**
	(0,03094)	(0,03062)	(0,03094)	(0,03152)
g_3	0,01882	0,01900	0,01882	0,003303
	(0,03212)	(0,03199)	(0,03212)	(0,03650)
n	94	95	94	95
$\bar{R}^2$	0,6867	0,6860	0,6867	0,6524

Standardfehler in Klammern
* bezeichnet Signifikanz zum 10-Prozent-Niveau
** bezeichnet Signifikanz zum 5-Prozent-Niveau

Die VKQ-Schätzer von Hildreth-Lu und die GVKQ-Schätzer von Cochrane-Orcutt weisen keinen Unterschied auf. Lediglich für die GVKQ-Schätzer von Prais-Winsten sind geringfügige Abweichungen festzustellen. Die Ergebnisse der ursprünglichen KQ-Schätzung weisen hingegen deutliche Unterschiede auf, was sowohl die Werte der KQ-Schätzer als auch die Standardfehler betrifft. Wie bereits ausgeführt, geben die Differenzen das Ausmaß der Verzerrung an, das durch die Autokorrelation der Störgrößen verursacht wird.

Der Vorteil all dieser Verfahren ist, dass sie vorgefertigt implementiert sind und dementsprechend schnell umgesetzt werden können. Der Nachteil ist, dass die Autokorrelation in den Störgrößen belassen wird und „nur" korrigiert wird. Weiter unten in Abschnitt 6.4 werden Modelle betrachtet, die durch die Aufnahme verzögerter abhängiger und unabhängiger Variablen versuchen, die Autokorrelationsstrukturen im systematischen Teil des Modells abzubilden und die verbleibenden Störgrößen möglichst frei von Autokorrelation zu halten.

6.3. Besonderheiten von Zeitreihen

In diesem Abschnitt werden wir den Unterschied zwischen stationären und verschiedenen Arten von nicht-stationären Prozessen erläutern, den es nur im Zeitreihenkontext gibt. Dies führt hin auf die üblichen Testverfahren, um zwischen stochastischer Integration als einer wichtigen Form der Nichtstationarität und der Stationarität formal zu diskriminieren (6.3.3). Ein interessantes Phänomen kann (nur) zwischen mehreren integrierten Variablen auftreten, nämlich die sogenannte Kointegration (6.3.4). Diese hat sich als eng verknüpft gezeigt mit (makro-) ökonomischen Konzepten langfristiger Gleichgewichte.

6.3.1. Stationäre Prozesse

In diesem Abschnitt gehen wir näher auf das wichtige Kriterium der *Stationarität* eines stochastischen Prozesses bzw. einer Zeitreihe ein. Als Ausgangspunkt wählen wir einen speziellen AR(1)-Prozess für die Zeitreihe $(x_t)_{t=0,\ldots T}$, bei dem der konstante Term Null ist:

$$x_t = \rho x_{t-1} + e_t \tag{6.33}$$

Für die Störgrößen e_t gelten die bekannten *iid*-Bedingungen: identisch und unabhängig verteilt mit Erwartungswert 0 und konstanter Varianz σ_e^2.

Um einige charakteristische Eigenschaften im Verlauf des AR(1)-Prozesses aufzudecken, generieren wir mit Hilfe des Zufallsgenerators 50 verschiedene Störgrößen $e_t, t = 1, \ldots 50$, die für jedes t der Bedingung $e_t \sim N(0,1)$ genügen. Insgesamt werden zwei Zeitreihen $x1_t$ und $x2_t$ erzeugt, wobei der Parameter ρ nacheinander mit den Werten $\rho = 0,1$ und $\rho = 0,8$ initialisiert wird:

```
nulldata 50
setobs 12 1990:01  --time-series
set seed 16775599
series x1 = 0     # Initialisierung mit Erwartungswert
series res = normal(0, 1)
x1 = 0.1 * x1(-1) + res  # rekursive Zuweisung
```

In der letzten Zeile wird ausgenutzt, dass *series*-Variablen von Gretl im Zeitreihenkontext automatisch rekursiv definiert werden können. Äquivalent könnte man die letzte Zeile durch eine explizite Schleife ersetzen:

```
loop t = 2..50
   x1[t] = 0.1 * x1[t-1] + res[t]
endloop
```

Für beide Varianten ist jedoch die vorherige Initialisierung des Startwerts wichtig, da sich sonst einfach rekursiv ein Fehlwert (NA) fortschreiben würde und es keinerlei gültigen Werte gäbe.

Mit dem Kommando *set seed* wird der (Pseudo-) Zufallszahlengenerator auf einen replizierbaren Stand gesetzt, sodass mehrere Durchläufe des Skripts exakt gleiche Ergebnisse produzieren. Nach dem gleichen Muster kann analog die Zeitreihe $x2_t$ aufgebaut werden. Die Wiedergabe im Zeitreihengraph zeigt Abbildung 6.8.

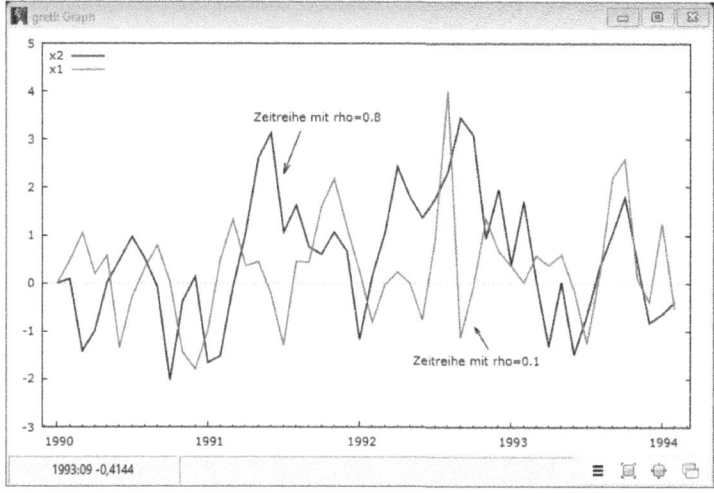

Abb. 6.8.: Zwei AR(1)-Prozesse mit den Parametern $\rho = 0.1$ und $\rho = 0.8$

Die Abbildung zeigt, dass beide Prozesse um ihren Erwartungswert herum schwanken und die Varianzen sich ebenfalls innerhalb einer gewissen Grenze bewegen. Ein Prozess mit diesen Eigenschaften wird grob gesprochen als *stationär* (oder manchmal kovarianzstationär) bezeichnet. Im allgemeinen muss er dafür die folgenden drei Bedingungen erfüllen (die Ableitung der Formeln erfolgte im Abschnitt über die Autokorrelation der Störgrößen):

- Der Erwartungswert des Prozesses ist konstant und unabhängig vom Zeitpunkt. Dies ist gegeben, da hier speziell gilt:[5]

$$E(x_t) = 0 \tag{6.34}$$

---

5   Der Erwartungswert ist hier der Einfachheit halber per Konstruktion auf Null gesetzt, aber es wäre ebenso mög-

- Die Varianz des Prozesses ist konstant und unabhängig vom Zeitpunkt. Auch dies liegt hier vor:

$$var(x_t) = \sigma_e^2 \frac{1}{1 - \rho^2} = \sigma^2 \tag{6.35}$$

- Die Kovarianz zwischen zwei Werten zu beliebigen Zeitpunkten hängt nur von der Distanz der Werte ab, aber nicht von den konkreten Zeitpunkten. Dies bestätigen wir in diesem Spezialfall, da in der Formel nur noch die Distanz h auftaucht, aber nicht der Zeitpunkt t:

$$cov(x_t, x_{t+h}) = \rho^h \sigma_e^2 \frac{1}{1 - \rho^2} = \rho^h \sigma^2 \tag{6.36}$$

Der Erwartungswert wird auch als *stationärer* oder *unbedingter* Erwartungswert bezeichnet und ist vom bedingten Erwartungswert $E(x_t|x_{t-1}, x_{t-2}, ...)$ zu unterscheiden. Die Varianz hängt lediglich vom Parameter ρ sowie der Varianz σ_e^2 der Störgrößen e_t des AR(1)-Prozesses ab. Für den AR(1)-Prozess mit dem Parameter $\rho = 0.1$ erhalten wir die Varianz $var(x1) = 1/(1 - 0,1^2) = 1,0101$. Für die Varianz von x2 ergibt sich $var(x2) = 1/(1 - 0,8^2) = 2,77$. In beiden Fällen gilt $\sigma_e^2 = 1$.

Wie Formel 6.36 zeigt, bildet ρ^h mit wachsendem h eine immer kleiner werdende Folge von Werten, da ρ annahmegemäß einen Wert zwischen -1 und +1 aufweist. Die Kovarianz nähert sich mit wachsendem Abstand h dem Wert Null umso schneller, je kleiner der Wert von ρ ist.

Die Zeitunabhängigkeit von Erwartungswert und Varianz wird in der statistischen Literatur als *schwache Stationarität* bezeichnet. Es gibt daneben auch noch andere Stationaritätskonzepte wie die strenge Stationarität, die aber für die Praxis weniger relevant sind.

6.3.2. Nichtstationäre Prozesse

Viele ökonomische Prozesse weisen in ihrer Zeitentwicklung ein stetiges Wachstum auf, wie zum Beispiel Einkommen, Konsum, Geldmengen, Bruttosozialprodukt usw. Alle diese Größen unterliegen einer ansteigenden Entwicklung im Zeitablauf, und es ist zum Beispiel für Prognosezwecke notwendig, deren Eigenschaften näher zu charakterisieren. Die Entdeckung bzw. Beschreibung von Trends in diesen Zeitreihen ist ein zentrales Anliegen und eine besondere Aufgabe der ökonometrischen Modellierung. Jedenfalls ist offensichtlich, dass solche langfristig zunehmenden Variablen nicht stationär sein können, da sie nicht um einen konstanten Erwartungswert schwanken.

Unabhängig von annähernd linearen Zeittrends in den Variablen (oder ihren logarithmischen Transformationen) gibt es noch eine weitere Art der Nichtstationarität, die zwar auch in den eben genannten Variablen vorliegt,[6] die jedoch insbesondere beim Betrachten der Entwicklungsmuster von Aktienindizes wie dem DAX oder Dow Jones auffällt. Diese weisen

---

lich gewesen, einen beliebigen anderen Parameter als Konstante in die Gleichung 6.33 aufzunehmen. Der Prozess wäre weiterhin stationär.

6 Übrigens sind die Eigenschaften von solchen Variablen unter Makroökonomen teilweise umstritten. Umso mehr sind Werkzeuge wie Gretl für weitere Forschungen notwendig!

eine viel unsystematischere Entwicklung auf, und im Zeitverlauf scheint sich der mittelfristige Erwartungswert mal in die eine, mal in die andere Richtung zu verschieben, abgesehen von stärkeren Schwankungen der Varianz. Solche Zeitreihen mit einem sogenannten *stochastischen Trend* werden auch als *Random-Walk-Prozesse* bezeichnet.

Kontinuierliche, relativ „glatte" Zeittrends werden auch *deterministisch* genannt und sind anders einzustufen als solche noch näher zu erläuternden stochastischen Trends. Allerdings können beide Phänomene jeweils einzeln aber auch kombiniert in Zeitreihen vorliegen, und ihre gemeinsame Eigenschaft ist die induzierte Nichtstationarität.

6.3.2.1. Saisonmuster

Saisonale Effekte in Zeitreihen werden häufig als getrenntes Thema behandelt, jedoch fallen auch sie in die Kategorie der nichtstationären Prozesse. Betrachten wir das Gretl-Beispieldataset *bjg.gdt* mit den berühmten klassischen „Airline"-Daten von Box und Jenkins. Wir können entweder die Niveauvariable *g* betrachten und uns gedanklich den ansteigenden Trend wegdenken (siehe auch den Abschnitt 6.3.2.4), oder wir bilden wie vorher gezeigt die Wachstumsrate, wie sie in Abbildung 6.9 gezeigt wird. In jedem Fall wird deutlich, dass bestimmte Monate mit bestimmten regelmäßigen Ausschlägen verbunden sind. Dieses Saisonmuster bedeutet daher, dass der Erwartungswert der Zeitreihe nicht konstant ist, sondern von der Zeitperiode abhängt. Damit ist aber die oben gegebene Definition der Stationarität verletzt.

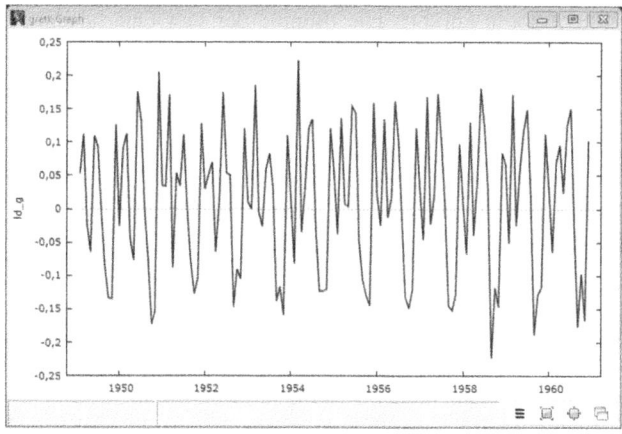

Abb. 6.9.: Beispiel für ein saisonales Muster

Solche Saisoneffekte sind in der Makroökonomik ganz typisch, sodass die Rohdaten für das BIP, die Inflationsrate oder die Arbeitslosenquote ein ausgeprägtes Sägezahnmuster aufweisen.[7] In der öffentlichen Debatte wird allerdings meist auf die saisonbereinigten Daten

---

7 Spezialisierte Grafiken für solche stark saisonbehafteten Reihen werden in dem zusätzlichen Gretl-Funktionspaket *buys_ballot.gfn* bereitgestellt. Siehe den Anhang B.9 für die Rolle solcher Pakete.

zurückgegriffen, da man eher an strukturellen Entwicklungen interessiert ist.

Eine einfache Methode, ein regelmäßiges oder „deterministisches" Saisonmuster bei einer Regressionsanalyse zu modellieren und damit implizit zu entfernen, stellt die Aufnahme sogenannter *Saisondummies* dar. Wenn wir an Quartalsdaten denken, dann hat z.B. eine Dummy für das zweite Quartal den Wert 1 jeweils im zweiten Quartal eines jeden Jahres, und ist sonst Null: $dq2_t = 0, 1, 0, 0, 0, 1, 0, \dots$. Eine solche Dummy als Regressor verschiebt also den Achsenabschnitt der Schätzgleichung in allen diesen zweiten Quartalen. Es ist wichtig zu verstehen, dass sie bei einer Mehrfachregression nicht nur die Saisoneffekte der abhängigen abbildet, sondern automatisch alle Variablen bereinigt.

Üblicherweise werden wir nicht nur eine Saisondummy aufnehmen, sondern die Schätzgleichung soll für jede saisonale Periode (jedes Quartal, jeden Monat) einen eigenen Achsenabschnitt zulassen und bereinigen. Bei Quartalsdaten liegt es daher nahe, alle vier möglichen Saisondummies aufzunehmen. Gretl bietet dafür die Funktion *seasonals* an, die in einer KQ-Schätzung wie folgt verwendet werden kann:

```
ols ld_g ld_g(-1) seasonals()
```

Einerseits muss beachtet werden, dass die runden Klammern benötigt werden, auch wenn kein Argument in dem Funktionsaufruf angegeben ist. Gretl weiß aufgrund der Frequenzeigenschaft des Datasets automatisch, welche und wieviele Saisondummies benötigt werden. Diese Klammern könnten bei Gretl nur bei einer $-Zugriffsfunktion weggelassen werden. Zweitens ist hier bewusst keine weitere Konstante angegeben, denn dies hätte zur perfekten Kollinearität der Regressoren geführt: Die Summe der vier Quartalsdummies in jeder Periode ist gerade gleich Eins, da immer genau eine Dummy Eins ist und die anderen Null. Damit sind die Dummies zusammen mit der Konstanten genau linear abhängig voneinander, was die Grundannahmen des Regressionsmodells verletzen würde. Also wird die Konstante weggelassen.

Alternativ könnte auch eine der Saisondummies weggelassen werden, und deren Rolle würde von der allgemeinen Konstante übernommen werden. Dafür muss die entsprechende *baseline*-Periode in der seasonals-Funktion angegeben werden:

```
ols ld_g const ld_g(-1) seasonals(1)
```

Hier wird die Dummy für das erste Quartal weggelassen. Die wieder aufgenommene Konstante allein ist natürlich nicht äquivalent zu dieser Dummy, aber gemeinsam sind die drei Dummies und die Konstante äquivalent zu vier Quartalsdummies.[8]

Eine andere Möglichkeit mit Saisoneffekten umzugehen ist die vorherige Filterung der Variablen, also die schon erwähnte Saisonbereinigung. Möchte man Veränderungen betrachten, bietet sich zum Beispiel die Differenz zur entsprechenden Periode des Vorjahrs an statt zur direkten Vorperiode. Bei Gretl existiert hierfür die Funktion *sdiff*, die z.B. bei Quartalsdaten x die Formel $x_t - x_{t-4}$ anwendet. Eine bekannte Familie komplexerer Filterverfahren stammt von U.S.-amerikanischen Statistikbehörden und wird als X12-ARIMA (bzw. X13-ARIMA)

---

8 Eine weitere Verfeinerung sind *zentrierte* Saisondummies, wobei jede über die Zeit hinweg sich zu Null summiert. Dafür muss bei Quartalsdummies der Jahresmittelwert 0,25 abgezogen werden, sodass die Dummy sich ergibt zu $zq2_t = -0{,}25; 0{,}75; -0{,}25; -0{,}25; -0{,}25; 0{,}75; -0{,}25; \dots$. Dies kann mit dem zweiten Argument angegeben werden: *seasonals(0, 1)* ergibt eine Liste mit vier zentrierten Quartalsdummies.

bezeichnet. Dies ist ein externes Programm, welches allerdings unter Windows automatisch von Gretl mit installiert wird, siehe im Menü *Variable / X-12-ARIMA-Analyse*.

6.3.2.2. Zeitreihen mit einem stochastischen Trend

Random Walk-Prozesse (abgekürzt RWP) bilden eine eigene Klasse nicht-stationärer Prozesse, wobei folgende Unterscheidung zu treffen ist:

* Random-Walk-Prozesse ohne Drift

* Random-Walk-Prozesse mit Drift

Random Walk ohne Drift

Ein *Random Walk ohne Drift* ist definiert als ein AR(1)-Prozess mit dem speziellen Parameterwert $\rho = 1$ und einer Konstante von Null, also

$$x_t = x_{t-1} + e_t \tag{6.37}$$

Der Wert von x zum Zeitpunkt t entspricht also dem Wert von x zum Zeitpunkt $t - 1$ plus dem Wert einer Zufallsgröße, von der wir annehmen, dass sie *iid* ist und den Erwartungswert 0 und die konstante Varianz σ^2 besitzt. In rekursiver Darstellung ergibt sich für die Erzeugung der ersten drei Werte:

$$x_1 = x_0 + e_1$$
$$x_2 = x_1 + e_2 = x_0 + e_1 + e_2$$
$$x_3 = x_2 + e_3 = x_0 + e_1 + e_2 + e_3 \tag{6.38}$$

Die allgemeine Darstellung 6.39 zeigt, dass sich der Wert x_t aus einem Anfangswert x_0 und den kumulierten Störgrößen u_i ergibt:

$$x_t = x_0 + \sum_{i=1}^{t} e_i \tag{6.39}$$

Mit dem leicht modifizierten Skript aus dem letzten Abschnitt generieren wir nun vier verschiedene Realisationen, wobei pro Realisation 50 Werte erzeugt werden. Für den Startwert wählen wir $x_1 = 2$. Bei jeder Realisation starten wir den Zufallsgenerator mit einer unterschiedlichen Zahl. Für die Erzeugung der Werte wird folgende rekursive Konstruktion verwendet:

```
series x = 2
x = x(-1) + res
```

Abbildung 6.10 zeigt das Ergebnis der Simulationen. Beginnend im Wert $x_0 = 2$ laufen die Prozesse in unsystematischer Weise auseinander, denn gemäß Gleichung 6.39 wird der Wert x_t durch Addition von t Störgrößen zum Anfangswert x_0 gebildet. Dies lässt den Schluss zu, dass mit wachsendem t die Varianz immer größer wird, sodass keine Stationarität vorliegt.

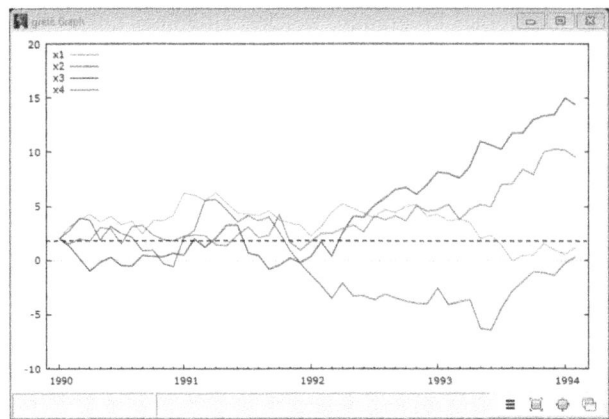

Abb. 6.10.: Vier verschiedene Random Walks ohne Drift

Der mathematische Erwartungswert hingegen entspricht tatsächlich dem Startwert $x_0 = 2$, auch wenn dies bei jedem einzelnen Verlauf intuitiv nicht so erscheint. Eine Mittelung vieler verschiedener Prozessrealisationen würde diese Eigenschaft jedoch bestätigen.

$$E(x_t) = E\left(x_0 + \sum_{i=1}^{t} e_i\right) = E(x_0) + E\left(\sum_{i=1}^{t} e_i\right) = E(x_0) = x_0 \qquad (6.40)$$

$$var(x_t) = var\left(x_0 + \sum_{i=1}^{t} e_i\right) = var\left(\sum_{i=1}^{t} e_i\right) = \sum_{i=1}^{t} var(e_i) = t \cdot \sigma_e^2 \qquad (6.41)$$

Es liegt zwar ein konstanter Erwartungswert x_0 vor, der dem Anfangswert der Reihe entspricht, jedoch eine Varianz, die mit wachsendem t beliebig groß wird. Die Gleichung 6.38 drückt aus, dass der Zeitreihenwert x_t aus der Addition des Anfangswerts und der Summe zufälliger Einflüsse gebildet wird. Tritt nun zum Zeitpunkt $t = 3$ ein Schock in Höhe von $e_3 = 4$ ein, so prägt dieser sich unbegrenzt in das Gedächtnis des Prozesses ein. Solche Schocks heben (oder senken) den Prozess sozusagen auf ein anderes Niveau. Der *bedingte* Erwartungswert wächst dann für alle Zeitpunkte $t > 3$ um 4: $E_{t=3}(x_{t>3}) = E_{t=2}(x_{t>3}) + 4$. Daher wird als eine Eigenschaft des Random Walks auch ein *Schockgedächtnis* genannt.

Eine wichtige Eigenschaft wird durch den Umstand offenbart, dass der Wert eines RWP zum Zeitpunkt t benutzt werden kann, um den Wert in ferner Zukunft vorauszusagen. Dieser Zusammenhang wird deutlich, wenn wir den Wert h Perioden später, also zum Zeitpunkt $t + h$, auf den Wert zum Zeitpunkt t zurückführen:

$$x_{t+h} = e_{t+h} + e_{t+h-1} + ... + e_{t+1} + x_t \qquad (6.42)$$

Wenn wir den zu erwartenden Wert von x_{t+h} aus dem gegebenen Wert zum Zeitpunkt t ermitteln wollen, dann bilden wir den Erwartungswert $E(x_{t+h}|x_t)$. Da für die Erwartungswerte der Störgrößen der Zusammenhang $E(e_{t+j}|x_t) = 0$ für alle $j \geq 1$ gilt, ergibt sich aus Gleichung 6.42:

$$E(x_{t+h}|x_t) = x_t \tag{6.43}$$

Gleichung 6.43 ist wie folgt zu interpretieren: Unabhängig davon, wieviele Perioden der zukünftige Wert vom Zeitpunkt t entfernt ist, ist die beste Voraussage dafür der Wert x_t. Allerdings sorgt die wachsende Varianz des RWP dafür, dass auch diese beste Voraussage für die ferne Zukunft nicht unbedingt treffsicher sein wird. Für eine Prognose verbliebe dabei einfach eine große inhärente Unsicherheit.

Im Gegensatz zum RWP gilt für den stationären AR(1)-Prozess aus 6.33 der Zusammenhang:

$$E(x_{t+h}|x_t) = \rho^h x_t \tag{6.44}$$

Unter der Voraussetzung $-1 < \rho < 1$ strebt der Erwartungswert von x_{t+h} für wachsendes h immer mehr gegen den Wert Null, sodass x_t als Ausgangswert für eine gute Voraussage immer ungeeigneter wird. Andererseits bedeutet dies, dass bei einem wirklich stationären Prozess die ferne Zukunft recht einfach prognostiziert werden kann, nämlich durch seinen unbedingten Erwartungswert (hier: 0).

Random Walk mit Drift

Im Gegensatz zum *Random Walk ohne Drift* besitzt der *Random Walk mit Drift* noch eine Konstante, also

$$x_t = \alpha + x_{t-1} + e_t \tag{6.45}$$

Notieren wir die Reihe wiederum in rekursiver Form für die ersten drei Elemente:

$$
\begin{aligned}
x_1 &= \alpha + x_0 + e_1 \\
x_2 &= \alpha + x_1 + e_2 = x_0 + \alpha \cdot 2 + e_1 + e_2 \\
x_3 &= \alpha + x_2 + e_3 = x_0 + \alpha \cdot 3 + e_1 + e_2 + e_3
\end{aligned}
\tag{6.46}
$$

Die folgende allgemeine Darstellung 6.47 illustriert, warum man statt von einem Drift auch von einem Random Walk mit Trend sprechen könnte. Die Werte des Prozesses ergeben sich aus den kumulierten Störgrößen sowie einem deterministischen Wachstumspfad $x_0 + t\alpha$:

$$x_t = x_0 + \alpha \cdot t + \sum_{i=1}^{t} e_i \tag{6.47}$$

Um eine Vorstellung vom Verlauf eines RWP mit Drift zu erhalten, generieren wir wieder vier verschiedene Realisationen des RWP, wobei in jeder Realisation 50 Werte erzeugt werden. Die Konstante wird auf den Wert $\alpha = 0.4$ gesetzt und der Startwert auf $x_0 = 0$. Abbildung 6.11 zeigt das Ergebnis der Simulation.

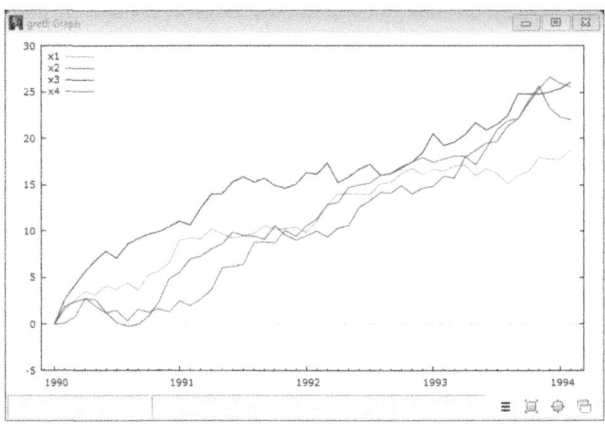

Abb. 6.11.: Vier verschiedene Random Walks mit Drift

Im Gegensatz zum RWP ohne Drift haben wir es bei Einführung eines positiven Drift-parameters mit einem ansteigenden Verlauf (siehe Abb. 6.11) oder im Falle eines negativen Driftparameters mit einem fallenden Verlauf der Zeitreihe zu tun. Der Erwartungswert ist also nicht konstant. Außerdem scheint wieder eine Spreizung, also eine Erhöhung der Varianz, vorzuliegen. Wir untermauern die Beobachtung, indem wir beide Kenngrößen berechnen:

$$E(x_t) = E\left(x_0 + \alpha \cdot t + \sum_{i=1}^{t} e_i\right) = E(x_0) + E(t\alpha) + E\left(\sum_{i=1}^{t} e_i\right) = E(x_0) = x_0 + \alpha \cdot t$$

$$\text{(6.48)}$$

$$var(x_t) = var\left(x_0 + \alpha \cdot t + \sum_{i=1}^{t} e_i\right) = var\left(\sum_{i=1}^{t} e_i\right) = \sum_{i=1}^{t} var(e_i) = \sigma_e^2 \cdot t \qquad \text{(6.49)}$$

Der RWP mit Drift besitzt also einen Erwartungswert und eine Varianz, die vom Zeitpunkt t abhängen, sodass eine Verletzung der (schwachen) Stationarität vorliegt. Im Beispiel der Abbildung 6.11 pendeln alle Zeitreihen um eine Gerade mit der Steigung $0,4$ herum. Der Erwartungswert stellt somit eine lineare Funktion der Zeit t dar, mit dem Steigungsparameter α und der Konstanten x_0. Die Varianz ist ebenfalls nicht konstant, sondern vergrößert sich in jeder Periode um den Betrag der Störgrößenvarianz.

In der Literatur wird der Random Walk häufig mit dem Begriff *Unit Root process* (dt. Einheitswurzelprozess) bezeichnet. Streng genommen stellt der Random Walk aber nur einen Spezialfall eines solchen Prozesses dar, weil hier der Störterm e_t die Eigenschaft eines White-Noise Prozesses besitzt (insbesondere keine Korrelation aufeinanderfolgender Werte). Eine allgemeinere Klasse von Prozessen mit autoregressiven Einheitswurzeln erhält man, wenn der Störterm stattdessen z.B. wiederum einem stationären AR(1)-Prozess folgt oder einem noch allgemeineren (aber stationären) Prozess.

Eine andere Art der Verallgemeinerung würde man erhalten, wenn man noch andere deterministische Komponenten in eine Random-Walk-Gleichung mit aufnehmen würde. Beim Random Walk mit Drift ergab es sich, dass eine scheinbare Konstante sich letztlich in einer deterministischen linearen Trendkomponente manifestierte. Diese Erkenntnis ist tatsächlich verallgemeinerbar: Würde man einen linearen Trend αt einsetzen, so würde sich durch die Einheitswurzelrekursion dieser zu einem quadratischen Trendterm kumulieren. Allgemein gesprochen würde ein Polynom der Zeit n-ten Grades im Pfad der Variablen eine polynomiale Komponente $n+1$-ten Grades erzeugen. In der Praxis sind aber fast ausschließlich lineare Trends relevant, manchmal auch quadratisch-parabelartige.

6.3.2.3. Zeitreihen mit einem deterministischen Trend

Random Walk-Prozesse sind nicht die einzigen nichtstationären Prozesse. Dazu gehören auch *trendstationäre* Reihen, deren Darstellung die Zeitvariable t als linearen deterministischen Trend sowie im einfachsten Fall noch einen White-Noise-Prozess e_t beinhaltet:

$$x_t = \alpha + \gamma t + e_t \tag{6.50}$$

Der Hauptunterschied zwischen einer Zeitreihe mit deterministischem Trend und einem Random Walk mit Drift besteht darin, dass der trendstationäre Prozess eng an den Trendverlauf gebunden ist, weil zu einem gegebenen Zeitpunkt t der Abstand zur Trendlinie durch den Wert des White-Noise Prozesses e_t bestimmt wird, wie die Gleichung 6.50 zeigt.[9] Im Gegensatz dazu ist beim Random Walk mit Drift der Abstand vom darunterliegenden Trend $\alpha \cdot t$ durch die Summe der Störgrößen $\sum_{i=1}^{t} e_i$ gegeben (siehe Gleichung 6.47). Weil diese Summe einen Random Walk darstellt, wird der RWP mit Drift keine Tendenz zeigen, zur Trendlinie $\alpha \cdot t$ zurückzukehren.

Für den linearen Trend ergibt sich der Erwartungswert

$$E(x_t) = E(\alpha + \gamma t + e_t) = \alpha + \gamma t + E(e_t) = \alpha + \gamma t \tag{6.51}$$

Da der Erwartungswert abhängig von der Zeit ist, ist der lineare Trend ein nichtstationärer Prozess. Seine Varianz ist hingegen nicht von der Zeitperiode t abhängig:

$$var(x_t) = \sigma_e^2 \tag{6.52}$$

Da die Varianz einer Zeitreihe mit deterministischen Trend im Gegensatz zum Random Walk konstant ist, besitzt sie die Tendenz, sich an der Trendlinie zu orientieren.

Abbildung 6.12 zeigt drei Realisationen eines linearen Trends mit den Parametern $\gamma = 0,8$, $\gamma = 0,5$ und $\gamma = 0,3$ sowie $\alpha = 2$.

---

9 Im allgemeineren Fall kann e_t auch ein autokorrelierter stationärer Prozess sein.

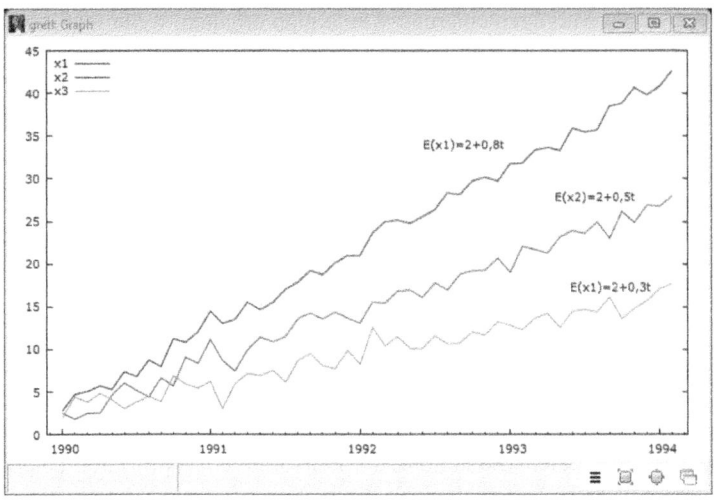

Abb. 6.12.: Drei trendstationäre Prozesse mit linearen Steigungswerten 0,3, 0,5 und 0,8

Eine Zeitreihe mit deterministischem Trend kann einem linearen Trend gemäß Gleichung 6.50 folgen, oder sie kann einen quadratischen Trend beinhalten. In diesem Fall erhalten wir folgende Modellgleichung:

$$x_t = \alpha + \gamma t + \eta t^2 + e_t \tag{6.53}$$

In allgemeiner Form stellt die deterministische Komponente eine beliebige Funktion $f(t)$ dar. Der Anstieg der Werte pro Zeiteinheit ergibt sich aus der Ableitung der Gleichung 6.53 nach der Zeit:

$$\frac{\Delta x_t}{\Delta t} \approx \gamma + 2\eta t \tag{6.54}$$

Abbildung 6.13 zeigt den Verlauf einer Zeitreihe x_1 mit linearem Trend gegenüber einer Zeitreihe x_2 mit quadratischem Trend über 50 Zeitperioden. Die Werte beider Reihen werden durch folgende Gleichungen aufgebaut:

$$x1_t = 0.2 + 1.5 * t + e_t \tag{6.55}$$

$$x2_t = 0.4 + 0.5 * t + 0.04 * t^2 + e_t \tag{6.56}$$

Beim quadratischen Trend entwickeln sich die Werte entlang einer Trendlinie, die dem Verlauf einer quadratischen Parabel folgt.

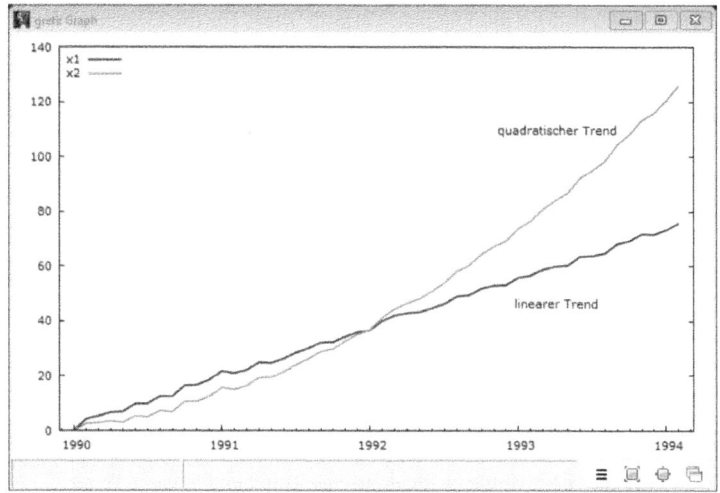

Abb. 6.13.: Zwei Zeitreihen mit deterministischen Trends

Wir wollen nun untersuchen, ob sich die Entwicklung des GDP (BIP) in Australien in den Jahren von 1970 bis 2000 durch einen Prozess mit deterministischer Trendkomponente beschreiben lässt. Die Werte der Reihe, die in der Variablen *aus* gespeichert sind, basieren auf Quartalsdaten und entstammen dem Dataset *gdp.gdt* (siehe Autorenreiter *POE 4th ed.*). Der Verlauf des australischen GDP ist in Abbildung 6.14 wiedergegeben.

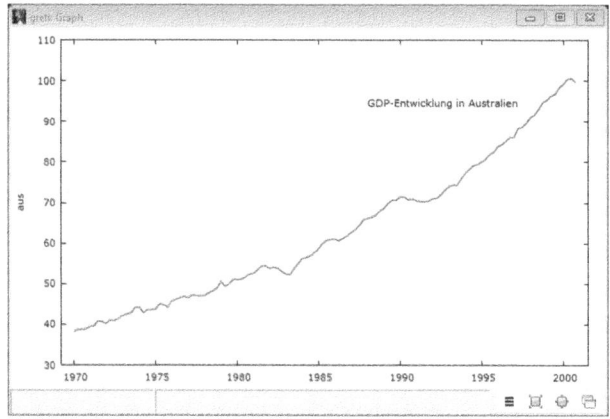

Abb. 6.14.: Entwicklung des GDP in Australien

Für den Vergleich beider deterministischer Trends definieren wir zunächst über den Menüeintrag *Hinzufügen/Zeittrend* die Dataset-Variable *time*, für die Gretl die Werte 1,2, ... vergibt. Um die quadrierten Werte von *time* zu erzeugen, wählen wir den Menüeintrag *Hinzufügen/Quadrate gewählter Variablen*. Gretl legt daraufhin die Variable *sq_time* an. Sodann werden nacheinander die Modelle

$$aus_t = \alpha + \gamma \cdot time + \eta \cdot sq\_time + e_t \tag{6.57}$$

$$aus_t = \alpha + \gamma \cdot time + e_t \tag{6.58}$$

mit OLS geschätzt. Die Ergebnisse beider Schätzungen sind in der folgenden Tabelle wiedergegeben.

Modell	*const*	*time*	*sq-time*	R-Quadrat	Schwarz-Krit	Res-Quadratsumme
quadr. Trend	39,81	0,139	0,003	0,99	462,08	268,33
lin. Trend	32,63	0,481	-	0,96	669,58	1486,96

Tabelle 6.1.: Vergleich quadratischer Trend und linearer Trend

Im Ergebnis schneidet die Schätzung mit einem quadratischen Trend etwas besser ab, wenn man das Schwarz-Kriterium und die Residuenquadratsummen miteinander vergleicht. Insbesondere fällt die Residuenquadratsumme beim quadratischen Trend besonders klein aus. Beide Modelle besitzen sehr geringe p-Werte, sodass die Parameterschätzungen nominell hochsignifikant sind. Hält man sich den grafischen Verlauf des GDP in Abbildung 6.14 vor Augen, dann scheint folgendes Modell angemessen:

$$aus_t = 39,81 + 0,139 \cdot t + 0,003 \cdot t^2 + e_t \tag{6.59}$$

Exponentieller Trend

Viele ökonomische Zeitreihen können auch sehr gut durch einen exponentiellen Trend angenähert werden. Dieser hat die Eigenschaft, dass von Periode zu Periode die gleiche durchschnittliche Steigerungsrate zu erwarten ist. Mit anderen Worten, das auf den Vorperiodenwert bezogene prozentuale Wachstum ist in jeder Periode nahezu gleich. Einen Prozess mit exponentieller Trendkomponente können wir folgendermaßen formulieren:

$$x_t = e^{\alpha + \gamma t + e_t} \tag{6.60}$$

Um eine KQ-Schätzung mit exponentiellen Trends durchzuführen, wird Gleichung 6.60 durch Logarithmieren beider Seiten als linearer Trend modelliert:

$$log(x_t) = \alpha + \gamma t + e_t \tag{6.61}$$

Bilden wir nun die Ableitung nach der Zeit, so ergibt sich:

$$\frac{\Delta(log(x_t))}{\Delta t} \approx \gamma \tag{6.62}$$

Für kleine Änderungen ist der Parameter γ ungefähr identisch mit der Änderungsrate $(x_t - x_{t-1})/x_{t-1}$ zwischen zwei benachbarten Perioden. Multiplikation mit 100 ergibt die prozentuale Änderungsrate. Wenn zum Beispiel $\gamma = 0{,}02$ beträgt, dann wächst x_t im Mittel um 2% pro Periode.

Das folgende Skript erzeugt einen exponentiellen Trend mit den Parametern $\alpha = 0{,}01$ und $\gamma = 0{,}15$.

```
nulldata 50
setobs 12 1990:01    --time-series
set seed 55112134
series x = 0
series res3 = normal(0,0.2)
x = exp(0.01 + 0.15*t + res3)
```

Die Grafik in Abbildung 6.15 zeigt den exponentiellen Verlauf der Zeitreihe x. Zusätzlich sind die logarithmierten Werte von x dargestellt (Zeitreihe l_x).

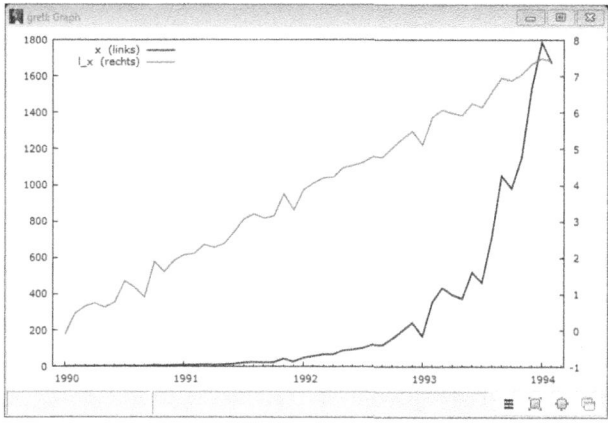

Abb. 6.15.: Exponentieller Trend = linearer Trend der logarithmierten Werte

Für die logarithmierten Werte dieser Zeitreihe, l_x, ergibt sich eine lineare Trendkomponente, der die Steigung 0,15 besitzt.

6.3.2.4. Eliminieren eines Trends

Das Eliminieren eines Trends hat das Ziel, einen nicht-stationären Prozess x in einen stationären Prozess zu überführen. Dabei ist es wichtig, zwischen den beiden Arten eines Trends zu unterscheiden: dem stochastischen und dem deterministischen Trend. Beim deterministischen Trend sind die Abweichungen vom Trend stationär, sodass die Reihe immer wieder eine Tendenz aufweist, zum Trend zurückzukehren. Da sich durch Subtraktion der modellierten Zeitkomponente ein stationärer Prozess ergibt, sprechen wir auch von einem *trendstationären Prozess*, kurz *TS-Prozess*.

Besitzt die Zeitreihe x einen stochastischen Trend wie bei einem Random Walk, dann sind die Abweichungen von der deterministischen Trendkomponente nicht stationär, denn durch die Kumulation der Störgrößen gibt es keine Tendenz zurück zum deterministischen Trend (siehe Gleichung 6.47). Wenn es möglich ist, durch die Bildung der ersten Differenzen einen stationären Prozess Δx zu erzeugen, und x selbst aber nicht stationär oder trendstationär ist, dann wird x als *differenz-stationärer Prozess* bezeichnet (oder DS-Prozess).

Der Prozess $x_t = \alpha + \gamma t + e_t$ ist ein TS-Prozess, da er sich additiv aus der linearen Trendkomponente $\alpha + \gamma t$ und dem White-Noise-Prozess e_t zusammensetzt. Subtraktion der Trendkomponente liefert den stationären Prozess

$$\tilde{x}_t = e_t \tag{6.63}$$

Dieser Vorgang wird auch als *detrending* bezeichnet, wobei je nach Anwendung und Bedarf eine Konstante in der transformierten Variable verbleiben darf. In der Praxis stellt sich natürlich die Frage nach dem Trendparameter γ, der in der Regel unbekannt ist. Er lässt sich aber bei einem TS-Prozess leicht schätzen, wie vorher beim Vergleich von linearen und quadratischen Trends schon vorgeführt wurde. Als tatsächlich operationalisierbare Trendbereinigung wird also $x_t - \hat{\gamma} t$ verwendet.

Bildet man von einem Random Walk mit Drift die Differenzen zweier benachbarter Werte x_t und x_{t-1} –dies wird auch erste zeitliche Differenz genannt– dann erhalten wir wieder einen stationären Prozess:

$$\Delta x_t = x_t - x_{t-1} = \alpha + x_{t-1} + e_t - x_{t-1} = \alpha + e_t \tag{6.64}$$

Der Differenz-Prozess Δx_t hat den konstanten Erwartungswert $E(\Delta x_t) = \alpha$ (da $E(e_t) = 0$) und die konstante Varianz $var(\Delta x_t) = \sigma_e^2$. Bei einem Random Walk ohne Drift gilt $\alpha = 0$ und es ergibt sich der Erwartungswert $E(\Delta x_t) = 0$. Ein DS-Prozess wird auch als I(1)-Prozess bezeichnet, d.h. integriert der Ordnung 1.[10] Wenn er erst durch eine zweifache Differenzbildung stationär gemacht werden kann, stellt er einen I(2)-Prozess dar usw. Da der stationäre Prozess $\Delta(x_t)$ nicht noch weiter differenziert werden muss, spricht man von einem I(0)-Prozess. Die Terminologie der Integriertheit bezieht sich allerdings nur auf stochastische Trends, daher ist ein TS-Prozess sowohl I(0) als auch nicht-stationär. Man sollte daher vermeiden, die unterschiedlichen Definitionen der Stationarität und der I(0)-Eigenschaft zu verwechseln oder gleichzusetzen, wie es leider manchmal geschieht.

Auch ein linearer Trend kann durch Differenzenbildung in einen stationären Prozess überführt werden, da sich $\Delta x_t = \gamma + \Delta e_t$ ergibt. Für den Erwartungswert erhalten wir $E(\Delta x_t) = \gamma + E(\Delta e_t) = \gamma$, also eine Konstante, ähnlich wie beim Random Walk mit Drift. Dass das Ergebnis üblicherweise nicht als I(0)-Prozess bezeichnet wird, liegt an der fehlenden RW-Komponente im Ausgangsprozess, da ein linearer Trend allein nicht integriert ist. Dies zeigt noch einmal, dass zwischen Prozessen mit RW-Komponenten (stochastischen Trends) und solchen mit deterministischen Nichtstationaritäten (z.B. lineare Trends, einmalige Brüche, usw.) zu unterscheiden ist und braucht ansonsten hier nicht weiter vertieft zu werden.

---

10 Diese Terminologie bezieht sich auf die Summenbildung in der Rekursion eines RWP, die wir gesehen haben, denn eine Summation in diskreten Perioden ist mathematisch eng verwandt mit einer Integration in kontinuierlich gemessener Zeit. Wir werden uns hier ausschließlich auf die Behandlung in diskreter Zeit beschränken.

Werden Prozesse, die eine Einheitswurzel besitzen (wie zum Beispiel der Random Walk mit oder ohne Trend), aufeinander regressiert, stoßen wir häufig auf das Phänomen einer Scheinregression, das wir im nächsten Abschnitt untersuchen. Ein möglicher Ausweg aus dieser Situation besteht darin, durch Differenzenbildung einen I(0)-Prozess zu erzeugen, wie es vor allem bis in die 1980er Jahre üblich war. Die so erzeugten stationären Prozesse können dann problemlos in einem Regressionsmodell Verwendung finden, ohne dass verzerrte Ergebnisse zu erwarten sind. Durch sogenannte Einheitswurzel-Tests kann entschieden werden, ob ein vorliegender Prozess ein I(0)-Prozess ist oder nicht. Der bekannteste Test ist der Test von Dickey-Fuller, auf den später noch eingegangen wird. Allerdings muss bei der Interpretation einer solchen differenzierten Gleichung darauf geachtet werden, dass durch die Eliminierung der langfristigen Komponenten der beteiligten Variablen es auch nicht mehr möglich ist, etwaige längerfristige Zusammenhänge zu analysieren. Dies ist ein Anwendungsfall für die Kointegrationsanalyse, auf die wir ebenfalls später noch zu sprechen kommen.

Beispiel: Untersuchung eines stochastischen Prozesses

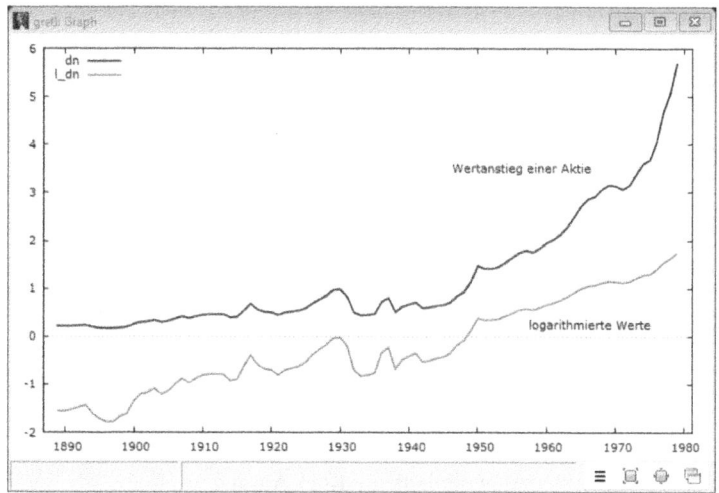

Abb. 6.16.: Verlauf des Gewinnanteils einer Aktie

Die vorgestellten Überlegungen sollen am Beispiel der Zeitreihe *equity.gdt* aus dem Autorenreiter *POE 4th ed.* veranschaulicht werden. In Abbildung 6.16 ist die Entwicklung des durchschnittlichen Gewinnanteils bzw. der Dividende einer Aktie im Zeitraum 1889 bis 1979 wiedergegeben (Variable *dn*). Da die Entwicklung einem exponentiellem Verlauf sehr nahe kommt, wurden über den Menüeintrag *Hinzufügen/Logs gewählter Variablen* die logarithmierten Werte der Zeitreihe generiert (Variable *l_dn*).

Es soll informell untersucht werden, ob die Zeitreihe *l_dn* einem I(1)-Prozess folgt, etwa einem RWP mit oder ohne Drift. Dazu bilden wir die ersten Differenzen von *l_dn*, die Gretl unter dem Variablennamen *d_l_dn* ablegt. Betrachtet man die Entwicklung der ersten Differenzen in Abbildung 6.17, so stellt man fest, dass die Reihe offenbar einen konstanten Erwartungswert besitzt, der ein wenig oberhalb des Werts Null liegt.

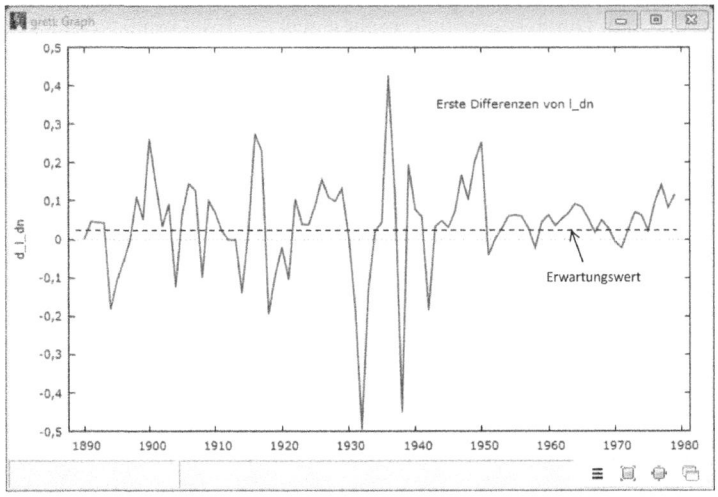

Abb. 6.17.: Verlauf der ersten Differenzen

Um zu zeigen, dass die ersten Differenzen keinem linearen Trend gemäß Formel 6.50 unterliegen, regressieren wir die Zeitreihe der ersten Differenzen *d_l_dn* auf die (anzulegende) Zeitvariable *time*. Der geschätzte Parameter von *time* besitzt den sehr kleinen Wert 0,00048, der noch nicht einmal signifikant ist (p-Wert beträgt 0,356). Die Auswertung legt also nahe, den Prozess als einen RWP mit Drift ohne linearen Trend zu modellieren. Der Überprüfung halber jedoch legen wir den autoregressiven Parameter noch nicht auf den Wert 1 fest, sondern schätzen ihn frei in einem gewöhnlichen AR(1)-Ansatz:

```
ols l_dn const l_dn(-1)
```

Die KQ-Schätzung des RW-Modells liefert folgendes Ergebnis:

Modell 1: KQ, benutze die Beobachtungen 1890–1979 ($T = 90$)
Abhängige Variable: l_dn
HAC Standardfehler, Bandbreite 3 (Bartlett-Kern)

	Koeffizient	Std. Fehler	t-Quotient	p-Wert
const	0,0378559	0,0135953	2,784	0,0066
l_dn_1	1,00463	0,0117922	85,19	0,0000

Mittel d. abh. Var.	$-0,217434$	Stdabw. d. abh. Var.	$0,927484$
Summe d. quad. Res.	$1,459385$	Stdfehler d. Regress.	$0,128779$
R^2	$0,980938$	Korrigiertes R^2	$0,980721$
$F(1,88)$	$7258,140$	P-Wert(F)	$2,41e{-}86$
Log-Likelihood	$57,77630$	Akaike-Kriterium	$-111,5526$
Schwarz-Kriterium	$-106,5530$	Hannan–Quinn	$-109,5365$
$\hat{\rho}$	$0,216457$	Durbins h	$2,066460$

Aus dem Ergebnis geht hervor, dass es sich bei *l_dn* offenbar um einen Random Walk mit Drift handelt, also um einen I(1)-Prozess. Zwar wird der Parameter auf $\hat{\rho} = 1,004$ geschätzt, sodass es sich strenggenommen um einen explosiven Prozess handeln würde, der auch nicht direkt von unserer Schätztheorie abgedeckt ist. Jedoch zeigt sowohl der Augenschein als auch der Standardfehler von 0,012, dass der Parameter fast exakt Eins ist.

Weitere Untersuchungen zeigen, dass die Differenzen *d_l_dn* einen AR(3)-Prozess bilden, da sich ein signifikanter Einfluss von 3 Lags auf den aktuellen Wert nachweisen lässt.

6.3.2.5. Das Problem der Scheinregression

Das Phänomen der Scheinregression ist nicht auf den Zeitreihenkontext beschränkt. Ein klassisches Beispiel ist die „Storchenregression", bei der Storchsichtungen und Geburtenzahlen in verschiedenen Dörfern oder Regionen scheinbar korrelieren. Der statistische Hintergrund ist eine vernachlässigte weitere Variable, also ein *omitted variable bias*.

Im Zeitreihenkontext existiert daneben noch eine weitere Art der Scheinregression (engl. *spurious regression*), die in diesem Abschnitt untersucht wird. Die Ursache ist hier die nicht angemessene Behandlung von stochastischen Trends, also von nichtstationären Variablen.

Um das Phänomen der Scheinregression zu demonstrieren, erzeugen wir zwei nichtstationäre Prozesse x_t und y_t, die einem RWP ohne Drift entsprechen. Sodann schätzen wir das folgende Modell:

$$y_t = \alpha + \beta x_t + u_i \qquad (6.65)$$

Das folgende Skript erzeugt zunächst die beiden RWP mit Drift. Abschließend wird der Prozess y auf x regressiert.

```
nulldata 50
setobs 12 1990:01   --time-series
set seed 78999969
series x = 0
series res = normal(0,1)
x = 0.2 + x(-1) + res
set seed 55334444
series y = 0
series res2 = normal(0,1)
y = 0.6 + y(-1) + res2
ols y const x
```

Die Darstellung in Abbildung 6.18 lässt zunächst einmal nicht vermuten, dass die Regression einen signifikanten Schätzwert für β liefert. Schließlich wurden beide Zeitreihen unabhängig voneinander zufällig erzeugt, sodass tatsächlich objektiv bekannt ist, dass kein Zusammenhang vorhanden ist!

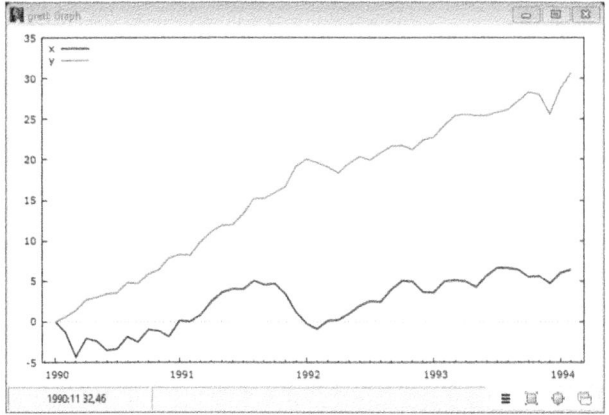

Abb. 6.18.: Zwei verschiedene Random Walks x und y mit Drift

Betrachten wir nun das Ergebnis der Regression 6.65, so stellen wir fest, dass die p-Werte für die Parameter extrem niedrig sind. Damit ist die Nullhypothese, dass x keinen Einfluss auf y ausübt, nominell zurückzuweisen. Der Wert von $\hat{\beta}$ liegt bei 2,37.

Modell 1: KQ, benutze die Beobachtungen 1990:01–1994:02 ($T = 50$)
Abhängige Variable: y
HAC Standardfehler, Bandbreite 2 (Bartlett-Kern)

	Koeffizient	Std. Fehler	t-Quotient	p-Wert
const	9,89910	1,31019	7,555	0,0000
x	2,37579	0,251109	9,461	0,0000

Mittel d. abh. Var.	16,30927	Stdabw. d. abh. Var.	8,937198
Summe d. quad. Res.	1163,134	Stdfehler d. Regress.	4,922596
R^2	0,702812	Korrigiertes R^2	0,696621
$F(1,48)$	89,51417	P-Wert(F)	1,50e–12
Log-Likelihood	−149,6182	Akaike-Kriterium	303,2364
Schwarz-Kriterium	307,0604	Hannan–Quinn	304,6926
$\hat{\rho}$	0,804563	Durbin–Watson	0,295437

Der hoch signifikante Wert des Steigungsparameters β in der ols-Schätzung lässt fälschlicherweise vermuten, dass eine Erhöhung des x-Werts um eine Einheit von einer Periode zur nächsten den y-Wert um ca. 2,37 Einheiten steigen lässt.

Die Beobachtung von Scheinregressionen bei Modellen mit stochastischen Trends führt zu der Besonderheit, dass die t-Werte, die sich auf die Verteilung der KQ-Schätzer beziehen, nicht der üblichen t-Verteilung folgen und trotz der nicht vorhandenen Beziehung zwischen den Random Walks signifikant hoch sind. Granger und Newbold (1974) fanden durch Simulationen heraus, dass innerhalb einer Anzahl von 100 Regressionen zweier zufällig generierter Random Walks 77 Regressionen einen Steigungskoeffizienten besaßen, der auf dem 5% Niveau signifikant war. Bei einem Signifikanztest auf dem 5% Niveau sollten allerdings nur etwa 5 Regressionen einen signifikanten Steigungsparameter besitzen. Die Studie rief ein besonderen Eindruck hervor, dies insbesondere deshalb, weil es viele ökonomische Zeitreihen gibt, die einem Random Walk mit Drift folgen.

6.3.3. Tests auf Einheitswurzel – (erweiterter) Dickey-Fuller-Test

Wie wir am Beispiel der Scheinregression gesehen haben, ist bei der Verwendung von integrierten Variablen besondere Vorsicht geboten. In der Praxis hat es sich daher durchgesetzt, die beteiligten Variablen vorab auf ihre Integrationseigenschaften zu testen. Da eine Random-Walk-Komponente einem autoregressiven Parameter von Eins entspricht, spricht man auch von einer Einheitswurzel. Der Begriff „Wurzel" ist hier als Lösung einer Gleichung zu verstehen und hat nichts mit der Quadratwurzel zu tun.[11] Der üblichste Einheitswurzeltest ist der von Dickey und Fuller, der nun vorgestellt werden soll. Daneben sind in der Literatur noch eine Vielzahl weiterer Tests vorgeschlagen worden, auf die wir nicht weiter eingehen.

Der Dickey-Fuller-Test bezieht sich auf eine AR(1)-Darstellung, wie wir sie schon kennengelernt haben:

$$x_t = \rho x_{t-1} + e_t \tag{6.66}$$

Falls e_t einen reinen Zufallsprozess darstellt (weißes Rauschen / *white noise*), so handelt es sich bei x_t um einen echten AR(1)-Prozess. Im allgemeineren Fall kann e_t noch weitere stationäre Autokorrelation aufweisen, sodass x_t komplizierter wäre. Trotzdem kommt es in diesem Kontext auf den ersten autoregressiven Parameter ρ an. Für $\rho = 1$ handelt es sich um einen Prozess mit Einheitswurzel, für $|\rho| < 1$ liegt ein I(0)-Prozess vor. Da in dieser Darstellung nur der Einheitswurzelfall einen eindeutigen Parameterwert besitzt, wird er als Nullhypothese angesetzt.[12] Da die interessierende Alternativhypothese nur links vom Wert Eins liegt, handelt es sich um einen einseitigen Test.

Wenn man von beiden Seiten der Gleichung 6.66 x_{t-1} abzieht, erhält man die äquivalente Darstellung

$$\Delta x_t = (\rho - 1)x_{t-1} + e_t \tag{6.67}$$

In dieser Gleichung lautet die Nullhypothese der Einheitswurzel entsprechend $H0 : \rho - 1 = 0$, weswegen sich als Teststatistik die gewöhnliche t-Statistik bezüglich des Regressors x_{t-1}

---

11 Mathematisch wird die Formel eines AR-Prozesses als sogenannte lineare Differenzengleichung aufgefasst, zu der ein entsprechendes charakteristisches Polynom und dessen Wurzeln gehören.

12 Beim später entwickelten *KPSS*-Test wird die Nullhypothese dagegen gerade umgekehrt. Die Hintergründe würden hier zu weit führen, es sei nur darauf verwiesen, dass auch dieser Test in Gretl als Einheitswurzeltest zur Verfügung steht.

anbietet. Außerdem lässt sich an dieser Gleichung die notwendige Eigenschaft der *Balanciertheit* erläutern: Eine Gleichung im Zeitreihenkontext muss auf beiden Seiten dieselbe Integrationseigenschaft aufweisen, also entweder auf beiden Seiten stationär sein oder links und rechts I(1). Denn offensichtlich kann etwas Stationäres nicht gleich etwas Nichtstationärem sein, das sich z.B. beliebig von seinem ursprünglichen Erwartungswert entfernen würde. Auf der linken Seite steht hier mit Δx_t in jedem Fall eine stationäre Variable. Wenn $x_t \sim I(1)$ wäre, so dürfte also x_{t-1} auf der rechten Seite nicht auftauchen, um die Balanciertheit zu gewährleisten. Dies ist tatsächlich der Fall, denn im I(1)-Fall verschwindet der entscheidende Koeffizient $\rho - 1$ gerade und entfernt dadurch x_{t-1} aus der Gleichung. Auf der rechten Seite verbleibt dann nur noch der annahmegemäß stationäre Prozess e_t. Falls x_t jedoch I(0) ist, ergibt sich kein Problem der Unbalanciertheit.

Es kann also in der Darstellung mit der Differenz auf der linken Seite der gewöhnliche t-Quotient der ersten Verzögerung des Niveaus von x herangezogen werden. Allerdings gibt es noch eine inferenzstatistische Komplikation, da unter der Nullhypothese der Regressor x_{t-1} gerade nicht-stationär ist. Eine OLS-Regression ist zwar möglich, aber die üblichen zentralen Grenzwertsätze sind nicht anwendbar, da die entsprechenden Stationaritätsannahmen verletzt sind. Die Verteilung der Teststatistik bezüglich $\hat{\rho} - 1$ ist daher nicht-standard und nicht asymptotisch normalverteilt. Zum Beispiel ist es so, dass es bei einer wahren Einheitswurzel wahrscheinlicher ist, für $\hat{\rho}$ eine Schätzung im stationären Bereich zu erhalten als im explosiven Bereich größer Eins. Daher ist die relevante Testverteilung asymmetrisch. Die Details der speziellen Dickey-Fuller-Testverteilung brauchen uns hier nicht weiter zu beschäftigen, sie ist von mathematischen Statistikern hergeleitet und tabelliert worden, und die entsprechenden kritischen Werte sind in Gretl enthalten.

Allerdings ist die Gleichung 6.67 noch nicht allgemein sinnvoll anwendbar, wie folgende Überlegung zeigt: Falls $x_t \sim I(0)$ ist, wird der Prozess immer wieder zu seinem Erwartungswert zurückkehren (*mean reversion*). Aus der früheren Beschäftigung mit AR(1)-Prozessen wissen wir bereits, dass der sich ergebende Erwartungswert im Zähler den Wert der Konstanten enthält. Diese fehlt in 6.66 jedoch völlig. Dies bedeutet nichts anderes, als dass dieser spezielle AR(1)-Prozess so restringiert ist, dass entweder sein Erwartungswert Null ist, oder dass der Prozess nicht-stationär I(1) ist. Üblicherweise soll der Test aber ebenso (unter der Alternativhypothese) die Möglichkeit eines stationären Prozesses abdecken, der um einen beliebigen Mittelwert schwankt. Dafür erweitern wir die Gleichung 6.67 um eine Konstante:

$$\Delta x_t = c + (\rho - 1)x_{t-1} + e_t \qquad (6.68)$$

Entsprechende Erweiterungen um weitere deterministische Terme sind notwendig, wenn sie insbesondere unter der Alternativhypothese plausiblerweise erwartet werden. So ist es sinnlos, gegen eine mittelwertstationäre Alternative zu testen, wenn die zu testende Variable offensichtlich ein stetiges Wachstum (oder Schrumpfung) aufweist. In solch einem Fall müsste auch noch eine lineare Trendkomponente γt in die Gleichung aufgenommen werden, da sonst der Test verzerrte und unbrauchbare Ergebnisse liefert. Ähnliches gilt auch für Saisondummies oder Strukturbrüche, wobei letztere hier nicht vertieft werden können.

Andererseits sind diese deterministischen Erweiterungen unter der Nullhypothese der Einheitswurzel eher irrelevant. Wenn z.B. die Gleichung 6.68 angewendet wird, so testen wir gegen eine mittelwertstationäre Alternative, gerade weil die Zeitreihe keinen offensichtlichen Trend oder Drift aufweist. Da unter der Nullhypothese jedoch ein Random Walk mit Drift und Driftparameter c vorliegt, würde man in diesem Fall einen Schätzwert von $\hat{c} \approx 0$ erwarten. Die Aufnahme der zusätzlichen Terme dient also dem Güteerhalt des Tests, um auch Ablehnungen der Nullhypothese zu ermöglichen, nicht der Modellierung des Prozesses bei Vorliegen der Einheitswurzel.

Abschließend ist noch zu beachten, dass die aufgenommenen deterministischen Terme auch die Testverteilungen und ihre kritischen Werte beeinflussen.

Beispiel Führen wir nun einen ersten einfachen Dickey-Fuller-Test durch. Als Daten verwenden wir das mitgelieferte Beispieldataset *wgmacro.gdt*, das ältere makroökonomische Zeitreihen für Westdeutschland enthält wie z.B. *income*. Die Stichprobe der Quartalsdaten reicht von 1960Q1 bis 1982Q4. Wie schon öfter besprochen, bietet sich eine Logarithmierung dieser makroökonomischen Zeitreihen an, weswegen wir nach Selektion der Variable beispielsweise mit Rechtsklick das Kontextmenü aufrufen und dort „Logs hinzufügen" auswählen. Die zu untersuchende Variable ist dann entweder das logarithmierte *l_income*, das wir mit y_t bezeichnen, oder zunächst die approximative Wachstumsrate des aggregierten Einkommens Δy_t. Hierbei ist wichtig zu verstehen, dass die vorgenommene Differentiation nichts mit dem DF-Test an sich zu tun hat. Es gilt bei unserer ersten Testanwendung $x_t = \Delta y_t$. Hiervon ist dann im Zuge des Tests im Sinne von Gleichung 6.68 noch einmal die Differenz zu bilden, also $\Delta x_t = \Delta \Delta y_t = \Delta^2 y_t$. Bei der zweiten Anwendung auf die (log) Einkommensniveaus wird dann $x_t = y_t$ gesetzt. Dies sind zwei verschiedene Tests mit unterschiedlichen Hypothesenpaaren.

Gretl bietet bei geöffneten Zeitreihendaten die verfügbaren Einheitswurzeltests unter dem Menü *Variable/Einheitswurzeltests* an. Wir wählen *Erweiterter Dickey-Fuller-Test* aus, woraufhin sich ein neues Dialogfenster mit dem Titel „ADF-Test" öffnet, siehe Abbildung 6.19. Das A steht für den entsprechenden englischen Begriff *augmented*, der sich auf zusätzliche verzögerte Differenzen bezieht, die wir aber zunächst außer Acht lassen. Deshalb setzen wir die Lagordnung für den ADF-Test manuell auf Null und entfernen das Häkchen von der Box *Heruntertesten von maximaler Lagordnung*.

In den nächsten Fensterabschnitten geht es um die Festlegung grundlegender deterministischer Komponenten, wie oben besprochen. Da wir zunächst die Wachstumsrate Δy_t testen, setzen wir nur ein Häkchen bei *mit Konstante*, und da es sich um saisonbereinigte Daten handelt, verwenden wir keine weiteren Saisondummies. Im untersten Teil des Fensters bleibt schließlich noch die Wahl zwischen dem Niveau und der ersten Differenz der Variablen.

Da wir im Dataset nur *l_income* erzeugt haben und nicht auch die Differenzen *ld_income*, müssen wir bei unserer ersten Anwendung den Vorschlag *benutze erste Differenz der Variable* aktivieren. Damit ergibt sich die in Abbildung 6.19 wiedergegebene Spezifikation für den ADF-Test.

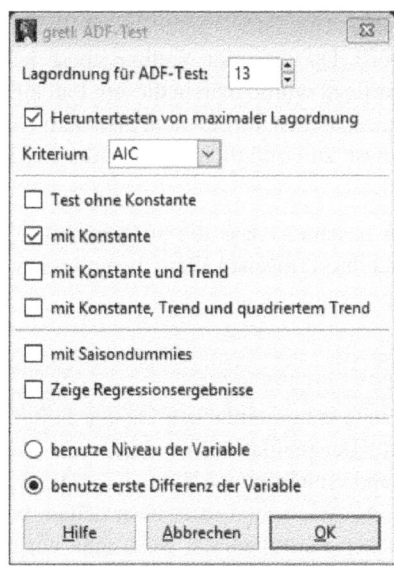

Abb. 6.19.: ADF-Test-Fenster

Führt man den ADF-Test mit einem Skript durch, dann sind dafür nur wenige Zeilen erforderlich:

```
open wgmacro.gdt
logs income
adf 0 l_income --c --difference
```

Hinter dem Kommando *adf* bedeutet der Wert 0, dass der Test ein reiner Dickey-Fuller-Test ohne Erweiterung ist, die später noch besprochen wird. Die Option *--c* bezieht sich auf die aufzunehmende Konstante, und *--difference* weist Gretl an, die angegebene Variable zunächst zu differenzieren. Gleich ob der Test in der grafischen Oberfläche oder per Skript spezifiziert wird, das Ergebnis erfolgt in Form von Tabelle 6.2.

Man beachte, dass in Gretls schematischer Darstellung y allgemein für die zu testende Variable steht, die in unserer Notation im Moment Δy_t ist.

Aus der Testausgabe erfahren wir, dass $\hat{\rho} - 1$ auf -0,888 geschätzt wurde, also dementsprechend $\hat{\rho} = 0,112$. Dies ist ein Wert, der offensichtlich näher an der Null als an der Eins liegt, was bereits auf die Nichtexistenz einer Einheitswurzel in der Zeitreihe der Wachstumsrate des Einkommens hindeutet. Die formelle Teststatistik beträgt -8,39 und der zugehörige (nicht-standard) p-Wert ist mit $1,43 \cdot 10^{-8}$ äußerst klein.

Demzufolge wird die Nullhypothese der Einheitswurzel in der Wachstumsrate des Einkommens klar abgelehnt.

Dickey-Fuller-Test für d_l_income
Stichprobengröße 90
Nullhypothese Einheitswurzel: a = 1

Test mit Konstante
Modell: (1-L)y = b0 + (a-1)*y(-1) + e
geschätzter Wert für (a - 1): -0,888385
Teststatistik: tau_c(1) = -8,38882
p-Wert 1,433e-08
Autokorrelationskoeff. 1. Ordnung für e: -0,034

Tabelle 6.2.: Dickey-Fuller Testoutput

Als nächstes soll überprüft werden, wie es sich mit dem log-Niveau des Einkommens verhält. Hier sind zwei Anpassungen erforderlich. Zum einen soll die Variable *l_income* nun
nicht vorab von Gretl differenziert werden, zum anderen muss ein linearer Trend mit aufgenommen werden, um das stetige Wachstum im Niveau zu berücksichtigen. Die entsprechend
angepasste Befehlszeile lautet wie folgt, wobei die Anpassungen in der grafischen Oberfläche
offensichtlich sein sollten:

```
adf 0 l_income --ct
```

Das Kommando *adf* produziert folgenden Output:

Dickey-Fuller-Test für l_income
Stichprobengröße 91
Nullhypothese Einheitswurzel: a = 1

mit Konstante und Trend
Modell: (1-L)y = b0 + b1*t + (a-1)*y(-1) + e
geschätzter Wert für (a-1): 0,00390523
Teststatistik: tau_ct(1) = 0,120323
p-Wert 0,9971
Autokorrelationskoeff. 1. Ordnung für e: 0.061

Tabelle 6.3.: Dickey-Fuller Testoutput, Niveau

Im neuen Testoutput 6.3 ist am schematisch wiedergegebenen Modell ersichtlich, dass
nun ein Trendterm (b1*t) enthalten ist. In dieser Schätzung mit dem log-Einkommen ergibt sich $\hat{\rho} = 1,003$, also streng genommen ein leicht explosiver AR-Koeffizient. Daher ist
offensichtlich eine Ablehnung der Nullhypothese der Einheitswurzel zugunsten einer trendstationären I(0)-Alternative nicht möglich.[13] Zusammengenommen bedeutet dies, dass das

---

13 Der nominell angegebene p-Wert liefert die Wahrscheinlichkeitsmasse, die die (nicht-standard-) Verteilung der
Teststatistik unter der Nullhypothese links von der realisierten Teststatistik aufweist. Daher ergibt sich ein p-Wert
kleiner als Eins. Hier zeigt sich ein allgemeines formelles Problem bei einseitigen Hypothesen: Es besteht in der
Literatur keine Einigkeit darüber, wie mit dem p-Wert umzugehen ist, wenn die Realisation im Bereich der (kontinuierlichen) Nullhypothese liegt. Dazu kommt beim Dickey-Fuller-Test noch, dass der explosive Fall weder von

log-Einkommen ein I(1)-Prozess mit Drift ist, da ein einmaliges Differenzieren ausreicht, um eine stationäre Variable zu erhalten (nämlich die Wachstumsrate des Einkommens).

Erweiterter Dickey-Fuller-Test   Schließlich ist noch zu klären, was ein *erweiterter* (*augmented*) Dickey-Fuller-Test im Gegensatz zum einfachen Test ist. *Nicht* gemeint sind damit die schon besprochenen Erweiterungen um deterministische Terme, die in jedem Fall notwendig sind, je nach per Augenschein ermittelten Eigenschaften der zu testenden Variable.

Eingangs wurde erwähnt, dass der Störterm e_t im allgemeinen Fall kein weißes Rauschen ist, sondern selbst stationäre Autokorrelation aufweisen darf. Entsprechend wäre x_t kein reiner Random Walk, sondern wäre ein allgemeinerer I(1)-Prozess. Dies würde nicht die grundsätzliche Gültigkeit des Dickey-Fuller-Tests zerstören, so wie er im Beispiel eben durchgeführt wurde. Jedoch erscheint es einleuchtend, dass der Test umso trennschärfer und in endlichen Stichproben umso genauer sein kann, wenn sonstige wichtige Einflüsse kontrolliert und aufgefangen werden. Bei Vorliegen von weiterer Autokorrelation in x_t (die ansonsten einfach von den geschätzten $\hat{e}_t$ aufgenommen und abgebildet würde) wird dies dadurch erreicht, dass die Testgleichung um verzögerte Differenzen $\Delta x_{t-1} \ldots \Delta x_{t-K}$ erweitert wird. Man kann sich dies als einen modellierten AR(K)-Prozess in den Differenzen der zu testenden Variable vorstellen. Die Testgleichung ergibt sich somit zu:

$$\Delta x_t = c + (\rho - 1)x_{t-1} + \sum_{k=1}^{K} \beta_k \Delta x_{t-k} + e_t \tag{6.69}$$

Hier wird beispielhaft wieder gegen Mittelwertstationarität getestet, ein Trendterm wäre bei Bedarf noch aufzunehmen.

Offensichtlich stoßen wir bei der Umsetzung auf ein neues Problem, das im Zeitreihenkontext sehr häufig auftritt: Wie ist die Laglänge K zu wählen? Dabei ist zu beachten, dass zuviele unnötige verzögerte Terme den Test verwässern können, beliebig groß soll K daher nicht werden. Gretl bietet im Dialogfenster für den ADF-Test an, dass ausgehend von einer maximalen Lagordnung K_{max} nach bestimmten Kriterien die optimale Laglänge $K \leq K_{max}$ ermittelt wird. Die möglichen Kriterien sind einerseits die Informationskriterien AIC und SC (auch BIC genannt), die ebenso funktionieren wie im Rahmen der Modellanpassung und -auswahl besprochen. Zum anderen kann man die t-Statistiken der verzögerten Differenzen heranziehen und die Laglänge entsprechend verkürzen. Außerdem kann natürlich die Ordnung K auch fixiert werden. Eine vollständig optimale Patentlösung existiert jedoch nicht, und teilweise wird das Problem lediglich von der Wahl von K auf die Wahl von K_{max} verschoben. Trotzdem ist es allgemein ratsam, mit einigen Verzögerungen den Hauptteil der Autokorrelation aufzufangen, statt nur den einfachen Dickey-Fuller-Test anzuwenden.

Kehren wir zu unser ersten Testanwendung bezüglich der Wachstumsrate des Einkommens Δy_t zurück. Da es sich hier um Quartalsdaten handelt, wählen wir den Wert $K_{max} = 4$ und geben außerdem etwas willkürlich an, dass als Kriterium das AIC verwendet werden soll. In Befehlszeilenform entspricht dies dem folgenden Kommando:

---

der Nullhypothese noch von der Alternativhypothese abgedeckt ist. Glücklicherweise sind diese Abweichungen quantitativ bei der Dickey-Fuller-Verteilung unbedeutend, sodass wir das Problem getrost ignorieren können.

```
adf 4 l_income --c --difference --test-down=AIC
```

Gretl teilt daraufhin im Output mit, dass der Test letztlich mit zwei verzögerten Differenzen durchgeführt wird, also $K = 2$. (Im Output steht anstelle von Δ der äquivalente Ausdruck 1–L mit Hilfe des Lagoperators, $Lx_t = x_{t-1}$.) Die neue Teststatistik ist nunmehr -3,30 mit einem p-Wert von 0,015. Der Test ist also nach wie vor signifikant auf dem 5%-Niveau, jedoch nicht mehr auf dem 1%-Niveau. Daraus wird bereits ersichtlich, welche Unterschiede sich durch die Erweiterung um verzögerte Differenzen ergeben können.

Beim Test der Log-Niveaus y_t geben wir aus Gründen der Konsistenz mit der vorigen Wahl bezüglich der Differenzen Δy_t eine maximale Laglänge von 5 statt 4 an. Weiterhin ist hier wieder die Aufnahme des linearen Trendterms erforderlich. Es ergibt sich eine entsprechend gewählte Laglänge $K = 3$ und damit eine ADF-Teststatistik von -0,82. Dieser Wert ist dem Absolutbetrag nach sehr klein, und daher ist der p-Wert mit 0,96 auch hier nahe 1. Es gibt also für die aggregierten (log) Einkommensniveaus weiterhin keine Evidenz gegen die Nullhypothese der Einheitswurzel.

Es soll nicht verschwiegen werden, dass die Anwendung von Einheitswurzeltests teils kritisch gesehen wird. Zum einen ergibt sich das Problem, dass die anschließende Analyse meist abhängig vom konkreten Testergebnis durchgeführt wird. Da dieses Testergebnis aber den üblichen statistischen Fehlermöglichkeiten unterliegt, müsste die weitere statistische Inferenz streng genommen angepasst werden. Dieses *pretesting*-Problem ist altbekannt und theoretisch gut erforscht, in der Praxis aber nur sehr schwer vermeidbar. Die Endergebnisse der Gesamtanalyse können dadurch eindeutiger erscheinen als sie es in Wahrheit sind.

Zudem ist der Unterschied zwischen I(1)- und I(0)-Variablen in der Praxis mit ihren relativ kleinen Stichprobenumfängen fließend. Ob eine Variable tatsächlich eine Einheitswurzel aufweist oder „nur" ein sehr persistentes aber letztlich stationäres Verhalten, ist für die inhaltlich-ökonomische Interpretation der vorliegenden Stichprobe oft nicht entscheidend. Dementsprechend kann man argumentieren, dass die adäquate Schätzung der dynamischen Zusammenhänge zwischen den Variablen bei Berücksichtigung der Autokorrelation und Persistenz wichtiger ist als die Testentscheidung über die Einheitswurzeln. Solche Schätzungen werden wir im Abschnitt 6.4 besprechen.

6.3.4. Kointegration zwischen nichtstationären Zeitreihen

In diesem Abschnitt wird von der univariaten Untersuchung einer möglicherweise integrierten Zeitreihe übergegangen auf die Analyse möglicher Zusammenhänge zwischen mehreren integrierten Zeitreihen. Im früheren Abschnitt 6.3.2.5 wurde bereits vorgeführt, dass es dabei zu Problemen kommen kann: Auch wenn in Wahrheit kein Zusammenhang zwischen verschiedenen I(1)-Variablen existiert, wird bei einer Regression häufig ein scheinbar signifikant von Null verschiedener Koeffizient geschätzt.

Andererseits gibt es auch die Möglichkeit eines tatsächlich existierenden Zusammenhangs. Falls es solch eine Verbindung zwischen den integrierten Variablen gibt, spricht man auch von *Kointegration*, um die dann vorliegende gemeinsame Dynamik der beteiligten Variablen zu betonen.

Die Frage ist daher, wie man zwischen einer Scheinregression und dem Kointegrationsfall unterscheiden kann. Dafür wurden in den letzten 30 Jahren verschiedene Kointegrationstests entwickelt. Im Rahmen dieses Lehrbuchs beschränken wir uns auf einen Testansatz, der innerhalb einzelner Schätzgleichungen umgesetzt und als Engle-Granger-Test bezeichnet wird. An Robert Engle und Clive Granger wurde unter anderem für die Entdeckung des statistischen Phänomens der Kointegration und deren korrekter Behandlung im Jahr 2003 die oft als Wirtschaftsnobelpreis bezeichnete Auszeichnung der Schwedischen Reichsbank verliehen.

Vorab soll noch der nach Søren Johansen benannte populäre Kointegrationstest erwähnt werden, der die Zusammenhänge zwischen N integrierten Variablen in einem simultanen System mit N dynamischen Gleichungen analysiert und daher auch in der Lage ist, mehr als eine Kointegrationsbeziehung abzubilden (bei $N > 2$). Er ist in Gretl ebenfalls enthalten unter *Modell/Zeitreihen/multivariat/Kointegrationstest (Johansen)* bzw. als Kommando *coint2*. Die Komplexität des simultanen Systems beinhaltet jedoch zusätzliche Schwierigkeiten und würde den gegebenen Rahmen daher sprengen.

Gemeinsame stochastische Trends

Der Ausgangspunkt der üblichen Tests sind zwei Variablen, von denen anzunehmen ist, dass sie integriert sind. Falls diese Annahme auf den Ergebnissen vorgeschalteter Einheitswurzeltests beruht, sollte man sich klarmachen, dass die statistischen Fehler erster und zweiter Art beim Testen auf Einheitswurzeln in den anschließenden Kointegrationstests nicht mehr berücksichtigt werden. Es gibt aber auch Anwendungsfälle wie z.B. (log) Aktienindizes, bei denen die I(1)-Eigenschaft in der Praxis kaum bezweifelt wird.

Wenn die zwei beteiligten Variablen jeweils einen stochastischen Trend enthalten, bleibt noch zu klären, ob es sich um dieselbe I(1)-Komponente handelt. Denn wie die einschlägige Terminologie sprachlich bereits nahelegt, sind die Variablen genau dann *ko-integriert*, wenn sie einen *gemeinsamen* stochastischen Trend aufweisen. Wir müssen diese Möglichkeiten etwas formaler betrachten und verstehen, bevor wir zu entsprechenden Anwendungsmöglichkeiten mit Gretl übergehen können.

Beispiel: unabhängige Random Walks   Der Einfachheit halber beschränken wir uns zunächst auf reine Random Walks ohne weitere stationäre Dynamik. Nehmen wir an, die Variablen x_t und y_t würden durch die folgenden Prozesse erzeugt:

$$x_t = x_{t-1} + e_t \tag{6.70}$$

$$y_t = y_{t-1} + \varepsilon_t \tag{6.71}$$

Rekursives Einsetzen und Lösen der dynamischen Bildungsgesetze bis zurück zur Startperiode $t = 0$ liefert dann die folgende äquivalente Darstellung.

$$x_t = \sum_{\tau=1}^{t} (e_\tau) + x_0 \tag{6.72}$$

$$y_t = \sum_{\tau=1}^{t} (\varepsilon_\tau) + y_0 \tag{6.73}$$

Die Terme $\sum_{\tau=1}^{t} e_\tau$ und $\sum_{\tau=1}^{t} \varepsilon_\tau$ stellen die stochastischen Trendkomponenten von x_t und y_t dar. Entscheidend ist nun, dass die Innovationen e_t und ε_t unabhängige Zufallsprozesse sind, dass also insbesondere gilt $cov(e_t, \varepsilon_s) = 0$ für alle s, t, inklusive $s = t$.

Aus der Unabhängigkeit von e_t und ε_t folgt, dass auch die jeweiligen stochastischen Trends unabhängig sind. Sie sind also nicht gemeinsam, und daher sind die Variablen nicht kointegriert. Stattdessen besteht hier wieder die Gefahr der Scheinregression.

Kointegrierte Random Walks Betrachten wir nun einen weiteren Random Walk r_t.

$$r_t = r_{t-1} + 3e_t \tag{6.74}$$

$$= 3\sum_{\tau=1}^{t} (e_\tau) + r_0 \tag{6.75}$$

Der Innovationsprozess $3e_t$ von r_t ist nicht identisch mit e_t von x_t, aber er ist nur eine reskalierte Version davon und daher perfekt korreliert. Dementsprechend sind die stochastischen Trendkomponenten $\sum_{\tau=1}^{t} e_\tau$ und $3\sum_{\tau=1}^{t} e_\tau$ linear abhängig. Dies ist ausreichend, um die stochastischen Trends als *gemeinsam* zu bezeichnen, daher sind x_t und r_t kointegriert mit dem Koeffizienten 3 (bzw. je nach Betrachtungsweise $1/3$).

Auch eine zeitliche Verschiebung des stochastischen Trends würde die Gemeinsamkeit nicht zerstören. Nehmen wir beispielsweise an, wir könnten statt r_t nur eine verzögerte Version beobachten, $r_t^* = r_{t-1}$. Es würde dann gelten $r_t^* = 3\sum_{\tau=1}^{t-1}(e_\tau) + r_0 = 3\sum_{\tau=1}^{t}(e_\tau) - 3e_t + r_0$. Die stochastische Trendkomponente bliebe gemeinsam.

Allgemeinere Kointegration Im vorigen Beispiel waren die Variablen x_t und r_t nach Umskalierung fast identisch und unterschieden sich nur noch in ihrem durch den Startwert verursachten Gesamtniveau. Dies ist ein Extremfall, der in der Realität nicht anzutreffen ist. Stattdessen wird es normalerweise weitere Fluktuationen in den beteiligten Zeitreihen geben, die aber die Kointegrationseigenschaft nicht zerstören, sofern die zusätzlichen Schwankungen für sich stationär sind.

Stellen wir uns dafür den folgenden Prozess z_t vor.

$$z_t = 0{,}5r_t + z_t^* \tag{6.76}$$

$$z_t^* = 6 + 0{,}1z_{t-1}^* + u_t \tag{6.77}$$

Die Variable z_t enthält den schon bekannten Random Walk r_t sowie eine weitere additive Komponente z_t^*. Diese wiederum ist ein klar stationärer AR(1)-Prozess mit dem Koeffizienten 0,1, wodurch sie tendenziell immer wieder zu ihrem Erwartungswert von $6/(1-0{,}1) = 20/3$ zurückkehren wird (*mean reversion*). Getrieben wird die stationäre Komponente durch die Innovationen u_t, die weißes Rauschen sein sollen und überdies unabhängig von e_t.

Was ergibt sich hierbei? Gemäß 6.75 können wir r_t als stochastische Trendkomponente darstellen und geteilt durch 2 in Gleichung 6.76 einsetzen. Offensichtlich herrscht also Kointegration zwischen r_t und z_t. Darüber hinaus ahnen wir bereits, dass dies dann auch ein gemeinsamer stochastischer Trend mit x_t ist, wobei der entsprechende Skalierungskoeffizient als $3/2 = 1,5$ resultiert. Da keine weiteren stochastischen Trendkomponenten vorkommen, die nicht gemeinsam wären, sprechen wir hier ebenfalls davon, dass x_t und z_t (mit dem eben genannten Koeffizienten) kointegriert sind.

Der Unterschied zum vorigen Beispiel äußert sich darin, dass x_t und z_t auch nach Reskalierung und Mittelwertbereinigung nicht identisch sind, sondern sich um die stationäre Komponente z_t^* unterscheiden.[14] Das Wesen der Kointegration besteht gerade darin, dass kointegrierte Variablen sich in solchen *stationären* Komponenten unterscheiden dürfen, aber verschiedene *integrierte* Teile nicht erlaubt sind.

Der Engle-Granger Kointegrationstest

Die Idee dieses Kointegrationstests beruht darauf, dass sich die stochastische Trendkomponente gewissermaßen wegkürzt, wenn zwei kointegrierte Variablen aufeinander regressiert werden. Denn der stochastische Trend hat eine mit der Stichprobengröße ständig anwachsende Varianz, und die KQ-Methode minimiert gerade die Varianz der geschätzten Residuen. Daher konvergiert salopp gesagt der KQ-Schätzer „schneller" gegen den wahren Kointegrationskoeffizienten als in einer üblichen Regression mit stationären Variablen. Diese besonders schnelle Konvergenz des Schätzers wird in der Literatur auch als *Superkonsistenz* bezeichnet.

Wenn z.B. x_t und z_t wie folgt aufeinander regressiert werden,

$$x_t = c + \beta z_t + res_t, \tag{6.78}$$

dann wird sich $\hat{\beta}$ ungefähr als 2/3 ergeben, da dadurch der stochastische Trend auf der linken Seite ($\sum e_\tau$) gerade dem Trend auf der rechten Seite ($\hat{\beta} \times 0,5 \times 3 \sum e_\tau$) entspricht. Größere Abweichungen des KQ-Schätzers von diesem Kointegrationskoeffizienten sind umso unwahrscheinlicher, je größer der Stichprobenumfang T ist. Die geschätzten Residuen res_t dieser Kointegrationsregression werden dann noch die weitere stationäre Komponente z_t^* auffangen müssen, die in z_t enthalten ist, aber nicht in x_t. Daraus wird nochmals ersichtlich, dass es bei diesem Test *nicht* darum geht, dass die Residuen unkorreliert sind. Solange diese Residuen stationär sind, liegt zwischen den I(1)-Variablen in solch einer Regression Kointegration vor.

Im Gegensatz dazu wird bei einer Regression zweier nicht kointegrierter I(1)-Variablen zwingend eine Kombination der beteiligten stochastischen Trends sich in den Residuen niederschlagen, da es keinen Koeffizienten gibt, der dies verhindern könnte. (Man mache sich klar, dass dies auch bei einem Koeffizienten von Null gilt: zwar würde dies die stochastische Trendkomponente des Regressors eliminieren, aber die abhängige –ebenfalls integrierte– Variable würde sich dann weiterhin in den Residuen wiederfinden.)

Diese Überlegungen legen nahe, dass man die Integrationseigenschaften der geschätzten Residuen für einen Test heranziehen kann. Ergeben sich die Residuen zu I(1), dann sind die

---

14 Bzw. nach diesen Transformationen um $(2/3)(z_t^* - \bar{z}_t^*)$.

Variablen nicht kointegriert und es liegt eine Scheinregression vor. Bei stationären Residuen dagegen schließt man auf Kointegration.

Dementsprechend wird jeder Engle-Granger-Test in zwei Schritten durchgeführt

1. Regressiere die interessierenden N Variablen aufeinander.

2. Teste die entstehenden (geschätzten) Regressionsresiduen mit einem Dickey-Fuller-Testansatz auf eine Einheitswurzel.

Da der Dickey-Fuller-Test als Nullhypothese eine Einheitswurzel ansetzt, lautet das Hypothesenpaar für den Engle-Granger-Test folgendermaßen:

- $H0$: Keine Kointegration zwischen den Variablen.

- $H1$: Die Variablen sind kointegriert.

Wenn der Engle-Granger-Test die Nullhypothese *ablehnt*, bedeutet das also Evidenz für das *Vorliegen* von Kointegration. Man beachte bei der Testanwendung die folgenden Annahmen und Komplikationen:

- Es wird vorausgesetzt, dass alle beteiligten Variablen tatsächlich I(1) sind. Dieses Wissen kann aus vorgeschalteten Einheitswurzeltests resultieren, wobei allerdings die statistische Unsicherheit dieser Vortests beim üblichen Engle-Granger-Test nicht berücksichtigt wird.

- In der ersten Stufe des Tests müssen alle notwendigen deterministischen Terme wie Konstanten, lineare Trends oder Saisondummies enthalten sein, um das Ergebnis nicht zu verfälschen. Die Entscheidung hierüber wird normalerweise per Augenschein gefällt.

- In der zweiten Stufe hingegen müssen (und dürfen) keine deterministischen Terme mehr enthalten sein, da die Residuen einer wohlspezifizierten Regression solche nicht mehr enthalten können (inkl. der Konstanten).

- Jedoch können in der zweiten Stufe wie beim gewöhnlichen Dickey-Fuller-Test weitere Verzögerungen der Residuen (bzw. ihrer Differenzen) aufgenommen werden, um stationäre Dynamik zu modellieren und den Test zu verbessern. Wie beim üblichen DF-Test können zuviele Lags den Test jedoch auch verwässern. Es gelten die dortigen Bemerkungen zur Auswahl der Laglänge.

- Der Dickey-Fuller-artige Test der zweiten Stufe benutzt zwar die gleiche Teststatistik, ihre Verteilung und kritische Werte sind jedoch wegen der Existenz der ersten Stufe andere. Die korrekten kritischen Werte sind in Gretl enthalten, siehe dazu auch den Anhang.

Praktisches Beispiel Wir analysieren weiter die älteren westdeutschen Makrovariablen aus dem Dataset *wgmacro.gdt* und möchten untersuchen, ob die (logarithmierten) Zeitreihen des aggregierten Konsums und Einkommens kointegriert sind. Ein solcher bivariater Zusammenhang ließe sich unter Umständen als makroökonomische Konsumfunktion interpretieren, weswegen wir den Konsum auf die linke Seite der Gleichung schreiben. Allerdings ist diese willkürliche Wahl für den Kointegrationstest nicht entscheidend.

Wir gehen an dieser Stelle davon aus, dass beide Variablen *l_income* und *l_consumption* jeweils I(1) sind. Durch den offensichtlichen kontinuierlichen Trendverlauf müssen wir außerdem annehmen, dass eine lineare Trendkomponente (ein Drift) enthalten ist.

Da Kointegration nichts anderes bedeutet als eine gemeinsame langfristige Entwicklung, bietet es sich an, den Verlauf der Variablen über die Jahre und Jahrzehnte hinweg zu betrachten. In Abbildung 6.20 sehen wir einen weitgehend parallelen Verlauf dieser Variablen. Da eine reine Mittelwertverschiebung von der Konstante aufgefangen würde und bei Kointegration erlaubt ist, spricht optisch einiges für Kointegration. Andererseits kann eine solch dominante lineare Trendkomponente wie in diesem Fall über die stochastischen Unterschiede hinwegtäuschen, sodass das Testergebnis allein durch die Betrachtung keineswegs klar ist.

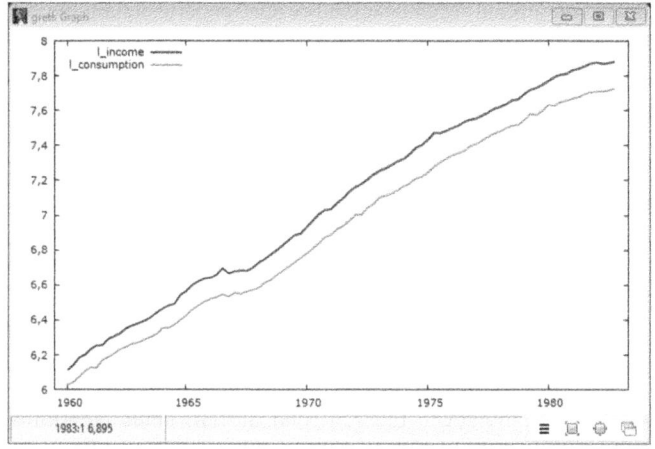

Abb. 6.20.: Gleichlauf (log) aggregiertes Einkommen und Konsum

In Gretl wählen wir den Engle-Granger-Test in den Menüs *Modell/Zeitreihen/Multivariat/-Kointegrationstest (Engle-Granger)*. Im sich öffnenden Fenster werden wir aufgefordert, die einzubeziehenden Variablen durch Klick auf den grünen Pfeil (nach rechts) auszuwählen. Wir wählen *l_income* und *l_consumption* (die vorher dem Dataset hinzugefügt wurden).

Anschließend müssen wir die Lagordnung für die zweite Stufe des Tests spezifizieren. Etwas willkürlich wählen wir oben rechts den Wert 5 aus, wobei wir dies nur als maximale Lagordnung verstehen wollen, nicht unbedingt als tatsächliche Laglänge. Dazu aktivieren wir ganz ähnlich wie beim DF-Test die Option *Heruntertesten von maximaler Lagordnung*.

Ebenso aktivieren wir darunter die Option *Anfängliche DF-Tests überspringen*, weil diese nicht Teil des reinen Engle-Granger-Tests sind.[15] Zuletzt sind noch die deterministischen Terme der ersten Stufe zu bestimmen. Aufgrund der besprochenen Drift-Eigenschaften ist hier die Wahl von *mit Konstante und Trend* sinnvoll.

Schritt 1: Kointegrationsregression
Kointegrationsregression -
KQ, benutze die Beobachtungen 1960:1–1982:4 ($T = 92$)
Abhängige Variable: l_consumption

	Koeffizient	Std. Fehler	t-Quotient	p-Wert
const	0,934805	0,232146	4,027	0,0001
l_income	0,828936	0,0379203	21,86	0,0000
time	0,00284831	0,000775881	3,671	0,0004

Mittel d. abh. Var.	6,928083	Stdabw. d. abh. Var.	0,528960
Summe d. quad. Res.	0,018504	Stdfehler d. Regress.	0,014419
R^2	0,999273	Korrigiertes R^2	0,999257
$F(2,89)$	61189,17	P-Wert(F)	2,1e–140
Log-Likelihood	260,9902	Akaike-Kriterium	−515,9804
Schwarz-Kriterium	−508,4150	Hannan–Quinn	−512,9269
$\hat{\rho}$	0,717867	Durbin–Watson	0,531767

Schritt 2: Test auf Einheitswurzel in uhat
Erweiterter Dickey-Fuller-Test für uhat

Heruntertesten von 5 Lags, Kriterium AIC
Stichprobengröße 89
Nullhypothese Einheitswurzel: a = 1

Test ohne Konstante
mit 2 Lags von (1-L)uhat
Modell: (1-L)y = (a-1)*y(-1) + ... + e
geschätzter Wert für (a - 1): -0,136412
Teststatistik: tau_ct(2) = -1,85173
asymptotischer p-Wert 0,8286
Autokorrelationskoeff. 1. Ordnung für e: 0,040
verzögerte Differenzen: F(2, 86) = 9,282 [0,0002]
Es gibt Evidenz für eine Kointegrationsbeziehung, falls:
(a) die Einheitswurzel-Hypothese für die einzelnen Variablen nicht verworfen wird
(b) die Einheitswurzel-Hypothese aber verworfen wird für die Residuen (uhat) der Kointegrationsregression.

Tabelle 6.4.: Engle-Granger Testoutput

---

[15] Diese DF-Tests sind die schon erwähnten möglichen Pre-Tests. Wir nehmen für dieses Beispiel stattdessen die I(1)-Eigenschaft a priori an.

Nach Klick auf OK erscheinen im Output-Fenster beide Schritte des Engle-Granger-Tests, vgl. Tabelle 6.4. Für die Kointegrationsregression im Schritt 1 ergibt sich ein Koeffizient von 0,83 bezüglich des aggregierten (log) Einkommens. Dies bedeutet, dass eine 1%-ige Erhöhung des Einkommens nur zu einer relativ geringeren Konsumerhöhung führen würde. Die t-Statistiken des Regressors und auch des linearen Zeittrends sind hier nicht direkt brauchbar, und auch deren p-Werte sollten an dieser Stelle eher ignoriert werden.

Für die zweite Stufe ergibt sich implizit eine geschätzte Wurzel von 0,86 (wg. $a - 1 = -0,14$), die auf jeden Fall ein sehr persistentes Verhalten der Residuen der ersten Stufe anzeigt. Ob sie signifkant kleiner als Eins ist, ist gerade mit dem Rest des Testresultats zu ermitteln. Die t-Statistik dieser geschätzten Wurzel (bezogen auf den H0-Wert 1) wird hier mit *tau_ct(2)* bezeichnet, weil zwei I(1)-Variablen involviert sind und mit Konstante und Trend regressiert wurde. Deren Wert ergibt sich als *-1,85* mit (asymptotischem) p-Wert 0,83. Damit ist das Testergebnis klar insignifikant, die Nullhypothese keiner Kointegration lässt sich nicht ablehnen.

Aus dem ebenso aufgeführten Test bezüglich der verzögerten Differenzen lässt sich wegen der Angabe F(2, 86) schließen, dass die beim Heruntertesten resultierende Laglänge 2 betrug.

Natürlich kann derselbe Test auch mit einer Zeile in einem Befehlsskript durchgeführt werden. Der entsprechende Befehl heißt *coint* und bietet dieselben Optionen.

```
coint 5 log(consumption) log(income) --test-down --skip-df --ct
```

Der erste Parameter muss eine Ganzzahl sein und bezeichnet die Laglänge der zweiten Stufe, bzw. im Zusammenhang mit der Option *--test-down* die maximal berücksichtigte Lagordnung. Anschließend sind die I(1)-Variablen aufzulisten, die in den Test in der ersten Stufe eingehen sollen. Alle weiteren Optionen sind nicht zwingend erforderlich; so bedeutet *--skip-df* das Weglassen der vorgeschalteten univariaten DF-Tests, die per Default einfach angezeigt werden würden. Offensichtlich spezifiziert *--ct* den Test mit Konstante und Trend, wobei der Default eine Konstante wäre. Alternativ existieren noch *--ctt* für einen zusätzlichen eher unüblichen quadratischen Trend oder *--nc* für das Weglassen aller deterministischen Terme inklusive der Konstanten.

Falls im Skriptzusammenhang gewünscht, kann das Testergebnis anschließend mit *$test* und *$pvalue* ausgelesen und gespeichert werden.

Obwohl die „Augapfel-Ökonometrie" es erwarten ließ, dass der aggregierte Konsum und das aggregierte Einkommen (in Logarithmen) einen langfristigen Gleichlauf aufweisen, fand sich mit dem Engle-Granger-Test keine starke Evidenz für Kointegration. Die Schwierigkeit der angewandten Forschung besteht darin, ein solches Resultat angemessen zu interpretieren. Tatsächlich sind solche eher inkonklusiven Resultate in der Praxis nicht selten.

Auf der ökonomisch-theoretischen Seite wäre eine mögliche Schlussfolgerung, dass für den langfristigen Konsumverlauf nicht nur das Einkommensniveau entscheidend war. Eventuell wären weitere Variablen wie Demografie oder Vermögensentwicklung oder auch Verteilungsmaße notwendig, um den aggregierten Konsum zu modellieren. Von statistisch-methodischer Seite muss vor allem unterstrichen werden, dass eine fehlende Testablehnung auch an einer geringen Güte des Tests liegen kann (großer Fehler zweiter Art). Es ist daher nicht erwiesen, dass keine bivariate Kointegration vorliegt. Die Stichprobe von rund 90 Beobachtungen war zwar nicht sehr klein, aber auch nicht besonders groß, gerade was längerfristige Entwicklungen betrifft.

6.4. Modelle mit zeitlich verzögerten Regressoren

In den vorigen Abschnitten wurden einige Besonderheiten von Zeitreihen erläutert, insbesondere das Phänomen der zeitlichen Autokorrelation. Dies gipfelte in der Möglichkeit, dass vergangene Realisationen der Zeitreihen sich mit einem Koeffizienten von Eins in den weiteren Verlauf fortpflanzen können. Es wurde gezeigt, dass zur Überprüfung dieser speziellen aber praktisch durchaus relevanten Möglichkeit der Integration und Kointegration besondere Tests existieren. In diesem letzten Abschnitt des Zeitreihenkapitels soll nun dem Schätzen der dynamischen Zusammenhänge zwischen verschiedenen Variablen besondere Aufmerksamkeit gewidmet werden.

Für die vorgestellten Schätzmodelle gilt eine erfreuliche Eigenschaft, die nach den vorigen Abschnitten zu Nichtstationarität und Einheitswurzeln vielleicht überraschend erscheint: Sie eignen sich nämlich sowohl für die Anwendung mit stationären Variablen als auch für Variablen mit stochastischen Trends.[16]

Im folgenden Abschnitt 6.4.1 wird der Modellansatz vorgestellt und diskutiert, bei dem die Regressionsgleichung mit Verzögerungen sowohl der abhängigen als auch der sonstigen erklärenden Variablen spezifiziert wird. Die Behandlung der Zeitreihenökonometrie endet danach durch die besondere Betrachtung einer bestimmten Umformung dieser Gleichungen im Abschnitt 6.4.2: Die sogenannten Fehlerkorrekturmodelle erlauben eine intuitive Interpretation der dynamischen Einflüsse, indem eine direkte Verbindung zu (ökonomischen) Gleichgewichten gezogen wird. Es wird auch gezeigt, dass dies insbesondere im Kointegrationsfall interessant ist.

6.4.1. Modelle mit Verzögerungen der endogenen und erklärenden Variablen (*ARDL*)

Der englische Begriff für diese Modelle lautet *Autoregressive Distributed Lag Models*, weswegen wir in Kurzform von ARDL-Modellen sprechen. Es gibt dabei also einen autoregressiven Teil, der wie bei einem gewöhnlichen AR-Prozess Verzögerungen der abhängigen Variablen enthält; siehe auch den früheren Abschnitt 6.2.2. Dazu kommt nun auch noch ein Teil mit verschiedenen Verzögerungen der erklärenden Variablen. Das Modell ist weiterhin linear in den Parametern, also sind alle Terme additiv und die Gleichung kann insgesamt mit der KQ-Methode geschätzt werden.

Im bivariaten Spezialfall existiert neben der abhängigen Variable y_t nur eine erklärende

---

16 Was die statistische Inferenz – also das Testen – in diesen Modellen betrifft, so stellen sich die Dinge im nichtstationären Fall allerdings doch etwas komplizierter dar.

Variable x_t, und das entsprechende ARDL-Modell ergibt sich wie folgt.

$$y_t = c_y + \sum_{p=1}^{P} (a_p y_{t-p}) + \sum_{q=1}^{Q} (b_q x_{t-q}) + u_t \qquad (6.79)$$

Es werden also neben der Konstanten bis zu P Verzögerungen von y_t und Q Verzögerungen von x_t aufgenommen, weswegen manchmal auch von einem ARDL(P,Q)-Modell gesprochen wird. Allerdings muss die Zahl der Regressoren nicht zwingend $1 + P + Q$ betragen, da es durchaus zulässig ist, einzelne Terme zwischen dem niedrigsten und höchsten Lag wegzulassen (also einzelne entsprechende Koeffizienten a_p oder b_q auf Null zu restringieren). Vollständig allgemein ist das Modell 6.79 allerdings nicht, da häufig noch weitere deterministische Terme aufgenommen werden. Dazu gehören die früher besprochenen Saisondummies (bei nicht saisonbereinigten Daten) oder auch lineare oder polynomiale Trendterme. Der Übersichtlichkeit halber sind diese jedoch nicht explizit aufgeführt.

In Gretl kann eine solche Gleichung sehr einfach spezifiziert werden. Bereits in Abschnitt 6.2.1 wurde gezeigt, wie Verzögerungen mittels der grafischen Oberfläche in die Schätzgleichung aufgenommen werden. Im Unterschied zu Abb. 6.4 muss nun auch ein Häkchen bei „Lags der abhängigen Variablen" gesetzt werden, damit die entsprechenden Auswahlfelder aktiv werden.

Auch für den Skriptmodus wurde bereits erklärt, wie mit der Gretl-Syntax Verzögerungen erzeugt werden. Eine Möglichkeit der Schätzung einer Gleichung der Form 6.79 wäre daher:

```
P = 2
Q = 3
ols y const y(-1 to -P) x(-1 to -Q)
```

Die Verzögerungslisten können alternativ auch in der Form *lags(P, y)* in das Kommando geschrieben werden. Man beachte, dass die *lags*-Funktion das negative Vorzeichen schon voraussetzt, und dass *y(1 to P)* nicht das gewünschte Ergebnis bringen würde, da dann *leads* statt *lags* erzeugt würden.

Einige wichtige statistische Eigenschaften dieses Modells sind die folgenden:

- Da y_t eine Zufallsvariable ist, gilt dies auch für y_{t-p}. Daher kann die Annahme fester Regressorwerte des klassischen Regressionsmodells nicht gelten, selbst wenn x als nicht-stochastisch unterstellt würde. Dementsprechend ist der KQ-Schätzer in endlichen („kleinen") Stichproben hier nicht erwartungstreu, und das Ausmaß der Verzerrung ist im allgemeinen unbekannt.

- Jedoch sind die KQ-Schätzer hier weiterhin konsistent, konvergieren also in einem bestimmten Sinn gegen die wahren Parameterwerte. Diese Eigenschaft wird für genügend lange Stichproben üblicherweise als ausreichend erachtet.[17]

---

17 In jedem Fall wäre es keine akzeptable Alternative, deswegen die verzögerten y-Terme aus der Gleichung zu entfernen. Denn das Modell wäre dann fehlspezifiziert, und der KQ-Schätzer würde neben der Erwartungstreue auch noch die Konsistenz verlieren.

- Wie im klassischen Regressionsmodell fordern wir von den Störtermen, dass sie frei von Autokorrelation sind. Eine Kombination der verzögerten endogenen als Regressor mit autokorrelierten Residuen bedeutet sogar, dass Regressoren mit dem Störterm korreliert wären. Dies würde bekanntlich zu inkonsistenten Schätzungen führen, daher sind die üblichen diagnostischen Tests ganz besonders wichtig. Man erinnere sich an Gretls *modtest*-Kommando.

- Die exakte Verteilung der Schätzer und auch die der t-Quotienten in endlichen Stichproben ist im allgemeinen ebenfalls unbekannt. Dies gilt selbst dann, falls die Innovationen u_t normalverteilt sein sollten. Insbesondere gilt stattdessen die etwas paradox klingende Einsicht, dass die t-Statistiken *nicht* mehr exakt t-verteilt sind. Auch hier muss man sich stattdessen auf die asymptotischen Eigenschaften verlassen: Für stationäre Variablen sind die t-Statistiken bei großen Stichproben N(0,1)-standardnormalverteilt. (Und das wie beim klassischen Regressionsmodell natürlich auch dann, wenn die Störgrößen nicht normalverteilt sind!) Da die t-Verteilung mit wachsender Stichprobe bekanntlich gerade gegen die N(0,1)-Verteilung konvergiert, ist es andererseits jedoch kein Fehler, die t-Verteilung weiterhin zu verwenden. Man sollte sich bloß die Tatsache bewusst machen, dass es sich um eine Approximation handelt, die wie der Schätzer selbst umso schlechter wird, je kleiner die Stichprobe ist.

- Sollten integrierte Variablen involviert sein, so kann es trotzdem *nicht* zu einer Scheinregression kommen.

Der letzte Punkt ist besonders wichtig und trägt stark zur Popularität von ARDL-Modellen bei. Es muss nicht zwingend vorab geklärt werden, ob die beteiligten Variablen I(0) oder I(1) sind, damit das Modell 6.79 ohne (asymptotische) Verzerrungen geschätzt werden kann. Wie kann man sich diese Eigenschaft erklären?

Der wichtige Unterschied besteht darin, dass die Gleichung 6.65 im Abschnitt zur Scheinregression (6.3.2.5) *statisch* war, also nicht verschiedene Verzögerungsterme enthielt. Wenn die beteiligten I(1)-Variablen nicht kointegriert sind, dann fehlt ihnen in der statischen Gleichung der Kointegrationspartner, der dieselbe stochastische Trendkomponente enthält. Es ergeben sich die bekannten fatalen Auswirkungen.

Sollten dagegen in unserem dynamischen Modell 6.79 die Variablen I(1) sein, findet sich dieselbe stochastische Trendkomponente zumindest in ihren eigenen Verzögerungen. Wenn z.B. y_t eine Random-Walk-Komponente $\sum_{\tau=1}^{t} e_\tau$ mit den zugrundeliegenden Innovationen e_t enthalten würde, dann läge in der Verzögerung y_{t-1} offensichtlich die Komponente $\sum_{\tau=1}^{t-1} e_\tau$ vor. Letztere kann aber auch geschrieben werden als $-e_t + \sum_{\tau=1}^{t} e_\tau$, unterscheidet sich also nur um eine Zufallsrealisation eines Weißen Rauschens, welche an der Random-Walk-Komponente nichts ändert.

Anders ausgedrückt kann sich der Schätzer des Koeffizienten a_1 immer als ungefähr Eins ergeben. Dadurch würde die Variable y_t automatisch differenziert, da sich $y_t = 1 \times y_{t-1} \ldots$ äquivalent schreiben lässt als $\Delta y_t = \ldots$. Da die Differenz einer I(1)-Variablen per Definition I(0) und stationär ist, tritt das Problem der Scheinregression nicht auf.

Diese Überlegung galt für den Fall, dass die Variablen nicht kointegriert sind. Beim Vorliegen von Kointegration gab es schon in der statischen Gleichung kein Problem der Scheinregression, wie in der Darstellung des Engle-Granger-Kointegrationstests erläutert wurde (6.3.4). Dies gilt auch im dynamischen Modell. Der langfristige Kointegrationskoeffizient ist in dieser Modellformulierung allerdings im allgemeinen nicht direkt ersichtlich. Dieses Problem wird sich im Abschnitt 6.4.2 im Rahmen von Fehlerkorrekturmodellen lösen.

Zeitgleiche Regressoren x_t Es sei noch ergänzt, dass das Modell 6.79 eine *reduzierte Form* darstellt. So nennen Zeitreihenökonometriker eine Gleichung, in der nur eine einzige endogene Variable auftaucht, nämlich auf der linken Seite. Bereits im Abschnitt 5.3 wurde im Zusammenhang mit der Instrumentenschätzung besprochen, dass prinzipiell auch die rechts stehenden Regressoren endogene Variablen sein können. Dies ist im Modell 6.79 gerade dadurch ausgeschlossen, dass nur vergangene Werte auf der rechten Seite erscheinen, die durch den Störterm u_t der Periode t nicht mehr beeinflusst werden können.

Wenn allerdings eine Variable x in einem gewissen Sinne exogen ist, dann könnte auch der kontemporäre (zeitgleiche) Regressor x_t für das Modell herangezogen werden. Gerade weil die entsprechend modifizierte Gleichung fast identisch erscheint, geben wir sie hier explizit an:

$$y_t = c_y + \sum_{p=1}^{P} (a_p y_{t-p}) + \sum_{q=0}^{Q} (b_q x_{t-q}) + u_t \qquad (6.80)$$

Der einzige aber entscheidende Unterschied ist der, dass der Laufindex q der zweiten Summe bei 0 statt bei 1 beginnt, sodass der Term $b_0 x_t$ ebenfalls enthalten ist. Falls die Variable x in einem größeren Systemzusammenhang endogen wäre, wäre eine KQ-Schätzung der Gleichung 6.80 allerdings nicht zulässig. Wenn wir auf diese Modellvariante zurückkommen, gehen wir daher immer von der Exogenität von x aus. Solch eine Variante wird daher manchmal auch ARDL-X oder bedingtes (*conditional*) ARDL-Modell genannt.

Dynamische Multiplikatoren

Im ARDL-Modell treten an die Stelle des einzigen Regressors x bis zu Q verschiedene Verzögerungen von x_t. Dies ist sinnvoll, weil damit komplexe dynamische Zusammenhänge abgebildet werden können und vermieden wird, dass diese Einflüsse unerklärt in den geschätzten Residuen landen, die daraufhin selbst autokorreliert wären. Allerdings stellt sich somit die Frage, wie die geschätzten Koeffizienten zu deuten sind.

Nur in speziellen Anwendungsfällen ergäbe es Sinn, einen einzelnen Koeffizienten isoliert zu interpretieren. Wenn es zum Beispiel von Interesse ist, welchen Effekt zusätzliche Investitionen nach genau einem Monat auf die Produktion erbringen, und wir diese Variablen in einem ARDL für die Produktion y analysieren, könnte der Koeffizient b_1 interessant sein.

Dadurch ließe sich aber nicht klären, wie Investitionen *an sich* oder *insgesamt* auf die Produktion wirken. Außerdem müssen bei einem dynamischen Modell auch Rückkopplungseffekte (*feedback*) berücksichtigt werden, wenn der Zeithorizont mehr als eine Periode beträgt. Die Investitionen vor zwei Monaten ($t-2$) haben nicht nur einen direkten Einfluss auf den Output heute (t) nach Stärke des Koeffizients b_2 in Gleichung 6.79; sondern sie hatten bereits einen Einfluss auf den Output des letzten Monats ($t - 1$) gemäß der zeitverschobenen Gleichung für y_{t-1}, also mit dem Koeffizienten b_1. Der zusätzlich induzierte vergangene Output wiederum wirkt auch auf den heutigen Output, und zwar mit der Stärke a_1. Wenn man all diese Effekte berücksichtigt, dann erhält man als Gesamteffekt der Investitionen vor zwei Monaten also $a_1 b_1 + b_2$.

Die Verallgemeinerung dieser Überlegungen erzeugt eine Folge von sogenannten *Dynamischen Multiplikatoren*, die auch *Impulsantworten* genannt werden. Der Begriff „Impuls" deutet darauf hin, dass hier ein bestimmtes Gedankenexperiment zugrunde gelegt wird: In einer beliebigen Zeitperiode $t = t_0$ wird ein einmaliger Impuls in der erklärenden Variable x angenommen, und zwar von der normierten Größe Eins. Es wird dann verfolgt, wie sich dieser Impuls im Zeitablauf auf die Folge der y-Realisationen auswirkt. Das Ausgangsniveau von y in t_0 spielt dabei keine Rolle (wegen der Linearität der Gleichung), vielmehr geht es nur um zusätzlich induzierte Schwankungen.

Bezeichnen wir den Multiplikator von x auf y bezüglich eines Zeithorizonts von τ als m_τ. Für ein ARDL-Modell in reduzierter Form gibt es keinen zeitgleichen Effekt, sodass der sogenannte *Kurzfristmultiplikator* $m_0 = 0$ ist. Für das ARDL-X-Modell gälte entsprechend $m_0 = b_0$. Wenn man die Rückkopplungsüberlegung fortführt, kommt man auf die rekursive Lösung:

$$m_\tau = b_\tau + \sum_{k=1}^{\tau-1} a_k m_{\tau-k} \qquad (6.81)$$

Hierbei verschwinden zwar ab dem Horizont Q die b-Koeffizienten ($b_{\tau > Q} = 0$) aus der Formel, aber in der Gleichung erscheinen auch weiterhin die ersten a-Koeffizienten $a_1 \ldots a_P$. Deshalb wird auch bei einem Modell mit stabiler Dynamik der Gesamtmultiplikator nicht irgendwann abbrechen, sondern nur gegen den Wert Null konvergieren. Daher bilden die m_τ eine unendliche Folge, und in der Praxis muss man bei einem gewissen Horizont willkürlich abschneiden.

Eine solche Berechnung der dynamischen Multiplikatoren lässt sich mit wenigen Skriptzeilen in Gretl implementieren, da anstelle von selbst programmierten Schleifen die eingebaute Funktion *filter* verwendet werden kann. Diese Funktion berechnet die Antworten auf allgemein definierbare Impulse, die von außen in eine ARDL-artige Gleichung gefüttert werden. (In der Signalverarbeitung bezeichnet man solche Gleichungen auch als lineare Filter, was den Namen der Funktion erklärt.) Für den Spezialfall der hier erläuterten Multiplikatoren besteht der Impuls gerade aus einem einzigen „Blip", daher wird als Impulsargument der Funktion ein Vektor mit einer einzigen Eins gefolgt von Nullen spezifiziert. Da die Funktion außerdem auch den Koeffizienten b_0 abdeckt, der in der reduzierten Form auf Null restringiert ist, muss der Vektor der x-Koeffizienten b mit einer führenden Null erweitert werden (vertikale Konkatenation). Der erste ausgegebene dynamische Multiplikator ist daher per Konstruktion ebenfalls Null, da er den nicht modellierten kurzfristigen (zeitgleichen) Effekt von x_t auf y_t beschreibt.[18]

---

18 Falls statt der reduzierten Form ein ARDL-X-Modell der Art 6.80 geschätzt würde, wäre diese Erweiterung des Koeffizientenvektors b natürlich nicht notwendig, da eine Schätzung $\hat{b}_0$ vorliegen würde.

```
# Lagordnungen und wieviele Multiplikatoren zu berechnen
P = 2
Q = 3
Horizont = 10      # die ersten 10 als Beispiel

# Schaetzung der Koeffizienten
ols y const y(-1 to -P) x(-1 to -Q)
matrix a = $coeff[2: P+1]        # 1. Koeff: Konst.
matrix b = $coeff[P+2 : P+1+Q]

# Berechnung und Anzeige
matrix Impuls = 1 | zeros(Horizont, 1)
matrix DynMulti = filter(Impuls, (0 | b), a)
print DynMulti
```

Beispiel Als Illustration wird noch einmal der Zusammenhang des Okun'schen Gesetzes aus dem Abschnitt 6.2.1 herangezogen. Nach Öffnen des Dataset *okun.gdt* werden die abhängige und erklärende Variablen definiert, entweder durch die bekannte Art in der grafischen Oberfläche oder wie folgt durch Skriptbefehle:

```
open okun.gdt
series y = diff(u)
series x = g
```

Anschließend kann das vorherige Teilskript ausgeführt werden. Als Ergebnis für den Vektor DynMulti wird von Gretl folgender Spaltenvektor ausgedruckt (der aus Platzgründen hier in Zeilen erscheint):

DynMulti (11 x 1)

0,0000   -0,15396   -0,080921   0,035074   -0,0036719   0,0063163
0,0017694   0,0021334   0,0012687   0,00099555   0,00069082

Diese berechneten Werte werden üblicherweise grafisch analysiert, dementsprechend sind sie in der Abbildung 6.21 geplottet. Man erkennt, dass die maximale Wirkung eines Schocks bzw. Impulses im US-amerikanischen BIP-Wachstum auf die Veränderung der Arbeitslosenquote bereits nach einer Periode eintritt, also nach einem Quartal. Die Wirkungsrichtung ist plausibel, nämlich dass ein positiver Impuls (normiert auf +1) die Arbeitslosigkeit verringert. Ab ca. einem dreiviertel Jahr (drei Quartalen) bewegen sich die Effekte in der Nähe von Null.

Bei der Interpretation der Größenordnungen der Effekte muss man die Skalierung der Variablen berücksichtigen. Das Mittel der Variable g bzw. x liegt bei 1,3, was als Prozentwert zu verstehen ist. In diesem Fall handelt es sich um eine Quartalswachstumsrate, sodass die Jahreswachstumsrate approximativ das Vierfache dieses Werts ist, also ca. 5,2 Prozent.[19] Die Dauer des Impulses ist jedoch unabhängig von der Art der Skalenangabe immer eine einzige Periode, hier also ein Quartal.

Ein Impuls von 1 entspricht also einem zusätzlichen nominalen Wachstumsschub von ca. 4 Prozent in annualisierter Rate. Da u in Prozenten angegeben ist –also z.B. die ganze Zahl

---

19 Die exakte Umrechnung ergäbe sich bekanntlich als $100\left(\left(1+\frac{1,3}{100}\right)^4 - 1\right) = 5,30\ldots$.

5 für fünf Prozent und nicht 0,05– bedeutet der maximale geschätzte Effekt von -0,15 dann, dass solch ein einmaliger Wachstumsschub die Arbeitslosenquote ein Quartal später um 0,15 Prozentpunkte senkt. Andererseits ist dies nicht der maximale Gesamteffekt auf die Arbeitslosigkeit, da als abhängige Variable y deren Veränderung diff(u) spezifiziert war. Für den Gesamteffekt müssen die Multiplikatoren daher kumuliert werden. Gretl stellt dafür die Funktion *cum* bereit.

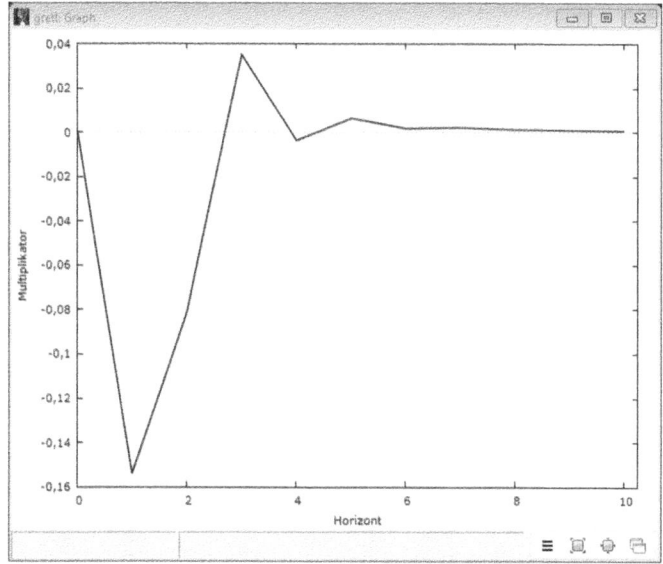

Abb. 6.21.: Verlauf der geschätzten dynamischen Multiplikatoren

Abschließend werden also die folgenden Befehle ausgeführt:

```
matrix CDM = cum(DynMulti)
print CDM
```

CDM (11 x 1)
0,0000   -0,15396   -0,23488   -0,19981   -0,20348   -0,19716
-0,19539   -0,19326   -0,19199   -0,19100   -0,19030

Der Gesamteffekt nimmt nach dem ersten Quartal weiter zu, wenn auch nicht strikt monoton, da die Multiplikatoren teils auch leicht positiv waren. Die Konvergenz zum langfristigen kumulierten Effekt von -0,19 erscheint bereits nach gut einem Jahr größtenteils abgeschlossen.

6.4.2. Fehlerkorrekturmodelle (*ECM*)

In diesem Abschnitt soll eine wichtige Umformung von ARDL-Modellen eingeführt werden: das Fehlerkorrekturmodell (*Error correction model, ECM*, manchmal auch als *Equilibrium correction model* bezeichnet). „Umformung" bedeutet hierbei, dass die Darstellung mathematisch äquivalent ist, sodass beispielsweise die Residuen der beiden Varianten exakt identisch sind. Man kann also weiterhin das ARDL-Modell in der bekannten Form 6.79 schätzen und mit den Parametern weiter arbeiten. Allerdings werden wir auch die direkte Schätzung der Fehlerkorrekturform behandeln.

Wir gehen von einem einfachen Beispiel mit nur je einer Verzögerung von *y* und *x* aus.

$$y_t = c_y + a_1 y_{t-1} + b_1 x_{t-1} + u_t \tag{6.82}$$

Ein ECM zeichnet sich vor allem dadurch aus, dass auf der linken Seite die *Veränderung* der endogenen Variable steht statt ihrem Niveau. Allerdings soll vermieden werden, die gesamte Gleichung zu differenzieren (d.h., mit dem linearen Δ-Operator zu transformieren), da dadurch auch überdifferenzierte Residuen Δu_t entstehen würden, die kein weißes Rauschen mehr wären. Stattdessen wird auf beiden Seiten der Gleichung die verzögerte endogene y_{t-1} abgezogen, was links ebenfalls zu $y_t - y_{t-1} = \Delta y_t$ führt.

$$\Delta y_t = c_y + (a_1 - 1)y_{t-1} + b_1 x_{t-1} + u_t \tag{6.83}$$

Die Gleichung (6.83) stellt bereits ein einfaches ECM dar, da auf der rechten Seite eine Niveaubeziehung zwischen den Variablen modelliert wird, deren Zusammenspiel die Anpassungsreaktion der abhängigen Variable bestimmt. Es sollte inzwischen klar sein, dass auch diese Modellform mit Gretl direkt geschätzt werden kann:

```
ols diff(y) const y(-1) x(-1)
```

Die Niveaubeziehung zwischen *y* und *x* lässt sich noch deutlicher herausarbeiten, indem der Anpassungs- oder *Ladungskoeffizient* $a_1 - 1$ ausgeklammert wird.

$$\Delta y_t = c_y + (a_1 - 1)\left(y_{t-1} + \frac{b_1}{a_1 - 1}x_{t-1}\right) + u_t \tag{6.84}$$

Der Term in großen Klammern ist direkt die Niveaubeziehung zwischen *x* und *y*, da sonst nur Terme in Differenzen in der Gleichung vorkommen – in diesem einfachen Fall sogar nur auf der linken Seite. In Gleichungsform geschrieben lautet die Niveaubeziehung also:

$$y = -(b_1/(a_1 - 1))x \tag{6.85}$$

Der Periodenindex wurde hier weggelassen, weil diese Gleichung in keiner konkreten Periode exakt erfüllt sein wird, sondern von stochastischen Schwankungen überlagert wird. Stattdessen muss man sich diese Beziehung als mittlere Tendenz oder *langfristiges Gleichgewicht* vorstellen. Es stellt sich also heraus, dass der Koeffizient in dieser Niveaubeziehung *nicht* einfach nur der Koeffizient b_1 der Variable x_{t-1} in der ARDL-Form 6.79 oder in der äquivalenten ECM-Form 6.83 ist. Stattdessen muss noch durch den Ladungskoeffizienten $a_1 - 1$

geteilt werden. Für die Gleichungsform 6.85 muss außerdem noch das Vorzeichen umgedreht werden, weil implizit die erklärende Variable x auf die andere Seite gebracht wurde.

Es lässt sich außerdem erkennen, dass dieser Anpassungskoeffizient negativ sein muss, wenn die Anpassung tatsächlich durch die Reaktion von Δy_t in dieser betrachteten Gleichung erfolgen soll.[20] Um dies zu verstehen, betrachten wir noch einmal den Term in großen Klammern aus Gleichung 6.84.

- Dieser Term $y_{t-1} + \frac{b_1}{a_1-1} x_{t-1}$ ist dann größer als sein langfristiger Mittelwert, wenn y_{t-1} zu groß ist relativ zum Niveau von x_{t-1}.

- Damit dieser Term sich abgesehen von Zufallsschwankungen tendenziell wieder zu seinem Mittelwert bewegt, muss y_t also kleiner werden: $\Delta y_t < 0$.

- Dieses Vorzeichen wird gerade dann erreicht, wenn $a_1 - 1 < 0$ bzw. $a_1 < 1$ gilt.

Die gleiche Bedingung gilt natürlich für die umgekehrte Situation, wenn y_{t-1} relativ gesehen zu klein ist und daher zu $\Delta y_t > 0$ führen soll. Durch die strikte Negativität des Parameters ist das Problem ausgeschlossen, dass sonst der Wert Null im Nenner stehen könnte. Der Name „Fehlerkorrekturmodell" erklärt sich daraus, dass die Anpassungsreaktion dem in $t-1$ vorliegenden Niveaufehler entgegen wirkt, ihn also (teilweise) korrigiert. Analog dazu wird der Niveauterm $y_{t-1} + \frac{b_1}{a_1-1} x_{t-1}$ auch *Fehlerkorrekturterm* genannt (*FKT*, oder englisch: *ECT*).

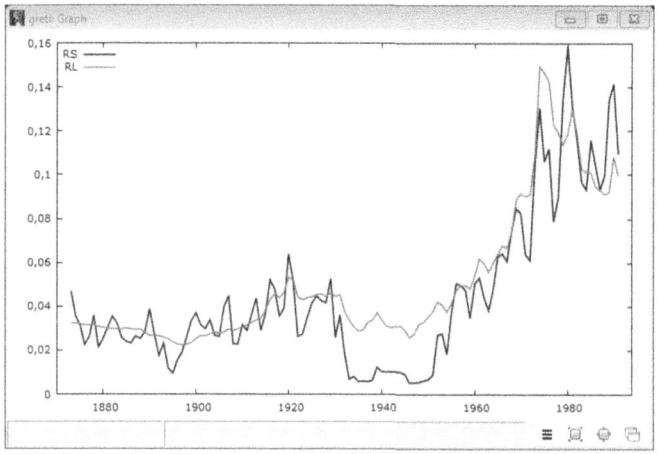

Abb. 6.22.: Verlauf zweier Zinssätze, UK

Eine Gleichung in der Form 6.84 ist allerdings nicht mehr linear in den Parametern, kann also nicht mit der gewöhnlichen KQ-Methode geschätzt werden. Allerdings gibt es auch eine *nichtlineare* KQ-Methode, die in Gretl unter dem Befehl *nls* zur Verfügung steht.

---

20 Die Alternative wäre eine Reaktion von Δx_t in einer weiteren Gleichung. Damit würde allerdings das gesamte Gleichungssystem statt einer Einzelgleichung betrachtet werden, was über dieses Buch hinausgehen würde.

Im folgenden Beispiel wird die nichtlineare ECM-Variante für die Analyse des Zusammenhangs von historischen Zinsen (mit kurzer und langer Wertpapierlaufzeit, RS und RL) des Vereinigten Königreichs angewandt. Die Daten dieses Beispiels entstammen dem Dataset *hendry_jae.gdt* des Autorenreiters *Gretl*. Der Verlauf dieser beiden Zinssätze ist in Abbildung 6.22 dargestellt. Es wird deutlich, dass die Variablen längerfristig einen ähnlichen (nichtstationären) Verlauf haben, obwohl kurzfristig die Abweichungen voneinander durchaus erheblich sind.

```
open hendry_jae  # u.a. mit Zinsen von UK
series d_short = diff(RS)
series d_long = diff(RL)

# Startwerte
c = 0.01
ladung = -1
langfrist = 1
nls d_short = c + ladung * (RS(-1) - langfrist * RL(-1))
   params c ladung langfrist
end nls
```

Mit numerischer Differentiation
Toleranz = 1.81899e-012
Konvergenz erreicht nach 13 Iterationen
M1: NLKQ, benutze die Beobachtungen 1874–1991 ($T = 118$)
d_short = c + ladung * (RS(-1) - langfrist * RL(-1))

	Schätzung	Std. Fehler	t-Quotient	p-Wert
c	−0,000362659	0,00227984	−0,1591	0,8739
ladung	−0,243415	0,0801470	−3,037	0,0030
langfrist	0,944148	0,154435	6,114	0,0000

Mittel d. abh. Var.	0,000530	Stdabw. d. abh. Var.	0,013034
Summe d. quad. Res.	0,018377	Stdfehler d. Regress.	0,012641
R^2	0,075493	Korrigiertes R^2	0,059414
Log-Likelihood	349,8391	Akaike-Kriterium	−693,6781
$\hat{\rho}$	0,127489	Durbin–Watson	1,722374

GNR: R^2 = 1,9984e-14, max $|t|$ = 1,50069e-06
Konvergenz scheint zufriedenstellend abgeschlossen

Tabelle 6.5.: Nichtlinear geschätztes ECM

Die nichtlineare Spezifikation erfordert mehr Vorarbeit als die gewöhnliche KQ-Methode, da es sich um ein iteratives numerisches Verfahren ohne analytische Lösung handelt. Daher sind hier vor der Schätzung möglichst sinnvolle Startwerte anzugeben, die einen entscheidenden Einfluss auf den Erfolg des Algorithmus haben können. Bezüglich der Koeffizienten wurde hier der Einfachheit halber mit dem Schlüsselwort *params* Gretl nur mitgeteilt, welches die zu schätzenden Parameter darstellen. Das von Gretl ausgedruckte Ergebnis dieser

Beispielschätzung ist in der Tabelle 6.5 wiedergegeben. Man sieht unter anderem, dass die Negativität des Ladungskoeffizienten erfüllt ist. Der Langfristkoeffizient der Niveaubeziehung ergibt sich als fast Eins (0,94), sodass sich als Fehlerkorrekturterm (FKT, Abweichungen vom langfristigen Gleichgewicht) approximativ der sogenannte *term spread* der Zinsen ergibt, *RS − RL*.

Wie der negative Ladungskoeffizient zustande kommt, lässt sich in diesem einfachen Modell (ohne weitere Kurzfristdynamik) daher auch ganz praktisch veranschaulichen. Die Beobachtungen des verzögerten Spreads stehen für den Niveauterm auf der rechten Seite, und auf der linken Seite finden sich die Veränderungen beim kurzlaufenden Zins. Der durch den Ladungskoeffizienten ausgedrückte negative Zusammenhang dieser beiden Variablen ist im Streudiagramm in Abbildung 6.23 sichtbar, und zwar als negative Steigung der sich ergebenden Regressionsgerade.

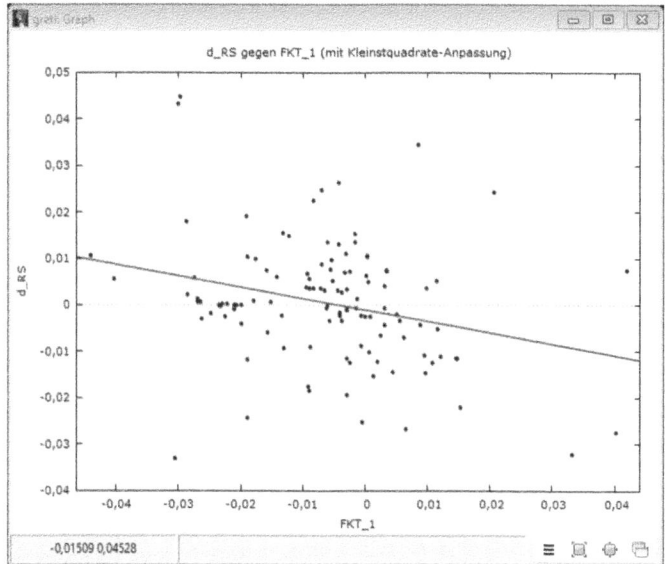

Abb. 6.23.: Zusammenhang Fehlerkorrekturterm und Veränderung der endogenen Variable

Falls bei einer *nls*-Schätzung Konvergenzprobleme auftreten, können sonst auch analytische Gradienten (Ableitungen) der Parameter weiterhelfen. Statt der Zeile „params c ladung longrun" müsste man dann die Ableitungen der Schätzgleichung bezüglich der verschiedenen Parameter von Hand ausrechnen und Gretl mitteilen. Man könnte dann mit dem Schlüsselwort *deriv* in den nls-Block folgendes schreiben:

```
deriv c = 1
deriv ladung = RS(-1) - langfrist * RL(-1)
deriv langfrist = - ladung * RL(-1)
```

Der (einzige) Vorteil der nichtlinearen Schätzung ist, dass automatisch die Koeffizienten der Niveaubeziehung geschätzt werden, inklusive ihrer Standardfehler. Sonstige Kennzahlen wie das R^2, die Ausprägungen der geschätzten Residuen usw. sind identisch mit der linearen ECM-Form.

Weitere Dynamik   Im vorigen einfachen Beispiel existierte bei beiden Variablen nur eine einzige Verzögerung im Modell, wodurch sich auf der rechten Seite einzig die Niveaubeziehung ergab. Dies ist ein Spezialfall, der in der Praxis nicht sehr oft vorliegt. Aber auch allgemeinere ARDL-Modelle können in ECM-Form überführt werden. Wenn z.B. zwei Verzögerungen von x enthalten sind ($b_1 x_{t-1} + b_2 x_{t-2}$), so werden diese zunächst anders zusammengefasst als $(b_1 + b_2)x_{t-1} - b_2 \Delta x_{t-1}$. In die Schätzgleichung geht dann neben der Niveauvariablen x_{t-1} noch ein Differenzenterm Δx_{t-1} ein. Wichtig ist auch, dass nach wie vor zwei freie Parameter zu schätzen sind, durch die Umformung also keine bindende Restriktion vorliegt.

Analog dazu verfährt man mit zusätzlichen Verzögerungen von y. Es lässt sich leicht nachvollziehen, dass es auf diese Weise immer möglich ist, einen einzigen Niveauterm pro Variable zu erhalten und den Rest in Differenzen auszudrücken.[21] Man beachte, dass die höchste Verzögerung der Differenzenterme immer eins weniger ist als die der ursprünglichen Lagordnung. Insgesamt ergibt sich eine allgemeinere ECM-Schätzung also wie folgt, wobei wir hier der Einfachheit halber wieder auf die lineare Schätzform zurückgreifen:

```
P = 2      # Lags der ARDL-Form, also bis y(-2)
Q = 2
ols diff(RS) const RS(-1) RL(-1) \
    lags(P-1, diff(RS)) lags(Q-1, diff(RL))
```

Im entsprechenden Output in Tabelle 6.6 ist eindeutig sichtbar, dass die zusätzlichen Differenzenterme signifikant sind und die Modellanpassung sich verbessert. Auch der Absolutbetrag des Ladungskoeffizients erhöht sich hier, was aber nicht zwingend ist.

Kointegrations-Repräsentationstheorem von Engle und Granger

Bisher wurde nicht explizit über die Zeitreiheneigenschaften von x und y gesprochen, und tatsächlich ist das ECM für jedes ARDL zulässig, gleichgültig ob die Variablen beide I(0), beide I(1) oder eine Mischung von beidem sind.

Allerdings ist ein wichtiges Anwendungsgebiet der ECM-Form der Fall, dass die beteiligten Variablen I(1) und kointegriert sind. Das berühmte Repräsentationstheorem von Engle und Granger besagt nämlich, dass eine ECM-Darstellung existieren muss, wenn die Variablen kointegriert sind. Es gilt dann, dass die Niveaubeziehung im ECM gerade der Kointegrationsbeziehung entspricht, die damit automatisch mitgeschätzt wird. Dementsprechend muss also gemäß Kointegrationsdefinition der FKT diejenige Linearkombination der beteiligten I(1)-Variablen darstellen, bei der sich die nichtstationären stochastischen Trends gerade aufheben,

---

21   In der hier gewählten üblichen und intuitiven Darstellung tragen die Niveauterme den Zeitindex $t-1$. Äquivalent könnte der Niveauterm auch in jede andere Verzögerung bis hin zu $t - min(P, Q) + 1$ verschoben werden, was manchmal in der Literatur zu finden ist.

M2: KQ, benutze die Beobachtungen 1875–1991 ($T = 117$)
Abhängige Variable: d_RS

	Koeffizient	Std. Fehler	t-Quotient	p-Wert
const	−0,00100301	0,00222161	−0,4515	0,6525
RS_1	−0,330231	0,0872442	−3,785	0,0002
RL_1	0,320919	0,0938259	3,420	0,0009
d_RS_1	0,354878	0,112018	3,168	0,0020
d_RL_1	−0,588670	0,218654	−2,692	0,0082

Mittel d. abh. Var.	0,000632	Stdabw. d. abh. Var.	0,013043
Summe d. quad. Res.	0,016549	Stdfehler d. Regress.	0,012156
R^2	0,161387	Korrigiertes R^2	0,131436
$F(4, 112)$	5,388445	P-Wert(F)	0,000526
Log-Likelihood	352,5048	Akaike-Kriterium	−695,0096
$\hat{\rho}$	0,026973	Durbin–Watson	1,937231

Tabelle 6.6.: Fehlerkorrekturmodell mit weiterer Kurzfristdynamik

sodass der FKT stationär ist. Damit ist auch die ECM-Gleichung insgesamt balanciert, weil die linke Seite durch Differenzierung stationär ist und die rechte Seite eben durch Kointegration (FKT) und Differenzierung (restliche dynamische Terme).

Überprüfen wir im oben geschätzten Beispiel aus Tabelle 6.5 bzw. 6.6 die Stationarität des FKT per Augenschein, indem wir die entsprechende Zeitreihe konstruieren und sodann plotten. Prinzipiell ist hier der geschätzte Kointegrationskoeffizient zu verwenden. Da dieser sich jedoch als praktisch Eins herausstellte, verwenden wir hier gleich das oben erwähnte Zinsdifferenzial (*spread*) $RS - RL$.

```
series FKT = RS - RL
gnuplot FKT --time-series --with-lines --output=display
```

In der grafischen Oberfläche können diese Schritte natürlich ebenfalls vorgenommen werden, durch *Hinzufügen/Definiere neue Variable* und anschließend durch *Ansicht/Plotte spezifizierte Variablen/Zeitreihengraph....* Das Ergebnis in Abbildung 6.24 zeigt, dass dieser FKT stationär ist, auch wenn Episoden mit persistenteren Abweichungen vom Mittelwert existieren, wie beispielsweise zu Zeiten des zweiten Weltkriegs. Insgesamt können wir also schlussfolgern, dass die beteiligten Zinsvariablen kointegriert sind.[22]

Dieser Abschnitt soll abgeschlossen werden mit zwei ergänzenden Bemerkungen: Das betrachtete Beispiel war bivariat, das Kointegrations- wie auch das ECM-Konzept sind jedoch allgemeiner. Prinzipiell sind beliebig viele erklärende Variablen als Kointegrationspartner für die abhängige Variable y denkbar. Im vorliegenden Einzelgleichungskontext allerdings ist darauf zu achten, dass die K aufgenommenen Variablen $x_{1t}, \ldots, x_{Kt}$ im Niveauterm *nicht*

---

22 Auf explizite Einheitswurzeltests wurde in diesem Beispiel verzichtet, jedoch lässt sich leicht überprüfen, dass die Variablen RS und RL nicht stationär sind. Die wissenschaftliche Redlichkeit gebietet noch die Anmerkung, dass man nie vollständig sicher sein kann, ob die Unterstellung von stochastischen Trends tatsächlich das beste Modell für eine vorliegende Nichtstationarität ist.

schon unter sich kointegriert sein dürfen. Die Kointegrationseigenschaft darf sich erst durch
Hinzunahme von *y* einstellen, anderenfalls wäre eine komplexere Systemanalyse notwendig.

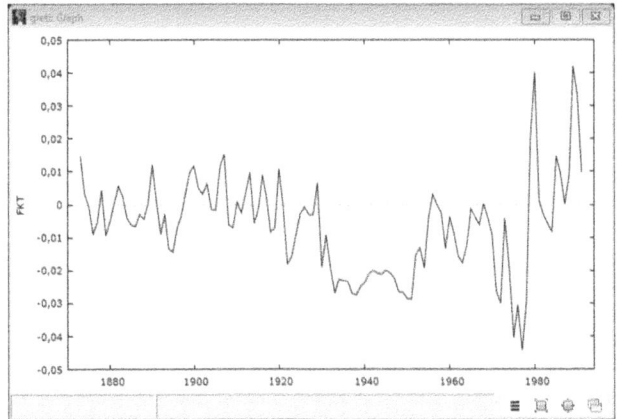

Abb. 6.24.: Zeitreihe des Fehlerkorrekturterms

Außerdem ist der Ladungskoeffizient des FKT im ECM nicht standardverteilt. Diese Eigenschaft ist ganz ähnlich dem Phänomen, dass schon bei ADF-Einheitswurzeltests und
Engle-Granger-Kointegrationstests auftrat. Es gelten nicht die kritischen Werte der t- oder
Standardnormalverteilungen, sondern solche, die vom Absolutbetrag deutlich größer sind
und außerdem auch von der Zahl der beteiligten I(1)-Variablen und der deterministischen
Terme abhängen. Der in Tabelle 6.6 ausgewiesene p-Wert des Ladungskoeffizienten (0,0002)
ist daher nicht korrekt, weil Gretl nicht „wissen" kann, dass dort keine Standardgleichung in
der stationären Welt geschätzt wurde.

7. Regressionsanalyse von Panel-Daten

7.1. Schätzung von Panelmodellen

In diesem Kapitel werden Besonderheiten behandelt, die sich bei der Parameterschätzung mit Paneldaten ergeben. Durch die Differenzierung zwischen den Einheiten und den Zeitpunkten ergeben sich hierbei komplexere Verfahren.

Betrachten wir zur Verdeutlichung der Problematik die (fiktive) Umsatzentwicklung von sechs Unternehmen in vier aufeinanderfolgenden Jahren in Mio. Euro ($t = 1$ bis $t = 4$) in Tabelle 7.1. Die Datei *Umsatz_Panel_Dat.gdt* enthält neben den in der Tabelle dargestellten Umsatzwerten zusätzlich Daten zur Mitarbeiterzahl und dem Werbeetat. Sie kann von der Verlagsseite heruntergeladen werden.

Unternehmen	Umsatz in $t = 1$	Umsatz in $t = 2$	Umsatz in $t = 3$	Umsatz in $t = 4$
Lidl	4200	4170	4300	4330
Aldi	3120	3250	3080	3200
Edeka	2312	2455	2380	2165
Kaufland	3100	4440	4910	4090
Netto	3204	4050	4770	4173
Penny	3057	3966	4566	3755

Tabelle 7.1.: Entwicklung von Umsätzen verschiedener Unternehmen

Bei Paneldaten lässt sich die Varianz einer Variablen in zwei Bestandteile zerlegen: in eine Varianz innerhalb einer Einheit (hier eines Unternehmens) über die verschiedenen Zeitpunkte hinweg und in eine Varianz zwischen den verschiedenen Einheiten, bezogen auf einen bestimmten Zeitpunkt, zum Beispiel $t = 1$. Im ersten Fall spricht man in der englischsprachigen Bezeichnung von einer „within variation" und im zweiten Fall von einer „between variation".

Betrachtet man in Tabelle 7.1 die Daten für die drei Unternehmen im oberen Block, lässt sich feststellen, dass die Umsätze eines jeden Unternehmens über die verschiedenen Zeitpunkte wenig voneinander abweichen, sodass eine geringe „within variation" vorliegt. Demgegenüber unterscheiden sich die Werte zwischen den Unternehmen sehr stark. Es liegt also eine hohe „between variation" vor. Diese Konstellation wird man vorfinden, wenn sich Attributeigenschaften über den Zeitablauf kaum oder nur allmählich ändern (z.B. Einstellungen von Personen; Einkommensentwicklungen).

Die Umsatzwerte der drei Unternehmen im unteren Block zeigen ein umgekehrtes Bild. Zwischen den verschiedenen Zeitpunkten existieren hohe Schwankungen und zwischen den

© Springer-Verlag GmbH Deutschland, ein Teil von Springer Nature 2019
J. Malitte und S. Schreiber, *Ökonometrie verstehen mit Gretl*,
https://doi.org/10.1007/978-3-662-58275-6_7

Unternehmen sind die Schwankungen relativ gering ausgeprägt. Hohe Schwankungen über die Zeitdimension lassen sich häufig auf krisenhafte Entwicklungen zurückführen, von denen alle Einheiten (Personen, Unternehmen) gleich stark betroffen sind.

Gretl bietet einige Funktionen an, mit denen statistische Auswertungen innerhalb eines Panels durchgeführt werden können. Zunächst betrachten wir in Übereinstimmung mit der oben eingeführten Terminologie einige „within unit" Statistiken, sie beziehen sich also auf die einzelnen Einheiten des Panel-Datasets. Das folgende Skript berechnet den Mittelwert, die Standardabweichung und die Summe aller Umsätze innerhalb jedes einzelnen Unternehmens.

```
series Ums_D = pmean(Umsatz)
series Ums_Stdabw = psd(Umsatz)
series Ums_Summe = psum(Umsatz)
```

Gretl erzeugt drei Variablen vom Typ *series*, die die genannten Kennzahlen enthalten. Innerhalb dieser Variablen wird die jeweilige Kennzahl für jede Zeitperiode wiederholt, da sie sich per Definition nur zwischen den Einheiten (hier: Unternehmen) unterscheidet. Es existieren weitere Funktionen wie *pmax*, *pmin* oder *pnobs*, die das Maximum, das Minimum und die Anzahl der gültigen (also nicht fehlenden) Beobachtungen der jeweiligen Variablen pro Einheit ermitteln.

Auch für die Querschnittsdimension des Panels bietet Gretl zwei entsprechende Funktionen an, die sich durch "px"für englisch „panel cross (sectional)" auszeichnen: So berechnet *pxsum* die Summe der Argumentvariablen über alle Einheiten hinweg, jeweils getrennt für jede Zeitperiode. Hier wird das Ergebnis dieser between-Berechnung für jede Einheit wiederholt. Eine spezielle Funktion für den Mittelwert in der Querschnittsdimension existiert nicht, es lässt sich jedoch einfach der Quotient *pxsum(y) / pxnobs(y)* für eine beliebige Variable y verwenden, womit auch die Querschnittsentsprechung *pxnobs* zur vorher dargestellten Funktion *pnobs* eingeführt ist.

Die erwähnte Zerlegung von Varianzen in die verschiedenen Einheiten eines Panel-Datasets sollte bei einer KQ-Schätzung Eingang in die Form der Regressionsgleichung finden. Werden diese Unterschiede ignoriert, führt dies mindestens zu einer ungenauen Schätzung der Regressionskoeffizienten. Schlimmer noch, wenn die systematischen Unterschiede zwischen den Einheiten nicht modelliert werden, kann es auch zu verzerrten Schätzungen kommen, denn diese Unterschiede könnten dann fälschlicherweise als Einflüsse der anderen Regressoren identifiziert werden. Dies wäre eine Art Verzerrung durch vernachlässigte Variablen (engl. *omitted variable bias*).

Ein maximales Regressionsmodell

Unter Verwendung des Einheitenindex „i" (mit $i = 1, ..., N$) und des Zeitindex „t" (mit $t = 1, ..., T$) lässt sich das folgende Maximalmodell aufstellen:

$$y_{it} = \alpha_{it} + \beta_{1it}x_{1it} + \beta_{2it}x_{2it} + ... + \beta_{nit}x_{nit} + u_{it} \qquad (7.1)$$

wobei folgende Festlegungen getroffen werden:

- y_{it} = Wert der abhängigen Variablen für die i-te Person zum Zeitpunkt t

- α_{it} = Regressionskonstante für die i-te Einheit zum Zeitpunkt t

- β_{kit} = Regressionskoeffizient der Variablen x_k für die i-te Einheit zum Zeitpunkt t ($k = 1,...,n$)

- x_{kit} = Wert der unabhängigen Variablen x_k für die i-te Einheit zum Zeitpunkt t

- u_{it} = Störgröße für die i-te Einheit zum Zeitpunkt t

Ausgeschrieben erhielte man ein System von $N \times T$ separaten Regressionsgleichungen der Form

$$y_{11} = \alpha_{11} + \beta_{111}x_{111} + ... + \beta_{n11}x_{n11} + u_{11} \tag{7.2}$$

bis

$$y_{NT} = \alpha_{NT} + \beta_{nNT}x_{nNT} + ... + \beta_{nNT}x_{nNT} + u_{NT} \tag{7.3}$$

Eine solche vollständig flexible Modellierung ist jedoch nicht sinnvoll, denn die Koeffizienten sind mathematisch nicht bestimmbar, da für jede einzelne Beobachtung (Einheit und Zeitpunkt) separate Regressionskoeffizienten zu schätzen wären. Eine einzelne Beobachtung enthält jedoch nicht genügend Information dafür, dieses Modell nennt man daher *nicht identifiziert*. Darum wird der obige Ansatz nicht weiterverfolgt.

Ein minimales Regressionsmodell

Das minimale Regressionsmodell ergibt sich, wenn die Regressionskoeffizienten für alle Beobachtungen mit den Indizes i,t als gleich angenommen werden. Man spricht von einer Homogenitätsannahme.

$$y_{it} = \alpha + \beta_1 x_{1it} + \beta_2 x_{2it} + ... + \beta_n x_{nit} + u_{it} \tag{7.4}$$

Dieses Modell wird als „pooled model" bezeichnet, da alle Beobachtungen in einem einzigen Pool zusammengefasst werden, ohne die Querschnitts- und Zeitdimension zu berücksichtigen. Wenn wir gedanklich die Beobachtungsindizes i,t zu einem einzigen Index $j = 1,...,NT$ zusammenfassen, dann ergibt sich aus 7.4 ein übliches Regressionsmodell, wie wir es in diesem Buch bereits kennengelernt haben. Dementsprechend kann das gepoolte Modell einfach mit KQ geschätzt werden.

Jedoch sollte dies nicht unreflektiert angewendet werden, denn das Problem besteht darin, dass es die eventuell existierende Heterogenität zwischen den Einheiten ignoriert und daher von der Annahme ausgeht, dass sich die Paneleinheiten im Hinblick auf das zu untersuchende Merkmal nicht sonderlich unterscheiden. In den meisten Fällen sind aber signifikante Unterschiede in der abhängigen oder den unabhängigen Variablenn zwischen den Einheiten vorhanden. Deshalb stellt das „pooled model" nur selten eine geeignete Wahl dar und kann zu einer Verzerrung der geschätzten Koeffizienten führen.

Die Einführung variabler Regressionskonstanten

Die in der Tabelle 7.1 im oberen Block angegebenen Umsatzwerte dreier Unternehmen offenbaren signifikante Niveauunterschiede und rechtfertigen die Verwendung variabler Regressionskonstanten (Achsenabschnitte), die in der Lage sind, diese aufzufangen und damit zu einer angemessenen Modellierung führen.

Um die Darstellung zu vereinfachen, sehen wir für den Moment von den unabhängigen Variablen ab und modellieren ein „Intercept-Only-Modell", das nur eine Konstante α enthält:

$$y_{it} = \alpha + u_{it} \tag{7.5}$$

In diesem Modell berücksichtigen wir nur eine Konstante, die das Niveau aller Einheiten des Panels schätzen soll. Das zweite Modell besitzt zusätzlich eine variable Regressionskonstante a_i, die dazu dient, die Niveauunterschiede zu berücksichtigen.

$$y_{it} = \alpha + a_{i \neq 1} + u_{it} \tag{7.6}$$

Das folgende Skript führt beide KQ-Schätzungen durch. Nach dem *unitdum*-Kommando zur Erzeugung der Gruppendummies wird zunächst das Kommando *smpl 1:1 3:4* verwendet, um die Schätzungen auf die Werte der ersten drei Unternehmen einzuschränken.

```
# Erzeugung von Einheitendummies
genr unitdum
smpl 1:1 3:4
ols Umsatz const
series res_1 = $uhat
ols Umsatz const du_2 du_3
series res_2 = $uhat
```

Im ersten ols-Kommando wird mit der Angabe *const* ein „pooled model" mit nur einer Konstanten geschätzt. Es wird sich erweisen, dass diese geschätzte Regressionskonstante den Mittelwert aller Beobachtungen repräsentiert. Mit dem Kommando *genr unitdum* erzeugt Gretl drei Dummy-Variablen vom Typ *series*, die wie folgt definiert sind:

$$du\_1 = \begin{cases} 1 & \text{für alle Beobachtungen der Einheit 1 } (i = 1, t = 1...T) \\ 0 & \text{für restliche Beobachtungen} \end{cases}$$

$$du\_2 = \begin{cases} 1 & \text{für alle Beobachtungen der Einheit 2 } (i = 2, t = 1...T) \\ 0 & \text{für restliche Beobachtungen} \end{cases}$$

$$du\_3 = \begin{cases} 1 & \text{für alle Beobachtungen der Einheit 3 } (i = 3, t = 1...T) \\ 0 & \text{für restliche Beobachtungen} \end{cases}$$

Damit erhält die zweite KQ-Schätzung zusätzlich eine einheitenspezifische Variable, die die „between variation" zwischen den Einheiten auffangen soll. Hätte man im zweiten ols-Kommando die erste Unitdummy *du_1* ergänzt, dann stellt Gretl ein Kollinearitätsproblem fest und entfernt die Variable automatisch. Für eine korrekte Spezifikation kann aber *const* durch *du_1* ersetzt werden. Nach beiden KQ-Schätzungen werden noch die Residuen ausgelesen und in einer Variablen vom Typ *series* gespeichert. Damit stehen sie zur Befüllung der Tabelle 7.2 zur Verfügung (siehe unten).

Die Ausführung des ersten OLS-Kommandos liefert die folgenden Statistiken für das Modell mit homogener Regressionskonstante.

Modell 1: Gepoolte KQ, mit 12 Beobachtungen

Mit 3 Querschnittseinheiten

Zeitreihenlänge = 4

Abhängige Variable: Umsatz

	Koeffizient	Std.fehler	*t*-Quotient	p-Wert
const	3246,83	238,556	13,61	3,16e–08 ***

Mittel d. abh. Var.	3246,833	Stdabw. d. abh. Var.	826,3817
Summe d. quad. Res.	7511974	Stdfehler d. Regress.	826,3817
R^2	0,000000	Korrigiertes R^2	0,000000
Log-Likelihood	−97,10988	Akaike-Kriterium	196,2198
Schwarz-Kriterium	196,7047	Hannan–Quinn	196,0402

Mit der Funktion *mean( )* lässt sich leicht überprüfen, dass der geschätzte Wert für *const* dem Mittelwert aller Beobachtungen entspricht.

Die Schätzung des zweiten Modells, das eine variable Regressionskonstante enthält, liefert hingegen die folgenden Statistiken:

Modell 2: Gepoolte KQ, mit 12 Beobachtungen

Mit 3 Querschnittseinheiten

Zeitreihenlänge = 4

Abhängige Variable: Umsatz

	Koeffizient	Std.fehler	*t*-Quotient	p-Wert
const	4250,00	47,4731	89,52	1,37e–014 ***
du_2	−1087,50	67,1371	-16,20	5,78e–08 ***
du_3	−1922,00	67,1371	-28,63	3,77e–010 ***

Mittel d. abh. Var.	3246,833	Stdabw. d. abh. Var.	826,3817
Summe d. quad. Res.	81133,00	Stdfehler d. Regress.	94,94618
R^2	0,989200	Korrigiertes R^2	0,986799
$F(2, 9)$	412,1477	P-Wert(F)	1,41e–09
Log-Likelihood	−69,94089	Akaike-Kriterium	145,8818
Schwarz-Kriterium	147,3365	Hannan–Quinn	145,3432
rho	−0,123922	Durbin-Watson-Stat	1,293851

Vergleichen wir in beiden Modellen zwei wichtige Kennzahlen miteinander. Die Residuenquadratsumme ist im Modell mit fester Regressionskonstante extrem hoch, gemessen am Modell mit variabler Regressionskonstante. Dementsprechend ist das R-Quadrat im ersten Modell fast gleich Null, während im zweiten Modell dieser Wert bei etwa 0,99 liegt. Dies bedeutet, dass die Einführung der variablen Regressionskonstante eine wesentliche Verbesserung erbracht hat. Die Verbesserung fällt umso deutlicher aus, je stärker sich die Einheiten in dem zu untersuchenden Merkmal voneinander unterscheiden.

Für die Regressionskonstante *const* ergibt sich ein geschätzter Wert von 4250. Er entspricht dem Mittelwert der Umsätze des ersten Unternehmens (da *const* als Ersatz für die fehlende Dummy-Variable *du_1* fungiert). Der Mittelwert der Umsätze des zweiten Unternehmens ergibt sich wie folgt: $4250 - 1087,50 = 3162,50$. Für den Mittelwert des dritten Unternehmens gilt: $4250 - 1922 = 2328$. Diese Werte können auch mit Hilfe der Funktion *pmean( )* ermittelt werden.

Die folgende Tabelle gibt die Zerlegung der Umsatzwerte der drei Unternehmen in verschiedene Komponenten für beide Modellvarianten wieder.

i	t	Modell mit Dummies a_i: $y_{it} = \alpha + a_i + u_{it}$	Modell ohne Dummies: $y_{it} = \alpha + u_{it}$
1	1	$4200 = 4250 + 0 + (-50,00)$	$4200 = 3246,83 + (+953,17)$
1	2	$4170 = 4250 + 0 + (-80,00)$	$4170 = 3246,83 + (+923,17)$
1	3	$4300 = 4250 + 0 + (+50,00)$	$4300 = 3246,83 + (+1053,17)$
1	4	$4330 = 4250 + 0 + (+80,00)$	$4330 = 3246,83 + (+1083,17)$
2	1	$3120 = 4250 + (-1087,50) + (-42,50)$	$3120 = 3246,83 + (-126,83)$
2	2	$3250 = 4250 + (-1087,50) + (+87,50)$	$3250 = 3246,83 + (+3,17)$
2	3	$3080 = 4250 + (-1087,50) + (-82,50)$	$3080 = 3246,83 + (-166,83)$
2	4	$3200 = 4250 + (-1087,50) + (+37,50)$	$3200 = 3246,83 + (-46,83)$
3	1	$2312 = 4250 + (-1922) + (-16,00)$	$2312 = 3246,83 + (-934,83)$
3	2	$2455 = 4250 + (-1922) + (+127,00)$	$2455 = 3246,83 + (-791,83)$
3	3	$2380 = 4250 + (-1922) + (+52,00)$	$2380 = 3246,83 + (-866,83)$
3	4	$2165 = 4250 + (-1922) + (-163,00)$	$2165 = 3246,83 + (-1081,83)$

Tabelle 7.2.: Zerlegung der Umsatzwerte

Die Tabelle 7.2 zeigt eindrücklich, dass durch die Berücksichtigung der Dummy-Variablen deutlich kleinere Residuenwerte erzeugt werden. Während die Residuen im rechten Tabellenblock die Abweichungen der Umsätze eines Unternehmens vom allgemeinen Mittelwert zum Ausdruck bringen, stehen die Residuen im linken Block lediglich für die Abweichungen vom unternehmensspezifischen Mittelwert. Allgemein ist das Dummy-Modell dann überlegen, wenn die *mittleren* Abweichungen vom allgemeinen Mittelwert statistisch bedeutsam, also signifikant von Null verschieden sind. Diese Hypothese ist identisch mit der Aussage, dass sich die Mittelwerte der Paneleinheiten signifikant voneinander unterscheiden. Da in unserem Beispiel die Schätzungen der Konstanten und der Dummy-Variablen *du_2* und *du_3* aufgrund des sehr geringen p-Werts als hochsignifikant einzustufen sind, ist der Unterschied der drei Mittelwerte statistisch relevant.

Sollte sich bei der Analyse das Gegenteil herausstellen, wäre ein Verzicht auf die individuellen Regressionskonstanten angebracht, sodass mit einer einzigen Konstanten gearbeitet werden kann, die dann den Gesamtmittelwert repräsentiert.

In den folgenden Kapiteln wird das Fixed-Effects- und das Random-Effects-Modell erläutert, wobei vorrangig die Skriptbefehle verwendet werden.

7.2. Das Fixed-Effects-Modell

Im letzten Abschnitt sollte durch Vereinfachung des Modells gezeigt werden, dass die Struktur von Paneldaten einer im Vergleich zur Querschnittsanalyse differenzierteren Modellierung bedarf. Modelle, in denen die Regressionskonstanten über die Paneleinheiten hinweg variieren und damit strenggenommen nicht mehr konstant sind, sind für die Analyse von Paneldaten von herausragender Bedeutung.

Das im vorangegangenen Abschnitt verwendete „Intercept-Only"-Modell soll nun verallgemeinert werden. Neben der allgemeinen Regressionskonstanten α werden n unabhängige Variablen x_{1it} bis x_{nit} betrachtet, deren Regressionskoeffizienten zu schätzen sind. Zusätzlich geht man im Modell davon aus, dass es eine unbeobachtbare Heterogenität zwischen den verschiedenen Paneleinheiten gibt, die durch eine Regressionskonstante a_i (mit $i = 2, ..., N$) aufgefangen wird. (Eine *beobachtbare* Heterogenität gibt es daneben natürlich auch, diese drückt sich einfach in der between-Variation der aufgenommenen Variablen aus.) Damit besitzt das ökonometrische Modell die folgende Form:

$$y_{it} = \alpha + a_{i \neq 1} + \beta_1 x_{1it} + \beta_2 x_{2it} + ... + \beta_n x_{nit} + u_{it} \tag{7.7}$$

Jede Paneleinheit i besitzt also eine individuelle Regressionskonstante a_i („Intercept"), weist aber gleiche Steigungskoeffizienten β_1 bis β_n auf. Die Verwendung einheitenspezifischer Achsenabschnitte besitzt aus modelltheoretischer Sicht einen ganz entscheidenden Vorteil, denn jede ökonometrische Modellierung ist der Gefahr ausgesetzt, dass relevante Regressoren, die einen signifikanten Einfluss auf die abhängige Variable besitzen, weggelassen werden, weil ihre Relevanz nicht erkannt wird. Dieses Problem ist als „omitted variables bias" in die einschlägige Literatur eingegangen und bedeutet, dass der Modellierer damit eine Verzerrung der Koeffizientenschätzer in Kauf nehmen muss. Die Einführung einer variablen Regressionskonstanten für jede individuelle Einheit führt dazu, dass alle unbeobachteten Einflüsse auf die abhängige Variable, die für diese Einheit spezifisch sind, aufgefangen werden und in die Schätzung der Konstanten einfließen. Damit trägt die variable Regressionskonstante zur Verringerung des erwähnten Problems bei, zumindest soweit die unbeobachteten Einflüsse tatsächlich ungefähr unabhängig von den Zeitperioden sind.

Eine Besonderheit bei der Analyse von Paneldaten ist also immer dadurch gegeben, dass bei einer einfachen KQ-Schätzung Einflüsse ignoriert werden, die besonders charakteristisch für die verschiedenen Einheiten sind. Die populärste Variante der einschlägigen Literatur, das Modell 7.7 mit *individuellen* Achsenabschnitten zu schätzen, wird als Modell mit *fixen Effekten* oder *Fixed-Effects-Modell* bezeichnet.

Abbildung 7.1 zeigt das Beispiel einer verzerrten Schätzung, wenn die Heterogenität der verschiedenen Einheiten eines Panels ignoriert wird. Jede der drei dargestellten Paneleinheiten besteht aus acht Beobachtungen, deren Werteausprägungen man sich auf einer Zeitleiste mit acht verschiedenen Zeitpunkten angeordnet denken muss. Die Steigungen der Regressionsgeraden R_1, R_2 und R_3 repräsentieren den geschätzten Einfluss von X auf Y innerhalb jeder Paneleinheit. Um diese Regressionsgeraden zu erhalten, müssen daher die individuellen Effekte berücksichtigt werden, was dazu führt, dass jede Paneleinheit eine jeweils eigene Regressionskonstante besitzt, während der Regressionskoeffizient der Variablen X (die Steigung) identisch ist.

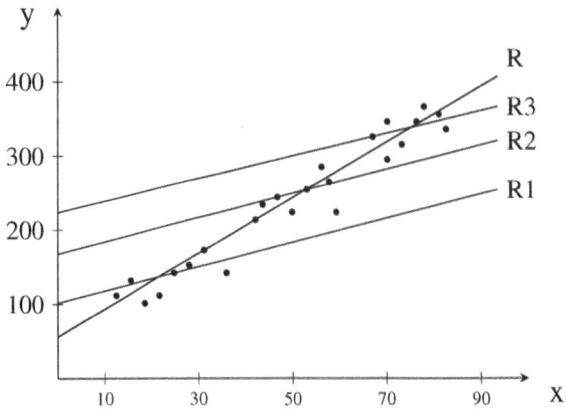

Abb. 7.1.: Auswirkungen fixer Effekte auf die Modellschätzung

Wenn das Panel wie ein gepoolter Querschnitt behandelt wird, in dem diese Effekte nicht kontrolliert werden, dann läuft man Gefahr, verzerrte Schätzer zu erhalten. Die Regressionsgerade R repräsentiert diese verzerrten Regressionskoeffizienten.

Eine KQ-Schätzung des Fixed-Effects-Modells lässt sich durchführen, indem für jede Paneleinheit eine Dummy-Variable (sog. *Unit-Dummy*) benutzt wird. Wie bereits gezeigt, steht dafür in Gretl das Kommando *genr unitdum* zur Verfügung. Werden alle Dummy-Variablen D_1 bis D_m ins Modell integriert, entfällt die allgemeine Konstante α. Unter Verwendung des Summenzeichens ergibt sich dann folgende Darstellung des Fixed-Effects-Modells:

$$y_{it} = \sum_{k=1}^{n} \beta_k x_{kit} + \sum_{i=1}^{N} \gamma_i D_i + u_{it} \tag{7.8}$$

Für die Beschränkung auf zwei Regressoren und drei Paneleinheiten ergibt sich:

$$y_{it} = \beta_1 x_{1it} + \beta_2 x_{2it} + \gamma_1 D_1 + \gamma_2 D_2 + \gamma_1 D_3 + u_{it} \tag{7.9}$$

Die Störgrößen u_{it} des dargestellten Modells bilden nunmehr jenen Rest an Variation der abhängigen Variablen y, der weder durch die Regressoren x_1 und x_2 noch durch die drei Unit-Dummies erklärt werden kann.

Die Verwendung einheitsspezifischer Dummy-Variablen wird in der Literatur auch als *LSDV-Methode* bezeichnet (*Least Squares Dummy Variables*). Besteht das Panel aus sehr vielen Einheiten bzw. Individuen, ist eine Schätzung der Dummy-Koeffizienten aber aus computernumerischen Gründen nicht unbedingt sinnvoll. Eine Auflistung der a_i-Werte würde darüber hinaus auch sehr lang ausfallen, obwohl sie üblicherweise nicht direkt von Interesse sind. Daher wird auf eine andere Methode zurückgegriffen.

Durch wenige Umformungen des Modells 7.7 kann ein äquivalentes Modell abgeleitet werden, das die variablen Regressionskonstanten a_i nicht mehr enthält, aber zu den gleichen

Schätzergebnissen führt. Für jede Einheit i lässt sich eine Mittelwertsgleichung der folgenden Form aufstellen, in der alle Beobachtungen dieser Einheit auf der Zeitleiste ($t = 1, ..., T$) berücksichtigt sind:

$$\bar{y}_i = \alpha + a_i + \beta_1 \bar{x}_{1i} + \beta_2 \bar{x}_{2i} + ... \beta_n \bar{x}_{ni} + \overline{u}_i \tag{7.10}$$

Die $\bar{y}_i$ sowie $\bar{x}_{1i}$ bis $\bar{x}_{ni}$ stellen die einheiten-spezifischen Mittelwerte der Variablen dar. Wichtig ist, dass der individuelle Mittelwert von a_i eben a_i ist, da dieser innerhalb einer Einheit nicht variieren kann.

Subtrahiert man die Gleichung 7.10 von Gleichung 7.7, so erhält man:

$$y_{it} - \bar{y}_i = (\alpha - \alpha) + (a_i - a_i) + \beta_1 (x_{1it} - \bar{x}_{1i}) + ... + \beta_n (x_{nit} - \bar{x}_{ni}) + (u_{it} - \overline{u}_i) \tag{7.11}$$

Durch Subtraktion der Zeitmittelwerte jeder Einheit wird der unbeobachtbare Effekt a_i eliminiert. Da außerdem $\overline{u}_i \approx 0$ gilt, vereinfacht sich Gleichung 7.11 zu:

$$y_{it} - \bar{y}_i = \beta_1 (x_{1it} - \bar{x}_{1i}) + \beta_2 (x_{2it} - \bar{x}_{2i}) + ... + \beta_n (x_{nit} - \bar{x}_{ni}) + u_{it} \tag{7.12}$$

Wie Gleichung 7.12 zeigt, sind nun die Differenzen der Werte vom jeweiligen einheiten-spezifischen Mittelwert angegeben. Damit erhalten die einheitenspezifischen Unterschiede innerhalb des Panels eine angemessene Berücksichtigung bei der Modellbildung. Die Gleichung macht auch deutlich, dass ein Fixed-Effects-Modell keine individuellen zeitkonstanten Charakteristika (z.B. das Geschlecht) separat berücksichtigen kann. Werden solche Merkmale als Regressoren modelliert, dann ergeben die zugeordneten Klammerausdrücke in Gleichung 7.12 den Wert 0. Stattdessen gehen deren Effekte implizit in die einheitenspezifischen Konstanten mit ein.

Aufgrund der äquivalenten Umformungen liefert dieses Modell die gleichen Schätzwerte für die Steigungskoeffizienten β. Mit den Ersetzungen $\tilde{y}_{it} = y_{it} - \bar{y}_i$, $\tilde{x}_{1it} = x_{1it} - \bar{x}_{1i}$ usw. ergibt sich das vereinfachte Modell:

$$\tilde{y}_{it} = \beta_1 \tilde{x}_{1it} + \beta_2 \tilde{x}_{2it} + ... + \beta_n \tilde{x}_{nit} + u_{it} \tag{7.13}$$

Da die Variablen $\tilde{y}_{it}$, $\tilde{x}_{1it}$ bis $\tilde{x}_{nit}$ um den einheitenspezifischen Mittelwert bereinigt sind, wird die Umrechnung als „within-Transformation" bezeichnet. Die durchschnittlichen Unterschiede zwischen den Einheiten (inter/between) gehen dadurch verloren, daher wird der Fixed-Effects-Schätzer auch als „within-estimator" bezeichnet, weil er sich (aus guten Gründen!) nur auf die Intra-Unit-Variation der Variablen bezieht.

Schätzung eines FE-Modells

Für die explizite Schätzung mit Paneldaten stellt Gretl das Kommando *panel* zur Verfügung. Die Beispieldaten werden wieder der Datei *Umsatz_Panel_Dat.gdt* entnommen. Das folgende Skript führt eine Panelschätzung der Umsätze der drei Unternehmen „Lidl", „Aldi" und „Edeka" aus Tabelle 7.1 in Abhängigkeit von der Mitarbeiterzahl und dem Werbeetat durch. Diese Daten sind ebenfalls in der genannten Datei gespeichert. Falls das gesamte Dataset aktiv ist, kann eine Einschränkung auf die drei Unternehmen wieder durch das Kommando *smpl* erzielt werden. Die Angabe der *--fixed-effects*-Option ist optional, sie sollte aber grundsätzlich erfolgen.

```
# Schaetzung eines FEM
smpl 1:1 3:4
panel Umsatz const Mitarbeiter Werbeetat  --fixed-effects
series unit_const = $ahat
print unit_const
```

Hierdurch nimmt Gretl die Schätzung unter Berücksichtigung der within-Transformation vor, also äquivalent zur Methode mit einheitenspezifischen Regressionskoeffizienten. Die Ausführung des Kommandos liefert die folgenden Ergebnisse:

Modell 1: Fixed-effects, mit 12 Beobachtungen

Mit 3 Querschnittseinheiten

Zeitreihenlänge = 4

Abhängige Variable: Umsatz

	Koeffizient	Std. Fehler	t-Quotient	p-Wert
const	3509,46	819,824	4,281	0,0037
Mitarbeiter	−0,299042	0,810287	−0,3691	0,7230
Werbeetat	132,603	647,549	0,2048	0,8436

Mittel d. abh. Var.	3246,833	Stdabw. d. abh. Var.	826,3817
Summe d. quad. Res.	79421,02	Stdfehler d. Regress.	106,5169
R^2 (Dummy-KQ)	0,989427	Intra R^2	0,021101
$F(4,7)$	163,7724	P-Wert(F)	5,42e−07
Log-Likelihood	−69,81293	Akaike-Kriterium	149,6259
Schwarz-Kriterium	152,0504	Hannan–Quinn	148,7282
$\hat{\rho}$	−0,198141	Durbin–Watson	1,431084

Gemeinsamer Test der benannten Regressoren –

Teststatistik: $F(2,7) = 0{,}0754453$

mit p-Wert = $P(F(2,7) > 0{,}0754453) = 0{,}928074$

Test auf unterschiedliche Konstanten in Gruppen –

Nullhypothese: Die Gruppen haben gleiche Konstanten

Teststatistik: $F(2,7) = 24{,}7268$

mit p-Wert = $P(F(2,7) > 24{,}7268) = $ 0,000671306

Gretl führt automatisch einen F-Test auf unterschiedliche Konstanten in den drei Unternehmen durch. Dabei lautet die Nullhypothese, dass alle Einheiten die gleiche Konstante besitzen und somit alle a_i identisch sind. Aufgrund des geringen p-Werts muss die Nullhypothese allerdings abgelehnt werden. Die drei Regressionskonstanten unterscheiden sich demnach signifikant voneinander. Das Kommando *panel* erzeugt keinen Ausdruck der einheitenspezifischen Konstanten. Diese stehen aber in der Variablen *$ahat* zur Verfügung und werden im obigen Skript mit ausgedruckt (die Anzeige der Werte ist hier nicht wiedergegeben). Für diese Konstanten ergeben sich die folgenden Werte für die einzelnen Unternehmen:

$a_1 = 4563,82$, $a_2 = 3441,84$ und $a_3 = 2522,71$. Diese Werte werden innerhalb der Variablen \$ahat pro Paneleinheit viermal wiederholt.[1]

Die Güte des Modells wird durch zwei verschiedene R^2-Maße beschrieben:

- Angabe *R-Quadrat „within"*: Bei der Berechnung legt Gretl die modifizierten y-Werte $y_{it} - \bar{y}_i$ zugrunde, also die Differenzen der Beobachtungswerte von den einheitenspezifischen Mittelwerten. Der niedrige Wert von 0,0211 bedeutet, dass innerhalb jeder Gruppe der Umsatz nicht gut durch die beiden Regressoren *Mitarbeiter* und *Werbeetat* erklärt werden kann.

  Dem Leser/der Leserin sei anempfohlen, das Gretl-Skript auf die Unternehmen im unteren Block der Abbildung 7.1 anzuwenden. In diesem Fall erhält man ein R^2-within von 0,67 und in jeder Gruppe kann der Umsatz zumindest durch den Regressor *Mitarbeiter* gut erklärt werden, der einen p-Wert von 0,0096 aufweist.

- Angabe *Dummy-KQ R-Quadrat*: In diesem Fall wird von den unmodifizierten y-Werten ausgegangen und ein Modell mit einheitenspezifischen Dummyvariablen zugrunde gelegt.

Ein wenig Verwunderung könnte die wiedergegebene Regressionskonstante mit dem Wert $const = 3509,46$ auslösen, da sie ja im Modell 7.13 eliminiert wurde. Gretl folgt in diesem Punkt der Vorgehensweise im Softwarepaket *Stata* und setzt den globalen Mittelwert aller einheitenspezifischen Konstanten a_i $(i = 1, ..., N)$ ein.

Schätzung eines Panels im GUI Für eine Schätzung im GUI wird im Hauptfenster von Gretl der Menüeintrag *Modell* selektiert. Im aufgeklappten Untermenü erfolgt anschließend die Selektion von *Panel/Fixed oder Random effects*. Im angezeigten Dialogfenster wird durch Auswahl der abhängigen Variablen und der Regressoren das Panel-Modell anschließend spezifiziert, siehe Abbildung 7.2. Dort sind noch andere Optionen anwählbar, die hier nicht besprochen werden; einige werden knapp im Anhang beim Befehl *panel* aufgezählt. Grundsätzlich besteht durch die Einführung von Dummy-Variablen für die Zeitkomponente die Möglichkeit, die Modellgleichung noch zu verfeinern. Gretl bietet dafür die Option *mit Zeitdummies* an.

Neben dem *Fixed-Effects-Modell* bietet das Spezifikationsfenster noch die Schätzung einer weiteren Modellvariante an: das *Random-Effects-Modell*. Dieses ist Gegenstand im Folgekapitel.

---

1 Ein anderer und subtilerer Aspekt des FE-Modells ist die Gleichheit der Varianzen der Störterme, die idealerweise nach wie vor gegeben sein sollte. Anders ausgedrückt sollte die Residuenvarianz auch in diesem Modell nicht von der jeweiligen Paneleinheit (Gruppe) abhängen. Nach erfolgter Schätzung kann dies durch den Befehl *modtest --panel* getestet werden.

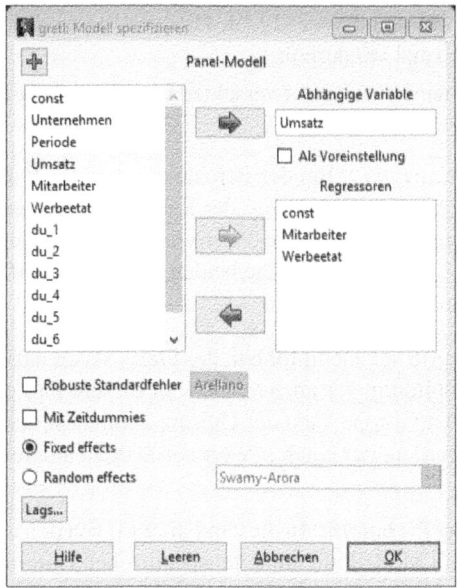

Abb. 7.2.: Spezifikation des Panel-Modells

Nachdem das Modell geschätzt worden ist, lassen sich im Modellergebnisfenster die einheitenspezifischen Achsenabschnitte unter folgendem Menüpunkt als Sitzungsdaten speichern: *Speichern/Gruppenspezifische Konstanten*.

Die individuellen Regressionskonstanten der verschiedenen Einheiten werden in der FEM-
Schätzung wie erwähnt nicht ausgewiesen. Handelt es sich um eine überschaubare Anzahl,
so kann das Dummy-Variablen-Modell geschätzt werden. Nach Erzeugung der Einheiten-
Dummies mit dem Kommando *genr unitdum* wird eine KQ-Schätzung analog zum Modell
7.9 durchgeführt.

```
# Erzeugung von Einheitendummies
genr unitdum
smpl 1:1 3:4
ols Umsatz Mitarbeiter Werbeetat du_1 du_2 du_3
```

Die resultierende Dummy-Schätzung des Panel-Modells bestätigt unsere Behauptung, dass
sich die Steigungskoeffizienten der Regressoren *Mitarbeiter* und *Werbeetat* gegenüber der
FEM-Schätzung nach within-Transformation nicht verändern.

Modell 2: Gepoolte KQ, mit 12 Beobachtungen
Mit 3 Querschnittseinheiten
Zeitreihenlänge = 4
Abhängige Variable: Umsatz

	Koeffizient	Std. Fehler	t-Quotient	p-Wert
Mitarbeiter	−0,299042	0,810287	−0,3691	0,7230
Werbeetat	132,603	647,549	0,2048	0,8436
du_1	4563,82	963,308	4,738	0,0021
du_2	3441,84	818,301	4,206	0,0040
du_3	2522,71	695,526	3,627	0,0084

Mittel d. abh. Var.	3246,833	Stdabw. d. abh. Var.	826,3817
Summe d. quad. Res.	79421,02	Stdfehler d. Regress.	106,5169
R^2	0,989427	Korrigiertes R^2	0,983386
$F(4,7)$	163,7724	P-Wert(F)	5,42e–07
Log-Likelihood	−69,81293	Akaike-Kriterium	149,6259
Schwarz-Kriterium	152,0504	Hannan–Quinn	148,7282
$\hat{\rho}$	−0,198141	Durbin–Watson	1,431084

Die Dummy-Schätzung offenbart aber die deutlichen Unterschiede im Umsatzniveau der drei Unternehmen. Für die Koeffizienten der Dummy-Variablen ergeben sich die Werte du_1 : 4563,82, du_2 : 3441,84 und du_3 : 2552,71.

Wenn man jedoch nicht an der Signifikanz einzelner Einheitendummies interessiert ist, wird man üblicherweise den *panel*-Befehl verwenden und die einheitenspezifischen Achsenabschnitte mit der *$ahat*-Zugriffsfunktion auslesen. Das Resultat davon ist eine Gretl-Variable vom typ *series*, die innerhalb jeder Einheit den entsprechenden zeitkonstanten Wert für jede Periode wiederholt. Um einen kompakteren und sinnvolleren Output zu erhalten, kann die Funktion *pshrink* verwendet werden, die aus einer solchen Panelvariable einen N-dimensionalen Spaltenvektor ohne die wiederholten Werte erzeugt:

```
matrix Nintercepts = pshrink($ahat)   # Nx1 , setzt Schaetzung
                                      #       mit 'panel' voraus
```

7.3. Das Random-Effects-Modell

Das Modell mit zufälligen bzw. stochastischen Effekten wird in der englischsprachigen Literatur „Random-Effects-Modell" (kurz: REM) genannt. Grundsätzlich teilt es mit dem Fixed-Effects-Modell (FEM) die Struktur der Regressionsgleichung 7.7, in der die Steigungsparameter über die Einheiten hinweg homogen sind und nur die Achsenabschnitte sich unterscheiden.

Vom FEM unterscheidet sich das REM dadurch, dass die within-Mittelwerte (intra) der Variablen nicht einfach als gegeben hingenommen werden und damit die vorhandene between-Variation (inter) eine deutliche Rolle bei der Parameterschätzung spielt.

Für die Experten ist die entscheidende Annahme des REM, dass die einheitenspezifischen Konstanten zufällige Realisationen einer gemeinsamen Zufallsvariablen im Hintergrund sind, die dann gemeinsam mit den üblichen Störgrößen u_{it} den gesamten stochastischen Störterm bilden. Da sie in den Störterm eingehen und da allgemein für eine unverzerrte Schätzung der Störterm nicht mit den Regressoren korreliert sein darf, gilt im Unterschied zum FEM, dass die einheitenspezifischen Konstanten nicht mit den n unabhängigen Variablen korreliert sein dürfen, sodass idealerweise gilt: $cov(a_i, x_{kit}) = 0$, $(k = 1, ..., n)$.

Das FEM benötigt diese Annahme nicht, sodass das FEM insofern weniger restriktiv als das REM ist. Andererseits erlaubt das REM eine präzisere Schätzung, wenn seine restriktiveren Annahmen zutreffen. Gretl und andere Softwarepakete stellen zum Test dieser Annahme den sog. *Hausman-Test* zur Verfügung. Er beruht auf demselben Testprinzip wie der in einem anderen Zusammenhang vorgestellte Test gleichen Namens (☞ Abschnitt 5.3.2.4), nämlich einen restriktiven Schätzer mit einem weniger restriktiven Schätzer zu vergleichen.

Darüber hinaus spielt bei der Auswahl des passenden Modells oft die folgende pragmatische Überlegung eine Rolle: Für Regressoren, die nur entlang der Querschnittsdimension variieren, ist die Verwendung des FEM nicht geeignet, da zeitinvariante Variablen vollständig kollinear zu den einheitenbezogenen Dummy-Variablen sind. Ein typisches Beispiel ist das Geburtsjahr oder das Geschlecht einer Person, oder die geografische Lage eines Landes.

Der besondere Ansatz des Random-Effects-Modells (REM) – nämlich die Querschnittseinheiten des Panels als Ergebnis der Ziehung einer Stichprobe aus einer Gesamtheit zu betrachten – hat entscheidende Konsequenzen für die Modellierung der individuellen Effekte a_i.

$$y_{it} = \alpha + a_i + \beta_1 x_{1it} + \beta_2 x_{2it} + u_{it} \tag{7.14}$$

Im REM stellen die a_i eine Zufallsvariable mit dem Mittelwert Null und der Varianz σ_a^2 dar. Die Niveaukonstante α in Gleichung 7.14 bildet damit den Mittelwert aller individuellen Effekte a_i.

Allerdings werden im REM die individuellen Effekte als ein legitimer (individuenspezifischer) Anteil der Residuen w_{it} definiert, sodass sich für diese die folgende Zerlegung ergibt:

$$w_{it} = a_i + u_{it} \tag{7.15}$$

In Gleichung 7.15 bezeichnen die a_i die einheiten-spezifische Fehlerkomponente und die u_{it} die Fehlerkomponente, die sich aus der Kombination der Querschnitts- und Zeitkomponente ergibt. Die individuellen Effekte a_i stellen in diesem Kontext Zufallsvariablen mit dem Erwartungswert 0 dar, die nicht mit den Regressoren korreliert sind (so wie wir es von einem korrekt spezifizierten Modell von den Residuen fordern).

Mit dieser Zerlegung der Fehlerkomponente w_{it} erhalten wir das folgende REM:

$$y_{it} = \alpha + \beta_1 x_{1it} + \beta_2 x_{2it} + w_{it} \tag{7.16}$$

Der zusammengesetzte Fehlerterm w_{it} besitzt also zwei Fehlerkomponenten a_i und u_{it}, für die folgende Annahmen gelten:

$$E(a_i) = 0, \quad Var(a_i) = \sigma_a^2 \tag{7.17}$$

$$E(u_{it}) = 0, \quad Var(u_{it}) = \sigma_u^2 \tag{7.18}$$

Die Annahmen 7.17 und 7.18 besagen, dass die Erwartungswerte der beiden Fehlerkomponenten gleich 0 sind und konstante Varianzen vorliegen, zusätzlich zur üblichen Annahme der stochastischen Unabhängigkeit der Störgrößen für verschiedene Beobachtungen.

Es ist allerdings nicht unbedingt auszuschließen, dass der zusammengesetzte Fehlerterm w_{it} mit einer oder mehreren unabhängigen Variablen korreliert ist, da diese Annahme für die individuelle Teilkomponente a_i nicht in jedem Fall garantiert ist. Falls dies der Fall ist, ergäben sich inkonsistente Schätzungen für die Werte der Regressionskoeffizienten. Wie erwähnt lässt sich mit einem Hausman-Test überprüfen, welches Modell (REM oder FEM) vorzuziehen ist.

Aus den Annahmen 7.17 und 7.18 folgt unmittelbar:

$$E(w_{it}) = 0, \quad Var(w_{it}) = \sigma_a^2 + \sigma_u^2 \qquad (7.19)$$

Der Erwartungswert des zusammengesetzten Fehlers beträgt 0 und die Varianz ergibt sich als Summe der Varianzen beider Fehlerkomponenten. Allerdings führt die Zuweisung der individuellen Effekte a_i zum Fehlerterm zu einer positiven Autokorrelation im zusammengesetzten Fehler w_{it}. Dazu kommt es, weil im REM die Fehlerkomponente a_i in allen Zeitperioden bei der i-ten Einheit auftaucht. Daraus folgt, dass bei einer RE-Schätzung die verallgemeinerte Methode der kleinsten Quadrate eingesetzt werden muss (engl. GLS, *generalized least squares*), um die Autokorrelation im zusammengesetzten Fehlerterm angemessen zu behandeln und die korrekten Koeffizienten und Standardfehler zu berechnen. Die meisten Softwarepakete wie Gretl, Stata oder Eviews haben die FGLS-Methode bei einer RE-Schätzung implementiert.

Die Autokorrelation im zusammengesetzten Fehlerterm eines RE-Modells beträgt:

$$corr(w_{it}, w_{is}) = \frac{\sigma_a^2}{\sigma_a^2 + \sigma_u^2} \qquad (7.20)$$

Für den Fall, dass die Varianz σ_a^2 der individuenspezifischen Fehlerkomponente a_i gleich Null ist, gibt es keinen Unterschied mehr zwischen den Modellen 7.14 und 7.16, sodass alle Beobachtungen in einem einzigen Pool zusammengefasst und eine „pooled regression" durchgeführt werden kann. In diesem Fall gibt es keine (unbeobachteten) einheitenspezifische Effekte mehr.

Während der Fixed-Effects-Schätzer nicht in der Lage ist, die Effekte von zeitinvarianten Regressoren wie Geschlecht oder Religionszugehörigkeit zu messen, ist der Random-Effects-Schätzer dazu in der Lage, weil nicht um die zeitlichen Mittelwerte bereinigt wird. Auch Regressoren, deren Werte sich im Zeitablauf ändern, werden vom RE-Schätzer effizienter geschätzt. Sollte aber der Verdacht bestehen, dass die individuellen Effekte mit den unabhängigen Variablen korreliert sind, werden die RE-Schätzer inkonsistent, während die FE-Schätzer weiterhin verlässliche Ergebnisse liefern.

Test eines RE-Modells

Für die Schätzung und den automatischen Test eines Random-Effekts Modells kann wieder das Kommando *panel* benutzt werden, bei dem die Option *--random-effects* zwingend erforderlich ist. Im folgenden Beispiel wird als Regressor nur die Mitarbeiterzahl berücksichtigt.

```
# Schaetzung eines REM
smpl 1:1 3:4
panel Umsatz const Mitarbeiter  --random-effects
```

Die Schätzung des Fixed-Effects-Modells ergab bereits eine signifikante Ausprägung der unterschiedlichen Umsatzniveaus der drei Unternehmen. Die Durchführung einer Schätzung von Random Effects veranlasst Gretl, zusätzlich die Tests von Breusch-Pagan und Hausman durchzuführen. Speziell der Hausman-Test gibt Anwendern ein Kriterium zur Beurteilung an die Hand, ob eine Panelgleichung durch ein FE-Modell oder ein RE-Modell geschätzt werden sollte.

Der Hausman-Test untersucht indirekt, ob die einheitenspezifische Fehlerkomponente a_i aus Gleichung 7.14 mit den unabhängigen Variablen des Modells korreliert ist. Die Nullhypothese des Tests lautet: Das restriktivere REM liefert konsistente und effizientere Schätzer als FEM. Die Teststatistik besitzt eine asymptotische Chi-Quadrat-Verteilung. Überschreitet der Chi-Quadrat-Wert bei einem vorgegebenen Signifikanzniveau und gegebener Anzahl von Freiheitsgraden die kritische Grenze, dann kann mit hoher Wahrscheinlichkeit von einer Korrelation des Fehlerterms a_i mit den Regressoren ausgegangen und die Angemessenheit des Random-Effects-Modells abgelehnt werden.

Modell 3: Random-effects (GLS), mit 12 Beobachtungen

Mit 3 Querschnittseinheiten

Zeitreihenlänge = 4

Abhängige Variable: Umsatz

	Koeffizient	Std. Fehler	z	p-Wert
const	−1516,06	697,478	−2,174	0,0297
Mitarbeiter	4,58264	0,663456	6,907	0,0000

Mittel d. abh. Var.	3246,833	Stdabw. d. abh. Var.	826,3817
Summe d. quad. Res.	684669,5	Stdfehler d. Regress.	249,4848
Log-Likelihood	−82,73797	Akaike-Kriterium	169,4759
Schwarz-Kriterium	170,4458	Hannan–Quinn	169,1169
$\hat{\rho}$	−0,168752	Durbin–Watson	1,366830

Intervarianz = 3112,69

Intra-Varianz = 9987,10

theta benutzt für Quasi-Mittelwertbereinigung = 0,332842

Gemeinsamer Test der benannten Regressoren –

Asymptotische Teststatistik: $\chi^2(1) = 47,7097$

mit p-Wert = 4,94231e-012

Breusch-Pagan-Test –

Nullhypothese: Varianz des idiosynkratischen Fehlers = 0

Asymptotische Teststatistik: $\chi^2(1) = 0,813558$

mit p-Wert = 0,36707

Hausman-Test –
Nullhypothese: GLS-Schätzungen sind konsistent
Asymptotische Teststatistik: $\chi^2(1) = 66,3918$
mit p-Wert = $\boxed{3,69637e\text{-}016}$

Gretl formuliert die Nullhypothese wie folgt: *Die GLS-Schätzungen sind konsistent.* Bei Annahme der Nullhypothese ist das REM angemessen und effizienter, und somit ist eine Random-Effects-Schätzung sinnvoll. Im vorliegenden Beispiel liefert der Hausman-Test einen sehr geringen p-Wert von $3,69637e - 016$, der weit unter 5% liegt, sodass das REM abzulehnen ist. Es sollte in diesem Fall ein FEM geschätzt werden.

Nachdem das REM bereits als inkonsistent verworfen wurde, sollten eigentlich keine weiteren Untersuchungen damit angestellt werden. Wir wollen den Rest des Schätzoutputs aber natürlich trotzdem verstehen. Betrachten wir zusätzlich noch den Output des angegebenen Breusch-Pagan-Tests. Der Breusch-Pagan-Test ist das Gegenstück zum F-Test im FEM. Dort wird als Nullhypothese formuliert, dass die Intercepts a_i aller Querschnittseinheiten den gleichen Wert besitzen. Die Nullhypothese des Breusch-Pagan-Tests heißt hier: Die Varianz der a_i in Gleichung 7.14 ist gleich Null, und demnach wäre diese Fehlerkomponente völlig irrelevant. Wird die Nullhypothese angenommen, dann ist ein „pooled model" das angemessene Modell. Da der p-Wert mit $0,367$ hier weit über 5% liegt, wird die Nullhypothese zu diesem üblichen Signifikanzniveau nicht abgelehnt, sodass ein „Pooled Modell" ein angemessenes Modell darstellt.

Die Anwendung des FE-Modell führte zu dem Ergebnis (Modell 1), dass der Einfluss der Regressoren *Mitarbeiter* und *Werbeetat* nicht signifikant für den Umsatz ist (sehr hohe p-Werte!). Andererseits erhielten wir signifikante Werte bei der Schätzung des Modells mit Dummyvariablen (Modell 2).

Als Übung sei empfohlen, die REM- und FEM-Schätzer für das Panelmodell mit beiden Regressoren zu vergleichen.

Teil III.

Anhang

A. Matrixbasierte Darstellung der allgemeinen Regressionsanalyse

A.1. Grundlagen der Matrixbearbeitung

Zunächst erfolgt eine kurze allgemeine Zusammenfassung der wesentlichen Konzepte der Matrixrechnung, die im anschließenden Kapitel auf die von Gretl dargebotenen Bearbeitungsmöglichkeiten erweitert wird. Im Anschluss daran wird ein Matrixmodell der allgemeinen Regressionsanalyse vorgestellt.

Terminologie und Notation

Eine Matrix $\mathbf{A}$ ist definiert als eine rechteckige Anordnung von reellen Zahlen a_{ij}. Den ersten Index bezeichnet man als Zeilenindex, den zweiten als Spaltenindex. Eine Matrix aus m Zeilen und n Spalten besitzt die folgende Form:

$$\mathbf{A} = \begin{pmatrix} a_{11} & a_{12} & \dots & a_{1n} \\ a_{21} & a_{22} & \dots & a_{2n} \\ \vdots & \vdots & \ddots & \vdots \\ a_{m1} & a_{m2} & \dots & a_{mn} \end{pmatrix} \tag{A.1}$$

Matrizen sollen hier wie in der Literatur üblich mit großen (fetten) Buchstaben dargestellt werden. Eine Matrix mit m Zeilen und n Spalten wird kurz als $(m \times n)$-Matrix bezeichnet. Die oben dargestellte rechteckige Anordnung der Elemente kann auch in der Kurzschreibweise $\mathbf{A} = (a_{ij})^{(m \times n)}$ wiedergegeben werden.

Eine Matrix mit nur einer Spalte bezeichnen wir als *Spaltenvektor*. Eine Matrix mit nur einer Zeile wird als *Zeilenvektor* bezeichnet. In diesem Sinne stellt die Matrix $\mathbf{A} = (a_{ij})^{(m \times n)}$ eine Anordnung von m Zeilenvektoren und n Spaltenvektoren dar. Benutzen wir zur Darstellung Spaltenvektoren, benötigen wir einen Index j, der angibt, welche Spalte der Vektor repräsentiert ($j = 1, 2..., n$).

$$\mathbf{A} = \begin{pmatrix} \mathbf{a_1} & \mathbf{a_2} & \dots & \mathbf{a_n} \end{pmatrix} \tag{A.2}$$

Der j-te Spaltenvektor stellt somit die senkrechte Anordnung der folgenden m Elemente

© Springer-Verlag GmbH Deutschland, ein Teil von Springer Nature 2019
J. Malitte und S. Schreiber, *Ökonometrie verstehen mit Gretl*,
https://doi.org/10.1007/978-3-662-58275-6_8

der Matrix **A** dar:

$$\mathbf{a_j} = \begin{pmatrix} a_{1j} \\ a_{2j} \\ \vdots \\ a_{mj} \end{pmatrix} \tag{A.3}$$

Es hat sich die Schreibweise eingebürgert, Spaltenvektoren durch fettgedruckte Kleinbuchstaben zu kennzeichnen, zum Beispiel **a**, **b** usw. Werden Zeilenvektoren dargestellt, so erhalten diese noch einen hochgestellten Strich oder ein hochgestelltes T, also **a**' bzw. **a**^{T}. Das hochgestellte T drückt den Sachverhalt aus, dass der Zeilenvektor **a**^{T} durch Transponieren des Spaltenvektors **a** entsteht. Beispiel: Aus dem Spaltenvektor

$$\mathbf{a} = \begin{pmatrix} 5 \\ 6 \\ 8 \end{pmatrix} \tag{A.4}$$

ergibt sich durch Transponieren der Zeilenvektor **a**^{T} = (5 6 8).

Wenn für eine Matrix **A** die Zeilenzahl mit der Spaltenzahl übereinstimmt ($m = n$), wird sie als *quadratische Matrix* bezeichnet. Die *Hauptdiagonale* einer quadratischen Matrix besteht aus den Elementen a_{11}, a_{22}, ..., a_{mm}. Wenn für alle Elemente einer quadratischen Matrix **A** gilt, dass ihre Werte an der Hauptdiagonalen gespiegelt sind, sodass $a_{ij} = a_{ji}$ gilt, dann spricht man von einer *symmetrischen Matrix*.

Für symmetrische Matrizen existieren einige Spezialfälle: Besitzen nur die Elemente der Hauptdiagonalen einen von Null verschiedenen Wert, dann liegt liegt eine *Diagonalmatrix* vor. Besteht die Diagonalmatrix dabei aus lauter Einsen, dann spricht man von einer *Einheitsmatrix*. Sie wird normalerweise durch das Symbol **I**$_m$ gekennzeichnet, wobei m die Zeilenzahl bzw. Spaltenzahl angibt:

$$\mathbf{I_m} = \begin{pmatrix} 1 & 0 & \dots & 0 \\ 0 & 1 & \dots & 0 \\ \vdots & \vdots & \ddots & \vdots \\ 0 & 0 & \dots & 1 \end{pmatrix} \tag{A.5}$$

Eine Matrix, die ausschließlich aus Nullen besteht, wird mit dem Symbol **O** gekennzeichnet. Eine quadratische Nullmatrix mit m Zeilen bzw. Spalten wird also durch **O**$_m$ symbolisiert.

Vertauscht man die Zeilen und Spalten einer ($m \times n$)-Matrix **A**, so erhält man ihre *Transponierte* **A**^{T}, die eine ($n \times m$)-Matrix darstellt. Sie besteht also aus den n transponierten Zeilenvektoren $\mathbf{a}_1^T$ bis $\mathbf{a}_n^T$.

$$\mathbf{A}^T = \begin{pmatrix} \mathbf{a}_1{}^T \\ \mathbf{a}_2{}^T \\ \vdots \\ \mathbf{a}_n{}^T \end{pmatrix} = \begin{pmatrix} a_{11} & a_{12} & \dots & a_{1m} \\ a_{21} & a_{22} & \dots & a_{2m} \\ \vdots & \vdots & \ddots & \vdots \\ a_{n1} & a_{m2} & \dots & a_{nm} \end{pmatrix} \tag{A.6}$$

Zwei verschiedene Matrizen $\mathbf{A}$ und $\mathbf{B}$ sind identisch, wenn sie die gleiche Ordnung, also die gleiche Zeilen- und Spaltenzahl besitzen und elementweise übereinstimmen, wenn also $a_{ij} = b_{ij}$ gilt.

Rechnen mit Matrizen

Im Folgenden werden verschiedene mathematische Operationen behandelt, die mit Matrizen durchgeführt werden können.

Die Addition und Subtraktion zweier Matrizen $\mathbf{A}$ und $\mathbf{B}$ erfordert, dass sie die gleiche Ordnung besitzen, also die gleiche Zeilen- und Spaltenzahl.

$$\mathbf{A} + \mathbf{B} = \begin{pmatrix} a_{11} + b_{11} & a_{12} + b_{12} & \dots & a_{1n} + b_{1n} \\ a_{21} + b_{21} & a_{22} + b_{22} & \dots & a_{2n} + b_{2n} \\ \vdots & \vdots & \ddots & \vdots \\ a_{m1} + b_{m1} & a_{m2} + b_{m2} & \dots & a_{mn} + b_{mn} \end{pmatrix} \tag{A.7}$$

Für die Addition zweier Matrizen gelten die Regeln:

$$\mathbf{A} + \mathbf{O} = \mathbf{A} \tag{A.8}$$

$$\mathbf{A} + \mathbf{B} = \mathbf{B} + \mathbf{A} \tag{A.9}$$

$$\mathbf{A}^T + \mathbf{B}^T = (\mathbf{A} + \mathbf{B})^T \tag{A.10}$$

$$\left(\mathbf{A}^T\right)^T = \mathbf{A} \tag{A.11}$$

Analoge Regeln gelten für die Subtraktion von Matrizen. In der ersten Regel stellt die Nullmatrix $\mathbf{O}$ das neutrale Element dar. Die zweite Regel besagt, dass die Summanden vertauscht werden können (*Kommutativgesetz*). Die dritte Regel wird als *Transpositionsregel* bezeichnet. Die vierte Regel drückt den Sachverhalt aus, dass eine transponierte Matrix durch erneutes Transponieren wieder die ursprüngliche Matrix ergibt. Die genannten Regeln gelten analog natürlich auch für Vektoren $\mathbf{a}$ und $\mathbf{b}$, da diese nur den Spezialfall einer Matrix mit genau einer Zeile bzw. Spalte darstellen.

Ebenso ist das *Assoziativgesetz* bei der Addition von drei Matrizen gültig:

$$(\mathbf{A} + \mathbf{B}) + \mathbf{C} = \mathbf{A} + (\mathbf{B} + \mathbf{C}) \tag{A.12}$$

Für die Multiplikation einer Matrix $\mathbf{A}$ mit einem Skalar λ gilt, dass jedes Element a_{ij} mit dem Skalar multipliziert wird:

$$\lambda \mathbf{A} = \begin{pmatrix} \lambda a_{11} & \lambda a_{12} & \dots & \lambda a_{1n} \\ \lambda a_{21} & \lambda a_{22} & \dots & \lambda a_{2n} \\ \vdots & \vdots & \ddots & \vdots \\ \lambda a_{m1} & \lambda a_{m2} & \dots & \lambda a_{mn} \end{pmatrix} \tag{A.13}$$

Bevor auf die Multiplikation zweier Matrizen eingegangen wird, wird das Produkt eines Zeilenvektors mit einem Spaltenvektor definiert. Gegeben sei der Zeilenvektor $\mathbf{a}^{\mathbf{T}}$ und der Spaltenvektor $\mathbf{b}$. Das Produkt $\mathbf{a}^{\mathbf{T}} \cdot \mathbf{b}$ ist dann definiert als die Summe der Produkte der Elemente beider Vektoren und ergibt als Ergebnistyp einen Skalar. Es wird auch als *inneres Produkt* zweier Vektoren bezeichnet.

$$\begin{pmatrix} a_1 & a_2 & \dots & a_n \end{pmatrix} \cdot \begin{pmatrix} b_1 \\ b_2 \\ \vdots \\ b_n \end{pmatrix} = a_1 \cdot b_1 + a_2 \cdot b_2 + \dots + a_n \cdot b_n = \sum_{i=1}^{n} a_i \cdot b_i \tag{A.14}$$

Das innere Produkt der Vektoren ist nur definiert, wenn die Anzahl der Elemente beider Vektoren gleich ist. Selbstverständlich kann auch umgekehrt das innere Produkt eines Spaltenvektors mit einem Zeilenvektor gebildet werden.

Die Multiplikation zweier Matrizen $\mathbf{A}$ und $\mathbf{B}$ ist nur möglich, wenn die Anzahl der Spalten von $\mathbf{A}$ mit der Anzahl der Zeilen von $\mathbf{B}$ übereinstimmt. Sei also $\mathbf{A}$ eine $(m \times n)$-Matrix und $\mathbf{B}$ eine $(k \times l)$-Matrix, so ist die Produktbildung $\mathbf{A} \cdot \mathbf{B}$ nur möglich, wenn $n = k$ gilt. Die sich ergebende Matrix $\mathbf{C}$ hat dann die Ordnung $(m \times l)$, besteht also aus m Zeilen und l Spalten. Deren Elemente c_{ij} werden aus dem Produkt des i-ten Zeilenvektors von $\mathbf{A}$ und dem j-ten Spaltenvektor von $\mathbf{B}$ bestimmt, und zwar wie folgt:

$$c_{i1} = \begin{pmatrix} a_{i1} & a_{i2} & \dots & a_{in} \end{pmatrix} \cdot \begin{pmatrix} b_{1j} \\ b_{2j} \\ \vdots \\ b_{nj} \end{pmatrix} = a_{i1} \cdot b_{1j} + a_{i2} \cdot b_{2j} + \dots + a_{in} \cdot b_{nj} = \sum_{r=1}^{n} a_{ir} \cdot b_{rj}$$

$$\tag{A.15}$$

Der Summenausdruck wird auch als *inneres Produkt* des i-ten Zeilenvektors und des j-ten Spaltenvektors bezeichnet. Dazu ein kleines Beispiel. Gegeben seien folgende Matrizen:

$$\mathbf{A} = \begin{pmatrix} 1 & 2 & 3 \\ 4 & 5 & 12 \end{pmatrix}; \mathbf{B} = \begin{pmatrix} 4 & 3 \\ 7 & 6 \\ 9 & 1 \end{pmatrix}$$

Als Produkt einer (2×3)-Matrix $\mathbf{A}$ und einer (3×2)-Matrix $\mathbf{B}$ ergibt sich also eine (2×2)-Matrix:

$$\mathbf{A} \cdot \mathbf{B} = \begin{pmatrix} 1 \cdot 4 + 2 \cdot 7 + 3 \cdot 9 & 1 \cdot 3 + 2 \cdot 6 + 3 \cdot 1 \\ 4 \cdot 4 + 5 \cdot 7 + 12 \cdot 9 & 4 \cdot 3 + 5 \cdot 6 + 12 \cdot 1 \end{pmatrix} = \begin{pmatrix} 45 & 18 \\ 159 & 54 \end{pmatrix} \quad (A.16)$$

Für die Matrixmultiplikation existiert im Gegensatz zur Addition kein Kommutativgesetz. Würde man im obigen Beispiel das Produkt aus der (3×2)-Matrix $\mathbf{B}$ und der (2×3)-Matrix $\mathbf{A}$ bilden, so erhielte man als Ergebnis eine (3×3)-Matrix. Deshalb ist die Reihenfolge der Matrizen bei der Multiplikation wichtig. Um diese zu betonen, spricht man zum Beispiel von der *rechtsseitigen Multiplikation* einer Matrix $\mathbf{A}$ mit einer Matrix $\mathbf{B}$ und meint damit das Produkt $\mathbf{AB}$.

Aus dem Multiplikationsverfahren mit Matrizen ergeben sich einige wichtige Folgerungen. Betrachten wir eine $(m \times n)$-Matrix $\mathbf{A}$, die Einheitsmatrizen $\mathbf{I}_m$ bzw. $\mathbf{I}_n$ sowie die Nullmatrizen $\mathbf{O}_m$ bzw. $\mathbf{O}_n$. Dann gelten die folgenden Regeln:

$$\mathbf{A}\mathbf{I}_n = \mathbf{A} \quad (A.17)$$

$$\mathbf{I}_m\mathbf{A} = \mathbf{A} \quad (A.18)$$

$$\mathbf{A}\mathbf{O}_n = \mathbf{O}_{mxn} \quad (A.19)$$

$$\mathbf{O}_m\mathbf{A} = \mathbf{O}_{mxn} \quad (A.20)$$

Dabei besitzen die Nullmatrizen $\mathbf{O}$ die Ordnung $(m \times n)$. Weiterhin gelten für die Matrizen $\mathbf{A}$, $\mathbf{B}$ und $\mathbf{C}$ folgende Regeln:

$$(\mathbf{AB})\mathbf{C} = \mathbf{A}(\mathbf{BC}) \quad (A.21)$$

$$(\mathbf{A}+\mathbf{B})\mathbf{C} = \mathbf{AC} + \mathbf{BC} \quad (A.22)$$

$$\mathbf{A}(\mathbf{B}+\mathbf{C}) = \mathbf{AB} + \mathbf{AC} \quad (A.23)$$

$$(\mathbf{AB})^T = \mathbf{B}^T\mathbf{A}^T \quad (A.24)$$

$$\mathbf{A}^T = \mathbf{A} \quad wenn \quad \mathbf{A} \quad symmetrisch \quad (A.25)$$

Relationen zwischen Matrizen sind nur für Matrizen mit gleicher Ordnung definiert. Seien $\mathbf{A}$ und $\mathbf{B}$ zwei $(m \times n)$-Matrizen, so gilt $\mathbf{A} > \mathbf{B}$, falls für alle Elemente die Beziehung $a_{ij} > b_{ij}$ gilt. Analoges gilt für die Beziehungen $\mathbf{A} \geq \mathbf{B}, \mathbf{A} = \mathbf{B}, \mathbf{A} \leq \mathbf{B}$ und $\mathbf{A} < \mathbf{B}$. Speziell gilt $\mathbf{A} > \mathbf{O}$ nur dann, wenn alle $a_{ij} > 0$ sind.

Lineare Unabhängigkeit und Rang einer Matrix

Eine Menge von Vektoren wird *linear unabhängig* genannt, wenn sich der Nullvektor aus diesen Vektoren nur erzeugen lässt, wenn alle Koeffizienten λ_i auf den Wert Null gesetzt werden. Eine solche Linearkombination wird auch als *trivial* bezeichnet. Äquivalent dazu ist die Aussage, dass sich keiner der Vektoren als Linearkombination der anderen darstellen lässt. Gegeben sei also folgende Linearkombination der Vektoren $\mathbf{x_1},...,\mathbf{x_k}$:

$$\sum_{i=1}^{k} \lambda_i \mathbf{x_i} = \mathbf{0} \tag{A.26}$$

Die Vektoren sind genau dann *linear unabhängig*, wenn gilt $\lambda_1 = \lambda_2 = ... = \lambda_k$. Sind nicht alle Skalare λ_i gleich Null, heißen die Vektoren *linear abhängig*.

Im folgenden Beispiel lässt sich der Nullvektor nur erzeugen, wenn die Koeffizienten λ_1 und λ_2 gleich Null sind.

$$\lambda_1 \cdot \begin{pmatrix} 5 \\ 7 \end{pmatrix} + \lambda_2 \cdot \begin{pmatrix} 2 \\ 0 \end{pmatrix} = \begin{pmatrix} 0 \\ 0 \end{pmatrix} \tag{A.27}$$

Offenbar lässt sich der zweite Vektor auch nicht durch ein Vielfaches aus dem ersten Vektor ableiten, sodass beide Vektoren linear unabhängig sind. Umgekehrt gilt eine Menge von Vektoren als *linear abhängig*, wenn sich mindestens einer von ihnen als nicht-triviale Linearkombination der anderen Vektoren darstellen lässt. Dies bedeutet, dass es auch eine nicht-triviale Darstellung des Nullvektors gibt.

Für Frage nach der Lösbarkeit von linearen Gleichungssystemen spielt der sogenannte *Rang* einer Matrix eine bedeutende Rolle. Als *Spaltenrang* einer Matrix $\mathbf{A}$ bezeichnet man die Maximalzahl der linear unabhängigen Spaltenvektoren dieser Matrix. Analog wird der *Zeilenrang* als die Maximalzahl der linear unabhängigen Zeilenvektoren der Matrix $\mathbf{A}$ definiert. Es lässt sich zeigen, dass der Zeilenrang und der Spaltenrang einer Matrix immer übereinstimmen. Deshalb reicht es aus, vom *Rang* der Matrix zu sprechen und diesen in Kurzschreibweise als $rg(\mathbf{A})$ zu bezeichnen.

Aus der Identität von Zeilenrang und Spaltenrang ergibt sich, dass der Rang einer Matrix nicht größer sein kann als das Minimum der Zeilenzahl m und der Spaltenzahl n: $0 \leq rg(\mathbf{A}) \leq \min(m,n)$. Gilt für eine Matrix $rg(\mathbf{A}) = \min(m,n)$, dann besitzt sie einen *vollen Rang*. Eine quadratische Matrix mit vollem Rang, bei der also $rg(\mathbf{A}) = m = n$ gilt, wird als *reguläre Matrix* bezeichnet. Besitzt die quadratische Matrix keinen vollen Rang, dann bezeichnet man sie als *singulär*.

Aus der Identität von Zeilenrang und Spaltenrang lässt sich ableiten, dass $rg(\mathbf{A}) = rg(\mathbf{A}^\mathsf{T})$ gilt.

Inverse einer quadratischen Matrix

Zu jeder regulären Matrix $\mathbf{A} = (a_{ij})^{(m \times m)}$ existiert eine Matrix $\mathbf{A}^{-1}$, sodass die Multiplikation beider Matrizen die Einheitsmatrix ergibt:

$$\mathbf{A}\mathbf{A}^{-1} = \mathbf{A}^{-1}\mathbf{A} = \mathbf{I}_m \tag{A.28}$$

Die Matrix $\mathbf{A^{-1}}$ wird als die Inverse von $\mathbf{A}$ bezeichnet. Ist die Matrix $\mathbf{A}$ also nicht regulär, dann besitzt sie auch keine Inverse.

Für die regulären Matrizen $\mathbf{A} = (a_{ij})^{(m \times m)}$, $\mathbf{B} = (b_{ij})^{(m \times m)}$ und dem Skalar $\lambda \in \mathbb{R}$ gelten folgende wichtige Rechenregeln:

$$\left(\mathbf{A}^{-1}\right)^{-1} = \mathbf{A} \tag{A.29}$$

$$\left(\mathbf{A}^{-1}\right)^{\mathrm{T}} = \left(\mathbf{A}^{\mathrm{T}}\right)^{-1} \tag{A.30}$$

$$\left(\lambda \mathbf{A}\right)^{-1} = \lambda^{-1} \mathbf{A}^{-1} \tag{A.31}$$

$$\left(\mathbf{A}\mathbf{B}\right)^{-1} = \mathbf{B}^{-1} \mathbf{A}^{-1} \tag{A.32}$$

Es gibt ein bewährtes Rechenverfahren, um aus einer regulären Matrix $\mathbf{A}$ die Inverse $\mathbf{A}^{-1}$ zu ermitteln, da aber Gretl dafür eine Funktion zur Verfügung stellt, wird an dieser Stelle das Verfahren nicht vorgestellt, sondern auf die einschlägige Literatur der *Linearen Algebra* verwiesen.

Der Gradient einer linearen Funktion

In A.33 definieren wir aus einem n-elementigen Zeilenvektor $\mathbf{a}^{\mathrm{T}} = (a_1, a_2, ..., a_n)$ von Koeffizienten und einem n-elementigen Spaltenvektor $\mathbf{x} = (x_1, x_2, ..., x_n)^T$ von Variablen das *innere Produkt* wie folgt:

$$f(x_1, x_2, ..., x_n) = (a_1, a_2, ..., a_n) \begin{pmatrix} x_1 \\ x_2 \\ \vdots \\ x_n \end{pmatrix} = a_1 x_1 + a_2 x_2 + ... + a_n x_n = \mathbf{a}^{\mathrm{T}} \mathbf{x} \tag{A.33}$$

Für die partiellen Ableitungen nach x_1, x_2 usw. erhalten wir die Notationen: $\partial \left(\mathbf{a}^{\mathrm{T}} \mathbf{x}\right) / \partial x_1 = a_1$, $\partial \left(\mathbf{a}^{\mathrm{T}} \mathbf{x}\right) / \partial x_2 = a_2$ usw. Alle n partiellen Ableitungen des inneren Produkts $\mathbf{a}^{\mathrm{T}} \mathbf{x}$ lassen sich in einem Spaltenvektor der folgenden Form zusammenfassen:

$$\frac{\partial \left(\mathbf{a}^{\mathrm{T}} \mathbf{x}\right)}{\partial \mathbf{x}} = \begin{pmatrix} \partial (\mathbf{a}^{\mathrm{T}} \mathbf{x}) / \partial x_1 \\ \partial (\mathbf{a}^{\mathrm{T}} \mathbf{x}) / \partial x_2 \\ \vdots \\ \partial (\mathbf{a}^{\mathrm{T}} \mathbf{x}) / \partial x_n \end{pmatrix} = \begin{pmatrix} a_1 \\ a_2 \\ \vdots \\ a_n \end{pmatrix} = \mathbf{a} \tag{A.34}$$

Dieser wird auch als *Gradient* bezeichnet.

Quadratische Form

Als *quadratische Form* bezeichnet man einen skalaren Ausdruck der Form

$$\sum_{i=1}^{n} \sum_{j=1}^{n} a_{ij} x_i x_j \tag{A.35}$$

Die Darstellung in A.35 ist identisch mit dem Produkt $\mathbf{x}^{\mathsf{T}}\mathbf{A}\mathbf{x}$, wobei $\mathbf{x}^{\mathsf{T}} = (x_1 \, x_2 \dots x_n)$ einen n-elementigen Zeilenvektor und $\mathbf{A}$ eine quadratische $(n \times n)$-Matrix darstellt. Die Elemente von $\mathbf{A}$ bilden die Koeffizienten a_{ij} der quadratischen Form.

Zum Beispiel lässt sich für den Fall n=3 die Identität wie folgt nachweisen:

$$\mathbf{x}^{\mathsf{T}}\mathbf{A}\mathbf{x} = \begin{pmatrix} x_1 & x_2 & x_3 \end{pmatrix} \begin{pmatrix} a_{11} & a_{12} & a_{13} \\ a_{21} & a_{22} & a_{23} \\ a_{31} & a_{32} & a_{33} \end{pmatrix} \begin{pmatrix} x_1 \\ x_2 \\ x_3 \end{pmatrix}$$

$$= \begin{pmatrix} x_1 & x_2 & x_3 \end{pmatrix} \begin{pmatrix} a_{11}x_1 + a_{12}x_2 + a_{13}x_3 \\ a_{21}x_1 + a_{22}x_2 + a_{23}x_3 \\ a_{31}x_1 + a_{32}x_2 + a_{33}x_3 \end{pmatrix}$$

$$= x_1(a_{11}x_1 + a_{12}x_2 + a_{13}x_3)$$
$$+ x_2(a_{21}x_1 + a_{22}x_2 + a_{23}x_3)$$
$$+ x_3(a_{31}x_1 + a_{32}x_2 + a_{33}x_3)$$
$$= \sum_{i=1}^{3}\sum_{j=1}^{3} a_{ij}x_i x_j \tag{A.36}$$

Wenn die quadratische Matrix $\mathbf{A}$ auch symmetrisch ist, also $a_{ij} = a_{ji}$ gilt, ergibt sich folgende Vereinfachung von A.36:

$$\mathbf{x}^{\mathsf{T}}\mathbf{A}\mathbf{x} = a_{11}x_1^2 + a_{22}x_2^2 + a_{33}x_3^2$$
$$+ 2a_{12}x_1x_2 + 2a_{13}x_1x_3 + 2a_{23}x_2x_3 \tag{A.37}$$

Bildet man die partiellen Ableitungen nach x_1, x_2 und x_3, so erhält man:

$$\frac{\partial(\mathbf{x}^{\mathsf{T}}\mathbf{A}\mathbf{x})}{\partial x_1} = 2a_{11}x_1 + 2a_{12}x_2 + 2a_{13}x_3$$

$$\frac{\partial(\mathbf{x}^{\mathsf{T}}\mathbf{A}\mathbf{x})}{\partial x_2} = 2a_{12}x_1 + 2a_{22}x_2 + 2a_{23}x_3$$

$$\frac{\partial(\mathbf{x}^{\mathsf{T}}\mathbf{A}\mathbf{x})}{\partial x_3} = 2a_{13}x_1 + 2a_{23}x_2 + 2a_{33}x_3 \tag{A.38}$$

Der Gradient der quadratischen Form $\mathbf{x}^{\mathsf{T}}\mathbf{A}\mathbf{x}$ lautet demnach:

$$\frac{\partial(\mathbf{x}^{\mathsf{T}}\mathbf{A}\mathbf{x})}{\partial \mathbf{x}} = \begin{pmatrix} \partial(\mathbf{x}^{\mathsf{T}}\mathbf{A}\mathbf{x})/\partial x_1 \\ \partial(\mathbf{x}^{\mathsf{T}}\mathbf{A}\mathbf{x})/\partial x_2 \\ \partial(\mathbf{x}^{\mathsf{T}}\mathbf{A}\mathbf{x})/\partial x_3 \end{pmatrix} = 2 \cdot \begin{pmatrix} a_{11} & a_{12} & a_{13} \\ a_{21} & a_{22} & a_{23} \\ a_{31} & a_{32} & a_{33} \end{pmatrix} \begin{pmatrix} x_1 \\ x_2 \\ x_3 \end{pmatrix} = 2\mathbf{A}\mathbf{x} \tag{A.39}$$

Das in A.39 erzielte Ergebnis gilt auch für den allgemeinen Fall einer quadratischen symmetrischen Matrix mit m Zeilen/Spalten.

A.2. Matrixbearbeitung in Gretl

Die folgenden Ausführungen zeigen einen kleinen Ausschnitt der Matrixoperationen, die Gretl für die Bearbeitung von Matrizen zur Verfügung stellt. Da im Rahmen dieser Einführung nicht alle Möglichkeiten vorgestellt werden können, sei auf das Handbuch verwiesen, das bei einer Gretl-Installation mit ausgeliefert wird.

Selektion von Teilmatrizen

Um bestimmte Bereiche innerhalb einer Matrix zu selektieren, wird ein eckiger Klammerausdruck [z,s] hinter dem Matrixnamen angegeben. Die Angaben z und s können einzelne Integerwerte sein oder jeweils aus zwei Integerwerten bestehen, die durch einen Doppelpunkt (:) getrennt sind. Im ersten Fall werden einzelne Matrixelemente selektiert und im zweiten Fall Teilbereiche der Matrix. In jedem Fall gilt die Bedingung $z \leq m$ (max_Zeilenzahl) und $s \leq n$ (max_Spaltenzahl). Die folgenden Beispiele veranschaulichen das Prinzip.

```
matrix B = A[2,]       /* selektiere Zeile 2 von A */
matrix B = A[2:3,3:6]  /* selektiere Zeilen 2-3 und Spalten 3-6 */
matrix B = A[2,4]      /* selektiere Element 2.Z/4.Sp. */
matrix B = A[diag]     /* selektiere Diagonalelemente */
```

Dazu einige Erläuterungen.

1. Es ist möglich, auf **alle** Werte eines bestimmten Zeilenvektors einer $(m \times n)$-Matrix zuzugreifen. Dazu bedient man sich der Notation [z,], wobei das Komma bedeutet, dass **alle** Werte des Zeilenvektors gemeint sind. Im obigen Beispiel wird der zweite Zeilenvektor von **A** der Matrix **B** zugewiesen. Die gleichen Überlegungen gelten für den Umgang mit allen Elementen eines Spaltenvektors. Um alle Elemente des dritten Spaltenvektors zu selektieren, schreibt man: A[,3].

2. Es ist ebenfalls möglich, mehrere zusammenhängende Zeilen oder Spalten einer Matrix zu erfassen. Dabei wird die erste Zeile (Spalte) des zusammenhängenden Bereichs von der letzten Zeile (Spalte) des Bereichs durch einen Doppelpunkt (:) getrennt, wie im Listing angegeben. Um alle Spalten der Zeilen 2 und 3 zu selektieren, benutzt man die Notation A[2:3,] Um alle Zeilen der Spalten 3 bis 6 der Matrix **A** zu kennzeichnen, benutzt man die Notation A[,3:6].

3. Ein einzelnes Element wird durch die Angabe zweier Integerzahlen für z und s selektiert. Die resultierene Matrix **B** hat die Ordnung (1×1). In diesem Fall kann auch die Zuordnung zu einer Skalarvariablen erfolgen.

4. Für quadratische Matrizen kann mit Hilfe des Klammerausdrucks *[diag]* auf die Elemente der Diagonalen zugegriffen werden. Die Anweisung matrix B = A[diag] erzeugt eine Matrix **B**, die aus den Werten der Diagonalen der Matrix **A** besteht.

5. Falls die Matrix nur eine Spalte besitzt, kann die Spezifikation der Spalte s im eckigen Klammerausdruck [z,s] entfallen.

Matrixoperationen

Gretl unterstützt eine Reihe von Matrixoperationen. Auf die Wirkungsweise der folgenden binären Operatoren soll etwas näher eingegangen werden.

Operatoren	Bedeutung
+	Addition
−	Subtraktion
*	Matrixmultiplikation
'	Prämultiplikation mit der Transponierten
~	zeilenweise Konkatenation
|	spaltenweise Konkatenation
/	Matrix-Rechtsdivision
\	Matrix-Linksdivision

Tabelle A.1.: Matrixoperationen

Addition und Subtraktion Haben Matrizen die gleiche Dimension, so können sie einfach mit Hilfe der Operatoren + und − addiert und subtrahiert werden, genau so wie bei Skalaren. Die Addition/Subtraktion geschieht elementweise.

Matrixmultiplikation Die Multiplikation zweier Matrizen mit dem Operator „*" setzt voraus, dass die erste Matrix so viele Spalten besitzt wie die zweite Matrix Zeilen, sonst gibt Gretl die Fehlermeldung „Matrizen nicht passend bei Operation" aus.

$$\mathbf{A}^{-1}\mathbf{A}\mathbf{X} = \mathbf{A}^{-1}\mathbf{B} \tag{A.40}$$

Die Multiplikation der Matrix $\mathbf{A}$ mit ihrer Inversen ergibt die Einheitsmatrix, sodass der Lösungsvektor $\mathbf{X}$ das Produkt der Matrix $\mathbf{A}^{-1}$ mit der Matrix $\mathbf{B}$ darstellt. Dieser Lösungsweg kann im Gretl-Skript wie folgt umgesetzt werden.

```
matrix A = {4,3;18,7}
matrix A_Inv = inv(A)
matrix B = {26;78}
matrix X = A_Inv * B
print X
```

Für x_1 ergibt sich der Wert 2 und für x_2 der Wert 6. In der zweiten Zeile wird die Inverse der Matrix $\mathbf{A}$ durch die Funktion *inv* erzeugt.

Transponierte Die Transponierte einer Matrix $\mathbf{A}$ wird mit dem Operator „ ' " erzeugt und lautet: $\mathbf{A}$'.[1] Dieser kann aber auch als binärer Operator verwendet werden, wenn eine transponierte Matrix mit einer zweiten Matrix multipliziert werden soll: Das Ergebnis von $\mathbf{A}$'$\mathbf{B}$ ist dann identisch mit $\mathbf{A}$'*$\mathbf{B}$.

---

1 Alternativ, aber nicht besonders gebräuchlich, ist die Verwendung der Funktion *transp*. Die Transponierte von $\mathbf{A}$ ergibt sich also durch *transp*($\mathbf{A}$). Im weiteren Verlauf benutzen wir die kürzere Variante.

Konkatenation Die zeilenweise (horizontale) Konkatenation zweier Matrizen bezieht sich darauf, die Zeilen der zweiten Matrix an die Zeilen der ersten Matrix anzuhängen, sodass sich die Spaltenzahl der Ergebnismatrix durch Addition der auf diese Weise konkatinierten Matrizen ergibt. Die zeilenweise Konkatenation wird durch den Operator $\sim$ realisiert. Analog bezieht sich die spaltenweise (vertikale) Konkatenation zweier Matrizen darauf, die Spalten der zweiten Matrix an die Spalten der ersten Matrix anzuhängen, sodass sich die Zeilenzahl der Ergebnismatrix durch Addition der auf diese Weise konkatinierten Matrizen ergibt. Die spaltenweise Konkatenation wird durch den Operator | realisiert. Ein Beispiel:

```
matrix A = {1,2,3;4,5,6}
matrix B = {7,8;9,10}
matrix C = A ~ B
print C
matrix D = {14,15}
matrix E = B | D
print E
```

Die beiden print-Anweisungen führen zur Ausgabe:

```
  C (2 x 5)
     1   2   3   7   8
     4   5   6   9  10

  E (3 x 2)
     7   8
     9  10
    14  15
```

Bei der Zeilenkonkatenation muss die Anzahl der Zeilen bei den Matrizen gleich sein, analog gilt dies für die Spalten bei der Spaltenkonkatenation.

Rechts- und Linksdivision Eine Linksdivision zweier Matrizen wird dann angewendet, wenn es darum geht, die Matrizengleichung $\mathbf{AX = B}$ nach $\mathbf{X}$ aufzulösen. Bei einer Gleichung $ax = b$, in der a, x und b Skalare sind, wird die Lösung durch den Bruch b/a dargestellt. Die Lösung der Matrizengleichung hingegen ist durch die Linksdivision $\mathbf{X}$ = A\B gegeben. Wenn $\mathbf{B}$ eine quadratische Matrix ist, ist diese Anweisung äquivalent zu der Anweisung $\mathbf{X = A^{-1}B}$. (Anmerkung: diese Gleichung entsteht durch Linksmultiplikation der Gleichung $\mathbf{AX = B}$ mit $\mathbf{A^{-1}}$; $\mathbf{A^{-1}A}$ ergibt dabei die Einheitsmatrix $\mathbf{E}$).

Mit dem Linksdivisionsoperator lässt sich die Lösung des obigen LGS sehr einfach erzeugen:

```
matrix A = {4,3;18,7}
matrix B = {26;78}
matrix X = A \ B
print X
```

Die Rechtsdivision ergibt sich analog als Lösung der Matrizengleichung $\mathbf{XB = A}$. Die Matrix $\mathbf{A}$ wird von rechts durch die Matrix $\mathbf{B}$ geteilt: $\mathbf{X = A/B}$. Analog dazu ist die Auflösung: $\mathbf{X = AB^{-1}}$

Zusätzlich zu den dargestellten Operatoren gibt es (abgesehen von $+$ und $-$) auch elementweise arbeitende Operatoren. Sie werden auch „dot"-Operatoren genannt, weil sie mit einem Punkt beginnen. Dazu gehören:

dot-Operatoren	Bedeutung
.*	elementweise Multiplikation
./	elementweise Division
.^	elementweise Potenzierung

Tabelle A.2.: dot-Operationen

Die elementweise Multiplikation wird manchmal auch Hadamard-Produkt genannt. Im einfachsten Fall stimmen bei diesen Operatoren die Dimensionen der Matrizen überein, sodass ein Element immer genau einen Verknüpfungspartner hat. Für allgemeinere Anwendungen (*broadcasting*) sei auf das Gretl-Handbuch verwiesen.

Matrizen und Skalare

In der folgenden Tabelle sind die Operatoren zusammengefasst, mit denen eine Matrix **A** mit einem Skalar k verknüpft werden kann. Dem jeweiligen Ausdruck auf der linken Seite wird die ausgeführte Operation bezogen auf die einzelnen Elemente a_{ij} gegenübergestellt.

Ausdruck	Effekt
$matrix\ B = k * A$	$b_{ij} = k a_{ij}$
$matrix\ B = A/k$	$b_{ij} = a_{ij}/k$
$matrix\ B = k/A$	$b_{ij} = k/a_{ij}$
$matrix\ B = A+k$	$b_{ij} = a_{ij}+k$
$matrix\ B = A-k$	$b_{ij} = a_{ij}-k$
$matrix\ B = k-A$	$b_{ij} = k - a_{ij}$
$matrix\ B = A\%k$	$b_{ij} = a_{ij}\ modulo\ k$

Tabelle A.3.: Operatoren für Matrizen und Skalare

Zur Ergänzung von Tabelle A.3 sei erwähnt, dass der Ausdruck **A**^k eine Matrix erzeugt, die aus der k-fachen Multiplikation von **A** mit sich selbst hervorgeht.

Matrixfunktionen

Die meisten Gretl-Funktionen, die für Skalare und Variablen vom Typ *series* anwendbar sind, können auch für Matrizen verwendet werden und sie operieren dort auf den einzelnen Elementen. Dies gilt für die Funktionen *log*, *exp*, *sin* usw. Für eine bereits definierte Matrix **A** hat zum Beispiel die Anweisung

```
matrix B = sqrt(A)
```

den Effekt, dass für die einzelnen Elemente der Zusammenhang gilt: $b_{ij} = \sqrt{a_{ij}}$.

Formatierte Ausgabe

Für den unformatierten Ausdruck einer Matrix reicht das Kommando *print*, dem der Name der Matrix folgt. Sollen die einzelnen Elemente formatiert ausgegeben werden, muss das Kommando *printf* verwendet werden. Dem Kommando folgt ein Formatstring und, durch ein Komma getrennt, der Name der Matrix. Im nachfolgenden Beispiel werden die Funktionen *cnameset* und *rnameset* verwendet, um zusätzliche Spaltenüberschriften bzw. Zeilennamen zu erzeugen. Die Funktionen besitzen zwei Argumente: den Namen der Matrix sowie einen Array aus Strings.

```
matrix A = {1,2,3;6,4,1}
strings R = array(2)
R[1] = "Zeile1"
R[2] = "Zeile2"
strings S = array(3)
S[1] = "Spalte1"
S[2] = "Spalte2"
S[3] = "Spalte3"
cnameset(A, S)
rnameset(A, R)
printf "%10.2f", A
```

Das Skript erzeugt folgende Ausgabe:

```
           Spalte1    Spalte2    Spalte3
Zeile1        1,00       2,00       3,00
Zeile2        6,00       4,00       1,00
```

Damit die Spalten in einer ausreichenden Breite angelegt werden, wurden im Formatstring der Anweisung *printf* zehn Vorkommastellen angegeben.

Lesen und Speichern von Matrizen in externen Dateien

Das folgende Skript erzeugt eine (3×2)-Matrix und speichert sie in einer Datei mit dem Namen „matrix-nv.csv".

```
nulldata 100
string fname = "matrix-nv.txt"
matrix A = {12, 15, 20;21, 33, 55}
scalar errnr = mwrite(A, fname)
if errnr != 0
   printf " Fehler beim Schreiben %s \n", fname
else
   printf " Schreiben von %s erfolgreich \n", fname
endif
```

Die Funktion *mwrite* besitzt zwei Argumente: den Namen der Matrix und den Dateinamen. Sie liefert einen ganzzahligen Wert zurück. Ist er Null, war die Ausgabe erfolgreich. In der externen Datei werden die Daten wie folgt gespeichert: Zu Beginn wird die Anzahl der Zeilen und die Anzahl der Spalten ausgegeben, danach folgen die Werte der Matrix. Die einzelnen Werte sind durch Tabulatorzeichen bzw. Leerzeichen voneinander getrennt.

Die Funktion *mread* besitzt als Parameter den Dateinamen. Sie liefert eine Matrix zurück.

```
nulldata 100
string fname = "matrix-nv.txt"
matrix A = {}
A = mread(fname)
print A
```

Die Eingabedatei (hier *matrix-nv.txt*) besitzt folgenden Aufbau: Die erste Zeile enthält eine Angabe über die Anzahl der Zeilen und Spalten. Beide Werte sind durch ein Leerzeichen oder Tabulator voneinander getrennt. In der nächsten Zeile werden die Werte der ersten Zeile, in der übernächsten Zeile die Werte der zweiten Zeile usw. angegeben. Als Separatoren kommen dabei Leerzeichen oder Tabulatoren infrage. Entspricht die Anzahl der Datenzeilen bzw. Datenspalten nicht den Angaben in der ersten Zeile, so tritt ein Fehler auf.

Im Groben lassen sich die Funktionen, die auf Matrizen anwendbar sind, in verschiedene Kategorien unterteilen:

Erzeugung einer Matrix: *mread, muniform, mnormal, zeros*
Informationen über eine Matrix: *cols, rows, diag, tr, rank*
Transformationen einer Matrix: *inv, sort, dsort, trimr, lower, upper*
Statistiken: *cov, corr, meanc, meanr, sumc, sumr*

Der Leser/die Leserin sei für die Nutzung der wichtigsten matrixbezogenen Funktionen auf Kapitel B.5 (*Übersicht der Gretl-Funktionen und Kommandos*) des Anhangs verwiesen.

A.3. Matrixnotation des allgemeinen Regressionsmodells

Wie gesehen bietet Gretl viele Konzepte für die Bearbeitung von Matrizen an. Für die mathematische Beschreibung einer Mehrfachregression stellt die Matrixnotation ein geeignetes Instrumentarium zur Verfügung. Sie erlaubt es in einfacher Weise, die Koeffizientenschätzer der Regressionsgleichung zu berechnen. Schreibt man das allgemeine Regressionsmodell für jede Beobachtung $i = 1, 2, ..., N$ aus, so ergibt sich folgendes Gleichungssystem:

$$y_1 = \alpha + \beta_1 x_{11} + \beta_2 x_{21} + ... + \beta_p x_{p1} + u_1$$
$$y_2 = \alpha + \beta_1 x_{12} + \beta_2 x_{22} + ... + \beta_p x_{p2} + u_2$$
$$...$$
$$y_N = \alpha + \beta_1 x_{1N} + \beta_2 x_{2N} + ... + \beta_p x_{pN} + u_N \tag{A.41}$$

Die kompakte Schreibweise dieses Gleichungssystems führt zu folgender Modellgleichung:

$$\mathbf{y} = \mathbf{X}\beta + \mathbf{u} \tag{A.42}$$

Dabei bestehen die Spaltenvektoren der Matrix $\mathbf{X}$ aus dem Einheitsvektor und den p Vektoren der Regressoren mit ihren N Beobachtungswerten. Bei $\mathbf{y}$ und $\mathbf{u}$ handelt es sich um N-elementige Spaltenvektoren und bei β um einen (p+1)-elementigen Spaltenvektor, der die wahren, aber unbekannten Parameter des Modells A.41 enthält. Die ausführliche Darstellung besitzt also die Form:

$$
\begin{pmatrix} y_1 \\ y_2 \\ \vdots \\ y_N \end{pmatrix} = \begin{pmatrix} 1 & x_{11} & \dots & x_{p1} \\ 1 & x_{12} & \dots & x_{p2} \\ \vdots & \vdots & \ddots & \vdots \\ 1 & x_{1N} & \dots & x_{pN} \end{pmatrix} \cdot \begin{pmatrix} \alpha \\ \beta_1 \\ \vdots \\ \beta_p \end{pmatrix} + \begin{pmatrix} u_1 \\ u_2 \\ \vdots \\ u_N \end{pmatrix}
\tag{A.43}
$$

Das entsprechende geschätzte Modell zu A.42 lautet:

$$
\hat{y} = \mathbf{X}\hat{\beta}
\tag{A.44}
$$

wobei gilt:

$$
\hat{y} = \begin{pmatrix} \hat{y}_1 \\ \hat{y}_2 \\ \vdots \\ \hat{y}_N \end{pmatrix} \qquad und \qquad \hat{\beta} = \begin{pmatrix} \hat{\alpha} \\ \hat{\beta}_1 \\ \vdots \\ \hat{\beta}_p \end{pmatrix}
\tag{A.45}
$$

A.3.1. Parameterschätzer und deren Varianzen

Im Modell der Einfachregression wurde die Residuenquadratsumme bezüglich der Schätzung der Koeffizienten α und β minimiert. Im Fall der Mehrfachregression geht es darum, einen Koeffizientenvektor $\hat{\beta}$ zu bestimmen, der die Residuenquadratsumme minimiert. Letztere lässt sich als inneres Produkt der Vektoren $\hat{u}^T$ und $\hat{u}$ definieren:

$$
RSS = \hat{u}^T \hat{u} = \begin{pmatrix} \hat{u}_1 & \hat{u}_2 & \dots & \hat{u}_N \end{pmatrix} \cdot \begin{pmatrix} \hat{u}_1 \\ \hat{u}_2 \\ \vdots \\ \hat{u}_N \end{pmatrix} = \sum \hat{u}_i^2
\tag{A.46}
$$

Der Vektor $\hat{u}^T$ entsteht dabei durch das Transponieren des Vektors $\hat{u}$. Im Ergebnis erhalten wir einen Skalar: die Summe der Residuenquadrate. Die Darstellung der Residuenquadratsumme in Gleichung A.46 darf nicht verwechselt werden mit dem Vektorprodukt $\hat{u}\hat{u}^T$. Das Ergebnis dieser Operation stellt eine (n×n)-Matrix dar, deren Elemente aus den Produkten der Störgrößen $\hat{u}_i \cdot \hat{u}_j$ bestehen.

Da für den Vektor der Residuen $\hat{u}$ die Beziehung $\hat{u} = y - \mathbf{X}\hat{\beta}$ gilt, kommt die Minimierung der Resuiduenquadratsumme in A.46 der Minimierung folgender Funktion gleich:

$$
S(\hat{\beta}) = \hat{u}^T \hat{u}
$$

$$= (\mathbf{y} - \mathbf{X}\hat{\beta})^{\mathsf{T}} (\mathbf{y} - \mathbf{X}\hat{\beta})$$

$$= \left(\mathbf{y}^{\mathsf{T}} - \hat{\beta}^{\mathsf{T}} \mathbf{X}^{\mathsf{T}}\right) (\mathbf{y} - \mathbf{X}\hat{\beta})$$

$$= \mathbf{y}^{\mathsf{T}}\mathbf{y} - \mathbf{y}^{\mathsf{T}}\mathbf{X}\hat{\beta} - \hat{\beta}^{\mathsf{T}}\mathbf{X}^{\mathsf{T}}\mathbf{y} + \hat{\beta}^{\mathsf{T}}\mathbf{X}^{\mathsf{T}}\mathbf{X}\hat{\beta}$$

$$= \mathbf{y}^{\mathsf{T}}\mathbf{y} - 2\mathbf{y}^{\mathsf{T}}\mathbf{X}\hat{\beta} + \hat{\beta}^{\mathsf{T}}\mathbf{X}^{\mathsf{T}}\mathbf{X}\hat{\beta} \qquad\qquad (A.47)$$

Der mittlere Term innerhalb der letzten Zeile ergibt sich, weil $\hat{\beta}^{\mathsf{T}}\mathbf{X}^{\mathsf{T}}\mathbf{y}$ im Ergebnis ein Skalar ist und daher in diesem Fall gilt: $[\hat{\beta}^{\mathsf{T}}\mathbf{X}^{\mathsf{T}}\mathbf{y}]^{\mathsf{T}} = \mathbf{y}^{\mathsf{T}}\mathbf{X}\hat{\beta}$.

Notwendige Bedingung für ein Minimum der Funktion S ist, dass der Gradient $\partial S(\hat{\beta})/\partial\hat{\beta}$ gleich dem Nullvektor ist. Aus A.47 ergibt sich eine Zerlegung in drei Teilgradienten:

$$\frac{\partial S(\hat{\beta})}{\partial\hat{\beta}} = \frac{\partial(\mathbf{y}^{\mathsf{T}}\mathbf{y})}{\partial\hat{\beta}} - \frac{\partial(2\mathbf{y}^{\mathsf{T}}\mathbf{X}\hat{\beta})}{\partial\hat{\beta}} + \frac{\partial(\hat{\beta}^{\mathsf{T}}\mathbf{X}^{\mathsf{T}}\mathbf{X}\hat{\beta})}{\partial\hat{\beta}} = \mathbf{0} \qquad\qquad (A.48)$$

Jeder der drei Teilgradienten stellt einen Vektor mit p+1 Elementen dar. Da das innere Produkt $\mathbf{y}^{\mathsf{T}}\mathbf{y}$ keine Elemente von $\hat{\beta}$ enthält, folgt $\partial(\mathbf{y}^{\mathsf{T}}\mathbf{y})/\partial\hat{\beta} = \mathbf{0}$. Der Ausdruck $2\mathbf{y}^{\mathsf{T}}\mathbf{X}$ im zweiten Teilgradienten stellt einen (p+1)-elementigen Zeilenvektor dar. Ersetzen wir in der Formel A.34 den Ausdruck $2\mathbf{y}^{\mathsf{T}}\mathbf{X}$ durch $\mathbf{a}^{\mathsf{T}}$, dann ergibt sich:

$$\frac{\partial(2\mathbf{y}^{\mathsf{T}}\mathbf{X}\hat{\beta})}{\partial\hat{\beta}} = \left(2\mathbf{y}^{\mathsf{T}}\mathbf{X}\right)^{\mathsf{T}} = 2\mathbf{X}^{\mathsf{T}}\mathbf{y} \qquad\qquad (A.49)$$

Der Ausdruck $\hat{\beta}^{\mathsf{T}}\mathbf{X}^{\mathsf{T}}\mathbf{X}\hat{\beta}$ im dritten Teilgradienten ist als quadratische Form zu interpretieren, weil $\mathbf{X}^{\mathsf{T}}\mathbf{X}$ eine symmetrische Matrix mit p+1 Zeilen und p+1 Spalten bildet. Ersetzen wir in der Formel A.39 die Matrix $\mathbf{A}$ durch $\hat{\beta}^{\mathsf{T}}\mathbf{X}^{\mathsf{T}}\mathbf{X}\hat{\beta}$, dann lässt sich der Teilgradient wie folgt auflösen:

$$\frac{\partial(\hat{\beta}^{\mathsf{T}}\mathbf{X}^{\mathsf{T}}\mathbf{X}\hat{\beta})}{\partial\hat{\beta}} = 2\mathbf{X}^{\mathsf{T}}\mathbf{X}\hat{\beta} \qquad\qquad (A.50)$$

Die notwendige Bedingung für ein Minimum der Funktion S kann mit diesen Ergebnissen wie folgt formuliert werden (siehe Formel A.48):

$$-2\mathbf{X}^{\mathsf{T}}\mathbf{y} + 2\mathbf{X}^{\mathsf{T}}\mathbf{X}\hat{\beta} = \mathbf{0}$$

$$\mathbf{X}^{\mathsf{T}}\mathbf{X}\hat{\beta} = \mathbf{X}^{\mathsf{T}}\mathbf{y}$$

$$\hat{\beta} = \left(\mathbf{X}^{\mathsf{T}}\mathbf{X}\right)^{-1}\mathbf{X}^{\mathsf{T}}\mathbf{y} \qquad\qquad (A.51)$$

Da die Matrix $\mathbf{X}^{\mathsf{T}}\mathbf{X}$ regulär ist, existiert eine inverse Matrix $\left(\mathbf{X}^{\mathsf{T}}\mathbf{X}\right)^{-1}$, sodass linksseitiges Multiplizieren beider Seiten der zweiten Gleichung mit $\left(\mathbf{X}^{\mathsf{T}}\mathbf{X}\right)^{-1}$ zur Berechnungsformel für die geschätzten Parameter der Regressionsgleichung führt. Um also den Vektor mit den Koeffizientenschätzern $\hat{\alpha}$, $\hat{\beta}_1$ bis $\hat{\beta}_p$ zu erhalten, wird die Transponierte der Matrix $\mathbf{X}$ mit der Matrix $\mathbf{X}$ multipliziert. Das resultierende Produkt ergibt wiederum eine Matrix, zu der die inverse Matrix gebildet wird. Die gebildete inverse Matrix wird anschließend noch mit der Transponierten von $\mathbf{X}$ und dem Vektor $\mathbf{y}$ multipliziert.

Berechnung der Parameterschätzer in Gretl

Die ausführliche Matrixformulierung zur Berechnung der Parameterschätzer in einem Modell mit zwei Regressoren lautet gemäß A.51 wie folgt:

$$
\hat{\beta} = \left[\begin{pmatrix} 1 & \cdots & 1 \\ x_{11} & \cdots & x_{1N} \\ x_{21} & \cdots & x_{2N} \end{pmatrix} \cdot \begin{pmatrix} 1 & x_{11} & x_{21} \\ 1 & x_{12} & x_{22} \\ \vdots & \vdots & \vdots \\ 1 & x_{1N} & x_{2N} \end{pmatrix} \right]^{-1} \cdot \begin{pmatrix} 1 & \cdots & 1 \\ x_{11} & \cdots & x_{1N} \\ x_{21} & \cdots & x_{2N} \end{pmatrix} \cdot \begin{pmatrix} y_1 \\ y_2 \\ \vdots \\ y_N \end{pmatrix} \tag{A.52}
$$

Um die Schätzer $\hat{\alpha}$, $\hat{\beta}_1$ und $\hat{\beta}_2$ unseres Mietmodells berechnen zu können, wird zunächst eine dreispaltige Matrix **X** angelegt, die in der ersten Spalte lauter Einsen, in der zweiten Spalte die 20 Werte der Variablen *Quadratmeter* und in der 3. Spalte die 20 Werte der Variablen *Distanz* enthält. Anschließend kann der Vektor mit den Koeffizientenschätzern gemäß Formel A.53 berechnet werden. Das folgende Skript erledigt diese Aufgabe.

```
matrix X = {const, Quadratmeter, Distanz}
matrix koeff_schaetzer = inv(X'X) * X'Miete
strings S = array(3)
S[1] = "alpha:"
S[2] = "beta_1:"
S[3] = "beta_2:"
rnameset(koeff_schaetzer, S)
printf "geschaetzte Koeffizienten: \n %10.2f ", koeff_schaetzer
```

Innerhalb des Skripts wird die Funktion *inv* verwendet. Sie erzeugt aus dem Produkt der Transponierten mit der Originalmatrix die inverse Matrix. Mit *X'Miete* erhalten wir das Matrixprodukt der Transponierten **X'** mit dem Vektor der abhängigen Variablen *Miete*.

Eine numerisch effizientere Methode zur Ermittlung der Koeffizientenschätzer ergibt sich durch die Verwendung der Funktion *mols*:

```
matrix X = {const, Quadratmeter, Distanz}
matrix U
matrix koeff_schaetzer = mols(Miete, X, &U)
```

Da Gretl ein schnelles und numerisch stabiles Lösungsverfahren[2] benutzt, ergeben sich insbesondere bei großen Datenmengen eindeutige Vorteile. Die Residuen werden auf Wunsch in der Matrix U abgespeichert, sonst kann die Definition und Angabe von U in sogenannter Zeigerform (engl. *pointer form*) auch unterbleiben.

Die resultierende Matrix *koeff_schaetzer* enthält also die Schätzwerte $\hat{\alpha}$, $\hat{\beta}_1$ und $\hat{\beta}_2$ und wird anschließend formatiert ausgegeben:

```
geschaetzte Koeffizienten:
alpha:       297,58
beta_1:        9,53
beta_2:      -98,48
```

---

2 Dieses Verfahren ist die Matrixzerlegung nach Choleski, bzw. bei weniger geeigneten Daten andere Zerlegungen.

Um den Rechenweg, der zu dem oben angegebenen Ergebnis führt, nachvollziehen zu können, übersetzen wir das Kommando innerhalb der zweiten Zeile im obigen Skript in Matrixschreibweise:

$$
\begin{aligned}
\hat{\beta} &= \left(\mathbf{X}^{\mathrm{T}}\mathbf{X}\right)^{-1}\mathbf{X}^{\mathrm{T}}\mathbf{y} \\[4pt]
&= \begin{pmatrix} N & \sum x_{1i} & \sum x_{2i} \\ \sum x_{1i} & \sum x_{1i}^2 & \sum x_{1i}x_{2i} \\ \sum x_{2i} & \sum x_{1i}x_{2i} & \sum x_{2i}^2 \end{pmatrix}^{-1} \cdot \begin{pmatrix} \sum y_i \\ \sum x_{1i}y_i \\ \sum x_{2i}y_i \end{pmatrix} \\[4pt]
&= \begin{pmatrix} 20 & 1489,0 & 63,7 \\ 1489,0 & 131450,0 & 4813,8 \\ 63,7 & 4813,8 & 210,17 \end{pmatrix}^{-1} \cdot \begin{pmatrix} 13863,0 \\ 1221300,0 \\ 44116,0 \end{pmatrix} \\[4pt]
&= \begin{pmatrix} 1,5364 & -0,0021737 & -0,41587 \\ -0,0021737 & 0,00005,026 & -0,00049252 \\ -0,41587 & -0,00049252 & 0,14208 \end{pmatrix} \cdot \begin{pmatrix} 13863,0 \\ 1221300,0 \\ 44116,0 \end{pmatrix} \\[4pt]
&= \begin{pmatrix} 297,58 \\ 9,53 \\ -98,48 \end{pmatrix} = \begin{pmatrix} \hat{\alpha} \\ \hat{\beta}_1 \\ \hat{\beta}_2 \end{pmatrix}
\end{aligned}
\tag{A.53}
$$

Die aus den Variablen des Datasets erzeugte Matrix **X** und der Vektor mit den Schätzwerten der Koeffizienten kann nun aus der Symbolansicht heraus angezeigt werden (siehe Abbildung A.1).

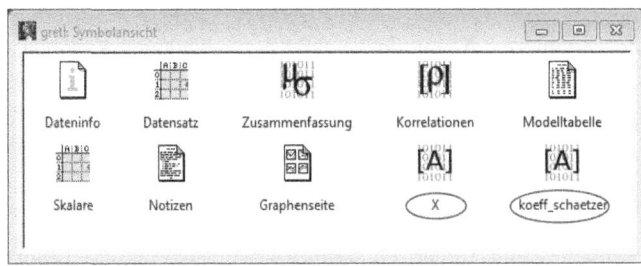

Abb. A.1.: Symbolansicht mit den erzeugten Matrizen

Ein Doppelklick auf die Symbole mit den Bezeichnungen *X* oder *koeff_schaetzer* führt zur Anzeige der Werte der Matrix oder des Koeffizientenvektors.

Erwartungstreue der Parameterschätzer

Die wichtigste Eigenschaft eines Schätzers ist seine Erwartungstreue. Um diese nachzuweisen, setzen wir in die Berechnungsformel für die Parameterschätzer (siehe A.51) für **y** den

Ausdruck $\mathbf{X}\beta + \mathbf{u}$ ein. Damit erhält man

$$
\begin{aligned}
\hat{\beta} &= \left(\mathbf{X}^{\mathsf{T}}\mathbf{X}\right)^{-1}\mathbf{X}^{\mathsf{T}}(\mathbf{X}\beta + \mathbf{u}) \\
&= \left(\mathbf{X}^{\mathsf{T}}\mathbf{X}\right)^{-1}\mathbf{X}^{\mathsf{T}}\mathbf{X}\beta + \left(\mathbf{X}^{\mathsf{T}}\mathbf{X}\right)^{-1}\mathbf{X}^{\mathsf{T}}\mathbf{u} \\
&= \mathbf{I}\beta + \left(\mathbf{X}^{\mathsf{T}}\mathbf{X}\right)^{-1}\mathbf{X}^{\mathsf{T}}\mathbf{u} \\
&= \beta + \left(\mathbf{X}^{\mathsf{T}}\mathbf{X}\right)^{-1}\mathbf{X}^{\mathsf{T}}\mathbf{u}
\end{aligned}
\tag{A.54}
$$

Die Komponenten des Vektors $\hat{\beta}$, also die KQ-Schätzer $\hat{\alpha}$, $\hat{\beta}_1$ bis $\hat{\beta}_p$, setzen sich zusammen aus den Komponenten von β, also den wahren Werten, und dem Produkt der Matrix $(\mathbf{X}^{\mathsf{T}}\mathbf{X})^{-1}\mathbf{X}^{\mathsf{T}}$ mit dem Vektor $\mathbf{u}$, der die Störgrößen des linearen Regressionsmodells enthält. Die entscheidende Vereinfachung entsteht im Übergang von der zweiten zur dritten Zeile, weil sich der Ausdruck $(\mathbf{X}^{\mathsf{T}}\mathbf{X})^{-1}\mathbf{X}^{\mathsf{T}}\mathbf{X}$ durch die Einheitsmatrix $\mathbf{I}$ ersetzen lässt. Die Komponenten des Vektors $\hat{\beta}$ können also als Linearkombinationen der Werte der Störgrößen ausgedrückt werden.

Wenn wir davon ausgehen, dass die Elemente der Matrix $\mathbf{X}$ der Regressoren nichtstochastische Größen sind, dann können wir den Erwartungswert von $\hat{\beta}$ wie folgt aus Gleichung A.54 berechnen:

$$
\begin{aligned}
E(\hat{\beta}) &= E(\beta) + E\left[\left(\mathbf{X}^{\mathsf{T}}\mathbf{X}\right)^{-1}\mathbf{X}^{\mathsf{T}}\mathbf{u}\right] \\
&= \beta + \left(\mathbf{X}^{\mathsf{T}}\mathbf{X}\right)^{-1}\mathbf{X}^{\mathsf{T}}E[\mathbf{u}] \\
&= \beta
\end{aligned}
\tag{A.55}
$$

Die Erwartungstreue folgt aus der Tatsache, dass gemäß Annahme gilt: $E(\mathbf{u}) = \mathbf{o}$.

Varianz-Kovarianz-Matrix der KQ-Schätzer

Um die Varianzen und die Kovarianzen der einzelnen KQ-Schätzer $\hat{\beta} = \begin{pmatrix} \hat{\alpha} & \hat{\beta}_1 & \dots & \hat{\beta}_p \end{pmatrix}^{\mathsf{T}}$ zu berechnen, betrachten wir die entsprechende Varianz-Kovarianz-Matrix $V(\hat{\beta})$:

$$
V(\hat{\beta}) = \begin{pmatrix}
var(\hat{\alpha}) & cov(\hat{\alpha},\hat{\beta}_1) & \dots & cov(\hat{\alpha},\hat{\beta}_p) \\
cov(\hat{\beta}_1,\hat{\alpha}) & var(\hat{\beta}_1) & \dots & cov(\hat{\beta}_p,\hat{\alpha}) \\
\vdots & \vdots & \ddots & \vdots \\
cov(\hat{\beta}_p,\hat{\alpha}) & cov(\hat{\beta}_p,\hat{\beta}_1) & \dots & var(\hat{\beta}_p)
\end{pmatrix}
\tag{A.56}
$$

Die Diagonalelemente dieser Matrix bilden die Varianzen der KQ-Schätzer. Es ist leicht zu zeigen, dass die Varianz-Kovarianz-Matrix der KQ-Schätzer identisch ist mit

$$
\begin{aligned}
V(\hat{\beta}) &= E\left[\left(\hat{\beta} - E(\hat{\beta})\right)\left(\hat{\beta} - E(\hat{\beta})\right)^{\mathsf{T}}\right] \\
&= E\left[(\hat{\beta} - \beta)(\hat{\beta} - \beta)^{\mathsf{T}}\right]
\end{aligned}
\tag{A.57}
$$

Um dies zu zeigen, gehen wir von dem Ansatz aus, dass die Varianz einer Zufallsvariablen x identisch ist mit dem Erwartungswert $E\left[(x-E(x))^2\right]$, also $V(x) = E\left[(x-E(x))^2\right]$. Betrachten wir einen Vektor $\mathbf{X}$ von Zufallsvariablen $x_1, x_2, ..., x_n$, dann können wir die Varianz von $\mathbf{X}$ wie folgt bestimmen:

$$V(\mathbf{X}) = E\left[(\mathbf{X}-E(\mathbf{X}))(\mathbf{X}-E(\mathbf{X}))^\mathrm{T}\right]$$

$$= E\left[\begin{pmatrix} x_1 - E(x_1) \\ x_2 - E(x_2) \\ \vdots \\ x_n - E(x_n) \end{pmatrix} \cdot \left([x_1 - E(x_1)] \quad [x_2 - E(x_2)] \quad ... \quad [x_n - E(x_n)]\right)\right]$$

$$= E\begin{pmatrix} (x_1 - E(x_1))^2 & ... & (x_1 - E(x_1))(x_n - E(x_n)) \\ \vdots & \ddots & \vdots \\ (x_n - E(x_n))(x_1 - E(x_1)) & ... & (x_n - E(x_n))^2 \end{pmatrix}$$

$$= \begin{pmatrix} E\left[(x_1 - E(x_1))^2\right] & ... & E[(x_1 - E(x_1))(x_n - E(x_n))] \\ \vdots & \ddots & \vdots \\ E[(x_n - E(x_n))(x_1 - E(x_1))] & ... & E\left[(x_n - E(x_n))^2\right] \end{pmatrix}$$

$$= \begin{pmatrix} var(x_1) & cov(x_1, x_2) & ... & cov(x_1, x_n) \\ cov(x_1, x_2) & var(x_2) & ... & cov(x_2, x_n) \\ \vdots & \vdots & \ddots & \vdots \\ cov(x_1, x_n) & cov(x_2, x_n) & ... & var(x_n) \end{pmatrix} \qquad (\text{A.58})$$

Wird der Vektor $\mathbf{X} = \begin{pmatrix} x_1 & x_2 & ... & x_n \end{pmatrix}^\mathrm{T}$ durch den Vektor $\hat{\beta} = \begin{pmatrix} \hat{\alpha} & \hat{\beta}_1 & ... & \hat{\beta}_p \end{pmatrix}^\mathrm{T}$ ersetzt, erhalten wir die Varianz-Kovarianz-Matrix der KQ-Schätzer in A.56.

Um die Differenz $(\hat{\beta} - \beta)$ in A.57 durch einen aussagekräftigeren Ausdruck zu ersetzen, wird die Darstellung von $\hat{\beta}$ in Gleichung A.54 herangezogen. Eine einfache Umstellung ergibt:

$$\hat{\beta} - \beta = \left(\mathbf{X}^\mathrm{T}\mathbf{X}\right)^{-1}\mathbf{X}^\mathrm{T}\mathbf{u} \qquad (\text{A.59})$$

Setzt man die rechte Seite von A.59 in Formel A.57 ein, so lässt sich die Varianz-Kovarianzmatrix der Koeffizientenschätzer $\hat{\beta}$ wie folgt schreiben:

$$V(\hat{\beta}) = E\left[\left[\left(\mathbf{X}^\mathrm{T}\mathbf{X}\right)^{-1}\mathbf{X}^\mathrm{T}\mathbf{u}\right]\left[\left(\mathbf{X}^\mathrm{T}\mathbf{X}\right)^{-1}\mathbf{X}^\mathrm{T}\mathbf{u}\right]^\mathrm{T}\right]$$

$$= E\left[\left(\mathbf{X}^\mathrm{T}\mathbf{X}\right)^{-1}\mathbf{X}^\mathrm{T}\mathbf{u}\mathbf{u}^\mathrm{T}\mathbf{X}\left(\mathbf{X}^\mathrm{T}\mathbf{X}\right)^{-1}\right]$$

$$= \left(\mathbf{X}^{\mathrm{T}}\mathbf{X}\right)^{-1}\mathbf{X}^{\mathrm{T}}E\left(\mathbf{u}\mathbf{u}^{\mathrm{T}}\right)\mathbf{X}\left(\mathbf{X}^{\mathrm{T}}\mathbf{X}\right)^{-1} \tag{A.60}$$

In dieser Formel entspricht der Teilausdruck $E(\mathbf{u}\mathbf{u}^{\mathrm{T}})$ der Varianz-Kovarianzmatrix der Störgrößen:

$$E(\mathbf{u}\mathbf{u}^{\mathrm{T}}) = V(u) = \begin{pmatrix} var(u_1) & cov(u_1u_2) & \dots & cov(u_1u_N) \\ cov(u_2u_1) & var(u_2) & \dots & cov(u_2u_N) \\ \vdots & \vdots & \ddots & \vdots \\ cov(u_Nu_1) & cov(u_Nu_2) & \dots & var(u_N) \end{pmatrix} \tag{A.61}$$

Für den Fall, dass die Störgrößen u_i untereinander nicht korreliert sind, erhalten wir für alle Kovarianzen den Wert Null. Mit den Abkürzungen $var(u_1) = \sigma_1^2$, $var(u_2) = \sigma_2^2$, ..., $var(u_N) = \sigma_N^2$ ergibt sich folgende Darstellung:

$$E(\mathbf{u}\mathbf{u}^{\mathrm{T}}) = V(u) = \begin{pmatrix} \sigma_1^2 & 0 & \dots & 0 \\ 0 & \sigma_2^2 & \dots & 0 \\ \vdots & \vdots & \ddots & \vdots \\ 0 & 0 & \dots & \sigma_N^2 \end{pmatrix} = \sigma^2\Omega \tag{A.62}$$

Dabei stellt Ω eine Diagonalmatrix der folgenden Form dar:

$$\Omega = \begin{pmatrix} \sigma_1^2/\sigma^2 & 0 & \dots & 0 \\ 0 & \sigma_2^2/\sigma^2 & \dots & 0 \\ \vdots & \vdots & \ddots & \vdots \\ 0 & 0 & \dots & \sigma_N^2/\sigma^2 \end{pmatrix} \tag{A.63}$$

Unter Verwendung der Schreibweise $\sigma^2\Omega$ kann Gleichung A.60 wie folgt geschrieben werden:

$$V(\hat{\beta}) = \left(\mathbf{X}^{\mathrm{T}}\mathbf{X}\right)^{-1}\mathbf{X}^{\mathrm{T}}\sigma^2\Omega\mathbf{X}\left(\mathbf{X}^{\mathrm{T}}\mathbf{X}\right)^{-1} \tag{A.64}$$

Die Varianzen der Störgrößen besitzen für jede Beobachtung einen unterschiedlichen Wert und spiegeln in dieser Form die Heteroskedastizität der Störgrößen. Unter der Annahme, dass die Störgrößen normalverteilt, also *iid (independently and identically distributed)* sind, stellt Ω die Einheitsmatrix $\mathbf{I}_N$ dar.

Wenn wir also von der Annahme der Homoskedastizität und der Unkorreliertheit der Störgrößen ausgehen, gilt für die Varianz die einfache Gleichung:

$$E(\mathbf{u}\mathbf{u}^{\mathrm{T}}) = V(\mathbf{u}) = \sigma^2\mathbf{I}_N \tag{A.65}$$

In diesem speziellen Fall lässt sich die Varianz-Kovarianzmatrix der Koeffizientenschätzer wie folgt berechnen:

$$V(\hat{\beta}) = \left(\mathbf{X}^{\mathrm{T}}\mathbf{X}\right)^{-1}\mathbf{X}^{\mathrm{T}}\sigma^2\mathbf{I}_N\mathbf{X}\left(\mathbf{X}^{\mathrm{T}}\mathbf{X}\right)^{-1}$$

$$= \sigma^2 \left(\mathbf{X}^\mathsf{T}\mathbf{X} \right)^{-1} \mathbf{X}^\mathsf{T}\mathbf{X} \left(\mathbf{X}^\mathsf{T}\mathbf{X} \right)^{-1}$$
$$= \sigma^2 \left(\mathbf{X}^\mathsf{T}\mathbf{X} \right)^{-1} \tag{A.66}$$

Würde man die Varianzen der Parameterschätzer nach der einfachen Formel A.66 berechnen, obwohl die Störgrößen heteroskedastisch sind, dann würde man verzerrte Ergebnisse erhalten. Auf diesen Ergebnissen aufbauende Intervallschätzungen wären dann verzerrt und Hypothesentests irreführend.

Die Varianz der Parameterschätzer hängt wie im bivariaten Modell von der Varianz σ^2 der Störgrößen ab. Da wir deren Wert nicht kennen, müssen wir auf die Varianz der Residuen innerhalb der Stichprobe zurückgreifen, die im multivariaten Fall mit p Regressoren wie folgt berechnet wird:

$$\hat{\sigma}^2 = \frac{1}{N-p-1}\hat{u}^\mathsf{T}\hat{u} = \frac{1}{N-p-1}\begin{pmatrix}\hat{u}_1 & \hat{u}_2 & \dots & \hat{u}_N\end{pmatrix} \cdot \begin{pmatrix}\hat{u}_1 \\ \hat{u}_2 \\ \vdots \\ \hat{u}_N\end{pmatrix} = \frac{1}{N-p-1}\sum_{i=1}^{N}\hat{u}_i^2 \tag{A.67}$$

Die Residuenquadratsumme wird also durch die Anzahl der Freiheitsgrade (N-p-1) dividiert. Diese ergibt sich durch Verringerung des Stichprobenumfangs um die Anzahl der zu schätzenden Koeffizienten des Modells.

Ersetzt man in Gleichung A.66 die unbekannte Störgrößenvarianz σ^2 durch ihren unverzerrten Schätzer $\hat{\sigma}^2$, so erhält man die *geschätzte* Varianz-Kovarianz-Matrix der KQ-Schätzer $\hat{\beta}$:

$$\hat{V}(\hat{\beta}) = \hat{\sigma}^2 \left(\mathbf{X}^\mathsf{T}\mathbf{X} \right)^{-1} = \begin{pmatrix} \widehat{var}(\hat{\alpha}) & \widehat{cov}(\hat{\alpha},\hat{\beta}_1) & \dots & \widehat{cov}(\hat{\alpha},\hat{\beta}_p) \\ \widehat{cov}(\hat{\beta}_1,\hat{\alpha}) & \widehat{var}(\hat{\beta}_1) & \dots & \widehat{cov}(\hat{\beta}_1,\hat{\beta}_p) \\ \vdots & \vdots & \ddots & \vdots \\ \widehat{cov}(\hat{\beta}_p,\hat{\alpha}) & \widehat{cov}(\hat{\beta}_p,\hat{\beta}_1) & \dots & \widehat{var}(\hat{\beta}_p) \end{pmatrix} \tag{A.68}$$

Das Gauß-Markov-Theorem besagt, dass die KQ-Schätzer unter allen linearen, erwartungstreuen Schätzern eine minimale Varianz haben, wenn die Störgrößen homoskedastisch und unkorreliert sind. Sie sind also *beste lineare erwartungstreue Schätzer* bzw. *BLU-Schätzer* (BLU=*best linear unbiased*).

Bei einer Zweifachregression besteht die Matrix A.68 aus drei Zeilen und drei Spalten mit den Diagonalelementen $\widehat{var}(\hat{\alpha})$, $\widehat{var}(\hat{\beta}_1)$ und $\widehat{var}(\hat{\beta}_2)$. Der folgende Abschnitt zeigt, wie sie in Gretl berechnet werden können.

Berechnung der Parametervarianzen in Gretl

Um die Varianzen der Parameter und daraus die Standardfehler berechnen zu können, werden die Residuen benötigt, die sich aus der Beziehung $y = \hat{y} + \hat{u}$ und dem geschätzten Modell wie folgt berechnen lassen:

$$\hat{u} = \mathbf{y} - \mathbf{X}\hat{\beta} \tag{A.69}$$

Den Vektor $\hat{\beta}$ hatten wir bereits oben berechnet und die Schätzer in der Variablen *ko-eff_schaetzer* gespeichert. Die Variablen *const*, *Quadratmeter* und *Distanz* wurden in der Matrix *M_Regr_Miete* gespeichert.

Das folgende Skript berechnet auf der Basis der Formeln A.67 und A.68 die Varianz-Kovarianz-Matrix der Parameterschätzer:

```
matrix X = {const, Quadratmeter, Distanz}
matrix koeff_schaetzer = inv(X'X) * X'Miete
matrix v_res  = Miete - X * koeff_schaetzer
scalar v_res_var  = (v_res'v_res) / (rows(X) - rows(koeff_schaetzer))
matrix var_cov_M  =  v_res_var * inv((X'X)
matrix se_M = sqrt(diag(var_cov_M))
print "geschaetzte Standardfehler: " se_M
```

In der Skalarvariablen *v_res_var* wird die Varianz der Residuen $\hat{\sigma}^2$ gespeichert, die sich aus dem Quotienten der Residuenquadratsumme und der Anzahl der Freiheitsgrade ergibt. Im konkreten Beispiel ergibt *rows(X)* den Wert 20 (= Anzahl der Beobachtungen) und der Ausdruck *rows(koeff_schaetzer)* den Wert 3 (= Anzahl der Koeffizienten). Die Varianz-Kovarianz-Matrix *var_cov_M* besteht aus drei Zeilen/Spalten und beinhaltet in ihrer Diagonalen die geschätzten Varianzen der Parameter. Mit der Funktion *diag* wird die Diagonale der Varianz-Kovarianzmatrix separiert. Die Quadratwurzel aus diesen Diagonalwerten ergibt die Matrix *se_M* mit den Standardfehlern der Parameterschätzer. Statt der etwas umständlichen Nutzung der Funktion *transp(X)* für die Transponierte einer Matrix **X** wird wieder die kurze Schreibweise *X'* verwendet. Dies gilt auch für die Matrix **v_res**.

Die Selektion des Menüeintrags *Ansicht/Symbolansicht* im Hauptfenster zeigt die zusätzlich angelegten Matrizen *v_res* und *var_cov_M*. Ein Doppelklick auf *var_cov_M* zeigt alle Varianzen und Kovarianzen der Koeffizientenschätzer, siehe Abbildung A.2.

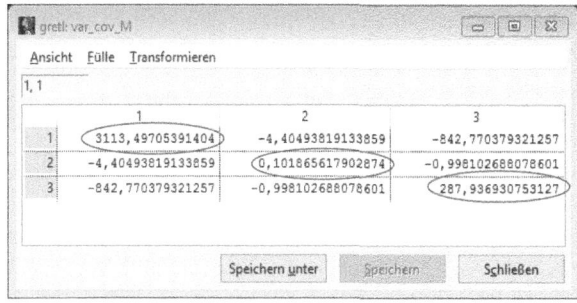

Abb. A.2.: Varianzen und Kovarianzen der Koeffizientenschätzer einer Mehrfachregression

Für die Berechnung der geschätzten Standardfehler geben wir weiter unten noch eine zweite Variante an, die das Vorliegen von Heteroskedastizität berücksichtigt.

Berechnung des Bestimmtheitsmaßes

Sind mehr als zwei Regressoren gegeben, kann zur Berechnung von R^2 auf die Matrixnotation zurückgegriffen werden. Dazu wird die Matrix $\mathbf{X}$ und der Vektor $\mathbf{y}$ mit den Werten der abhängigen Variablen benötigt, sodass R^2 unmittelbar aus den beobachteten Daten wie folgt berechnet werden kann:

$$R^2 = \frac{S_{\hat{y}\hat{y}}}{S_{yy}} = \frac{\mathbf{y}^{\mathrm{T}}\mathbf{X}\left(\mathbf{X}^{\mathrm{T}}\mathbf{X}\right)^{-1}\mathbf{X}^{\mathrm{T}}\mathbf{y} - N\bar{y}}{\mathbf{y}^{\mathrm{T}}\mathbf{y} - N\bar{y}} \tag{A.70}$$

Die Berechnungsvorschrift enthält noch die Anzahl der Beobachtungen N sowie den Mittelwert der y-Werte $\bar{y}$. Eine Herleitung der Formel A.70 ist der einschlägigen Literatur zu entnehmen (siehe zum Beispiel L. v. Auer, 2011).

A.3.2. Heteroskedastizität der Störgrößen

Heteroskedastizität bezieht sich auf eine spezielle Eigenschaft der Varianz der Störgrößen. Diese besteht darin, dass es zwischen einzelnen Beobachtungen oder Gruppen von Beobachtungen deutliche Unterschiede in der Ausprägung der Varianzen gibt.

Durch matrixtheoretische Ableitungen konnte eine allgemeine Formel für die Varianz der Parameterschätzer angegeben werden:

$$V(\hat{\beta}) = \left(\mathbf{X}^{\mathrm{T}}\mathbf{X}\right)^{-1}\mathbf{X}^{\mathrm{T}}E(uu^{\mathrm{T}})\mathbf{X}\left(\mathbf{X}^{\mathrm{T}}\mathbf{X}\right)^{-1} \tag{A.71}$$

In der Formel A.71 entspricht der Teilausdruck $E(uu^{\mathrm{T}})$ der Varianz-Kovarianz-Matrix der Störgrößen, deren Form in A.62 angegeben wurde.

Die Varianzen der Störgrößen besitzen für jede Beobachtung einen unterschiedlichen Wert und spiegeln in dieser Form die Heteroskedastizität der Störgrößen. Wenn die Störgrößen untereinander nicht korreliert sind, besitzen alle Elemente außerhalb der Diagonalen den Wert Null (diese beinhalten die Kovarianzen der Störgrößen).

Wenn man von der Homoskedastizität der Störgrößen ausgeht ($\Omega = \mathbf{I}_N$), dann ergibt sich aus der allgemeinen Formel A.71 die spezielle Form:

$$V(\hat{\beta}) = \left(\mathbf{X}^{\mathrm{T}}\mathbf{X}\right)^{-1}\mathbf{X}^{\mathrm{T}}\sigma^2\mathbf{I}_N\mathbf{X}\left(\mathbf{X}^{\mathrm{T}}\mathbf{X}\right)^{-1} \tag{A.72}$$

Für die KQ-Schätzer stellt Heteroskedastizität kein ernsthaftes Problem dar, aber die Auswirkung auf die Schätzungen der Standardabweichungen $sd(\hat{\alpha})$, $sd(\hat{\beta}_1)$ bis $sd(\hat{\beta}_p)$ führt zu einer Verzerrung sämtlicher Intervallschätzer und Hypothesentests. Es ist deshalb keineswegs angebracht, von der Formel A.72 auszugehen, die das eventuelle Vorliegen von Heteroskedastizität missachtet. Um zu brauchbaren Intervallschätzern und Hypothesentests zu gelangen, sollte die Varianz-Kovarianz-Matrix A.68 herangezogen werden.

White (1980) hat die Empfehlung ausgesprochen, in der Formel A.71 die Matrix $E(uu^{\mathrm{T}})$ durch eine Matrix zu ersetzen, deren Diagonalelemente aus den Residuenquadraten $\hat{u}_1^2$, $\hat{u}_2^2$,... $\hat{u}_N^2$ bestehen. Er konnte zeigen, dass dieser Schätzer insbesondere bei größeren Stichproben gute Schätzeigenschaften besitzt. Ein weiterer Vorteil liegt darin, dass an die Form der Heteroskedastizität keine besonderen Anforderungen gestellt werden müssen. Aufgrund dieser Eigenschaften wird der Schätzer auch als *heteroskedastizitäts-konsistenter Kovarianzmatrix-Schätzer* bezeichnet. Das korrespondierende englische Kürzel HCCME entspricht der Bezeichnung *heteroskedasticity-consistent covariance matrix estimator*.

Davidson und MacKinnon (2004) haben eine weitere Diskussion zum Thema HCCME angestoßen. Sie bezeichnen den Originalvorschlag von White – bei dem die Diagonalelemente von $E(uu^T)$ aus den Residuenquadraten der KQ-Schätzung bestehen – als HC_0. Im Laufe der erwähnten Diskussion wurden weitere Vorschläge erarbeitet, die zusätzliche Varianten bezüglich der Werte der Diagonalelemente von $E(uu^T)$ hervorbrachten. Zum Beispiel beinhaltet die Variante HC_1 noch eine Korrektur durch die Berücksichtigung der Zahl der Freiheitsgrade, indem die Matrix mit dem Bruch (N/N-p) multipliziert wird. Inzwischen hat sich die Zahl der HCCME-Varianten weiter erhöht: Neben den genannten gibt es HC_2 und HC_3. Für weitere Informationen zu diesen Besonderheiten sei hier auf das Gretl-Benutzerhandbuch verwiesen. Dort wird erwähnt, dass es keinen Konsens darüber gibt, welche Korrekturvariante die „beste" ist. In Gretl wird der HCCME-Standard HC_0 verwendet. Selbstverständlich können Anwender auch eine andere Variante auswählen. Dafür stellt Gretl einen HCCME-Konfigurationsdialog zur Verfügung. Innerhalb der Skriptsprache muss dafür das Kommando *set* verwendet werden. Um zum Beispiel die Variante HC_1 einzustellen, wird folgendes Kommando eingegeben:

```
set hc_version 1
```

Das folgende Gretl-Skript nutzt den Vorschlag von White und berechnet die Varianzen der Störgrößen, indem in der Diagonalen der Varianz-Kovarianz-Matrix die Quadrate der N Residuen $\hat{u}_1, \hat{u}_2,...,\hat{u}_N$ eingetragen werden. In Gretl ist dies die HC0-Variante einer Heteroskedastitätskorrektur. Wir erhalten dadurch bessere Schätzer für die Standardfehler.

```
matrix X = {const, Quadratmeter, Distanz}
matrix v_res  = Miete - X * koeff_schaetzer
matrix RQ = v_res*v_res'
matrix V = invpd(X'X) * X'RQ * invpd(X'X)
matrix se = sqrt(diag(V))
print "geschaetzte Standardfehler: " se
```

Die Matrix RQ enthält bei ihrer Initialisierung in der Diagonalen die Residuenquadrate der einzelnen Residuen $\hat{u}_i^2$ und ansonsten die Kovarianzen $cov(u_i, u_j)$. Die anschließende Anweisung berechnet die Varianz-Kovarianz-Matrix V der Koeffizientenschätzer.

Gewichtete KQ-Schätzung

Die gewichtete KQ-Schätzung (WLS) wird in Gretl mit dem Kommando *wls* durchgeführt. Für die weiteren Ausführungen wird davon ausgegangen, dass für jede Beobachtung i eine lineare Abhängigkeit der Störgrößenvarianzen σ_i^2 von den Werten der unabhängigen Variablen x_{ki} in der Form $\sigma_i^2 = \sigma^2 \cdot x_{ki}$ vorliegt. Mit den Mitteln der Matrixnotation soll gezeigt werden, wie sich das allgemeine Regressionsmodell mit heteroskedastischen Störgrößen in ein Modell mit homoskedastischen Störgrößen transformieren lässt.

Für die einzelne Beobachtung i besteht die Transformation darin, die Werte der abhängigen Variablen und des Regressors x_k mit dem Faktor $1/\sqrt{x_{ki}}$ zu gewichten, sodass sich folgendes (gewichtetes) Regressionsmodell ergibt:

$$\frac{y_i}{\sqrt{x_{ki}}} = \alpha \frac{1}{\sqrt{x_{ki}}} + \beta_1 \frac{x_{1i}}{\sqrt{x_{ki}}} + \beta_2 \frac{x_{2i}}{\sqrt{x_{ki}}} + ... + \beta_p \frac{x_{pi}}{\sqrt{x_{ki}}} + \frac{u_i}{\sqrt{x_{ki}}} \qquad (A.73)$$

Für die Gesamtheit aller Beobachtungen definieren wir eine reguläre (N×N)-Matrix **P**, die in der Diagonalen die Gewichte aller Beobachtungen 1,...,N enthält. Eine solche Matrix wird auch als *Transformationsmatrix* bezeichnet.

$$P = \begin{pmatrix} 1/\sqrt{x_{k1}} & 0 & ... & 0 \\ 0 & 1/\sqrt{x_{k2}} & ... & 0 \\ \vdots & \vdots & \ddots & \vdots \\ 0 & 0 & ... & 1/\sqrt{x_{kN}} \end{pmatrix} \qquad (A.74)$$

In Analogie zu Gleichung A.73 können wir das transformierte Regressionsmodell in Matrixschreibweise formulieren:

$$\mathbf{Py} = \mathbf{PX}\beta + \mathbf{Pu} \qquad (A.75)$$

In ausführlicher Darstellung ergibt sich folgende Matrizengleichung:

$$\begin{pmatrix} y_1/\sqrt{x_{k1}} \\ y_2/\sqrt{x_{k2}} \\ \vdots \\ y_N/\sqrt{x_{kN}} \end{pmatrix} = \begin{pmatrix} 1/\sqrt{x_{k1}} & x_{11}/\sqrt{x_{k1}} & ... & x_{p1}/\sqrt{x_{k1}} \\ 1/\sqrt{x_{k2}} & x_{12}/\sqrt{x_{k2}} & ... & x_{p2}/\sqrt{x_{k2}} \\ \vdots & \vdots & \ddots & \vdots \\ 1/\sqrt{x_{kN}} & x_{1N}/\sqrt{x_{kN}} & ... & x_{pN}/\sqrt{x_{kN}} \end{pmatrix} \cdot \begin{pmatrix} \alpha \\ \beta_1 \\ \vdots \\ \beta_p \end{pmatrix} + \begin{pmatrix} u_1/\sqrt{x_{k1}} \\ u_2/\sqrt{x_{k2}} \\ \vdots \\ u_N/\sqrt{x_{kN}} \end{pmatrix}$$
$$(A.76)$$

Mit den Ersetzungen $\mathbf{y}^* = \mathbf{Py}$, $\mathbf{X}^* = \mathbf{PX}$ sowie $\mathbf{u}^* = \mathbf{Pu}$ lässt sich das transformierte Modell A.75 in der übersichtlichen Form

$$\mathbf{y}^* = \mathbf{X}^*\beta + \mathbf{u}^* \qquad (A.77)$$

schreiben.

Weil die Matrix **P** aus Konstanten besteht, folgt für den Erwartungswert der Störgrößen $\mathbf{u}^*$:

$$E(\mathbf{u}^*) = E(\mathbf{Pu}) = \mathbf{P}E(\mathbf{u}) = \mathbf{0} \qquad (A.78)$$

Die Varianz-Kovarianz-Matrix der Störgrößen des transformierten Modells lautet:

$$V(\mathbf{u}^*) = E\left[(\mathbf{Pu} - E(\mathbf{Pu}))(\mathbf{Pu} - E(\mathbf{Pu}))^T\right]$$

$$= E\left[\mathbf{P}\mathbf{u}\mathbf{u}^T\mathbf{P}^T\right] \qquad\qquad wegen\quad A.78$$

$$= \mathbf{P}E(\mathbf{u}\mathbf{u}^T)\mathbf{P}^T$$

$$= \mathbf{P}\sigma^2\Omega\mathbf{P}^T \qquad\qquad wegen\quad A.62$$

$$= \sigma^2\mathbf{P}\Omega\mathbf{P}^T$$

$$= \sigma^2\mathbf{I}_N \tag{A.79}$$

Der Nachweis, dass $\mathbf{I}_N = \mathbf{P}\Omega\mathbf{P}^T$ gilt, kann leicht erbracht werden. Wenn von Heteroske-dastizität der Form $\sigma_i^2 = \sigma^2 \cdot x_{ki}$ ausgegangen wird, dann folgt $x_{ki} = \sigma_i^2/\sigma^2$ und die Matrix Ω besitzt die spezielle Form

$$\Omega = \begin{pmatrix} x_{k1} & 0 & \dots & 0 \\ 0 & x_{k2} & \dots & 0 \\ \vdots & \vdots & \ddots & \vdots \\ 0 & 0 & \dots & x_{kN} \end{pmatrix} \tag{A.80}$$

In ausführlicher Darstellung ergibt das Matrixprodukt

$$\mathbf{P}\Omega\mathbf{P}^T = \begin{pmatrix} 1/\sqrt{x_{k1}} & \dots & 0 \\ \vdots & \ddots & \vdots \\ 0 & \dots & 1/\sqrt{x_{kN}} \end{pmatrix} \cdot \begin{pmatrix} x_{k1} & \dots & 0 \\ \vdots & \ddots & \vdots \\ 0 & \dots & x_{kN} \end{pmatrix} \cdot \begin{pmatrix} 1/\sqrt{x_{k1}} & \dots & 0 \\ \vdots & \ddots & \vdots \\ 0 & \dots & 1/\sqrt{x_{kN}} \end{pmatrix}$$
$$\tag{A.81}$$

die $(N{\times}N)$-Einheitsmatrix $\mathbf{I}_N$. Damit kann als Ergebnis festgehalten werden, dass die Varianz-Kovarianz-Matrix des transformierten Modells der Störgrößen die Diagonalelemente σ^2 besitzt. Dies bedeutet, dass die Störgrößen des transformierten Modells homoskedastisch sind.

Die KQ-Schätzer des transformierten Modells A.77 werden auch als *VKQ-Schätzer* oder *WLS-Schätzer* bezeichnet. Diese lassen sich aus dem transformierten Modell mit der Formel berechnen, die wir für den Vektor der KQ-Schätzer $\hat{\beta}$ hergeleitet hatten (siehe auch A.51):

$$\hat{\beta}^{wls} = \left(\mathbf{X}^{*T}\mathbf{X}^*\right)^{-1}\mathbf{X}^{*T}\mathbf{y}^*$$

$$= \left[(\mathbf{P}\mathbf{X})^T\mathbf{P}\mathbf{X}\right]^{-1}(\mathbf{P}\mathbf{X})^T(\mathbf{P}\mathbf{y})$$

$$= \left[\mathbf{X}^T\mathbf{P}^T\mathbf{P}\mathbf{X}\right]^{-1}\mathbf{X}^T\mathbf{P}^T\mathbf{P}\mathbf{y}$$

$$= \left[\mathbf{X}^T\Omega^{-1}\mathbf{X}\right]^{-1}\mathbf{X}^T\Omega^{-1}\mathbf{y} \tag{A.82}$$

Die letzte Zeile in A.82 erhält man aus der Gültigkeit der Beziehung $\mathbf{P}^T\mathbf{P} = \Omega^{-1}$. Diese lässt sich aus der Identität $\mathbf{P}\Omega\mathbf{P}^T = \mathbf{I}_N$ in A.81 wie folgt ableiten:

$$\mathbf{P}\Omega\mathbf{P}^T = \mathbf{I}_N \qquad\qquad Linksmultipl.\ \ mit\ \ \mathbf{P}^{-1}$$

$$\Rightarrow\quad \Omega\mathbf{P}^T = \mathbf{P}^{-1} \qquad\qquad Linksmultipl.\ \ mit\ \ \Omega^{-1}$$

$$\Rightarrow \quad \mathbf{P}^T = \Omega^{-1}\mathbf{P}^{-1} \qquad Rechtsmultipl. \ mit \ \mathbf{P}$$

$$\Rightarrow \quad \mathbf{P}^T\mathbf{P} = \Omega^{-1} \tag{A.83}$$

Die WLS-Schätzer des transformierten Modells $\hat{\beta}^{wls}$ unterscheiden sich also von den KQ-Schätzern des ursprünglichen Modells $\hat{\beta}$ dadurch, dass in ihrer Berechnungsformel die Matrix Ω^{-1} enthalten ist (siehe A.82).

Für den speziellen Fall $\Omega^{-1} = \mathbf{I}_N$, also der Homoskedastizität der Störgrößen, gilt $\hat{\beta}^{wls} = \hat{\beta}^{KQ}$.

Die KQ-Schätzer wie auch die VKQ-Schätzer sind unverzerrt, sodass der Erwartungswert die wahren Schätzer ergibt:

$$E(\hat{\beta}^{wls}) = E(\hat{\beta}^{KQ}) = \beta \tag{A.84}$$

Die Varianz-Kovarianzmatrix der VKQ-Schätzer hat aufgrund der Homoskedastizität der Störgrößen folgendes Aussehen:

$$\begin{aligned}
V(\hat{\beta}^{wls}) &= \sigma^2 \left[\mathbf{X}^{*T}\mathbf{X}^*\right]^{-1} \\
&= \sigma^2 \left[(\mathbf{PX})^T\mathbf{PX}\right]^{-1} \\
&= \sigma^2 \left[\mathbf{X}^T\mathbf{P}^T\mathbf{PX}\right]^{-1} \\
&= \sigma^2 \left[\mathbf{X}^T\Omega^{-1}\mathbf{X}\right]^{-1}
\end{aligned} \tag{A.85}$$

Um die Varianz-Kovarianzmatrix in A.85 berechnen zu können, wird zur Schätzung der unbekannten Störgrößenvarianz σ^2 der Schätzer

$$\hat{\sigma}^2 = \frac{\hat{\mathbf{u}}^{*T}\hat{\mathbf{u}}^*}{N-p-1} = \frac{(\mathbf{P\hat{u}})^T\mathbf{P\hat{u}}}{N-p-1} \tag{A.86}$$

verwendet.

Gewichtete Schätzung in Gretl

Für die Durchführung der gewichteten Schätzung wird wieder das Dataset *food.gdt* herangezogen. Im nachfolgenden Skript werden zunächst die gewichteten KQ-Schätzer (Variable *beta_wls*) und zum Vergleich die ungewichteten KQ-Schätzer (Variable *beta*) ermittelt. Nach der Definition der dafür erforderlichen Matrizen werden in einer loop-Schleife zunächst die Diagonalelemente der Matrix P berechnet (siehe A.74). Die Berechnung der Schätzer *beta_wls* erfolgt nach der Formel A.82.

```
set echo off
matrix X = {const, income}
matrix y = food_exp
matrix P = zeros($nobs,$nobs)
matrix beta_wls = zeros(2,1)
matrix beta = zeros(2,1)
loop i=1..$nobs
```

```
   P[i,i] = 1 / sqrt(income[i])
endloop
matrix X_stern = P*X
matrix y_stern = P*y
# Berechnung der Parameter
beta = invpd(X'X) * X'y      # numerisch weniger effizient: inv()
beta_wls = invpd(X_stern'X_stern) * X_stern'y_stern
print beta
print beta_wls
```

Für die gewichteten Schätzer erhalten wir die Werte $\hat{\alpha}^{wls} = 78,68$ und $\hat{\beta}^{wls} = 10,21$, für die ungewichteten KQ-Schätzer ergibt sich $\hat{\alpha}^{KQ} = 83,41$ und $\hat{\beta}^{KQ} = 10,45$.

In analoger Weise erfolgt die Berechnung der Standardfehler der VKQ (WLS)-Schätzung. Der Schätzer der unbekannten Störgrößenvarianz $\hat{\sigma}^2$ wird nach der Formel A.86 ermittelt und in der Variablen *sigma_q_wls* gespeichert. In der Folgezeile werden mit der Funktion *diag* die Varianzen der Schätzer aus der Diagonalen der Varianz-Kovarianz-Matrix extrahiert. Die Varianz-Kovarianz-Matrix bildet das Argument der Funktion *diag* und wird nach der Formel A.85 berechnet.

Zum Vergleich werden auch die Standardfehler der ungewichteten KQ-Schätzung ermittelt.

```
# Berechnung der Varianzen
matrix u_stern = y_stern - X_stern * beta_wls
scalar sigma_q_wls = (u_stern'u_stern) / ($nobs - 2)
matrix var_beta_wls = diag( sigma_q_wls * invpd(X_stern'X_stern) )
matrix sd_beta_wls = sqrt(var_beta_wls)
print sd_beta_wls
matrix u = y - X * beta
scalar sigma_q = (u'u) / ($nobs - 2)
matrix var_beta = diag( sigma_q * invpd(X'X) )
matrix sd_beta = sqrt(var_beta)
print sd_beta
```

Für die gewichteten Schätzer erhalten wir jeweils die Standardfehler $sd(\hat{\alpha}^{wls}) = 23,78$ und $sd(\hat{\beta}^{wls}) = 1,38$. Für die ungewichteten KQ-Schätzer hingegen ergeben sich die Standardfehler $sd(\hat{\alpha}^{KQ}) = 43,41$ und $sd(\hat{\beta}^{KQ}) = 2,09$. Die Standardfehler der WLS-Schätzung sind also erheblich geringer als die der ungewichteten Schätzung. Die Werte sind identisch mit den Berechnungen der Tabelle 5.2.

A.3.3. Autokorrelation der Störgrößen

Die Autokorrelation der Störgrößen (Verletzung der Annahme B3, ☞ Abschnitt 4.4.5) ist ein weiterer Grund dafür, dass die Schätzer nicht effizient sind. Wie erwähnt tritt dieses Problem vor allem bei Zeitreihen auf. Dazu betrachten wir noch einmal die Formel zur Berechnung der Varianz-Kovarianzmatrix der KQ-Schätzer $\hat{\beta}$:

$$V(\hat{\beta}) = \left(\mathbf{X}^T\mathbf{X}\right)^{-1}\mathbf{X}^T E(uu^T)\mathbf{X}\left(\mathbf{X}^T\mathbf{X}\right)^{-1} \tag{A.87}$$

In dieser Formel entspricht der Teilausdruck $E(uu^{\mathrm{T}})$ der Varianz-Kovarianzmatrix der Störgrößen. Um diese darzustellen, erinnern wir uns an die Beschreibung der Störgrößen als einem autoregressiven Prozess ersten Grades, für die wir die Varianzen und Kovarianzen im Abschnitt 6.2.2 wie folgt ermittelt haben:

$$var(u_t) = \sigma_e^2 \frac{1}{1-\rho^2} = \sigma^2$$

$$cov(u_t, u_{t-r}) = \rho^r \sigma_e^2 \frac{1}{1-\rho^2} = \rho^r \sigma^2 \tag{A.88}$$

Die Kovarianz zwischen zwei verschiedenen Störgrößen u_{t-r} und u_t hängt also von dem Parameter ρ des AR(1)-Prozesses der Störgrößen und dem zeitlichen Abstand r der Störgrößen ab. Die Varianz der u_t wird vom Parameter ρ und der Störgrößenvarianz σ_e^2 des AR(1)-Prozesses bestimmt. Ausgehend von diesen Zusammenhängen kann also die Varianz-Kovarianzmatrix der Störgrößen wie folgt dargestellt werden:

$$E(uu^{\mathrm{T}}) = var(\mathbf{u}) = \begin{pmatrix} var(u_1) & cov(u_1 u_2) & \dots & cov(u_1 u_T) \\ cov(u_2 u_1) & var(u_2) & \dots & cov(u_2 u_T) \\ \vdots & \vdots & \ddots & \vdots \\ cov(u_T u_1) & cov(u_T u_2) & \dots & var(u_T) \end{pmatrix}$$

$$= \begin{pmatrix} \sigma^2 & \rho\sigma^2 & \dots & \rho^{T-1}\sigma^2 \\ \rho\sigma^2 & \sigma^2 & \dots & \rho^{T-2}\sigma^2 \\ \vdots & \vdots & \ddots & \vdots \\ \rho^{T-1}\sigma^2 & \rho^{T-2}\sigma^2 & \dots & \sigma^2 \end{pmatrix} \tag{A.89}$$

Bei einem hohen Wert von ρ, der ausgeprägtes Maß an Autokorrelation der Störgrößen offenbart, erhalten wir also eine starke Verzerrung der Varianzen der KQ-Schätzer. Bezeichnen wir die Matrix in A.89 abkürzend mit $\sigma^2\Omega$, so ergibt sich für Ω die Darstellung

$$\Omega = \begin{pmatrix} 1 & \rho & \dots & \rho^{T-1} \\ \rho & 1 & \dots & \rho^{T-2} \\ \vdots & \vdots & \ddots & \vdots \\ \rho^{T-1} & \rho^{T-2} & \dots & 1 \end{pmatrix} \tag{A.90}$$

Um zu verhindern, dass die Ergebnisse statistischer Tests wie t-Test und F-Test verfälscht sind und Konfidenzintervalle nicht korrekt berechnet werden, muss für die Berechnung der Varianz-Kovarianzmatrix $V(\hat{\beta})$ die Matrix $\sigma^2\Omega$ herangezogen werden, da sie die Autokorrelation der Störgrößen berücksichtigt. Das praktische Problem besteht allerdings darin, dass die Matrix $\sigma^2\Omega$ nicht bekannt ist und daher geschätzt werden muss. Ein solcher Schätzer wurde von Newey und West (1987) vorgeschlagen. Er ersetzt die Elemente der Matrix durch geeignete Funktionen der OLS-Residuen. Diese sog. HAC-Schätzer (=heteroscedasticity and autocorrelation consistant) für $V(\hat{\beta})$ sind bei der Modellschätzung im Variablenauswahlfenster zu aktivieren und auch im Fall vorhandener Autokorrelation der Residuen anwendbar.

Eine weitere Möglichkeit besteht darin, das durch Autokorrelation gekennzeichnete Ausgangsmodell über eine geeignete Transformation der Variablenwerte in ein äquivalentes Modell zu überführen, in dem die Nichtdiagonalelemente der Varianz-Kovarianzmatrix (also die Kovarianzen der Störgrößen) den Wert Null besitzen. Die Schätzer des so entstehenden neuen Modells sind beste lineare und unverzerrte Schätzer und haben damit die Eigenschaft BLUE. Sie heißen *verallgemeinerte KQ-Schätzer* (engl. *generalized least squares = GLS*).

Es ist also das Ziel, für diese KQ-Schätzer $\hat{\beta}^{VKQ}$ eine Varianz-Kovarianzmatrix mit der folgenden Eigenschaft zu finden:

$$V(\hat{\beta}^{VKQ}) = \left(\mathbf{X}^{*T}\mathbf{X}^*\right)^{-1}\mathbf{X}^{*T}\sigma^2 I_T \mathbf{X}^* \left(\mathbf{X}^{*T}\mathbf{X}^*\right)^{-1} = \sigma^2 \left(\mathbf{X}^{*T}\mathbf{X}^*\right)^{-1} \quad (A.91)$$

Wenn sich eine Transformationsmatrix $\mathbf{P}$ finden lässt, die die Varianz-Kovarianzmatrix der Störgrößen aus A.89 in eine Diagonalmatrix $\sigma^2 I_T$ überführt, dann lassen sich die VKQ-Schätzer aus den Werten der Matrix $\mathbf{X}^*$, die die transformierten Werte der Matrix $\mathbf{X}$ enthält, nach der Formel A.91 berechnen. Das allgemeine Modell, das frei von Autokorrelation der Störgrößen ist, besitzt dann die Form

$$\mathbf{y}^* = \mathbf{X}^* \beta^{VKQ} + \mathbf{u}^* \quad (A.92)$$

Dabei werden in dem Modell A.92 die Größen $\mathbf{y}^*$, $\mathbf{X}^*$ und $\mathbf{u}^*$ durch folgende Transformationen erzeugt: $\mathbf{y}^* = \mathbf{P}\mathbf{y}$, $\mathbf{X}^* = \mathbf{P}\mathbf{X}$ und $\mathbf{u}^* = \mathbf{P}\mathbf{u}$. Die Matrix $\mathbf{P}$ ist so zu bestimmen, dass die Störgrößen des transformierten Vektors $\mathbf{u}^*$ im VKQ-Modell A.92 keine Autokorrelation besitzen, die Schätzer $\hat{\beta}^{VKQ}$ also die Eigenschaft BLUE haben.

Bildet man die Varianz des Störgrößenvektors $\mathbf{u}^* = \mathbf{P}\mathbf{u}$, so erhält man:

$$
\begin{aligned}
V(\mathbf{P}\mathbf{u}) &= E\left[[\mathbf{P}\mathbf{u} - E(\mathbf{P}\mathbf{u})][\mathbf{P}\mathbf{u} - E(\mathbf{T}\mathbf{u})]^T\right] \\
&= E[\mathbf{P}\mathbf{u}\mathbf{u}^T\mathbf{P}^T] \qquad \textit{wegen} \quad E(\mathbf{P}\mathbf{u}) = \mathbf{P}E(\mathbf{u}) = 0 \\
&= \mathbf{P}E(\mathbf{u}\mathbf{u}^T)\mathbf{P}^T \qquad \textit{wegen} \quad A.89/A.90 \\
&= \sigma^2\mathbf{P}\Omega\mathbf{P}^T = \sigma^2\mathbf{I}_T = \sigma^2 \qquad\qquad\qquad\qquad (A.93)
\end{aligned}
$$

Den Lehrbüchern zur Linearen Algebra ist zu entnehmen, dass für eine positiv semidefinite Matrix wie Ω eine Matrix $\mathbf{P}$ existiert, sodass der Ausdruck $\mathbf{P}\Omega\mathbf{P}^T$ in A.93 die Einheitsmatrix $\mathbf{I}_T$ ergibt. Die Existenz dieser Matrix stellt sicher, dass das Modell A.92 homoskedastische Störgrößen mit der Varianz σ^2 besitzt. Die Matrix $\mathbf{P}$ hat folgendes Aussehen:

$$
P = \frac{1}{\sqrt{1-\rho^2}}
\begin{pmatrix}
\sqrt{1-\rho^2} & 0 & 0 & \dots & 0 & 0 \\
-\rho & 1 & 0 & \dots & 0 & 0 \\
0 & -\rho & 1 & \dots & 0 & 0 \\
\vdots & \vdots & & \ddots & \vdots & \vdots \\
0 & 0 & 0 & \dots & -\rho & 1 \\
0 & 0 & 0 & \dots & -\rho & 1
\end{pmatrix}
\quad (A.94)
$$

Wenn wir das transformierte Modell A.92 mit dem Faktor $\sqrt{1-\rho^2}$ multiplizieren, können wir die Komponenten der abhängigen Variablen $\mathbf{y}^*$, der Störgrößen $\mathbf{u}^*$ und der Matrix der transformierten Regressoren $\mathbf{X}^*$ wie folgt berechnen:

$$\mathbf{y}^* = \sqrt{1-\rho^2}P\mathbf{y} = \begin{pmatrix} \sqrt{1-\rho^2}y_1 \\ y_2 - \rho y_1 \\ \vdots \\ y_T - \rho y_{T-1} \end{pmatrix} \tag{A.95}$$

Die Komponenten des Vektors $\mathbf{y}^*$ ergeben sich also durch folgende Transformationen: $y_1^* = \sqrt{1-\rho^2}y_1, y_2^* = y_2 - \rho y_1$ usw.

$$\mathbf{u}^* = \sqrt{1-\rho^2}P\mathbf{u} = \begin{pmatrix} \sqrt{1-\rho^2}u_1 \\ u_2 - \rho u_1 \\ \vdots \\ u_T - \rho u_{T-1} \end{pmatrix} = \begin{pmatrix} \sqrt{1-\rho^2}u_1 \\ e_2 \\ \vdots \\ e_T \end{pmatrix} \tag{A.96}$$

Die Komponenten des Vektors $\mathbf{u}^*$ ergeben sich durch die Transformationen $u_1^* = \sqrt{1-\rho^2}u_1$, $u_2^* = u_2 - \rho u_1$ usw. Der Erwartungswert der einzelnen Störgrößen u_i^* (i=1,...,T) beträgt $E(u_i^*)$ = 0 und für die Varianz gilt $var(u_i^*) = \sigma_e^2$. Es lässt sich leicht nachweisen, dass diese Eigenschaften auch für die erste Komponente gilt, deren Transformationsregel von denen der restlichen Komponenten abweicht.

$$\mathbf{X}^* = \sqrt{1-\rho^2}P\mathbf{X} = \begin{pmatrix} \sqrt{1-\rho^2} & \sqrt{1-\rho^2}x_{11} & \cdots & \sqrt{1-\rho^2}x_{p1} \\ 1-\rho & x_{12} - \rho x_{11} & \cdots & x_{p2} - \rho x_{p1} \\ \vdots & \vdots & \ddots & \vdots \\ 1-\rho & x_{1T} - \rho x_{1T-1} & \cdots & x_{pT} - \rho x_{pT-1} \end{pmatrix} \tag{A.97}$$

Die erste Spalte der transformierten Matrix $\mathbf{X}^*$ beschreibt die Transformationsregeln für die Regressionskonstante. Man beachte wiederum, dass die Regel für die erste Komponente von den restlichen abweicht. Die Transformationsregeln für die Werte der Regressoren sind mit denen der abhängigen Variablen bzw. der Störgrößen identisch.

VKQ-Schätzung in Gretl

Im folgenden Skript werden die VKQ-Schätzer des Modells 6.3 aus dem Abschnitt 6.2.1 mit Hilfe der oben dargestellten Matrizengleichungen berechnet. Aus den Residuen des mit

OLS geschätzten Modells wird zunächst der Parameter ρ des AR(1)-Prozesses der Residu-
en ermittelt. Aus der Matrix **A**, die die Werte aller(!) Variablen des Modells enthält, werden
zunächst die Regressoren *const*, *g*, *g_1*, *g_2* und *g_3* extrahiert und in der Matrix **X** gespeichert. Die erste Spalte von **A** enthält die abhängige Variable *d_u* des Modells und wird in
der Variablen **y** gespeichert. Im mittleren Teil wird die Transformationsmatrix **P** gemäß A.94
aufgebaut. Dabei ist zu beachten, dass die Matrix **A** nur $nobs - 3$ Zeilen enthält, da durch
die Bildung von drei Lagvariablen die ersten drei Beobachtungen von *g_3* nicht gefüllt sind.
Damit sind auch die ersten drei Beobachtungen der übrigen Regressoren nicht brauchbar und
werden ignoriert. Im unteren Teil des Skripts werden die Transformationen durchgeführt und
zum Vergleich sowohl eine VKQ-Schätzung als auch eine OLS-Schätzung durchgeführt.

```
scalar i = 1
lags g
diff u
ols d_u const g g_1 g_2 g_3      # ols-Schaetzung des Ausgangsmodells
series res = $uhat
lags res
ols res res_1                    # ols-Schaetzung des AR(1)-Prozesses
scalar rho = $coeff              # Ermittlung von rho
matrix A = {d_u, const, g, g_1, g_2, g_3}
matrix X = A[,2:6]               # Befuellung der Matrix X
matrix y = A[,1]                 # Befuellung der Matrix y
matrix P = zeros($nobs-3, $nobs-3)
matrix beta_vkq = zeros(4,1)
matrix beta = zeros(4,1)
P[i,i] = sqrt(1-rho^2)           # Befuellung der Transformationsmatrix P
loop i=2..$nobs-4
    P[i,i] = 1
    P[i+1,i] = -rho
endloop
P[$nobs-3,$nobs-3] = 1
matrix X_stern = P*X             # Transformation von X
matrix y_stern = P*y             # Transformation von y
# Berechnung der Parameter
beta = invpd(X'X) * X'y
beta_vkq = invpd(X_stern'X_stern) * X_stern'y_stern
```

Im zweiten Teil des Skripts (s.u.) werden die Standardabweichungen der OLS-bzw. VKQ-
Schätzer ermittelt. Dafür müssen zunächst die Schätzer der Residuenvarianzen berechnet
werden (Variablen *sigma_q* und *sigma_q_vkq*).

```
# Berechnung der Varianzen
matrix v = y - X * beta
scalar sigma_q = (v'v) / ($nobs - 8)
matrix var_beta = diag( sigma_q * invpd(X'X) )
matrix sd_beta = sqrt(var_beta)
matrix u_stern = y_stern - X_stern * beta_vkq
scalar sigma_q_vkq = (u_stern'u_stern) / ($nobs - 8)
matrix var_beta_vkq = diag( sigma_q_vkq * invpd(X_stern'X_stern) )
matrix sd_beta_vkq = sqrt(var_beta_vkq)
```

In der folgenden Tabelle sind die vom Gretl-Skript erzeugten Ergebnisse zusammengestellt. Sie sind im wesentlichen identisch mit den Ergebnissen im Abschnitt 6.2.1.

Vergleich des VKQ-Schätzers mit dem OLS-Schätzer

	VKQ-Schätzer	OLS-Schätzer
const	0,54340	0,58097
	(0,069590)	(0,053889)
g	−0,17712	−0,20205
	(0,030870)	(0,033013)
g_1	−0,16981	−0,16454
	(0,031018)	(0,035818)
g_2	−0,076974	−0,071556
	(0,030707)	(0,035304)
g_3	0,019068	0,0033030
	(0,032154)	(0,036260)

A.3.4. Endogenität von Regressoren

Für die matrixbezogene Behandlung der Endogenität eines oder mehrerer Regressoren betrachten wir als Ausgangspunkt unserer Überlegungen wieder das ökonometrische Modell

$$\mathbf{y} = \mathbf{X}\beta + \mathbf{u} \qquad (A.98)$$

wobei für die einzelnen Komponenten gilt:

- $\mathbf{y}$ ist ein $N \times 1$ Vektor der Beobachtungen y_i mit $i = 1, ..., N$

- $\mathbf{X}$ ist eine $N \times (p+1)$-Matrix von p Variablen X_{1i} bis X_{pi} mit $i = 1, ..., N$. Die erste Spalte beinhaltet den $N \times 1$ Konstantenvektor $[1, 1, ..., 1]^T$.

- $\mathbf{u}$ ist der $N \times 1$ Vektor der Störgrößen.

- $\beta = [\alpha, \beta_1, ..., \beta_p]$ ist der $(p+1) \times 1$ Vektor der Parameter.

Für die OLS-Schätzer β erhielten wir die folgende Bestimmungsgleichung:

$$\hat{\beta}^{OLS} = (\mathbf{X}^T\mathbf{X})^{-1}\mathbf{X}^T\mathbf{y} = \beta + (\mathbf{X}^T\mathbf{X})^{-1}\mathbf{X}^T\mathbf{u} \qquad (A.99)$$

Wenn mindestens ein Regressor mit den Störgrößen korreliert ist, gilt für den Erwartungswert der Störgrößen

$$E(\mathbf{u}|\mathbf{X}) \neq 0 \qquad (A.100)$$

Daraus folgt für den Erwartungswert der KQ-Schätzer, dass sie verzerrt sind:

$$E\left(\hat{\beta}^{OLS}|\mathbf{X}\right) = \beta + E\left[((\mathbf{X}^T\mathbf{X})^{-1}\mathbf{X}^T\mathbf{u})|\mathbf{X}\right] = \beta + (\mathbf{X}^T\mathbf{X})^{-1}\mathbf{X}^T E(\mathbf{u}|\mathbf{X}) \neq \beta \qquad (A.101)$$

Mit der obigen Definition des Vektors der OLS-Schätzer sind wir in der Lage, für das multiple Regressionsmodell die Wahrscheinlichkeitsgrenzwerte der OLS-Schätzer anzugeben:

$$plim\left(\hat{\beta}^{OLS}\right) = \beta + plim\left(\frac{1}{N}\mathbf{X}^T\mathbf{X}\right)^{-1} \cdot plim\left(\frac{1}{N}\mathbf{X}^T\mathbf{u}\right) \tag{A.102}$$

Im Fall der Endogenität mindestens eines Regressors erhalten wir für $\mathbf{X}^T\mathbf{u}$ einen Wahrscheinlichkeitsgrenzwert, der durch den Vektor $\mathbf{q}$ gegeben ist:

$$plim\left(\frac{1}{N}\mathbf{X}^T\mathbf{u}\right) = \mathbf{q} \neq \mathbf{0}_{(p+1)\times 1} \tag{A.103}$$

Der einspaltige Vektor $\mathbf{q}$ besitzt als Produkt der Transponierten von $\mathbf{X}$ und dem Vektor der Störgrößen genau $p+1$ Elemente. Der Ausdruck $(1/N)\cdot\mathbf{X}^T\mathbf{X}$ liefert als Grenzwert eine positiv definite $(p+1)\times(p+1)$-Matrix, die wir mit $\mathbf{Q}_{XX}$ abkürzen wollen:

$$plim\left(\frac{1}{N}\mathbf{X}^T\mathbf{X}\right) = \mathbf{Q}_{XX} \tag{A.104}$$

Die Wahrscheinlichkeitsgrenzwerte der OLS-Schätzer ergeben sich damit zu:

$$plim\left(\hat{\beta}^{OLS}\right) = \beta + \mathbf{Q}_{XX}^{-1}\mathbf{q} \neq \beta \tag{A.105}$$

Gleichung A.105 zeigt, dass im Fall der Endogenität mindestens eines Regressors für den Wahrscheinlichkeitsgrenzwert der OLS-Schätzer eine Verzerrung (*bias*) in Höhe von $\mathbf{Q}_{XX}^{-1}\mathbf{q}$ auftritt.

B. Übersicht der Gretl-Funktionen und Kommandos

Der Anhang B enthält einerseits einen Überblick über die statistischen Funktionen und Kommandos, die in diesem Lehrbuch verwendet werden. Darüber hinaus werden einige Funktionen und Kommandos angegeben, die Anwender in eigenen Skripts sinnvoll verwenden können. Da Gretl ein sehr viel größeres Paket zur Verfügung stellt, das hier nicht in der Breite behandelt werden kann, sei auf die Übersicht aller Befehle und Funktionen verwiesen, die im Hilfemenü des Hauptfensters bereitgestellt wird.

Es sei noch darauf hingewiesen, dass ein Gretl-*Befehl* (auch: *Kommando*) am Anfang einer Zeile stehen muss und die weiteren Parameter und Optionen ohne Klammern dahinter folgen, wie z.B. beim *ols*-Befehl. Im Gegensatz dazu kann eine Gretl-*Funktion* z.B. auch auf der rechten Seite einer Zuweisung stehen, und ihre Argumente werden in runden Klammern eingeschlossen. Ein Beispiel wäre der Ausdruck *mean(x)*.

B.1. Allgemeine Kommandos

Zunächst dokumentieren wir hier Kommandos und Funktionen, die in verschiedenen Zusammenhängen anwendbar sind.

eval	Output:	Ergebnis eines Ausdrucks
	Argument:	Beliebiger Ausdruck

Das *eval*-Kommando ist eine Art Schweizer Taschenmesser von Gretl, mit dem das Ergebnis irgendeiner Funktion oder eines kombinierten Ausdrucks ermittelt werden kann. (Ein anderes Gretl-Kommando darf nicht folgen, da dies selbst am Zeilenanfang stehen müsste. Es wäre aber auch redundant, weil ein Gretl-Kommando selbst schon seine Ergebnisse ausgibt.)
Beispiel:

```
eval meanc(mnormal(100, 1))
```

gnuplot	Output:	Grafik
	Argumente:	*Variablenname(n)* (*series* oder *list*)
	Optionen:	*--with-lines* (Linien statt Punkte)
		--time-series (Zeit als x-Achse)
		--single-yaxis (unterdrücke zweite y-Achse)
		--matrix=<Name> (Matrixspalten als Variablen, s.u.)

© Springer-Verlag GmbH Deutschland, ein Teil von Springer Nature 2019
J. Malitte und S. Schreiber, *Ökonometrie verstehen mit Gretl*,
https://doi.org/10.1007/978-3-662-58275-6_9

Das *gnuplot*-Kommando stellt einen Zugang (Wrapper-Interface) zum separaten aber mitgelieferten gnuplot-Grafikprogramm dar. Nur einige Optionen können hier aufgeführt werden. Die Standardeinstellung ist ein Scatterplot, bei dem die letzte (!) genannte Variable auf der x-Achse aufgetragen wird, alle anderen auf der/den y-Achse(n). Die Beobachtungen werden standardmäßig als einzelne Punkte (mit Markierungssymbolen) dargestellt.

Bei der Angabe von *--matrix=<Name>* müssen statt der Variablennamen die Spaltennummern angegeben werden, wobei wieder die letzte angegebene Spalte für die x-Achse gedacht ist.

Als Erweiterung für komplexere Grafiken gibt es auch den *plot ... end plot* Block, der hier nicht näher dargestellt wird.

Beispiele:

```
gnuplot x --time-series --with-lines
gnuplot 2 1 --matrix=M
```

nelem	Output:	*scalar*
	Argument:	x (Typ: matrix, bundle oder *list*)

Die Funktion *nelem* liefert die Anzahl der Elemente der im Argument angegebenen Variablen. Diese kann vom Typ *matrix*, *bundle* oder *list* sein, aber nicht vom Typ *series*.

Beispiel:

```
list unabh_var = Distanz Quadratmeter
scalar anz_arg = nelem(unabh_var)
```

print	Varianten:	Variable (außer *list*)
		list)-Variable: *list L print*
		wörtlicher String

Mit dem *print*-Befehl lassen sich zum einen wörtliche Nachrichten in der Skriptausgabe erzeugen, wobei diese Nachrichten in doppelten Anführungszeichen eingeschlossen werden müssen. Zum anderen stellt er eine einfache Möglichkeit dar, den Inhalt eines beliebigen existierenden Objekts auszugeben. Für komplexere Ausdrücke muss man den *eval*-Befehl verwenden.

Bei einer *list*-Variablen L würde *print L* allerdings die Ausgabe des Inhalts aller in L enthaltenen *series*-Variablen bewirken. Um nur die Namen der in Liste L enthaltenen Variablen angezeigt zu bekommen ist *list L print* erforderlich.

Beispiel:

```
print "Gute Idee!"
print M          # M muss ein definiertes Objekt sein
```

printf	Argument:	Formatstring , <Werte>
	Output:	aufgelöster String

Der *printf*-Befehl ist für die formatierte Druckausgabe zuständig. Die <Werte> können jeweils komplexe Ausdrücke sein aus Variablen, Funktionen und Konstanten. Ein Zeilenumbruch am Ende muss auf Wunsch explizit hinzugefügt werden mit dem Sonderzeichen \n (*newline*). Siehe auch den Abschnitt 1.4.7 und die *sprintf*-Funktion.

B.2. Mathematische und statistische Funktionen

Mathematische Funktionen

abs	Output:	gleicher Typ wie im Argument angegeben
	Argument:	Typ *scalar*, *series* oder *matrix*

Die Funktion *abs(x)* liefert den Absolutbetrag von x.

exp	Output:	gleicher Typ wie im Argument angegeben
	Argument:	Typ *scalar*, *series* oder *matrix*

Die Funktion *exp(x)* liefert das Ergebnis von e^x.

sqrt	Output:	gleicher Typ wie im Argument angegeben
	Argument:	Typ *scalar*, *series* oder *matrix*

Die Funktion *sqrt(x)* liefert die positive Quadratwurzel von x.

log/ln	Output:	gleicher Typ wie im Argument angegeben
	Argument:	Typ *scalar*, *series*, *matrix* oder *list*

Die Funktion *log(x)* bzw. *ln(x)* liefert den natürlichen Logarithmus von x. Für nichtpositive Werte wird NA geliefert. Im Fall einer Liste von *series*-Variablen (Typ *list*) werden automatisch alle enthaltenen Variablen transformiert und die Ergebnisse dem Dataset hinzugefügt, wobei den Variablennamen jeweils der Präfix l_ vorangestellt wird.

round	Output:	gleicher Typ wie im Argument angegeben
	Argument:	Typ *scalar*, *series* oder *matrix*

Die Funktion *round* liefert den Rundungswert auf eine ganze Zahl. Beispiel: 2.5 wird auf 3 gerundet, -3.5 wird auf -4 gerundet (weg von Null).

floor	Output:	gleicher Typ wie im Argument angegeben
	Argument:	Typ *scalar*, *series* oder *matrix*

Die Funktion *floor(x)* liefert die größte ganze Zahl, die kleiner oder gleich x ist. Beispiel: *floor(-3.5)* liefert den Wert -4.

Statistische Funktionen und Kommandos

Dieses Kapitel enthält eine Auflistung der wichtigsten statistischen Funktionen, die von Gretl angeboten werden.

cov	Output:	*scalar*
	Argument:	x1 vom Typ *matrix* oder *series*
		x2 vom Typ *matrix* oder *series*

Die Funktion *cov(x1, x2)* ermittelt die Kovarianz zwischen den (einzeiligen/einspaltigen) Matrizen (bzw. Variablen vom Typ *series*) x1 und x2. Beide Matrizen müssen die gleiche Anzahl Elemente haben, bei *series*-Variablen erfolgt eine automatische Anpassung.

corr	Argument:	<Variablenliste>
	Optionen:	*--uniform*
		--spearman (benutze den Korrelationskoeffizienten von Spearman)
		--kendall (benutze den Korrelationskoeffizienten von Kendall)
		--verbose

Das Kommando *corr* ermittelt die paarweisen Korrelationskoeffizienten zwischen den Variablen in der Variablenliste. Falls keine Variablenliste angegeben ist, werden die Variablen des Datasets genommen. In der Regel werden alle Beobachtungen herangezogen. Die Option *--uniform* kann aber verwendet werden, wenn einzelne Beobachtungen fehlen, sodass das Dataset begrenzt werden muss. Bei den nichtparametrischen rangbasierten Optionen *--spearman* und *--kendall* darf die Variablenliste nur aus zwei Variablen bestehen. Die Option *--verbose* ist nur bei der Berechnung des Korrelationskoeffizienten nach Kendall oder oder nach Spearman erlaubt. Wird sie angegeben, werden zusätzlich die Werte der Variablen sowie deren Ränge ausgegeben.

Es gibt neben diesem Kommando auch die *corr*-Funktion, die analog zur *cov*-Funktion verwendet wird.

mean	Output:	*scalar* oder *series*
	Argument:	Typ *series* oder *list*

Ist x vom Typ *series*, wird von *mean(x)* der Mittelwert der Werte von x als *scalar* geliefert. Ist x vom Typ *list*, wird eine Variable y vom Typ *series* geliefert. Sie enthält für jede Beobachtung den jeweiligen Mittelwert der Variablen der Liste.

median	Output:	*scalar* oder *series*
	Argument:	Typ *series* oder *list*

Ist x vom Typ *series*, wird von *median(x)* der mittlere Wert (Median) der Werte von x als *scalar* geliefert. Ist x vom Typ *list*, wird eine Variable y vom Typ *series* geliefert. Sie enthält für jede Beobachtung den jeweiligen Median der Variablen der Liste.

nobs	Output:	*integer*
	Argument:	Typ *series*

Die Funktion *nobs(x)* liefert die Anzahl von gültigen Beobachtungen von x im ausgewählten Sample (ohne fehlende Werte!). Beachte den Unterschied zu *$nobs*, das unabhängig von x die Anzahl aller Beobachtungen im Sample ergibt.

pmean	Output:	*series*
	Argument:	Typ *series*

In einem Paneldataset ermittelt *pmean(x)* den Mittelwert der Werte von x über die Zeitdimension, jeweils getrennt für die Einheiten / Gruppen (*within*), wobei Fehlwerte übersprungen werden. Das Ergebnis wird für jede Zeitperiode wiederholt in die *series*-Variable eingetragen, erzeugt also zeitliche Konstanten für jede Einheit und kann direkt in Schätzkommandos benutzt werden.

Es gibt ein optionales zweites „Masken-" Argument vom Typ *series*: Falls es angegeben ist, werden diejenigen Beobachtungen aus der Berechnung ausgeschlossen, an denen diese Maskenvariable Nullen enthält.

psd	Output:	*series*
	Argument:	Typ *series*

In einem Paneldataset ermittelt *psd(x)* die Standardabweichung der Werte von x über die Zeitdimension, analog zu *pmean*. Als Nenner wird $T_i - 1$ verwendet, wobei T_i die Beobachtungsanzahl der Einheit i ist.

Es gibt ein optionales zweites „Masken-" Argument wie bei *pmean*.

psum	Output:	*series*
	Argument:	Typ *series*

In einem Paneldataset ermittelt *psum(x)* die Summe der Werte von x über die Zeitdimension, analog zu *pmean*.

Es gibt ein optionales zweites „Masken-" Argument wie bei *pmean*.

pxnobs	Output:	*series*
	Argument:	Typ *series*

In einem Paneldataset ermittelt *pxnobs(y)* die Anzahl der jeweils gültigen Werte von y pro Paneleinheit, also über die Querschnittsdimension. (Das „x" im Funktionsnamen steht für „cross".) Die Ergebnisse werden daher nicht für jede Zeitperiode wiederholt, sondern für jede Paneleinheit.

Es gibt ein optionales zweites „Masken-" Argument wie bei *pmean*.

pxsum	Output:	*series*
	Argument:	Typ *series*

In einem Paneldataset ermittelt *pxsum(y)* die Summe der Werte von y über die Querschnitts-dimension, anders als die Schwesterfunktion *psum*, die in der Zeitdimension arbeitet. Siehe auch *pxnobs*. Eine getrennte „pxmean"-Funktion gibt es nicht, dafür wäre der Ausdruck *px-sum(y)/pxnobs(y)* zu verwenden.

Es gibt ein optionales zweites „Masken-" Argument wie bei *pmean*.

sd	Output:	*scalar* oder *series*
	Argument:	Typ *series* oder *list*

Ist x vom Typ *series*, wird von *sd(x)* die Standardabweichung der Werte von x als *scalar* geliefert. Ist x vom Typ *list*, wird eine Variable y vom Typ *series* geliefert. Sie enthält für jede Beobachtung die jeweilige Standardabweichung der Variablen der Liste.

sum	Output:	*scalar* oder *series*
	Argument:	Typ *series*, *matrix* oder *list*

Ist x vom Typ *series* bzw. *matrix*, liefert *sum(x)* die Summe der Werte von x als *scalar*. Ist x vom Typ *list*, wird eine Variable y vom Typ *series* geliefert. Sie enthält für jede Beobachtung die Summe der jeweiligen Werte der Variablen in der Liste.

var	Output:	*scalar* oder *series*
	Argument:	Typ *series* oder *list*

Ist x vom Typ *series*, wird von *var(x)* die Standardabweichung der Werte von x als *scalar* geliefert. Ist x vom Typ *list*, wird eine Variable y vom Typ *series* geliefert. Sie enthält für jede Beobachtung die jeweilige Varianz der Variablen der Liste.

Nicht zu verwechseln mit dem *var*-Kommando, das ein vektorautoregressives Modell aus dem Gebiet der multivariaten Zeitreihenanalyse schätzt.

B.3. Verarbeitung von Zeichenketten

Dieses Kapitel enthält eine Auflistung der wichtigsten Funktionen, die Zeichenketten verarbeiten.

varname	Output:	*string*
	Argument:	Typ *integer* oder *list*

Die Funktion *varname(x)* liefert den Namen einer Variablen Typ *series* mit ID# x. Als Argument kann auch eine Liste angegeben werden. (Für letzteren Fall gibt es auch die verwandte Funktion *varnames*, die einen Array von Strings ergibt.)

Beispiel:

```
list L = PAU PUS E
string s = varname(L[2])   # Variable s beinhaltet den Namen "PUS"
string all = varname(L)    # Variable all beinhaltet "PAU,PUS,E"
```

strlen   Output: *integer*
             Argument: Typ: *string*

Die Funktion *strlen(s)* liefert die Anzahl von Zeichen im String s.
  Beispiel:

```
scalar le = strlen("ABCD")   # Die Variable le beinhaltet den Wert 4
```

strsub   Output: *string*
             Argument: s (Typ: *string*), s1 (Typ: *string*), s2 (Typ: *string*)

Die Funktion *strsub* liefert eine Kopie des Strings s, in dem alle Strings s1 durch den Inhalt
des Strings s2 ersetzt wurden.
  Beispiel:

```
string s = "der Buschstabe"
string s_neu = strsub(s, "sch", "ch")   # s_neu: "der Buchstabe"
```

strstr   Output: *string*
             Argument: s1 (Typ: *string*), s2 (Typ: *string*)

Die Funktion *strstr* durchsucht den String s1 nach einem Vorkommen des Strings s2. Wenn
s2 gefunden wurde, wird derjenige Teil von s1 zurückgeliefert, der mit dem String s2 beginnt.
  Beispiel:

```
string s1 = "der Buchstabe M ist vorhanden"
string s_neu = strstr(s1, "M")   # s_neu beinhaltet "M ist vorhanden"
```

substr   Output: *string*
             Argument: s (Typ: *string*), start (Typ: *int*), end (Typ: *int*)

Die Funktion *substr* liefert einen Teilstring von s, der mit dem Startwert beginnt und mit dem
Endwert endet.
  Beispiel:

```
string s = "der Buchstabe M ist vorhanden"
string s_neu = substr(s,5,13)   # s_neu beinhaltet "Buchstabe"
```

sprintf   Output: *string*
             Argument: s *<Formatstring>,<arg1>,<arg2>,...*

Die Funktion *sprintf* liefert den Formatstring zurück, in dem die angegebenen numerischen
oder String-Argumente <arg1>,<arg2>,... zuvor aufgelöst worden sind. Das Ergebnis wird in
der Stringvariablen s gespeichert.
  Innerhalb des Formatstrings können Formatierungsangaben für auszugebende numerische
Werte gemacht werden. Diese numerischen Formate innerhalb des Strings werden durch das
Zeichen % eingeleitet, dem entweder ein bestimmter Buchstabe oder eine Längenangabe in

Kombination mit einem Buchstaben folgt. Anerkannte numerische Formate sind z.B. das oft ausreichende %g, oder spezieller %d und %f. Das Format %d eignet sich für die Ausgabe ganzer Zahlen (ohne die Angabe von Nachkommastellen), während das Format %f standard-mäßig sechs Nachkommastellen ausdruckt. Wird dieses Format also benutzt, um eine ganze Zahl auszugeben, so werden sechs Nullen als Nachkommastellen angegeben. Mit %s kön-nen String-Argumente eingebettet werden. Die auszugebenden Werte, bei denen es sich um Variablen vom Typ *scalar* oder Konstanten (numerisch oder String) handeln kann, werden durch Kommata getrennt hinter dem Formatstring angegeben. Sie bilden die Argumente der Funktion sprintf. Dabei ist darauf zu achten, dass die Anzahl der numerischen Formate der Anzahl der Argumente entspricht.

Beispiele:

```
string s1 = sprintf("Erste Zahl %d und zweite Zahl %f", 12, 7.8)
/* String s1 beinhaltet "Erste Zahl 12 und zweite Zahl 7,800000" */

string s2 = sprintf("Erste Zahl %.5d und zweite Zahl %.2f ", 12, 7.8)
/* String s2 beinhaltet "Erste Zahl 00012 und zweite Zahl 7,80 " */

string s3 = sprintf("Name der Variablen %.d ist %s ", i, varname(i))
```

Im dritten Beispiel wird das erste numerische Format %d durch den Inhalt der Skalarva-riablen i ersetzt. Das zweite Format %s bezieht sich auf das zweite Argument *varname(i)*.

B.4. Kommandos und Funktionen für Datasets

Dieses Kapitel enthält eine Auflistung der wichtigsten datensatzbezogenen Befehle und Funk-tionen, die von Gretl angeboten werden.

open	Argument:	*Dateiname*
	Optionen:	*--quiet* (unterdrückt Ausgabe der gefundenen Variablen)
		--preserve (löscht keine Skalare und Matrizen)
		--www (öffnet Datenbank auf dem Gretl-Server)
		--fixed-cols=<c1>,<l1>,<c2>,<l2>,...
		(öffne Datei mit fester Spaltenbreite)
		--sheet=<nr> oder <Name>
		(öffnet angegebenes Spreadsheet z.B. in Excel)
		--coloffset=<nr>
		(ignoriere im Spreadsheet die ersten <nr> Spalten)
		--rowoffset=<nr>
		(ignoriere im Spreadsheet die ersten <nr> Zeilen)

Das Kommando open öffnet eine Datendatei. Falls eine Datei bereits in der Sitzung geöffnet ist, wird sie überschrieben. Um Datensätze zu einer Datei hinzuzufügen, siehe die Komman-dos *append* und *join*. Falls dem Dateinamen kein Pfad vorangestellt ist, durchsucht Gretl ei-nige relevante Pfade, um die Datei zu finden. Falls dem Dateinamen kein Suffix folgt, nimmt Gretl an, dass eine Datei mit dem Suffix .gdt geöffnet werden soll. Ansonsten benutzt Gretl einige Heuristiken, um aufgrund des Namens das Format herauszufinden (CSV, Reintext/AS-CII), MS Excel, Stata, SPSS usw.). Falls der Dateiname mit *http://* beginnt, versucht Gretl, die Datei aus dem Internet zu laden und dann zu öffnen.

Das Öffnen einer Datei löscht in der Regel alle Daten der laufenden Sitzung (auch Matrizen, Skalare usw.). Wenn solche Daten nicht gelöscht werden sollen, ist die Option *--preserve* zu verwenden.

Die Option *--fixed-cols* kann verwendet werden, wenn die Daten in einer Volltextdatei eine feste Spaltenbreite besitzen. In diesem Fall ist es nicht notwendig, Trennzeichen zwischen den Daten einzufügen. Die Daten aller Variablen sind in einem einzigen rechteckigen Block ohne Zwischenräume angeordnet. Diese Anordnung macht es notwendig zu definieren, in welcher Spalte die Daten einer Variablen beginnen und über wieviele Spalten sich deren Länge erstreckt. Diese Angaben erfolgen durch die Zahlenpaare <C1>,<l1> usw. Da Gretl automatisch die Variablennamen v1, v2 usw. vergibt, sollten diese mit Hilfe des Kommandos *rename* anschließend umbenannt werden.

Falls ein Spreadsheet geöffnet werden soll (z.B. Gnumeric, Open Document oder MS Excel), dann können drei weitere Optionen angegeben werden: *--sheet=...*, *--coloffset=<nr>* und *--rowoffset=<nr>*. Mit der Option *--sheet=...* wird die Nummer oder die Bezeichnung eines Sheets in Hochkommata angegeben. Alle Angaben veranlassen Gretl, die Daten in einem bestimmten Sheet ab einer bestimmten Spalte/Zeile zu lesen.

Beispiel:

```
open "Umsaetze.xls" --fixed-cols=1,4,5,3
/* es werden die Werte zweier Variablen eingelesen,
   ab Spalte 1 mit Laenge 4 und ab Spalte 5 mit Laenge 3 */

open "Umsaetze.xls" --sheet="Umsatzblatt" --coloffset=7 \
                                          --rowoffset=10
```

store	Argument:	*Dateiname* und optional eine *Variablenliste*
	Optionen:	*--csv* (speichern im CSV-Format)
		--omit-obs (nur im CSV-Format nutzbar)
		--no-header (nur im CSV-Format nutzbar)
		--gnu-octave (speichern im GNU octave Format)
		--gnu-R (speichern im GNU R Format)
		--gzipped[=level] (wende gzip Kompression an)
		--jmulti (speichern im JMULTI ASCII Format)
		--dat (speichern im PcGive ASCII Format)
		--decimal-comma (Komma als Dezimalzeichen benutzen)
		--comment=string (Kommentar im CSV-Format speichern)

Das Kommando *store* speichert alle Variablen des Dataset in einer externen Datei. Es kann zusätzlich eine Auswahl in Form einer Variablenliste angegeben werden. Wurde ein Subsample definiert, werden nur die Beobachtungen in diesem Subsample gespeichert. Das Format der gespeicherten Daten kann durch ein Suffix festgelegt werden, und zwar wie folgt:

.gdt oder keine Angabe: Die Ausgabe erfolgt in Gretls XML-Format

.gdtb : Die Ausgabe erfolgt in Gretls Binärformat

.csv : Die Ausgabe erfolgt im CSV-Format (comma-separated)

.txt oder .asc : Die Ausgabe erfolgt im ASCII-Format

.R : Die Ausgabe erfolgt im GNU R Format

.m : Die Ausgabe erfolgt im GNU Octave Format

Wenn die Datei in Gretls XML-Format gespeichert wird, kann mit der Option *--gzipped* eine Kompression durchgeführt werden, wobei der optionale Parameter *level* den Grad der Kompression angibt (Werte von 0 bis 9).

Die Option *--no-header* verhindert, dass die Variablennamen mitgesichert werden. Die Option *--omit-obs* verhindert, dass bei einer Zeitreihe oder Paneldaten eine erste Spalte mit den Identifiern vorangestellt wird. Beide Optionen gelten nur bei einer Speicherung im CSV-Format.

Beispiel:

```
string Dateiname="C:/Users/malitte/Datenaustausch-Gretl-R/Miete-Dist"
list Liste_MD = Miete Distanz
store @Dateiname Liste_MD   --csv
if err = 0
    printf "Datei %s wurde gespeichert", Dateiname
endif
```

Im angegebenen Beispiel wird zunächst ein String *Dateiname* definiert, der den Dateinamen inclusive Pfadangabe enthält. Es sollen aus einem Dataset die Variablen *Miete* und *Distanz* gespeichert werden, daher werden beide einer Listvariablen *Liste_MD* zugewiesen. Wird im anschließenden Kommando *store* nur der Name *Dateiname* angegeben, speichert Gretl die Daten unter genau dieser Bezeichnung in einem vorgebenen Ordner ab. Um diesen Mechanismus zu verhindern, wird Gretl durch Voranstellung des Zeichens @ veranlasst, den Inhalt der Variablen *Dateiname* als Dateiname zu nehmen. Zusätzlich wird die Liste sowie die Information mitgegeben, die Datei im Format *csv* zu speichern.

append	Argument:	*Dateiname*
	Optionen:	*--time-series*
		--update-overlap (ersetze überlappende Bereiche)
		--sheet=<nr> | *<Name>*
		(öffnet spezifiziertes Spreadsheet z.B. in Excel)
		--coloffset=<nr> (ignoriere die ersten <nr> Spalten)
		--rowoffset=<nr> (ignoriere die ersten <nr> Zeilen)

Das Kommando *append* öffnet eine Datendatei und hängt den Inhalt an das geöffnete Dataset an, falls die Daten miteinander kompatibel sind. Gretl nutzt einige Heuristiken, um aufgrund des Namens das Format herauszufinden (CSV, Volltext (ASCII), MS Excel, Stata, SPSS usw.). Die angehängten Daten können (1) die Werte der bereits im geöffneten Dataset vorhandenen Variablen erweitern oder (2) die Werte von neuen Variablen hinzufügen. Falls neue Variablen hinzugefügt werden, muss die Anzahl Beobachtungen der neuen Variablen der Anzahl der Beobachtungen des aktuellen Datasets entsprechen.

Falls einige Daten aus der Datendatei bereits im geladenen Dataset vorhanden sind und es daher Überlappungen gibt, so kann die Option *--update-overlap* dafür sorgen, dass die überlappenden Beobachtungen durch die Werte aus der Datendatei ersetzt werden.

Die zusätzlichen Optionen, die sich auf Spreadsheet-Dateien beziehen, arbeiten so wie im Kommando *open* dargestellt.

genr	Varianten:	*Variablenname = Ausdruck*
		dummy (Saisondummies)
		time (linearer Zeittrend, alternativ: *genr index*)
		unitdum (Gruppendummies in Panels)
		timedum (Zeitdummies in Panels)
	Synonyme:	*matrix*
		series
		scalar
		string
		(usw.)

Das *genr*-Kommando ist einer der zentralsten Befehle der Gretl-Programmiersprache *Hansl*, weil damit auf einfache Weise neue Variablen aller Typen erzeugt werden. Gleichzeitig taucht es bei einem guten Programmierstil in den Skripten paradoxerweise fast nie auf, und zwar aus zwei Gründen.

(1) Die Variablentypen sollten explizit definiert werden. Dafür verwendet man anstelle von *genr* je nach gewünschtem Typ die Synonyme wie *series*, *matrix* oder *string*.[1]

(2) Sobald eine Variable x bereits erzeugt wurde, kann ein neuer Wert direkt zugewiesen werden, ohne dass *genr* (oder *scalar*, *matrix*, etc.) wieder vorangestellt werden muss. Statt *genr x = 2* kann dann also *x = 2* geschrieben werden.

Schließlich ist es z.B. in der Gretl-Konsole auch möglich, eine Variable in Kurzschreibweise zu erzeugen: *x = 2* würde also auch funktionieren, ohne dass x bereits definiert worden wäre. Der *genr*-Befehl würde dabei implizit von Gretl angenommen werden. Man beachte allerdings eine mögliche Fehlerquelle: Einerseits könnte x als eine skalare Variable gemeint sein (und tatsächlich würde Gretl diese Variable in diesem Beispiel erzeugen). Andererseits könnte auch eine *series*-Variable gewünscht sein, die für alle Beobachtungen des Datasets den konstanten Wert 2 annimmt. Damit Gretl die Variable auf diese Weise interpretiert, müsste explizit *series x = 2* geschrieben werden.

Daher gibt es nur wenige Fälle, in denen das konkrete Schlüsselwort *genr* notwendig und sinnvoll ist; diese sind oben in den Varianten angegeben. Z.B. erzeugt der Befehl *genr time* eine Zeittrend-Variable namens "time", *genr unitdum* erzeugt mehrere Gruppendummies, die mit dem Wildcard-Ausdruck *du_** weiterverwendet werden können, und der Output von *genr timedum* sind Zeitdummies mit dem Namensschema *dt_1* usw. Der Output von *genr dummy* kann dagegen eleganter erreicht werden mit der *seasonals*-Funktion, die direkt eine Variablenliste mit den Saisondummies zur weiteren programmatischen Verwendung zurückgibt.

---

1 Weiterhin möglich ist die Angabe der Typen *scalar*, *list*, *bundle*, *matrices*, *strings*, *bundles*, wobei letztere Array-Typen sind.

smpl   Varianten: *Start Ende*
                                full (setze Restriktionen zurück)
                                ---no-missing Variablenliste (nur gültige Beobachtungen)
                                <Bedingung> ---restrict (bedingte Auswahl)
                                (usw.)

Mit dem *smpl*-Kommando wird die Stichprobe gesteuert, die für die nachfolgenden Befehle
aktiv ist (und auch für Funktionen, soweit sie sich auf *series*-Variablen beziehen). Zusätzlich
zu den angegebenen Varianten gibt es noch viele weitere Möglichkeiten, siehe auch Abschnitt
2.3.4.

setmiss   Argument: *<wert> [Variablenliste]*

Beim Importieren von Daten können durch den Einsatz des Kommandos *setmiss* fehlende
Werte ersetzt werden. Der hinter *setmiss* angegebene Wert wird dann anstatt des Fehlwertes
eingesetzt. Die Ersetzung findet für alle Variablen statt. Soll diese auf bestimmte Variablen
eingeschränkt werden, so sind die Bezeichner der Variablen dahinter anzugeben.
  Beispiel:

```
setmiss -1  /* ersetze Fehlwerte durch -1 */
setmiss  100 x1 x2  /* ersetze fuer x1 und x2 Fehlwerte durch 100 */
```

rename   Argument: *<alter Name> <neuer Name>*

Das Kommando *rename* ändert den Namen einer Variablen vom Typ *series*.

delete   Argument: *<Variablenname>*
                                <Variablenliste>
                                --type=<type-name>

Das Kommando *delete* löscht eine bestimmte Variable oder eine gewisse Anzahl von Variablen. Die Variablen können vom Typ *series*, *scalar*, *matrix*, *string* oder *bundle* sein. Das
Kommando ist mit Vorsicht zu behandeln, da Gretl keine Rückfrage stellt. In der ersten Form
kann eine Variable jeglichen Typs gelöscht werden. In der zweiten Form stellt *<Variablen-
liste>* eine Liste von Variablen des Typs *series* dar. Die dritte Form ermöglicht das Löschen
von Variablen des angegebenen Typs. Dazu gehören die Typen: *series*, *scalar*, *matrix*, *string*
oder *bundle*.

setinfo   Argument: *series*
                Optionen: *--description=<String>*
                                --graph-name=<String>

Das Kommando *setinfo* vergibt Attribute für Variablen vom Typ *series*. Als Argument wird
der Variablenname oder die ID-Nummer angegeben. Die Option *--description* vergibt eine
Beschreibung für die angegebene Variable, die direkt im Hauptfenster angezeigt wird. Wird

die Option *--graph-name* angegeben, dann wird der darauffolgende String in der grafischen
Ausgabe anstelle des Variablennamens angegeben.

Beispiel:

```
setinfo Miete  --description="Mieteinnahme in Euro"
```

dataset   Argument: *<Schluesselwort> <Parameter>*

Das Kommando *dataset* führt verschiedene Operationen am gesamten Dataset aus. Die Art
der Operation wird durch das dem Kommando folgende Schlüsselwort und einem Parameter
spezifiziert. Mit Ausnahme des Schlüsselworts *clear* kann keine Operation ausgeführt werden, wenn eine Teilmenge des Datasets gebildet wurde. Im folgenden werden nur einige der
möglichen Operationen vorgestellt: *addobs, insobs, clear, compact, renumber* und *sortby*.

summary   Varianten: *summary [Variablenliste]*

                                summary --matrix=<Matrixname>

                 Optionen: *--simple* (nur Basisstatistiken ausgeben)

                                --weight=wvar (Statistiken für gewichtete Variable)

                                --by=<diskrete Variable> (Statistiken separiert ausgeben)

In seiner ersten Variante druckt das Kommando *summary* einige Statistiken für die in der
Variablenliste angegebenen Variablen aus, ansonsten für alle Variablen des Datasets. Mit der
Option *--simple* werden nur der Mittelwert, die Standardabweichung sowie Minimum und
Maximum ausgegeben.

Mit der Option *--by* werden für jede einzelne Ausprägung der angegebenen Variablen die
Statistiken der durch diese Ausprägungen definierten Subsamples angegeben.

Bei der zweiten Variante wird der Name einer Matrix angegeben und für jede Spalte der
Matrix Statistiken ausgegeben. In diesem Fall ist die Option *--by* nicht anwendbar.

dummify   Argument: <Variablenliste>

                 Optionen: *--drop-first*

                                --drop-last

Für jede diskrete Variable vom Typ *series*, die in <Variablenliste> enthalten ist, wird ein Set
von Dummyvariablen erzeugt. Die Anzahl der Dummyvariablen richtet sich nach den verschiedenen Werten der jeweiligen diskreten Variablen. Hat eine Variable x z.B. fünf verschiedene Werte, dann werden die fünf Dummyvariablen Dx_1, Dx_2,...,Dx_5 erzeugt. Die erste
Dummyvariablen Dx_1 besitzt eine 1 an den Stellen, an denen die Variable x den kleinsten
der fünf Werte besitzt. Die restlichen Stellen werden mit 0 besetzt. Wird eine der Optionen
--drop-first bzw. *--drop-last* benutzt, dann wird der kleinste bzw. größte Wert der Variablen x
ignoriert.

Es gibt auch eine entsprechende Funktion *dummify*, die direkt bei einer Regression verwendet werden kann, weil sie eine entsprechende Variablenliste als Output liefert.

Beispiel:

```
ols y dummify(x)    /* y wird auf die Dummyvariablen der Variable x
                       regressiert */
```

nulldata   Argument: *Beobachtungsanzahl*
               Optionen: *--preserve* (erhalte Variablen)

Das Kommando *nulldata* erzeugt ein neues leeres Dataset mit der angegebenen Beobachtungsanzahl. Wie bei *open* lässt sich die Option *--preserve* angeben, falls gespeicherte Skalare, Matrizen oder Strings nicht gelöscht werden sollen.

join   Argument: *Dateiname* und *Variablenname*
               Optionen: (viele)

Das *join*-Kommando ist ein mächtiges Werkzeug, um gewünschte Daten aus externen Quellen zu extrahieren und zu verarbeiten. Für einige Details siehe Abschnitt 2.2.3.

discrete   Argument: *Variablenliste*
               Optionen: *--reverse* (markiere als stetig)

Der *discrete*-Befehl legt die betroffenen Variablen als diskret (mit endlich vielen Ausprägungen) fest, z.B. damit diese Variablen zur Gruppenseparation bei Plots oder beim *dummify*-Kommando verwendet werden können. Dies kann mit der Option *--reverse* rückgängig
gemacht werden.

setobs   Argument: *Datenfrequenz* und *Startbeobachtung*
               Optionen: *--time-series* (behandle als Zeitreihendaten)
                              (und viele andere)

Das *setobs*-Kommando dient zur Festlegung der grundsätzlichen Struktur des Datasets mit
diversen Optionen. Siehe Abschnitt 2.2.2 für nähere Erläuterungen.

square   Argument: *Variablenliste*
               Optionen: *--cross* (erzeuge zusätzlich Kreuzprodukte)

Mit dem *square*-Kommando werden die Quadrate und auf Wunsch auch alle Kreuzprodukte der betroffenen series-Variablen dem Dataset hinzugefügt. Das Namensschema fügt den
Präfix *sq_* hinzu und bezeichnet die Kreuzprodukte analog zu *Name1_Name2*.

lags   Argument: *optional Lagordnung;* und *Variablenliste*
               Optionen: *--bylag* (Reihenfolge nach Lag statt nach Variable)

Mit dem *lags*-Kommando werden die verzögerten Werte der betroffenen *series*-Variablen
dem Dataset hinzugefügt, der als Zeitreihendaten (oder Panel) definiert sein muss. Falls der
Parameter der Lagordnung weggelassen wird, entspricht die erzeugte Lagzahl der Datenfrequenz (z.B. 4 Quartale). Das Namensschema fügt die Suffixe *_1*, *_2* usw. hinzu. Mit der

Option *--bylag* kann die Reihenfolge der ID-Nummern der neu erzeugten series-Variablen geändert werden.

Es gibt auch eine gleichnamige *lags*-Funktion, die noch etwas flexibler (und komplexer) ist.

diff	Argument:	*Variablenliste*
	Optionen:	(keine)

Mit dem *diff*-Kommando werden die ersten zeitlichen Differenzen der betroffenen series-Variablen dem Dataset hinzugefügt, der als Zeitreihendaten (oder Panel) definiert sein muss. Das Namensschema fügt den Präfix *d_* hinzu.

Es gibt auch eine gleichnamige *diff*-Funktion, die auch mit Matrizen verwendet werden kann.

missing	Output:	gleicher Typ wie im Argument angegeben
	Argument:	x (Typ *scalar*, *series* oder *list*)

Ist die Variable x ein Skalar, dann liefert die Funktion *missing* den Wert 1 zurück, wenn der Wert der Variablen x einen Fehlwert NA besitzt (NA = not available). Besitzt x einen numerischen Inhalt, wird 0 geliefert. Falls x eine Variable vom Typ *series* ist, wird jedes Element untersucht. Der Output der Funktion *missing* liefert dann den Typ *series* zurück. Er enthält für diejenigen Elemente, die Fehlwerte darstellen, den Wert 1, ansonsten den Wert 0. Falls x vom Typ *list* ist, also eine Liste von Variablen des Typs *series* enthält, dann liefert die Funktion ebenfalls den Typ *series* zurück. Wenn eine series-Variable mindestens einen Fehlwert besitzt, wird innerhalb der zurückgelieferten series-Variablen an der entsprechenden Stelle eine 1 eingetragen.

Beispiel:

```
series Miete
scalar anz_fehlwerte = sum(missing(Miete))
```

obs	Output:	Variable vom Typ *series*

Die Funktion *obs* liefert eine Variable vom Typ *series*, die eine Folge natürlicher Zahlen enthält, beginnend mit 1 für die erste Beobachtung.

obsnum	Output:	Zahl vom Typ *integer*
	Argument:	s (Typ *string*)

Liefert eine ganze Zahl, die der Beobachtung entspricht, die durch den String s spezifiziert ist. Speziell bei Zeitreihen kann für s ein gültiges Datumsformat angegeben werden.

Beispiel:

```
scalar n = obsnum(1985:2)
```

zeromiss	Output:	gleicher Typ wie im Argument angegeben
	Argument:	x (Typ *scalar* oder *series*)

Die Funktion *zeromiss* konvertiert Nullen in den Wert NA. Bei einer Variablen vom Typ *series* geschieht dies für jedes einzelne Element.

ok Output: siehe unten
    Argument: x (Typ *scalar*, *series*, *list* oder *matrix*)

Die Funktion *ok* liefert für jeden Fehlwert (NA = not available) in x den Wert 0, ansonsten 1, egal welchen Typ x hat. Ausnahme: Bei einer Variable vom Typ *list* erzeugt die Funktion eine Variable vom Typ *series*, die an denjenigen Stellen eine 0 enthält, an denen *mindestens eine* der in der Liste enthaltenen Datasetvariablen einen Fehlwert enthält.

sort Output: *matrix*
    Argument: **X** vom Typ *matrix* (Vektor) oder *series*

Die Funktion *sort* sortiert den Vektor **X** in aufsteigender Ordnung. Wenn **X** eine Variable vom Typ *series* ist, werden missing values ignoriert.

dsort Output: *matrix*
    Argument: **X** vom Typ *matrix* (Vektor) oder *series*

Die Funktion *dsort* sortiert den Vektor **X** in absteigender Ordnung. Wenn **X** eine Variable vom Typ *series* ist, werden missing values ignoriert.

pshrink Output: *matrix*
    Argument: Typ *series*

In einem Paneldataset erzeugt *pshrink(y)* einen Vektor der Länge *N*, in dem für jede Querschnittseinheit die (zeitlich) erste gültige Beobachtung von y gespeichert wird. Damit können die Ergebnisse von Panelfunktionen wie *pmean, psum, psd* komprimiert werden, die dieselben Werte für jede Zeitperiode wiederholen.

Zugriffsfunktionen ohne Argumente

Es folgen einige der speziellen Zugriffsfunktionen von Gretl, die mit einem $-Zeichen beginnen und keinerlei direkten Argumente benötigen. Stattdessen ändern sie ihre Ergebniswerte wie beschrieben je nach Kontext.

$nobs Output: *scalar*

Die Funktion $nobs liefert die Anzahl der Beobachtungen im aktiven Sample. Beachte den Unterschied zur *nobs*-Funktion, die sich auf eine Variable x bezieht.

$obsdate Output: *series*

In einem Zeitreihendataset oder einem Paneldataset mit definierter Zeitstruktur (siehe *setobs* mit Option *panel-time*) liefert die Funktion *$obsdate* Datumsangaben im Standardformat YYYYMMDD (ISO 8601). Ist die Periode größer als ein Tag, dann repräsentiert das Datum ihren ersten Tag.

$datatype   Output: *scalar*

Die Funktion *$datatype* liefert einen Integerwert zurück, der die Art des Datasets beschreibt (0 = keine Daten; 1 = Querschnittsdaten; 2 = Zeitreihendaten; 3 = Paneldaten)

$nvars   Output: *integer*

Die Funktion *$nvars* liefert die Anzahl der Variablen vom Typ *series* im aktiven Dataset, einschließlich der konstanten *series*-Variablen *const*.

$t1   Output: *integer*

Die Funktion *$t1* liefert den Index der ersten Beobachtung der aktuell ausgewählten Stichprobe. Die Zählung beginnt bei 1 mit der ersten Beobachtung im Dataset.

$t2   Output: *integer*

Die Funktion *$t2* liefert den Index der letzten Beobachtung der aktuell ausgewählten Stichprobe. Siehe auch *$t1*.

B.5. Matrixbezogene Funktionen

Dieses Kapitel enthält eine Auflistung der wichtigsten matrixbezogenen Funktionen, die von Gretl angeboten werden.

mread   Output: *matrix*
             Argument: <filename> (Typ *string*)

Die Funktion *mread* füllt eine Matrix aus einer Textdatei, die unter <filename> gespeichert ist. Die Datei kann Kommentarzeilen enthalten, die mit dem Zeichen # beginnen. Diese werden ignoriert. Ansonsten muss der Inhalt folgender Form genügen: Die erste nicht auskommentierte Zeile enthält zwei Zahlen, die durch ein Tab oder ein Leerzeichen getrennt sind. Sie geben die Zeilenzahl und Spaltenzahl an. Die Spalten müssen durch Tabs oder Leerzeichen getrennt werden.

I   Output: *matrix*
         Argument: n vom Typ *scalar* (Integerzahl)

Die Funktion *I* liefert eine quadratische Einheits-Matrix mit n Zeilen und n Spalten.

zeros   Output: *matrix*
             Argument: z vom Typ *scalar* (Integerzahl)
                           s vom Typ *scalar* (Integerzahl)

Die Funktion *zeros* liefert eine mit Nullen gefüllte Matrix mit z Zeilen und s Spalten.

mnormal   Output: *matrix*
             Argument: z vom Typ *scalar* (Integerzahl)
                            s vom Typ *scalar* (Integerzahl)

Die Funktion *mnormal* liefert eine mit standardnormalverteilten Zufallszahlen (Mittelwert 0 und Varianz 1) gefüllte Matrix mit z Zeilen und s Spalten.

cols   Output: *scalar*
             Argument: **X** vom Typ *matrix*

Die Funktion *cols* liefert die Anzahl Spalten der Matrix **X**.

rows   Output: *scalar*
             Argument: x vom Typ *matrix*

Die Funktion *rows* liefert die Anzahl Zeilen der Matrix **X**.

diag   Output: *matrix*
             Argument: x vom Typ *matrix*

Die Funktion *diag* liefert die Diagonale der Matrix **X** als Spaltenvektor. Falls **X** die Ordnung $m \times n$ besitzt, beträgt die Anzahl der Elemente des Spaltenvektors $\min(m, n)$.

tr   Output: *scalar*
             Argument: x vom Typ *matrix* (*quadratisch*)

Die Funktion *tr* liefert die Summe der Diagonalelemente der quadratischen Matrix **X**, der sog. *Spur* (engl. *trace*).

rank   Output: *scalar*
             Argument: x vom Typ *matrix*

Die Funktion *rank* liefert den Rang der Matrix **X**.

inv   Output: *matrix*
             Argument: x vom Typ *matrix* (*quadratisch*)

Die Funktion *inv* liefert die Inverse der Matrix **X**. Falls **X** nicht quadratisch oder singulär ist, wird ein Fehler ausgegeben.

msortby   Output: *matrix*
             Argument: x vom Typ *matrix* (Vektor) und *j* vom Typ *integer*

Die Funktion *msortby* sortiert die Zeilen der Matrix **X** aufsteigend nach den in Spalte *j* angegebenen Werten. Zeilen, die in Spalte *j* den gleichen Wert besitzen, werden nicht ausgetauscht. Das Ergebnis der Sortierung muss einer neuen Matrix zugewiesen werden.

mreverse Output: *matrix*
          Argument: x vom Typ *matrix*

Die Funktion *mreverse* sortiert die Zeilen der Matrix **X** in umgekehrter Reihenfolge. Die letzte Zeile wird zur ersten Zeile, die vorletzte Zeile zur zweiten Zeile usw. Das Ergebnis muss einer neuen Matrix zugewiesen werden.

lower   Output: *matrix (quadratisch)*
          Argument: x vom Typ *matrix*

Die Funktion *lower* liefert eine Dreiecksmatrix, in der die Elemente oberhalb der Diagonalen auf Null gesetzt werden.

upper   Output: *matrix (quadratisch)*
          Argument: x vom Typ *matrix*

Die Funktion *upper* liefert eine Dreiecksmatrix, in der die Elemente unterhalb der Diagonalen auf Null gesetzt werden.

trimr   Output: *matrix*
          Argument: x vom Typ *matrix*
                         ztop vom Typ *scalar* (integer)
                         zbot vom Typ *scalar* (integer)

Die Funktion *trimr* liefert eine reduzierte Teilmatrix von **X**, in der die <ztop> oberen Zeilen und <zbot> unteren Zeilen entfernt werden.

sumc   Output: *matrix* als Zeilenvektor
          Argument: x vom Typ *matrix*

Die Funktion *sumc* liefert die Summen der Spalten von **X** als Zeilenvektor.

sumr   Output: *matrix* als Spaltenvektor
          Argument: x vom Typ *matrix*

Die Funktion *sumr* liefert die Summen der Zeilen von **X** als Spaltenvektor.

meanc   Output: *matrix* als Zeilenvektor
          Argument: x vom Typ *matrix*

Die Funktion *meanc* ermittelt die Mittelwerte der Spalten von **X** und liefert sie als Zeilenvektor zurück.

meanr   Output: *matrix* als Spaltenvektor
          Argument: x vom Typ *matrix*

Die Funktion *meanr* ermittelt die Mittelwerte der Zeilen von **X** und liefert sie als Spaltenvektor zurück.

B.6. Modellbezogene Funktionen

Dieses Kapitel enthält eine Auflistung der wichtigsten modellbezogenen Funktionen, die von Gretl angeboten werden. Sie sind im Anschluss an eine OLS-Schätzung zu verwenden.

$ess	Output:	*scalar*
	Argument:	keine

Die Funktion *$ess* liefert die Residuenquadratsumme des Modells.

$rsq	Output:	*scalar*
	Argument:	keine

Die Funktion *$rsq* liefert den Wert des Bestimmtheitsmaßes R^2.

$trsq	Output:	*scalar*
	Argument:	keine

Die Funktion *$trsq* liefert das Produkt aus Anzahl T der Beobachtungen und dem Bestimmtheitsmaß R^2.

$pvalue	Output:	*scalar*
	Argument:	keine

Die Funktion *$pvalue* liefert den p-Wert des letzten Hypothesentest-Kommandos (z.B. *chow, normtest, omit*). Der Output kann einer Skalarvariablen zugewiesen werden.

```
ols Miete const Distanz Quadratmeter
omit Distanz
scalar pv = $pvalue
```

$test	Output:	*scalar*
	Argument:	keine

Die Funktion *$test* liefert den Wert der Teststatistik des letzten Hypothesentest-Kommandos (z.B. *chow, normtest, omit*). Der Output kann einer Skalarvariablen zugewiesen werden.

```
ols Miete const Distanz Quadratmeter
omit Distanz
scalar pv = $test
```

$coeff	Output:	*scalar* oder *matrix*
	Argument:	s (Name der Modellvariablen) bzw. keine Angabe

Die Funktion *$coeff* liefert den Wert des geschätzten Koeffizienten der Modellvariablen s. Ohne Argument liefert die Funktion einen Spaltenvektor mit allen Koeffizienten der letzten *ols*-Schätzung.

$stderr   Output: *scalar* oder *matrix*
                 Argument: s (Name der Modellvariablen) bzw. keine Angabe

Die Funktion *$stderr* liefert den Wert der geschätzten Standardabweichung der Modellva-
riablen s. Ohne Argument liefert die Funktion einen Spaltenvektor mit allen Standardabweichungen der letzten *ols*-Schätzung.

$df   Output: *scalar*
                 Argument: keine

Die Funktion *$df* liefert die Anzahl Freiheitsgrade der letzten *ols*-Schätzung.

$uhat   Output: *series*
                 Argument: keine

Die Funktion *$uhat* liefert die Residuen der letzten *ols*-Schätzung.

$yhat   Output: *series*
                 Argument: keine

Die Funktion *$yhat* liefert die geschätzten Werte der endogenen Variablen der letzten *ols*-
Schätzung.

$sigma   Output: *scalar*
                 Argument: keine

Die Funktion *$sigma* liefert die Standardabweichung der Residuen der letzten *ols*-Schätzung.

$vcv   Output: *scalar* oder *matrix*
                 Argument: s1 (Regressorname) und s2 (Regressorname) bzw. keine Angabe

Ohne Angabe von Argumenten wird eine Kovarianzmatrix der letzten *ols*-Schätzung geliefert. Mit Angabe zweier Modellvariablen wird die Kovarianz zwischen s1 und s2 geliefert.

$aic   Output: *scalar*
                 Argument: keine

Die Funktion *$aic* liefert den Wert des Akaike Informations Kriteriums des mit *ols* geschätz-
ten Modells.

$bic   Output: *scalar*
                 Argument: keine

Die Funktion *$bic* liefert den Wert des Schwarz Kriteriums des mit *ols* geschätzten Modells.

$dwpval   Output: *scalar*
                 Argument: keine

Die Funktion *$dwpval* liefert den Durbin-Watson p-Wert des mit *ols* geschätzten Modells.

    modeltab add | show | free   Optionen: *--output* = <Dateiname>

Das Kommando *modeltab* manipuliert die Gretl Modell-Tabelle. Es sind folgende Zusätze möglich:
add: das letzte geschätzte Modell wird der Modelltabelle hinzugefügt.
show: Ausgabe der Modelltabelle in einem Fenster
free: löscht die Modelltabelle
Die Option *--output* ermöglicht es, die Ausgabe in eine Datei zu schreiben. Hat der Dateiname den Suffix „.tex", erfolgt die Ausgabe im TeX Format, ansonsten im Reintextformat.

B.7. Kommandos für die Durchführung von Tests

    chow   Varianten: Beobachtungsindex
                                    Dummyvariablenname *--dummy*

Nach einer Schätzung kann hiermit ein Heterogenitätstest (Strukturbruch) ausgeführt werden. Die Stichprobe wird entweder in einen Anfangs- und einen Endteil aufgeteilt, oder die Beobachtungen werden anhand der binären Dummyvariable aufgeteilt.

    modtest   Argument: Ordnung (*scalar*, optional)
                  Optionen: *--normality* (Normalitätstest)
                                   --autocorr (Test auf Autokorrelation)
                                   --arch (Test auf ARCH-Heteroskedastizität)
                                   --breusch-pagan (Test auf Heteroskedastizität)
                                   --white (Test auf Heteroskedastizität)
                                   --panel (Heteroskedastizität im Panel)
                                   --xdepend (Querschnittsabhängigkeit im Panel)
                                   --quiet (unterdrücke Details)

Unter dem *modtest*-Befehl sind verschiedene diagnostische Testverfahren verfügbar, die nach einer Schätzung angewendet werden können. Die wichtigsten sind hier aufgeführt. Bei den Varianten *--autocorr* und *--arch* muss als Argument die Lagordnung angegeben werden, bis zu der der Test durchgeführt werden soll. Diese Tests erfordern daher eine Zeitreihenstruktur der Daten. Wie auch bei anderen Testkommandos sind die Ergebnisse anschließend in den Zugriffsfunktionen $test und $pvalue verfügbar, wenn der Textoutput allein nicht ausreicht.
   Beim Breusch-Pagan-Test auf Heteroskedastizität kann zusätzlich auch noch die Option *--robust* angegeben werden, um Abweichungen von der Normalität der Störterme besser aufzufangen. (Dieser Breusch-Pagan-Test darf nicht verwechselt werden mit dem gleichnamigen Test im Panelkontext, bei dem auf Gleichheit der Gruppeneffekte getestet wird. Letzterer wird bei einer Random-Effects-Schätzung von Gretl automatisch ausgegeben.)

omit   Argument: *Variablenliste*
              Optionen: *--test-only* (unrestringiertes Modell weiterverwenden)
              Optionen: *--vcv* (zeige restringierte Kovarianzmatrix)
              Optionen: *--auto* (automatisches Heruntertesten)

Mit diesem Kommando sind Ausschlussrestriktionen und Tests darauf einfach möglich. Normalerweise tritt das reduziert-restringierte Modell für den weiteren Skriptverlauf an die Stelle der vorigen vollen Spezifikation, außer bei *--test-only*. Die Spezialoption *--auto* führt eine sequenzielle Elimination insignifikanter Regressoren durch im Sinne einer *general-to-specific* oder *top-down* Spezifikationssuche. Mit *--auto=p* kann von der Standardeinstellung des nominellen p-Wert-Kriteriums von 10% (zweiseitiger t-Test) abgewichen werden. Dabei ist generell zu beachten, dass nach einem solchen iterativen Verfahren die am Schluss ausgegebenen Statistiken nicht mehr der klassischen Testtheorie entsprechen und im allgemeinen unbekannte Verteilungen aufweisen.

pvalue   Argumente: *Buchstabencode   ggf. Parameter   Teststatistik*

Dient zur Berechnung und Anzeige eines p-Werts für eine der verfügbaren Verteilungen, also der Wahrscheinlichkeitsmasse rechts des Werts der angegebenen Teststatistik. Die theoretischen Verteilungen sind folgendermaßen kodiert: z – Standardnormal, t – t-Verteilung, X – chi-Quadrat, F – F-Verteilung, exp – Exponential, G – Gamma, B – Binomial, P – Poisson, W – Weibull. Außer der z-Verteilung benötigen alle Verteilungen ein (t, X, exp, P) oder zwei (F, G, B, W) Parameter, die direkt nach dem Buchstabencode angegeben werden müssen (als Skalarvariablen oder als Zahlenwerte). Eine Bernoulliverteilung erhält man über eine Binomialverteilung mit nur einem Versuch, also z.B. *pvalue B prob 1 teststat* bei vorher definierten Variablen prob und teststat.
  Es gibt auch die gleichnamige Funktion.

reset   Optionen: *--squares-only* (nur mit quadratischen Terme)
                            --cubes-only (nur kubischen Terme)

Dieses Kommando führt einen RESET-Test auf korrekte funktionale Form durch.

restrict   Optionen: *--bootstrap*

Dieses Kommando besteht aus einem Block, der in *restrict* und *end restrict* eingeschlossen wird. Innerhalb dieses Blocks müssen die Restriktionen in Gleichungsform formuliert werden, wobei die Syntax b[Regressorname] den Koeffizenten des entsprechenden Regressors bezeichnet (ohne Anführungszeichen anzugeben). Alternativ kann für den i-ten Koeffizienten auch b[i] geschrieben werden (siehe dazu auch das numerische Beispiel zu *Hypothesentest im multiplen Regressionsmodell*, ☞ Abschnitt 4.4.7).

B.8. Kommandos für die Durchführung von Schätzungen

leverage   Optionen: *--save*

                            --quiet

                            --plot=<Dateiname>

Das *leverage*-Kommando zeigt nach einer Schätzung einflussreiche Beobachtungen an. Die Option *--save* führt zur Speicherung der erzeugten series-Variablen, während *--quiet* den Textoutput unterdrückt. Mit *--plot=<Dateiname>* kann die Grafik als Bilddatei gespeichert werden.

mols   Output: *matrix*
           Argumente: **Y** vom Typ *matrix*
                            X vom Typ *matrix*
                            &U (Referenz auf eine Matrix **U**; oder *null*)

Die Funktion *mols* (kein Kommando im Gretl-Sinn!) liefert die Parameterschätzer einer OLS-Schätzung zum Programmieren mit Matrizen. Die Matrix **Y** enthält die N Beobachtungswerte einer abhängigen Variablen vom Typ *series*. Die Matrix **X** enthält die N Beobachtungswerte mehrerer unabhängiger Variablen (ebenfalls vom Typ *series*). Die Angabe von **&U** ist optional. **U** enthält die Residuen nach der OLS Schätzung. Wird **&U** nicht angegeben, muss stattdessen *null* angegeben werden.

ols   Argumente: *Abhängige Variable (series)* und *Regressoren (list* oder *series)*
           Optionen: *--quiet* (unterdrücke Textoutput)
                            --robust (verwende robuste Standardfehler)
                            --vcv (zeige Kovarianzmatrix)
                            --anova (zeige ANOVA-Tabelle)
                            --cluster=<Variablenname> (verwende geclusterte Standardfehler)

Dieses ist das üblichste Schätzkommando, und nur die wichtigsten Optionen werden hier gezeigt. Die Regressorliste kann auf verschiedene Weise spezifiziert werden: Entweder durch eine einfache Auflistung von *series*-Variablen durch Leerzeichen getrennt, oder durch die Angabe einer vorher angelegten *list*-Variable, oder durch eine beliebige Mischung von beidem. Es können auch Funktionen angegeben werden, die *series*- oder *list*-Variablen liefern wie z.B. in *ols y const lags(2,x) z*. Ebenso können statt der Variablennamen ihre ID-Nummern angegeben werden wie in *ols 1 0 2*. Allerdings können sich die ID-Nummern im Laufe einer Sitzung teilweise auch ändern, sodass Vorsicht geboten ist.

   Man beachte, dass eine Konstante als Regressor explizit hinzugefügt werden muss (falls gewünscht). Dies kann entweder durch das Schlüsselwort *const* geschehen oder durch die Angabe der ID-Nummer 0, die als einzige ID unveränderlich ist und immer eine *series*-Variable voller Einsen bezeichnet.

panel   Argumente: *Abhängige Variable (series)* und *Regressoren (list* oder *series)*
           Optionen: *--quiet* (unterdrücke Textoutput)

--*robust* (verwende robuste Standardfehler)
--*vcv* (zeige Kovarianzmatrix)
--*random-effects* (gruppenspezifische Effekte, RE-Variante)
--*time-dummies* (mit Zeitdummies)
--*between* (schätze Intergruppenmodell)

Das *panel*-Kommando berücksichtigt die zweidimensionale Anordnung der Daten in Zeit-
und Querschnittsdimension, weswegen das Dataset entsprechend angelegt sein muss. Die
Grundeinstellung sind gruppenspezifische Effekte der FE-Variante, die in expliziter Weise
auch mit --*fixed-effects* angefordert werden können. Falls keine gruppenspezifischen Effekte
angenommen werden (gepoolte Schätzung), muss statt *panel* einfach das *ols*-Kommando verwendet werden. Die Angabe der Regressoren erfolgt analog, allerdings können Zeitdummies
einfacher durch die Option --*time-dummies* aufgenommen werden. Die genaue Variante der
robusten Standardfehler wird in den Gretl-Einstellungen ausgewählt.

tsls   Argumente: *Abhängige Variable (series)* und *Regressoren* ; *Instrumente*
         Optionen: --*robust* (verwende robuste Standardfehler)
                       --*vcv* (zeige Kovarianzmatrix)

Das *tsls*-Kommando führt eine zweistufige (two-stage least squares) Schätzung aus, auch
Instrumentvariablen-Schätzung genannt (IV), die bei Endogenität von Regressoren erforderlich ist. Die Angabe der Regressoren und Instrumente erfolgt wie beim *ols*-Befehl, allerdings
müssen sie durch ein Semikolon getrennt werden. Exogen angenommene Regressoren können als ihre eigenen Instrumente dienen und müssen daher in beiden Listen auftauchen, damit
Gretl sie als exogen erkennt. Dazu gehört auch die Konstante.

vif   Optionen: keine

Berechnet die Faktoren für die Varianzaufblähung (VIF) nach einer Schätzung, siehe auch
Abschnitt 4.4.6.

wls   Argumente: *Gewichtsvariable   Abhängige Variable* und *Regressoren*
        Optionen: --*quiet* (unterdrücke Textoutput)
                       --*robust* (verwende robuste Standardfehler)
                       --*vcv* (zeige Kovarianzmatrix)

Führt eine Schätzung mit der Methode der gewichteten kleinsten Quadrate (weighted least
squares) durch, wobei die Gewichte als erste *series*-Variable angegeben werden (die daher
positiv sein muss). Der Rest ist analog zur *ols*-Schätzung.

B.9. Funktionspakete von anderen Nutzern

Zusätzlich zu den in diesem Buch fast ausschließlich besprochenen eingebauten Funktionen
und Kommandos von Gretl gibt es auch noch sogenannte Funktionspakete, die von allen

Gretl-Nutzern beigesteuert werden können (engl. *contributed function packages*). Diese Pakete werden nicht wie Gretl selbst in der Programmiersprache C geschrieben, sondern mit der schon ausführlich demonstrierten Gretl-Skriptsprache namens *Hansl*. Ein Anwendungsbeispiel wurde im Abschnitt 4.3 vorgeführt. Daneben existieren noch über 100 weitere Pakete unterschiedlicher Komplexität und zu den verschiedensten statistischen und ökonometrischen Anwendungsbereichen.

Die Liste der verfügbaren Pakete lässt sich auf verschiedenen Wegen einsehen: Erstens aus Gretl heraus unter dem Menü *Datei / Funktionspakete / Auf Server...*, woraufhin sich (bei bestehender Internetverbindung) ein neues Fenster öffnet. In dieser Variante können gewünschte Pakete auch sofort durch Klick auf den Installations-Knopf (Diskettensymbol) heruntergeladen und lokal installiert werden. Die zweite rein passive Möglichkeit ist durch die entsprechende Liste auf der folgenden Webseite gegeben: `http://ricardo.ecn.wfu.edu/gretl/cgi-bin/gretldata.cgi?opt=SHOW_FUNCS`.

Eine Zwischenstellung nehmen die (derzeit) fünf sogenannten Gretl-Erweiterungen ein wie z.B. „gig". Der Name steht für *GARCH in gretl*, was vor allem für die Modellierung von Volatilität in der Finanzökonometrie relevant ist. Diese Erweiterungen (engl. *addon*) sind ebenfalls in *Hansl* statt in C implementiert, sie sind jedoch sehr viel enger mit Gretl verzahnt und werden automatisch mit ausgeliefert. Aus Nutzersicht ist der Unterschied zwischen Erweiterungen und Funktionspaketen ansonsten jedoch zweitrangig.

Auf die Erstellung von Funktionspaketen kann nicht näher eingegangen werden; es sei hier auf den knapp 50-seitigen Leitfaden *Gretl Function Package Guide* verwiesen, der aus Gretl heraus unter dem Menü *Hilfe / Funktionspaket-Anleitung* als pdf-Datei verfügbar ist.

Wie Gretl lässt sich jedes Funktionspaket sowohl über die grafische Benutzeroberfläche bedienen als auch skriptgesteuert. Für die grafische Variante muss das Paket zunächst im lokalen Paketlistenfenster selektiert werden. Dieses Fenster erreicht man entweder über Klick auf den *fx*-Knopf in der Gretl-Iconleiste, siehe Abschnitt 1.2, oder per Menü über *Datei / Funktionspakete / Auf lokaler Maschine...*. Sodann kann das Paket per Klick auf den Ausführen-Knopf (Zahnradsymbol) im Listenfenster gestartet werden, alternativ auch im sich per Rechtsklick öffnenden Kontextmenü. Jedes Funktionspaket muss auch einen mehr oder weniger ausführlichen Hilfetext enthalten, der über „Info" erreichbar ist.

Die Skriptsteuerung ist je nach Paket sehr unterschiedlich und muss dem jeweiligen Hilfetext entnommen werden. Pakete können auch kommandozeilengesteuert installiert werden, beispielsweise das *felogit.gfn*-Paket:

```
pkg install felogit
```

Dieser Befehl setzt natürlich auch eine Internetverbindung voraus und ist nach erfolgter Installation nicht mehr nötig. Bei jeder Verwendung eines Pakets hingegen muss dieses explizit eingebunden werden, um Gretl mitzuteilen, woher es die verwendeten Funktionen nehmen soll. Dies erfolgt über die *include*-Anweisung mit der entsprechenden Dateiendung .gfn (auch bei Paketen, die vor der Installation als .zip vorlagen):

```
include felogit.gfn
```

C. Statistische Verteilungen und Tabellen

Vorbemerkung: Gretl verfügt über ein internes statistisches Tabellenwerk im Hinblick auf die im Text behandelten Verteilungen: unter anderem sind das die Normalverteilung, die t- bzw. F-Verteilung und die Chi-Quadrat-Verteilung. Deshalb wird auf die Wiedergabe dieser Tabellen verzichtet. Stattdessen wird anhand von Beispielen beschrieben, wie Anwender kritische Werte zur jeweiligen Verteilung ermitteln können. Dazu wird jedesmal der Menüeintrag *Werkzeuge/Statistische Tabellen* im Hauptmenü selektiert.

Außerdem wird der grafische Verlauf verschiedener Dichtefunktionen zu den einzelnen statistischen Verteilungen angegeben. Die Wiedergabe erfolgt über den Menüeintrag *Werkzeuge/Verteilungsgraphen*.

C.1. Normal-, Chi-Quadrat-, t- und F-Verteilungen

Normalverteilung

Abbildung C.1 zeigt den Verlauf dreier Normalverteilungen um den Mittelwert 0. Für die Standardabweichung 1 ergibt sich die *Standard-Normalverteilung*. Gretl benutzt die verbreitete Notation $N(0, \sigma^2)$. Dabei stellt σ^2 die Varianz dar.

Beim Aufruf der statistischen Tabellen wird im Fenster *kritische Werte* der Mittelwert, die Standardabweichung und die rechtsseitige Wahrscheinlichkeit α vorgegeben (siehe Abb. C.2). Im angegebenen Beispiel beträgt der Wert, bis zu dem die Wahrscheinlichkeitsmasse 0,85 erreicht, 1,036: $P(Z \leq 1,036) = \phi(1,036) = 0,85$.

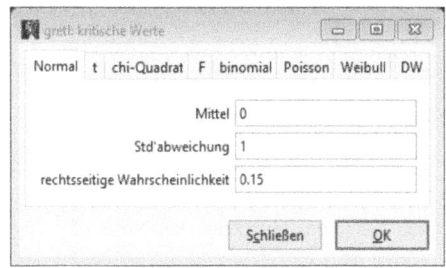 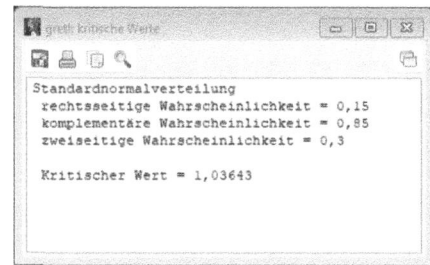

Abb. C.2.: Ermittlung des kritischen Werts für die rechtsseitige Wahrscheinlichkeit von 15% bei der Standardnormalverteilung

Im umgekehrten Fall steht man vor der Aufgabenstellung, den prozentualen Flächenanteil

© Springer-Verlag GmbH Deutschland, ein Teil von Springer Nature 2019
J. Malitte und S. Schreiber, *Ökonometrie verstehen mit Gretl*,
https://doi.org/10.1007/978-3-662-58275-6_10

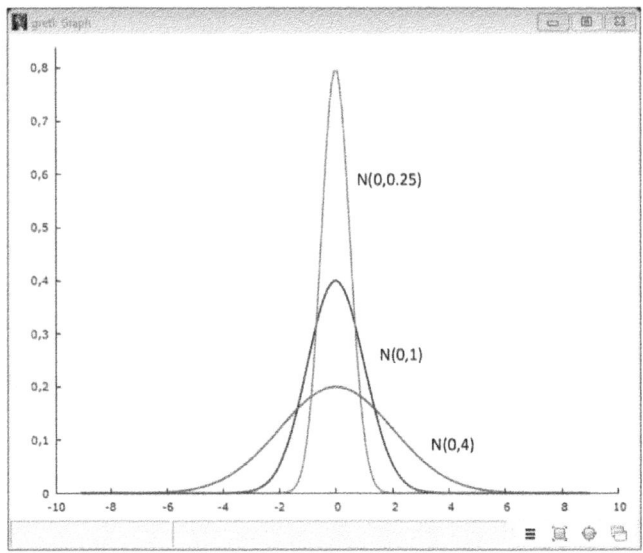

Abb. C.1.: Normalverteilungen für die Varianzen 0.25, 1 und 4

unterhalb der Dichtefunktion einer Normalverteilung zu ermitteln, der sich rechts von einem vorgegebenen kritischen Wert befindet, zum Beispiel $z1 = 1,2$. Dazu wird im Hauptmenü der Menüeintrag *Werkzeuge/P-Wert-Finder* ausgewählt.

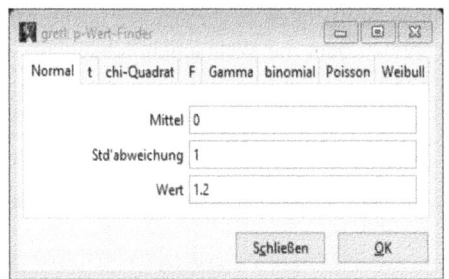 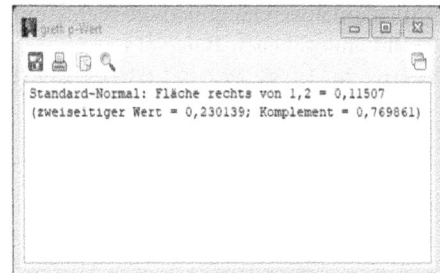

Abb. C.3.: Ermittlung des prozentualen Flächenanteils rechts vom kritischen Wert $1,2$

Chi-Quadrat Verteilung

Die Chi-Quadrat Verteilung (χ^2) ist definiert als Summe von w unabhängig normalverteilten Zufallsvariablen Z_i. $\chi^2 = Z_1^2 + Z_2^2 + ... + Z_w^2$. Die Anzahl w der aufaddierten unabhängigen Zufallsvariablen bestimmt die Gestalt der Dichtefunktion und wird als Anzahl der Freiheitsgrade der $\chi^2_{(w)}$-Verteilung bezeichnet.

Abbildung C.4 zeigt den Verlauf der Verteilung für vier verschiedene Freiheitsgrade. Der Graph der Dichtefunktion ist für kleine w deutlich linksschief. Mit wachsendem w nähert er sich der Gaußschen Glockenkurve an.

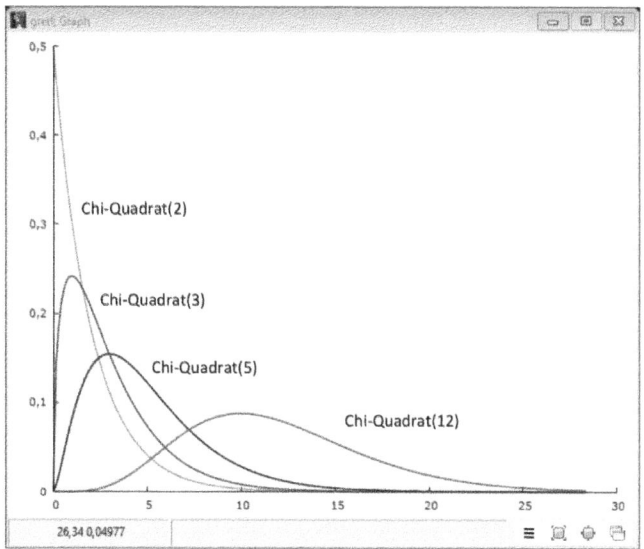

Abb. C.4.: Chi-Quadrat-Verteilung für die Freiheitsgrade 2, 3, 5 und 12

Um den kritischen Wert zum Signifikanzniveau 0,05 zu bestimmen, wird der Menüpunkt *Werkzeuge/Statistische Tabellen* und in dem entsprechenden Fenster anschließend der Reiter *chi-Quadrat* ausgewählt. Dort kann das gewünschte Signifikanzniveau zu einem bestimmten Freiheitsgrad eingegeben werden. Die Bestätigung mit *Ok* führt zur Ausgabe des kritischen Werts (siehe Abbildung C.5).

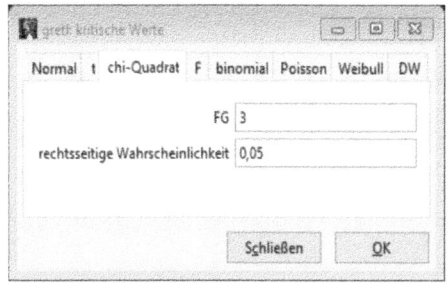 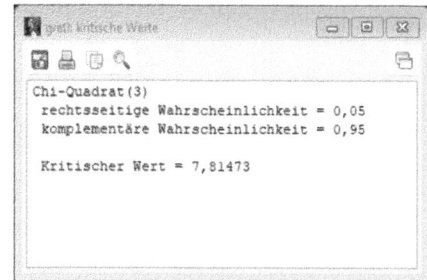

Abb. C.5.: Ermittlung des kritischen Werts für das Signifikanzniveau 0,05 bei 3 Freiheitsgraden

Die t-Verteilung

Es gilt: $T = \frac{X}{\sqrt{\chi^2/w}}$, wobei die Zufallsvariable X standardnormalverteilt ist und χ^2 w Freiheitsgrade besitzt. Abb. C.6 zeigt den Verlauf der Verteilung für verschiedene Freiheitsgrade.

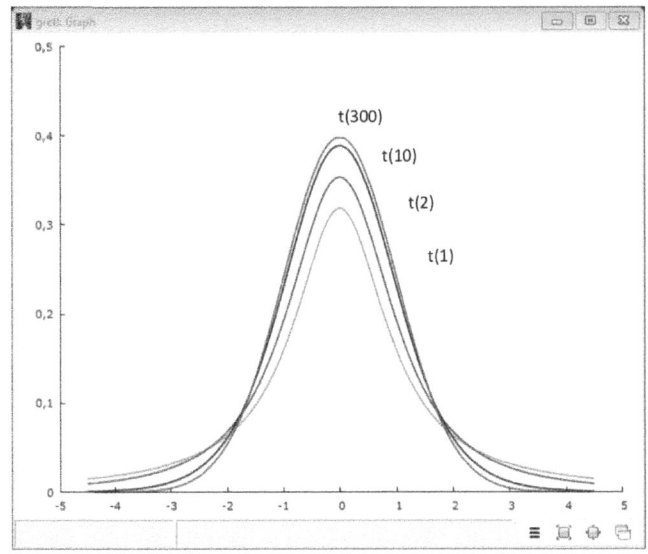

Abb. C.6.: t-Verteilung für die Freiheitsgrade 1, 2, 10 und 300

Gretl liefert für verschiedene Kombinationen von FG und α den kritischen Wert t_α für den einseitigen t-Test. Beispiel: Für FG=14 und $\alpha = 0,05$ ergibt sich ein kritischer Wert von $t_\alpha = 1,7613$ (siehe Abb. C.7). Das heißt: $P(t_{14} > 1,7613) = 0,05$.

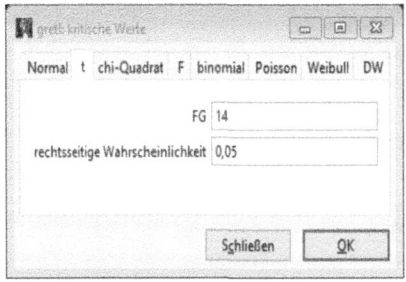 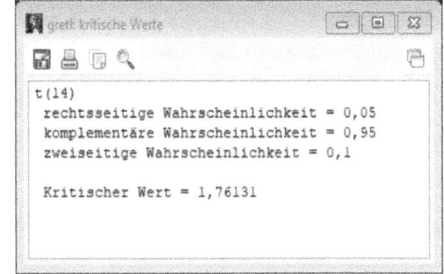

Abb. C.7.: Ermittlung des kritischen Werts für das Signifikanzniveau 0,05 bei 14 Freiheitsgraden

Die F-Verteilung

Es gilt: $F_{3,12} = \frac{X/u}{Y/w}$, wobei die Zufallsvariable X mit u Freiheitsgraden und die Zufallsvariable Y mit w Freiheitsgraden χ^2-verteilt ist.

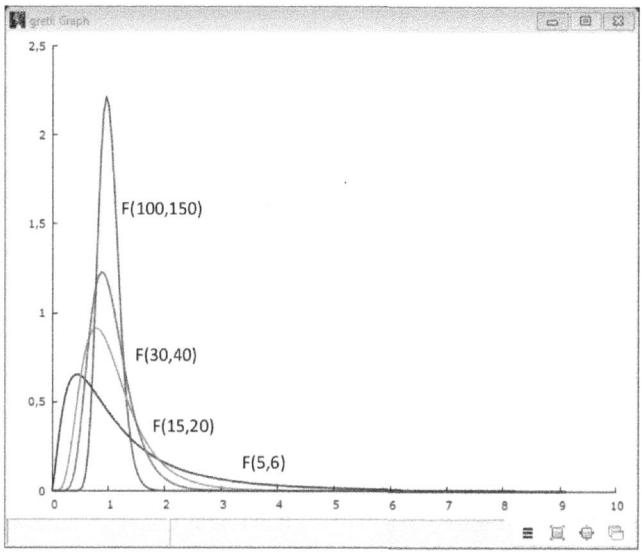

Abb. C.8.: F-Verteilung für die Freiheitsgrade (u,w)= (5,6), (15,20), (30,40) und (100,150)

Beispiel: Für $u = 3$, $w = 12$ und einer rechtsseitigen Wahrscheinlichkeit von $\alpha = 0,05$ ergibt sich ein kritischer Wert von $F_{0.05;3,12} = 3,49$ (siehe Abb. C.9). Das heißt: $P(F_{0.05;3,12} > 3,49) = 0,05$.

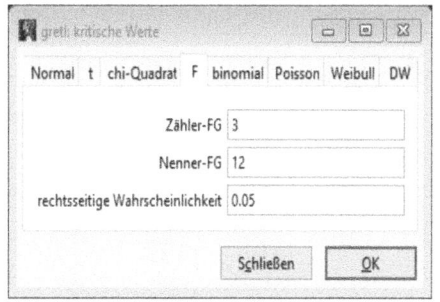
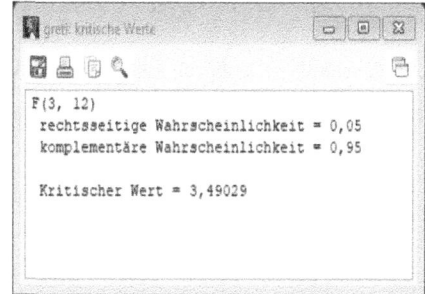

Abb. C.9.: Ermittlung des kritischen Werts für das Signifikanzniveau 0,05 bei 3 Freiheitsgraden im Zähler und 12 Freiheitsgraden im Nenner

C.2. Dickey-Fuller und Engle-Granger kritische Werte

Die kritischen t-Werte von Dickey-Fuller in Tabelle C.1 werden verwendet, um den Test auf Einheitswurzel-Nichtstationarität einer Zeitreihe durchzuführen (☞ Abschnitt 6.3.3). Sie wurden entnommen aus B. Auer und Rottman (2011).

	1%	5%	1%	5%	1%	5%
Stichprobengröße T	τ = no constant, no trend		τ_μ = constant, no trend		τ_τ = constant, trend	
25	-2,66	-1,95	-3,75	-3,00	-4,38	-3,60
50	-2,62	-1,95	-3,58	-2,93	-4,15	-3,50
100	-2,60	-1,95	-3,51	-2,89	-4,04	-3,45
250	-2,58	-1,95	-3,46	-2,88	-3,99	-3,43
500	-2,58	-1,95	-3,44	-2,87	-3,98	-3,42
∞	-2,58	-1,95	-3,43	-2,86	-3,96	-3,41

Tabelle C.1.: Kritische Dickey-Fuller-Werte für die Signifikanzniveaus 1% und 5%

Die nachfolgend in Tabelle C.2 aufgeführten Werte basieren auf MacKinnon (2010) und beziehen sich auf den Test der Residuen der Engle-Granger-Kointegrationsregression, also auf die zweite Stufe (☞ Abschnitt 6.3.4). In der ersten Engle-Granger-Stufe ist eine Konstante angenommen. In Gretl sind auch die kritischen Werte vorhanden für den Fall eines Trends in der ersten Stufe.

	1%	5%	10%	1%	5%	10%	1%	5%	10%
Stichprobengröße T	2 I(1)-Variablen			3 I(1)-Variablen			4 I(1)-Variablen		
50	-4,32	-3,67	-3,28	-4,84	-4,11	-3,73	-4,94	-4,35	-4,02
100	-4,07	-3,37	-3,03	-4,45	-3,93	-3,59	-4,75	-4,22	-3,89
200	-4,00	-3,37	-3,02	-4,35	-3,78	-3,47	-4,70	-4,18	-3,89

Tabelle C.2.: Kritische Engle-Granger-Werte für die Signifikanzniveaus 1%, 5% und 10%

D. Verwendete Datasets

Die folgende Tabelle enthält die in diesem Buch verwendeten Datasets. Soweit diese nicht aus einer der verschiedenen Datensammlungen der Autorenbücher stammen, kann sie von der Webseite `http://www.springer.com/9783662582749` heruntergeladen werden, die dieses Buch begleitet.

Dataset	Beschreibung	Seite	Quelle
cps.gdt	labor market data	192	Autorenreiter POE
andy.gdt	Big Andy's Burger Barn	230, 235	Autorenreiter POE
data4-6.gdt	County poverty rates, Calif.	207	Autorenreiter Wooldridge
truffles.gdt	Supply and demand for Truffles	317	Autorenreiter POE
edu_inc.gdt	Education and Income	110	Autorenreiter POE
food.gdt	Food expenditures and income	285, 286, 436	Autorenreiter POE
Table_8.9.gdt	Saving and personal dispos. income U.S. 1970-1995	267	Autorenreiter Gujarati
mroz.gdt	Labor markets	299, 307	Autorenreiter POE
okun.gdt	GDP and unemployment	325, 380, 330	Autorenreiter POE
bjg.gdt	airline passengers	345	Autorenreiter Gretl
gdp.gdt	US and Australian GDP	353	Autorenreiter POE

© Springer-Verlag GmbH Deutschland, ein Teil von Springer Nature 2019
J. Malitte und S. Schreiber, *Ökonometrie verstehen mit Gretl*,
https://doi.org/10.1007/978-3-662-58275-6_11

Dataset	Beschreibung	Seite	Quelle
equity.gdt	S&P and dividends	357	Autorenreiter POE
wgmacro.gdt	West German macro data (Lütkepohl)	363, 372	Autorenreiter Gretl
hendry_jae.gdt	David Hendry, JAE 2001, UK macro data	384	Autorenreiter Gretl
Milchleistung.gdt	Milchleistung von Kühen	186	Link s.o.
Miethoehe.gdt	Mietpreise und Wohnflächen	29, 36, 48, 89, 101, 105, 129, 165, 171	Link s.o.
Miethoehe.xlsx	Mietpreise und Wohnflächen (Excel-Sheet)	8	Link s.o.
Konsum_Eink.gdt	Konsum- und Einkommensdaten	112	Link s.o.
Umsatz-Zeitr.txt	Zeitreihe mit Umsatzdaten	63	Link s.o.
Umsatz_Panel-i-t.txt	Paneldatei mit Umsatzdaten (als gestapelte Zeitreihen)	66, 73	Link s.o.
Umsatz_Panel-t-i.txt	Paneldatei mit Umsatzdaten (als gestapelte Querschnitte)	67	Link s.o.
Umsatz_Panel_Stck.txt	Paneldatei mit Umsatzdaten (Organisation als Stack)	67	Link s.o.
Umsatz_Panel_Dat.gdt	Paneldatei mit Umsatzdaten	389, 397	Link s.o.
Gmde_Statist.txt	Statistikdaten einer fiktiven Gemeinde	70	Link s.o.
Miethoehe_Zusatz.txt	Zusatzdaten zu Wohnungen	76	Link s.o.
Abteilungen.txt	Abteilungsdaten	77	Link s.o.
Mitarbeiter.txt	Mitarbeiterdaten	77, 79	Link s.o.
Projekte.txt	Projektdaten	79	Link s.o.
Arblquote.txt	Arbeitslosenquoten	81	Link s.o.
Arblquote-DF.txt	Arbeitslosenquoten Deutschland/Frankreich	84	Link s.o.
Einwohner-DF.gdt	Einwohnerentwicklung Deutschland/Frankreich	84	Link s.o.

Literatur

Adkins, Lee C. (2014). *Using gretl for Principles of Econometrics*. 4. Aufl. Oklahoma State University.

Auer, B. und H. Rottman (2011). *Statistik und Ökonometrie für Wirtschaftswissenschaftler*. Gabler.

Auer, L. v. (2011). *Ökonometrie*. 5. Aufl. Heidelberg: Springer.

Belsley, D. A., K. Kuh und R. E. Welsch (1980). *Regression diagnostics: Identifying influential data and sources of collinearity*. 2. Aufl. Wiley.

Box, G. E. P. und D. R. Cox (1964). „An Analysis of Transformations". In: *Journal of the Royal Statistical Society* 26, S. 211–252.

Breusch, T. S. (1978). „Testing for Autocorrelation in Dynamic Linear Models". In: *Australian Economic Papers* 17, S. 334–355.

Chow, G. C. (1960). „Tests of Equality between Sets of Coefficients in Two Linear Regressions". In: *Econometrica* 28, S. 591–605.

Cochrane, D. und G. H. Orcutt (1949). „Application of least squares regression to relationships containing auto-correlated error terms". In: *Journal of the American Statistical Association* 44.245, S. 32–61.

Davidson, R. und J. G. MacKinnon (1985). „Testing Linear and Loglinear Regressions against Box-Cox Alternatives". In: *The Canadian Journal of Economics* 18.3, S. 499–517.

– (2004). *Econometric Theory and Methods*. New York: Oxford University Press, Inc.

Dougherty, C. (2011). *Introduction to Econometrics*. 4. Aufl. Oxford: Oxford University Press.

Godfrey, L. G. (1978). „Testing against General Autoregressive and Moving Average Error Models when the Regressors include Lagged Dependent Variables". In: *Econometrica* 46, S. 1293–1302.

Goldfeld, S. M. und R. E. Quandt (1965). „Some Tests for Homoscedasticity". In: *Journal of the American Statistical Association* 60.310, S. 539–547.

Granger, C. W. J. und P. Newbold (1974). „Spurious regressions in econometrics". In: *Journal of Econometrics* 2.2, S. 111–120.

Greene, W. H. (2008). *Econometric Analysis (International Edition)*. 6. Aufl. New Jersey: Prentice-Hall.

Gujarati, D. N. (2002a). *Basic Econometrics*. 4. Aufl. McGraw-Hill.

Gujarati, D. N. und D. C. Porter (2009). *Basic Econometrics*. 5. Aufl. New York: McGraw-Hill.

Hildreth, C. und J. Y. Lu (1960). *Demand Relations with Autocorrelated Disturbances*. Technical Report 276. East Lansing, MI: Michigan State University Agricultural Experiment Station.

© Springer-Verlag GmbH Deutschland, ein Teil von Springer Nature 2019
J. Malitte und S. Schreiber, *Ökonometrie verstehen mit Gretl*,
https://doi.org/10.1007/978-3-662-58275-6

Hill, R. C., W. E. Griffiths und G. C. Lim (2011). *Principles of Econometrics*. 4. Aufl. Wiley.

Janert, P. K. (2016). *gnuplot in Action*. 2. Aufl. Shelter Island: Manning Publications Co.

MacKinnon, J. G. (2010). *Critical Values for Cointegration Tests*. Working Paper 1227. Queen's University, Department of Economics.

Maddala, G. S. (2001). *Introduction to Econometrics*. 3. Aufl. Wiley.

Prais, S. J. und C. B. Winsten (1954). *Trend estimators and serial correlation*. Working paper 383. Cowles Commission.

Ramanathan, R. (2002). *Introductory Econometrics with Applications*. 5. Aufl. New York: Harcourt College Publishers.

Stock, J. und M. Watson (2010). *Introduction to Econometrics*. 3. Aufl. Edinburgh: Pearson.

Verbeek, M. (2004). *A Guide to Modern Econometrics*. 2. Aufl. Wiley.

White, H. (1980). „A Heteroskedasticity-Consistent Covariance Matrix Estimator and a Direct Test for Heteroskedasticity". In: *Econometrica* 48.4, S. 817–838.

Wooldridge, J. M. (2008). *Introductory Econometrics – A Modern Approach*. Cengage Learning Emea.

Ergänzende Literatur

Alt, F. (1942). „Distributed Lags". In: *Econometrica* 10, S. 113–128.

Arnold, L. (2012). *Makroökonomik*. Tübingen: Mohr Siebeck.

Bosch, K. (1990). *Elementare Einführung in die angewandte Statistik*. Vieweg Studium.

Brooks, C. (2006). *Econometrics for Finance*. Cambridge University Press.

Cottrell, A. und R. Lucchetti (2018). *Gretl User's Guide*.

Durbin, J. und G. S. Watson (1951). „Testing for Serial Correlation in Least Squares Regression. II". In: *Biometrika* 38.1/2, S. 159–177.

Eckey, H.-F., R. Kosfeld und C. Dreger (2011). *Ökonometrie: Grundlagen – Methoden – Beispiele*. Wiesbaden: Gabler.

Gujarati, D. N. (2002b). *Basic Econometrics by Example*. Palgrave Macmillan.

Hackl, P. (2012). *Einführung in die Ökonometrie*. München: Pearson Studium.

Hassler, U. (2007). *Stochastische Integration und Zeitreihenmodellierung*. Heidelberg: Springer.

Merz, M. und M. Wüthrich (2013). *Mathematik für Wirtschaftswissenschaftler*. München: Vahlen.

Neusser, K. (2011). *Zeitreihenanalyse in den Wirtschaftswissenschaften*. Wiesbaden: Vieweg und Teubner.

Schreiber, S. (2008). „The Hausman test statistic can be negative even asymptotically". In: *Jahrbücher für Nationalökonomie und Statistik* 228.4, S. 394–405.

Schwarze, J. (2009). *Grundlagen der Statistik*. Bd. 2. NWB-Verlag.

Thome, H. (2005). *Zeitreihenanalyse*. München: Oldenbourg.

Zarembka, P. (1968). „Functional Form in the Demand for Money". In: *Journal of the American Statistical Association* 63, S. 502–11.

Index

© Springer-Verlag GmbH Deutschland, ein Teil von Springer Nature 2019
J. Malitte und S. Schreiber, *Ökonometrie verstehen mit Gretl*,
https://doi.org/10.1007/978-3-662-58275-6

The manufacturer's authorised representative in the EU is Springer
Nature Customer Service Centre GmbH, Europaplatz 3, 69115 Heidelberg,
Germany. If you have any concerns regarding our products, please
contact ProductSafety@springernature.com

Printed and bound by CPI Group (UK) Ltd, Croydon, CR0 4YY
26/04/2026
02097302-0015